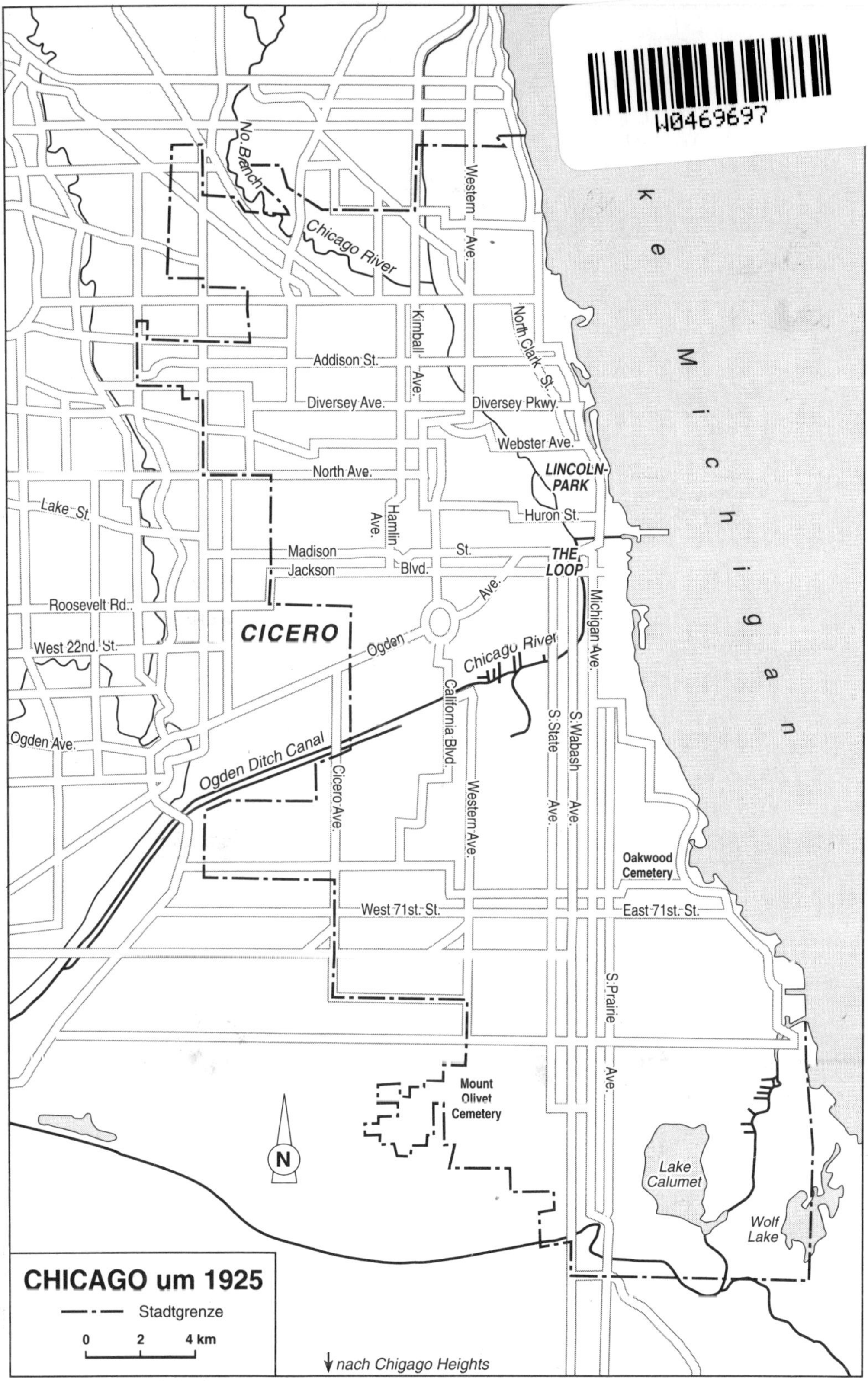
CHICAGO um 1925
Stadtgrenze
0 2 4 km
Lake Michigan
No. Branch
Chicago River
Western Ave.
Kimball Ave.
North Clark St.
Addison St.
Diversey Ave.
Diversey Pkwy.
Webster Ave.
North Ave.
LINCOLN-PARK
Lake St.
Huron St.
Hamlin Ave.
Madison St.
Jackson Blvd.
THE LOOP
Roosevelt Rd.
Ave.
CICERO
West 22nd. St.
Ogden
Chicago River
Michigan Ave.
California Blvd.
S. State Ave.
S. Wabash Ave.
Ogden Ave.
Ogden Ditch Canal
Cicero Ave.
Western Ave.
Oakwood Cemetery
West 71st. St.
East 71st. St.
S. Prairie Ave.
Mount Olivet Cemetery
N
Lake Calumet
Wolf Lake
nach Chigago Heights

LAURENCE BERGREEN

AL CAPONE

LAURENCE BERGREEN

AL CAPONE

Ein amerikanischer Mythos

Ins Deutsche übertragen
von
EVA DEMPEWOLF
und
URSULA WALTHER

41 Abbildungen

HERBIG

Titel der englischen Originalausgabe: *Capone – The man and the era*,
Simon & Schuster, 1994

Schutzumschlag: Atelier Höpfner-Thoma, München,
unter Verwendung eines Fotos von Interfoto, München
Satz: Filmsatz Schröter GmbH, München
Gesetzt aus: 10,5/12 Punkt Times auf Apple Macintosh in QuarkXPress
Reproduktionen: EPS GmbH, München
Druck und Binden: Graphischer Großbetrieb Pößneck GmbH
– Ein Mohndruck-Betrieb –
Printed in Germany
ISBN 3-7766-1967-8

Betsy, Nick, Sara
und
meinen Eltern

Inhalt

Teil II
Fall

Was Menschen Übles tun,
das überlebt sie; das Gute
wird mit ihnen oft begraben

William Shakespeare
»Julius Cäsar«
(3. Akt, 2. Szene)

Statt eines Vorworts

Alles, was ich über Al sagen kann, ist, daß er zu mir und meiner Familie immer unheimlich nett war. Vor allem zu meiner Mutter. Er hat sie geradezu vergöttert. Wie oft hat er uns besucht und sie in den Arm genommen, ihr einen Kuß gegeben und gefragt: »Na, Mom, wie geht's?« Und wenn er wieder ging, hatte sie immer Geld in der Hand oder in der Tasche. So war er. Ich habe ihn niemals anders als freundlich und großzügig erlebt.
Er hat mir mein erstes Fahrrad geschenkt. Er fragte mich, ob ich im Sportgeschäft gewesen sei, und als ich verneinte, sagte er: »Dann lauf mal schnell hin. Ich glaube, die haben da was für dich.« Also bin ich hingegangen, und da stand dieses nagelneue Fahrrad für mich. Ich war völlig aus dem Häuschen und bin gleich damit heimgefahren. Er hat auf der Veranda auf mich gewartet; grinste von einem Ohr zum anderen. Und dann ist er den halben Nachmittag selber mit dem verdammten Rad rumgekurvt.
Wenn in Chicago irgendwas passierte, hat es die Presse natürlich jedesmal Al angehängt. Und auch die Polizei brauchte immer einen Sündenbock. Aber sie konnten ihn nie wegen irgend etwas festnageln. Können Sie sich das vorstellen: Sieben Kerle an die Wand stellen und sie alle mit einem Maschinengewehr niedermähen? Da muß jemand doch total verrückt sein. Komplett übergeschnappt. Ganz gleich, was für Gegner das waren – dieses Massaker am Valentinstag war das schlimmste, was jemals in Chicagoer Gangsterkreisen vorgekommen ist.
Wenn jemand Hilfe brauchte und sich an Al wandte, dann bekam er sie. Er hat vielen Alten in Chicago geholfen, vielen alten Italienern während der Weltwirtschaftskrise. Wenn er nicht gewesen wäre, wäre die Hälfte von ihnen auf die Fürsorge angewiesen gewesen, oder noch schlimmer. Aber er hat ihnen immer die Möglichkeit geboten, hier oder da einen Dollar zu verdienen. Dabei hat er es aber immer vermieden, jemandem das Gefühl zu geben, er würde ihm etwas schenken oder gar ein Almosen geben. Statt dessen sagte er: »Ich möchte deine Garage mieten. Es könnte sein, daß ich sie mal brauche.« Oder: »Vermietest du mir deinen Keller? Ich könnte ihn irgendwann brauchen.« Er ist nie darauf zurückgekommen, aber er hat regelmäßig die Miete bezahlt. Damals, in Chicago, hat er ihnen 75 Dollar im Monat gegeben, und das war 1930 ein Haufen Geld. So war er eben.

Während der Weltwirtschaftskrise hat er in Chicago sogar Suppenküchen eingerichtet. Hat verdammt viele durchgefüttert, auch jede Menge Penner. Dabei hatte er überhaupt nichts davon, daß er diesen armen Schweinen geholfen hat, weil sie sich niemals revanchieren konnten. Aber er tat es trotzdem. Weil er eben so ein Mensch war. Er wollte einfach Gutes tun.

Er hat mich immer angehalten, keine krummen Dinger zu drehen. Ich werde nie vergessen, wie wir einmal vom Strand-Kino in Lansing, Michigan, heimschlenderten. Er hat mich oft ins Kino eingeladen und mir dazu immer eine Packung Kaugummi geschenkt. Ich saß dann den ganzen Film über laut kauend da, und er sagte immer: »Ich bin mit meinem alten Snorky hier.« Er hat mich nämlich gern mit seinem eigenen Spitznamen angesprochen. Wie auch immer – jedenfalls waren wir auf dem Heimweg, ich, Al, Frank Nitti und Jack McGurn. McGurn war ein verdammt guter Golfer, müssen Sie wissen, hätte ohne weiteres Pro werden können.

Also wir gehen an einem Sommerabend auf dem Rückweg vom Kino die Straße entlang und kommen an diesem Haus vorbei. Alle Fenster stehen offen, überall brennt Licht, und in einem Zimmer sitzt eine Familie beim Abendessen. Und da sagt er zu mir: »Junge, was würde ich nicht darum geben, einmal mit meiner Familie so zu Abend zu essen. Bei offenem Fenster und Licht. Junge, bleib bloß sauber. Wenn du dich jemals in dreckige Machenschaften verwickeln läßt, und ich bin noch am Leben, dann bringe ich dich eigenhändig um.«

Das hat damals mächtig Eindruck auf mich gemacht, daß er trotz seinem vielen Geld und den vielen Leuten um sich herum eigentlich kein richtiges Privatleben hatte. Er mußte immer wachsam und mißtrauisch sein, immer auf der Hut. Er konnte sich nicht mal irgendwo die Haare schneiden oder rasieren lassen. Der Friseur mußte zu ihm ins Haus kommen. In Restaurants setzte er sich immer in Fenster- oder Türnähe, um einen Fluchtweg zur Verfügung zu haben. Nie ging er ohne seine Gorillas aus: zwei oder drei Leibwächter vorneweg, ein paar an jeder Seite und zwei oder drei als Nachhut. Das war vielleicht ein Leben …

Anthony Russo[*]

[*] Anm. d. Übs.: Anthony Russo ist das Pseudonym eines Mannes, der Al Capone gut kannte, und mit dem der Autor ein längeres Interview führte.

TEIL I

Aufstieg

Al Capone auf dem Höhepunkt seiner Macht.
Das Photo zeigt den »König der Gangster« in seiner Villa in Florida mit Schwergewichts-Weltmeister Jack Sharkey (rechts) und dem legendären Footballspieler Bill Cunningham (1930).

1. Kapitel

»Campanilismo«

Er war gerissen, skrupellos und imposant. Ein großer, fetter Mann mit Zigarre und einem dicken, 50 000-Dollar-Brillanten am kleinen Finger. Ein grinsender, hängebackiger Satan mit zwei Narben auf der linken Wange. Bei einer Größe von knapp ein Meter achtzig wog er weit über zwei Zentner, doch wenn es darauf ankam, bewegte er sich mit raubtierhafter Schnelligkeit und Kraft. Weder beredt noch gebildet, konnte er überaus charmant, warmherzig und großzügig sein und verteilte stets üppige Trinkgelder. In einem verfehlten Bestreben nach Eleganz trug er Maßanzüge in unsäglichen Farben – Violett, Stahlblau oder Gelb – dazu meist einen silbergrauen Hut mit schwarzem Band und eine diamantbesetzte Krawattennadel. Er mochte die Menschen, wollte von ihnen bewundert werden. Und tatsächlich fühlten sich viele zu ihm hingezogen, zollten ihm Beifall, baten ihn um ein Autogramm, und er ließ sich ihre Heldenverehrung gerne gefallen.

Er hieß Al Capone und war, so die *New York Times* aus Anlaß seines Todes am 25. Januar 1947, »das Symbol einer Ära ohne jede Scham, das monströse Sinnbild einer Seuche, die sich tief in das Gewissen Amerikas hineingefressen hat. Rückblickend erscheint diese Zeit, in der die Prohibition in all ihrer Abscheulichkeit florierte, geradezu phantastisch. Und Capone selbst war die Ausgeburt eines bösen Traums.«

Mit harschen Worten und beißender Kritik machten sich die Verfasser der diversen Nachrufe genüßlich daran, sein Leben und seine Karriere zu zerpflücken. Sie teilten der Öffentlichkeit mit, »Alfonso Caponi« sei 1895 in Neapel geboren – als wäre es schlichtweg unmöglich, daß ein echter amerikanischer Junge jemals eine derartige Verbrecherlaufbahn einschlagen würde. Sie verrieten, daß er seine Lehrjahre als Gangster in Manhattan, genauer gesagt in dem Viertel Little Italy zugebracht hatte; sie förderten seinen Wehrpaß zutage, erwähnten, daß er im Ersten Weltkrieg in Frankreich gekämpft habe, und beschrieben den Zweikampf, dem er seine beiden berühmten Narben verdankte. Sie vertrauten dem Leser an, daß er den Spitznamen »Scarface« – Narbengesicht – führte, erläuterten, daß der junge Capone wegen einer Mordanklage aus New York floh und sich nach Chicago absetzte, um dort für seinen Cousin Johnny Torrio, damals zweiter Bürgermeister der Stadt, zu arbeiten. Sie zeichneten ihn als gewieften Drahtzieher des blutigen Massakers vom 14. Februar 1929 – in manchen Berichten fuchtelt er sogar höchstpersönlich mit einem Maschinengewehr herum. Als Todesursache gaben sie Lungenentzündung oder Schlaganfall an, einige nannten gar beides, und zu guter Letzt verkündeten sie einhellig, daß sein Tod das Ende der Ära des organisierten Verbrechens markiere. So wurde sein Leben zum Paradebeispiel einer Gangsterlaufbahn in Amerika.

Dennoch war der größte Teil dieser endlos wiedergekäuten und gemeinhin für wahr gehaltenen Informationen schlichtweg erfunden. Das fing schon mit Ort und Zeit seiner Geburt an. Ebenso falsch war die Geschichte seines Militärdienstes. Der immer wieder zitierte Wehrpaß gehörte in Wahrheit einem anderen Al Capone, einem in New Jersey ansässigen Metzger. Wie er zu seinen Narben kam, wurde genauso verfälscht und romantisch verbrämt wie sein wirklicher Spitzname – »Scarface« hieß er ausschließlich für das Filmgeschäft und die Presse –, die wahre Todesursache und sogar die richtige Schreibart seines Namens. Und sein Ableben bedeutete mit Sicherheit nicht das Ende des organisierten Verbrechens, wie es die vor Moral triefenden Nachrufe vorhersagten. Capone folgten nicht weniger Gangsterbosse nach, als ihm vorausgegangen waren. »Wer ihn nur aus Zeitungsberichten kennt, hat keine Ahnung, was für ein Mensch er wirklich ist«, offenbarte seine jüngere Schwester Mafalda 1929 in einem Zeitungsinterview, doch ihre Worte stießen auf taube Ohren oder ernteten blanken Hohn und Spott. Von einem Familienmitglied war ja wohl auch keine objektive Stellungnahme zu erwarten. Spielfilme über Capone und seinen legendären Aufstieg machten die Verwirrung um Person und Taten perfekt, da sie häufig reale Namen in fiktive Handlungen einbanden. Im Grunde genommen ist Al Capone, wie ihn die Welt heute kennt, also nichts als ein Mythos: eine gefährliche, aber faszinierende Mischung aus dem schrillen Sensationsjournalismus der zwanziger Jahre, schablonenhaftem Hollywood-Romantizismus und dem unausrottbaren, ja immer weiter um sich greifenden Vorurteil ausländischen Einwanderern gegenüber. Und diese vielen verzerrten Darstellungen machten Capone zu einem überlebensgroßen Symbol des Bösen.

Jahrzehntelang hatten Politiker und Schriftsteller aus dem rechten Lager die Öffentlichkeit vor Al Capone – oder jemandem wie ihm – gewarnt. Vor einem unerwünschten fremden Element, das die sauberen heimischen Gefilde verseuche, die ausgewogene Wirtschaft des Landes durcheinanderbringe und altehrwürdige anglo-amerikanische Institutionen unterminiere. Das Capone-Phänomen war diesen Stimmen zufolge nur die logische und unausweichliche Folge einer Politik, die zugelassen hatte, daß in den letzten drei Jahrzehnten des 19. Jahrhunderts Millionen von Einwanderern aus aller Welt in die Vereinigten Staaten strömten.

Einer der einflußreichsten Kritiker der unbeschränkten Immigration war der ehrenwerte Henry Cabot Lodge, der für die Republikaner im Kongress saß. Als Sprößling einer wohlhabenden neu-englischen Familie, Historiker und ehemaliger Herausgeber des angesehenen *North American Review,* verkörperte Cabot Lodge das politische, wirtschaftliche und finanzielle Establishment seiner Zeit und nahm wohl auch deshalb für sich das Recht in Anspruch, darüber zu entscheiden, wer in die Vereinigten Staaten einreisen dürfe und wer nicht. 1891, drei Jahre bevor Capones Eltern in New York ankamen, erhob dieser Moralapostel aus Neu-England warnend seine Stimme: In den letzten 15 Jahren seien nahezu sechseinhalb Millionen Menschen eingewandert, eine Zahl, die »einem Zehntel der gesamten Bevölkerung der Nation« entspräche und auch »genügend Stimmberechtigte [enthielte], um bei einer Präsidentschaftswahl den Ausschlag zu geben«. Cabot Lodge wollte sie aus eben dem Grund fernhalten, der sie nach Amerika zog – weil sie arm, ohne Ausbildung und nirgendwo erwünscht waren. »Wir haben das Recht, Analphabeten die Einreise zu verbieten«, eiferte er und schlug vor, einen Lese- und Schreibtest für Einwanderer einzuführen, der, so seine Worte, zusammen mit anderen, allgemeineren Tests mit hoher Wahrscheinlichkeit den unerwünschten Teil der derzeitigen Einwanderungswelle aussieben, die Zahl der Immigranten kräftig reduzieren, was dem allgemeinen Arbeitsmarkt zugute kommen würde. Die Vereinigten Staaten, warnte Cabot Lodge, seien eine Zufluchtsstätte für die »Armenhäusler und Kriminellen« Europas geworden. »Es ist reiner Wahnsinn, diesen Strom ungehindert in unser Land fließen zu lassen, ohne gefährliche und unerwünschte Elemente auszusondern«, wobei er mit letzteren vor allem Italiener meinte, die seiner Ansicht nach lediglich kamen, um hier Geld zu verdienen, und dann in ihre Heimat zurückkehrten, um es dort auszugeben. Mit anderen Worten: Sie täten nichts anderes, als sich und ihre Landsleute auf Kosten der Amerikaner zu bereichern.

Trotz Cabot Lodges Mahnungen und eines 1882 verabschiedeten Gesetzes, das Almosenempfänger und Kriminelle ausschloß, ging die Einwanderungsrate kaum zurück. »Wir werden überschwemmt, ertrinken bald unter der riesigen Flutwelle europäischen Gesindels, … Armenhäuslern, Kriminellen und Bettlern, dem Abschaum fremder Kulturen«, klagte der *New*

York Herald im Dezember 1892. »Es ist verständlich, daß sie hierher kommen wollen, aber unser Land ist kein Wohlfahrtsinstitut und kein Obdachlosenasyl ...« Dennoch sollte der Kongress erst 1924 eine Quotenregelung für Einwanderer beschließen.

Unter diesen und ähnlichen Vorurteilen hatten alle Einwanderergruppen zu leiden, doch mit am schlimmsten traf es Süditaliener wie die Capones, die von vornherein als faul, triebhaft, dumm und kriminell abgestempelt wurden. 1914 machte sich der einflußreiche Soziologe Edward Alsworth Ross im *Century Magazine* zum Sprachrohr der amerikanischen Oberschicht und äußerte sich besorgt über die ausgesprochen unfeinen Neuankömmlinge. Besonders streng ging er mit jenen ins Gericht, die wie Al Capones Eltern aus Neapel kamen: »Zwischendeck-Passagiere aus Neapel«, bemerkte er abfällig, »fallen erschreckend häufig durch niedrige Stirn, offen stehenden Mund, weichliches Kinn, schwach ausgeprägte Züge, schiefes Gesicht, kleinen oder verwachsenen Schädel und fehlenden Hinterkopf auf. Solchen Menschen mangelt es an praktischem Verstand, weshalb ihre Todesrate in New York auch hundert Prozent über dem Durchschnitt liegt.« Zu dumm zum Überleben, wie Ross glaubte, ließen Süditaliener darüber hinaus auch jegliche technische Begabung vermissen, und schließlich stünde »ihr labiler Charakter in krassestem Gegensatz zu der Selbstbeherrschung des Hebräers und der Beharrlichkeit der Slawen«. Und ihre Kinder, so stimmten verzweifelte amerikanische Lehrer überein, »verabscheuen das Lernen, machen kaum Fortschritte und verlassen die Schule bei der erstbesten Gelegenheit«. Daß sie nach Amerika kamen, verschlimmerte Ross zufolge diese angeborenen Schwächen noch. Zu Hause bei ihresgleichen wären sie wesentlich besser aufgehoben, denn schließlich läge ihnen das Leben in einem Slum von Neapel ja sozusagen im Blut. Wie anders seien da doch die Deutschen mit ihrem Ordnungseifer, die Engländer mit ihrer Wahrheitliebe und die Amerikaner mit ihrem ausgeprägten Sinn für Gerechtigkeit.

Selbst andere Einwanderer äußerten sich abfällig über die Unfähigkeit der Italiener, es zu etwas zu bringen, eine Stellung zu finden und sich weiterzubilden, kurz: sich in die bestehende Gesellschaftsordnung einzugliedern, zu assimilieren. Einer der bekanntesten war der gutsituierte, aus Dänemark gebürtige Journalist Jacob Riis. Vehement prangerte der Sozialreformer die menschenunwürdigen Unterkünfte für die frischangekommenen Einwanderer an, die Italiener jedoch stellte er nicht als hilflos Leidtragende der katastrophalen sozialen Mißstände dar, unter denen alle Einwanderer zu leiden hatten, sondern als Opfer ihrer eigenen Unzulänglichkeit. Anders als Cabot Lodge, dessen Fremdenhaß in erster Linie auf intellektueller

Überheblichkeit beruhte, basierten Riis' Aufzeichnungen auf persönlichen Erfahrungen mit italienischen Immigranten. In seinem ansonsten durchaus fortschrittlichen Buch *How the Other Half Lives* (1890) notierte Riis, daß ein in New York angekommener Italiener »augenblicklich in völlige Mittellosigkeit und Schlamperei verfällt, die vor der Kulisse mediterraner Fülle idyllisch wirken mag, in einer zweckorientierten, pragmatischen Gemeinschaft wie der amerikanischen aber unweigerlich den Untergang bedeutet«.

Was angesehene Politiker und Journalisten mit solchen und ähnlichen Phrasen umschrieben, fand auf der Straße seinen Ausdruck in einem einzigen Wort, das alles zusammenfaßte, was viele Amerikaner von den Italienern hielten: *dago**. Dieser Schimpfname, eine Ableitung vom spanischen »Diego«, hatte seinen Ursprung im Westen der Vereinigten Staaten und gelangte von dort bis zur Ostküste, wo man ihn rasch auf die italienischen Neuankömmlinge ausdehnte, von denen die meisten voll blauäugiger Hoffnung in ein Land kamen, wo sie Haß und Verachtung erwartete.

Als Süditaliener waren sie Ressentiments gewohnt, denn nicht selten äußerten sich ihre eigenen Landsleute aus dem Norden ebenso geringschätzig über sie wie Henry Cabot Lodge oder Jacob Riis. Für Norditaliener bestand Italien aus zwei Ländern, dem Norden und dem Süden, möglicherweise sogar aus drei: Norden, Süden und Sizilien – einer Provinz, die ihnen so fremd, so rückständig und so korrupt erschien, daß sie die Sizilianer als Afrikaner bezeichneten, was nichts mit deren Aussehen zu tun hatte, aber die Furcht der Norditaliener vor deren Charakter zum Ausdruck brachte. (Als junger Heranwachsender lernte auch Capone die Angst der Nicht-Sizilianer vor den »Schwarzen Italienern« kennen, die die Straßen beherrschten; »diese verrückten Sizilianer« lautete eine seiner häufigsten Klagen.)

Trotz dieses fremdenfeindlichen Klimas verließen immer mehr von Naturkatastrophen wie Erdbeben und Dürre geplagten Bauern und Landarbeiter die Heimat und strömten nach Amerika. Als Folge davon wurden die Zahlen, die Cabot Lodge so beunruhigt hatten, bald noch übertroffen. 1880 emigrierten etwa 12 300 Italiener in die Vereinigten Staaten, acht Jahre später waren es mehr als 51 000. In den neunziger Jahren pendelte sich der Einwandererstrom auf etwa 50 000 jährlich ein, doch im folgenden Jahrzehnt, dem ersten des zwanzigsten Jahrhunderts, explodierten die Zahlen: 1900 kamen 100 000, 1903 waren es 230 000 und 1907 gar 286 000. Auf ähnlich hohen Niveau hielten sich die Einwandererzahlen bis zum Ersten

* Anm. d. Übs.: Entsprechend in etwa unserem »Kanake«.

Weltkrieg, der den Exodus jedoch nur kurzzeitig eindämmte. Nichts – nicht die Furcht vor einem Krieg zwischen den USA und Italien, und auch nicht die Slums, die sie in den »Little Italys« der amerikanischen Städte erwarteten – schreckte sie ab. Ihre Bereitschaft, Haß und Elend in Kauf zu nehmen, verdeutlicht die verzweifelte Lage, in der sie sich befanden, aber auch ihren Mut, ihre Naivität und die riesige Hoffnung, die sie auf ein Leben in der Neuen Welt setzten – und die nur allzuoft enttäuscht wurde und dann unweigerlich zu Konflikten und bitterer Enttäuschung führte.
Al Capones Jugend war wie die vieler anderer italienischer Einwandererkinder stark von diesem Klima anti-italienischer Vorurteile geprägt. Er und seine Brüder reagierten darauf sehr unterschiedlich, doch keinem gelang es, ihm zu entfliehen.

Al Capone betonte stets mit Nachdruck, daß er Amerikaner sei, in den Vereinigten Staaten geboren und aufgewachsen. Doch sein Leben wäre ohne das italienische Erbe mit Sicherheit in völlig anderen Bahnen verlaufen. Er war ein Teil beider Welten – der Alten mit ihrem Fatalismus, ihrer Korruptheit und ihrem Charme ebenso wie der Neuen, die von Ehrgeiz, Materialismus und Gewalt geprägt war.
Seine Mutter, die Näherin Teresina Raiola, und sein Vater, ein Friseur namens Gabriele Capone, waren beide in Neapel aufgewachsen, wo sie auch heirateten und eine Familie gründeten. Neapolitaner standen in dem Ruf, den Schmutz und das Elend ihrer Stadt mit beispielhafter Gleichmut zu ertragen und der katholischen Kirche und der Monarchie wie jeglicher Autorität überhaupt mit großem Mißtrauen zu begegnen. Die Tatsache, daß jahrhundertelang ein Herrscher nach dem anderen die Region ausgebeutet und dann schmählich im Stich gelassen hatte, war nicht spurlos an den Menschen Süditaliens vorübergegangen, und immer wieder wurden da und dort Stimmen laut, die die sozialen Ungerechtigkeiten und die unglaubliche Scheinheiligkeit der allzu päpstlichen Moralapostel anprangerten.
In dieser Atmosphäre konnte das organisierte Verbrechen ganz offen florieren. Kriminelle Vereinigungen bestimmten in Neapel Alltagsleben und Wirtschaft. Allerdings handelte es sich dabei nicht um klüngelhafte, geschlossene Gesellschaften wie die für Sizilien typische Mafia, sondern um die Camorra, einen terroristischen Geheimbund von Schiebern, Erpressern, Wucherern, Zuhältern und Glückspiel-Organisatoren. Ganz auf Profit ausgerichtet, war die Camorra eine Art säkularisierte Mafia, die sich nicht mit irgendwelchen Ritualen belastete, sondern nach dem Prinzip operierte, einer breiten Masse Schutzgelder abzupressen. Zahlungspflichtig waren nicht nur Inhaber von Läden und Bordellen, sondern auch wirklich

»kleine Leute« wie etwa die Fahrer öffentlicher Verkehrsmittel, Bettler, Prostituierte, Diebe, Lotteriegewinner, Kellner und Pfandleiher. Darüber hinaus kontrollierte die Camorra einen internationalen Schmugglerring und druckte Falschgeld. In gewisser Weise jedoch bekamen die Leute auch etwas für ihr Geld, denn in einer Region ohne funktionsfähige Regierung fungierte sie auch als inoffizielle politische Kraft: *Camorristi* erteilten Ratschläge und konnten wahre Wunder wirken, wenn es darum ging, Genehmigungen für alles mögliche einzuholen, unerwünschte Konkurrenz zu beseitigen oder widerspenstige Staatsbeamte an die Kandare zu nehmen.

Entstanden war die Camorra Anfang des 19. Jahrhunderts in neapolitanischen Gefängnissen, wo sie jedoch eher als Ordnungsfaktor denn als destruktiver Geheimbund tätig war. Als Gegenleistung für ihre Zahlungen erhielten die Häftlinge alle möglichen Güter und Privilegien. 1830 hatte die Camorra die Gefängnismauern hinter sich gelassen und war in kommunalpolitische Zirkel aufgestiegen. Sie unterstützte die neapolitanische Polizei darin, für Ruhe und Ordnung zu sorgen, indem sie die Arbeiterklasse fest im Griff hielt. Wer sich mit der Camorra anlegte, hatte früher oder später eine lange Narbe quer über den Hals, und es heißt, daß in Neapel viele derart Entstellte herumliefen – als lebende Warnung an alle, daß man sich den *Camorristi* besser nicht widersetzte. In Wahrheit jedoch lag der Schlüssel zum Erfolg der Camorra in ihrem streng hierarchischen Aufbau. Um 1860 hatte sie derart an Einfluß gewonnen, daß die etablierten Parteien die Organisation sogar mit der Wahrung der öffentlichen Sicherheit betrauten.

Trotz ihres halb-legalen Status wußten die *Camorristi*, daß sie ein gefährliches Leben führten, das von den Launen lokaler Gangsterbosse abhing, die ihre äußerst profitablen illegalen Lehen eifersüchtig bewachten. Camorristen entschieden sich wissentlich für *la mala vita*, das »schlechte Leben« des Verbrechens und der Unterwelt. Daß sich die meisten *Camorristi* mit Prostituierten einließen, bedeutete ein weiteres Risiko. Viele steckten sich an, und in Neapel ging das Wort, die meisten Camorristen seien von Geschlechtskrankheiten geistig und körperlich schwer gezeichnet. Allen Gefahren zum Trotz hatte *la mala vita* ganz gewiß auch glanzvolle Seiten, und wer überlebte, konnte auf eine gesicherte Stellung rechnen, da die Camorra eng mit dem politische Establishment verknüpft war und ein gewisses Maß an sozialen Sicherheiten bot.

Als Al Capone 1921 nach Chicago kam, erwartete ihn eine Stadt, die in vielerlei Hinsicht als eine amerikanische Version von Neapel gelten konnte: Auch in Chicago gab es eine große Arbeiterschicht, von der halb-legale kriminelle Vereinigungen getragen wurden, die ihrerseits mit korrupten

Kommunalpolitikern Hand in Hand wirtschafteten. Capone baute seine Chicagoer Organisation nicht wissentlich nach dem Muster der neapolitanischen Camorra auf und nannte sie niemals so – genauer gesagt: Er gab ihr überhaupt keinen Namen –, doch diente ihm dieser komplizierte, streng hierarchisch gegliederte Geheimbund sicherlich als Vorbild.

Tausend Jahre der Unterdrückung ließen das Leben in Neapel wenig ersprießlich erscheinen, wogegen Amerika als ein Land der unbegrenzten Möglichkeiten lockte. Die meisten Auswanderungswilligen hatten sich schon in eine Art Abhängigkeit begeben, bevor sie überhaupt Fuß auf ein Schiff setzten. Dieses sogenannte Padrone-System zeigte eine auffällige Ähnlichkeit mit den Methoden der Camorra – der Arm der neapolitanischen Korruption reichte bis weit über den Ozean. Im Rahmen dieses Systems fanden sich die italienischen Einwanderer in der Neuen Welt rasch zu einer Ware degradiert, deren Wert allein nach ihrer Arbeitskraft bemessen wurde. Der Boß oder Erpresser, der die Arbeiterschaft organisierte und ausbeutete, hieß *Padrone*, und unter seinem Regime hatten die Einwanderer nichts zu lachen. Männer verdienten durchschnittlich nur etwa 40 Dollar im Jahr. Auch die Kinder wurden als Arbeitskräfte herangezogen und mußten als Zeitungsjungen, Schuhputzer oder Bettler arbeiten und die wenigen Pennies, die sie einnahmen, dem Padrone abliefern. Frauen wurden häufig zu Prostituierten. 1897, drei Jahre nach Ankunft der Capones in New York, befaßte sich John Koren im *Bulletin of the Department of Labor* mit dem Padrone-System, unter dem mindestens zwei Drittel aller Italo-Amerikaner litten, und bezeichnete es als eine moderne Form von Sklaverei.

Die meisten Italiener wehrten sich schon deshalb nicht gegen diese grausame Bevormundung, weil sie nur relativ kurze Zeit in den Vereinigten Staaten blieben. Mitte der neunziger Jahre des letzten Jahrhunderts kehrten weit mehr Italiener in ihr Heimatland zurück als nach Amerika einreisten. Die Mehrheit von ihnen bestand aus Arbeitern, die in der Neuen Welt unter dem Padrone-System für einen Sklavenlohn geschuftet hatten und nun erschöpft, ausgelaugt und desillusioniert in die ärmlichen Dörfer zurückkehrten, aus denen sie stammten. Doch langsam begann sich die Situation zu ändern. Durch Berichte wie den oben erwähnten erfuhr die amerikanische Öffentlichkeit von den *Padroni* und setzte sich dafür ein, das korrupte System auszurotten. Unter dem Druck der Regierung verlor das Monopol allmählich an Macht. Nun kamen zunehmend ganze Familien aus Italien, denen es nicht darum ging, schnelles Geld zu verdienen – sie wollten sich für immer in den Vereinigten Staaten niederlassen und Amerikaner werden.

Unter den 42 977 Italienern, die 1894 in die Vereinigten Staaten einreisten, befand sich eine junge, wenig bemerkenswerte Familie aus Neapel. Ihr Name, den sie eigenhändig auf die Einwanderungs- und Einbürgerungspapiere schrieben, war ein in ihrer Heimat relativ häufiger: Capone. (Nicht Caponi, wie viele Veröffentlichungen später fälschlich behaupteten.) Die Capones sollten bald zu einer großen Familie mit engen Banden werden, doch zur Zeit ihrer Ankunft in New York waren es nur vier Personen: das Familienoberhaupt Gabriele Capone, damals 30 Jahre alt, seine Frau Teresina – oder Teresa, wie sie häufig genannt wurde –, 27, und ihre beiden kleinen Kinder, der zweijährige Vincenzo und sein jüngerer Bruder Raffaele, der, am 12. Januar 1894 geboren, von seiner Mutter an Land getragen wurde. Die Capones kamen nach Amerika, um sich hier eine Existenz aufzubauen, nicht – wie so viele vor ihnen – nach ein oder zwei Jahren wieder nach Italien zurückzukehren. Zum Zeitpunkt ihrer Ankunft war das Padrone-System bereits im Niedergang begriffen. Gabriele hatte die Überfahrt aus eigenen Mitteln bestritten; er war Friseur, ein Handwerk, mit dem er sich – jung und ehrgeizig, wie er war – selbständig machen konnte.

Gabriele hatte Teresina Raiola drei Jahre zuvor in Neapel geheiratet, und die beiden hatten sofort damit begonnen, eine Familie zu gründen. Zur Zeit ihrer Überfahrt war sie bereits mit ihrem dritten Kind, Salvatore, schwanger, der im Januar 1895 zur Welt kommen sollte. Im Kreise der Familie wurden alle Kinder stets mit ihrem italienischen Namen gerufen, für alle außerfamiliären Kontakte jedoch legten sie sich amerikanische Namen zu: Vincenzo wurde James, Raffaele Ralph und Salvatore Frank. Ihre Eltern änderten ihre Namen nicht.

Nach den üblichen Aufnahmemodalitäten auf Ellis Island zog die Familie Capone wie die meisten italienischen Einwanderer in einen Stadtteil, in dem sich bereits Familien aus derselben Region, wenn nicht sogar Stadt niedergelassen hatten. Dieses Phänomen nannte man *campanilismo*. Dieses Wort, das sich von Campanile, dem italienischen Glockenturm, ableitet, bezeichnet traditionell den Umkreis, in dem das Läuten der Dorfglocken zu hören war. Der Sog des *campanilismo* führte dazu, daß Süditaliener ihr ganzes Leben in ihrem Dorf zubrachten: Sie arbeiteten, heirateten, lebten und starben innerhalb dieses eng abgegrenzten Bezirks. In Amerika erhielt der Begriff eine neue Dimension: Mehr noch als der römisch-katholischer Glaube, ja sogar mehr noch als ihre Sprache vergrößerte der *campanilismo* die Distanz der italienischen Einwanderer zum amerikanischen Lebensstil, da sich der Kontakt jedes Immigranten ausschließlich auf Menschen beschränkte, die aus derselben Region Italiens kamen wie er selbst. Dieses Festhalten am Gewohnten erleichterte dem einzelnen zwar die Eingewöhnung in der Fremde, vertiefte aber gleichzeitig den Abgrund, der sie von den »unbegrenzten Möglichkeiten« der Neuen Welt trennte.

Den meisten Amerikanern fielen die Nuancen im Siedlungsmuster der italienischen Einwanderer nicht auf; ihnen reichte die Erwähnung dieser unglücklichen Schicht aus, um sie automatisch mit einem bestimmten Viertel in Verbindung zu bringen: dem Mulberry Street Bend bei der Lower Eastside in Manhattan, einem nicht grundlos als Brutstätte jeglicher Art von Verbrechen verschrieenen Viertel. Hier, im Mulberry Bend, soll Al Capone den meisten Presseberichten zufolge seine Jugend verbracht haben – wo sonst hätte ein Junge das Gangsterhandwerk auch derart perfekt erlernen können? In Wahrheit aber hatten weder er noch seine Familie jemals dort gelebt.

Vielmehr ging die Familie Capone den Weg des geringeren Widerstands und ließ sich in Brooklyn nieder, wo sich bereits Zehntausende italienischer Einwanderer angesiedelt hatten. Brooklyn, das erst 1898, vier Jahre nach der Ankunft der Capones, von New York City eingemeindet wurde, war trotz zweier gewaltiger Brücken Welten von Manhattan entfernt. Keiner der Capones würde je viel mit Manhattan zu tun haben. Die Millionenstadt war ein lautes, beengtes Pflaster voller Aggressivität und Hektik, Brooklyn dagegen angenehm familiär und ein bißchen provinziell.

In Al Capones Brooklyn spielte der Atlantik eine große Rolle. Heisere Schreie ausstoßend, kreisten Möwen über den menschenleeren, von einfachen Reihenhäusern und kahlen Bäumen gesäumten Straßen. Der salzige Geruch von Seetang hing in der Luft und vermischte sich mit dem Gestank von Abgasen und verrottendem Müll. Die Docks, auf denen viele Tausende Arbeit fanden, lagen nur wenige Gehminuten von den Straßen entfernt, in denen er seine Jugend verbrachte. Werften und Schiffe brachten Seeleute, die ihrerseits Spielhöllen, Bars und Bordelle anzogen. Überall in der Gegend traf man Prostituierte, vor allem aber in der Sands Street, einer bunten Ansammlung unterschiedlichster Amüsierbetriebe, alle darauf ausgerichtet, den Seeleuten ihre hart verdiente Heuer abzunehmen: Tätowier-Stuben, Saloons, die billigen Whiskey und nicht selten auch einen Betäubungstrunk auftischten, Dance Halls, Spielhöllen und Bordelle für jeden erdenklichen Geschmack.

An heißen Sommertagen trieb einem der beißende Gestank des Gowanus Kanals Tränen in die Augen. Dieser künstliche Wasserweg, der die Bezeichnung Kanal eigentlich gar nicht verdiente, verlief in planlosen Zickzackbögen durch das sumpfige Brooklyner Terrain. Aus dem Wasser, einer trüben, grünbraunen Brühe, ragten rostige Schiffsteile und ausrangierte

Gerätschaften. Gelegentlich wurden auch halb verweste Leichen an die dichtbewachsenen Böschungen geschwemmt, denn der Gowanus Kanal, von den Anwohnern bezeichnenderweise River Lethe genannt, hatte schon lange vor Al Capones Zeit zwielichtiges Gesindel und kriminelle Elemente jeglicher Couleur angelockt.

Die erste Wohnung der Capones lag in der Navy Street 95 im Red Hook-Bezirk, den der ebenfalls aus Brooklyn stammende Arthur Miller in seinem Stück *A View from the Bridge* später einen »Slum mit Blick über die Bucht/Meerwärts der Brooklyn Bridge« schalt. Die Unterkunft war primitiv, ein paar unmöblierte Zimmer in einem vierstöckigen Mietsblock. Die Familie war arm und konnte sich nicht einmal das nötigste Mobiliar leisten. Ein uralter Kanonenofen und ein schlecht funktionierender Herd hielten den schlimmsten Frost ab, kaltes Wasser gab es auf dem Gang, und zur Toilette, einem windigen Bretterverschlag, mußte man in den Hof hinunter. Die Mieten in dem Viertel lagen zwischen drei und vier Dollar im Monat, und obwohl dies günstig war, belasteten die relativ hohen Ausgaben für Essen und andere lebensnotwendige Dinge wie Heizkohle die Finanzen von Einwanderern wie Gabriele Capone ganz gewaltig. Männer seines Standes verdienten damals bestenfalls zehn Dollar pro Woche. Der Wohnblock der Capones blickte direkt auf den Eingang zu der Marinewerft, doch Arbeit hätte Gabriele dort nicht gefunden, denn sie war fest in den Händen von Iren, Deutschen und anderen besser assimilierten Einwanderergruppen. So blieb Gabriele Capone keine andere Wahl, als seinen erlernten Beruf auszuüben, während sich Teresina um die Kinder kümmerte und, sofern ihr dazu Zeit blieb, die mageren Einkünfte durch Näharbeiten aufbesserte.

Ihre neuen Nachbarn, ausnahmslos erst kürzlich aus Italien eingewandert, erinnerten sich an die Capones als an eine ruhige, unauffällige Familie. Die Mutter, Donna Teresina, sei nicht sehr gesellig gewesen. Ihr Ehemann, Don Gabriele, hinterließ einen bleibenderen Eindruck, denn er war, den Worten eines Freundes der Familie zufolge, »groß und attraktiv – sehr gutaussehend«. Wie seine Frau war auch er ein ruhiger, stiller Typ, der Handgreiflichkeiten verabscheute. »Er hat die Kinder nie geschlagen, sondern immer nur mit ihnen geredet. Er hat sie ermahnt, und sie haben ihrem Vater zugehört.« Es ist keine Photographie von Gabriele Capone erhalten, aber ein ansprechendes Porträt dieses Mannes stammt von seinem zweitältesten Sohn Raffaele, der mehr als 30 Jahre später eine Haftstrafe auf McNeil Island, Washington, absitzen sollte und dort von seinem Vater und seiner Kindheit berichtete; voller Stolz und mit einer Liebe, die selbst die routinemäßigen Formulierungen des Protokolls durchdringt:

»Der Mann gibt an, daß sein Vater in Italien eine sehr gute Erziehung genoß, die seiner Ansicht nach mindestens dem amerikanischen High School-Abschluß entspricht. Er gibt an, daß sein Vater bei verschiedenen italienischen Gesellschaften Mitglied war und dafür viel Zeit aufwandte. Auch in der katholischen Kirche hatte er eine Reihe von Ämtern inne. Er gibt an, sein Vater habe zeitlebens als Friseur gearbeitet und diesen Beruf schon früh erlernt. Er gibt an, sein Zuhause sei gleichwertig, wenn nicht gar besser gewesen als ein durchschnittlicher amerikanischer Haushalt. Er gibt an, seine Eltern hätten sich stets sehr um ihre Kinder gekümmert, und sie hätten immer reichlich zu Essen, ordentliche Kleidung und eine schöne Wohnung gehabt.«

Über seine Mutter Teresina sagte Ralph Capone bei derselben Gelegenheit aus, sie sei ganz in ihren Kindern aufgegangen und habe alles für sie getan, was eine Mutter nur tun könne.
Ralphs Erinnerungen an seine Kindheit und Jugend legen nahe, daß Unehrenhaftigkeit oder gar Gewalt in der Familie Capone kein Thema waren. Kinder und Eltern standen sich sehr nahe, nichts deutet auf eine erbliche Geisteskrankheit oder auf ein traumatisches Ereignis hin, das die Buben zu einer Verbrecherlaufbahn prädestinierte. Weder zeigte sich bei ihnen ein gestörtes soziales Verhalten, noch wirkten sie gemüts- oder gar geisteskrank. Auch eine erbliche Veranlagung oder Vorliebe für kriminelle Taten ist auszuschließen, und keiner von ihnen war jemals Mitglied irgendeiner kriminellen Vereinigung. Natürlich gab es unter den Italo-Amerikanern kriminelle Dynastien, doch die Capones waren zu bescheiden, zu erfolglos und zu unbedeutend, um dieser »Elite« anzugehören. Sie waren vielmehr eine ganz normale Familie, die sich an die Gesetze hielt und auch sonst ein in jeder Hinsicht unauffälliges Leben führte.
Dennoch dürften sich die Capones vor Gangstern gefürchtet haben. Während der ersten Jahre, die sie in New York verbrachten, beherrschte *La Mano Nera*, die Schwarze Hand, die Szene. Dabei handelte es sich um eine Erpresserbande, die ganz nach dem in der Alten Welt erprobten Schema agierte – höflich, aber tödlich. Es fing damit an, daß das Opfer einen formvollendeten anonymen Brief erhielt, der häufig mit der Anrede »Honored Sir« (»Werter Herr«) begann und dann eine gewisse Summe nannte, die der Empfänger zahlen sollte, wollte er selbst am Leben bleiben und auch sichergehen, daß seiner Familie nichts passierte. Zeichnungen von Dolchen und Totenschädeln umrahmten den Text. Drohungen auf Mord

und Kindsentführung machte die Schwarze Hand gerade oft genug wahr, um sicherzustellen, daß ihre Opfer den geforderten Obolus gerne entrichteten. Die amerikanischen Behörden ordneten die Schwarze Hand häufig als Organisation ein, doch war sie eher ein bunt zusammengewürfelter Haufen kleiner, selbständig agierender Gauner. Außerdem wählte *La Mano Nera* als Opfer ausschließlich Italiener, die dieses Relikt einer längst vergangenen Epoche gleichermaßen fürchten und verachten gelernt hatten. Für die Capone-Kinder stand die Schwarze Hand gleichbedeutend mit Kriminalität. Jahre später antwortete Ralph Capone bei einem Verhör auf die Frage, ob er als Kind je von der Mafia gehört habe, mit einem Kopfschütteln. »Nein. Die Schwarze Hand war uns ein Begriff; aber das Wort ›Mafia‹ ist mir nie zu Ohren gekommen.«

Obwohl sie ein gutbürgerliches Leben führten und Gabriele Capone seinem Beruf nachging, zog sich zwischen ihnen und der amerikanischen Mittelschicht doch ein unüberbrückbarer Graben. Zum einen war es ihr römisch-katholischer Glaube, der sie von den meisten Amerikanern trennte; anti-katholische Vorurteile waren weit verbreitet und sollten sich bis zum Ersten Weltkrieg hin noch weiter steigern. Zudem isolierte ihre Sprache sie kulturell wie wirtschaftlich, und der neapolitanische Dialekt wirkte sogar gegenüber Landsleuten aus anderen Teilen Italiens wie eine Barriere. Möglicherweise war diese Isolation aber gar nicht das Schlimmste, was ihnen passieren konnte, denn sie schützte sie weitgehend vor den haßerfüllten Angriffen und dem Argwohn der Amerikaner.

Der Streß, sich in einem neuen Land eine neue Existenz aufbauen zu müssen, war so stark, daß das Ehepaar Capone fünf Jahre lang keine weiteren Kinder in die Welt setzte. Erst 1898 war Teresa wieder schwanger, und beide hofften sehr, nach drei Söhnen nun endlich eine Tochter zu bekommen. Doch auch ihr viertes Kind entpuppte sich als Junge. Er wurde am 17. Januar 1899 geboren und sollte Alphonse heißen.

Vom Augenblick seiner Geburt an war das Baby einer Unzahl von Gefahren ausgesetzt. Die Kindersterblichkeit in den italienischen Einwanderergemeinden war immens, einer Umfrage zufolge beinahe doppelt so hoch wie in anderen Teilen New Yorks. Lungenentzündung, Ruhr und Diphtherie grassierten und führten fast immer zum Tode. Auch an Kinderlähmung erkrankten hier weit mehr Kinder als anderswo; die Schuld daran gab man dem faulen Wasser des Gowanus Kanals.

Doch der kleine Alphonse überstand die ersten besonders kritischen Wochen, und am 7. Februar erschien die ganze Familie Capone in der St. Michael and St. Edward's Church in der Edward's Street in Brooklyn, um das jüngste Mitglied taufen zu lassen. In den Legenden, die sich um das Leben von Al Capone ranken, werden als Paten des Jungen alle möglichen finsteren Gesellen und älteren Gangster aus Brooklyn genannt, als habe man dem Kind die kriminelle Laufbahn gleichsam mit in die Wiege gelegt. In Wahrheit war an diesem frostigen Wintertag gar kein männlicher Pate anwesend, sondern eine Patin, Sophie Milo, die als Freundin der Familie diese Aufgabe gerne übernahm.

Pater Garolfalo vollzog das übliche Taufritual, schlug das Kreuz über dem kaum drei Wochen alten Buben, legte ihm eine Prise Salz in den Mund und besprenkelte ihn mit Weihwasser aus dem Taufstein. »Im Namen des Vaters und des Sohnes und des Heiligen Geistes taufe ich dich auf den Namen Alphonse.«

Auch in den folgenden Jahren blieb die St. Michael and St. Edward's Church die Stammkirche der Familie Capone, obwohl eigentlich nur Teresa regelmäßig den Gottesdienst besuchte; ihr Mann und ihre Söhne waren keine großen Kirchgänger. Das relativ schmucklose Gotteshaus war einer der wenigen Orte, wo italienische Einwanderer dem tristen Trott entfliehen konnten. Zu Ehren ihrer Schutzheiligen veranstaltenten die Gemeindemitglieder jedes Jahr am 8. Mai ein großes Fest. Angeführt von einer prächtigen Fahne, die den hl. Michael mit flammendem Schwert in Siegerpose zeigte, zog die Prozession – einer der seltenen Farbtupfer des grauen Alltags – durch die Straßen des Viertels bis zum Kirchenportal, wo Attanasios Blaskapelle heißgeliebte Ouvertüren und Arien aus Verdi-Opern spielte: *Aida, Rigoletto* und vor allem *I Vespri Siciliani*, deren romantische Handlung im 13. Jahrhundert spielt und vom Aufstand der Sizilianer gegen die französische Fremdherrschaft berichtet. Für viele Italiener – auch für Capone – war die Oper eine regelrechte Sucht, die das vitale Leben feierte und zugleich die Möglichkeit bot, der Realität für eine Weile zu entfliehen.

Im Juni des Jahres 1900, als Alphonse etwa 18 Monate alt war, zog die Familie Capone in die Park Avenue 69 in Brooklyn, in dasselbe Haus, in dem auch Gabrieles Friseursalon lag. Es war eine erhebliche Verbesserung gegenüber ihrer ersten Wohnung in der Navy Street. Eine Volkszählung aus dieser Zeit ermittelte die folgenden Daten:

> »*Capone, Gabriele:* Haushaltsvorstand; männlich; 34 Jahre alt; seit neun Jahren verheiratet. Geboren in Italien; 1894 eingewandert; seit sechs Jahren in den Vereinigten Staaten ansässig; Staatsbürgerschaftsstatus: Absichtserklärung liegt

> vor. Beruf: Friseur (Geschäft); im vergangenen Jahr nicht arbeitslos. Kann lesen und schreiben und beherrscht die englische Sprache.
>
> *Capone, Terresa [sic]:* Hausfrau; weiblich; 30 Jahre alt; seit neun Jahren verheiratet; Mutter von vier Kindern, alle vier am Leben. Geboren in Italien; 1894 eingewandert; seit sechs Jahren in den Vereinigten Staaten. Kann lesen und schreiben, beherrscht die englische Sprache nicht.«

Aus diesem Dokument geht hervor, daß Gabriele bereits erste Schritte unternommen hatte, die amerikanische Staatsbürgerschaft zu erwerben. Dieser langwierige Prozeß zog sich zwar noch sechs Jahre hin, doch am 25. Mai 1906 wurde Gabriele Capone ganz offiziell amerikanischer Staatsbürger, mitsamt seiner Familie und mit allen Rechten und Pflichten.
Seit einer Weile gehörten zum Haushalt der Capones auch zwei Untermieter, beide ebenfalls Einwanderer aus Italien. Der eine, Andrea Callabrea, war ein Musiker mittleren Alters, der andere, Michael Martino, ein junger Friseur, der allem Anschein nach bei Gabriele Capone in die Lehre ging und im Gegenzug für seine Mithilfe im Geschäft Kost und Logis umsonst erhielt. Nichts, aber rein gar nichts deutete darauf hin, daß im Kreise dieser Familie einer der berüchtigtsten Verbrecher in der Geschichte der Vereinigten Staaten aufwuchs. Sie entsprach in jeder Hinsicht dem Bild einer typischen italienischen Einwandererfamilie: Der Vater besaß ein kleines eigenes Geschäft, und die Mutter kümmerte sich um die Kinder, die sich momentan noch hauptsächlich zu Hause aufhielten, aber schon bald die Schulen und Straßen von Brooklyn unsicher machen sollten.

1904, im Alter von fünf Jahren, wurde Al eingeschult. Er besuchte die Public School 7 an der Adams Street, nicht weit von der elterlichen Wohnung entfernt. Die Schule war ein altes, düsteres Gebäude, dessen Mauern unter der Erschütterung der vorbeifahrenden Hochbahn ächzten. Die meisten Schüler stammten aus ähnlich ärmlichen Verhältnissen wie Al. Für viele Einwandererkinder bedeutete der Besuch der Grundschule den eigentlichen Sprung von den alten, beengten Verhältnissen in das reale amerikanische Leben. Hier waren viele das erste Mal gezwungen, Englisch zu sprechen, und trafen Jungen und Mädchen aus anderen Schichten. Hier erfuhren sie etwas über die Geschichte der Vereinigten Staaten, schworen der Flagge Treue und lernten merkwürdige amerikanische Gerichte kennen, die sie daheim noch nie vorgesetzt bekommen hatten. Die Kinder gaben ihre neuen Erkenntnisse über die amerikanischen Sitten und Gebräuche an ihre Eltern weiter, die, häufig der englischen Sprache nicht mächtig, auf diesem Wege erstmals damit konfrontiert wurden. So sickerte das Wissen langsam auch in die erste Einwanderergeneration durch.

Eine gänzliche Neuerung freilich bedeutete die Aussicht auf eine weiterführende Schulbildung. 1897 war in New York City die erste High School eingerichtet worden, doch noch zu der Zeit, als Al und seine Geschwister das Public School-System durchliefen, war es die Regel, daß die Kinder italienischer Einwandererfamilien die Schule verließen, sobald sie alt genug waren, um arbeiten zu gehen – was meistens der Fall war, bevor sie überhaupt die 9. Klasse und damit den möglichen Einstieg in die High School erreichten. Gerade italienischstämmige Kinder wurden auch in keiner Weise zu höherer Schulbildung ermutigt. In den Augen ihrer irischen oder amerikanischen Lehrer waren sie bestenfalls ein Störfaktor, häufiger beäugte man sie gar argwöhnisch als Bedrohung für die amerikanische Lebensweise. Selbst die katholische Kirche folgte diesem Vorurteil: »Die Italiener sind kein so feinfühliges Volk wie wir«, teilte ein irischer Priester dem Erzbischof von New York mit. »Wenn man ihnen sagt, sie seien die schlechtesten Katholiken, die jemals in dieses Land gekommen sind, streiten sie es nicht einmal ab. Würden sie ein bißchen empfindsamer auf solche Bemerkungen reagieren, würden sie sich auch schneller anpassen.«

Bildungsanstalten wie Capones Public School 7 trugen nichts oder nur wenig dazu bei, die Kinder italienischer Einwanderer in das amerikanische Alltagsleben einzugliedern. Es waren strenge, dogmatische Institutionen, wo man zur Wahrung der Disziplin auch vor körperlicher Züchtigung nicht zurückschreckte. Die Lehrer oder Lehrerinnen – meist irisch-katholische Nonnen – waren sehr jung und unerfahren. Es kam häufig vor, daß eine 16jährige Jugendliche unterrichtete, die nur wenige Jahre jünger waren als sie selbst. Um sich durchzusetzen, blieb ihr dann häufig nichts anderes übrig, als aufmupfige Schüler anzuschreien und mit Radiergummis oder Kreide nach ihnen zu werfen. Auch der Griff zum Lineal, das den Rohrstock ersetzte, gehörte zum Schulalltag. Andererseits lebten auch die Lehrer in ständiger Furcht vor gewalttätigen Schülern und taten gut daran, sich auch außerhalb der Schulmauern nicht allein blicken zu lassen. Faustkämpfe zwischen Schülern und Lehrerinnen waren keine Seltenheit. »Die Lehrerinnen waren echte Kämpfernaturen«, erinnert sich ein ehemaliger Schüler der Gowanus Public School, »aber das mußten sie auch sein, wenn sie überleben wollten.«

Für Kinder wie Al Capone dürfte die Schule also ein Ort rigider Diszipliniertheit gewesen sein, die lediglich durch von Zeit zu Zeit aufflackernde

Gewalttätigkeiten aufgelockert wurde. Ob die Eltern der Schüler erfuhren, was hinter den mächtigen roten Türen der Lehranstalt vor sich ging, weiß man nicht. Der Kontakt zwischen Familie und Schule war jedenfalls denkbar gering.

Als Al etwas älter war, vielleicht zehn, zog es ihn an die Docks von Brooklyn, wo immer etwas geboten war. Hier konnte er einen schwimmenden 100-Tonnen-Kran bestaunen und bei der Wachablösung am Portal der Marinewerft zusehen. Mit Begeisterung beobachtete der Junge die im Stechschritt marschierenden Posten und kreischte vor Vergnügen auf, wenn einer aus dem Tritt kam. Meist ignorierten die Soldaten die johlenden Kinder, einmal aber wäre es Al fast an den Kragen gegangen, als er einen besonders ungeschickten Wachposten höhnisch aufzog: »Hey, Spinnebein! Tempo! Du hältst ja alle auf.«

Gleich nach dem Wachwechsel machte sich der von Al so verspottete Soldat auf zum Tor, um dem Buben eine Lektion zu erteilen. Aber anstatt wegzulaufen, blieb Al frech an seinem Platz. Kurz bevor der Mann bei dem Jungen war, wurde er jedoch von dem diensthabenden Korporal zurückgepfiffen. Der vertraute Al dann auch an: »Du hast ihn ganz schön auf die Palme gebracht, Junge. Aber wenn er wirklich auf dich losgeht, sag es mir, dann melde ich ihn.«

Doch da hatte er den jungen Capone falsch eingeschätzt. »Ich will nicht, daß Sie ihn melden«, konterte der nämlich. »Lassen Sie die Niete nur raus, die mach' ich schon fertig.«

Capones draufgängerische Art imponierte dem Korporal, und er erzählte später seinem Sergeanten davon. »Wenn ein guter Offizier diesen Burschen zurechtbiegt, kann aus ihm ein erstklassiger Mann werden. Wenn nicht, schätze ich, wird der Junge ein paar Jahre lang herumlungern, bis ihn ein cleverer Kerl aufliest und auf die schiefe Bahn bringt, und dann wird man bestimmt wieder von ihm hören.«

Tatsächlich dauerte es gar nicht lang, bis man von dem jungen Al Capone hörte, wenigstens in der Nachbarschaft. Dieses Mal ließ er seinen Dampf an den Erzfeinden der Italiener, den Iren, ab. Eine Nachbarin, Angela Pitaro*, erinnert sich: »Damals taten sich die *paisani*, die Italiener, zusammen und zogen zu dieser irischen Bar. An jeder Ecke gab es so eine Bar, und alle waren sie irisch. Italienerinnen, die frisch aus Europa kamen, trugen meistens zwei oder drei Röcke übereinander, und die irischen Kerls liefen dann hinter ihnen her und hoben ihnen die Kleider hoch.« Und die Belästigun-

* Name vom Autor geändert.

gen wurden immer schlimmer. »Eines Tages lief meine Mutter über den Gang und suchte nach ihrem Bottich, weil sie waschen wollte. ›Angela‹, rief sie, ›die haben meinen Bottich geklaut. Wie soll ich da die Wäsche von meinen Jungens waschen? Wer hat ihn bloß genommen?‹ Mein Bruder tröstete sie: ›Mach dir keine Sorgen, Ma. Wir kaufen dir einen neuen.‹ Aber das hat das Faß zum Überlaufen gebracht; die italienischen Burschen konnten das nicht mehr mit anschauen. Also hat Al Capone eine Gang gebildet. Die Burschen waren jung – 14 oder so.

Eines Tages, nicht viel später, hörten wir dann diesen Krach, biddi-bum-bum-bum, biddi-bum-bum-bum, und dann tönte es: *And we are the boys of Navy Street, and touch us if you dare!* Die irischen Kerls kamen aus der Bar, und die italienischen, Al Capone und meine Brüder, die ganze Gang, schnappten sie sich und verpaßten ihnen eine ordentliche Abreibung. Die Polizisten damals waren klein und fett, und bis die überhaupt merkten, was los war, waren die Jungens schon längst über alle Berge.«

Dieser Vorfall läßt bereits einige Charakterzüge des erwachsenen Al Capone erkennen. Der von ihm initiierte Rachefeldzug gegen die »irischen Kerls« war kein Vandalismus im eigentlichen Sinne. Sicherlich ein Akt der Gewalt und überflüssig dazu, war er eine fehlgeleitete, aber nichtsdestotrotz galante und großzügige Geste, bei der es darum ging, den entwendeten Waschzuber zurückzubekommen. Und er macht deutlich, daß Al schon in frühen Jahren eine Anführerrolle übernahm und als Held auftrat, der die Guten, aber Schwachen, gegen die Bösen verteidigte, selbst wenn er dadurch selber einen Haufen Unannehmlichkeiten riskierte. Darüber hinaus demonstriert es seinen Beschützerinstinkt seinen eigenen Leuten und vor allem Frauen gegenüber. Vor allem aber gefiel es Al sichtlich, ein Spektakel zu inszenieren, bei dem er selber die Rolle des Verfechters der Unterdrückten spielen konnte.

Allmählich ließen Als schulische Leistungen, die zunächst recht vielversprechend gewesen waren, mehr und mehr nach. Er besuchte jetzt die größere Public School 133, ein halbes Dutzend Blocks von seinem Zuhause entfernt. Das neue Schulgebäude war ein monströser Kasten, der mehr wie ein Gefängnis als wie eine Erziehungsanstalt wirkte. Bis zur 6. Klasse brachte Al von hier regelmäßig Zweier nach Hause, danach verschlechterten sich seine Noten rapide. Er schwänzte häufig, verpaßte manchmal mehr als die Hälfte der Unterrichtsstunden, mußte schließlich – was für eine Erniedrigung! – die 6. Klasse wiederholen. Beim Eintritt in die 7. Klasse war Al dann bereits 14, und dieses Alter tat ein übriges. Als die Lehrerin ihn einmal zu oft schimpfte, ging er auf sie los, sie schlug ihn, und er schlug zurück. Solche Handgreiflichkeiten waren in diesen Schulen an der Tagesordnung, doch diesmal zerrte ihn die Lehrerin vor den Rektor, der Al eine ordentliche Tracht Prügel verabreichte. Danach schwor sich der Junge, nie wieder einen Fuß in die Public School 133 zu setzen. Und er blieb seinem Schwur treu.

So endete die Schullaufbahn Al Capones wie die vieler anderer Kinder im Gowanus-Viertel von Brooklyn. Dieser Schritt prägte sein junges Leben ganz entscheidend, bedeutete er doch die erste Distanzierung Capones von einer amerikanischen Institution – und in letzter Instanz auch eine erste Entfremdung vom amerikanischen Bürgertum. Die Botschaft, die das staatliche Schulsystem Al und seinen Klassenkameraden in Red Hook und Gowanus hauptsächlich vermittelt hatte, bestand darin, daß sie nichts wert seien und lediglich auf Kosten der Allgemeinheit in den Tag hinein lebten. Diese Jugendlichen empfanden den Unterricht als Eingesperrtsein und nicht als Chance, selber weiter voranzukommen. Die Schule schien ihnen eine institutionalisierte Art der Bestrafung, eine Sackgasse. Als Al Capone dieser Anstalt den Rücken kehrte, war er 14 Jahre alt, gesund und kräftig – und selbst wenn er als Musterschüler abgeschlossen hätte, hätte er mit Sicherheit keinerlei Aussicht gehabt, eine weiterführende Schule sprich High School zu besuchen.

Als Al die Schule verließ, war die Familie Capone von der Park Avenue in eine etwas größere Wohnung am nicht weit entfernten, aber wesentlich ruhigeren Garfield Place umgezogen. Zuerst lebten sie in Haus Nummer 38, später dann etwas komfortabler in Nummer 46 und schließlich in Nummer 21. Nebenan, in Hausnummer 20, befand sich ein Billard-Salon, wo sich Gabriele gerne aufhielt. Auch sein Sohn Al verbrachte hier einen Großteil der Zeit, die er in der Schule schwänzte, und entwickelte sich rasch zu einem wahren Meister des Spiels.

Der Umzug zum Garfield Place brachte die Capones bestenfalls ein, zwei Stufen auf der sozialen Leiter nach oben, hatte aber gerade für Al immense Bedeutung, als er ihn in die direkte Nachbarschaft jener Leute versetzte, die seinen weiteren Lebensweg nachhaltig beeinflussen sollten.

Vom Garfield Place ein kleines Stück die Anhöhe hinauf lag ein irisches Wohnviertel. Hier, nur wenige Blocks von Als Zuhause entfernt, wohnte das Mädchen, das er heiraten würde. Ein anderer, für Al nicht weniger wichtiger Markstein war ein kleines Büro Ecke Fourth Avenue und Union Street, an dessen Tür ein schäbiges Schild befestigt war: THE JOHN TORRIO ASSOCIATION. Hier, in diesen ganz gewöhnlichen Räumlichkeiten, residierte der erste Racketeer – wie die neuzeitlichen Gangsterbosse bald genannt werden sollten.

Torrio war im ganzen Viertel gut bekannt. Er war klein, zurückhaltend, immer korrekt gekleidet und großzügig – vor allem den Jugendlichen gegenüber, die für ihn Laufburschen spielten. Seine Frau betete ihn an, und in der Nachbarschaft galt er als mäßig erfolgreicher Schieber, der sein Quentchen zum Erfolg der sogenannten »Italienischen Lotterie« beisteuerte. Wahrscheinlich wären die Leute enttäuscht, aber nicht weiter überrascht gewesen, hätten sie gewußt, daß dieser makellos gekleidete Mann mit den winzigen Händen und Füßen auch eine Reihe von Bordellen leitete. Konsterniert wären sie aber ob der Tatsache gewesen, daß ihr Johnny maßgeblich an der Entwicklung des modernen organisierten Verbrechens beteiligt war. Torrio kam nämlich als erster auf die Idee, die italienischen Gangstermethoden – vor allem das organisierte Erpressertum – auf das gesamte Land zu übertragen. Sein Machtbereich reichte schließlich weit über die Straßen Brooklyns hinaus, und in seiner Hand liefen Fäden aus ganz Nordamerika zusammen. »Als Organisator und Administrator krimineller Geschäfte ist Johnny Torrio in die Annalen des amerikanischen Verbrechens eingegangen wie kein zweiter«, bemerkte sein Biograph Herbert Asbury. »Er war ein wahres Genie ... und führte seine verbrecherischen Unternehmungen mit einer Selbstverständlichkeit durch, als seien es völlig legale Geschäfte.« Wenn die Schwarze Hand für die Vergangenheit des italienischen Gangstertums stand, so verkörperte Johnny Torrio dessen Zukunft. Im Augenblick jedoch befand sich das organisierte Verbrechen, das dem legitimen amerikanischen Business so sehr ähnelte, noch im Embryonalstadium und existierte nur in Form der »John Torrio Association«. Al Capone kam mehrmals am Tag an dem Schild vorbei.

Torrio stand oder saß oft stundenlang vor dem Haus herum und hielt nach jungen Burschen Ausschau. Bis zu fünf Dollar zahlte er für einfache Botengänge, und diejenigen, die er für vertrauenswürdig befand, bekamen delikatere und kompliziertere Aufgaben zugeteilt – das Eintreiben von Bestechungs- oder Schutzgeldern etwa. Es war nur eine Frage der Zeit, bis er und der aufgeweckte Capone-Junge, der ja gleich um die Ecke wohnte, sich begegneten. So fand Al seinen ersten und bedeutendsten Mentor. Torrio wurde sein Vorbild und seine Verbindung zur weiten Welt jenseits von Brooklyn – sein Führer in die glitzernde Welt des Gangstertums.

Um Torrios Vertrauen zu gewinnen, mußte Al eine einfache Prüfung bestehen: Torrio bat ihn zu einer bestimmten Zeit in sein Büro, wo er ihn eine Weile mit einer größeren Summe Bargeld allein ließ. Viele Jungen, die Torrio auf diesem Wege testete, nahmen das Geld, und Johnny Torrio sah sie nie wieder. Nicht so Al, der es liegenließ. An diesem Tag begann eine Partnerschaft, die mehr als zwei Jahrzehnte halten sollte.

Wenn es einen Menschen gibt, der Al Capone groß gemacht hat, ihn zu dem gemacht hat, was er war, dann war es Johnny Torrio. Was dieser geniale Mann in seinem brillanten Hirn ersann, konnte Al später in die Tat umsetzen.

Es ist nicht schwer vorstellbar, was Al an Torrio so faszinierte. Der Mann verkörperte alles, was Gabriele Capone nicht bieten konnte: Reichtum, Erfolg und hohes Ansehen. Er hatte es geschafft. Er besaß Beziehungen nach Manhattan, besonders zu der berüchtigten Five Points Gang, die seit Jahrzehnten die Unterwelt beherrschte und sich aus mehr als tausend jungen Italienern zusammensetzte, die sich von Politikern, Gewerkschaftsgegnern und überhaupt jedem anheuern ließen, der bereit war, für ihre gewalttätigen Dienste zu zahlen. Gab es einen Streik, konnten die Five Pointers ihn brechen; standen Wahlen bevor, sorgten sie dafür, daß der »beste« Kandidat die meisten Stimmen erhielt. Ihr Anführer war der kleine Paolo Antonini Vacarelli, ein ehemaliger Boxchampion, der sich wie die meisten italienischen Preisboxer einen irischen »Künstlernamen« zugelegt hatte und als Paul Kelly weite Teile Manhattans zu seinem Machtbereich zählte.

Doch Kellys Stern war im Sinken begriffen. Um die Jahrhundertwende einer der ganz Großen, zog er sich später nach Harlem zurück. Das entstandene Vakuum füllten Torrio und eine Reihe anderer Gangsterbosse, die rasch lernten, daß nicht Bandenkriege, sondern nur Zusammenarbeit den Weg zur Macht und zum ganz großen Geld ebnen konnte. Zu Torrios Anteil gehörte der Jane Street Mob, ein Rest von Kellys Truppe, doch Johnny setzte nur in Ausnahmefällen auf brutale Schläger. Er war ein friedliebender Mann, er beschäftigte keine Leibwächter, trug keine Waffe und wurde niemals laut. Er betrachtete sich als Geschäftsmann, nicht als Anführer einer Bande von Gangstern, und dementsprechend führte er auch seine verbrecherischen Gaunereien durch.

Capone verbrachte nunmehr seine Tage auf den Straßen von Brooklyn. Er erledigte Botengänge für Torrio, der zum perfekten Vorbild für den jungen Al wurde: Ein Zuhälter und Glücksspiel-Organisator, der Geschäft und Privatleben strengstens zu trennen verstand; der ein vollkommen intaktes Zuhause und eine ehrsame, treu ergebene Gattin besaß. Huren in der Arbeit, eine Heilige zu Hause. Die Arbeit für Torrio brachten Al hier fünf, da zehn Dollar ein, Geld, das er unaufgefordert nach Hause trug und seiner Mutter ablieferte, die niemals fragte, woher der Segen kam, aber ihren tüchtigen Jungen überschwenglich lobte. Al lernte kopfrechnen, zählte Schutzgelder zusammen und kalkulierte Gewinnquoten. Er beobachtete aufmerksam, wofür die Leute zur Kasse gebeten wurden und zahlten, wieviel sie beim Pokern setzten, wieviel beim Würfelspiel, wieviel bei den

verschiedenen kleinen Lotterien und wieviel auf das Ergebnis des nächsten Baseballspiels. Er prägte sich ein, was sie für einen Drink oder für eine Frau auszugeben bereit waren.
Während dieser Lehrjahre lernte Capone sein jugendliches Draufgängertum im Zaum zu halten. Er begann Torrios Methode nachzueifern, die darauf hinauslief, kleinere Gauner zu organisieren und zwischen verfeindeten Parteien Frieden zu stiften. Von Torrio lernte er auch, wie wichtig es war, ein nach außen hin respektables Leben zu führen und Beruf und Privates strikt zu trennen – als könne ein beschauliches, intaktes Familienleben den anderweitigen Umgang mit Korruption und Erpressertum wenn schon nicht legalisieren, so doch zumindest mildern. Diese Trennung erforderte Selbstdisziplin; da der Schwerpunkt jedoch auf Gläubigkeit, Heim und Herd und ähnlichen »Werten« lag, barg sie auch die Gefahr einer gewissen Sterilität. Ein »richtiges Zuhause« zu haben, konnte zur Obsession werden. Doch diese Art Scheinheiligkeit lag Johnny Torrio im Blut, und er sorgte dafür, daß sie auch Al Capone zur zweiten Natur wurde.

Trotz seines vorzeitigen Schulabgangs und seiner Lehrzeit bei Johnny Torrio strebte Al Capone nach wie vor einen ehrlichen Beruf an; zumindest deutet nichts darauf hin, daß er sich bewußt auf eine Laufbahn als Verbrecher vorbereitete. Viele Burschen seiner Altersgruppe waren schon längst aus dem Haus, doch er lebte nach wie vor bei seinen Eltern, denen es wirtschaftlich langsam, aber sicher immer besser ging.
Gabriele Capone hatte genügend Ersparnisse angesammelt und konnte schließlich den angemieteten Friseurladen in der Park Avenue 69 kaufen. Teresa brachte wieder Kinder zur Welt. 1901 gebar sie einen weiteren Buben, Erminio oder Mimi, wie er im Familienkreis genannt wurde. Später legte er sich den Namen John zu. 1906 folgte noch ein Junge, Umberto, später Albert oder »Bites« genannt. Zwei Jahre danach erblickte Amedoe, Matthew, Matt oder Mattie gerufen, das Licht der Welt. Und 1910 kam endlich der lange ersehnte weibliche Nachwuchs. Sie wurde auf den Namen Rose getauft, starb jedoch bevor sie ein Jahr alt war.
Aber schon zwei Jahre später, am 28. Januar 1912, schenkte Teresa Capone wieder einem Mädchen das Leben. Als Zeichen ihrer unendlichen Dankbarkeit, gaben ihre Eltern ihr den Namen einer italienischen Prinzessin, Mafalda. Als Nesthäkchen und einziges Mädchen unter sieben älteren Brüdern wurde Mafalda entsprechend verhätschelt, und sie nutzte ihre Sonderstellung auch weidlich aus. Alle Capone-Buben, und Al bildete hier keine Ausnahme, gingen mit ihren Eltern, besonders der Mutter, sehr respektvoll um, Mafalda aber konnte und wollte ihren Mund nicht halten, und ihre

bissigen Kommentare waren weithin gefürchtet und verpönt. Das lang aufgeschossene Mädchen besaß die schärfste Zunge der ganzen Familie.

Zur Zeit von Mafaldas Geburt hatte der älteste Capone-Sohn Vincenzo (James) die Familie bereits verlassen. Er ertrug die Enge, die Monotonie und Perspektivenlosigkeit des Daseins in Brooklyn nicht mehr und setzte sich 1908 im Alter von 16 ab, um nie mehr nach New York zurückzukehren. Ein Jahr nach seinem Verschwinden brachte der Postbote eine Karte, abgestempelt in Wichita, Kansas: Es gehe ihm gut, schrieb er, sie sollten sich keine Sorgen machen. Überrascht lasen sie, daß er im Mittleren Westen unterwegs sei und sich sein Brot als Hilfsarbeiter und Ringer in einem Zirkus verdiene.
James, ein kräftiger Bursche, genoß dieses Wanderleben. Er gab sich alle Mühe, seinen New Yorker Akzent zu vertuschen, und klang mit der Zeit wohl tatsächlich wie jemand aus dem Mittleren Westen. Seine Leidenschaft gehörte den Feuerwaffen, an die er im Zirkus leicht herankam, und er muß täglich stundenlang mit einer 32er Pistole auf Bierflaschen und leere Dosen gezielt haben.
Viel Zeit verbrachte er auch mit Indianern, zu denen er sich möglicherweise deshalb hingezogen fühlte, weil sie wie er diskriminiert, als Menschen zweiter Klasse behandelt und in Reservate abgeschoben wurden. War denn das Gowanus-Viertel in Brooklyn im Grunde nicht auch nur ein Reservat für italienische Einwanderer?
Immer heftiger brandeten die Wogen des Ersten Weltkriegs auch an die amerikanischen Gestade, und 1917 erklärten die Vereinigten Staaten den Krieg. James, nach wie vor von Waffen fasziniert, meldete sich freiwillig zur Infanterie und kam mit den Truppen nach Frankreich. Er war der einzige Capone, der in die Army eintrat. (Später behaupteten manche Journalisten, Al habe ebenfalls in Frankreich gekämpft und sich dort auch seine berühmten Narben geholt, was belegbar falsch ist.) Als fähiger Soldat perfektionierte James seine Schießfertigkeit und wurde zum Leutnant befördert. Der Kommandant seiner Truppe, General John J. Pershing, zeichnete ihn sogar mit einer Medaille aus. Eine Photographie zeigt Leutnant Capone salutierend vor einem Schlammfeld, wie er mit stolzgeschwellter Brust die Medaille aus der Hand des Generals empfängt. Von alledem ahnte seine Familie nicht das geringste. Fast zwei Jahrzehnte sollten vergehen, bevor sie wieder von ihm hörten.

Nachdem James sich abgesetzt hatte, richtete sich die Aufmerksamkeit der Familie auf den zweitältesten Sohn. Ralph war größer gewachsen und zurückhaltender, ein ruhigerer Typ als seine jüngeren Brüder, der nicht gerne auffiel. Viele Jahre lang war Al sein treuer Gefolgsmann. Der zuverlässige Ralph verließ die Schule nach der sechsten Klasse, aber nicht in einem Anfall von Wut, wie es Al getan hatte, sondern einfach deshalb, weil es an der Zeit schien, eine Arbeit anzunehmen, um das Familieneinkommen aufzubessern. Er fand einen Job als Botenjunge bei der Postal Telegraph Company, für die er, immer auf Trinkgelder erpicht, eifrig Telegramme austrug. Später arbeitete er in einer nahegelegenen Buchbinderei. Hier verdiente er mehr und hatte eine feste Anstellung und damit – auf seine bescheidene Art – seinen Vater überrundet.

Späteren Haftunterlagen zufolge muß sich Ralph ungefähr um diese Zeit einen Tripper geholt haben. Das überrascht nicht weiter, wenn man bedenkt, daß sich in unmittelbarer Nachbarschaft jede Menge Prostituierte herumtrieben. Doch die Krankheit heilte ab und hinterließ keine weiteren Beschwerden. Ralphs Interesse beschränkte sich aber keineswegs auf Nutten. Am 20. Oktober 1915 heiratete er als erstes der Capone-Kinder. Er war 21, seine junge Frau Filomena Marie Carmelo Moscato, Florence genannt, gerade 17 Jahre alt.

Ihre Ehe war nicht glücklich. Ralph und Florence stritten andauernd, und auch die Ankunft eines Babys konnte die Beziehung nicht kitten. Eines Tages kam er von der Arbeit heim und fand Ralph Jr. bei den Nachbarn. Seine junge Frau war auf und davon; nach einiger Zeit wurden sie geschieden. Eine Weile verdiente sich Ralph seinen Unterhalt mit dem Verkauf von Lebensversicherungen, dann übernahm er einen Bürojob bei einer Straßenbahnfirma. Nebenbei betrieb er einen Handel mit alkohlfreien Getränken, was ihm den Spitznamen »Bottles« einbrachte, der sein Leben lang an ihm haften blieb und fast wie eine Prophezeiung klang: »Bottles« Capone.

Al schien in die Fußstapfen seines Bruders zu treten: einige solide Bürojobs, frühe Heirat und ein Kind. Ungefähr drei Jahre lang arbeitete er in einer Munitionsfabrik in Brooklyn, anschließend weitere drei Jahre als Papierschneider. Diese Tätigkeit war stupide, die Bezahlung gleichermaßen erniedrigend – gerade drei Dollar pro Woche, die er getreulich bei seiner Mutter ablieferte. Daß Al es in diesen Jobs so lange aushielt und seinen gesamten Verdienst zu Hause abgab, ist wohl der beste Beweis für sein Stehvermögen und seinen Familiensinn, aber auch für seine Unentschlossenheit. Noch lange nach seinem Weggang erinnerte man sich in der Nachbarschaft an ihn als an einen netten, guterzogenen jungen Mann, der weder eine besondere Neigung zur Gewalttätigkeit zeigte noch sonst irgendwie negativ auffiel.

Selbstverständlich hatte der junge Al Capone auch seine Neigungen. Er amüsierte sich gern, legte großen Wert auf gute Kleidung, und es gefiel ihm, wenn man sich nach ihm umdrehte. Er galt als ausgezeichneter Tänzer und als unumstritten bester Billardspieler der ganzen Gegend. Diese Freizeitbeschäftigungen deuten darauf hin, daß er gesellig war, kein sozialer Außenseiter, und daß er über einen hochentwickelten Koordinationssinn verfügte – nicht gerade Eigenschaften, die automatisch auf einen Rowdy oder Gangster schließen lassen. Um etwa diese Zeit fiel er einem anderen Brooklyner auf, dem Schriftsteller Daniel Fuchs, der als einer der ersten das Leben jüdischer Emigranten in Amerika schilderte. Fuchs zeigte sich erstaunt über den blutrünstigen Ruf, den Al später hatte, denn er kannte Capone als einen friedfertigen, mit großer Sorgfalt gekleideten jungen Mann mit untadeligen Manieren. Diesen Eindruck von Harmlosigkeit bestätigte auch ein Jugendfreund von Capone, der Reporter Edward Dean Sullivan: »Während meiner Zeit bei der Zeitung habe ich bestimmt mehr als 20 Männer kennengelernt, die ungleich brutaler waren als er. ... Er rührte keinen Tropfen Alkohol an, und das einzige, was in den Billardspielerkreisen, in denen er verkehrte, wirklich auffiel, war, daß er jeden Abend um halb elf daheim sein mußte.«
Solch entwaffnende Bekenntnisse verschweigen freilich einen Teil der Wahrheit, denn außer den harmlosen Tanz-Casinos und Billard-Salons suchte Al mit einiger Regelmäßigkeit auch einen weitaus finstereren Ort auf, den Adonis Social Club nämlich, der nicht ohne Grund als Hort der Gewalt verschrieen war. Im Adonis kam es häufig zu Schießereien, und die Gäste – vorwiegend junge Italiener – ballerten kräftig in der Gegend herum. Im Keller des Etablissements bestand die Möglichkeit, die eigene Zielsicherheit zu schulen und Bierflaschen in tausend Stücke zerbersten zu lassen. Hier lernte Capone, mit einem Revolver umzugehen.

Wie sein Bruder Ralph pflegte auch Al Umgang mit den Prostituierten des Viertels und steckte sich wahrscheinlich schon in diesen Jahren mit Syphilis an. Zeit seines Lebens weigerte sich Al beharrlich preiszugeben, wann und wo er sich mit der Krankheit, die sein ganzes zukünftiges Leben bestimmen sollte, infiziert hatte. Als er sich später in Baltimore, Maryland, einer Syphilisbehandlung unterzog, erwähnte er den Ärzten gegenüber, daß er sich schon früh, sehr früh, damit angesteckt habe, was vermuten läßt, daß er sich die Krankheit während seiner ersten sexuellen Kontakte holte. Die Tatsache, daß er sich schon in so jungen Jahren infizierte, ist allerdings kein Indiz für Promiskuität, da die Chance, sich bei einem erkrankten Partner anzustecken, sehr hoch ist (die Ärzte sprechen von 75

Prozent). Mit anderen Worten: Schon ein einmaliger Besuch bei einer Prostituierten hätte ausgereicht, ihn fürs Leben zu brandmarken.
Zu jener Zeit war die Syphilis weit verbreitet, doch das volle Ausmaß wurde erst bei den Einberufungsuntersuchungen während des Ersten Weltkrieges bekannt, als sich herausstellte, daß gut zehn Prozent der Rekruten an einer Geschlechtskrankheit litten. Schätzungen über die Zahl der Erkrankungen der amerikanischen Bevölkerung schwankten beträchtlich, doch dürfte die Zahl der Infizierten auch hier bei sechs bis zehn Prozent gelegen haben. Millionen von Amerikanern waren in jenen Jahren an Syphilis erkrankt, und mehrere Zehntausend starben jedes Jahr daran. Trotz ihrer verheerenden Folgen blieben Geschlechtskrankheiten häufig unentdeckt und vor allem auch unbehandelt, da man nicht darüber sprach.
Die Syphilis verläuft in drei Stadien: Im ersten und auffälligsten, aber ungefährlichsten Stadium erscheint ein offenes Geschwür im Bereich der Genitalien, das auch unbehandelt innerhalb von ein bis drei Wochen wieder abheilt. Das zweite Stadium ist schwieriger zu diagnostizieren, da seine Symptome die einer gewöhnlichen Grippe ähneln: Halsschmerzen, Ausschlag und geschwollene Lymphknoten. Da auch diese nach einer Weile von selbst verschwinden, halten viele Erkrankte den Ausbruch für eine schwere Erkältung. Auf dieses Sekundärstadium folgt eine Latenzphase ohne jegliche Symptone, die zwischen zwei und 20 Jahre dauern kann. Im ersten und zweiten Stadium ist Syphilis kaum gefährlich, doch ändert sich dies, wenn die Krankheit ein drittes Mal (als Neurosyphilis) auftritt, denn in diesem Tertiärstadium führt sie in 20 Prozent der Fälle zum Tode.
Ohne es zu ahnen, gehörte Al Capone zu diesen 20 Prozent. Kaum waren die Geschwüre und das Fieber verschwunden, glaubte er – wie die meisten Betroffenen –, die Krankheit überstanden zu haben. Er konnte nicht wissen, daß sie nur latent geworden war und sich, ähnlich der Alzheimer-Krankheit, schleichend in eine Form von Schwachsinn verwandelte: Langsam, aber unaufhaltsam verliert der Betroffene den Verstand. Meistens sind die vorderen Hirnlappen, der Sitz der Persönlichkeit, betroffen, und schon nach kurzer Zeit beginnt der Erkrankte sein Verhalten zu ändern. Die Veränderungen sind so subtil, daß sie zunächst niemandem auffallen. Die neue, veränderte Persönlichkeit ähnelt der ursprünglichen, hebt aber bestimmte Charakterzüge verstärkt hervor. Selbst einem Arzt fällt es schwer, die Symptome – darunter Reizbarkeit, Nervosität, Antriebsschwäche, Schlaflosigkeit und Gedächtnisschwund – eindeutig zu erkennen und zuzuordnen.
Auch bei Al Capone war es so, daß selbst seine nächsten Angehörigen nichts von der Krankheit bemerkten. Normalerweise sehr umgänglich,

kam es gelegentlich vor, daß er wegen einer Kleinigkeit in die Luft ging. Aufgrund der Neurosyphilis nahmen diese Ausfälle, die sich früher im Rahmen des Normalen gehalten hatten, ständig zu und wurden auch immer schlimmer. Er wurde launisch, unzugänglicher, aufbrausender und genialer, aber auch wütender; passiver und abweisender, und manchmal regelrecht feindselig.

Wäre Capones Syphilis von selbst vergangen, wie es in den meisten Fällen geschieht, hätte er sich mit großer Wahrscheinlichkeit niemals zu einem derart skrupellosen und gefürchteten Gangster entwickelt. Dabei ist durchaus denkbar, daß er unter Johnny Torrios Patronat dennoch in das Verbrechermilieu abgerutscht wäre. Aber das sind müßige Überlegungen, denn seine Syphilis wurde eben nicht geheilt. Vielmehr kann die unerkannte Krankheit als Ursache jener großprotzigen Angeberei, vehementen Wutausbrüche und hemmungslosen Spielleidenschaft angesehen werden, die Al Capones »Ruhm« mitbegründeten. Tatsächlich geht das dritte Stadium der Syphilis häufig mit Größenwahn einher: Der junge Al, ein ruhiger und im Grunde eher verschlossener Bursche, zeigte wenig Neigung dazu, als erwachsener Mann jedoch legte er eine Schwäche für Pomp und Brutalität an den Tag, die sehr wohl in dieses Bild paßt. Der Capone, der in die Geschichte einging, war das Produkt einer Krankheit, die seine Persönlichkeit veränderte. Die Syphilis erst ließ Al Capone zu einem Mythos werden.

Edward Dean Sullivan berichtet von einem der ersten unkontrollierten Wutausbrüche Capones. Eines Abends, bei einer politischen Versammlung, kam einer von Als Billardfreunden hereingestürmt und erzählte ihm, daß »ein Ganove hereingeschneit [sei] … und bald 800 Dollar abgesahnt [habe]«. Al rannte daraufhin zum Billard-Salon und hatte bis halb elf die 800 Dollar zurückgewonnen und dazu noch weitere hundertfünfzig. Doch dann zog der Fremde plötzlich ein Messer und bedrohte Al. Er wolle noch ein weiteres Spiel, sonst … Capone schlug nur einmal zu, aber dieser Schlag war so kräftig, daß der andere Mann k.o. ging. Halb elf, seine übliche Zeit, war bereits vorüber, also eilte Al nach Hause, wo ihm bald darauf mitgeteilt wurde, daß der Mann im Billard-Salon tot sei, daß er ihn umgebracht hätte. Später erfuhr er, daß das nicht stimmte. Der Mann hatte aber von Als einem Schlag so schwere Verletzungen davongetragen, daß er monatelang im Krankenhaus lag.

Sullivans Bericht führte dazu, daß behauptet wurde, Capone hätte Brooklyn im Anschluß an diese Auseinandersetzung verlassen und sei nach Chicago geflohen, um einer Anklage wegen Mordes zu entgehen. In Wahrheit verließ Al Capone Brooklyn erst wesentlich später, und auch nicht als

Teenager-Gangster, sondern als junger, bereits verheirateter Geschäftsmann, der sich von einem Ortswechsel bessere Aufstiegschancen erhoffte. Aber die Legende, daß ihn von frühester Jugend an eine Aura der Gewalt umgab, blieb an ihm haften – ob wahr oder unwahr spielte keine Rolle.

Al Capones erste Begegnung mit Gewalt als Instrument der Macht erfolgte durch seinen »Mentor« Johnny Torrio, der, obwohl im Grunde friedliebend, den praktischen Nutzen von Nötigung, Bestechung und Angst kannte und diese gezielt einsetzte. Er machte den jungen Al mit einflußreichen Freunden auf Coney Island bekannt. In diesem Seebad und Amüsierviertel lernte Al den eigentlichen Unterwelt-Regenten von Brooklyn kennen, Frankie Yale.

Killer und Wohltäter in einer Person, war Yales Ansehen höchst umstritten. In einem Punkt aber herrschte absolute Übereinstimmung: Mit Frankie legte man sich besser nicht an. Yale war nur sechs Jahre älter als Capone, mit Mitte 20, aber bereits berüchtigt und gefürchtet. Wo immer er hinkam, folgten ihm alle Blicke, denn sein rabenschwarzes Haar, seine eingedrückte Mopsnase und seine stechenden schwarzen Augen waren stadtbekannt. Auf seine Art sah er gut aus, war gedrungen und muskulös, und die Geschichten, die über ihn kursierten, erweckten Ehrfurcht: Yale hatte acht, zehn, vielleicht sogar ein Dutzend Männer getötet.

Yale war freilich nicht sein richtiger Name. Ursprünglich hieß er Francesco Ioele, war 1893 in Kalabrien, einer der ärmsten Provinzen Süditaliens, geboren und als Kind in die Vereinigten Staaten gekommen. Aufgrund des *campanilismo* war es höchst ungewöhnlich, daß Neapolitaner wie Capone sich mit Kalabriern zusammentaten, die als argwöhnischer und pragmatischer galten. Dennoch sollte Capone in den folgenden Jahren zunehmend deren Gesellschaft suchen und sich auch später vorwiegend mit Kalabriern umgeben, die sich, hatte er einmal ihr Vertrauen errungen, als treue Gefolgsleute erwiesen.

Neben einigen legalen Geschäften pflegte Yale diverse Nebenerwerbsquellen. Da gab es zum einen das Eis-Business. Vor der Erfindung des Kühlschranks war Eis unentbehrlich. Die Eismänner, zumeist Italiener bzw. Italo-Amerikaner, zogen als selbständige Händler durch die Straßen, und da die Konkurrenz groß war, blieben die Preise niedrig und der Profit gering. Frankie Yale änderte das. Er teilte die Stadt in Bezirke auf, die von je einem Eismann – der Yale dafür ordentlich Tribut zahlte – bedient wurden. So stiegen die Preise und mit ihnen der Profit. Dazu kam, daß Yale diverse Monopole beanspruchte. Ein italienischstämmiger Eismann zum Beispiel, der sein Eis von Frankie Yals Firma kaufte und ihm regelmäßig seinen Anteil zahlte, hatte keinerlei Probleme. Wer sein Eis aber anderswo besorgte, erhielt zunächst eine Warnung – eine eingeschlagene Scheibe etwa. Frankie zeigte Verständnis dafür, daß jeder Mensch dann und wann einmal einen Fehler machte. Wer jedoch auf seinem »Irrtum« beharrte, bereute dies sehr schnell. Anzeige gegen ihn wurde nie erstattet.

Was Yale anfaßte, verwandelte sich in Gold. Ein anderer, nicht minder lukrativer Unternehmenszweig war das Wäschereigeschäft. Um zu verhindern, daß Gewerkschaftler in ihren Firmen Fuß fassen konnten, zahlten die Eigentümer von Wäschereien Yale 150 Dollar pro Woche. Er nutzte die Situation schamlos aus, gründete seine eigene Gewerkschaft und preßte den Arbeitern von ihren mageren Löhnen einen Dollar pro Woche ab. Wer nicht zahlte, wurde gefeuert oder verprügelt. Sogar Zigarren machte Yale zu Geld. Er gründete eine eigene Marke mit seinem Konterfei auf der Kiste, und sie gingen zu 20 Cents oder drei für 50 Cents über den Ladentisch. Wie die Eismänner taten auch Tabakhändler gut daran, Yales Marke zu führen, wollten sie nicht riskieren, daß ihnen oder ihren Lieben etwas zustieß. Brooklyns Kaufleute merkten rasch, daß es besser fürs Geschäft war, die »stinkenden Frankie Yales«, wie seine Zigarren genannt wurden, immer vorrätig zu haben.

Frankie bezeichnete sich gern als Unternehmer, und sein ehrgeizigstes Projekt – das auch Capone in seinen Machtbereich führen sollte – war eine Tanzclub-Bar auf Coney Island, nicht weit vom Atlantik entfernt. Yale machte es diebischen Spaß, sein – von den Einkünften aus dem Eis-Geschäft finanziertes – Vergnügungslokal nach einer Elite-Universität zu benennen, und so taufte er sein 1916 gegründetes Kind auf den Namen »Harvard Inn«.

Trotz seines prestigeträchtigen Namens war das Lokal ein bescheidener, einstöckiger Bau am vielbesuchten Seaside Walk. Eindrucksvollstes Merkmal war die Bar, die fast die gesamte Länge einer Wandseite einnahm. Nacht für Nacht saß Yale an seinem Tisch, ein wenig abseits, um sein Reich überblicken und wenn nötig einen raschen Abgang machen zu können. Auf der Suche nach einem Burschen, der gleichzeitig als Rausschmeißer und Barmann fungierte, wandte sich Yale an Torrio, der ihm den inzwischen 18jährigen Al Capone empfahl.

Capone und Yale waren sich auf Anhieb sympathisch, und der junge Mann gehörte bald zum festen Inventar. Al war Mädchen für alles, spülte das Geschirr, bediente die Gäste, schenkte frisches Bier aus und schwang auch selbst hie und da einmal das Tanzbein. Die Arbeit forderte ihn nicht, beschäftigte ihn aber, und es machte ihm Spaß, sich mit den Gästen zu unterhalten.

Eines Abends, Capone arbeitete seit etwa einem Jahr für Yale, kam ein Pärchen etwa seines Alters ins »Harvard Inn«. Das Mädchen war Italienerin, hatte eine traumhafte Figur, und Al konnte seine Blicke nicht von ihr losreißen. Immer wieder trieb es ihn an ihren Tisch, und schließlich siegte die Impulsivität seiner Jugend: Er beugte sich zu ihr hinunter und sagte, ohne seine Stimme zu senken: »Honey, du hast einen verdammt süßen Arsch. Und das meine ich als Kompliment.« Mit einem Ruck sprang ihr Begleiter auf. Er hieß Frank Gallucio, war der Bruder des Mädchens und ganz offensichtlich nicht mehr nüchtern. Capone hatte soeben etwas Unverzeihliches getan: Er hatte Franks Schwester beleidigt. Gallucio hatte zwar bei weitem nicht Capones Statur, aber sein Alkoholspiegel war hoch genug, um trotzdem auf den Mann loszugehen, der seine Schwester derart entwürdigt hatte. Er schlug zu, reizte damit aber nur Als unberechenbaren Jähzorn. Nun griff Capone an, und Gallucio, der plötzlich um sein Leben fürchtete, zog ein Messer. Beim Anblick des glänzenden Metalls verließen die Gäste fluchtartig das Lokal. Gallucio ging schnurstracks auf Capones Kehle los. Der dachte nicht daran, zurückzuweichen, bis die Klinge tief in seine linke Wange und den Hals drang – einmal, zweimal, dreimal. Plötzlich war alles voller Blut. Blut tropfte vom Messer, von Capones Wange, und auf dem Boden bildete sich eine große rote Lache. Entsetzt packte Gallucio seine Schwester und rannte aus dem Lokal.

Capones Schnittwunden sahen schlimm aus, heilten jedoch sauber ab und hinterließen drei mächtige Narben: Eine verlief zehn Zentimeter lang quer über seine linke Wange, eine zweite etwas mehr als fünf Zentimeter am Kiefer entlang, die dritte und am wenigsten auffällige markierte die Stelle der gefährlichsten Verwundung: Sie führte hinter dem linken Ohr den Hals hinunter. Die Narben verblaßten im Laufe der Zeit, doch reagierte Capone mit den Jahren immer empfindlicher darauf, drehte den Kopf weg, wenn Photographen seine linke Gesichtshälfte knipsen wollten, und verweigerte jede Auskunft über den Ursprung seiner Male. Manchmal versuchte er sogar erfolglos, sie mit Schminke abzudecken. Im Augenblick jedoch waren sie sichtbarer Beweis seiner Tapferkeit und zeichneten ihn als Straßenkämpfer aus.

Al sann auf Rache. Wohlweislich Frankie Yales Namen vorschiebend, ließ er überall verlauten, er sei auf der Suche nach Gallucio. Dieser wiederum suchte bei einem aufstrebenden jungen Gangsterboß mit Namen Salvatore Lucania Rat. Der aus Sizilien gebürtige Lucania war gerade zwei Jahre älter als Capone und hatte seine trostlose Jugend in Manhattans Lower East Side verbracht. Mit 18 war er wegen Heroinhandels verhaftet worden. Später sollte er unter dem Namen Lucky Luciano von einer Luxussuite im

Waldorf Astoria Hotel aus ein fast ebenso mächtiges Syndikat verwalten wie Capone in Chicago.

Lucania stellte sich bei der Messerstecherei auf Gallucios Seite. Niemand dürfe seine Schwester derart beleidigen lassen. Um die Angelegenheit aus der Welt zu schaffen, schlug er ein Treffen im »Harvard Inn« vor, das dann auch stattfand: Nachdem das Lokal für die Nacht geschlossen hatte, setzten sich Lucania, Gallucio, Yale und Capone zusammen, und die beiden älteren entschieden, daß Capone sich bei Gallucio entschuldigen solle, weil er dessen Schwester beleidigt hatte; damit sei der Fall erledigt. Sollte Al versuchen, irgendwie Rache zu üben, käme das einem selbstverschuldeten Todesurteil gleich. Capone gefiel dieses Verhandlungsergebnis verständlicherweise überhaupt nicht, aber ihm blieb keine andere Wahl als sich zu fügen. Schließlich war Lucania bereits ein mächtiger und gefürchteter Mann, er aber noch ein Nobody, nur ein kleiner Kellner in einer Bar in Coney Island. Er mußte ihm Achtung und Respekt entgegenbringen, und das tat er auch. Solange er nicht die Beherrschung verlor, wußte Al immer, was von ihm erwartete wurde, und verhielt sich entsprechend.

Al Capone hatte aus der ganzen Angelegenheit – von ihrem blutigen Anfang bis zum friedlichen Ende – viel gelernt. Er hatte die Macht der Gangsterbosse zu spüren bekommen, die hier als Friedensstifter fungierten, und er hatte begonnen zu erkennen, daß Zurückhaltung ein wesentlicher Machtfaktor sein konnte. Auch später, als Capone reichlich Gelegenheit und auch die Macht gehabt hätte, sich an Gallucio zu rächen, krümmte er ihm nie ein Haar, sondern setzte ihn sogar auf seine Gehaltsliste. 100 Dollar pro Woche erhielt der Mann, der »Scarface« seine unverkennbaren Narben beigebracht hatte und nun Botengänge für ihn erledigte. Wäre Gallucio etwas zugestoßen, wäre der Verdacht automatisch auf Capone gefallen.

Allem Symbolgehalt zum Trotz war der Vorfall im »Harvard Inn« im Grunde doch nichts weiter als eine jugendliche Eskapade. Capone konnte sogar seinen Job behalten. Seine nächste Begegnung mit der Gewalt aber wurde zu einem Meilenstein in seiner Laufbahn auf dem Weg zum Verbrecher. Nach der Auseinandersetzung mit Gallucio machte sich Al seinem Boß in jeglicher Hinsicht nützlich und übernahm auch das stets heikle Geschäft des Geldeintreibens. Yale verdiente riesige Summen mit Würfelspielen und setzte Capone auf Tony Perotta an, einen Mann, der ihn ganz besonders verärgert hatte und ihm überdies 1500 Dollar schuldete, – 1919 eine Menge Geld. Perotta hielt sich illegal in den Staaten auf, weshalb es realtiv unwahrscheinlich war, daß die Polizei besondere Anstrengungen unternehmen würde, wenn ihm etwas zustieß …

Capone spürte Perotta, den er flüchtig kannte, beim Würfeln auf, konfrontierte ihn im Vorraum des Etablissements und forderte ihn auf, seine Schulden zu begleichen. »Nein«, erwiderte Perotta, »das ist nicht fair. Wir beide kennen uns schon so lange, und jetzt willst du mir das antun?« Capone wiederholte seine Aufforderung, doch nicht einmal Drohungen wirkten. Die Situation geriet außer Kontrolle, und bevor Capone klar wurde, was er tat, hatte er den Mann erschossen. Yale war höchst ungehalten über diese Vorgehensweise und verlangte von dem jungen Mann eine Erklärung. »Der Kerl hat Ärger gemacht«, versuchte sich Al zu rechtfertigen. »Er hat sein großes Maul zu voll genommen. Er hat es verdient.« Yale trat einen Schritt zurück und musterte den jungen Mann, der so ohne weiteres auch Drecksarbeiten erledigte. Dann umarmte er ihn. Von diesem Tag an empfand Frankie für Al etwas ganz Besonderes. Er konnte nicht ahnen, daß der Mann, dem er seine Zuneigung schenkte, eines Tages auch ihn töten würde.

Al war jetzt fast 19 und in jeder Hinsicht ein Mann, lebte aber immer noch zu Hause bei seinen Eltern am Garfield Place. Auf Coney Island hatte er viel Umgang mit Frauen, doch sein besonderes Augenmerk galt einem erst 13jährigen Mädchen, das nur ein paar Häuser entfernt wohnte. Sie hieß Domenica, wurde Susie gerufen und war für ihre Wildheit in der ganzen Nachbarschaft bekannt. Al verliebte sich in das impulsive Geschöpf. Ihre Jugend störte ihn nicht im geringsten, und die beiden verbrachten zunehmend mehr Zeit miteinander. Die logische Folge dieser Romanze wären Heirat oder Kinder – nicht unbedingt in dieser Reihenfolge – gewesen, aber die beiden hatten die Rechnung ohne Susies Eltern gemacht, die strikt gegen die Verbindung waren. Sie bestanden darauf, daß ihre Tochter zu jung zum Heiraten sei, und außerdem entsprach Al mit seinen Verbindungen zur Unterwelt ganz und gar nicht den Vorstellungen, die sie sich von ihrem künftigen Schwiegersohn machten. Die Liaison endete, und Susie ehelichte schließlich einen anderen jungen Italiener, der, wie es der Zufall so wollte, seine Finger ebenfalls in unsauberen Geschäften hatte.

Al verbrachte viel Zeit in einem Club in der Carroll Street, wo vorwiegend Italiener und Iren verkehrten. Hier lernte Al eine junge Frau kennen, der er zeit seines Lebens – über alle Schwierigkeiten, alle anderen Frauenbekanntschaften und längere Gefängnisstrafen hinweg – innig verbunden bleiben sollte. Sie hieß Mary Coughlin, war hübsch und schlank, arbeitete als Verkäuferin in einem Warenhaus und wurde von allen Mae genannt.

Mae war anders als die Mädchen, mit denen Al sonst Umgang pflegte. Sie war älter als er, kein Kind mehr, sondern eine erwachsene Frau. Sie war irischer Abstammung und kam aus einem wohlhabenderen Elternhaus als

Al. Obwohl sie nicht sehr weit vom Garfield Place und den modrigen Wassern des Gowanus Kanals entfernt lebte, kam sie aus einer völlig anderen Kultur, aus der Welt der angesehenen Mittelschicht. Die Coughlins bewohnten ein gepflegtes dreistöckiges Reihenhaus am Third Place 117. Mae hatte noch zwei ältere Schwestern und einen jüngeren Bruder.

Es läßt sich nicht mehr feststellen, ob Maes Eltern gegen eine Verbindung mit Al waren und von seinen Beziehungen zur Halbwelt wußten, doch darf man annehmen, daß sie die Liaison, die nach damaligen Maßstäben geradezu als »rassenüberschreitend« galt, bestenfalls stillschweigend, aber mit Skepsis duldeten. Die jungen Leute selbst sahen das freilich anders. Für einen italienischstämmigen Mann bedeutete die Heirat mit einer Irin einen sozialen Aufstieg. Dazu kam, daß irische Mädchen gottesfürchtige und gehorsame Ehefrauen abgaben, die sich um Kirche, Küche und Kinder kümmerten und sich nicht in die Geschäfte ihrer Männer einmischten. Auch Johnny Torrio beispielsweise war mit einer Irin verheiratet, die ihrem Ehemann treu ergeben war, obwohl sie sich von seinen verbrecherischen Machenschaften distanzierte. Die Verbindung junger italienischer Männer mit irischstämmigen Mädchen wurde darüber hinaus durch die Tatsache gefördert, daß Iren selten vor dem 30. Lebensjahr heirateten, während Italiener wie die Capones sich häufig schon banden, bevor sie noch 20 Lenze zählten.

Als sich Al und Mae kennenlernten, war er gerade 19, sie 21. Den Altersunterschied von gut zwei Jahren sollten sie aber zeitlebens zu vertuschen suchen. Die beiden kamen sich rasch näher, und im April war Mae schwanger. Von seiner Syphilis dürfte sie nichts gewußt haben, und selbst wenn er es ihr anvertraut hätte, wären beide sicherlich davon ausgegangen, daß er inzwischen völlig geheilt war. Doch die latente Krankheit wirkte fort und sollte das Leben der ganzen Familie Capone wie ein drohender Schatten begleiten. Trotz Maes Schwangerschaft ging das Paar nicht sofort zum Traualtar, was unter Einwandererfamilien eine Ausnahme war und deshalb auf gravierende Spannungen schließen läßt. Möglicherweise hätten Al und Mae überhaupt nie geheiratet, wäre da nicht die Einberufung zum Wehrdienst gewesen.

Am 12. September 1918 – Mae war im siebenten Monat schwanger – meldete sich Al bei der zuständigen Behörde und ließ sich registrieren, was eigentlich schon wesentlich früher hätte geschehen müssen. Die dortige Angestellte notierte in den entsprechenden Unterlagen, Alphonse Capone sei fünf Fuß, sieben Inches groß, von mittlerer Statur, Augenfarbe grau und Haarfarbe dunkelbraun. Als Beruf gab Al »Papierschneider« bei der United Paper Box Company in Brooklyn an, als seine nächste Verwandte nannte er seine Mutter, Teresa Capone. (Registrierungspapiere für einen 1896 in Montella Avellino, Italien, geborenen »Alfonso Capone«, wohnhaft in Atlantic City, New Jersey, Beruf Metzger, wurden häufig als die unseres Al Capone aus Brooklyn ausgegeben, was natürlich nicht den Tatsachen entspricht.) Einmal registriert, mußte Capone nun damit rechnen, zum Wehrdienst einberufen und zusammen mit Hunderttausenden anderen Amerikanern über den großen Teich in den Krieg geschickt zu werden. Wäre Al jedoch verheiratet und müßte Frau und Kind ernähren, war die Wahrscheinlichkeit einer Einberufung wesentlich geringer. Eine Eheschließung mit Mae war für Al also in jeder Hinsicht von Vorteil.

Am 4. Dezember 1918 brachte Mae einen Jungen zur Welt, den sie Albert Francis Capone nannten. Als Taufpate von »Sonny«, wie der Kleine von Anfang an gerufen wurde, fungierte Johnny Torrio, was darauf schließen läßt, daß Torrio die ganze Zeit über mit Al in enger Verbindung und ihm als väterlicher Freund und Mentor zur Seite stand.

Sonny schien ein gesundes Baby zu sein, doch zeigte sich schon bald, daß er in Wahrheit kränklich war und eine Tendenz zu anhaltenden Infektionskrankheiten besaß. Außerdem hatte er Hörprobleme, die sich mit den Jahren zunehmend verstärkten. All diese Symptome legen nahe, daß Al seine Frau mit Syphilis angesteckt hatte, die die Krankheit ihrerseits auf das ungeborene Kind übertrug. Neben Taubheit verursacht Syphilis auch Tot- und Frühgeburten sowie Sterilität. Sowohl Al als auch Mae stammten aus kinderreichen Familien, und es wäre nur natürlich gewesen, wenn auch sie eine große Kinderschar ihr eigen genannt hätten. Doch Sonny blieb ein Einzelkind, und diese Tatsache erhärtet den Verdacht, daß latente Syphilis Mae daran hinderte, weitere Kinder auszutragen – möglicherweise kannten sie und ihr Ehemann nicht einmal den Grund dafür. So beeinflußte die unerkannte Krankheit Al Capones ganzes Leben, war schuld, daß sein Sohn behindert war und daß ihm und Mae eine große Familie versagt blieb. Doch die schwerwiegendsten Folgen sollten erst später zutage treten.

Al war also Vater, aber noch kein Ehemann. Als die beiden nun verspätet um eine Heiratserlaubnis angingen, machten sie – obwohl unter Eid – falsche Altersangaben: Beide behaupteten 20 zu sein, obwohl Al in Wahrheit erst 19, Mae bereits 21 zählte. Als Beruf nannte er nicht Barkeeper, sondern wiederum das angesehenere »Papierschneider«. Da ein Mann damals laut Gesetz erst mit 21 volljährig wurde, mußte Al auch eine Einwilligungserklärung seiner Eltern vorlegen. Diese Erniedrigung blieb Mae erspart, da Frauen bereits mit 18 Volljährigkeit erlangten. Vielleicht hätten ihre Eltern auch trotz des unehelichen Kindes ihr Einverständnis versagt. Und dann war da noch die Sache mit der Syphilis. Hätte das Paar einen

Bluttest vornehmen lassen, wie es eigentlich üblich war, wäre Als Zustand sicherlich nicht länger verborgen geblieben. So aber enthält die Heiratsurkunde lediglich eine vorgedruckte Erklärung, die besagt, daß keiner der beiden wissentlich an einer Geschlechtskrankheit leide.

Al und Mae wurden getraut, sobald es der Gesundheitszustand der jungen Mutter zuließ. Am 30. Dezember – Sonny war gerade dreieinhalb Wochen alt – gaben sich die beiden in der prächtigen irisch-katholischen Kirche St. Mary Star of the Sea unweit der Docks das Jawort. Reverend James J. Delaney vollzog die Trauung, und Maes Schwester Winnie Mae agierte als Trauzeugin und Brautjungfer in einer Person. Die Hochzeit dürfte allerdings keine besonders fröhliche Angelegenheit gewesen sein, da die Eltern der Braut jeden Grund hatten, den frischgebackenen Ehemann ihrer Tochter abzulehnen, und das junge Paar zudem schon ein Kind in die Welt gesetzt hatte.

Trotzdem war die Zeremonie Welten von dem Flittchen-Milieu des »Harvard Inn« entfernt und bedeutete für Al einen gewaltigen Schritt in Richtung Ehrbarkeit und Angesehenheit. Mit einem Mal hatte er eine Aufgabe und ein Ziel. Während all ihrer Ehejahre verkörperte Mae für ihn Tugend, Konvention, Moral und Rechtschaffenheit. Sie besuchte regelmäßig den Gottesdienst und ignorierte – dem Beispiel von Torrios ebenfalls irischstämmiger Gattin folgend – die zwielichtigen Geschäfte ihres Gatten geflissentlich. Sie war blond, blaß, immer verbindlich, ruhig und schweigsam, die Tugendhaftigkeit in Person, die er auf ein Podest stellte. Genau das erwartete Al von seiner Ehefrau, doch für Mae bedeutete dies vielerlei Verzicht und vor allem Isolation. Seine ständigen Lippenbekenntnisse, was Treue, Heim und Herd anging, ließen echte Spontaneität und Wärme vermissen. Mae hatte in den Capone-Clan hineingeheiratet und mußte nun lernen, sich ihrer übermächtigen Schwiegermutter Teresa unterzuordnen und sich zumindest die Grundlagen der italienischen Kochkunst anzueignen, die ihr Gatte so liebte. Ein noch gravierenderes Hindernis bildete die Sprachbarriere, denn zu Hause wurde bei den Capones nach wie vor neapolitanisches Italienisch gesprochen. Mae hatte oft Schwierigkeiten, ihre angeheirateten Verwandten zu verstehen, die sich in einer ihr unverständlichen Sprache unterhielten. Nicht zu Unrecht fühlte sie sich ausgeschlossen; sie war und blieb eine Außenseiterin.

Als frisch verheirateter Familienvater strebte Capone nun noch einmal einen ehrlichen Broterwerb an. Er distanzierte sich von seinen jugendlichen Fehltritten, brach entsprechende Verbindungen ab und schien in ein ruhiges, ehrsames Gewerbe einsteigen zu wollen. Er arbeitete nicht mehr für Frankie Yale und faßte den Entschluß, Brooklyn zu verlassen und den Gangsterbanden, den Gefahren und den Versuchungen seines bisherigen Lebens den Rücken zu kehren.

Es wird weithin angenommen, daß Capone zu dieser Zeit einen nahtlosen Übergang von der Unterwelt Brooklyns zu der von Chicago vollzog. In Wahrheit jedoch ging er mit seiner Familie zunächst einmal nach Baltimore, wo er nicht etwa als gedungener Killer, Erpresser, Barkeeper oder Zuhälter tätig war, sondern vielmehr eine Stellung als Buchhalter bei der Baufirma eines gewissen Peter Aiello antrat, der einen ausgezeichneten Ruf hatte. Feinsäuberlich mit Anzug und Krawatte erschien er jeden Morgen im Büro und schien alle anrüchigen Geschäfte und das dubiose Leben auf den Straßen Brooklyns für immer hinter sich gelassen zu haben. In seiner neuen Position zeigte sich, daß er viel Geschick im Umgang mit Zahlen und überhaupt einen ausgezeichneten Geschäftssinn besaß. Er lernte Bilanzen lesen und erstellen, Fertigkeiten, die er im Laufe seines Lebens immer weiter perfektionierte. »Er scheint ein pflichtbewußter und anständiger Mitarbeiter gewesen zu sein, und ich glaube, mein Vater mochte ihn«, bestätigte Peter Aiellos Sohn Mike. Und tatsächlich deutete alles darauf hin, daß Capone der Gedanke an eine sichere und respektable Zukunft im Unternehmen Aiello zusagte.

Um diese Zeit etwa begann sich der Gesundheitszustand von Als Vater gravierend zu verschlechtern. Am 14. November 1920 hielt sich Gabriele, wie er es jetzt häufiger tat, in einem Billard-Salon am Garfield Place auf, als er unvermittelt zusammenbrach und starb. Die Ärzte stellten als Todesursache Herzinfarkt fest. Er war 55 Jahre alt. Drei Tage später wurde er auf dem Calvary-Friedhof in Queens beigesetzt. Al reiste zur Beerdigung seines Vaters an, und auch die übrigen Familienmitglieder kamen, um Gabriele Capone die letzte Ehre zu erweisen. Lediglich Vincenzo, der älteste Sohn, fehlte. Er hatte schon lange jeglichen Kontakt zur Familie abgebrochen.

Der Tod seines Vaters markiert das Ende von Al Capones Ausflug in die Legalität. Vielleicht war es das plötzliche Fehlen väterlicher Autorität, das den jungen Mann veranlaßte, seine Arbeit als Buchhalter und die mühsam erworbene Aura der Rechtschaffenheit aufzugeben. Vielleicht auch nicht. Jedenfalls frischte er seine Beziehung zu Johnny Torrio wieder auf, dessen kriminelles Imperium in den letzten Jahren um ein Vielfaches gewachsen war. Torrio hatte die engen Straßen von Brooklyn verlassen und war nach Chicago gegangen, wo er für »Big Jim« Colosimo die Geschäfte führte. Chicago schien eine Stadt der unbegrenzten Möglichkeiten: Glücksspiel, Prostitution, und jetzt, mit der jüngst in Kraft getretenen Prohibition, ein vollkommen neues, weites und unendlich profitables Betätigungsfeld für Alkoholschmuggler und Schwarzbrenner. Torrio überzeugte Capone, daß mit derlei Geschäften in Chicago viel mehr Geld zu machen sei als bei jedem legalen Unternehmen – und Capone nahm sein Angebot an.

Torrios Anwerbung des jungen Capone war ein cleverer Schachzug, denn Al hatte eine zweifache Lehrzeit hinter sich: als Straßengangster bei Frankie Yale und als Buchhalter bei Aiello Construction. Nun war die Zeit gekommen, dieses Wissen zu kombinieren und in Torrios Organisation in die Tat umzusetzen.

Als »Berufswechsel« hatte weitreichende Konsequenzen für den gesamten Capone-Clan, denn wegen des typisch italienischen Familienzusammenhaltes – und des *campanilismo* – machten sich alle auf, ihm zu folgen. Angefangen von seiner verwitweten Mutter Teresa bis hin zu seiner kleinen Schwester Mafalda. Daß er Torrios Angebot folgte, war ein wesentlicher Schritt in Capones Leben, wahrscheinlich der wesentlichste überhaupt. Gerade 21 Jahre alt, hatte er seine älteren Brüder überflügelt und die Führung der Familie übernommen.

Anfang 1921 kündigte der aufstrebende junge Buchhalter seine Arbeitsstelle in Baltimore. Peter Aiello bedauerte es, einen fähigen Mitarbeiter zu verlieren, den er darüber hinaus auch menschlich sehr schätzte. Als Geste seiner Hochachtung und Anerkennung lieh er Capone 500 Dollar. Al vergaß ihm diese großzügige Geste nie. Er versprach, das Geld zurückzuzahlen, sobald er in Chicago Fuß gefaßt hatte. Und er erfüllte sein Versprechen auf eine Art und Weise, die sich Aiello niemals hätte träumen lassen.

2. KAPITEL

Gesetzeshüter – Gesetzesbrecher

Unweit der Grenze zwischen Iowa und Nebraska, wo der reißende Missouri River die schier endlose, nur am Horizont von einem Gebirgskamm begrenzte Prärie durchschneidet, liegt Sioux City, Iowa. Von hier sind es noch einmal rund 30 Kilometer zu dem 500-Seelen-Dorf Homer. Heute fahren sämtliche Züge an Homer vorbei, doch früher gab es einige, die in dem Nest kurze Zeit haltmachten, um Wasser oder Kohle aufzuladen und vielleicht den einen oder anderen Vagabunden zu entlassen.
Im Frühjahr 1919 stieg ein solcher Fahrgast aus der Bahn, klopfte sich Ruß und Staub aus den Kleidern und marschierte in Richtung Homer. Er war 27, wirkte aber älter, wachsam und alert, wie ein Mann, der weit herumgekommen war. Er unterschied sich von den anderen Tramps, denn sein Auftreten hatte etwas Rigides, Militaristisches. Er war klein, drahtig und muskulös, hatte eine vorspringende – echt römische – Nase, dunkle Augen, schwarzes Haar und den Teint eines Südländers. In einer Region, in der vorwiegend Einwanderer aus skandinavischen Ländern siedelten, fiel sein südländisches Aussehen eklatant auf. Die tiefe, etwas nasale Stimme und der Name, den er nannte – Richard Joseph Hart –, gaben wenig Aufschluß über seine Herkunft. Und tatsächlich war der Name auch eine Ehrbezeugung an den Stummfilmstar William S. Hart, der als Westernheld über die Leinwand ritt, seine Pistolen auf so machen Bösewicht abfeuerte und nie sein Ziel verfehlte. Ein durch und durch integrer Charakter, mit dem sich Richard Hart – selbst derart zwischen Gut und Böse hin- und hergerissen, daß es seine eigene Identität buchstäblich ausgelöscht hatte – durch Annahme seines Namens zu identifizieren hoffte.
Der Drang, seinen Ursprüngen zu entkommen und eine neue Identität anzunehmen, hatte ihn nun nach Homer geführt. Er hatte viel von Amerika und dank des Kriegsdienstes auch einiges von Europa gesehen, und nun schien es ihm an der Zeit, sich niederzulassen, eine Familie zu gründen und eine feste und angesehene Arbeit anzunehmen. Homer war exakt das, was Richard Hart suchte – ein abgelegenes Nest, wo er den Rest seiner Tage damit zubringen konnte, seine Wildwest-Phantasien auszuleben.

Der richtige Name des Mannes lautete Vincenzo Capone. Er war Al Capones ältester Bruder, der mit 16 von zu Hause weggelaufen war, sich einem Wanderzirkus angeschlossen und es später im Ersten Weltkrieg zu diversen Auszeichnungen gebracht hatte. Während seine Brüder mehr oder minder zufällig in eine Verbrecherlaufbahn hineinschlitterten, war er wild entschlossen, auf der Seite des Gesetzes zu bleiben, ja, mehr noch, das Gesetz nach dem Vorbild seines Kinoidols selbst zu vertreten und es wenn nötig mit Faust und Pistole zu verteidigen. So ausgeprägt war sein Sinn für Recht und Unrecht, daß er unwissentlich zu einem Spiegelbild der Familie wurde, die er in Brooklyn verlassen hatte. Doch entwickelte er sich, kurz gesagt, nicht wirklich zu einem »guten« Menschen, sondern zu dem, was sich ein »Outlaw« unter einem guten Menschen vorstellt: zu einem selbstsicheren, wortkargen und gewalttätigen Mann, der wie der Leinwandheld William S. Hart mit schimmernden Pistolen durch die Lande zog und dessen Gesicht schon lange zu einer Maske der Selbstgerechtigkeit erstarrt war. Er kannte keine Skrupel; für ihn gab es kein Zögern und Zaudern und kein Schwanken –, nur Schwarz und Weiß, Gut oder Böse. Richard Hart wußte, auf welche Seite er gehörte. Oder glaubte zumindest, es zu wissen.

Richard Hart war ehrgeizig, er gierte nach Ruhm und mußte sich doch zunächst einmal mit dem zufriedengeben, was ihm Homer und Umgebung an Möglichkeiten boten. Eine Weile arbeitete er als Zeitnehmer bei einer Eisenbahngesellschaft, dann – wenig erfolgreich – als selbständiger Anstreicher und Tapezierer. Immerhin gelang es ihm, sich einen Namen zu machen. Er brüstete sich mit seinen Kriegserlebnissen, präsentierte stolz seine Auszeichnungen und trat dem örtlichen Veteranenverband bei. Auch seine Kondition und seine Tapferkeit stellte er mit Vorliebe zur Schau und forderte immer wieder Männer zum Zweikampf heraus.

Die Einwohner von Homer hätten den Neuankömmling vielleicht als Großmaul und Prahlhans abgetan, hätte ihm nicht wenige Wochen nach seiner Ankunft das Schicksal die Chance gegeben, seinen Mut unter Beweis zu stellen. Am 19. Mai 1919 setzten sintflutartige Regenfälle das Städtchen Emerson unter Hochwasser, und Richard gelang es, einem kleinen Mädchen das Leben zu retten. So dramatisch diese Rettungsaktion verlief, verblaßt sie doch nachträglich neben Harts zweiter »Heldentat« des Tages, die eine ganze Familie namens Winch betraf. Ihre 19jährige Tochter Kathleen gefiel ihm vom ersten Augenblick an, und bald waren die beiden verliebt und unzertrennlich.

Die deutschstämmige Familie Winch war nur ein Jahr vor ihrem Retter nach Homer gekommen. Kathleens Vater William – ein sturer und dickköpfiger, aber liebenswerter Mann – und ihre Mutter Bertha waren evangelisch und besuchten regelmäßig den Gottesdienst in der kleinen lutherischen Kirche von Homer. Richard selbst mied alle Gotteshäuser.

Am 1. September gaben sich Richard Hart und Kathleen Winch im Rahmen einer schlichten Zeremonie das Jawort. In rascher Folge schenkte Kathleen ihrem Mann drei Söhne. Als Ehemann und Vater dreier Kinder genoß Richard Hart in Homer nun einiges Ansehen, zog es jedoch nach wie vor vor, seine wahre Identität zu verheimlichen. Auf der Geburtsurkunde seines jüngsten Sohnes gab er als seinen Geburtsort beispielsweise weder Neapel, wo er tatsächlich das Licht der Welt erblickt hatte, noch Brooklyn an, wo er aufgewachsen war, sondern Oklahoma, und ließ alle in dem Glauben, seine dunkle Hautfarbe hänge mit mexikanischen oder gar indianischen Vorfahren zusammen.

Harts junger Familie ging es gut, und mit der Einführung der Prohibition nahm auch seine berufliche Karriere endlich konkrete Formen an. Der 18. Zusatzartikel zur Verfassung der Vereinigten Staaten wurde am 16. Januar 1919 ratifiziert und trat auf den Tag genau ein Jahr später in Kraft. Es verbot Herstellung, Verkauf und Transport sowie Import und Export von alkoholischen Getränken in jeder Form und verfügte darüber hinaus, daß die betreffenden Staaten alle nötigen Vollmachten zur Durchsetzung des Verbotes erhielten. In Großstädten wie Chicago und New York sehr umstritten, war die Prohibition in ländlichen Regionen wie Homer schon längst die Regel. Gerade im Mittleren Westen, wo Temperenzbewegungen wie die Anti-Saloon-Liga die politische Landschaft dominierten, war der größte Teil der Bevölkerung bereits »trocken«, was jedoch nicht heißt, daß dort niemand Alkohol trank oder daß keiner im Angebot war. Man mußte nur wissen, welche Drogerie oder welches Café unter der Theke Alkoholisches zu »medizinischen Zwecken« verkaufte. Der Schwarzhandel mit Alkohol florierte und führte sogar zur Entstehung einer eigenen Terminologie.

Das Wort *moonshine*, schon seit dem 18. Jahrhundert in Gebrauch, bezog sich auf das (nicht sichtbare) Vorhandensein illegaler Spirituosen bzw. das heimliche Brennen von Alkohol bei Nacht – daher der »Mondschein«. Alle, die mit der Herstellung des Gebräus zu tun hatten, hießen im Volksmund Moonshiner, wer es transportierte oder verkaufte, wurde als Bootlegger bezeichnet. Dieser Terminus, der im letzten Jahrzehnt des 19. Jahrhunderts aufkam, leitet sich von der Angewohnheit ab, Spirituosen in Beinkleidern oder Stiefeln (leg bzw. boot) versteckt zu transportieren. Illegale, selbständige Bierbrauer und Branntweinbrenner machten gute Geschäfte, und viele Bauern brannten ihren eigenen Whiskey für den Hausgebrauch.

Für ihren Feldzug gegen Moonshiner und Bootlegger und zur Durchsetzung der Beschlüsse des 18. Zusatzartikels ersannen findige Köpfe der Regierung eine neue Art von Gesetzesdiener: den Prohibitions-Agenten. Im Dienste der Regierung unterwegs, genossen Prohibitions-Agenten weiterreichende Befugnisse und größere Autorität als die örtlichen Behörden, doch machte sie ihr magerer Lohn ausgesprochen empfänglich für Bestechungsgelder. Die meisten Bootlegger trugen immer reichlich Bares bei sich, und so mancher Prohibitions-Agent erkannte sehr schnell, daß er weit mehr verdienen und die Gefahren seines Jobs erheblich reduzieren konnte, wenn er sich aufs Annehmen größerer Summen aus den richtigen Händen verlegte. Ein Großteil der Agenten erlag dieser Versuchung. Doch die Arbeit lockte auch Abenteurernaturen, die sich nicht scheuten, für die gerechte Sache ihr Leben aufs Spiel zu setzen.

Einer davon war Richard Hart. Seine Begeisterung für Feuerwaffen, die Verehrung für William S. Hart und die Tatsache, daß er nach einem festen, angesehenen Job Ausschau hielt, prädestinierten Richard für diese Art Arbeit. Im Sommer 1920 bewarb er sich um die Stelle und erhielt bald darauf die Amtsinsignien: eine Dienstmarke, eine Waffe – und die damit verbundene Macht.

Schon wenige Wochen nach seiner Ernennung gelang Hart die erste erfolgreiche Razzia. In Martinsburg, Nebraska, nördlich von Homer gelegen, deckte er fünf Brennereien auf und beschlagnahmte größere Mengen des »Teufelszeugs«. Und sein Ruf als Mann des Gesetzes festigte sich weiter. Gerne ließ er sich mit konfiszierter Ware ablichten. Eine frühe Photographie zeigt ihn mit zwei anderen Prohibitions-Agenten zwischen zwei Destillierapparaten und einem Haufen Flaschen und Fässer. Er hat eine Flinte umgehängt, einen sechszackigen Blechstern an der Brust und trägt einen Stetson, der seine schmächtige Statur zu erdrücken scheint. Doch gleichgültig wie tatkräftig er und andere resolute Prohibitions-Agenten auch vorgingen – die Moonshiner waren in der Überzahl, und für jede konfiszierte Brennerei schienen zwei neue aus dem Erdboden zu schießen.

Sein wachsender Ruhm und sein rücksichtsloses Vorgehen machten das Federal Bureau of Indian Affairs auf Hart aufmerksam, das ihm einen neuen, noch gefährlicheren Aufgabenbereich bot: die Unterbindung des Alkoholhandels zwischen den Indianerstämmen. Zu dieser Herausforderung konnte Hart nicht nein sagen, obwohl sie ihn oft tagelang von zu Hause fern hielt. Anfangs verbrachte er viel Zeit im Yankton-Reservat. Die Indianer waren Experten auf dem Gebiet der geheimen Branntweinherstellung, und Hart streifte oft viele Tage lang zu Fuß oder zu Pferde durch das Land. Doch es scheint sich gelohnt zu haben, denn schon nach wenigen Monaten schrieb der Aufseher des Indianerreservats an das Bureau of Indian Affairs in Washington, D. C.: »Ich möchte Mr. Hart höchstes Lob zollen für seinen unermüdlichen und furchtlosen Einsatz bei der Verfolgung von Alkoholschmugglern und Bootleggern. ... Dieser Hart ist ein regelrechter Haudegen.«

Harts Methoden zeigten zweifellos Wirkung, auch wenn sie bedeuteten, daß er häufig seine Fäuste sprechen ließ. Man darf nicht vergessen, daß er immer wieder mit Indianern zu tun hatte, die Messer und Waffen trugen und aufgrund eines erhöhten Alkoholspiegels im Blut auch schnell gewalttätig wurden. Er hatte seine eigene Taktik entwickelt, die darin bestand, daß er mitten in ihre Saufgelage hineinplatzte und den erstbesten Mann k. o. schlug, was ihm die nötige Autorität für sein weiteres Vorgehen sicherte.

Hart kämpfte rücksichtslos gegen die indianischen Moonshiner, machte sich aber gleichwohl die Mühe, ihre Mentalität verstehen zu wollen, und versuchte die Sprache derjenigen Stämme zu lernen, die er zu überwachen hatte. Mit der Zeit freundete er sich mit mehreren Häuptlingen an. Immer auf Publicity bedacht, posierte er häufig zusammen mit Indianern für Photos, die ihn stets in Heldenpose zeigen. Der Stetson durfte dabei ebensowenig fehlen wie seine Waffen. Von den Indianern stammte übrigens auch der Name, der ihm bis zu seinem Lebensende anhaften sollte: »Two-Gun«. Die Weißen übernahmen diese Bezeichnung, und nachdem sie von Zeitungsschreibern aufgegriffen worden war – wer hätte schon einem solch bildhaften Spitznamen widerstehen können –, rief ihn niemand mehr Richard; es war immer »Two-Gun«. Um diesem Namen und dem Ruf, den er sich im »Wilden« Westen erworben hatte, gerecht zu werden, verließ Hart nun nie mehr das Haus, ohne an jeder Hüfte ein Pistolenhalfter zu tragen.

Hart standen jetzt alle Türen zum Erfolg offen. Auf einen Mann von seinem Ehrgeiz, seiner Begabung und seinen Verdiensten wartete ein Amt in der Verwaltungszentrale des Staates, wenn nicht gar ein Posten in Washington. Er hatte eine glänzende Zukunft vor sich, vor allem dann, wenn die Prohibition weiterhin Gesetz blieb. Seine angenommene Identität hatte ihm zu einer Stellung verholfen, die er in einem Land mit derart starken anti-italienischen Vorurteilen niemals hätte erreichen können. Und es war ihm, dem prädestinierten Außenseiter, sogar gelungen, Bandit und Gesetzesverfechter in einer Person zu verkörpern und in der amerikanischen Prärie seine beiden Neigungen, beide Aspekte seiner gespaltenen Persönlichkeit auszuleben. Niemand hatte auch nur den leisesten Verdacht, daß er jemand anderer sein könnte als der, als der er sich ausgab. Niemand ahnte, daß »Two-Gun« Hart in Wahrheit Vincenzo Capone hieß.

Bis zu diesem Zeitpunkt, dem Sommer des Jahres 1923, entsprach Harts Laufbahn tatsächlich einer Saga aus dem Wilden Westen, wie sie Hollywoods Drehbuchautoren kaum besser hätten schildern können: Ein Fremder kommt in eine Stadt, rettet das Leben einer Familie, ehelicht deren Tochter und macht sich einen Namen als ein Mann, dem die Gerechtigkeit über alles geht und den Weiße wie Indianer gleichermaßen respektieren. Doch im Herbst eben dieses Jahres passierte etwas, das Harts Leben grundlegend verändern sollte und um ein Haar auch seine wahre Identität aufgedeckt hätte, die er so sorgsam hütete.

Am Abend des 23. Oktober trafen sich Hart, ein anderer Prohibitions-Agent namens Walter Gumm, zwei junge Winnebago-Indianer und der Dorfpolizist in South Sioux City. Ihr Auftrag war klar: Einen Bootlegger mit Namen John Haaker zu stellen, der den Winnebago-Indianern angeblich Selbstgebranntes verkaufte. Es war eine reine Routine-Aktion: Die beiden Indianer würden Haaker Schnaps abkaufen, und die Agenten würden eingreifen und den Händler schnappen. Doch als die beiden Rothäute Haaker um Alkohol angingen, tat dieser – den Braten vermutlich riechend – völlig überrascht und weigerte sich, irgendwelche Verhandlungen einzugehen.

Da Hart, Gumm und Lambert trotzdem von seiner Schuld überzeugt waren, verfolgten sie den Verdächtigen weiter. Um 22.30 Uhr beobachteten sie einige Wagen, die vor Haakers Geschäft vorfuhren und anhielten. Mehrere Männer stiegen aus, hielten sich kurz auf, und fuhren dann wieder weg. Hart, Gumm und Lambert beschlossen, einem der Autos, einem Buick, zu folgen. »Wir waren sicher, daß sie bei Haakers Whiskey gekauft hatten«, entsann sich Walter Gumm später, »und ich rief ihnen zu, daß sie anhalten sollten, sie seien verhaftet.« Da diese Aufforderung ohne Wirkung blieb, beschloß Hart, die Sache selbst in die Hand zu nehmen und wieder einmal den Helden zu spielen. Er lehnte sich aus dem fahrenden Wagen und forderte die Männer noch einmal zum Anhalten auf. Doch der Buick raste weiter durch die Nacht. Gumm, der den Wagen der Agenten chauffierte, trat das Gaspedal voll durch, bis die beiden Autos auf gleicher Höhe waren. Hart war dem Fahrer des Buick so nahe, daß er ihn mit dem ausgestreckten Arm hätte berühren können. In diesem Moment beschleunigte auch der Buick, und als er zu entkommen drohte, zogen Hart und Gumm fast gleichzeitig ihre Waffen.

Zu diesem Zeitpunkt lagen etwa 50 Meter zwischen den beiden Wagen, die mit 35 Meilen durch die nächtlichen Straßen von South Sioux City fuhren. Obwohl das Fahrzeug der Agenten über das Pflaster holperte und es stock-

dunkel war, feuerte Hart zweimal auf die Hinterreifen des Fluchtwagens. Auch Gumm drückte ab.
Als der Buick zum Stehen gekommen war und Hart den Wagen erreichte, entdeckte er, daß der Fahrer getroffen war und heftig blutete. Das Opfer war kein Indianer, sondern ein Weißer – Ed Morvace, 35, verheiratet und Vater eines sieben Monate alten Buben. Er arbeitete als Mechaniker und war wie Hart im Krieg gewesen. Wenig später erlag Morvace seiner Verletzung. Ein Kriminalbeamter nahm eine Autopsie des Toten vor und stellte fest, daß der Tod durch eine Schußwunde verursacht worden war – die Kugel war durch das Genick eingedrungen und durch den Mund wieder ausgetreten. Ed Morvaces Tod wurde als Unfall registriert.
Ed Morvace starb an einem Samstag abend, und binnen weniger Stunden war die Gemeinde in zwei Parteien – pro und contra Hart – gespalten. Gumm erzählte später: »Am Tag nach der Schießerei hörten Hart und ich, daß sich ein paar Bootlegger zusammengerottet hätten und mit einem Strick zur Agency unterwegs waren, um Hart zu lynchen.« Doch das war nicht die einzige Gefahr, die Hart drohte. Am Dienstag wurde ein Haftbefehl gegen R. J. Hart erlassen. Als er sich dem Sheriff von Dakota City, Nebraska, stellte, verhaftete man ihn sofort wegen Totschlags; die Kaution wurde auf 7500 Dollar festgesetzt.
Nun traten die »Temperenzler« auf den Plan, die militanten Verfechter der Prohibition. Im Namen der Verfassung, der öffentlichen Sicherheit und allem, was Recht und Ordnung repräsentierte, eilten sie herbei und ersparten Hart die Schmach des Einsitzens. Sogar sein geliebtes Gewehr durfte er behalten. Trotzdem mußte er sich wegen Totschlags vor Gericht verantworten. Dazu kam die Furcht vor der Blamage, falls im Zuge der Untersuchung herauskäme, daß »Two-Gun« Hart in Wahrheit ein aus Italien gebürtiger Einwanderer mit Namen Vincenzo Capone war.
Zu seiner Verteidigung brachte Hart vor, daß er, ein mehrfach dekorierter Scharfschütze, unmöglich derart an seinem angepeilten Ziel vorbeigeschossen haben könne, was natürlich implizierte, daß Gumm den tödlichen Schuß abgegeben hatte. Der jungen Witwe Olga Morvace war es relativ gleichgültig, welcher der beiden Agenten die Schuld am Tod ihres Mannes trug. Sie verklagte beide auf 50 000 Dollar. An diesem Punkt heizten Zeitungsberichte über den sinnlosen Tod Morvaces die Gemüter erneut derart gegen Hart auf, daß er wieder fast gelyncht worden wäre. Um ihn vor tätlichen Angriffen zu schützen, fand der Gerichtstermin auch einen Tag früher statt als ursprünglich anberaumt. Das Verfahren dauerte nicht lange, und die Geschworenen entschieden, daß entweder Hart oder Gumm Morvace »in Ausübung ihres Amtes« erschossen hätte. Beide hätten sich dem

Gesetz nach keines Verbrechens schuldig gemacht und würden deshalb freigesprochen.

Doch damit war der Fall noch lange nicht beigelegt. Eine wutentbrannte Öffentlichkeit forderte Harts Kopf, während militante Prohibitionisten zu einer Sammlung aufriefen, um Harts Gerichtskosten zu finanzieren. Schließlich ging die Sache sogar bis nach Washington, D. C., wo die zuständigen Justizbeamten zu dem Schluß kamen, der Einsatz von Waffengewalt sei völlig unnötig gewesen. Folge dieses Vorgangs war, daß »Two-Gun« Harts brillantes Image für immer seinen Glanz verlor. Nachdem etwas Gras über die Sache gewachsen war, nahm er seine Pflichten in den Indianerreservaten wieder auf, doch die Chance auf eine große Karriere war für immer dahin.

In einer Hinsicht hatte Hart immerhin Glück: Seine wahre Identität war nicht ans Tageslicht gekommen. Niemand war auf den Gedanken verfallen, seine Vergangenheit zu überprüfen, und so blieb Harts großes Geheimnis noch eine Weile gewahrt.

Etwa um dieselbe Zeit, als Ed Morvace erschossen wurde, hörte er interessante Neuigkeiten über die Familie, der er vor 15 Jahren den Rücken gekehrt hatte. Diese Neuigkeiten kamen nicht aus New York, sondern aus Chicago. Durch Schlagzeilen und Zeitungsphotos erfuhr er, was aus seinen Brüdern geworden war. Wie Hart waren auch sie in Gewalttaten und Schießereien verwickelt, doch – so kam in den Artikeln deutlich zum Ausdruck – standen sie auf der anderen Seite des Gesetzes. Chicagoer Blätter bezeichneten Al gar als »ungekrönten Gangsterkönig«. Jetzt, da »Two-Gun« Hart wußte, wo sich seine Familie aufhielt, war es nur noch eine Frage der Zeit, bis er selbst nach Chicago fuhr, um sie und vor allem seinen Bruder Al wiederzusehen, den die Zeitungsschreiber bald nurmehr »Scarface« nannten.

Chicago, eine aufstrebende Industriestadt, zählte schon 1920, als es Al Capone hierher verschlug, 2,7 Millionen Einwohner –Tendenz steigend. Es war eine bunte Bevölkerungsmischung, typisch für eine amerikanische Großstadt dieser Zeit, die sich nach ethnischer Herkunft auf verschiedene Viertel verteilte und enge Bande zum jeweiligen Mutterland unterhielt. *Campanilismo* gehörte in Chicago ebenso zum täglichen Leben wie in Brooklyn, nur daß sich die italienischen Einwanderer auf zwei Bezirke konzentrierten: das enge Little Italy der Stadt, in dem sich mehr als 100 000 Einwohner drängten, und die etwa eine Stunde südlich der Metropole liegende, träge Trabantenstadt Chicago Heights.

Geographisch gliederte sich Chicago in drei Teile, getrennt durch den mäandernden Lauf des Chicago River: die relativ kompakte North Side (wo die Schönen und Reichen der Stadt in palastartigen Villen oder luxuriösen Apartmenthäusern residierten), das immer weiter um sich greifende Wohnviertel South Side und die West Side, ein vorwiegend von Industriebetrieben besiedeltes Gebiet, das mehr oder weniger nahtlos in die ländlichen Regionen des Mittleren Westens überging. Alle drei trafen sich in The Loop, dem zentralen Businessdistrikt der Stadt, dessen Architektur bereits von den ersten Wolkenkratzern dominiert wurde.

Trotz seiner Größe blieb Chicago eine unprätentiöse Stadt, die ein Zeitgenosse treffend mit den Worten »knallhart und kampfeslustig, lautstark und trinkfest, rabiat und rücksichtslos« charakterisierte. Gab es einen geeigneteren Ort für einen ehrgeizigen jungen Gangster, der es in kürzester Zeit zu Macht und Reichtum bringen wollte? Chicago war nicht Paris und hatte keinerlei Ambitionen, ein zweites Rom zu werden. Hier war »Hogtown«, Porkopolis. Stolz verwiesen die Chicagoer auf den Rang, den ihre Stadt in der Welt des Business einnahm, und sie nahmen es hin, daß dabei die kulturellen und sozialen Werte auf der Strecke blieben. Der Preis, den Chicago für seinen Reichtum und wirtschaftlichen Überfluß zu zahlen hatte, hieß Ausbeutung. Die Stadt war auf den Legenden willensstarker, charismatischer Männer errichtet, die ohne einen Pfennig in der Tasche angekommen waren, durch harte Arbeit große Vermögen anhäuften und dann zu Stützen der Gesellschaft avancierten.

In müßigen Momenten verglich sich Al Capone gerne mit diesen »Selfmade Chicago Millionaires«. »Als ich nach Chicago kam«, brüstete er sich einmal, »hatte ich kaum 40 Dollar in der Tasche. Ich bin in ein Geschäft eingestiegen und habe dabei niemandem ein Haar gekrümmt. ... Dank mir verdienen heute mehr als 300 Leute jede Woche 120 bis 200 Dollar. ... Ich habe Leuten Arbeit gegeben, die sonst wahrscheinlich Banken oder Geschäfte überfallen hätten ...« Al Capone, der Selfmade-Man, der Wohltäter und Menschenfreund. Läßt man Erfolg als Maßstab gelten, hatte Capone sicherlich das Recht, so zu handeln. Denn die Stadt war reif für jemanden wie ihn. Die Stadtverwaltung wartete sozusagen nur darauf, sich dem anzudienen, der die höchsten Bestechungsgelder zahlte.

Schon Anfang unseres Jahrhunderts, volle zwei Dekaden vor Capones Ankunft in Chicago, hatten kriminelle Vereinigungen das Leben der Stadt beherrscht. Das Wort *gangster* war bereits in den amerikanischen Sprachgebrauch eingegangen. Ursprünglich bezeichnete es Organisationen, die sich auf Wahlbetrug und -manipulation spezialisiert hatten; später erweiterte sich der Begriff auf Mitglieder von Straßengangs und Verbrecherbanden aller Art. Ein anderer, verwandter Terminus, *racketeer*, kam Mitte der zwanziger Jahre auf, als die Chicagoer Zeitungen unvermittelt begannen, sich mit den raffinierteren und komplexeren Verbrechersyndikaten der Stadt zu befassen. Wenige Jahre später wurde auch dieser in Chicago geprägte Ausdruck landesweit benutzt, und das *Chicago Journal of Commerce* versuchte sich mit einer Definition, die den schlüpfrigen Begriff bestmöglich einzugrenzen bemüht ist:

> »Ein Racketeer kann der Chef einer nach außen hin legalen Unternehmensgruppe sein, ein Gewerkschaftsboß ... oder auch nur ein gemeiner Schlägertyp. Aber ganz unabhängig davon, ob er sich als bewaffneter Anführer der Arbeiterschaft oder als Firmenchef ausgibt, seine Methoden sind immer dieselben: Durch mutwilliges Einschlagen von Fensterscheiben, die Entführung und möglicherweise Ermordung von Menschen gelingt es ihm, eine Gruppe kleinerer Geschäftsleute dazu zu bringen, einer sogenannten Schutzorganisation beizutreten. Von deren Mitgliedern kassiert er dann beliebig große »Beiträge« oder »Steuern«, legt Preise und Arbeitsstunden fest. Die dadurch erpressten Summen wandern in seine eigene Tasche. Wer dem Bund nicht beitreten, wieder austreten oder das geforderte Schutzgeld nicht zahlen will, wird mittels Sprengsätzen, Schlägen oder anderen Terrorakten zur Raison gebracht.«

Als Al Capone Chicagoer Pflaster betrat, war die Unterwelt der Stadt gerade in einem grundlegenden Wandlungsprozeß begriffen. Neben den berühmten Schlachthöfen, der Eisenbahn und anderen großen Wirtschaftszweigen war auch das Verbrechen eng mit der Geschichte und der politischen Struktur der Stadt verwoben, und genauso wie die legalen Unternehmen hatte auch das Verbrechen seinen eigenen Distrikt, die berühmt-berüchtigte Levee. Bordelle säumten die Straßen dieses Viertels, das ganz in der Hand von Taschendieben und Straßengangs war. So viele Zuhälter gab es hier, daß sie eine eigene Gewerkschaft, die *Cadets' Protective Association*, gründeten; und die Puffmütter bildeten die ihre, die *Friendly Friends*. Vergnügungssuchende fanden um die Jahrhundertwende in der Levee alles, was ihr Herz begehrte. Von billigen Puffs, in denen dunkelhäutige Huren ihren Körper für 25 Cents verkauften, bis hin zum noblen Everleigh Club mit seinen mehr als 50 prunkvoll ausgestatteten Räumen, eigener Gourmet-Küche und den vornehmsten Prostituierten der ganzen Stadt. Zu den Stammgästen des Everleigh Clubs zählten einflußreiche Politiker, die für ihre wohlwollende Haltung in Gesetzesfragen großzügig entlohnt wurden. Dennoch siegten schließlich die Reformkräfte, und Chicagos Bürgermeister Carter Harrison, der gelobt hatte, die Stadt von solchen Lastern zu befreien, schloß das Etablissement 1912.

Es folgte die Zeit der Syndikate. Organisationen übernahmen die Kontrolle über die Prostitution und ließen eine bislang unbekannte Kategorie von Verbrechern aufkommen. Der zweifellos bekannteste Vertreter dieses neuen Schlags war der 1895 aus Italien eingewanderte James Colosimo, der seine Karriere als Zuhälter begonnen und schon früh die Unterstützung zweier völlig korrupter Stadträte gewonnen hatte, deren Namen stets in einem Atemzug mit seinem genannt wurden: Michael »Hinky Dink« Kenna und John »Bathhouse« Coughlin. Colosimo machte sich als ihr *collector* nützlich, was im Klartext nichts anderes heißt, als daß er für sie Bestechungs- und Erpressungsgelder eintrieb. Daneben behielt er seinen pseudolegalen Beruf als Straßenkehrer bei. Binnen kürzester Zeit organisierte er andere Straßenkehrer, gründete eine Gewerkschaft – und hatte damit seine spätere Machtbasis geschaffen. Im Gegenzug für die Stimmen seiner Gewerkschaftler, sicherte er sich die Position eines Bezirks-Captain. Nun selbst Angehöriger des Machtapparates, kehrte er zu seiner ersten Liebe, der Prostitution zurück. Der große, attraktive, umgängliche und äußerst joviale Mann war bald stadtbekannt, und das Flaggschiff seiner Flotte, das düstere Colosimo's Café in der Wabash Avenue, erfreute sich größter Beliebtheit. Namhafte Gäste besuchten die berühmte Mahagoni-Bar oder speisten im Dining Room, wo die Wände mit grünem Samt bespannt waren und Verzierungen aus Goldfiligran trugen. Unter Lüstern aus purem Gold trafen sich Racketeers, Mitglieder der feinsten Gesellschaftskreise und weltberühmte Künstler. Enrico Caruso war ebenso Stammgast im Café wie Clarence Darrow, ein angesehener Anwalt und einer der mächtigsten und einflußreichsten Männer der Stadt. »Hier kamen sie in Kontakt mit Halbwelt-Damen und deren Zuhältern, mit Spielern, Boxkämpfern, Alkoholschmugglern und ausgemachten Perverslingen«, notierte der ehemalige Bürgermeister Harrison voller Abscheu, »und amüsieren sich dabei gar königlich!«

Neben seinem Café unterhielt Colosimo eine Reihe von »cribs«*, wo auf allen überflüssigen Tand verzichtet wurde und die Damen ohne Umschweife zur Sache kamen. Trotz ihrer Farblosigkeit erwirtschafteten die »cribs«, in denen der Whiskey in Strömen floß und sich auch die Möglichkeit zu einem schnellen Spiel bot, riesige Gewinne. Zeitungsberichten

---

* Mini-Bordelle

zufolge kassierte Colosimo allein aus diesen Etablissements monatlich weit über 50 000 Dollar. Von dem Geld ließ er für sich und seinen Vater prächtige Villen errichten, in denen livrierte Diener umherschwärmten. »Big Jim« trug an jedem Finger einen Diamanten, ein brillantbesetztes Hufeisen an der Weste und Diamanten als Kragen- und Manschettenknöpfe. Selbst Gürtelschnalle und Hosenträgerclips funkelten vor Juwelen. Allerdings kam er auch billig an die Steine, denn er war ein stadtbekannter Hehler. Weitere Diamanten hatte er wie Murmeln in der Hosentasche und verteilte sie ganz nach Lust und Laune an Polizisten und andere Hüter des Gesetzes, die sich dafür selbstverständlich auf ihre Art erkenntlich zeigten. Colosimos »partner in love and crime« war seine Ehefrau Victoria Moresco, selbst eine erfolgreiche Bordellwirtin. Da das Familienunternehmen zusehends expandierte, begann Colosimo sich nach einem fähigen Mann umzusehen, der die Geschäfte für ihn führen konnte – einem vertrauenswürdigen Mann, bescheiden, ehrlich und unauffällig. Er hatte schon mehrere Dutzend Bewerber aus Chicago abgewiesen, als ihm der hervorragende Ruf eines besonnenen Zuhälters und Racketeers aus Brooklyn zu Ohren kam: Johnny Torrio. So unterschiedlich in Statur, Auftreten und Wesen – Colosimo groß, lautstark und unbekümmert, Torrio dagegen klein, leise und eher pessimistisch –, wurden sich die beiden doch rasch handelseinig. Von nun an stand Torrio als treibende Kraft hinter Colosimos Erfolgen, hielt sich jedoch, obwohl er gewaltigen Einfluß gewann, stets im Hintergrund. Er lebte genauso einfach und genügsam wie vormals in New York, bewohnte mit seiner Frau Ann eine prunklose Wohnung in der West 21st Street 101 und ließ sich – ganz anders als die meisten Gangsterbosse, Colosimo und Al Capone nicht ausgenommen –niemals mit Prostituierten ein. Er legte Wert darauf, jeden Abend um sechs Uhr zu Hause zu sein, und trug niemals eine Waffe. Außerdem rauchte er nicht, trank keinen Alkohol und fluchte nie. Er wirkte wie ein distinguierter, wohlhabender Privatier, als was man ihn genau genommen ja auch bezeichnen könnte.

Während Torrio das Vermögen seines Chefs mehrte und dessen Einflußbereich vergrößerte, setzte Colosimo in seinem grenzenlosen Leichtsinn alles aufs Spiel. Wie kaum anders zu erwarten, wurde ihm eine Frau zum Verderben. Sie hieß Dale Winter und war wie Tausende anderer junger Frauen nach Chicago gekommen, um ihr Glück als Schauspielerin zu machen. Da sie keine andere Arbeit fand, verdingte sie sich jedoch bald als Sängerin in Colosimos Café, wo »Big Jim« sie sah und sich sofort in sie verliebte. Er war verrückt nach ihr, überließ die Geschäfte jetzt völlig Torrio und vollzog im März 1920 mit der Scheidung von seiner Frau Victoria Moresco einen endgültigen Bruch, der dem ersten großen Gangster-Blutbad den Boden bereiten sollte. Drei Wochen später heiratete er Dale Winter und zog mit seiner jungen Frau in sein Domizil an der Vernon Avenue. Werbung, Scheidung und Heirat waren *das* Gesprächsthema in Chicago – und weit darüber hinaus. Vom »Harvard Inn« in Brooklyn aus verfolgte Frankie Yale Colosimos törichtes Balzgehabe mit gespanntem Interesse. Alt, fett und hoffnungslos verliebt, schien Colosimo nicht mehr unverwundbar. Frankie Yale beschloß, Chicago eine Stippvisite abzustatten.

Am letzten Tag seines Lebens, es war der 11. Mai 1920, verabschiedete sich Jim Colosimo von seiner jungen Frau und ließ sich in das Café chauffieren, um sich wieder einmal den Geschäften zu widmen, die er in den zurückliegenden Monaten stark vernachlässigt hatte. Er begab sich in sein Büro, konferierte mit der Sekretärin und dem Küchenchef und versuchte telephonisch seinen Anwalt zu erreichen, kam aber nicht durch. So verging der Tag. Er schien irgendwie unruhig, denn er hatte eine Verabredung für den Nachmittag – mit wem, verriet er niemandem –, doch der Mann verspätete sich. Um 16.30 Uhr betrat er das Foyer, um das Haus zu verlassen, kam aber nicht mehr bis zur Straße. Eine Pistole in der Hand, hatte Frankie Yale sich in der Garderobe versteckt gehalten. Jetzt feuerte er zwei Schüsse ab. Der erste traf Colosimo in den Hinterkopf, der zweite zerbarst das Glas der Pförtnerloge. »Big Jim« Colosimo, der ungekrönte König des Verbrechens, war tot, ermordet. Er war auf den Rücken gefallen, und eine Lache leuchtend rotes Blut umgab seinen Kopf und vergrößerte sich ständig. Er war 43 Jahre alt. In einem dunkelgrauen Tweedanzug, eine rote Rose im Knopfloch und einen Revolver mit Perlmuttgriff in der Tasche, wirkte sein massiger Leib überaus imposant. Yale verließ den Schauplatz seiner Tat auf dem schnellsten Wege, wurde jedoch von einem Kellner beobachtet.

Die Nachricht von der Ermordung Colosimos erschütterte ganz Chicago und wurde als gravierender Wendepunkt eingestuft. Gleich am nächsten Tag stand in der *Chicago Daily News* zu lesen: »Der Mord an James Colosimo, dem ungekrönten Gangsterkönig der South Side, ... markiert das Ende einer Epoche des Chicagoer Gangstertums und läutet den Anfang einer neuen ein.« Wäre Colosimo eines natürlichen Todes gestorben, wäre er ein Racketeer unter anderen geblieben; seine Ermordung aber verlieh ihm eine Bedeutung, die er zu Lebzeiten nie erlangt hatte. Seine Beerdigung am 15. Mai wurde das erste jener bombastischen Gangsterbegräbnisse, von denen es in Chicago in den folgenden Jahren eine ganze Reihe geben sollte. Priester und Polizeipräfekten schritten hinter dem Sarg her, um einem Toten, den sie eigentlich hätten verdammen müssen, die letzte Ehre zu erweisen. Obwohl jedermann in Chicago Colosimo als Zuhälter kannte, befanden sich unter seinen Sargträgern drei Richter, ein Kongreßabgeordneter, ein stellvertretender Staatsanwalt und nicht weniger als neun Stadträte, und sie alle marschierten im Tritt mit Racketeers wie Johnny Torrio und Jakie Adler. Torrio, der sonst nie irgendwelche Gefühle zeigte, vergoß öffentlich Tränen und gestand der Presse: »Big Jim und ich waren wie Brüder.« Mehr als 5000 Trauernde folgten dem Sarg zum Oakwood-Friedhof.

Kaum war der Leichnam unter der Erde, gingen die Fragen los: Die vordringlichste behandelte seine Hinterlassenschaft. Das Vermögen von »Big Jim« Colosimo, der kein Testament gemacht hatte, wurde auf eine gute halbe Million Dollar geschätzt, doch ließen sich, Diamanten eingeschlossen, letztlich nicht mehr als 75 000 Dollar lokalisieren, die nach längerem Hin und Her an seinen Vater fielen. Die zweite, weit beunruhigendere, betraf seinen Mörder. Da die Juwelen und das Bargeld, das Colosimo gewöhnlich bei sich trug, sowie der Siebenkaräter an seinem Finger unberührt waren, mußte Raubmord ausgeschlossen werden. Die Liste der Verdächtigen reichte von Politikern, mit denen Colosimo Streit gehabt hatte, über seine Exfrau Victoria Moresco (deren Brüder angeblich ihre »Ehre« rächen wollten) und einen früheren Liebhaber von Dale Winter bis hin zu Johnny Torrio. Auch auf die »Schwarze Hand« fiel der Verdacht, jene Bande, die sicherlich auch Colosimo Briefe mit Morddrohungen gesandt hatte; allerdings handhabte »Big Jim« Erpresser auf seine Weise: Er zahlte ganz einfach, was sie verlangten.

Schließlich führten die Ermittlungen der Polizei zu Frankie Yale. Es kursierte das Gerücht, daß er von Torrio 10 000 Dollar erhalten habe, um Colosimo zu erledigen. Doch Yale war viel zu prominent und zu reich, um sich für andere die Hände schmutzig zu machen. Viel plausibler erschien es, daß er Colosimo ermordet hatte, weil er sich ein Stück vom großen Kuchen Chicago sichern wollte. Tatsächlich wurde er von der New Yorker Polizei festgenommen und wegen Mordes angeklagt, und es gelang sogar, den Kellner aufzutreiben, der Yales Tat als Augenzeuge beobachtet hatte. Allerdings wurde dem Zeugen sehr schnell klar, daß es gesünder für Leib und Leben war, nicht gegen Frankie Yale auszusagen, und im entscheidenden Moment erklärte er, er könne sich beim besten Willen an keine Einzelheiten erinnern. Damit war die Anklage gegen Yale hinfällig.

Obwohl er vom Gericht nicht weiter belangt wurde, ging Yales Versuch, in Chicago Fuß zu fassen, nach hinten los, denn Torrios Position festigte sich nach der Beseitigung von »Big Jim« sogar. Yale erkannte, daß er besser daran tat, in New York zu bleiben und Mordpläne für Gangster in seiner näheren Umgebung zu schmieden. Im Februar 1922 wurde Yale selbst fast Opfer eines Mordanschlags. In einem maßgeschneiderten Zweireiher, schwarzen Lackschuhen mit Gamaschen, silbergrauem Mantel und Hut war er auf dem Weg von seinem Cadillac zu einem Racketeers-Ball in Manhattan, als die Schüsse fielen. Yale versteckte sich unter seinem Wagen, kroch nach einer Weile jedoch wieder hervor, weil er annahm, der Schütze habe aufgegeben. Wieder auf den Beinen, traf ihn eine Kugel in den Rücken und zerfetzte einen Lungenflügel. Yale überlebte, war aber schwer angeschlagen. Kurz nach seiner Entlassung aus dem Krankenhaus stiftete er in Brooklyn eine Kirche, was ihm großen Respekt einbrachte. Dennoch hatte er viele Feinde, und der irische Gangster »Wild Bill« Lovett, den die Polizei als Täter ermittelte, war nicht der letzte, der Frankie Yale aus dem Weg schaffen wollte. Das nächste Mal würden die Killer allerdings nicht aus Manhattan, sondern den weiten Weg von Chicago kommen.

Schon wenige Wochen nach Colosimos Begräbnis war Chicago erneut Schauplatz politischer Machtkämpfe und Winkelzüge. Im Juni ernannte die Republikanische Partei einen obskuren Senator aus Ohio namens Warren G. Harding zu ihrem Präsidentschaftskandidaten. Harding erwies sich als ein Mann, der in perfektem Einklang mit seiner Zeit – und den Chicagoer Racketeers – stand: der korrupte Kandidat einer korrupten Partei, gewählt in einer korrupten Stadt. Genau deshalb konnten er und sein Kandidat für die Vizepräsidentschaft, Calvin Coolidge, einen leichten Sieg über die Demokraten davontragen, für die James M. Cox, Gouverneur von Ohio, und Franklin D. Roosevelt ins Rennen gegangen waren. Die Präsidentschaft Hardings stand unter dem Motto: »Rückkehr zur Normalität«, was im Klartext bedeutete, daß die neugewählte Regierungsmannschaft nach den weltpolitischen Ambitionen der Regierung Wilson plante, zunächst einmal gar nichts zu tun, alle Verantwortung abzuschieben und – eine stets populäre Maßnahme – die Steuern zu senken.
Der Tenor von Hardings lässig-legerer und korrupter Administration spiegelte sich landesweit in vielen Städten und Staaten wider. Der Gouverneur von Illinois beispielsweise, Len Small, wurde 1921 angeklagt, während seiner Zeit als Schatzmeister über eine halbe Million Dollar veruntreut zu haben. Er wurde freigesprochen, doch muß ihn die Bestechung des Gerichts einiges gekostet haben. In Chicago selbst zelebrierten Bürgermeister William Hale Thompson und seine Leute Korruption in Reinkultur. Als Staatsdiener war Thompson eine eklatante Fehlbesetzung. Jeder wußte das, nicht zuletzt die, die ihm ja aus eben diesem Grund zur Macht verholfen hatten. Seine Gegner betrachteten ihn als personifizierten Skandal schlechthin, als »Mundgeruch der Chicagoer Politik«, wie es ein Journalist bildhaft umschrieb.

Thompson war eine politische Karikatur, eine Satire auf die Korruption dieser Zeit. Alles an ihm war übertrieben, eine Nummer zu groß. Wenn er eine Ansprache hielt, redete er nicht, sondern deklamierte oder dozierte mit hocherhobenem Zeigefinger. Hinter der lächerlichen Fassade verbarg sich eine hinterhältige Verschlagenheit. »Big Bill« Thompson, wie er sich nicht ungern nennen ließ, wußte, wie man sich beliebt macht, und redete den Leuten nach dem Mund. Er ließ durchblicken, daß er gegenüber den Geschäften der Racketeers beide Augen zudrücken würde und alles andere als ein Freund der Prohibition sei. Er trank Alkohol, und so tat es ganz Chicago. Vor seiner Amtszeit hatte es in der Stadt ein schwach besetztes, aber effektives Dezernat zur Bekämpfung der Prostitution gegeben. Bürgermeister Thompson, der zwar verheiratet war, sich aber eine Geliebte hielt, schaffte es ab. Die Racketeers der Stadt betrachteten Thompson als einen der Ihren. Torrio ging niemals ohne seinen Mitgliedsausweis zum William H. Thompson Republican Club aus dem Haus. Hier war ein Mann ganz nach dem Herzen der Gangsterbosse, ein Politiker, mit dem sich zusammenarbeiten ließ. Sie bestachen ihn, und an Wahltagen sorgten sie auf ihre Weise dafür, daß ein so wertvoller Mann auch weiterhin im Amt bleiben konnte.

Doch es gab auch Stimmen, die Reformen forderten. Eine davon gehörte der neu gegründeten Chicago Crime Commission, hinter der die »Secret Six« standen, eine Gruppe einflußreicher Geschäftsleute, die es aus Sicherheitsgründen vorzogen, ihre Anonymität zu wahren. Von anderen Institutionen unterschied sich die Crime Commission vor allem dadurch, daß sie keine politische Ideologie vertrat und auch keine Macht anstrebte. Anstelle von Wahlbetrug, Bestechung und Erpressung vertraute sie auf die Wirksamkeit ehrlicher Informationen. Sie analysierte Art und Ausmaß der Korruption in Chicago, und schon 1919 fiel ihrem Leiter, Colonel Henry Barrett Chamberlin, ein neuer Trend in der Chicagoer Unterwelt auf: die Entwicklung von ausgefeilten Syndikaten nach dem Muster legaler Unternehmen. Das moderne Verbrechen bewege sich, so Chamberlin, ebenso wie die moderne Wirtschaft, in Richtung Zentralisierung und Kommerzialisierung. Amerika sei eine Wirtschaftsnation, wo nun eben auch Kriminelle moderne Geschäftsmethoden anwenden.

Einer dieser Kriminellen war Johnny Torrio, der Colosimos Imperium zu einer Zeit übernahm, in der vom Weißen Haus bis zum Chicagoer Rathaus die Korruption regierte. Hatte Colosimo einige Dutzend Bordelle kontrolliert, waren es bei Torrio viele tausend Flüsterkneipen*, Freudenhäuser und

* Anm. d. Übs.: Flüster- oder Mondscheinkneipen, auch Speakeasys genannt, waren Lokale, in denen während der Prohibition Alkohol ausgeschenkt wurde.

Spielhöllen. Nach Inkrafttreten der Prohibition nahm seine Organisation jährlich vier Millionen Dollar aus dem Biergeschäft ein. Fast genausoviel brachte das Glücksspiel, die Prostitution rund zwei Millionen. Und das allein in Chicago. Im neu hinzugekommenen Territorium der Vorstädte ließen sich weitere vier Millionen scheffeln.

Diese Einnahmen waren gewaltig, eindrucksvoll aber auch die Ausgaben, die sich aus Bestechungsgeldern für Polizei, Bürgermeister, Stadträte etc. und dem regelmäßigen Lohn der rund 800 »freien Mitarbeiter« zusammensetzten. Dennoch blieben Torrio nach allen Abzügen immer noch einige Millionen Dollar im Jahr. Seine Organisation – sie hatte keinen Namen – stand in dieser Hinsicht den riesigen Industriebetrieben in nichts nach. Doch mit dem Reichtum wuchsen auch die Probleme. Die Einführung der Prohibition, die Wahl Hardings zum Präsidenten und Colosimos Tod hatten in Chicago zu einem Machtvakuum geführt, das Torrio nicht allein ausfüllen konnte. Zwar war es ihm gelungen, Bündnisse mit anderen Racketeers der Stadt einzugehen, doch fürchtete er Yale, der ihn genauso leicht umbringen konnte wie Colosimo.

An diesem kritischen Punkt seiner Karriere holte Torrio den 22jährigen Al Capone nach Chicago. 1921 begann er für Torrio zu arbeiten, ein Jahr später kam sein Bruder Ralph nach, um ebenfalls in das blühende Geschäft einzusteigen. Die beiden Capones teilten sich eine Wohnung Ecke Farwell Street und Sheridan Street.

Zwar hatte Al mit seiner Arbeit für Torrio den Pfad der Legalität ein für allemal verlassen, doch konnte er viele der Fertigkeiten, die er in Baltimore erlernt hatte, auch in seinem neuen Tätigkeitsfeld brauchen: Management war schließlich Management, und Buchhaltung war Buchhaltung. Von allen Sparten der Racketeering-Branche haftete der Prostitution das größte Stigma an, doch bildete gerade sie einen wesentlichen, wenn nicht gar den grundlegenden Teil des Geschäftes. Die beiden Capone-Brüder leiteten mehrere mittelgroße Bordelle, was in der Praxis bedeutete, daß sie dort Hausmeisterpflichten erledigten. Es waren Routinetätigkeiten, nichts Aufregendes, aber auch nicht besonders gefährlich. Sie hätten ebensogut in einer öffentlichen Badeanstalt arbeiten können, denn ihre Aufgaben waren ähnlich: Freier von der Straße hereinlocken, die Angestellten bei Laune halten, für frische Handtücher und Bettwäsche sorgen, die Einnahmen kassieren und sie dem Boß überbringen – in diesem Fall Johnny Torrio.

Ein ehemaliger Freier erinnerte sich lebhaft daran, welchen Eindruck Al als junger Bordell-Manager in Chicago auf ihn machte: Ein »großer, massiger Bursche« sei er gewesen, »mit der Hautfarbe eines Südländers, stark behaarten Armen, weit offenem Hemd, so daß man die ebenfalls behaarte

Brust sah, … und einer langen häßlichen Narbe quer über die linke Wange.« Obwohl er recht einschüchternd wirkte, war er sehr freundlich und lud den jungen Mann ein, sein Bordell oder das seines Bruders zu besuchen. Offenbar boten beide denselben Service zu denselben Preisen. Nach kurzem Zaudern entschloß sich der junge Mann, zusammen mit ein paar Freunden, Capones bescheidenes Etablissement zu besuchen. Im Inneren des alten, zweistöckigen Backsteinbaus erwarteten die Jungen

> »sechs oder sieben etwa 20jährige Mädchen in dünnen Hemdchen, die man damals ›chemises‹ oder ›Teddy Bears‹ nannte. O ja, und sie trugen hochhackige Pumps aus schwarzem Lackleder. … Manche hatten sogar künstliche Locken aufgesteckt. All das gab es für zwei Dollar, und wenn man ein Mädchen ausgesucht hatte, führte sie einen in einen kleinen Raum, in dem es ein schmales Bett mit mehr oder weniger sauberer Bettwäsche gab – das hing ganz davon ab, um wieviel Uhr man kam. Dann stand da ein Tisch mit einer billigen Waschschüssel und einem Krug Wasser, einem Handtuch und einem Stück Seife. Von der Decke hing eine 25-Watt-Birne.
> Sie fragte einen, ob man einen ›First Class Job‹ wünsche, das koste drei Dollar, oder den ›Trick‹ für zwei Dollar, und auch, wie es mit einem 25-Cent-Gummi zum Schutz gegen Geschlechtskrankheiten sei. Wenn man fertig war, brachte sie eine kleine Blechdose zum Vorschein, für das ›Trinkgeld‹, das sie für sich behalten durfte.
> Von den zwei Dollar bekam sie einen, von dem allerdings noch mal zehn Cent abgezogen wurden, als ›Schutzgeld‹ bzw. Kaution für den Fall einer Verhaftung.«

Nachdem Capone nicht einmal ein ganzes Jahr in diesem und ähnlich schäbigen kleinen Bordellen abgedient hatte, beförderte ihn Torrio in eine Top-Position: Er wurde Manager des »Four Deuces«*, Torrios Chicagoer Hauptquartier. Im Erdgeschoß befand sich ein Saloon, wo man für 25 Cents einheimischen Whiskey bekam; aus Kanada importierter Whiskey oder Rum von den Bahamas kostete 75 Cents. Im ersten Stock lagen Torrios Büros und ein Wettbüro, im zweiten gab es eine Spielhölle (Poker,

* Der Name »Four Deuces« kam von der Adresse: 2222 South Wash Avenue, im Herzen des alten Chicagoer Vergnügungsviertels, der Levee.

Roulette, Blackjack), und ganz oben, unter dem Dach, war der hauseigene Puff untergebracht, wo man ohne viel Luxus und Pomp rasch zur Sache kam. Für einen kurzen Besuch bei einer der Damen des »Four Deuces« bezahlte man zwei Dollar, für fünf Dollar bekam der Gast einen »circus« geboten – zwei Frauen, die es miteinander trieben. Das war das »Four Deuces«, wie die Welt es kannte.

Darüber hinaus existierte noch ein Kellergeschoß, über das – hinter vorgehaltener Hand – die schlimmsten Horrorgeschichten kursierten. »Sie packen die Kerle, aus denen sie Informationen herausholen wollen, und schleppen sie in diesen Keller«, erzählte Mike »de Pike« Heitler, ein anderer Zuhälter aus Chicago, 1931 der Polizei. »Dort werden sie solange gefoltert, bis sie reden. Dann machen sie sie kalt und zerren die Leichen durch einen Tunnel bis zur Rückseite des Gebäudes. Capone und seine Jungens verladen sie dann in Autos und schaffen sie auf irgendeine Landstraße.« Vielleicht sagte Mike »de Pike« die Wahrheit, vielleicht wollte er sich auch nur wichtig machen. Niemand vermochte mit Sicherheit zu sagen, ob die Horrorstorys wahr waren oder nicht. Jedenfalls erfüllten sie den Zweck, jedem Racketeer der Stadt Furcht einzujagen. Kurz nach seiner Aussage wurde Heitler übrigens tot in den Überresten eines niedergebrannten Hauses entdeckt.

Torrio behandelte Capone inzwischen nicht mehr als Angestellten, sondern eher wie einen Partner und zahlte ihm ein Jahresgehalt von nahezu 25000 Dollar. Al spielte jetzt nicht mehr Hausmeister, sondern nannte sich Geschäftsmann und ließ sich, vielleicht um sich vom Zuhälterdasein zu distanzieren, Visitenkarten drucken: »ALPHONSE CAPONE – Möbel aus zweiter Hand – South Wabash Avenue 2220«. Darüber hinaus eröffnete er ein Zweitbüro in der South Michigan Avenue 2146, das als Arztpraxis getarnt war. »A. Brown, M.D.«, stand auf dem Schild zu lesen, und es gab sogar ein Wartezimmer mit Flaschen, in denen Alkohol »zu medizinischen Zwecken« herumstand. Eine polizeiliche Durchsuchung ergab 1924 jedoch eindeutig, daß es sich bei der »Praxis« um die Schaltzentrale der Torrio-Capone-Organisation handelte. Die Beamten beschlagnahmten Bücher, aus denen hervorgeht, mit welcher Akribie Capone die Geschäfte der Organisation führte. Jedes war einem bestimmten Geschäftszweig zugeordnet:

- Namen von Polizisten und Prohibitions-Agenten, die auf der Lohnliste der Organisation standen
- Detaillierte Aufstellungen der Einnahmen aus den Bordellen der Organisation

- Namen der Brauereien der Organisation
- Namen der Hauptkunden der Organisation – Einzelpersonen sowie Hotels
- Eine Liste der Flüsterkneipen, die alkoholische Getränke von der Organisation bezogen
- Lastwagen- und Schiffsrouten, über die der Alkohol aus der Karibik oder aus Kanada eingeschmuggelt wurde

Alles in allem belegten die Bücher, daß die Organisation in den letzten drei Jahren jeweils rund drei Millionen Dollar eingenommen hatte. Die Polizei schätzte jedoch, daß dieser Betrag nur einen Bruchteil der wahren Einkünfte ausmachte, und Staatsanwalt Edwin Olsen äußerte inoffiziell die Vermutung, daß sich diese wohl gut und gerne auf rund 70 Millionen Dollar beliefen.
Die Torrio-Capone-Organisation bot für die Rückgabe der Bücher einen »Finderlohn« von 5000 Dollar. Kurz vor der geplanten Übergabe an den Staatsanwalt schaltete sich ein Richter von der Stadtverwaltung ein, beschlagnahmte die Bücher und gab sie, ohne seine Vorgesetzten darüber zu informieren, an Al Capone zurück. Die Angelegenheit, die die Organisation um ein Haar hätte auffliegen lassen und die die Staatsanwaltschaft wie die Presse gleichermaßen hätte beschäftigen sollen, wurde nie wieder erwähnt.

Die wundersame Rückkehr der Bücher war das Werk von Capones neuem Freund und Geschäftskumpan Jack Guzik, dem Sprößling einer alteingesessenen Chicagoer Gangsterfamilie. Guzik beharrte zeitlebens darauf, kein richtiger Gangster zu sein, da er nie eine Waffe in die Hand nahm, Gewalt in jeder Form verabscheute und sich beim Anblick von Blut übergeben mußte. Auch seine Herkunft wirkt für einen Racketeer eher ungewöhnlich: Die jüdisch orthodoxe Familie war 1892 aus Rußland eingewandert. Jack (geboren am 20. März 1886) hatte zehn Geschwister, und sein Vater war über verschiedene Tätigkeiten für »Hinky-Dink« Kenna und »Bathhouse« Coughlin schließlich in die Prostitution eingestiegen, die in den Augen der Familie ein Unternehmen wie jedes andere war.
Trotz jahrelanger krimineller Machenschaften war Jack Guzik erstmals im Dezember 1917 verhaftet und wegen »ungebührlichen Benehmens« – ein Begriff, der alles mögliche beinhalten konnte – zu acht Monaten Gefängnis verurteilt worden. Er war klein, untersetzt, blaß und schwammig und hatte einen dicken Hals und Hängebacken, die bis über den Kragen herabhingen und beim Reden wie die Kehllappen eines Vogels wabbelten. Zu

dieser unverkennbaren Statur kam eine Vorliebe für runde, dunkel gefärbte Hornbrillen und breitkrempige Hüte, so daß er wie seine eigene Karikatur durch die Gegend lief.

Jacks Ambitionen führten weit über den Horizont der Prostitution hinaus, und da er sich Torrio überaus nützlich machte, belohnte dieser ihn mit einer Beteiligung an den Spielhöllen der Organisation und schenkte ihm später auch eine Brauerei, die sich nach Inkrafttreten der Prohibition als eine wahre Goldgrube erwies. Dennoch wurde aus Guzik nie ein richtiger Bootlegger; er blieb im Grunde immer der Zuhälter, als der er angefangen hatte. Wie er zu seinem merkwürdigen, aber höchst anschaulichen Spitznamen »Greasy Thumb« (Fettdaumen) kam, wußte schon damals niemand genau zu sagen; einer Version zufolge hing es damit zusammen, daß er als Ober in einem koscheren Restaurant gearbeitet und beim Servieren immer den Daumen in die Suppe gehalten hätte. Eine andere Quelle schwor dagegen, der Name käme daher, daß Guzik Polizisten und Politiker immer sehr ordentlich »schmiere«.

Für Al, der erst für und später mit Guzik zusammen arbeitete, wurde Jack bald wie ein älterer Bruder. Jack gab ihm das Gefühl, in Chicago zu Hause zu sein. Al schnappte von Jack ein paar Brocken Jiddisch auf und lernte durch ihn auch jüdische Spezialitäten wie zum Beispiel Kalbsfüße in Aspik kennen, für die er bald eine große Vorliebe entwickelte. Im Gegenzug demonstrierte er den Guziks seine Kochkenntnisse und bereitete für sie Spaghetti mit dem Capone-Spezial-Pesto zu, einer besonders scharfen, würzigen Sauce nach dem Rezept seiner Mutter. Jack war von Als buchhalterischen Fähigkeiten höchst angetan, fast noch mehr aber imponierte ihm sein Familiensinn und seine menschliche Wärme. Auch Capones körperliche Stärke und seine Kondition beeindruckten Guzik, der nur noch eine Niere hatte und unter chronischer Bronchitis litt. Er wirkte ständig krank und verabscheute sportliche Betätigung jeder Art.

Wegen Torrio war Capone nach Chicago gekommen, wegen Guzik blieb er. Bald war er ihm enger verbunden als seinem eigentlichen Mentor, und ihre enge Beziehung bedeutete für Al, der bisher ausschließlich für Italo-Amerikaner gearbeitet hatte – in Brooklyn für Torrio und Yale, in Baltimore für Aiello und in Chicago wiederum für Torrio –, einen wesentlichen Schritt heraus aus dem gewohnten, von *campanilismo* geprägten italienischen Milieu.

Anfang der zwanziger Jahre lebten in Chicago rund 300 000 Juden, die als eine der bedeutendsten Einwanderergruppen von Jahr zu Jahr mehr Einfluß in Politik und Wirtschaft gewannen. Es ist offensichtlich, daß die Guziks auf Capone große Anziehungskraft ausübten, denn obwohl sie einer anderen Bevölkerungsgruppe angehörten, waren sie in vielerlei Hinsicht ein Ebenbild der Capones: Eine große Einwandererfamilie, die eng zusammenhielt, zwar kriminelle Geschäfte abwickelte, im Privatleben aber eine solide bourgeoise Fassade wahrte. Jack Guzik und seine Familie wohnten in einer der besseren Vorstädte von Chicago in einer Neun-Zimmer-Villa, die jedem beliebigen wohlhabenden Geschäftsmann hätte gehören können. Nach außen hin ließ nichts auf die Natur des Familienunternehmens schließen. Im Vorgarten tollten Kinder mit einem Hund herum, und der zukünftige Staatsanwalt George E. Q. Johnson – derselbe Mann, der den Kreuzzug gegen Al Capone und Jack Guzik anführen sollte – wohnte nur ein paar Häuser weiter in derselben Straße.

Der junge Al Capone hatte nun einen guten Posten in Torrios Organisation, doch fehlte ihm offensichtlich das ausgleichende Element von Frau und Kind, denn er fiel wieder häufiger durch ungehobeltes und unreifes Benehmen, außerdem durch ständige Trinkerei auf. Im August 1922 saß er wieder einmal betrunken am Steuer und fuhr mit einer von Torrios Luxuslimousinen auf ein parkendes Taxi auf. Er stieg laut fluchend aus, torkelte mit gezogener Waffe auf den völlig überraschten und verängstigten Taxifahrer zu und bedrohte ihn. Der Vorfall wurde von der Chicagoer Presse aufgegriffen, die ihren Lesern von einem jungen Mann namens »Alfred Caponi« berichtete, der im »berüchtigten Four Deuces, einem mehr als zweifelhaften Etablissement in der South Wabash Avenue 2222« logiere.

> »In den frühen Morgenstunden [so der Artikel] raste sein Automobil Ecke North Wabash Avenue und East Randolph Street in ein Town-Taxi, dessen Fahrer, Fred Krause … bei dem Unfall leicht verletzt wurde. Drei Männer und eine Frau, die bei Caponi im Wagen saßen, flüchteten vor Ankunft der Polizei.
> …
> Gleich nach dem Aufprall verließ Caponi seinen Wagen, fuchtelte mit einem Revolver herum, holte eine Polizeimarke aus der Tasche und drohte, Krause zu erschießen.
> Der Straßenbahnfahrer Patrick Bargall …, der den Vorfall beobachtet hatte, stoppte seinen Wagen und wies Caponi an, die Waffe wegzustecken, woraufhin dieser auch ihn bedrohte.
> Inzwischen war die Polizei am Schauplatz erschienen und nahm Caponi vorläufig fest. Krause wurde vom Notarzt des ebenfalls herbeigerufenen Krankenwagens versorgt.«

Es war die erste Verhaftung Capones in Chicago, das erste Mal, daß die hiesige Polizei mit einem jungen Mann zu tun hatte, der ihr in den folgenden Jahren noch viel Kopfzerbrechen bereiten sollte.
Der Artikel erwähnt nicht, daß »Alfred Caponi« zur Zeit des Unfalls betrunken war. Als Grund für seine Festnahme wurden jedoch Trunkenheit am Steuer, unerlaubter Waffenbesitz und Körperverletzung angegeben, alles schwerwiegende Anklagepunkte, die bei entsprechendem Schuldspruch leicht zu einer längeren Gefängnisstrafe hätten führen können – von der Polizeimarke, einem Geschenk Torrios, gar nicht zu reden. Aber Torrio bezahlte nicht umsonst einflußreiche Leute in einflußreichen Positionen des Polizeiapparates; und so wurde der Fall nicht weiter verfolgt und Capone auch niemals zur Verantwortung gezogen.
Capones Alkoholkonsum fiel im Sommer desselben Jahres auch Rio Burke, einer jungen Sängerin aus Kentucky auf, die in Chicago Arbeit gefunden hatte. Sie erinnert sich an ein Picknick im Stadtpark, zu dem später auch zwei Brüder stießen:
»Einer sah recht gut aus, nur hatte er quer über die linke Wange eine scheußlich tiefe Narbe. Er war erst vor kurzem aus New York gekommen, aber alle Welt schien ihn zu kennen, und viele katzbuckelten vor ihm. Später erfuhr ich, daß der junge Mann Al Capone war, aber damals sagte mir dieser Name überhaupt nichts. Im Laufe des Nachmittags ließ sich Al richtiggehend vollaufen und warf mit Geld wie mit Konfetti um sich. Jeder von uns fing mehrere Zehn- und Zwanzig-Dollar-Noten auf. Er wurde immer betrunkener und immer aggressiver, und schließlich mußte sein Bruder Ralph ihn fast mit Gewalt überreden, mit ihm nach Hause zu kommen.« Doch das war nicht die letzte Begegnung Rio Burkes mit dem jungen Racketeer: »Nie hätte ich mir träumen lassen, daß dieser besoffene Kerl eines Tages in einem Seidenanzug in meinem Speisezimmer sitzen und sich wie ein richtiger Gentleman benehmen würde. Oder daß er sich nach einem spektakulären Mordfall acht Tage lang in meinem Haus versteckt halten würde.«
Capones Saufereien nahmen erst ein Ende, als seine Familie aus Brooklyn eintraf, und zwar nicht nur Mae und Sonny, sondern auch seine verwitwete Mutter und seine jüngeren Geschwister. Al verdiente jetzt genug, um ein richtiges Zuhause für sie alle kaufen zu können. Er erwarb, auf seinen eigenen Namen, ein Haus in der South Prairie Avenue 7244, einer ruhigen, gehobenen Wohngegend in der South Side, mehr als 50 Häuserblocks von der Hektik von The Loop und auch weit genug von Johnny Torrios Sündenpalast entfernt. Diese Distanz sollte Capone als Sicherheitspolster genügen, doch ließ er zusätzlich Eisengitter vor die Fenster im Erdgeschoß

montieren und eine geräumige Garage für seine Wagen anbauen, die immer fahrbereit dastanden für den Fall, daß er einmal einen hastigen Abgang machen mußte. Trotz dieser damals ungewöhnlichen Vorkehrungen fiel der zweistöckige Backsteinbau nicht weiter auf: Neun Steinstufen führten zur Eingangstür hinauf. Von einem Raum im Obergeschoß gab es eine Glastüre zu einem kleinen Balkon, der die Straße überblickte. Im Vorgarten stand ein einzelner Baum, und wilder Wein rankte sich über eine Hauswand bis zum Dach empor.

Verglichen mit den früheren Wohnungen am Garfield Place in Brooklyn bedeutete das Haus in der Prairie Avenue einen gewaltigen Aufstieg, doch für Chicagoer Verhältnisse war es ein ganz gewöhnliches Haus, wie es sich unzählige halbwegs erfolgreiche Geschäftsleute und besser situierte Staatsdiener leisten konnten. Wie der Zufall so spielt, gehörten viele der 34 Häuser dieses langen Blocks Polizeibeamten. Für einen Racketeer, der nach außen hin eine respektierliche und legitime Fassade wahren und seine Familie in sicherer Entfernung vom Schauplatz seiner Machenschaften wissen wollte, war die Prairie Avenue 7244 ideal. Das bescheidene Haus diente Capone während seiner gesamten Zeit in Chicago als Hauptwohnsitz. Zwar blieb er häufig wochen- oder gar monatelang fort, kehrte aber immer wieder hierher zurück, um die Illusion eines normalen Familienlebens zu genießen, die sich jedoch selbst in dieser Umgebung nicht für immer aufrechterhalten ließ.

Obwohl die Capones allem Anschein nach die engen Bande des *campanilismo*, der noch in Brooklyn ihr Leben bestimmte, gesprengt hatten, lebten sie dennoch alle zusammen in einem Haus. Teresa, inzwischen Mitte 50, bewohnte den ersten Stock, Al, seine Frau Mae und ihr jetzt vierjähriger Sohn Sonny lebten im Erdgeschoß. Die anderen Capone-Söhne – Frank, 27, Mimi, 20, Albert, 16, und Mattie, der zur Zeit des Umzugs erst 14 war – benutzten weitere Räume. Lediglich Ralph, der auf die 30 zuging, wohnte nicht in diesem Haus, sondern in dem Apartment Ecke Farwell und Sheridan Street, das er früher mit Al geteilt hatte. Aber auch er hielt sich häufig in der Prairie Avenue auf.

Die Capones waren in der Nachbarschaft bald bekannt. Mae und Teresa klopften öfters bei ihren Nachbarn an, um sich Zucker oder Mehl zu borgen, und immer brachten sie mehr zurück, als sie sich ausgeliehen hatten. Mafalda strampelte auf ihrem Rad durch die Straßen des Viertels. Später besuchte sie die Richards School, eine private Lehranstalt, wo ihr großer Bruder Al allweihnachtlich in einer großen Limousine vorfuhr, die er mit Geschenken vollgepackt hatte. Er gefiel sich in der Rolle eines spendablen, vornehmen Herrn und genoß es sichtlich, die Verteilung der Präsen-

te an die Lehrer und Mitschüler seiner kleinen Schwester persönlich zu überwachen.
Abgesehen von dieser Marotte gab es – anfangs – kaum etwas, was die Nachbarn hätte vermuten lassen, daß Mafaldas großer Bruder – der mit den Narben auf der Wange – in Wahrheit Racketeer, Bootlegger und Zuhälter war. Der Al Capone, den sie kannten (oder zu kennen glaubten), handelte mit gebrauchten Möbeln, schien aber keine festen Arbeitszeiten einzuhalten. Oft verbrachte er ganze Tage daheim, nur mit Bademantel und Pantoffeln bekleidet, spielte mit seinem Sohn hinter dem Haus Ball oder bekochte die halbe Nachbarschaft. Eine Küchenschürze um die massige Taille gebunden, stand er hinter dem gußeisernen Herd in der Küche, rührte in der Sauce und nötigte seine Gäste, die Pasta mit möglichst viel Chianti hinunterzuspülen.
Das Haus und Mae, vor allem aber Sonny, verkörperten Capones Bestreben um eine normale Existenz. Obwohl er, wenn es ums Geschäft ging, die Schwächen seiner Mitmenschen rücksichtslos ausnutzte und vor keiner Brutalität zurückschreckte, lag ihm ungeheuer viel daran, was die Nachbarn wohl von ihm hielten. Je tiefer er sich in das Racketeering-Business verstrickte, desto mehr idealisierte er seine Familie und schob sie als Alibi vor – als wäre sie der lebende Beweis dafür, daß er unmöglich das Monster sein konnte, als das ihn die Zeitungen später gerne hinstellten.

Während der ersten Jahre, in denen die Capones in Chicago lebten, war es hier noch relativ ruhig und friedlich. Unter der Ägide von Johnny Torrio hatten die einheimischen Racketeers die Stadt unter sich aufgeteilt, respektierten das Territorium der anderen und schlichteten Meinungsverschiedenheiten, ohne daß Leichen in Straßengräben oder Müllhalden auftauchten. Selbst unter dem verschärften Druck der Prohibition liefen die Geschäfte der Racketeers ungestört weiter. Dennoch darf die niedrige Zahl von Mordopfern nicht darüber hinwegtäuschen, daß viele Bezirke der Stadt von unzähligen Schießereien und selbstgebastelten Handgranaten, den sogenannten »Pineapples« (Ananas), erschüttert wurden. Man mußte kein Racketeer sein, um in den Kreislauf der Gewalt hineingezogen zu werden. Ladenbesitzer – häufig Einwanderer der ersten oder zweiten Generation – sahen sich zunehmend gezwungen, selber zur Waffe zu greifen, um sich vor Rowdys und Schmalspur-Ganoven zu schützen, die mitten in der Nacht aus einem vorbeifahrenden Auto »Pineapples« auf ihre Geschäfte oder Marktstände schleuderten. Die Polizei, mehr denn je mit Racketeers und Bootleggern beschäftigt, erwies sich als unfähig, die Situation in den Griff zu bekommen und Recht und Ordnung wiederherzustellen.

Sechs Chicagoer Tageszeitungen versorgten jeden Haushalt täglich mit neuen Berichten über Gewalttaten, bis die Schmerzgrenze erreicht schien. Nach acht Jahren im Rathaus mußte »Big Bill« Thompson nun als Sündenbock für die herrschende Gesetzlosigkeit herhalten (die er am allerwenigsten gewollt hatte) und entschied sich, noch durch einen weiteren Skandal belastet, 1923 nicht mehr für das Amt zu kandidieren. Sein Nachfolger wurde der ernste, etwas bedächtige William E. Dever, der die Prohibition mit aller Strenge durchzusetzen gelobte – und eben dadurch einen Sturm der Gewalt auslöste. Welche Ironie des Schicksals: Während der zwei von Korruption gezeichneten Amtsperioden von Bürgermeister Thompson gingen die Racketeers ruhig ihren Geschäften nach. Jetzt, unter dem rechtschaffenen Dever, eskalierte die Gewalt. Gangster befehdeten sich untereinander, Polizisten schossen auf Gangster, und unschuldige Passanten starben im Kugelhagel. Nicht einmal Johnny Torrio, der jede Art von Blutvergießen verabscheute, fand in der Stadt noch ein ruhiges Fleckchen.

Die Aussicht, mindestens vier Jahre lang Devers neuen Kurs ertragen zu müssen, bewog die Torrio-Capone-Organisation, das Hauptquartier ihres immer rascher expandierenden Operationsgebietes in den westlich von Chicago gelegenen Vorort Cicero zu verlegen. Cicero war klein genug, um gänzlich von der Organisation kontrolliert zu werden. Man würde die Stadtverwaltung – vom Bürgermeister bis hin zum Hundefänger – regelrecht in die Tasche stecken. Spielhöllen und Bordelle würden ungestört arbeiten können. Dabei gehörte Cicero ebenso wie Chicago zum Verwaltungsbezirk Cook County und ging fast nahtlos in die Millionenstadt über.

Das Stadtbild von Cicero war öde, von Industriebetrieben geprägt, deren Emissionen den Himmel über den eintönigen Backstein-Häuserreihen das ganze Jahr über schmutzig braun färbten. Vor der Ankunft Al Capones war Cicero vor allem als Standort eines gigantischen Elektrizitätswerkes der Firma Western Electric bekannt, in dem 20 Prozent der arbeitenden Bevölkerung des Ortes beschäftigt waren. Wie die meisten Städte der Region hatte auch Cicero seine spezifische ethnische Zusammensetzung: Es gab nur wenige Iren, Italiener und Juden und so gut wie keine Schwarzen; 80 Prozent der damals 40 000 Einwohner kamen aus Böhmen oder stammten von böhmischen Einwanderern ab. Sie galten als ausgesprochen ruhiger Menschenschlag, der allerdings starke Bindungen an die alte Heimat pflegte und an etwas hing, was ihnen nur die Bootlegger besorgen konnten: das tägliche Bier. Dieses starke Gebräu stand einem hart arbeitenden Mann nun einmal zu und war zugleich Symbol ihres traditionellen Lebensstils. In den Augen der Einwohner von Cicero war die Prohibition ein unerklärlicher Irrtum in einem ansonsten wunderbaren Land, und sie betrachteten sie als

Eingriff in ihre persönliche Freiheit. Schon allein aus diesem Grund hätte die Verlagerung der Organisation nach Cicero eigentlich eine für alle Seiten befriedigende Lösung sein müssen. Doch es kam anders. Von dem Augenblick an, in dem die Capone-Brüder in die Stadt kamen, hallten Schüsse in ihren bislang ruhigen Straßen, und Gewalt machte sich breit.

Die »Eroberung« Ciceros durch die Racketeers begann im Oktober 1923 mit der Eröffnung eines Bordells an der Roosevelt Road, das Johnny Torrio mit 20 Prostituierten ausstattete. Die Polizei verhaftete alle Mädchen, und als Torrio eine zweite Garde sandte, auch diese. In Wahrheit kam der Widerstand aber gar nicht aus Gesetzeskreisen, sondern von anderen Racketeers, die fürchteten, von Torrio ausgebootet zu werden. Doch Torrio war nicht umsonst als Friedensstifter bekannt; er setzte sich mit ihnen zusammen, und gemeinsam einigte man sich, welche Gang welchen »Geschäfts«-Zweig in welchem Bezirk kontrollieren sollte. Nachdem dieses Problem gelöst war, beschloß Torrio ein seit langem geplantes Vorhaben in die Tat umzusetzen, nämlich seine alternde Mutter nach Italien zurückzubringen. Er reiste mit ihr in die alte Heimat und gab mehrere der in Chicago angehäuften Millionen dafür aus, ihr ein riesiges Anwesen zu kaufen und 30 Dienstboten einzustellen. Die Führung seiner Geschäfte in Cicero übertrug er für die Zeit seiner Abwesenheit dem jungen Al Capone.

Obwohl er bereits seit drei Jahren in Chicago lebte, war Al Capone dort kaum bekannt. Er hatte als Manager einer Reihe kleinerer Bordelle gearbeitet, sich Torrio und Guzik nützlich gezeigt und ein relativ komfortables Heim für seine Familie erstanden. Abgesehen davon aber war er noch immer ein kleiner Gauner, der unter verschiedenen Decknamen – am häufigsten »Al Brown« – agierte. Das alles änderte sich, als er die Leitung von Torrios Geschäften in Cicero übernahm. Torrio hatte sich damit zufrieden gegeben, Stück um Stück ein riesiges Imperium aufzubauen, selbst aber immer nur im Hintergrund zu wirken. Capone dagegen suchte die augenblickliche totale Kontrolle über ganz Cicero und ließ keine Gelegenheit aus, sich selbst in den Vordergrund zu drängen.

Kaum war Torrio nach Italien abgereist, richtete sich Capone in Anton's Hotel ein, einem düsteren Backsteingebäude, dessen Besitzer Tony »the Greek« Anton sich dem Syndikat angeschlossen hatte. Kurze Zeit später folgte ihm sein Bruder Ralph, der sich um bereits bestehende Flüsterkneipen und Nightclubs kümmerte und eine Reihe neuer eröffnete. Der wohl bekannteste war der Cotton Club in der West 22nd Street 5342. In den Akten der Chicago Crime Commission wurde er als Treff für Nachtschwärmer und als Amüsierbetrieb geführt, in dem der Whiskey in Strömen floß. Am häufigsten begegnete man in Cicero um diese Zeit aber nicht Al oder

Ralph, sondern Frank Capone, der mit 29 zwei Jahre jünger als Ralph und vier Jahre älter als Al war. Frank schien von allen Capone-Brüdern die glänzendste Zukunft vor sich zu haben. Er war attraktiv – hochgewachsen und schlank, mit dichten schwarzen Locken. Seine ruhige Art und sein gepflegtes Auftreten verliehen ihm das Flair eines jungen Bankers. Er führte die Verhandlungen mit der Stadtverwaltung von Cicero, der die Organisation ihre Unterstützung zusagte, wenn sie im Gegenzug die Nachtclubs, Spielhöllen und Bordelle duldete. Und um sicherzustellen, daß diese verdienten (und kooperativen) Männer ihre Ämter auch behielten, ließ sich Frank einiges einfallen. Normalerweise wurden die Wahlen in Chicago dadurch manipuliert, daß man Leute von auswärts herankarrte und zu verschiedenen Wahllokalen brachte, wo sie dann mehrfach ihre Stimme abgaben. Für die erste von den Capones »betreute« Wahl in Cicero organisierte Frank eine eindrucksvolle Demonstration ihrer Macht: Schwere Limousinen säumten die Straße vor den Wahllokalen, und Posten befragten die Wähler, wen sie im Amt zu sehen wünschten. Wer die falsche Antwort gab, wurde höflich, aber mit Nachdruck gebeten, wieder nach Hause zu gehen. In Bezirken, wo eine Mehrheit für die Opposition zu befürchten stand, schnappten sich Capone-Leute abends die Wahlurnen, leerten sie aus und füllten sie mit neuen Stimmzetteln, auf denen die richtige Partei angekreuzt war. Franks Strategie erwies sich als außerordentlich erfolgreich, und Kandidaten, die Capones Unterstützung genossen, konnten einen überwältigenden Stimmenzuwachs verzeichnen.

Während Frank so die politische Landschaft von Cicero umstrukturierte, überwachte Ralph die Eröffnung des neuen Bordells der Organisation, etwas außerhalb der Stadt in Forest View, einem erst kürzlich eingemeindeten Dorf ohne eigene Verwaltungsbehörde. Ralph mußte sich also nicht mit irgendwelchen Amtsschimmeln herumschlagen, sondern begab sich direkt zum Leiter der örtlichen Polizei, Joseph W. Nosek, und teilte ihm seine Absicht mit, in Forest View ein »Hotel« zu errichten. Da Nosek zu dieser Zeit nicht wußte, wer die Capones waren, fand er daran nichts auszusetzen. Das änderte sich, als er Ralphs »Arbeiter« sah, unter denen er viele bekannte Ganovengesichter wiederentdeckte. Als er sie ohne Umschweife fortschickte, wurde Nosek in der folgenden Nacht von zwei Männern aus dem Bett geholt und in das Rathaus geschleppt, wo ihn weitere finstere Gestalten erwarteten. »Sie sagten, sie würde mich um die Ecke bringen«, berichtete er später. »Sie schlugen mir ihre Gewehrkolben über den Schädel, bis mir das Blut übers ganze Gesicht lief, und dann traten sie mit schweren Stiefeln auf mich ein, bis ich vor Schmerz die Besinnung verlor.« Am Ende ließen sie Nosek zwar am Leben, aber Ralph konnte sein

Bordell bauen. Das »Stockade«*, wie es nach dem Teil des alten Chicagoer Vergnügungsviertels hieß, in dem die zur Prostitution bestimmten jungen Mädchen »zugeritten« wurden, beherbergte etwa 60 Nutten, diente gleichzeitig aber auch als Spielhölle, Waffenarsenal und als Unterschlupf für Racketeers, die es für ratsam hielten, sich eine Zeitlang nicht in der Öffentlichkeit sehen zu lassen. Bis aus Chicago kamen Vergnügungssuchende nach Forest View – vom Volksmund bald »Caponeville« genannt –, um den erstklassigen Full-Service des »Stockade« zu genießen.

Da die Capone-Bande in Cicero immer mehr an Einfluß gewann, kam Al die Idee, ein neues, ganz modernes Glücksspiel-Etablissement zu eröffnen, das er »The Ship« taufte. Nach seiner Lehrzeit in Torrios Bordellen bedeutete die Beschäftigung mit dem Glücksspiel einen großen Schritt in eine andere Dimension. Doch das Führen einer Spielhölle erforderte viel Spürsinn. Es war nicht damit getan, einige Roulette- und Blackjack-Tische aufzustellen; man brauchte auch eine ganze Reihe von Spezialisten: angefangen von den Türstehern, bei denen die Gäste am Eingang auch ihre Waffen abgaben, über Bankhalter und Croupiers bis hin zu den Anreißern oder »Shills«, die sich als Gäste getarnt unter das Publikum mischten, andere zu hohen Einsätzen animierten und gleichzeitig dafür zu sorgen hatten, daß niemand mit einem zu großen Gewinn das Kasino verließ.

Neben dem »Ship« kontrollierte die Torrio-Capone-Organisation bald auch den Hawthorne Race Track, auf dem manipulierte Pferderennen abgehalten wurden. Obwohl er die Spielregeln des Geschäftes nur allzu gut kannte, wettete Al selber leidenschaftlich und hemmungslos und verlor dabei zwangsläufig riesige Summen. Spielte er im »Ship«, kam ihm sein Verlust letztlich natürlich wieder selbst zugute, und da er auf der Rennbahn im vorhinein wußte, welches Pferd gewinnen würde, hielten sich seine finanziellen Einbußen auch hier in Grenzen.

Bis auf eine Ausnahme wagte den ganze Winter 1923/24 über niemand in Cicero, die Stimme gegen die Capone-Brüder zu erheben. Diese Ausnahme war die *Cicero Tribune*, ein kleines, erst kürzlich gegründetes Blatt, dessen Herausgeber, der unbekannte, gerade 21 Jahre alte Journalist Robert St. John, vor Feuereifer, jugendlichem Optimismus und Ehrgeiz brannte. Als Sohn eines Apothekers war er in einem der besten Viertel Chicagos aufgewachsen und aus demselben Grund nach Cicero gekommen wie Capone: Weil die wirtschaftliche florierende, ruhige und überschaubare Region der ideale Standort für ein junges Unternehmen schien.

---

* Anm. d. Übs.: »Stockade« bedeutet übersetzt etwa soviel wie Pferdekoppel.

Die *Cicero Tribune* erschien einmal wöchentlich und hatte bald einen festen Leserstamm, der die Auflage bis auf 10000 Exemplare steigen ließ. Für die Titelseite verfaßte St. John, der sich hier als Enthüllungsjournalist ganz in seinem Element fühlte, regelmäßig einen Artikel, in dem er die jüngsten kriminellen Machenschaften und den wachsenden Einfluß der Capones anprangerte. Als Antwort darauf »setzten Capones Leute meine Reporter unter Druck, bestachen oder bedrohten sie. Wir bekamen häufig Drohanrufe«, entsann sich St. John später, der deshalb eine hohe Fluktuationsrate unter seinen Mitarbeitern hatte. Ihn selber stachelten die Einschüchterungsversuche eher noch mehr an, und es erschien kaum ein Leitartikel, der nicht einem verbalen Feldzug gegen die finsteren Methoden der Gebrüder Capone glich.

Im Vorfeld der Wahlen am 1. April 1924 deckte St. John brisante Details über die Pläne der Organisation auf, auf der Wahlliste ausschließlich Mitglieder der Republikanischen Partei erscheinen zu lassen und die demokratische Opposition bereits im Keim zu ersticken. Ein Informant hatte ihm zugespielt, daß einer der von Capone unterstützten Kandidaten aus Empörung darüber, daß selbst der kleinste Handlanger der Organisation mehr einheimste als er als Stadtrat, einen prozentualen Anteil an den Einkünften der Capones gefordert hatte. Capone reagierte darauf laut St. John »mit einer nicht druckreifen Schimpftirade«, kanzelte gleich anschließend seinen Bruder Frank wüst ab, weil dieser einen derart dummen und unfähigen Kandidaten ausgesucht hatte, und wetterte dann weiter gegen den Mann:

»Warum macht ihr aus Cicero nicht eine richtige Stadt?« brüllte er. »Laßt die Straßen pflastern! Das kostet vielleicht zehn oder 20 Riesen pro Block, aber diese Hunkies* verdienen bei Western Electric weiß Gott einen Haufen Geld und können sich das schon leisten. Ich kenne da einen Bauunternehmer, der euch mit Freuden garantiert 20 Prozent Provision abgibt. Laßt die Straßen befestigen! Macht aus diesem Dreckloch doch endlich mal eine moderne Stadt!« Tatsächlich plagte Capone durchaus der Ehrgeiz, sich in Cicero auch als Stadtplaner ein Denkmal zu setzen. Je näher der Wahltermin rückte, desto deutlicher wurden seine Ambitionen auf politische Macht. Es reichte ihm nicht mehr, die Männer, die an der Macht waren, zu kaufen und zu kontrollieren, er wollte selber zu Amt und Würden kommen – mit der einen Hand das Geld aus den Spielhöllen einstreichen und es mit der anderen für öffentliche Bauten etc. ausgeben. Kein anderer Racketeer in Chicago – am wenigsten der zurückhaltende Johnny Torrio – legte ähn-

* Die Böhmen oder »bohunks«.

liche Ambitionen an den Tag; sie alle wollten einfach nur möglichst schnell möglichst reich werden und irgendwo ihren Wohlstand in Ruhe genießen.

Al setzte sein Vorhaben durch. Er warb mit Großanzeigen im *Cicero Life*, dem Konkurrenzblatt der *Cicero Tribune*, für sein Straßenbefestigungsprogramm und nahm allen möglichen Gegenargumenten im vorhinein den Wind aus den Segeln. Niemand wagte mehr, etwas dagegen einzuwenden. Wieder war es Frank, der die Capone-Organisation in dieser Angelegenheit nach außen hin vertrat, die Angebote eingeholte und sicherstellte, daß für alle eine ausreichende Provision heraussprang. »Wenn einer der anderen Bauunternehmer gegen diese Methoden protestierte«, so St. John, »stattete Frank Capone ihm einen kurzen Besuch ab und überzeugte ihn, daß es im Interesse seiner eigenen Gesundheit war, keine weiteren Angebote mehr einzureichen«. Die *Chicago Tribune* berichtete über jedes Detail dieser getürkten Ausschreibung, und zeitweise schien es, als würden Capones handverlesene Kandidaten bei der bevorstehenden Wahl mit Pauken und Trompeten durchfallen. Der Kreuzzug der kleinen Wochenzeitung gegen die Racketeers brachte St. John Berge von ermutigenden Briefen sowie unzählige Bewerbungen junger Reporter ein, die sich hier raschen Ruhm erhofften. Alle großen Chicagoer Zeitungen verfolgten den Machtkampf, und am Vorabend der Wahl prophezeite die *Chicago Daily News*, daß es in Cicero noch bevor der Tag vorüber sei drei oder mehr Tote geben würde.

Wahltag in Cicero. Schwere Limousinen rollten durch die Straßen; viele waren mit riesigen wehenden Fahnen in den Farben der Republikanischen (d. h. Capone-) Partei geschmückt, einige auch mit den weniger auffälligen Insignien der Demokraten. Gegen Mittag hin verdüsterte sich die anfänglich festlich-heitere Stimmung zunehmend. Wahlhelfer der Demokraten verschwanden auf unerklärliche Weise. Stellvertretend für viele berichtete einer von ihnen später, ihm unbekannte Männer hätten ihn gepackt, ihm die Augen verbunden und ihn bis weit nach Mitternacht in einem Keller eingesperrt. Gegen drei Uhr früh hätten sie ihn dann zu einem Auto geführt, eine Weile durch die Stadt gefahren und irgendwo auf die Straße gestoßen. Die Verletzungen, die sie ihm beigebracht hatten, waren so schwer, daß er sie im Krankenhaus behandeln lassen mußte.

Auch die Wähler direkt waren betroffen. »Wahllokale wurden von Schlägern überfallen, die den Wählern die Wahlzettel aus der Hand rissen, bevor sie sie in die Urne werfen konnten«, berichtete die *Chicago Tribune* und äußerte die Befürchtung, daß die Verhältnisse von Cicero sehr bald auf ganz Chicago übergreifen könnten. »Frauen trauten sich nicht in die Wahllokale, und viele männliche Wähler kamen mit einer Platzwunde am Kopf wieder heraus, ohne ihre Stimme abgegeben zu haben.« Und das nur deswegen, weil sie geplant hatten, die Demokratische Partei zu wählen.

Nachrichten über die wachsende Kriminalität in Cicero erreichten natürlich auch Chicago, wo sie dem Bezirksrichter Edmund K. Jarecki zu Ohren kamen. Voller Empörung platzte Jarecki in das Büro von Bürgermeister Dever und drängte ihn, einen Polizeitrupp von Chicago nach Cicero zu schicken, um dort Ruhe und Ordnung wiederherzustellen. Dever erklärte ihm, daß die Chicagoer Polizei nicht für Cicero zuständig sei. Wenn er wolle, könne er aber eine Art Bürgerwehr aufstellen, und nichts spräche dagegen, dafür auch Chicagoer Polizisten anzuwerben. Wenige Minuten später konferierte Jarecki mit dem Polizeichef, der 70 seiner Leute freistellte, um die 20 000 Arbeiter des Western Electric-Werks in Cicero vor tätlichen Angriffen zu schützen. Alle Polizisten waren bewaffnet, aber in Zivil, und sie fuhren auch in schwarzen, nicht gekennzeichneten Wagen vom gleichen Typ wie die, in denen Capones Leute durch die Stadt patrouillierten.

Als Augenzeuge beobachtete St. John das Einrollen der Wagenkolonne; gleichzeitig bemerkte er, wie ein gutgekleideter Mann ein Gebäude auf der gegenüberliegenden Straßenseite verließ. St. John hielt ihn zuerst für einen Banker oder Ladenbesitzer, sah dann aber, daß es sich um Frank Capone handelte, der mit dem Besitzer des Hauses über eine eventuelle Anmietung verhandelt hatte. Im selben Augenblick muß auch der Fahrer des Polizeiwagens an der Spitze der Kolonne Frank erkannt haben.

»Im Polizeirevier erzählen sie uns immer, daß in Cicero mordsmäßig rumgeballert wird«, berichtete der Fahrer später St. John. »Und daß es keine Schießerei gibt, in die nicht die Capones verwickelt sind. Und was sehe ich als erstes, wenn ich hinkommme? Einen der Capone-Brüder. Also trete ich auf die Bremse. Was ist daran so verkehrt?«

Was daran »verkehrt«, ja fatal war, zeigte sich binnen der nächsten Sekunden: Das Fahrzeug an der Kolonnenspitze kam mit quietschenden Reifen zum Stehen, und die neun nachfolgenden Limousinen bremsten ebenfalls ab. Fast hätte es eine Massenkarambolage gegeben. »Es war nicht schwer sich vorzustellen, was in diesen Sekundenbruchteilen, die über Leben und Tod entschieden, in Frank Capones Kopf vorging«, schrieb St. John. »Er hörte Bremsen kreischen, drehte sich um und sah 30 oder 40 Männer in Zivil aus einer langen Reihe siebensitziger schwarzer Limousinen springen.« Er wollte mit der rechten Hand in seine rechte hintere Hosentasche greifen, kam aber nicht mehr dazu. Bevor Frank eine Chance hatte, einen Schuß abzugeben, wurde er von mehreren Dutzend Kugeln getroffen. Geduckt hinter ihren Wagen stehend, feuerten die Polizisten ihre Waffen auf ihn ab, bis er auf der Straße zusammenbrach, und sie hörten erst auf, auf den leblosen Körper zu schießen, als ihre Magazine leer waren.

»Als wir ihn umdrehten«, erinnert sich St. John, »hielt seine Hand noch den Revolver umklammert. Zum ersten Mal begriff ich den Ausdruck, daß jemand von Kugeln ›durchlöchert‹ worden sei. Es wurde nie ermittelt, wie viele Schüsse tatsächlich auf ihn abgefeuert wurden, aber immerhin hatte ein nicht geringer Prozentsatz der Chicagoer Polizisten, wie es so schön heißt, ›in Notwehr getötet‹.« St. John gab sich selbst die Schuld an Franks Erschießung, denn schließlich waren es seine Artikel gewesen, die zur Tötung eines Mannes geführt hatten, der zwar ganz bestimmt kein Unschuldsengel gewesen war, mit Sicherheit aber keine Hinrichtung auf offener Straße – wie durch ein regelrechtes Exekutionskommando – verdient hatte.

Das war um die Mittagszeit passiert. Als Al von Franks Tod erfuhr, war er außer sich vor Wut. Zusammen mit seinem Bruder Ralph eilte er ins Leichenschauhaus, um Frank zu identifizieren, und mit einem Mal wurde ihm klar, daß sein ehrgeiziges Unterfangen, Cicero völlig in seine Hand zu bekommen, letztlich zu Schmerz und Trauer geführt hatte. Die Brutalität, mit der die Chicagoer Polizei in diesem Fall vorgegangen war, überraschte sogar Al Capone, und Franks Tod wurde zu einem Wendepunkt in seiner Laufbahn als Racketeer. Von nun an sollte er keinerlei Rücksicht mehr walten lassen. Nach dem Tod seines Bruders rückte Al auch zunehmend in den Vordergrund. Frank war der geschäftstüchtigste der Capone-Brüder, und es ist anzunehmen, daß – wäre er am Leben geblieben – er als einflußreichster Capone die Szene beherrscht hätte. Aber diese Überlegungen sind müßig, denn seine sterblichen Überreste lagen auf einer Bahre im Leichenschauhaus des Cook County und wurden von Photoreportern der lokalen Presse abgelichtet. Frank war der erste Capone, dessen Bild in allen Chicagoer Zeitungen erschien – doch es zeigte seine Totenmaske.

Al trauerte um seinen älteren Bruder, zuerst aber forderte er Rache. Es war jetzt früher Nachmittag, und die Wahllokale hatten noch geöffnet. Capones Leute fuhren mit dem Kidnapping von Wahlhelfern und dem Entwenden von Wahlurnen und Stimmzetteln fort. Als ein Wahlhelfer Widerstand leistete, wurde er getötet. Er war der zweite Mann, der an diesem Tag in Cicero eines gewaltsamen Todes starb. Sollte die düstere Prophezeiung der *Daily News* tatsächlich in Erfüllung gehen?

Bei der Stimmenauszählung am Abend stellte sich heraus, daß der von Capone unterstützte Führungskandidat der Republikanischen Partei kaum

1000 Stimmen mehr erhalten hatte als sein demokratischer Gegenspieler. Der Rest der Kandidatenliste konnte auch keine besseren Ergebnisse aufweisen. Das Volk hatte gewählt, die Waffen hatten gesprochen – und Al Capone hatte zwar die Schlacht um Cicero gewonnen, dafür aber mit dem Leben seines Bruders bezahlt.

St. John, der über das Wahlergebnis trotz allem bestürzt war, beschloß, den Abend mit einem Glas Bier zu beschließen. Im Saloon traf er Eddie Tancl, einen stadtbekannten ehemaligen Preisboxer und jetzigen Bootlegger. Das Lokal war so gestopft voll und laut, daß eine normale Unterhaltung nicht möglich war. St. John trank sein Bier aus und hatte die Hand schon an der Türklinke, als ein Schuß fiel und Eddie Tancl tot zusammenbrach. Ein Betrunkener hatte ihn ohne erkennbaren Grund niedergeschossen. Es war kurz vor Mitternacht, als St. John zum nächsten Telephon lief und die Nummer der *Chicago Daily News* wählte: »Sie können sich als Wahrsager verdingen«, teilte er dem Reporter mit, der den Artikel mit der grauenvollen Prophezeiung über den Wahltag geschrieben hatte. »Cicero hat Ihnen soeben den dritten Mord des Tages geliefert. Gute Nacht.«

Von dem Augenblick an, an dem Frank Capone am hellichten Tag auf offener Straße zusammengeschossen worden war, spekulierte die Presse über die Schuldfrage. Die Polizei wies darauf hin, daß Frank erst fünf Tage vor seinem Tod wegen unerlaubten Waffenbesitzes festgenommen worden war, andererseits aber hatte ein Richter die Klage abgewiesen und Frank seinen Revolver – zum Selbstschutz – zurückgegeben. Die Ironie der Situation lag auf der Hand: Wäre Frank unbewaffnet gewesen, wäre er noch am Leben! Richter Jarecki, dessen Plan das ganze Dilemma ausgelöst hatte, wies jede Schuld von sich. Die Drecksarbeit sei von Chicagoer Gangstern erledigt worden, die die Capones zur Manipulierung der Wahl angeheuert und nach Cicero geholt hätten. Daß auch er eine Reihe schwerbewaffneter Männer nach Cicero geschickt hatte, verschwieg er wohlweislich.

Bei der Anhörung zu Franks Tod trat auch Al Capone – unter seinem Decknamen Al Brown – als Zeuge auf, hatte aber wenig auszusagen und schon gar nichts zu bekennen. Auf den Pressephotos, die am folgenden Tag auf vielen Titelseiten prangten, erscheint er als ein düster dreinblickender junger Mann mit dunklem Mantel und Hut. Gangster? Glücksspiel? Manipulierte Wahl? Er wußte von nichts. Er handelte mit Gebrauchtwaren, mit Möbeln aus zweiter Hand. Frank habe sich, so seine Aussage, am Wahltag in Cicero aufgehalten, um einen Coffee-Shop zu kaufen.

Obwohl mehrere Augenzeugen bestätigten, daß Frank Capone keinen einzigen Schuß abfeuerte, stellte die Polizei die Sache vor der Untersuchungskommission ganz anders dar: Frank hätte sie in ein Feuergefecht verwickelt, sich auf der Flucht zweimal umgedreht und abgedrückt und auch noch ein drittes Mal geschossen, hätte nicht sein Hahn blockiert. Dann erst sei er tot zu Boden gestürzt. Robert St. John, der den Vorfall mit eigenen Augen gesehen hatte, wußte, daß das nicht stimmte, aber die Untersuchungskommission kam zu einem anderen Schluß. Frank sei erschossen worden, als er sich seiner Verhaftung widersetzte, und die Polizei sei im Recht gewesen, als sie ihn abknallte.

> *CAPONE – Salvatore Capone, geliebter Sohn von Theresa und dem verstorbenen Gabriel, Bruder von James, Ralph, Alphonse, Erminio, Humbert, Amedoe und Mafalda. Beisetzung am Samstag um 9.00 Uhr Trauerzug ab dem letzten Wohnsitz des Verstorbenen, 7244 Prairie Avenue.*

So lautete die Todesanzeige der Familie für Frank (»Salvatore«) Capone, die am Donnerstag, den 3. April, in der *Chicago Tribune* erschien. Seine Einsegnung sollte das größte und prächtigste Gangsterbegräbnis werden, das Chicago seit dem Tod von James Colosimo gesehen hatte. »UNTERWELT ERWEIST ERMORDETEM GANGSTERBOSS DIE LETZTE EHRE« kommentierte die *Chicago Daily News* die Szene, die sich Freitag abend im Heim der Capones abspielte. Und die *Chicago Tribune* berichtete: »In ihren besten Anzügen und in Begleitung ihrer Ehefrauen versammelten sich Könige, Prinzen, Adel und Fußvolk der Unterwelt um die Bahre ihres dahingeschiedenen Waffenbruders Frank Caponi.« Zwei Häuserblocks weit standen die Menschen – »Geschäfts«-Partner, aber auch viele Schaulustige – Schlange, um einen letzten Blick auf den Toten zu werfen, der im Inneren des Hauses in einem versilberten Sarg aufgebahrt lag. Am Kopf- und Fußende warfen Kerzen ihr flackerndes Licht über seine starren Züge und das kalte, glatte Metall des Sarges. In der Diele standen, ganz in Schwarz, Teresa, Al und Ralph, um Nachbarn, Freunde der Familie sowie Mitglieder und Verbündete der Torrio-Capone-Organisation zu begrüßen. Die Opulenz des Sarges wurde nur noch von dem extravaganten Blumenarrangement übertroffen, das Dion O'Banion, Haus- und Hofflorist der Chicagoer Racketeers, für 20 000 Dollar geliefert hatte. Der milchgesichtige, stark hinkende O'Banion war nicht nur ein begnadeter Blumenbinder, sondern auch ein großer Musikliebhaber. Aufgewachsen in Chicagos »Little Hell«, hatte er sich vom Gelegenheitsdieb zum Racketeer emporgearbeitet, dessen florierende Blumenhandlung weithin darüber hinwegtäuschte, daß er seine Hauptgeschäfte mit illegalem Alkohol tätigte. In vielerlei Hinsicht galt er als Johnny Torrios irisches Pendant in der Chicagoer North Side. O'Banion hatte zu den Begräbnissen von mindestens 25 seiner Feinde die Blumen geliefert und trug, obwohl selbst nie wegen Mordes angeklagt, immer mindestens drei Pistolen am Leib, für die er sich von seinem Schneider spezielle Taschen in die Anzüge einarbeiten ließ.

Das Glanzstück von O'Banions Blumenschmuck für Frank Capone bestand aus einem fast zwei Meter hohen Herz aus roten Nelken und einer nicht minder eindrucksvollen Lyra aus Lilien und Orchideen. Am Abend vor dem Begräbnis erstickte das Haus der Capones fast in einer Flut von Blüten. Kränze und Gestecke füllten jeden Winkel, stapelten sich auf der Veranda und dem Balkon und mußten schließlich aus Platzmangel an den Bäumen und Laternenpfählen vor dem Grundstück befestigt werden. Im Inneren des Hauses führte der Weg zu dem silbernen Sarg über einen Teppich aus ungezählten roten Rosen, deren Blütenblätter unter den Sohlen des nicht abreißenden Zuges von Trauergästen zertreten wurden und einen bittersüßen Duft verströmten. Das Begräbnis von »Big Jim« Colosimo hatte etwas Feierliches gehabt, während auf Franks wegen seiner Jugend – er war noch nicht einmal 30, als ihn die Polizei zusammenschoß – eine tiefe Tragik lastete. Bei Einbruch der Dämmerung bevölkerten Hunderte von Schaulustigen die Straße. Aber nicht alle Anwesenden trauerten mit den Capones. Der Polizeichef hatte zur Beobachtung von Franks Begräbnis dieselben Männer abkommandiert, die ihn umgebracht hatten.

Am nächsten Tag, einem frostigen, grauen Morgen, der nach Regen aussah, wurde der versilberte Sarg gegen halb zehn aus dem Haus getragen und in den bereitstehenden Leichenwagen geschoben. In feierlicher Langsamkeit bewegte sich der Trauerzug, der aus mehr als 100 Wagen – 15 allein transportierten nur Blumen – bestand, zum Mount Olivet-Friedhof, wo ein Priester eine kurze Gedenkrede hielt. Frauen schluchzten, Männer standen mit gesenktem Haupt, dann wurde der silberne Sarg in die Erde hinabgelassen.

Während der Feierlichkeiten und auch danach weigerte sich Al strikt, mit der Presse über den Vorfall zu sprechen. Vielleicht ahnte er, daß seine relative Anonymität den besten Schutz vor jenen sogenannten Gesetzeshütern bedeutete, die Frank grundlos und ohne erkennbare Reue regelrecht füsiliert hatten. Den Zeitungsberichten über das Begräbnis nach zu urteilen, bestanden zu dieser Zeit noch beträchtliche Unklarheiten darüber, wer Al wirklich war und welche Rolle er im Racketeering-Geschäft von Chicago tatsächlich spielte. In den Artikeln, die ihn meist als Manager des »Four Deuces« bezeichneten, erscheint sein Name als »Alfred« oder

»Toni«, die *Chicago Tribune* nannte ihn »Scarface« – das erste Mal, daß dieser vielsagende Name schwarz auf weiß auftauchte. Er entstammte der Eingebung eines findigen Journalisten, der damit unwissentlich den berühmtesten Gangster-Spitznamen aller Zeiten geprägt hatte.
Al Capone war weit davon entfernt, Franks Tod so ohne weiteres hinzunehmen oder gar zu vergessen. Am liebsten hätte er der Chicagoer Polizei augenblicklich den Krieg erklärt, hielt sich Johnny Torrios Rat folgend jedoch zunächst noch zurück. Dann aber löste ein an sich trivialer Vorfall die ganze Wut und Frustration, die sich in ihm aufgestaut hatten, und mit einem Schlag erlangte »Scarface« Al Capone jene finstere Berühmtheit, die ihn zeit seines Lebens begleiten sollte.

Der 8. Mai war ein kühler, bewölkter Freitag. Knapp fünf Wochen waren seit Franks Beerdigung verstrichen. An der Ecke 22nd Street und Wabash Avenue, nicht weit vom »Four Deuces« entfernt, begegneten sich Jack Guzik und ein kleiner Ganove namens Joe Howard, der mit 28 noch bei seiner Mutter über deren kleinem Obstladen wohnte und sich ansonsten recht erfolglos als Safeknacker, Bankräuber und Alkoholschmuggler betätigte. Ohne Vorwarnung torkelte Howard, der getrunken hatte, auf Guzik zu und ging ihn um einen Geldbetrag an. »Du spinnst wohl«, wies Guzik ihn ab und trottete weiter. Auf einmal sprang Howard direkt auf Guzik los, schrie: »Du dreckige kleine Ratte!« und gab ihm eine schallende Ohrfeige.
Anstatt zurückzuschlagen, rannte der rundliche, vollkommen unsportliche Mann zu seinem Freund und Partner Al Capone, der sich im »Four Deuces« aufhielt, und berichtete ihm von dem Vorfall. Die beiden machten sich gemeinsam auf die Suche nach Howard und trieben ihn schließlich in der Bar eines gewissen »Hymie« Jacobs in der Wabash Avenue 2300 auf. Die Prohibition wurde in Chicago und vor allem in der South Side damals so lax gehandhabt, daß Jacobs sich nicht einmal die Mühe machte, sein Lokal und die ausgeschenkten Getränke irgendwie zu tarnen.
Als die beiden Männer hereinkamen, blickte Howard, der mit einem anderen kleinen Gauner namens Tony »Mouth« Bagnolia zusammensaß, auf und rief »Hallo, Al.«
»Was bildest du dir ein, Guzik derart anzugehen?« schrie Capone.
»Misch dich da nicht ein, du Spaghettifresser. Verpiß dich, du Zuhälter, und kümmere dich lieber um deine Nutten.« Zuhälter – diese Beleidigung saß, denn sie traf den Nagel auf den Kopf.
Capone, dessen Nerven durch Franks Tod immer noch sehr angegriffen waren, griff ohne zu überlegen in die Hosentasche, zog seine Pistole und hatte das Magazin in Sekundenbruchteilen leergeschoseen – vier Kugeln

trafen Howard ins Gesicht, zwei in die Schulter. Immer noch grinsend, aber tot, sackte er zu Boden.

Es war 18.30 Uhr, und die Gegend so überlaufen, daß es unmöglich war, den soeben geschehenen Mord zu vertuschen. Mindestens vier Augenzeugen hatten beobachtet, wie Capone Joe Howard niederschoß. Al war verschwunden, doch die Polizei, die kurz danach eintraf und den Leichnam mitnahm, kam rasch zu dem Schluß, daß er der einzig Verdächtige war.

Doch der Fall, der eigentlich völlig klar auf der Hand lag, entwickelte sich zu einem regelrechten Mysterium, da ein Augenzeuge nach dem anderen plötzlich an einer höchst merkwürdigen Form von Gedächtnisschwund zu leiden begann. Bei der Vernehmung im Polizeirevier erinnerte sich »Hymie« Jacobs, der Inhaber der Bar, nicht einmal mehr daran, Capone oder Guzik je gesehen zu haben. Als die Schüsse fielen, sei er, Jacobs, zwar hinter der Theke gestanden, habe aber gerade nach einer Rolle Nickels* gesucht und deshalb nichts beobachten können. Von Al Capone hätte er zwar schon gehört, ihn aber nie zu Gesicht bekommen. Ein zweiter Zeuge, Tony »Mouth« Bagnolia, wurde seinem Spitznamen ausnahmsweise einmal nicht gerecht. Er habe sich im hinteren Teil der Bar aufgehalten und zwar gehört, daß jemand, kurz bevor die Schüsse fielen, »Hallo, Al« rief, sei aber viel zu weit weg gewesen, um irgend etwas erkennen zu können. Und Als gab es schließlich viele, warum sollte es ausgerechnet Al Capone gewesen sein?

Inzwischen fahndete die Polizei im »Four Deuces« und auch in der South Prairie Avenue nach Capone, den aber niemand gesehen hatte. Bereits am folgenden Tag war man sich auch auf der Wache gar nicht mehr so sicher, ob wirklich Capone in den Fall verwickelt war. Es schien eine Unzahl von Verdächtigen zu geben, die ein Motiv gehabt hatten, Howard kaltzumachen – und von denen keiner unter dem persönlichen Schutz von Johnny Torrio stand.

Für die Presse aber war der brutale Mord ein gefundenes Fressen, und die Chicagoer lasen in den Morgenzeitungen sensationelle, fett gedruckte Schlagzeilen:

GANGSTER KILLT GANGSTER
BESITZER DES »FOUR DEUCES« IN MYSTERIÖSEN
MORD VERWICKELT
»Al« Brown nach Schießerei verschwunden.

---

* Fünf-Cent-Stücke.

Die *Chicago Tribune* gab einen kurzen Abriß über Als Rolle im Racketeering-Business und schloß ihren Artikel mit den Worten: »Alphonse Capone, ungekrönter Gangster-König der South Side, wo er besser als ›Al Brown vom Four Deuces‹ bekannt ist, wird als Mörder gesucht.« Das abgelichtete Bild zeigt einen ernst dreinblickenden jungen Geschäftsmann, der in nichts an jenen jungen Raufbold aus Brooklyn erinnert und dem man nie einen kaltblütigen Mord zutrauen möchte.

Einer, der nicht so schnell locker ließ wie seine Kollegen war William H. McSwiggin, stellvertretender Staatsanwalt, der bei Gericht besonders viele Todesurteile durchgesetzt hatte und deshalb den Spitznamen »Hanging Prosecutor«* führte. Jetzt nahm der junge Gesetzesvertreter, ein massiger Bursche mit dicken Brillengläsern, den Mann aufs Korn, der sich unter dem Decknamen »Al Brown« verbarg. Mehrere Wochen lang verhörte er eine Reihe von Zeugen und gelangte aufgrund der dubiosen Aussagen zu dem Schluß, daß Al Capone Howard tatsächlich umgebracht hatte. Allerdings fehlten ihm die Beweise, um ihn wegen Mordes vor Gericht stellen zu können.

Gut einen Monat nach dem Tod Howards – die Ermittlungen waren so gut wie eingestellt – erschien Al Capone unvermittelt auf einem Chicagoer Polizeirevier und erklärte: »Ich habe gehört, die Polizei sucht nach mir. Warum denn?« Die Beamten verständigten sofort McSwiggin, und schließlich standen sich die beiden kräftigen jungen Männer gegenüber. Der Staatsanwalt war irischer, der Verdächtige italienischer Abstammung, und Capone war sofort klar, daß es hier auch um eine ethnische Rivalität ging. Schon in Brooklyn waren die irischen Gangs Erzfeinde der Italiener gewesen. »Ich bin ein angesehener Geschäftsmann«, erklärte er. »Ich handle mit Gebrauchtwaren, Möbeln aus zweiter Hand. Ich bin kein Gangster. Ich habe nichts, aber rein gar nichts mit dem ›Four Deuces‹ zu schaffen. Und außerdem war ich an dem Tag, an dem Howard abgemurkst wurde, gar nicht in der Stadt.« Ausnahmslos Lügen.

McSwiggin ließ sich von den Lügen des Verdächtigen und dem lückenhaften Gedächtnis der Zeugen aber nicht abschrecken, sondern nahm sich vor, Capone trotzdem des Mordes an Joe Howard zu überführen. Doch es gelang ihm nicht, die entscheidenden Beweise herbeizuschaffen, und am 22. Juli schloß die Untersuchungskommission den Fall offiziell ab. Howard sei von einem unbekannten Mann weißer Hautfarbe erschossen worden, lautete der Spruch. Al Capone war nicht einmal verhaftet worden.

Für Bill McSwiggin jedoch war die Sache noch lange nicht erledigt. Die

---

* Soviel wie: »Galgen-Staatsanwalt«.

Polizei mochte in Joe Howard ein weiteres Opfer des ständig wieder aufflackernden Bierkrieges sehen, den Fall ad acta legen und vergessen. Er, McSwiggin, vergaß nie etwas, am allerwenigsten den Italiener Al Capone. Und auch Capone würde den »Galgen-Staatsanwalt« nicht aus den Augen verlieren.

Sobald sich die Wogen über dem Mord an Joe Howard geglättet hatten, kehrte Capone nach Cicero zurück. Er zog vom bescheidenen Anton's Hotel in das pompösere Hawthorne Inn in der 22nd Street 4833, das der Torrio-Organisation gehörte. Er veranlaßte, daß kugelsichere Läden vor die Fenster montiert und im dämmerigen Foyer bewaffnete Wächter postiert wurden. Dank der extremen Sicherheitsvorkehrungen wirkte das ganze Ambiente direkt bedrohlich. Ein Reporter erinnerte sich:

> »Man betrat das Hotel durch einen fast zehn Meter langen Gang. ... Die Sessel und Sofas des Foyers blickten auf diesen Gang, weshalb sich jeder Neuankömmling wie auf einer Bühne präsentiert fühlte. Die Ankunft jedes Gastes wurde von einem Beobachtungsposten gemeldet, der an der Straßentür Ausschau hielt und per Knopfdruck einen Summer auslöste. In der Hotelhalle hielten sich immer mindestens ein Dutzend Männer auf, die scheinbar müßig herumhingen – Kerle mit blauschwarzem Dreitagebart und dem ausdruckslosen Blick von toten Fischen –, Capones Leibwächter. Sie lugten hinter aufgefalteten Zeitungen hervor und spähten durch die dichten Nikotinwolken. Dabei herrschte ein fast unheimliches Schweigen. Pagen, Zimmerkellner und das Mädchen an der Telephonzentrale, sie alle standen auf Capones Gehaltsliste.«

Zum neuen Hauptquartier der Organisation gehörte auch der Hawthorne Smoke Shop, der gleichzeitig als Spielhölle und Treffpunkt der Capone-Leute diente. Der Alkohol floß in Strömen: 75 Cents für einen Schuß (Torrio-Capone) Whiskey, 25 Cents für ein Glas (Torrio-Capone) Bier; und der Rubel rollte. Im Hawthorne Smoke Shop gingen täglich bis zu 50 000 Dollar allein an Pferdewetten über den Tresen, und bei Lauderback's, einem ähnlichen Glücksspiel-Paradies, wechselten am Roulettisch nicht selten Hunderttausende den Besitzer. Zur Blütezeit der Prohibition gab es in Cicero mehr als 100 Saloons und 150 Spielhöllen, von denen die meisten – direkt oder indirekt – vom Torrio-Capone-Syndikat kontrolliert wurden.

Die Gewinne übertrafen Torrios und Capones kühnste Erwartungen. Lax gehandhabte Gesetze, ständig zunehmende Spekulationsfreudigkeit und die Überzeugung, daß das Wirtschaftswachstum ewig so weitergehen werde, kam den Racketeers der »goldenen« zwanziger Jahre nicht weniger zugute als Börsenmaklern und Spekulanten. Capone und seine Lieutenants* hatten die Taschen immer vollgestopft mit Tausenden von Dollars, und der Geldstrom schien niemals abzureißen. »Der kleine Ganove, der 1920 25 000 Dollar im Jahr für einen Haufen Geld gehalten hatte«, formulierte es ein Journalist, »gibt denselben Betrag jetzt monatlich allein für die Gehälter seiner Alkoholschmuggler aus.« Die riesigen Geldmengen, die man mit vollen Händen wieder unters Volk brachte, spiegelten sich auch im Jargon der Racketeers wider: Hundert-Dollar-Scheine nannten sie »leaves« (»Blätter«), 25 Dollar »two bits«, und kleinere Noten zu fünf, zehn oder 20 Dollar verdienten nicht einmal einen eigenen Namen. Als eigentliche Währungseinheit galt der »grand« oder »Riese« – eintausend Dollar.

Das Hawthorne Inn repräsentierte Capones Machtposition in Cicero, bot jedoch keine richtige Privatsphäre. Als wirkliches Domizil erwarb Al deshalb ein stattliches Gebäude am Austin Boulevard 1600, einer grünen, sehr ruhigen Wohngegend von Cicero. Das dunkle Backsteinhaus wirkte wie ein kleineres Apartmenthaus, wurde jedoch nur von Capone bewohnt. Bei näherer Betrachtung erkannte man zudem, daß es sich dabei um die reinste Festung handelte. Den Garten begrenzte eine zweieinhalb Meter hohe Mauer, zwischen Haus und Garage verlief ein Tunnel, und die Eingangstür bestand aus massiven Stahl. Vor der Tür waren Leibwächter postiert, die mit Argusaugen alles beobachteten, was in der näheren oder weiteren Umgebung vor sich ging. Das Innere des Hauses war solide, im Stil der gehobenen Mittelschicht möbliert, lediglich Capones Schlafzimmer bildete eine Ausnahme: Hier hatte er seiner Prunksucht freien Lauf gelassen und sich ein laszives Boudoir mit verspiegelter Decke und allem erdenklichen Brimborium einrichten lassen. Natürlich kamen Mae und Sonny nie in dieses Haus, sie blieben in der South Prairie Avenue. Hierher brachte Al nur seine Kumpane und jungen Bettgefährtinnen zu Saufgelagen und heißen Liebesnächten, nach denen er bis tief in den Tag hinein schlief.

In Cicero fand Al Capone zu seinem eigentlichen Selbst, hier erlag er der Verführung der Macht. Frankie Yales Rausschmeißer oder Johnny Torrios Protegé zu sein, war eine Sache – auf eigenem Terrain, in seiner eigenen

* Die Führungsspitze seiner Bande.

Stadt zu herrschen, eine völlig andere. Gerade 25 Jahre alt, nach einer Kindheit und Jugend in den Elendsvierteln von Brooklyn, war er nun trunken von seiner neuerrungenen Macht, von den Mädchen, die die Racketeers umschwärmten, vom illegalen Whiskey und von der schicken weißen Droge Kokain.

Die Beweise dafür, daß Al Capone Kokain schnupfte, sind spärlich, aber zwingend. Jahre später, 1938, kurz vor seiner Entlassung aus der Justizvollzugsanstalt Alcatraz, wurde er einer gründlichen Untersuchung unterzogen, bei der der Gefängnisarzt bei Capone eine »durchbrochene Nasenscheidewand« feststellte. Der weitaus häufigste Grund für Löcher in der Knorpelwand zwischen den beiden Nasenflügeln ist nämlich Kokain. Allerdings muß man, damit es so weit kommt, riesige Mengen von dem Stoff konsumieren. Da Capone seit 1931 in Haft saß, ist anzunehmen, daß er Anfang oder Mitte der zwanziger Jahre damit anfing. Zu dieser Zeit galt Kokain als *die* Droge der Schickeria, und Flapper* trugen sogar kleine Löffel um den Hals, mit dem sie sich das harmlos aussehende weiße Pulver in die Nase schaufelten. Kokain wurde als netter Zeitvertreib, als harmloses Vergnügen angesehen.

Als Bordellmanager hatte Capone sicherlich häufig Kontakt mit Kokain, und es wäre höchst ungewöhnlich gewesen, wenn er es bewußt gemieden hätte. Bemerkenswert ist jedoch, daß er so viel davon schnupfte, daß es seine Nasenscheidewand zerstörte – was eher auf echte Sucht denn auf gelegentlichen Genuß der Droge schließen läßt. Und tatsächlich zeigten sich um diese Zeit auch auffällige Veränderungen in seinem Verhalten. Jedes Mal, wenn er Kokain schnupfte, erlebte er das dafür typische Hochgefühl einer nahezu grenzenlosen Allmacht, aber auch die damit einhergehende manische Rastlosigkeit. Gab es eine bessere Gelegenheit, davon zu träumen, nicht nur Cicero, sondern ganz Chicago in seine Hand zu bekommen? Und warum nur Chicago? Warum nicht gleich das ganze Land? Gab es eine bessere Gelegenheit, die Ermordung seiner Rivalen detailgenau zu planen? Schon im Altertum putschten sich Krieger vor dem Kampf mit Drogen auf, warum sollten »moderne« Mörder diese »Vorteile« nicht für sich nutzen? Ließ die Wirkung nach einiger Zeit nach, verspürten aber auch sie die Schattenseiten des Stoffes: Angstzustände, ein merkwürdiges Pfeifen in der Nase und die Gier nach mehr. Al Capone verfügte über die finanziellen Mittel, sich alles kaufen zu können – auch genügend Kokain. Capones Drogensucht blieb wahrscheinlich auch deshalb unentdeckt, weil er den Männern seiner Organisation strikt verbot, mit Kokain oder gar

---

* Anm. d. Übs.: Junge, emanzipierte Frauen, die die Mode der Zeit diktierten.

Heroin zu handeln. Er verabscheute Drücker und Fixer und stand in dem Ruf, jeden seiner Leute, den er mit Heroin erwischte, augenblicklich zu feuern. Andererseits war es typisch für ihn, in einer Sache knallhart seinen Standpunkt zu vertreten, über ganz ähnliche aber einen Mantel des Schweigens zu breiten. So gab er beispielsweise offen zu, ein Bootlegger und Spieler zu sein, als Zuhälter (was er nachweislich war!) aber durfte ihn niemand bezeichnen. So ist es also durchaus denkbar, daß er gegen Heroin wetterte und gleichzeitig selber Unmengen Kokain schnupfte.

Während sich Al Capone dergestalt in seiner Vorstadt-Festung austobte, kehrte in Cicero langsam der Alltag zurück. Sogar Robert St. John, der in seinen Leitartikeln die Capones immer wieder an den Pranger stellte, erklärte später, Ciceros Ruf als Ort skrupelloser Gewaltanwendung sei völlig unbegründet gewesen. »99 Prozent der Leute sahen nie einen Gangster, hörten nie einen Schuß und kamen nie in Kontakt mit alledem«, sagte er in einem Interview. Doch unter der Oberfläche hatte sich kaum etwas verändert, ja, die Racketeers hatten sogar noch an Macht gewonnen. Nur ließen sie zur Lösung von »Problemen« jetzt seltener die Waffen sprechen. Wozu hatte man schließlich seine Marionetten in der Stadtverwaltung? So erhielt ein Kaufmann, der in St. Johns *Cicero Tribune* eine Großanzeige schaltete, eine amtliche Mitteilung, wonach sein Grundbesitz aufgewertet worden sei und somit wesentlich höher besteuert werden müsse. In anderen Fällen erschienen Steuer- oder Lebensmittelprüfer und hatten plötzlich nie dagewesenes belastendes Beweismaterial in Händen. Vor einigen Läden schossen Halteverbotschilder wie Pilze aus dem Boden und verjagten alle potentiellen Kunden. Doch all diese Widrigkeiten verschwanden augenblicklich, sobald der eigensinnige Kaufmann nicht mehr in der *Tribune*, sondern im angepaßteren *Cicero Life* inserierte.

Da St. John nicht tatenlos zusehen wollte, wie seine Anzeigenkunden dahinschwanden, entschloß er sich zu einer waghalsigen Enthüllungsstory: Er wollte über einen Besuch in einem von Capone kontrollierten Bordell berichten. Instinktiv hatte er damit das Gebiet gewählt, auf das Capone bekanntlich am empfindlichsten reagierte. Nichts war schlimmer für ihn, als als Zuhälter gebrandmarkt zu werden – Joe Howard hatte dafür mit dem Leben bezahlt.

Obwohl man St. John gut kannte, wollte er seinen Artikel unbedingt selbst recherchieren. Er schlüpfte also eines Abends in schäbige Klamotten und machte sich auf den Weg. Das ausgewählte Haus lag in der Nähe der Hawthorne-Rennbahn. Wie ein ernstlich interessierter Freier lungerte er eine Weile an der kleinen Bar im Vorraum herum, wagte sich dann aber durch eine Reihe von Türen, die sich mittels elektrischer Summer öffnen ließen. Sämtliche Türen wiesen Einschußlöcher auf, und es schien, als bräuchte die Organisation unliebsame Mitmenschen einfach nur in diesen Gang zu locken und die Automatiktüren zu verriegeln, um sie problemlos zu liquidieren. St. John aber brachte diesen Spießrutenlauf unbeschadet hinter sich und landete in einem großen Raum mit einer langen Bank, auf der die Freier aufgereiht saßen, während die Mädchen – »Alle schauten sehr blasiert und wirkten so kühl und sachlich, als verkauften sie Billigpullover in einem Warenhaus« – gemächlich hereinkamen, an den Männern vorbeistolzierten und mit demjenigen verschwanden, der ganz vorne auf der Bank saß. Die anderen Wartenden rückten dann jeweils einen Platz nach. Die Atmosphäre wirkte nicht besonders verführerisch, und tatsächlich war das Markenzeichen der Capone-Puffs ihre Nüchternheit – es waren moderne, hocheffiziente Fabriken der Fleischeslust, das sündige Äquivalent zum Elektrizitätswerk von Western Electric, im Grunde »der genaue Gegensatz zu dem, was man sich unter sinnlichen Genüssen vorstellt«, wie es St. John formulierte.

Der Undercover-Reporter rutschte gehorsam von Platz zu Platz weiter, bis schließlich er am Ende der Bank saß. Die ganze Zeit über mußte er fürchten erkannt zu werden, und außerdem wußte er nicht, was er zu dem Mädchen seiner Wahl sagen sollte. Schließlich zahlte er seine fünf Dollar und ging mit einem jungen Mädchen, das sich als Helen vorstellte, nach oben. In einem der vielleicht 100 schmucklosen Zimmern des Bordells gestand St. John, daß er zu Studienzwecken gekommen war, verschwieg aber seine wahre Identität und den Zweck seiner Untersuchung. Bis vier Uhr früh interviewte er Helen und noch eine zweite Prostituierte und sammelte Material. Dann sprang er aus einem Fenster im ersten Stock und fuhr nach Hause, um seinen Sensationsbericht zu Papier zu bringen.

Als die Geschichte in der nächsten Ausgabe der *Cicero Tribune* erschien, schrie alles Zeter und Mordio. Bisher war St. John allein gegen Capone angetreten, jetzt endlich hatte er Verbündete. Honorige Bürger bildeten Komitees, Pfarrer predigten gegen die wachsende Flut der Sünde, und empörte Männer stürmten das Rathaus. »Überall wurden sie höflich empfangen«, beobachtete St. John. »Überall versprach man ihnen, sofort etwas zu unternehmen. Doch die Wochen verstrichen, und nicht das mindeste passierte.« Der Zorn der Bevölkerung gegen die Capone-Organisation wuchs beständig, bis schließlich jemand auf den Gedanken verfiel, einen erfahrenen Brandstifter zu engagieren. Eines Morgens – um diese Tageszeit war das Bordell stets menschenleer – ging das hölzerne Gebäude, in dem St. John recherchiert hatte, dann auch wie Zunder in Flammen auf.

Das Feuer im Capone-Bordell änderte mit einem Schlag das Verhältnis zwischen Racketeers und gesetzestreuen Bürgern. Die Taktik des anonymen »Rächers« war eines echten Racketeers würdig, und Al Capone verstand den Fingerzeig.

Schlimmer als die finanziellen Einbußen durch den Verlust des Bordells traf Capone die Schmach, und um sein Image zu wahren, blieb ihm nichts anderes übrig, als öffentlich gegen St. John vorzugehen. Und es schien klüger, ihn zu erniedrigen als ihn umlegen zu lassen.

Schon wenige Tage nach dem Brand schritt Al zur Tat. Sein Handlanger war in diesem Fall Louis Cowan, ein winziges Rädchen im Getriebe der Capone-Organisation, der jedoch Ehrgeiz besaß. Cowan führte einen Zeitungskiosk Ecke 52nd Avenue und 25th Street, direkt unter den Redaktionsräumen der *Cicero Tribune*. Capone stattete den kleinen Cowan – er war nicht einmal ein Meter sechzig groß – mit reichlich Barmitteln und einem dicken Auto aus und erklärte ihn zum Kautionssteller der Bande. Im Gegenzug für seine Vergünstigungen mußte Cowan die Kaution für jeden verhafteten Capone-Racketeer stellen. Das Ganze funktionierte folgendermaßen: Capone überschrieb Cowan beispielsweise eine halbe Million Dollar in Immobilien und gab jedem seiner Männer Anweisung, im Falle einer Verhaftung sofort Cowan anzurufen. Die Telephonnummer auf Cowans Visitenkarte war allerdings kein normaler Hausanschluß, sondern gehörte zu der öffentlichen Telephonzelle in der Drogerie neben Cowans Kiosk. An diesem Apparat wickelte er alle seine Geschäfte ab. Kam ein Anruf, sprang der kleine Zeitungshändler in seine Limousine, fuhr zum Polizeirevier und hinterlegte die geforderte Summe, wobei er notfalls die Immobilien als Sicherheit vorwies.

Dieses Mal lautete Capones Auftrag an ihn etwas anders: Er sollte St. John im Namen der Organisation Angst einjagen. St. John kannte Cowan und die Rolle, die er in der Organisation spielte, nur zu genau, und ließ sich davon nicht beeindrucken. Auf Cowans Drohungen – Al und Ralph seien *sehr* ärgerlich über die *Cicero Tribune* – reagierte er gelassen und konterte sogar, auch er sei »verdammt verärgert, weil das ganze Capone-Pack nicht endlich aus Cicero verschwindet und die Stadt in Frieden läßt«. Diese Antwort hätte sich St. John besser verkniffen, denn zwei Tage später, er war gerade auf dem Weg ins Büro, kam eine schwarze Limousine auf ihn zugerast. »Die Bremsen quietschten, das Auto hielt, und vier Männer sprangen heraus«, erinnerte er sich später.

> »So muß sich Frank Capone gefühlt haben, nur daß ich zwei der Männer, die auf mich zukamen, erkannte. Einer war

> Ralph Capone, der andere Pete Pizak ... Pete hatte eine Waffe in der Hand. ...
> Und ich hatte Zeit, etwas zu tun, was Frank Capone nicht mehr gekonnt hatte: Instinktiv ließ ich mich zu Boden fallen und rollte mich wie ein Igel zusammen.
> Pete Pizak feuerte nicht auf mich, aber er benutzte den Gewehrkolben als Knüppel. Ein anderer hatte ein Stück Seife in einem Wollsocken ... Der dritte Mann benutzte einen Totschläger. Sie zielten auf meinen Kopf, aber ich hielt die Arme darüber, und die meisten Schläge landeten auf meinen Armen und Beinen. Schließlich muß es ihnen aber doch noch gelungen sein, meinen Kopf zu treffen, denn plötzlich wurde es um mich herum tiefschwarze Nacht.«

Zwei Polizisten beobachteten von Anfang an ungerührt, wie die Capone-Bande mit St. John abrechnete. Als Ralph, Pizak und die anderen beiden mit ihm fertig waren, marschierten sie zu ihrem Wagen zurück und fuhren direkt zu dem Hotel, in dem Al Capone das Hauptquartier seiner Organisation eingerichtet hatte. Am selben Tag wurde auch St. Johns Bruder Archer, der in einem Nachbarort eine kleine Zeitung herausgab und ebenfalls eine Enthüllungsstory plante, von Capone-Leuten gekidnappt, verprügelt und erst nach einer ganzen Weile wieder freigelassen. Seine Geschichte erschien nie, Robert aber veröffentlichte die üblen Tricks der Capones später in der *Chicago Tribune* unter der Schlagzeile »JUNGE HERAUSGEBER ZUSAMMENGESCHLAGEN UND ENTFÜHRT«.
Robert St. John war so schwer verletzt, daß er eine Woche im Krankenhaus bleiben mußte, stellte bei seiner Entlassung aber überrascht fest, daß jemand bereits die Rechnung bezahlt hatte. Auf die Frage nach dem unbekannten Wohltäter erhielt St. John die Antwort, es wäre ein südländisch aussehender Mann gewesen, groß, und sehr gut gekleidet mit einer diamantenen Krawattennadel. Seinen Namen habe er nicht genannt, sondern nur gesagt, er sei ein Freund des Patienten.
Robert St. John akzeptierte die Spende, begab sich aber schnurstracks zum Polizeirevier, um dort Anzeige gegen Ralph Capone und die anderen Kerle zu erstatten, die ihn krankenhausreif geschlagen hatten. Doch der junge Polizeibeamte, den Robert bisher als Freund betrachtet hatte, ließ plötzlich eine verblüffende Verbundenheit mit der anderen Seite erkennen: »Al mag dich«, klärte er St. John auf. »Er hat eine Schwäche für Zeitungsleute. Aber sein Bruder Ralph steht ihm nun mal näher. Also laß besser die Finger davon.« Doch St. John dachte nicht daran, sondern bestand auf einem Haft-

befehl gegen die Schläger. Schließlich gab sein Freund nach und bestellte St. John für den nächsten Morgen punkt neun Uhr wieder aufs Revier.
Der Journalist war pünktlich und wurde in ein Büro im ersten Stock des kleinen Polizeireviers von Cicero geleitet. Dort traf er einen Mann an, dessen linke Wange durch eine lange Narbe verunstaltet war. Der Mann hatte vergeblich versucht, sie mit hautfarbenem Talkumpuder abzudecken. Er trug einen tadellos sitzenden blauen Anzug mit weißem Vatermörder, blauer Krawatte und blauem Brusttuch, einen dicken Brillanten als Krawattennadel, schwarze Lackschuhe und einen schwarzen Hut, den er lässig ein Stück weit in den Nacken geschoben hatte. Er streckte dem Reporter die Hand entgegen.
»Freut mich, Sie kennenzulernen, St. John«, begrüßte ihn Al Capone. »Kommen wir gleich zur Sache.«
So trafen sie einander zum ersten Mal – zwei junge Männer, in deren Händen das Schicksal von Cicero lag. St. John war kaum 22, Capone nur vier Jahre älter, aber beide waren weit über ihre Jahre gereift. Den Treffpunkt hatte Capone klug gewählt: Gab es einen besseren Ort, einen hitzköpfigen, irregeleiteten jungen Journalisten auf den »rechten« Weg zu bringen, als das Polizeirevier, die Hochburg von Recht und Ordnung?
Capone begann die Unterhaltung mit einer leidenschaftslosen Darstellung des Status quo: »Klar mache ich meine Geschäfte. Wer tut das nicht? Die meisten Geschäftsleute treten anderen auf die Füße. Ich krümme keinem Menschen ein Haar. Bloß denen, die sich mir in den Weg stellen. Ich verteile einen Haufen Kröten. Zwar nicht gerade an Colleges, und ich baue auch keine Bibliotheken, aber ich gebe es denen, die es wirklich brauchen. Direkt.« Capone spielte darauf an, daß seine Organisation viele hundert Leute bezahlte, damit sie, wenn es darauf ankam, den Kopf wegdrehten. »Zum Teufel, zu was ist ein College überhaupt gut? Ich kenne ein paar Jungens, die am College waren. Sind die vielleicht so clever wie ich? … Ich habe sogar Studierte, die für mich arbeiten. Haben Sie das gewußt? Und Harding war auch ein College-Mann, und was hat es ihm gebracht? Er ist mausetot, genauso tot wie Cicero.« Hastig schob er nach: »Wie der Kerl Cicero meine ich, dieser alte Grieche.«
Dann näherte er sich dem eigentlichen Thema seines Treffens mit St. John. Zunächst versuchte er dem jungen Zeitungsmann einzureden, die Enthüllungsstorys hätten ihm – als unbezahlbare Publicity – viel mehr genutzt als geschadet. »Nehmen Sie nur das ›Ship‹«, erklärte Capone. »Ich würde verdammt gerne dafür Werbung machen. Am liebsten würde ich in jeder Ausgabe der *Cicero Tribune* dafür eine ganze Seite kaufen. Kommt ins ›Ship‹. Beste Spielbank im ganzen Land. Aber das geht nicht. Doch ihr Jungens

schreibt eure Storys ... und ich bekomme meine Werbung ganz umsonst. Warum sollte ich also sauer sein?« Eine schwungvolle Bewegung mit der goldenen Zigarettenspitze, dann ein tiefer Zug. Und dann eine Entschuldigung für die Prügel, die sein Bruder St. John verabreichen ließ. Das Ganze sei nur ein Mißverständnis gewesen, seine Leute hätten getrunken und ihre Manieren vergessen. »Ich habe ihnen gesagt ›Laßt mir den Jungen in Ruhe‹, und wenn ich ihnen was sage, dann halten die sich auch dran. Aber an dem Tag waren sie voll bis oben hin ... und haben vergessen, was ich ihnen gesagt habe, und einen Riesenfehler gemacht. Und das will ich jetzt wieder gutmachen.« Der Racketeer zog eine dicke Rolle Hundert-Dollar-Noten aus der Tasche.

»Sie haben eine ganze Zeitlang nicht arbeiten können.« Er legte drei Scheine auf den Tisch.

»Ich habe gehört, Sie haben Ihren Hut verloren.« Ein weiterer Schein.

»Sie mußten Ihre Sachen reinigen lassen.« St. John beobachtete, wie er wieder zwei Banknoten von der Rolle streifte.

»Ihre Krankenhausrechnung ist bezahlt, aber Sie hatten ja auch Arztkosten.« Al Capone blätterte weitere Scheine auf den Tisch. St. John hörte auf mitzuzählen.

Aber wenn Capone glaubte, mit dieser Strategie die Fehde beenden zu können, hatte er sich geirrt. »Ich hatte plötzlich nur noch Verachtung für ihn übrig«, schrieb St. John. »Es überstieg offensichtlich sein Vorstellungsvermögen, daß es jemanden gab, den er nicht kaufen konnte.« Der junge Journalist würdigte den mächtigen Racketeer keiner Antwort, sondern verließ den Raum. Mit lautem Knall fiel die Tür hinter ihm ins Schloß.

Letztlich aber trug Al Capones Mammon doch noch den Sieg über die Pressefreiheit davon. Noch einmal schickte er Cowan zu St. John und ließ ihm mitteilen, daß sein letzter Leitartikel der *Cicero Tribune* die Organisation verstimmt hatte. Wieder holte Cowan sich eine Abfuhr. Doch dieses Mal kam eine Retourkutsche, die St. John nicht erwartet hatte: »Ich glaube, Sie wissen noch nicht über die neuen Eigentumsverhältnisse bei der *Cicero Tribune* bescheid.«

Cowan hatte leider nur zu recht. Zu seinem Entsetzen mußte St. John feststellen, daß Capone die Hauptinvestoren des Blattes dazu gebracht hatte, ihm ihre Anteile zu verkaufen, die – wie die Immobilien – jetzt auf den Namen von Cowan liefen. St. John arbeitete nun also für eben die Organisation, die er unter Einsatz seines Lebens bekämpft hatte. Ihm winkten dieselben Vergütungen, wie Cowan sie genoß: ein hohes Gehalt, ein schicker neuer Wagen und was er sich sonst noch wünschte.

Doch der Gedanke, für Louis Cowan, diesen schleimigen, widerlichen kleinen Mann, zu arbeiten, war zuviel für St. John. »Okay, Herr Verleger«, murmelte er. »Sie und Ihr narbengesichtiger Freund haben gewonnen. Ich gehe dann wohl besser.« Mit diesen Worten verließ er die Redaktionsräume der *Cicero Tribune*, fuhr nach Hause und packte seine Habseligkeiten. »Dann rief ich eine Vermittlungsagentur für Zeitungsleute an und sagte ihnen, daß ich eine neue Stelle suche, und zwar so weit wie möglich von Cicero, Illinois, entfernt. Ich erhielt ein Angebot nach Rutland, Vermont, und nahm sofort an.«

Nachdem St. John – er machte später Karriere als Auslandskorrespondent – der Stadt den Rücken gekehrt hatte, konnte Al Capone ganz Cicero sein eigen nennen. Nach zwei Jahren harter und teilweise blutiger Kämpfe kontrollierte er nun die Stadt, ohne vorlaute Journalisten fürchten zu müssen. Seine Organisation lagerte ihre Alkoholvorräte an der sichersten Stelle überhaupt: im Keller des Rathauses. Eine weitere Demonstration der wahren Machtverhältnisse konnten die Bürger von Cicero wenig später beobachten, als Al und sein persönlich auserkorener Bürgermeister Joseph Klenha wegen irgendeiner Kleinigkeit in Streit gerieten und Capone den Mann die Treppe des Rathauses hinunterstieß und anschließend noch kräftig in die Rippen trat – alles unter den Augen eines Streifenpolizisten, der interessiert zuschaute, aber nicht die geringste Veranlassung sah, in irgendeiner Form einzugreifen.

Cowan blühte unter dem Capone-Regime weiter auf. Er leitete die *Cicero Tribune*, in der Albert, der zweitjüngste der Capone-Brüder, eine Lehre absolvierte. So wurde das Blatt, das den Capones so erbittert Widerstand geleistet hatte, zum Sprachrohr der Organisation. Später stieg der einstige kleine Zeitungshändler in das Spielautomatengeschäft ein und sonnte sich unter dem Titel »King of the Slot Machines«, blieb dabei aber immer ein treuer Gefolgsmann Capones. Das Schicksal ereilte ihn 1932, als er mit den Tageseinnahmen des Rennbahn-Wettbüros – rund 6000 Dollar in bar – auf dem Weg in die Stadt unter einer Salve von Kugeln zusammenbrach. Der Mord an Louis Cowan wurde nie geklärt, und auch das Geld tauchte nie mehr auf. Eine Zeitlang kursierte das Gerücht, der mit der Aufklärung des Falles betraute Polizeibeamte habe sich damit aus dem Staub gemacht.

1924 verlor die Familie Capone einen Sohn, doch noch bevor das Jahr zu Ende ging, kehrte ein anderer, verloren geglaubter, in ihren Schoß zurück. Nachdem die Gebrüder Capone mehrfach blutige Schlagzeilen gemacht hatten – zuerst wegen Franks Erschießung durch das Polizeikommando und später dann wegen Als Mord an Joe Howard – stießen findige Repor-

ter darauf, daß es noch einen weiteren Capone-Bruder gab, der allerdings nicht in Chicago lebte und auch kein Racketeer war, sondern, wie die Journalisten erstaunt und amüsiert feststellten, in Nebraska als Prohibitions-Agent tätig war und den Namen Richard Hart angenommen hatte. Und obwohl »Two-Gun« Hart, wie er zu Hause gerufen wurde, auf der Seite des Gesetzes stand, lieferten seine stechend schwarzen Augen, die südliche Hautfarbe und seine wilde Entschlossenheit doch den untrüglichen Beweis dafür, daß er ein ebenso echter Capone war wie seine Brüder.
Nun zog es ihn mit einem Mal nach Chicago, um seine Familie wiederzusehen, über die er in den letzten Jahren durch die Presse die wildesten Geschichten erfahren hatte. Im Grunde waren alle die gleichen geblieben, und doch hatten sie sich verändert. Nach wie vor lebte der ganze Clan unter einem Dach, und Teresa stand wie eh und je dem Haushalt vor, aber hier war nicht Brooklyn, und die Capones waren schon lange nicht mehr irgendeine x-beliebige italienische Einwandererfamilie an der Armutsgrenze. Sie hatten sich – man mochte es sehen, wie man wollte – in Chicago einen Namen gemacht. In The Loop, in Cicero und in der Nachbarschaft der South Prairie Avenue waren die Capones jemand – jemand, den man besser achtete. Sie waren ausgewachsene Racketeers geworden, Gangster vom selben Format wie Johnny Torrio. Sie gehörten nicht zur Mafia, die selbst hier, in den Vereinigten Staaten, ganz in der Hand von Sizilianern blieb, und auch nicht zur Camorra, deren Schwerpunkt in der Alten Welt lag, sondern zu deren neuem amerikanischen Pendant, den »Rackets«, »Syndikaten« oder »Organisationen«. Aber egal unter welchem Etikett das Ganze ablief – die »Geschäfte« blieben stets dieselben: Prostitution, Glücksspiel und organisiertes Erpressertum, wozu sich jetzt dank der Prohibition noch der höchst profitable Alkoholschmuggel gesellte.
Was Hart mit am meisten überraschte, war die Tatsache, daß sich seine Brüder trotz ihrer traurigen Berühmtheit ohne jede Scheu offen in der Stadt zeigten. Die Presseleute, selber häufig zu Gast in den Saloons und Spielhöllen der Capones, behandelten sie wie Freunde, ja geradezu wie berühmte Stars. Und nun präsentierten sie aller Welt stolz ihren verloren geglaubten Bruder, das »schwarze Schaf« der Familie – wenn auch ein schwarzes Schaf mit weißer Weste. Die Reporter ihrerseits ließen es sich nicht entgehen, Hart eine naheliegende Frage zu stellen: Plane er, als staatlich vereidigter Prohibitions-Agent, seine Brüder wegen Alkoholschmuggels zu verhaften? Hart antwortete, daß er das sicherlich tun würde, falls seine Brüder jemals nach Nebraska kämen. Solange sie hier in Chicago blieben, wären sie jedoch vor ihm sicher.
Hart war sich natürlich auch der Tatsache bewußt, daß er in ein Trauerhaus

gekommen war und daß die Umstände von Franks Tod seine Brüder ganz bestimmt nicht daran hindern würden, sich immer tiefer in Gewaltverbrechen zu verstricken. Wenn überhaupt, hatte die Tragödie eher noch ihre Entschlossenheit verstärkt, sich endgültig für *la mala vita* zu entscheiden, wohin immer es sie auch führen würde. Schließlich hatte Franks sinnloser Tod nur bestätigt, was sie schon immer vermuteten: Daß Italiener in Amerika keine Gerechtigkeit fänden – außer der, die sie sich eigenhändig verschafften.

Polizei, Politiker, Bürgermeister, ja sogar der Gouverneur von Illinois ließen sich mit dem Gewinn aus Prostitution, Alkoholschmuggel und Glücksspiel kaufen. Inmitten dieser korrupten Gesellschaft besaß nurmehr die Sprache der Waffen absolute Autorität, das wußte Hart aus eigener Erfahrung mindestens genausogut wie seine Brüder. Er war sich ihrer kriminellen Machenschaften durchaus bewußt und wußte sicherlich auch, daß sein jüngerer Bruder Al erst kürzlich einen Menschen getötet hatte. Aber sie waren immer noch seine Familie.

Trotz der verschiedenen Wege, die die Brüder – gerade Al und Hart – eingeschlagen hatten, zählten letztlich doch nur die Blutsbande. Wie Al war Hart jüngst in einen ungeklärten Todesfall verwickelt gewesen, hätte deshalb fast seine Stellung verloren und wäre um ein Haar gelyncht worden. Beide Männer besaßen einen ausgeprägten Willen zur Macht, und beide liebten das Spiel mit Feuerwaffen. Außerdem verspürten beide den starken Drang, anderen ihren Willen aufzuzwingen. Ihre beiden Spitznamen – »Two-Gun« und »Scarface« – sprachen für sich. Jeder der beiden verkörperte einen Aspekt jener tiefsitzenden Zwiespältigkeit, die die Familie Capone von Anfang an prägte: Einer entwickelte sich zum Rechtsbrecher, der andere zum Rechtshüter. Jeder ein Spiegelbild des anderen, repräsentierte Hart Als vergebliches Streben nach Ansehen, während Al Harts schlecht verhohlenen Trieb nach Gewalt und Anarchie auslebte.

Obwohl Hart neue Bande zu seiner Familie knüpfte, gab er seine Stellung als Prohibitions-Agent nicht auf; er verspürte kein Verlangen, den Stetson des Polizeichefs gegen die Gangster-Fedora* zu tauschen. Seine Heimat war inzwischen Nebraska, wo er seine eigene Familie hatte, die ihn nur als Richard Hart den Gesetzeshüter kannte. Und dorthin kehrte er auch zurück.

Von nun an kam Richard Hart mindestens einmal jährlich auf eine Stippvisite nach Chicago. Er erzählte seiner Frau Kathleen nicht, wohin er fuhr

* Anm. d. Übs.: Der zeittypische Hut, der nicht zuletzt durch Al Capone (der ein strahlend helles Perlmuttgrau bevorzugte) berühmt wurde.

oder warum er einen Teil seines Urlaubs ohne seine Familie verbrachte, und auch seine Kinder erfuhren von ihm nie ein Wort über ihre fragwürdigen Onkel. Doch Gerüchte verbreiten sich rasch, und als die Buben größer wurden, hörten sie von verschiedenen Seiten, daß ihr Vater »Two-Gun« Hart mit dem berüchtigten Al »Scarface« Capone verwandt war. Und nicht selten kam es vor, daß Harts Kinder hinter ihrem Rücken »die Capones« genannt wurden.

3. Kapitel

»Memento mori«

Vier Jahre weilte Capone nun in Chicago und hatte in dieser Zeit die unterschiedlichsten Rollen gespielt: Zuhälter, Buchhalter, Protegé, Politiker, Glücksspieler, Bootlegger, »Gebrauchtwarenhändler«, Mörder. Und die Spirale des Verbrechens trug ihn rasch zu immer wachsender Berühmtheit empor. Mit Unterstützung seiner Brüder und unter dem Patronat von Johnny Torrio hatte er es zum absoluten Herrscher einer Industriestadt mittlerer Größe gebracht und immense Reichtümer angehäuft. Er besaß Macht, Autorität – und eine makellose Garderobe. Für Ehefrau, Sohn und Mutter hatte er ein komfortables Zuhause geschaffen, und er genoß die Freuden eines Hausbesitzers, Familienvaters und Ehemanns, ohne deshalb auf die »Dienste« von Prostituierten zu verzichten, deren Einnahmen seinen großspurigen Lebenwandel überhaupt erst möglich machten.

Mit 25 war er schon eine Legende. Sein bisheriges Leben schien das Paradebeispiel einer amerikanischen Erfolgsstory: Vom Elend des Einwandererviertels zum großen Geld, der Racketeer als Magnat. Andererseits aber wußte er, daß eine einzige gut gezielte Kugel binnen Sekundenbruchteilen all dem ein Ende bereiten konnte und andere Racketeers wie die Geier über sein Erbe herfallen würden, um es unter sich aufzuteilen. Nach einem bombastischen Gangsterbegräbnis – mit unzähligen Kränzen, endlosem Leichenzug, Schluchzen und Tränen am offenen Grab – wäre er aber trotzdem nichts als ein weiteres Opfer der Chicagoer Bandenkriege, betrauert nur von seiner Familie. In Anbetracht der Häufigkeit, mit der dieses Los Chicagoer Racketeers in letzter Zeit ereilte, schien dies sogar überaus wahrscheinlich.

Der Waffenstillstand, den Johnny Torrio zwischen den Racketeers der Chicagoer South Side ausgehandelt hatte, begann schon bald nach Einführung der Prohibition brüchig zu werden. Häufig wurden Menschen umgebracht, und die Presse bezeichnete den Kampf – nicht ganz aus der Luft gegriffen – als »Bierkrieg«, obwohl es dabei natürlich um mehr ging als um das Monopol beim Ausschank von Bier und anderen alkoholischen Getränken: nämlich um die politische Vormachtstellung. Allein im September 1923 forderte der Bierkrieg vier Todesopfer, sämtlich Mitglieder von Banden, die gegen Torrios Waffenruhe verstoßen und in fremde Territorien vorgedrungen waren. Im Dezember passierten fünf weitere Morde, auf die sich die Reporter geradezu stürzten. Jetzt hing der Geruch von Schießpulver nicht mehr nur über Cicero, sondern über ganz Chicago.

Die Chicago Crime Commission, die sicherlich zuverlässigste Informationsquelle zur Entstehungsgeschichte des organisierten Verbrechens in Chicago, stellte eine Liste der Bierkriegsopfer auf, in der neben den schlagzeilenträchtigen Greueltaten, bei denen es um echte Machtkämpfe ging, auch Tote aus dem »Fußvolk« der Syndikate aufgeführt waren. Für 1920 zum Beispiel finden sich darin 23 Morde »gangland-style«, die meisten davon unaufgeklärt. Im folgenden Jahr waren es 29, 1922 dann 36. 1923, mit Beginn der Prohibition, stieg die Zahl der Opfer auf 52, also durchschnittlich ein Mord pro Woche, und 1924 wurden 54 gezählt – Tendenz weiter steigend.

Obwohl die mit dem Alkoholschmuggel in Verbindung stehenden Todesfälle nur einen Bruchteil der gesamten Chicagoer Mordstatistik ausmachten, erhielten sie von der Presse überproportionale Aufmerksamkeit, was zwangsläufig Kreise zog. J. Edgar Hoover, seit 1924 Direktor des FBI in Washington D. C., zog es vor, sich aus diesen »Angelegenheiten« herauszuhalten, und überließ die Durchsetzung der Prohibition den entweder völlig überforderten oder korrupten Agenten des Federal Bureau of Alcohol Violations*. »Man darf sich nicht wundern, wenn sich die Kerle gegenseitig abmurksen«, meinte Clarence Darrow, ein hochangesehener Chicagoer Richter. »In diesem Geschäft stecken Unsummen Geld, aber da es außerhalb der Gesetze steht, können sie nicht wie normale Geschäftsleute vor Gericht gehen, wenn sie sich übervorteilt fühlen oder jemand in ihr Revier vordringt. Sie haben keine rechtliche Handhabe. Folglich greifen sie zur Waffe.«

Um die Zeit, als die Chicagoer Bandenkriege auch national Schlagzeilen zu machen begannen, galt Al Capone bereits als *die* Schlüsselfigur des Schmuggelgeschäfts. Doch obwohl sein Name bei fast jeder blutigen Auseinandersetzung fiel, konnte man ihm nie irgend etwas nachweisen. Ob Zufall, Schicksal oder perfekt getarnte Strategie – es war Capone, der von dem Blutvergießen der frühen zwanziger Jahre am meisten profitierte. Der Reihe nach fielen seine Konkurrenten und Feinde von unbekannter Hand – teilweise eliminierten sie sich auch gegenseitig. Doch muß angemerkt werden, daß Capone seine Machtposition nicht durch die Ermordung sei-

* Die Bundesbehörde, die sich mit dem Verstoß gegen die Prohibition befaßte.

ner Rivalen erlangte, sondern durch ein ausgeprägtes Organisationstalent; er selbst hielt sich von der Front fern, nutzte aber das allgemeine Chaos aus, um seine ureigenen Interessen durchzusetzen. Dies tritt nirgendwo deutlicher zutage als im Tod des Mannes, der den Blumenschmuck zu Frank Capones Beerdigung geliefert hatte: Dion O'Banion.

Die Geschäfte des Schwarzhändler-Bosses der Chicagoer North Side florierten seit Franks Beisetzung im Mai 1924 mehr denn je. Und zwar nicht nur der Blumenhandel, sondern vor allem das Bootlegging, das O'Banion einen jährlichen Profit von einer knappen Million Dollar einbrachte. Da ihm dieser Betrag noch nicht reichte, überfiel er die Magazine anderer Alkoholschmuggler und raubte deren besten Whiskey. Seine Spezialität war unter Zollverschluß befindliche Ware. Erst vor kurzen hatte er eine Lagerhalle mit fast 2000 Faß Whiskey geplündert und sich dabei den Spaß gemacht, die gestohlene Ware durch Wasser zu ersetzen. Offiziell war er ein Verbündeter der Torrio-Capone-Organisation, die ihm als Schutzschild gegen andere Konkurrenten diente, fühlte sich dabei jedoch ausgenutzt und mißverstanden. Er durfte gar nicht an die prachtvollen Blumen denken, die er zu Franks Begräbnis geliefert hatte!
Um ihn bei Laune zu halten, warf Torrio O'Banion einen Knochen hin – in Form eines festumgrenzten Bezirks in Cicero. Der brachte zwar nicht viel, vielleicht 20 Riesen im Monat, nach den Maßstäben des Torrio-Syndikats gerade mal Taschengeld, aber es war eine Geste. O'Banion verdankte sein Vermögen vor allem einem instinktiven Riecher fürs Geschäft. Das zeigte sich wieder einmal darin, daß es ihm gelang, den Gewinn aus dem Cicero-Geschäft binnen kürzester Zeit zu verfünffachen. Torrio und Capone waren beeindruckt, neidisch – und ärgerten sich. »Dion war schon in Ordnung. Er machte ganz ordentlich Knete … mehr, als man eigentlich von ihm erwartet hätte«, erklärte Al später und fügte dann den denkwürdigen Satz hinzu: »Aber zum Schluß ist er ein bißchen größenwahnsinnig geworden.«
Torrio – wie immer ganz Stratege und Friedensstifter – bot O'Banion einen prozentualen Anteil der Einkünfte, die die Organisation aus der Prostitution bezog, im Gegenzug für einen bestimmten Prozentsatz von O'Banions Einnahmen in Cicero. Es war ein typischer Torrio-Schachzug, der darauf hinauslief, potentielle Gegenspieler durch gemeinsame Unternehmungen aneinanderzubinden. Diesmal hatte er sich freilich verrechnet, denn wie viele irische Gangsterbosse wollte O'Banion nichts mit Prostitution zu schaffen haben. In seinen Augen war es ein schmutziges, widerwärtiges Geschäft, das man gerne Italienern und Juden überließ. Mochten *die* dafür in der Hölle schmoren. Er lehnte den Deal glattweg ab.

O'Banions Ärger über die Vormachtstellung des Torrio-Capone-Syndikats griff auch auf andere Racketeers über, namentlich die sechs Genna-Brüder. Die »Terrible Gennas«, wie sie genannt wurden – Angelo, Sam, Pete, Tony, Mike und Jim, allesamt sizilianische Bootlegger –, waren wahrhaftig ein schrecklicher Haufen, der nicht umsonst in dem Ruf stand, bei der geringsten Provokation sofort gewalttätig zu werden. Gleichzeitig aber umgaben sich die Gennas mit einer geradezu dekadenten Fin-de-siècle-Eleganz und gerierten sich wie Exilanten, die man aus ihrem eigentlichen Reich verbannt hatte und die nun ihre Tage damit zubrachten, vergeblich dem verlorenen Paradies nachzutrauern.

In ihrem Geschäftsgebaren freilich waren die Gennas knallhart: Die Beschränkungen der Prohibition umgingen sie gekonnt, indem sie sich bei der Regierung eine Genehmigung zur Herstellung von »Industriealkohol« besorgten und sich mit diesem Erlaubnisschein in der Tasche als »Alky-Cookers« betätigten – das heißt, sie bezahlten arme sizilianische Einwandererfamilien in Little Italy dafür, daß diese zu Hause in kleinen, notfalls rasch in ein Versteck zu schaffenden Destillierapparaten Whiskey herstellten. Die Sizilianer hatten schon in der alten Heimat ihren eigenen Schnaps gebrannt, warum sollten sie in der neuen nicht auf diese Weise gutes Geld verdienen? Die Gennas zahlten ihren sizilianischen Heimarbeitern bis zu 15 Dollar pro Tag, eine gewaltige Summe dafür, daß diese nichts weiter zu tun brauchten als den Destillierapparat in Gang zu halten und das Gebräu abzufüllen. Einmal wöchentlich holten die Gennas die Wochenproduktion ab und brachten sie in ein riesiges Lagerhaus in der Taylor Street 1022, nur vier Querstraßen vom Polizeirevier an der Maxwell Street entfernt.

Dieses Arrangement war für beide Seiten von Vorteil, und die Cops kamen so häufig in das Lagerhaus, um ihre Bestechungsgelder abzuholen, daß Anwohner das Gebäude bald »Die Wache« tauften. Das Ganze warf so viel Profit ab, daß selbst Polizisten aus weiter entfernten Bezirken vorbeischauten und Schmiergeld kassierten – bis die Cops von der Maxwell Street den Gennas eine Liste mit den Namen ihrer Leute übergaben, damit nicht andere von *ihrem* Kuchen mitprofitierten.

Der hausgebrannte Fusel der Gennas war ein furchtbares Gesöff. Er stank, war unbehandelt und vor allem gefährlich. Auf dem billigsten Wege hergestellt, war der Whiskey der Gennas voller Giftstoffe. Echter Whiskey erhält seine charakteristische goldbraune Farbe von den Holzfässern, in denen er langsam heranreift. Doch für diese Prozedur hatten die Gennas keine Zeit. Statt dessen färbten sie ihren Branntwein mit Karamell oder Teerkohle und setzten als Geschmacksverstärker Fuselöl zu, ein giftiges Nebenprodukt des Gärungsprozesses, das normalerweise ausgefiltert wird, weil es zu schwe-

ren Funktionsstörungen des Gehirns oder sogar zu Geisteskrankheit führen kann. Und das waren noch nicht einmal die einzigen Gefahren, die den Konsumenten drohten. Als die Polizei einmal 100 Fässer des Gebräus konfiszierte, fanden sie in jedem einzelnen mindestens eine tote Ratte.
Allerdings waren die Gennas nicht die einzigen, die solchen hausgebrannten Fusel verkauften. »Alky-Cooking« gehörte während der Prohibition zum täglichen Leben. In den Straßen von Little Italy stank es nach den süßlichen Dämpfen des schwarz gebrannten Whiskeys. Doch nicht alleine hier. Es war eine der folgenschwersten Auswirkungen der Prohibition: Wirklich guter Alkohol aus traditionellen Betrieben war rar und entsprechend teuer; an seiner Stelle überfluteten billig hergestellte Ersatzprodukte den Markt und vergifteten die Gäste der Flüsterkneipen. Je länger die Prohibition andauerte, desto schlimmer wurde es. Die Amerikaner vergaßen, wie ordentlicher Whiskey schmeckte, wie subtil er auf Körper und Geist wirkte, und gewöhnten sich statt dessen an einen Fusel, der unbedingt verboten gehört hätte. Die Gennas füllten ihr hausgebranntes Gift in Flaschen, klebten Etiketten darauf, die es als Brandy oder Whiskey deklarierten und verkauften es mit riesigem Profit. Jede »Privatbrennerei« produzierte wöchentlich bis zu 1500 Liter von dem giftigen Zeug, dessen Zutaten nicht einmal 25 Cents pro Liter kosteten. Mehr als 300 000 Dollar setzten die Gennas damit im Monat um, wovon 7000 Dollar an die Polizei flossen, die darüber hinaus die Möglichkeit hatte, den Alkohol auch zu Großhandelspreisen zu beziehen.
Als die Gennas anfingen, ihren Fusel in O'Banions Stammbezirk in der North Side zu verkaufen, beschwor der Florist Torrio, die sechs Sizilianer auf ihren Platz zu verweisen. Torrio zögerte, da er wußte, wie gefährlich die Gennas waren – schwer bewaffnet, tief in sizilianischen Blutsbanden verschworen und mit den besten Beziehungen zur örtlichen Polizei. O'Banion dagegen tat nun etwas, was kein anderer Bootlegger gewagt hätte: Er überfiel einen Lastwagen, der Genna-Stoff im Wert von 30 000 Dollar geladen hatte! Noch einmal gelang es Torrio, die erhitzten Gemüter zumindest soweit zu beruhigen, daß es zwischen dem Iren und den Sizilianern nicht zum offenen Krieg kam.
Als hätte er noch nicht genug Schwierigkeiten am Hals, forderte O'Banion sein Glück noch weiter heraus, indem er Johnny Torrio und Al Capone an die Polizei verriet, mit der ihn ein besonders freundschaftliches Verhältnis verband. »Er ist einfach zu weit gegangen«, erklärte Al und klagte: »Wo wir einem Cop ein paar hundert Dollar in die Hand drückten, schmierte er sie mit tausend. Er hat die Preise verdorben. Und wir konnten nicht das geringste dagegen unternehmen. Das war sein Todesurteil.«

Doch soweit war es noch nicht. Zunächst einmal erhielt O'Banion als Gegenleistung für sein Geld Informationen, die er gegen seine Partner auszuspielen gedachte, und zwar durch einen raffinierten Plan, der wieder einmal zeigte, wie clever der Blumenhändler sein konnte – und wie leichtsinnig.

Keine sechs Wochen nach Frank Capones Beerdigung und nur wenige Tage nach dem Mord an Joe Howard fuhr O'Banion ins Hawthorne Inn zu einem Treffen mit Torrio und Al Capone und überraschte die beiden mit der Eröffnung, er plane, sich aus dem Alkoholgeschäft zurückzuziehen. Die Gennas hätten ihm das Leben schwer gemacht, das Pflaster sei ihm zu heiß geworden, erklärte er. Ja, er habe vor, Chicago zu verlassen und sich in Colorado zur Ruhe zu setzen. Torrio und Capone begrüßten diese Neuigkeit, machte der leicht aufbrausende Ire doch ständig Scherereien. Sein Rückzug aus dem Bootlegging-Business war ein wahrer Glücksfall. Sie mußten lediglich die geforderte Summe hinlegen, dann waren sie ihn für immer los. Doch O'Banions Angebot hatte so seine Tücken: Die drei Männer waren zu gleichen Teilen Eigentümer der Sieben's-Brauerei, und O'Banion würde ihnen sein Drittel für eine halbe Million Dollar verkaufen. Er bot sogar an, den Transport der letzten gemeinsamen Bierladung zu überwachen, die am 19. Mai 1924 stattfinden sollte. Hocherfreut zahlten Torrio und Capone dem Iren seine halbe Million sofort aus, ohne zu ahnen, auf was sie sich da eingelassen hatten.

Vor dem Treffen mit Torrio und Capone hatte O'Banion nämlich erfahren, daß in der Nacht zum 19. Mai eine Razzia in der Brauerei stattfinden sollte. Normalerweise war das in Chicago keine große Sache, sondern bedeutete nur, daß der zuständige Polizeibeamte sein Geld nicht erhalten hatte oder mehr forderte – und nichts war einfacher, als eine rasche Barzuwendung in die richtigen Hände. Doch diesmal – das hatte O'Banion aus sicherer Quelle erfahren – war es anders. Dieses Mal waren die Bundesbehörden mit der Sache befaßt, und Bürgermeister Dever hatte das Ganze abgesegnet. Da Torrio bereits wegen Verstoßens gegen die Prohibition vorbestraft war, würde ein zweiter Schuldspruch vermutlich eine saftige Geldstrafe, einen längeren Gefängnisaufenthalt und eben die Publicity mit sich bringen, die Torrio mehr als alles andere scheute.

In der Nacht zum 19. Mai spielte sich alles exakt nach O'Banions Plan ab: Torrio, O'Banion und einige ihrer Spießgesellen überwachten in der Sieben's-Brauerei die Verladung der Bierfässer auf mehrere LKWs, die den Gerstensaft zu Flüsterkneipen in Chicago und Umgebung bringen sollten, als die Polizei überraschend zugriff und 28 Bootlegger verhaftete. Torrio wurde ebenso in Polizeigewahrsam genommen wie O'Banion, der den

Schein wahren wollte, er habe von der Razzia ebensowenig gewußt wie seine ehemaligen Partner. Lediglich Al Capone entging der Festnahme, da er sich anderswo aufhielt. Sobald Torrio in die Hände der Bundesbehörden überstellt wurde, war ihm klar, daß O'Banion hier seine Finger im Spiel und ihn verraten hatte. Aus Ärger darüber weigerte er sich, für O'Banion Kaution zu stellen, wie er es üblicherweise für alle Partner und Mitglieder seiner Organisation tat. Er selbst kam zwar bald auf Kaution frei, wurde aber später wegen Besitzes einer Brauerei zu neun Monaten Haft und einer Geldstrafe in Höhe von 5000 Dollar verurteilt.

Nach der Razzia und Torrios Verhaftung waren O'Banions Tage gezählt. Nicht daß er selbst die geringste Sorge um seine Sicherheit gezeigt hätte. Wie immer hantierte er geschäftig in seinem Blumengeschäft herum und begrüßte jeden Kunden. Von allen Chicagoer Gangstern war er sicherlich der jovialste und umgänglichste.

Am 3. November kamen O'Banion und sein Busenfreund »Hymie« Weiss in das »Ship«, Capones Spielkasino in Cicero, um die Gewinne unter den Partner aufzuteilen. Alles ging wie gewöhnlich glatt über die Bühne, und nur einem Eingeweihten wäre aufgefallen, daß von Zeit zu Zeit Spitzen verteilt wurden. Als Al Capone beispielsweise anmerkte, daß Angelo Genna einen Schuldschein in Höhe von 30 000 Dollar hatte platzen lassen, aber – im Interesse der allgemeinen Gesundheit – vorschlug, den Betrag einfach als Verlust abzuschreiben, sprang O'Banion empört auf, humpelte zum nächsten Telefon und rief Genna an, um ihm mitzuteilen, daß er seine Schulden besser binnen einer Woche bezahle. Dieser spontane Akt bewies Capone und Torrio einmal mehr, wie tief die Kluft zwischen den Gennas und O'Banion tatsächlich war. Al und Johnny taten ihr möglichstes, um die mordlustigen Sizilianer bei Laune zu halten, hatten aber keine Kontrolle über O'Banion, der drohte, sie alle in Schwierigkeiten zu bringen. Als sie an diesem Abend das »Ship« verließen, mahnte »Hymie« Weiss seinen Freund O'Banion zur Vorsicht: Er solle das Schicksal nicht noch mehr herausfordern und endlich aufhören, Torrio und die Gennas gegen sich aufzubringen. Aber O'Banion war an diesem Abend gereizt und nicht in der Stimmung, von irgend jemand kluge Ratschläge anzunehmen. »Ach, zum Teufel mit den Sizilianern«, sagte er zu Weiss.

Diese unverfrorene Bemerkung machte unter den Chicagoer Bootleggern die Runde. Vielen sprach sie aus dem Herzen, doch sie hatten nicht den Mut, diese Worte auch nur zu flüstern: »Zum Teufel mit den Sizilianern.« Sofort folgte die Antwort der Sizilianer: »Zum Teufel mit dem Iren!«, und gemeinsam mit Capone und Torrio planten sie die Hinrichtung von Dion O'Banion. Der Mord sollte auf traditionelle Art und Weise erledigt wer-

den, das hieß, daß die Organisation O'Banion am hellichten Tag in seinem Geschäft und von Angesicht zu Angesicht umbringen würde, und daß jeder in Chicago wissen würde, wer dafür verantwortlich war und warum.
Ein Punkt freilich mußte noch geklärt werden, bevor der Mord in die Tat umgesetzt werden konnte. Die Torrio-Capone-Organisation brauchte dazu nämlich den Segen von Mike Merlo – Don Miguel Merlo, wie sein voller Titel lautete –, des Präsidenten der einflußreichen Unione Sicilione. Diese Organisation war aus einer Bruderschaft eingewanderter Sizilianer entstanden, die sich aus Selbstschutzgründen zusammengeschlossen hatten, und im Laufe der Jahre zu einem nicht zu unterschätzenden Machtfaktor angewachsen. Unter Führung von Merlo entwickelte sich die Unione zur Expertin in Sachen Manipulation und kontrollierte die Racketeers, die beim Alkoholgeschäft sämtlich auf sie angewiesen waren und auch ihr Gewaltpotential fürchteten. In Chicago wie überall in den Vereinigten Staaten hielt sich die Angst italienischstämmiger Einwanderer vor den Sizilianern, die man als gewalttätig fürchtete, gleichzeitig aber auch verachtete. Niemand – nicht einmal Dion O'Banion – hätte es gewagt, den Zorn der Unione Sicilione und ihrer 15000 Mitglieder herauszufordern. Merlo war dagegen, O'Banion zu liquidieren – sein Tod sei schlecht fürs Geschäft – und solange er im Amt sei, würde es keinen Mord an dem Iren geben. Doch Mike Merlo, O'Banions Lebensversicherung, war schwer krebskrank und starb am 8. November.
Zunächst schien Merlos Tod O'Banion sogar noch Vorteile zu bringen, da er zur Bestattung des Sizilianers Blumen im Wert von über 100000 Dollar zu liefern hatte – darunter ein spektakuläres überlebensgroßes Abbild des Verblichenen aus Hunderten von Blüten. Capone allein gab 8000 Dollar für Trauerschmuck aus. O'Banion erhielt aber auch einen merkwürdigen Auftrag, dessen Wert so gering erschien, daß er ihn fast übersehen hätte: Jim Genna, einer seiner eingeschworenen Feinde, besuchte seinen Laden und kaufte für 750 Dollar Blumen für Merlos Beerdigung. Er verließ das Geschäft ebenso unauffällig, wie er gekommen war, behielt beim Hinausgehen aber den Grundriß von O'Banions Blumenladen im Kopf.
Die Wahl von Merlos Nachfolger brachte auch Frankie Yale wieder nach Chicago. Als Kopf des mächtigen New Yorker Zweigs der Unione Sicilione hatte er beträchtlichen Einfluß darauf, wer den entsprechenden Posten in Chicago besetzen würde. Er setzte sich mit Torrio und Capone zusammen, und die drei Männer kamen zu dem Schluß, Angelo Genna zu ernennen. Als neuer Präsident der Unione sah Angelo denn auch nicht die geringsten Einwände gegen die Beseitigung eines gewissen Bootleggers aus der North Side, der ihn erst kürzlich wegen eines lächerlichen Schuld-

scheins beleidigt hatte. Nun konnte die Torrio-Capone-Organisation die Ermordung Dion O'Banions also endlich in Angriff nehmen. Es sollte der medienwirksamste und bedeutendste Gangland-Mord im Chicago der Prohibitionszeit werden, der sogar den inzwischen vier Jahre zurückliegenden Tod von »Big Jim« Colosimo in den Schatten stellte.

Nur zwei Tage nach Mike Merlos Tod, am 10. November 1924, einem Montag, verließ Dion O'Banion seine Zwölf-Zimmer-Wohnung, die er zusammen mit seiner Frau bewohnte, und begab sich direkt zu seinem Blumengeschäft, Schofield's Flower Store, in der North State Street, wo er den Vormittag damit zubrachte, ein großes Bukett für die Beerdigung eines weiteren Bierkriegopfers zusammenzustellen. Außer ihm befanden sich noch drei seiner Angestellten im Laden. Draußen vor dem Schaufenster tobten die Kinder einer benachbarten Konfessionsschule, und auf der anderen Straßenseite ragte die neugotische Fassade der Holy Name Cathedral drohend empor. O'Banion kannte das Gotteshaus gut, denn er hatte hier als Ministrant gedient.

Gegen Mittag hielt eine blaue Jewett-Limousine vor dem Blumenladen. Der Fahrer blieb hinter dem Lenkrad sitzen und ließ auch den Motor laufen. Ein elfjähriger Junge namens Gregory Summers beobachtete, wie drei Männer ausstiegen. »Zwei waren dunkel und sahen wie Ausländer aus. Der dritte hatte eine blasse Hautfarbe«, entsann er sich später. Die drei Männer betraten das Blumengeschäft. Der Besitzer hielt sich im hinteren Teil auf, wo er gerade liebevoll ein Gesteck arrangierte. Einer seiner Helfer, ein Schwarzer namens William Crutchfield, blickte von seiner Arbeit auf und bemerkte die Männer, die er für Racketeers hielt, wie sie oft kamen, um mit seinem Chef Geschäfte zu machen. Auffällig war nur, daß sie nicht so gut gekleidet waren, wie es sonst der Fall war.

O'Banion erschien, freundlich wie immer. Am Abend vorher hatte ein Mann angerufen und gesagt, er würde gegen Mittag vorbeikommen, um einen Kranz abzuholen. »Hallo, Jungens«, begrüßte er die Männer. »Seid ihr wegen der bestellten Blumen hier?« In seiner linken Hand hielt er eine Schere, die rechte streckte er aus, um seinen Kunden die Hand zu schütteln. Einer der drei packte Dion am Arm, und der Ire stürzte zu Boden.

Crutchfield, der die Gefahr geahnt haben mag, zog sich in das Hinterzimmer zurück. Von dort hörte er fünf Schüsse, dann eine Pause, und dann noch einen sechsten Schuß. O'Banions andere Mitarbeiter, die sich ebenfalls im rückwärtigen Teil aufhielten, verließen fluchtartig den Laden, Crutchfield jedoch rannte zu seinem Boß, der in merkwürdig verzerrter Haltung inmitten von einem Berg Blumen lag und mit toten Augen an die

Decke stierte. Die Schüsse waren aus nächster Nähe abgefeuert worden und hatten O'Banions Kleidung versengt. Aus den Wunden – fünf im Leib, eine im Kopf – sickerte Blut auf den Boden.

Sein Mörder, der Mann, der ihn am Arm gepackt und zu Boden befördert hatte, war Mike Genna. Und bei seinen Begleitern handelte es sich um ein berüchtigtes Sizilianerteam, das inzwischen in Cicero lebte: John Scalise und Albert Anselmi. Die beiden waren Auftragskiller und töteten ohne mit der Wimper zu zucken jeden, den ihnen ihr derzeitiger Auftraggeber nannte. Für diesen Mord wurden sie fürstlich entlohnt: Jeder erhielt 10 000 Dollar in bar und dazu einen Diamantring im Wert von 3000 Dollar. Sobald die drei ihre Arbeit erledigt hatten, rannten sie aus dem Laden und sprangen in den Jewett, der – Gregory Summers sah fasziniert zu – mit quietschenden Reifen losfuhr.

Froh darüber, einen Racketeer mehr vom Hals zu haben, gab sich die Polizei nicht sonderlich viel Mühe, O'Banions Mörder zu fassen. Natürlich mußten Torrio, Capone und die Gennas einige Routinefragen beantworten, wurden dann aber nicht weiter belangt. Sie zeigten sich betroffen über den Tod ihres guten Freundes Dion und schickten als Zeichen ihrer Anteilnahme riesige, wunderschöne Kränze zu seiner Beerdigung. Eine Zeitlang verdächtigte die Polizei sogar Frankie Yale, extra aus New York gekommen zu sein, um O'Banion aus dem Weg zu räumen, obwohl Yale betonte, nur zu Merlos Leichenbegängnis angereist zu sein. Da es jedoch keine Beweise gegen ihn gab, die für eine Festnahme ausreichten, konnte Yale per Eisenbahn nach New York zurückkehren. Tatsächlich war er nach Chicago gefahren, um mit Torrio und Capone zu verhandeln, und nicht, um sich in die privaten Rachepläne der Gennas einzumischen.

Mit dem Mord an O'Banion schien die Torrio-Capone-Organisation einen großen Coup gelandet zu haben: Der unberechenbarste und damit gefährlichste Bootlegger der Stadt war ausgeschaltet, sie standen auf besserem Fuß mit den Gennas, und sie hatten sich O'Banions ertragreichen Bezirk in der Chicagoer North Side einverleibt. Torrio und Capone ließen es sich natürlich nicht nehmen, dem Freund eine grandiose Abschiedsfeier zu bereiten. Aber die katholische Kirche in Gestalt des Kardinals Mundelein lehnte die Genehmigung für einen Trauergottesdienst für O'Banion in der Holy Name Cathedral ab und untersagte seine Beisetzung in geweihter Erde. Doch die geistliche Abfuhr sollte den Festlichkeiten keinen Abbruch tun. Als vorübergehend letzten Ruheplatz O'Banions wählte man eine Leichenhalle, deren Besitzer John A. Sbarbaro ein höchst merkwürdiges Doppelleben führte. Während er einerseits das von der Chicagoer Unterwelt bevorzugte Bestattungsinstitut leitete, fungierte er gleichzeitig als stellvertretender Staatsanwalt, ja, er arbeitete sogar mit William McSwiggin zusammen, jenem jungen »Hanging Prosecutor«, der – es war kaum sechs Monate her – wild entschlossen gewesen war, Al Capone des Mordes an Joe Howard zu überführen. Sbarbaro verkörperte die Affinität zwischen Kriminellen und Polizei, ein Phänomen, das die Verfolgung selbst schlimmster Verbrechen in Chicago fast gänzlich behinderte. In Sbarbaros Leichenhalle lag O'Banion nun aufgebahrt in einem sage und schreibe 10 000 Dollar teuren Sarg aus Silber und Bronze mit einer goldenen Plakette, auf der zu lesen stand: »Dion O'Banion 1892–1924«. Mit 32 hatte er das beste Gangsteralter bereits um fünf Jahre überschritten, und in Anbetracht seiner draufgängerischen Art fanden es viele bemerkenswert, daß er überhaupt so lange gelebt hatte. Natürlich war Torrio fast doppelt so alt, doch Torrio bildete die große Ausnahme und hatte außerdem die Führung der täglichen Geschäfte längst an Capone übergeben.

Während die Cicagoer Symphoniker feierliche Klänge spielten und die engsten Angehörigen des Dahingegangenen leise schluchzten, defilierten die Trauergäste an der Bahre vorbei, um dem ermordeten Racketeer die letzte Ehre zu erweisen. Der Andrang war gewaltig, und der Leichenzug, an dem unter anderem drei Musikkapellen und eine kleine Polizeieskorte teilnahmen – hätte nicht der Polizeichef strikte Gegenorder erteilt, wäre wahrscheinlich ein Großteil der Chicagoer Polizei mitmarschiert –, anderthalb Kilometer lang. Unter den Sargträgern waren »Hymie« Weiss, der im Geiste bereits Pläne schmiedete, wie er O'Banions Hinterlassenschaft an sich reißen könnte, ein weiterer aufstrebender Racketeer namens »Bugs« Moran und vier andere miese Gangster: »Schemer« Drucci, Louis Alterie, Frank Gusenberg und Maxie Eisen. Mehr als zwei Dutzend Wagen waren nötig, um den gesamten Blumenschmuck – darunter ein riesiger Rosenkorb von Al Capone – zu transportieren.

Der Leichenzug war gigantisch: 10 000 Menschen gingen hinter dem Leichenwagen, und am Mount Carmel-Friedhof warteten weitere 10 000 Trauergäste rund um das offene Grab, an dem Pater Patrick Mallow, der O'Banion schon als Kind gekannt hatte, eine salbungsvolle Lobesrede hielt. Auch Capone und Torrio waren gekommen, obwohl ihnen klar war, daß O'Banions Verbündete Weiss, Drucci und Moran sie über die Kränze hinweg anblickten und genau wußten, wer für den Tod ihres Freundes verantwortlich war. Als jedoch ein Reporter »Hymie« Weiss fragte, wer den Racketeer seiner Ansicht nach ermordet hatte und dabei den Namen Al Capone fallen ließ, wich Weiss empört zurück. »Capone?« wiederholte er, triefend vor Ironie. »Al ist ein echter Kumpel. Und er war auch mit Dion ganz dicke.«

O'Banions pompöse Beerdigung zeigte wieder einmal, welche Macht und Einfluß die Racketeers über Chicago besaßen. Welche Blamage für die Politiker! Welche Erniedrigung für die Gesetzeshüter! Das bombastischste Gangsterbegräbnis, das Chicago je gesehen hatte – ein wahrer Karneval des Todes. Im Chicago der späten zwanziger Jahre würde es noch mehr solcher »Feiertage« geben, an denen Gangsterbegräbnisse die ganze Stadt zum Stillstand brachten. Hier zeigte sich, wie sehr Männer wie Torrio, O'Banion und Capone die Phantasie der Bevölkerung beflügelten. Sie faszinierten das Volk, nicht weil sie Verbrecher waren – Kriminelle waren lästige Störfaktoren –, sondern weil sie nach ihren eigenen Gesetzen lebten, ihren eigenen Ehrenkodex besaßen und kein Risiko, nicht einmal den Tod, scheuten, wenn es darum ging, ihre Ziele durchzusetzen. Die Gangster, deren finstere Machenschaften unwiderstehlichen Reiz ausübten, verstanden es besser, die Masse für sich zu begeistern, als so mancher Politiker. Dever und seine Bürokraten im Rathaus mußten frustriert zusehen, wie ihnen die Macht immer mehr entglitt und Chicago vollends in die Hand der Bootlegger, Racketeers und Zuhälter überging. Auch die Kirche besaß keine Autorität mehr. O'Banion wurde auf ihr Veto hin in ungeweihter Erde beigesetzt, doch schließlich war hier Chicago, und fünf Monate später konnte der Leichnam exhumiert und auf geweihtem Grund und Boden überführt werden. Empört und voller Abscheu äußerte sich der hochranige Polizeichef John Stege darüber: »O'Banion war ein Dieb und Mörder, und wo ruht er jetzt? Kaum 20 Meter von einem Bischof entfernt!«

Mit Dion O'Banions Beisetzung feierte Johnny Torrio seinen letzten Triumph. Seine Vision von friedlichen, einträglichen Schmuggelgeschäften – mit ein bißchen Glücksspiel und Prostitution nebenbei – endete, da Bootlegger und Racketeers sich immer häufiger untereinander zerstritten und oft jede Woche neue Bündnisse eingingen. Torrio und Capone, die auf wachsende Sicherheit gehofft hatten, sahen sich nach O'Banions Tod einer größeren Gefahr gegenüber als jemals zuvor. Ihr jüngster Feind war »Hymie« Weiss, der Bootlegger, der O'Banion vergeblich dazu zu überreden versucht hatte, sich bei den Gennas zu entschuldigen. Jetzt hatte er ein Auge auf O'Banions lukrativen Geschäftsbezirk in der North Side geworfen und war entschlossen, ihn der Torrio-Capone-Organisation abzunehmen – notfalls auch mit Gewalt.

Angesichts dieser Bedrohung kam Torrio zu dem Schluß, daß es klüger sei, Chicago und seinen neuen Feinden für eine Weile den Rücken zu kehren. Wieder vertraute er die Organisation Capone an, dessen primäres Bestreben zunächst allerdings darin bestand, einfach nur am Leben zu bleiben.

Überall lauerte der Tod, und Capone entwickelte, was Sicherheitsvorkehrungen anbelangte, eine regelrechte Obsession. Im Laufe der nächsten 18 Monate verübten O'Banions Verbündete – darunter Moran, Drucci und Weiss – mehr als ein Dutzend Mordanschläge auf Al Capone, der dies als Grund für weitere Schutzmaßnahmen, aber auch als Zeichen der Unfähigkeit seiner Gegner nahm – wenn es jemals eine Gang gab, die notorisch daneben schoß, dann waren es Moran und seine Leute!

Die Morddrohungen wirkten sich auch auf Als Verhalten und seine Art der Geschäftsführung aus. Obwohl er selbst stets unbewaffnet war – ein Statussymbol! –, verließ er das Haus nie, ohne mindestens zwei Leibwächter an jeder Seite. Er fuhr jede noch so kleine Strecke mit dem Auto, eingequetscht zwischen zwei Bodyguards und mit einem schwer bewaffneten Chauffeur am Steuer. Trotz dieser Maßnahmen bewegte er sich am liebsten im Schutz der Dunkelheit und ließ sich bei Tageslicht nur dann blicken, wenn es absolut notwendig war. Franks Tod – die Folge einer tödlichen Fehlentscheidung – hatte ihn das Fürchten gelehrt, und die Angst wurde sein ständiger Begleiter. Meist beschränkten sich seine Ausfahrten auf das Pendeln zwischen seinen »Geschäftsräumen« im Hawthorne Hotel in Cicero, der Festung an der Austin Avenue und seinem Haus in der South Side.

Auch innerhalb von Gebäuden ging ihm seine Sicherheit stets vor. In Restaurants saß er generell im hinteren Bereich mit Blick zur Tür und in Fensternähe, um notfalls einen raschen Abgang machen zu können. Zu Hause stand er nie am offenen Fenster, sondern ließ immer die Vorhänge zugezogen, damit kein Heckenschütze ihn aufs Korn nehmen konnte. Kein anderer Racketeer, nicht einmal Torrio, traf ähnliche Vorkehrungen. Die meisten stolzierten selbstherrlich und großtuerisch durch die Stadt, felsenfest davon überzeugt, daß ihr Ruf und eine Waffe im Pistolenhalfter zu ihrem Schutz völlig ausreichten. Nicht so Capone. Für ihn waren Sicherheitsmaßnahmen, ständiges Auf-der-Hut-sein und Leibwächter weder Belastung noch ein Zeichen von Feigheit, sondern eine Selbstverständlichkeit. Anstatt ihn einzuengen, verlieh ihm sein Fatalismus sogar eine ganze eigene Art von Freiheit: Wenn er schon jung sterben mußte, dann wollte er wenigstens die verbotenen Früchte des Lebens genießen, so lange er konnte. Seine Kokainsucht machte den Gedanken an einen frühen Tod leichter erträglich. Unter dem Einfluß der Droge schien es, als gleiche *la mala vita* einer grandiosen selbstmörderischen Mission, deren Ende jedoch unweigerlich feststand.

Während sich Al Capone dergestalt in Chicago verschanzte, reiste Johnny Torrio südwärts nach Hot Springs, Arkansas, einem beliebten Refugium für Racketeers. Da er jedoch befürchten mußte, daß ihm Freunde des ermordeten O'Banion auf der Spur waren, hielt er sich nie lange an einem Ort auf. Zu seinen Stationen in den nächsten Monaten zählten New Orleans, Kuba, die Bahamas und Florida, und überall tätigte er einige Bootlegging-Transaktionen, bevor er erneut den Ort verließ.

Torrio schaffte es, immer einen knappen Vorsprung vor seinen Verfolgern zu halten, während Capone in Chicago mehr oder weniger auf dem Präsentierteller saß und gleichsam auf den nächsten Mordanschlag wartete. Es war Winter geworden, und ein eisiger Wind fegte vom Lake Michigan durch die Straßenschluchten der Stadt. Sein gefährlichster Gegner war Weiss, der, von der Annahme ausgehend, jeder Feind seines Feindes sei ein Freund, ein lockeres Bündnis mit zwei anderen Rivalen der Torrio-Capone-Organisation eingegangen war: mit »Schemer« Drucci und »Bugs« Moran, die beide auch O'Banions Sarg mitgetragen hatten. Diesem Trio mangelte es zwar nicht an Mut und Entschlossenheit, doch ließen ihre Fähigkeiten zu Capones Glück sehr zu wünschen übrig.

Der Initiator der Verschwörung, »Hymie« Weiss, hieß ursprünglich Earl Wajciechiowski, und nur die Tatsache, daß sein verkürzter Nachname jüdisch klang, brachte ihm den Spitznamen »Hymie« ein. In Wahrheit war er katholisch. Anders als die meisten Gangsterbosse, die ihre Ehefrauen für ihre Sünden beten ließen, war Weiss streng gläubig, trug immer einen Rosenkranz mit sich herum und besuchte regelmäßig die heilige Messe. Merkwürdigerweise hatte er keinerlei Schwierigkeiten, seine christlichen Neigungen mit seinem Lebenswandel in Einklang zu bringen. Daß er den Mord an Torrio und Capone plante, schien ihm nur gerecht. Weiss wußte die Sonnenseiten des Racketeer-Daseins zu schätzen und lebte mit einer üppigen Revuetänzerin namens Josephine Libby zusammen. »Eigentlich sollte man doch annehmen, daß sich ein stinkreicher Bootlegger immer in allen möglichen Nachtclubs rumtreibt«, entsann sie sich später. »Aber Earl war da ganz anders. Er war am liebsten mit mir allein daheim, ... hörte Radio oder las ... Geschichts- oder Gesetzesbücher. Und er war ganz verrückt nach Kindern.« Allerdings deutet vieles darauf hin, daß Weiss' Leben nicht ganz so idyllisch und heimelig verlief, wie seine Lebensgefährtin es nachträglich darstellte. Als die Bundesbehörden ihn wegen Verstoßes gegen den Man Act (d.h. Prostitution) verhafteten und seine Wohnung durchsuchten, stießen sie auf ein wahres Sammelsurium von Gangster-Utensilien: Gewehre, Revolver, K.O.-Tropfen, Handschellen – und genügend Whiskey, um eine gutgehende Flüsterkneipe zu versorgen. Mit 26 war er das jüngste Mitglied der Gruppe, gleichzeitig aber schon ein Veteran der Chicagoer Kriminellenszene.

»Schemer« Drucci, der am wenigsten bekannte und unbedeutendste des Trios, verdankte seinen Spitznamen dem Hang, unermüdlich neue Pläne für teils völlig abwegige Morde, Überfälle und Entführungen auszuhecken. Dabei war Drucci viel eher Tagträumer als Ränkeschmieder (»Schemer«), und seine kriminellen Machenschaften beschränkten sich auf so prosaische Tätigkeiten wie das Ausrauben von Münzfernsprechern. Trotzdem hatte er etwas Rücksichtsloses an sich, und er sah aus wie ein richtiger Gangster: knallhart, dunkel, mit einer bösartigen Fratze und ungekämmtem, ungepflegtem Haar – ein Gesicht, wie es einem in Alpträumen erscheint.

George »Bugs« Moran war der labilste und zugleich gewalttätigste der drei. Er wurde »Bugs« genannt, weil sich hinter seinem stets glattrasierten Gesicht und durchaus attraktiven Äußeren ein so fürchterliches Temperament verbarg, daß man ihn für geistesgestört (»buggy«) hielt. Moran war polnisch-irischer Abstammung, 1893 in Minnesota geboren und mit einer Sioux-Indianerin verheiratet: eine richtige bunte amerikanische Mischung. Schon in jungen Jahren begann er eine Laufbahn als Gangster in der Chicagoer North Side und hatte mit 21 Jahren bereits an 26 Raubüberfällen mitgewirkt und mehrere kürzere und längere Haftstrafen abgesessen, weshalb ihm der Ruf eines Wiederholungstäters und Knastbruders anhaftete. Nach jedem Bierkriegsmord holte die Polizei »Bugs« routinemäßig zum Verhör, ließ ihn aber regelmäßig wenige Stunden später wieder laufen. Er kannte alle Chicagoer Richter und zog sie mit Vorliebe auf. »Nicht übel, der Diamantring, den Sie da tragen«, sagte er einmal zu Richter John Lyle. »Wundern Sie sich nicht, wenn er eines Nachts geklaut wird. Aber Sie müssen mir versprechen, daß Sie dann nicht auf mich Jagd machen. Ich sage Ihnen schon jetzt, daß ich vollkommen unschuldig bin.«

Die Moran-Drucci-Weiss-Gang machte sich umgehend daran, den Mann zu beseitigen, der ihrer Meinung nach den Mord an O'Banion auf dem Gewissen hatte: Al Capone. Es war ein Vorhaben, das sie die nächsten fünf Jahre beschäftigen und schließlich in dem grauenvollen Valentinstag-Massaker gipfeln sollte. Capone war allerdings vorsichtig und klug genug, um seinen unerbittlichen Gegnern nicht in die Hände zu fallen. Doch selbst wenn es ihnen gelungen wäre, ihn zu beseitigen, hätte dies wenig an der Aufteilung der Chicagoer »Geschäftsbezirke« geändert, denn Al Capone war nur der Mann an der Spitze eines perfekt durchorganisierten Syndikats. Wäre ihm etwas zugestoßen, hätte sein Bruder Ralph sofort seinen Platz eingenommen, und wäre auch Ralph ermordet worden, gab es immer noch genügend jüngere Capone-Brüder, die ohne weiteres hätten einspringen können. Außerdem genoß die Familie Capone die Unterstützung von

Jack Guzik und dessen weit verzweigten politischen Verbindungen. Im Grunde hatte das Trio also keinerlei Aussicht, die Torrio-Capone-Organisation zu zerschlagen, was sie aber nicht daran hinderte, es immer wieder zu versuchen.

Am Nachmittag des 12. Januar 1925 – Torrio weilte noch im Süden – starteten Moran, Drucci und Weiss ihren ersten Mordversuch auf Al Capone. Sie fanden ihn, oder wenigstens seine Limousine mit Chauffeur, vor einem Restaurant Ecke State Street und 55th Street. Und die Methode, die sie anwandten, sollte einen echten Präzedenzfall schaffen. Bis 1925 hatten sich die Racketeers und ihre Schergen bei der Schlichtung von Streitigkeiten auf traditionelle Waffen wie Pistole, Gewehr und selbstgebastelten Handgranaten verlassen. Jetzt probierten Capones Feinde erstmals eine neue, extrem todbringende Waffe aus: die sogenannte Thompson-Maschinenpistole. Genaugenommen war diese Waffe nicht neu, sondern ein vergessenes Überbleibsel aus dem Ersten Weltkrieg, wo man sie als »Besen zum Grabenfegen« bezeichnet hatte, weil sie zu dem Zweck erfunden worden war, auf kurze Distanz möglichst viele Menschen in möglichst kurzer Zeit umzubringen. Damals hatte niemand angenommen, daß diese automatische Handfeuerwaffe jemals in die Hände von Zivilisten, geschweige denn Kriminellen fallen könnte. Sie war ausschließlich für den Einsatz im Krieg vorgesehen – aber eben den hatten sich die Gangsterbanden in Chicago ja gegenseitig erklärt –, und sollte die Polizei auf die Idee kommen, sich einzumischen, würde man nicht zögern, auch gegen sie vorzugehen! Zunächst beschränkte man sich darauf, Maschinenwaffen in Kellerräumen auf Dummies oder andere Ziele abzufeuern, doch es war nur eine Frage der Zeit, wann irgendein Wahnsinniger auf den Gedanken verfallen würde, auszuprobieren, was eine Maschinenpistole bei seinen Feinden anrichten konnte. Maschinenpistolen – auf dem Schwarzmarkt wurden die (illegalen) Waffen für bis zu 2000 Dollar das Stück gehandelt – veränderten auch die Regeln der Bandenkriege. Man war nicht länger auf die Fähigkeiten von Scharfschützen angewiesen; jetzt konnte jeder seine Gegner ganz einfach »niedermähen«.

Mit ihren Maschinenpistolen bewaffnet, fuhren die Attentäter langsam an Capones Limousine vorbei und feuerten darauf. Allerdings hatte Capone selbst bereits Minuten vorher das Lokal betreten, und im Wagen befanden sich also nur der Chauffeur Sylvester Barton, der verwundet wurde, und zwei Leibwächter, die dem tödlichen Kugelhagel dadurch entgingen, daß sie sich rechtzeitig zu Boden warfen. Schwer getroffen war eigentlich nur der Wagen: Die Karosserie war von Kugeln durchsiebt und der Motor ruiniert.

Die neue Waffe machte auf ihr potentielles Opfer gewaltigen Eindruck. »Das ist vielleicht eine Knarre!« äußerte sich Capone einem Journalisten gegenüber. »Die bringt mehr als eine abgesägte Flinte. Feuert 450 Schuß in der Minute. Mit einer größeren Trommel vielleicht sogar 1000. Das Problem ist nur, daß man so schwer an sie rankommt. Über Cops wird man sie wegen der Seriennummern kaum kriegen ...«

Während Capones Chauffeur erst von seinen Verletzungen genesen mußte, übernahm ein junger Mann namens Tommy Cuiringione den Posten. Aber schon nach wenigen Tagen wurde er von Leuten der Moran-Drucci-Weiss-Gang gekidnappt. Wochen vergingen, ohne daß man ein Lebenszeichen von ihm erhielt.

Etwa einen Monat nach der Entführung führten ein paar Jungen ein Pferd durch das Waldgebiet südlich von Chicago und hielten an einer Zisterne an, um das Tier trinken zu lassen. Doch das Pferd scheute und stieg sogar. Vielleicht schauten die Jungen daraufhin in den Schacht und erblickten, was das Pferd so erschreckt hatte. Auf jeden Fall holten sie einen Polizisten, der in dem faulig stinkenden Wasser einen Leichnam entdeckte und ihn mit Hilfe der Buben herausholte. Der Tote war nicht nur vom langen Liegen im Wasser aufgeschwemmt, sondern schauderhaft zugerichtet. Er mußte auf grausamste Weise gestorben sein, denn seine Haut war mit Brandnarben von Zigarettenstummeln übersät, Hand- und Fußgelenke mit Draht zusammengeschnürt, und der Hinterkopf zeigte fünf Einschußlöcher. Es war ein sogar für Chicagoer Verhältnisse ungewöhnlich brutaler Mord.

Nach mühevoller Identifizierung stellte sich heraus, daß es sich bei dem Opfer um Capones neuen Chauffeur Tommy Cuiringione handelte. Für Capone ein weiterer Beweis dafür, daß der Mord an Dion O'Banion ein gravierender Fehler gewesen war.

Obwohl die Gefahr noch lange nicht gebannt war, kehrte Torrio, wenn auch nicht erholt, so doch braungebrannt, nach Chicago zurück. Er stand noch immer wegen der Sieben's-Brauerei unter Anklage und mußte deswegen demnächst vor Gericht erscheinen. Von der Polizei und den Bundesbehörden hatte er kaum weniger zu befürchten als vor rivalisierenden Gangsterbanden. In der Annahme, keine Sicherheitsmaßnahmen nötig zu haben, weil er die Zügel seiner Organisation an Capone übergeben hatte, bewegte er sich unbewaffnet und sogar ohne Leibwächter in der Stadt.

Am 24. Januar, zwölf Tage nach dem Mordversuch an Capone, verbrachte er den Nachmittag gemeinsam mit seiner Frau in The Loop. Bei Einbruch der Dämmerung machten sie sich auf den Rückweg und kamen kurz nach vier bei ihrem Apartmenthaus in der Clyde Avenue an. In dem Augenblick, in dem Ann und Johnny Torrio mit Paketen beladen vom Auto zur Haustüre gingen, kam ein blauer Cadillac um die Ecke geschossen und hielt mit kreischenden Bremsen am Randstein. Zwei Männer, »Hymie« Weiss und »Bugs« Moran, sprangen heraus. Weiss hatte eine abgesägte Flinte, Moran eine Pistole, und beide feuerten auf Torrios Wagen, da sie offenbar annahmen, ihr potentielles Opfer befände sich noch darin. Sie verwundeten den Fahrer Robert Barton, den Bruder von Al Capones Chauffeur, den kurz zuvor ja dasselbe Schicksal ereilt hatte, erblickten dann aber Torrio und ballerten wild in seine Richtung. Torrio wurde zweimal getroffen, einmal in die Brust und einmal in den Hals. Der Prediger der Gewaltlosigkeit stürzte zu Boden und starrte hilflos auf seine Mörder, die direkt auf ihn zukamen. Weiss und Moran stellten sich über ihn, schossen ihm zunächst in den rechten Arm und dann, um ihm seine Männlichkeit zu rauben, in die Lenden. Torrio war die ganze Zeit bei vollem Bewußtsein. Die Schützen folgten dem Vorbild der Männer, die O'Banion umgebracht hatten: eine Reihe von Kugeln in den Körper und dann der Gnadenschuß in den Kopf. O'Banions Rächer wollten, daß Torrio genauso starb wie ihr Freund. Moran hielt die Pistole dicht an den Kopf seines Opfers und wollte feuern, wurde aber vom Gerumpel eines vorbeirollenden Lasters abgelenkt. Als er dann endlich abdrückte, ertönte kein Knall, sondern nur ein leises Klicken – das Magazin war leergeschossen. Die Attentäter flohen und ließen Torrio halbtot auf dem eisigen Pflaster zurück.

Ein Krankenwagen brachte Torrio ins Jackson Park Hospital, wo er sofort operiert wurde. Die Ärzte hatten allerdings wenig Hoffnung. Überall wimmelte es von Polizei. Al Capone, späteren Augenzeugenberichten zufolge in einem »grellbunt karierten Anzug«, und in Begleitung von 15 weiteren Männern der Organisation, darunter viele bewaffnete Bodyguards, schrie immer wieder: »Die Gang! Es war die Gang!« Auf die Frage, wen er damit denn meine, verstummte er allerdings. Auch er hielt sich an den Ehrenkodex, demzufolge kein Racketeer Informationen über andere Gangster an die Polizei weitergeben durfte, nicht einmal, wenn es sich um seine schlimmsten Feinde handelte und diese gerade seinen väterlichen Freund niedergestreckt hatten. Auch Mrs. Torrio war anwesend, eine »schmale Gestalt in einem strengen blauen Kostüm« mit glitzernden Diamanten, und bereitete sich seelisch darauf vor, bald Witwe zu sein – wenn auch eine sehr, sehr wohlhabende.

Der Anschlag auf den führenden Gangsterboß Chicagos war ein gefundenes Fressen für die Presse, und in der Annahme, daß Mrs. Torrio eher mit einer Frau reden würde, schickte der *Herald and Examiner* die Reporterin Patricia Dougherty ins Krankenhaus. »Ich weiß, daß Sie von der Zeitung kommen«, sagte Ann Torrio, als sie im Warteraum neben ihr Platz nahm. »Und ich weiß auch, was Sie alle über meinen Mann schreiben. ... Aber ich werde Ihnen etwas sagen. Er ist ein wunderbarer Mann. Rücksichtsvoll. Aufmerksam. Wir sind jetzt zwölf Jahre verheiratet, und es waren die glücklichsten meines Lebens. Er hat mich immer geachtet und geliebt. Ich hätte es mir nicht schöner erträumen können. Und schauen Sie nur, was er für seine Mutter getan hat! Letztes Jahr hat er sie nach Italien zurückgebracht, in den Ort, wo sie herstammte. Als sie dort wegging, war sie eine arme Bäuerin. Heute ist sie die reichste Frau vom ganzen Dorf.«

»Ich verstehe«, flüsterte Patricia, lenkte das Gespräch aber vorsichtig wieder zurück zum Thema. »Aber ich frage mich, was Capone hier macht. Stimmt es denn, daß Ihr Mann und er gute Freunde sind?«

»Sie sind Geschäftspartner«, erwiderte Ann. »Ich habe Capone heute abend zum ersten Mal gesehen. Er war nie bei uns zu Hause.«

Sie merkte, daß sie bereits zu viel gesagt hatte, und verstummte. Ihre Gedanken kehrten zu ihrem Mann zurück. Die Stunden verstrichen, und endlich teilten ihr die Ärzte mit, daß er am Leben bleiben würde. Doch für einen Racketeer wie Torrio war ein Krankenhaus ein gefährlicher Aufenthaltsort. Der sicherheitsbewußte Al Capone, der seinen Mentor wie einen Vater liebte, ließ sich deshalb im Krankenzimmer eine Liege aufschlagen, um den hilflosen älteren Mann rund um die Uhr optimal bewachen zu können.

Auch die Chicagoer Polizei war an Torrios Wohlergehen interessiert und setzte alle Hebel in Bewegung, um die Attentäter ausfindig zu machen. Man teilte den Fall William Schoemaker zu, einem der erfahrensten Detectives. John Sbarbaro – der Mann mit dem bemerkenswerten Doppelleben als Bestattungsunternehmer und stellvertretender Staatsanwalt –versuchte, das Opfer zu befragen, doch Torrio, dessen Selbstdisziplin unter dem Angriff nicht gelitten hatte, verweigerte die Aussage. »Ich kenne die Leute«, murmelte er. »Aber das ist meine Angelegenheit. Ich habe Ihnen nichts zu sagen.« Detective Schoemaker – »Shoes«, wie er weithin genannt wurde – und seine Kollegen von der Polizei trieben endlich einen 17jährigen Burschen auf, der den Mordanschlag auf Johnny Torrio beobachtet hatte, und ließen ihn zu einer Gegenüberstellung auf die Wache kommen. Unter den Männern war auch »Bugs« Moran, den Schoemaker von Anfang an in Verdacht hatte. Der junge Mann identifizierte Moran auf Anhieb als einen der beiden Schützen. »Du bist ja total meschugge«, schnappte Moran, aber der Junge blieb standhaft: »Ich habe genau gesehen, wie Sie auf den Mann geschossen haben.« Ohne es zu wissen, setzte er damit sein eigenes Leben und das seiner Eltern aufs Spiel. Der Richter behielt Moran denn auch möglichst lange in Untersuchungshaft, mußte ihn schließlich aber doch wieder laufen lassen, da Torrio sich nach wie vor weigerte, gegen seine Angreifer auszusagen.

Obwohl ein glücklicher Zufall Torrio vor dem Tod bewahrt hatte, änderte sich mit diesem Tag doch alles. Eigentlich hätte es der Torrio-Capone-Organisation jetzt blendend gehen müssen: Bürgermeister Devers Plan, durchzugreifen und die Prohibition zu verschärfen, war sichtlich gescheitert, und Bordelle, Glücksspiel und Alkoholschmuggel warfen mehr ab als je zuvor. Statt dessen war alles schlimmer denn je: Torrio lag im Krankenhaus; seine scheinbar sichere Position an der Spitze der Chicagoer Gangsterbanden hatte ein schmerzvolles abruptes Ende gefunden. Moran, Drucci und Weiss hatten zwei Mal zugeschlagen, und es stand außer Frage, daß sie es immer wieder probieren würden, solange, bis sie Erfolg hatten. Es gab nur einen Weg, sie zu stoppen, man mußte sie töten, und das würde weitere Vergeltungsschläge nach sich ziehen. Torrio war in einen Teufelskreis blutiger Rache geraten, aus dem es keinen Ausweg gab.

Nach fast vierwöchigem Krankenhausaufenthalt war Torrio endlich in der Lage, das Bett zu verlassen. Nun wartete als erstes der Prozeß wegen der Sieben's-Brauerei auf ihn. Zur großen Überraschung von Polizei und Staatsanwaltschaft erschien Torrio – zwar mit vielen Verbänden und noch sehr geschwächt – am 9. Februar 1925 vor dem Bundesgerichtshof und war im Sinne der Anklage (Betreiben einer Brauerei) geständig. Bundesrichter Adam Cliffe verurteilte ihn daraufhin zu einer Geldstrafe von 5000 Dollar und neun Monaten Haft im Gefängnis des Lake County in Waukegan, Illinois.

Da Torrio all seine Beziehungen spielen ließ, waren seine Haftbedingungen durchaus erträglich. Der Gefängnisdirektor, Sheriff Edward Ahlstrom, besorgte ihm eine saubere Einzelzelle, die mit Perserteppichen und feinstem Mobiliar ausgestattet wurde. Um weitere Mordanschläge zu vereiteln, ließ der Sheriff vor die Fenster kugelsichere Läden montieren und kommandierte zwei Beamte allein zu Torrios Schutz ab. Es war das mindeste, was ein berühmter – und so überaus spendabler – Bootlegger wie Johnny Torrio erwarten konnte. Ein solch feiner Gentleman, ein Opernliebhaber, der so gar nichts mit einem normalen Gangster gemein hatte. Mit den Wochen kamen sich der Sheriff und Torrio immer näher, und nach einiger Zeit hatte es sich eingebürgert, daß Torrio bei den Ahlstroms zu Abend aß und dann auf deren Veranda Besucher wie Al Capone empfing – bis es Zeit wurde, in seine Zelle zurückzukehren.

All diesen Privilegien zum Trotz kam Torrio jetzt zu dem Schluß, daß es an der Zeit war, sein Racketeerdasein –zumindest in Chicago – zu beenden. Nach seiner Entlassung würden O'Banions Freunde ihm nach wie vor nach dem Leben trachten, und eine *dritte* Verurteilung wegen Verstoßes gegen das Prohibitionsgesetz könnte leicht eine lebenslange Haftstrafe nach sich ziehen. Doch am meisten störte ihn die Publicity, die der Prozeß mit sich gebracht hatte; denn er war nun viel zu bekannt, um seine Geschäfte wie bisher weiterzuführen. Was ihm gar nicht mehr gefiel, war auch die Tatsache, daß die Gewalt überhand genommen hatte und niemand mehr auf die Stimme der Vernunft hören wollte. Fast alle Vereinbarungen, die er zwischen den konkurrierenden Organisationen mühsam und mit großem Bedacht ausgehandelt hatte, wurden nicht mehr beachtet, kaum jemand hielt sich noch daran. Und vor Maschinengewehren hatte er einen absoluten Horror.

Andererseits war er reich. Zeitungsberichten zufolge verfügte er über zehn, wenn nicht gar 20 Millionen – das Geld, das er in Italien investiert hatte, nicht mitgerechnet. Die Sache war das Risiko einfach nicht mehr wert.

Nachdem Torrio mehrere Wochen lang intensiv über alles nachgedacht hatte, schickte er nach Capone. Al überwand seine Abneigung gegen Gefängnisse und besuchte seinen Mentor. Und in der Zelle, hier in Waukegan, erfolgte nun die Übergabe der Macht. Torrio erklärte, daß er sich aus Chicago, wenn nicht sogar ganz aus dem Geschäft zurückziehen wolle, und vermachte seine gesamte Organisation der Familie Capone – nicht Al alleine. Gemeinsam kontrollierten die Capone-Brüder nun Nachtclubs, Spielhöllen und Kasinos, mehrere Brauereien, Dutzende von Bordellen in Cicero und Umgebung, das »Four Deuces« und belieferten Tausende von Flüsterkneipen in Cicero und der Chicagoer South Side. Gleichzeitig übernahmen sie aber auch eine ganze Reihe von Verpflichtungen: Sie mußten die Polizei und andere Beamte schmieren, immer stärkere Sicherheitsvorkehrungen für sich und ihre Leute treffen – und sich gegen Moran, Drucci und Weiss wappnen.

Torrios Gefängnisaufenthalt verlief ohne Zwischenfälle, und als er Ende 1925 entlassen wurde, brachte ihn ein Konvoi von Capone-Limousinen an einen sicheren und geheimen Ort. Torrio verbrachte mehrere Jahre lang im Ausland und kehrte dann unauffällig nach New York zurück, wo er kleinere Geschäfte tätigte, aber nie mehr jene exponierte Stellung einnahm, die ihm in Chicago zum Verhängnis geworden war.

Für die »Terrible Gennas«, jene Sizilianer, die Torrio und Capone zum

Mord an O'Banion angestachelt hatten, ging die Sache weniger glimpflich aus: Im Mai ermordete die Moran-Gang Angelo und wenige Wochen später auch Mike, der O'Banion in seinem Blumengeschäft niedergeschossen hatte. Kurz darauf wurde Tony das Opfer eines anderen Racketeers, woraufhin sich die restlichen Brüder absetzten. Ihr Terrorregime endete ebenso rasch und blutig wie es begonnen hatte. Mehrere Jahre später machte die *Chicago Tribune* Jim Genna in Rom ausfindig, wo er an der Piazza di Spagna eine bescheidene Staubsauger-Verkaufsagentur leitete und sich wehmütig an die alten Zeiten in Amerika erinnerte.
Das Schicksal der Gennas diente den sechs noch lebenden Capone-Brüdern als heilsame Lektion. Wenn sie nicht überaus vorsichtig vorgingen, würden sie genauso enden wie der Genna-Clan: entweder tot oder im Exil.

Nachdem Capone im Frühjahr 1925 die Leitung des gesamten Syndikats übernommen hatte, änderte er sein Verhalten ganz gravierend. Er war jetzt nicht länger ein Racketeer unter vielen, er war Al Capone, ein Mann, den man keinesfalls unterschätzen durfte. Nun gab es auch keinen Grund mehr, sich im Hawthorne Inn zu verstecken und aus dem Verborgenen heraus zu operieren, worauf Johnny Torrio immer bestanden hatte. Von jetzt an tat er alles, um im Rampenlicht zu stehen und – zumindest für Chicagoer Verhältnisse – als ehrbarer und angesehener Bürger zu gelten.
Als erstes verlegte er sein Hauptquartier ins Hotel Metropole. Heute überragt die Fassade des mächtigen, siebenstöckigen Gebäudes ein trostloses, schlimm heruntergekommenes Viertel, seinerzeit aber bot das Hotel kosmopolitisches Ambiente und stand inmitten eines blühenden Stadtteils. Seine Adresse, South Michigan Avenue 2300, lag zentral, nicht weit von The Loop entfernt und auch in bequemer Nähe zum »Four Deuces«, wo Capone noch vier Jahre zuvor als kleiner Zuhälter angefangen hatte. Jetzt bewohnte er eine luxuriöse Hotelsuite in Chicago, verfügte über eine weitere in Cicero und besaß zwei große Häuser in Cicero respektive an der South Prairie Avenue.
Capones Suite im Metropole bestand aus fünf Räumen, den Zimmernummern 406 bis 410. Dazu hatte er zwei »Gästezimmer« im fünften Stock und zwei weitere im sechsten angemietet. Die Mieten für diese Hotelzimmer beliefen sich auf 1500 Dollar – am Tag. Capones Zentrale lag in Nummer 406, einem geräumigen Eckzimmer mit Erker und breiter Fensterfront, durch die er eine wunderbare Aussicht über sein South Side-Imperium genoß. Und das Metropole verfügte noch über einen weiteren Vorzug: Eine Reihe von Tunnels verbanden den Keller des Hotels mit anderen Gebäuden der unmittelbaren Nachbarschaft. Ursprünglich für den Transport

von Kohle während der bitterkalten Winter gedacht, würden die unterirdischen Gänge Capone und seinen Leuten in problematischen Zeiten das unsichtbare Verschwinden erleichtern. Für Männer seines Metiers ein unbezahlbarer Vorteil. Doch Capones Zimmerflucht wies noch andere ungewöhnliche Merkmale auf: Einige Zimmer waren zu Fitnessräumen umfunktioniert, in denen seine Schergen sich an Rudergeräten in Form bringen oder mit Sandsäcken trainieren konnten. Außerdem gab es immer jede Menge Mädchen, denn, so soll Capone erklärt haben: »Ein Mann, der keine Miezen braucht, packt auch sonst nichts.« Das Metropole diente Capones mehrere Jahre lang als Hauptquartier. Erst 1928 sollte er seine Zentrale dann in ein anderes Luxushotel, das gegenübergelegene Lexington, verlegen.

So sehr Capone das Image eines ehr- und vor allem achtbaren Bürgers anstrebte, so regelmäßig legte ihm das Schicksal Steine in den Weg. Anfang 1925 startete ein junger Geistlicher namens Henry C. Hoover eine folgenreiche Kampagne gegen Al Capone. Von den Enthüllungsstorys in Robert St. Johns kleiner *Cicero Tribune* animiert, hatte Hoover die Gründung einer Bürgerwehr, der »West Suburban Ministers' and Citizens' Association«, angeregt, die Capone dadurch zu bekämpfen dachte, daß sie seine Bordelle anzündete. Auch nachdem St. John Cicero verlassen hatte, hörte Hoover nicht auf, Capone zuzusetzen, und seine Anstrengungen kulminierten am 16. Mai 1925 in einem Einbruch im Hawthorne Smoke Shop. Dort fand Hoover, der den Ausflug in diese satanische Vergnügungsstätte persönlich leitete, jede Menge Beweise für Glücksspiel und Wettgeschäfte – genau wie er befürchtet hatte.
Diese inoffizielle Razzia, die am hellichten Tag stattfand, weckte Al Capone aus dem Schlaf, und die beiden Männer, die sich monatelang lauernd umkreist hatten, standen sich jetzt gegenüber. »Das ist das letzte Mal, daß Sie sich in meine Geschäfte einmischen«, drohte Al Capone erbost. Nachdem er sich etwas beruhigt hatte, beschwor er den Geistlichen, doch zu einer Einigung zu kommen. Darauf ging Hoover erwartungsgemäß nicht ein, sondern verließ mit seinem Trupp Capones Etablissement. Vor der Tür zu Hawthorne Smoke Shop griffen sich Capones Leute die Eindringlinge, brachen einem die Nase und verprügelten einen anderen. Kaum hatte sich dieser, er hieß David Morgan, von den Schlägen erholt, wurde er von vier Schützen aufs Korn genommen, die vermutlich ebenfalls für Capone arbeiteten. Morgan überlebte auch die Schießerei, doch reichten diese Attacken aus, die Bürgerwehr fürs erste von weiteren tätlichen Angriffen abzuhalten. Unter dem Strich hatte sie keine irreparablen Schäden ange-

richtete, aber für genau die Art von Publicity gesorgt, die Capone lieber vermieden hätte. Die Erinnerung an diese Vorfälle holte Capone sechs Jahre später ein, denn dann sollte der Geistliche vor Gericht gegen den Gangsterboß aussagen.

Im folgenden Monat, es war der Juni 1925, gelangte Al Capone zu dem Schluß, daß seine Arbeit zwar immens profitabel, aber auch so riskant war, daß es angebracht schien, eine Lebensversicherung abzuschließen. Doch gerade dieser Schritt in Richtung Normalbürgertum brachte ihn in peinliche Verlegenheit. Als ihn ein Versicherungsagent in seinem Büro im Hotel Metropole anrief und fragte:

»Was sind Sie von Beruf?«, gab Capone seine übliche Antwort: »Gebrauchtwarenhändler.«

Nachdem sie mit dem Fragenkatalog durch waren, meinte der Agent, der genau wußte, wer Capone war und womit er sein Geld verdiente, er würde die Sache weiterleiten und dann von sich hören lassen. Es dauerte nicht lange, bis Al Capone die Nachricht erhielt, daß sein Antrag abgelehnt sei. Danach kontaktierte er noch sechs weitere Versicherungen, die jedoch ebenso reagierten und ihm sein Dilemma – die Gefahr, in der er beständig lebte – erst recht verdeutlichten: Er konnte sich Polizeichefs, Stadträte und Frauen kaufen, aber um kein Geld der Welt war es möglich, eine Lebensversicherung abzuschließen.

Mehr denn je um seine Sicherheit besorgt, verfiel er auf den Gedanken, sich eine gepanzerte Cadillac-Limousine bauen zu lassen. »Die Karosserie ist aus Stahl, die Fenster bestehen aus kugelsicherem Glas«, schrieb der Reporter William Pasley in einem Bericht für die *Chicago Tribune*. »Außerdem sorgt eine bestimmte Art von Kombinationsschloß dafür, daß niemand die Türen aufbrechen kann, um eine Bombe im Wagen zu plazieren.« Das Auto kostete 20000 Dollar – 1925 ein kleines Vermögen – und wog sieben Tonnen. Für Capone war es Spielzeug und Statussymbol in einem, und er ließ sich unentwegt damit durch die Stadt chauffieren. An der Michigan Avenue und am Lake Shore Drive gehörte die gemächlich über das Pflaster rollende gepanzerte Capone-Limousine schon bald zum täglichen Bild. Die Passanten blieben stehen, drehten sich um und hofften, einen Blick auf den berühmten Mann zu erhaschen. Und alle murmelten das gleiche: »Da fährt Al.« Niemand fand es nötig, seinen Nachnamen zu erwähnen, denn inzwischen wußte ganz Chicago, wer »Al« war, und seine neueste vierrädrige Errungenschaft beseitigte die letzten Zweifel.

Um das Spektakel komplett zu machen, wurde die Limousine immer von einer Vor- und Nachhut begleitet: »Vor der rollenden Festung«, so Pasley, »fuhr ein Aufklärungsfahrzeug her, das … in etwa dieselbe Funktion erfüllte wie ein Zerstörer bei einem Schlachtschiff. Direkt hinter Capones Wagen folgte ein größerer Wagen mit seinen Leibwächtern. In Anbetracht der Panzerung seiner neuen Equipage schien dieser Konvoi absolut überflüssig, aber Capone wollte einfach kein Risiko eingehen.« Kein Wunder, daß die Wagenkolonne alle Blicke auf sich zog. Capone hatte es tatsächlich zuwege gebracht, daß ihn ein geheimnisvoller Nimbus umgab. Wer dem Konvoi auch nur zufällig begegnete, erkannte sofort, daß hier eine bedeutende Persönlichkeit unterwegs sein mußte. Chicago hatte im Laufe der Jahre viele exzentrische Gangster erlebt, aber mit Capones Extravaganzen konnte es keiner aufnehmen.

Entspannung von seinen geschäftlichen Unternehmungen suchte Capone zu dieser Zeit vorwiegend im »Schvitz«, einem traditionellen jüdischen Dampfbad, und war bald Stammgast in einem Badehaus in der 14th Street, nicht weit von der Maxwell Street und dem jüdischen Ghetto entfernt. Jack Guzik hatte ihn hier eingeführt, und Capone kam auch gewöhnlich in Begleitung der Guziks, brachte darüber hinaus aber bis zu einem Dutzend anderer Freunde und Begleiter mit. Meist erschienen sie mittwochs; der Besitzer hängte dann ein Schild an die Tür, »Wegen Reparaturarbeiten geschlossen«, damit Al und seine Leute das Bad ganz für sich hatten. In riesige Handtücher gewickelt, beschäftigten sie sich mit harmlosen Jungenstreichen, schütteten sich gegenseitig Kübel mit Eiswasser über den Kopf oder peitschten sich, einer alten Tradition entsprechend, gegenseitig mit Ruten aus Birkenblättern. Dem Besitzer des Bades kamen Capone und seine Gang eher wie übermütige Bengel als wie gefährliche Gangsterbosse vor.

Al ließ sich im Schvitz auch gerne massieren, wozu das Aufsetzen von »bonkes« gehörte. »Bonkes« waren Schröpfköpfe, kleine Glasglocken, in denen der Masseur mittels eines brennenden Streichholzes Unterdruck erzeugte und sie dann rasch auf Als breiten Rücken drückte. Sie sollten die Durchblutung anregen und Hautunreinheiten beseitigen. Capone lernte diese russisch-jüdische Art der Massage schätzen und drückte dem Masseur jedes Mal ein gewaltiges Trinkgeld in die Hand. Es machte ihm auch Spaß, den Besitzer des Bades aufzuziehen: »Komm schon«, pflegte er immer wieder zu ihm zu sagen, »wir gehen jetzt zum ›Cheder‹«. Dieses Wort bedeutete auf jiddisch »Schule«, aber Capone meinte damit freilich einen der Guzik-Puffs.

Das Dampfbad machte Al immer sehr hungrig, und bevor er das Schvitz verließ, orderte er jedes Mal eine riesige Menge leckere, dick mit Rindfleisch belegte Sandwiches aus einem benachbarten Delikatessengeschäft.

Die Hälfte davon verdrückte er immer selbst, was ihm den Spitznamen »Fresser« einbrachte. Dann, frisch gebadet und vollgefressen, machte er sich auf zum »Cheder«.

Nicht einmal ein Jahr nach Übernahme der Geschäfte von Torrio war Al Capone bereits der bedeutendste und mächtigste Racketeer von Chicago, einer Stadt, die auf dem besten Wege war, zum Gangsterzentrum des ganzen Landes zu werden. Aus Glücksspiel, Prostitution und Alkoholschmuggel bezog seine Organisation nahezu unbegrenzte Geldmittel, und er hatte es zu einem gewissen Ruhm gebracht. Frauen und Drogen standen ihm in jeder Menge zur Verfügung, und darüber hinaus kontrollierte er nach wie vor ganz Cicero. Trotz alledem legte er weiterhin Wert auf ein gefestigtes Familienleben. Seine Frau Mae verließ das Haus nur selten, und seine Mutter, die weiterhin bei den jungen Leuten wohnte, war am glücklichsten, wenn sie in der Küche riesige Mahlzeiten für möglichst viele Familienmitglieder kochen konnte. Sorgen bereitete Capone nur sein Sohn Sonny, der, inzwischen acht Jahre alt, ständig kränkelte. Die Nachbarn bekamen ihn kaum zu Gesicht, da Sonny eine Infektion nach der anderen aufschnappte und fast immer ans Haus, wenn nicht gar ans Bett gefesselt war. Daß er Als einziges Kind war, vergrößerte dessen Besorgnis und Ängste zusätzlich. Aus einer Mittelohrentzündung mit Komplikationen entwickelte sich bei Sonny eine Mastoiditis, die damals – Antibiotika gab es noch nicht – nur operativ behandelt werden konnte. Capone konsultierte deshalb viele prominente Ärzte in Chicago, die ihn jedoch alle warnten, da eine Operation mit größter Wahrscheinlichkeit eine permanente Taubheit nach sich ziehen würde.

In seiner Verzweiflung suchte Al Capone nun auch außerhalb von Illinois Rat und stieß schließlich auf einen New Yorker Hals-Nasen-Ohren-Spezialisten namens Dr. Lloyd. Capone soll ihm die horrende Summe von 100 000 Dollar angeboten haben, doch der Chirurg verlangte für Sonnys Behandlung nur sein übliches Honorar von 1000 Dollar. Die Operation wurde für Mitte Dezember angesetzt. Al begleitete seinen Sohn nach New York, wo er die Gelegenheit nützen wollte, um mit seinem früheren Boß Frankie Yale über langfristige Alkohollieferungen zu verhandeln. Es sollte eine ereignisreiche Reise werden.

Der Eingriff verlief insofern erfolgreich, als Sonny nur eine gewisse Hörschwäche behielt. Erleichtert wandte Al sich nun seinen Geschäften mit Frankie Yale zu. Auf der Tagesordnung stand unter anderem die Versorgung Chicagos mit Schmuggelschnaps. Obwohl Capone riesige Mengen Alkohol aus Kanada importierte, reichten diese doch nie aus, um die ständig steigende Nachfrage nach hochwertigem Whiskey zu decken. Und Yale galt als einer der größten Whiskey-Importeure des gesamten amerikanischen Ostens. Da Verstöße gegen die Prohibition in New York nicht so streng geahndet wurden wie anderswo, hatte er riesige Lagerhallen in Brooklyn mit schottischem und irischem Whiskey füllen können. Jetzt einigten sich die beiden Männer auf ein für beide Seiten lukratives Geschäft: Yale verkaufte seinen Alkohol an Capone und garantierte für den problemlosen Ablauf innerhalb New Yorks. Für den Transport von Brooklyn nach Chicago war Al verantwortlich. Das Risiko war nicht gering, aber Capone war bereit, es einzugehen, und legte damit den Grundstein für die bedeutendste Schmuggelroute der Prohibitionszeit. Nachdem das geregelt war, hätte Capone eigentlich nach Chicago zurückfahren können, aber da er schon einmal in New York war, lud Yale ihn zu einer Weihnachtsfeier ein. Capone nahm an, ohne zu ahnen, daß es eine der gewalttätigsten und blutigsten Episoden seines Lebens werden würde.

Sie vereinbarten, sich am Weihnachtstag im Adonis Social and Athletic Club an der 20th Street in Brooklyn zu treffen. Seinem großspurigen Namen zum Trotz, handelte es sich bei dem Adonis Club um eine Flüsterkneipe mit hauptsächlich italienischstämmiger Klientel, darunter zahlreiche Racketeers. Capone hatte den Club in seiner Jugend selbst öfters besucht. Die Weihnachtsfeier hier hatte bereits Tradition – eine reine Männerparty, für die Yale seinen besten Champagner und die attraktivsten Revuegirls heranschaffen ließ. Doch die diesjährige Feier sollte anders ablaufen. Zu jener Zeit war Brooklyn wieder einmal Schauplatz bewaffneter Auseinandersetzungen zwischen rivalisierenden Gangsterbanden mit den beiden Hauptkontrahenten Yale, dessen Italiener generell als »Black Handers« bekannt waren, und Richard »PegLeg« Lonergan*, dessen irische Gefolgsleute »White Handers« hießen. Dieses Mal ging es um die Kontrolle des gewinnträchtigen Hafenviertels.

Es war also nicht weiter überraschend, daß Yale am Tag vor der Party einen Tip zugespielt bekam, daß sein holzbeiniger Erzfeind vorhatte, während der Weihnachtsfeier zuzuschlagen. Zuerst wollte Yale das Fest absagen, doch Capone, der von der Drohung hörte, bestand darauf, sie trotz allem abzuhalten. Er würde sich nicht durch irgendwelche Drohungen einschüchtern lassen, und schon gar nicht in seinem alten Revier. Doch er traf gewisse Vorkehrungen: Er schickte nach den beiden sizilianischen Berufskillern der Gennas, John Scalise und Albert Anselmi, die für

* Lonergan verdankte seinen Spitznamen »Holzbein« der Tatsache, daß er bei einem Eisenbahnunglück sein rechtes Bein verloren hatte.

je 10 000 Dollar plus einen Diamantring auch Dion O'Banion umgelegt hatten.

Am frühen Abend des 25. Dezember trafen Capone, Scalise und Anselmi also gemeinsam im Adonis Club ein, wo mehr als 50 *paisani** bereits heftig zechten. Eine Stunde später signalisierte Yale Capone, daß Lonergan und seine Leute vor dem Etablissement standen. Capone nahm all seinen Mut zusammen und eilte zur Tür, um »PegLeg« persönlich zu begrüßen. Völlig überrascht, ausgerechnet Al Capone hier zu begegnen, drückte sich Lonergan rüde an ihm vorbei und humpelte, sein Holzbein hinter sich herschleifend, in Richtung auf ein Hinterzimmer. Dabei schimpfte er die Italiener Kanaken und Spaghettifresser und verlangte lauthals nach einem Drink.

Während Lonergan und seine Ganoven in den Clubraum strömten, richteten sich 50 Augenpaare auf sie, und 50 Hände griffen nach 50 Revolvern. Plötzlich rief jemand: »Keine Bewegung!« Der Besitzer des Clubs, »Fury« Argolia, schaltete das Licht aus, und die Italiener verschwanden unter den Tischen.

Wenige Sekunden lang herrschte tödliche Stille, dann fielen die ersten Schüsse. Dazwischen war das grauenvolle Geräusch zu vernehmen, als Argolia höchstpersönlich einem von Lonergans Leuten den Schädel spaltete. Der Mann sackte leblos zu einem blutüberströmten Haufen zusammen. Immer mehr Schüsse hallten durch das Dunkel. Durch Zufall oder perfekte Inszenierung standen die Iren in einem schwachen Lichtschein, während Capone und seine zwei Killer, die geduckt hinter einer massiven Mahagoni-Theke kauerten, auf sie zielten. Zwei oder drei Minuten später war die Schießerei vorbei, und Capone rief »Fury« zu, er möge das Licht wieder einschalten. Drei von Lonergans Schützen lagen am Boden, doch zwei weitere und »PegLeg« selbst waren noch am Leben. »Holzbein« versteckte sich hinter einem Klavier, wo Capone ihn aufstöberte und mit drei wohlgezielten Kopfschüssen erschoß. Der gefürchtetste aller irischen Gangsterbosse war tot, und die italienischen Ganoven, die an diesem Abend im Adonis Club versammelt waren, zeigten überall sein Holzbein als Trophäe herum.

Insgesamt waren vier der »White Handers« bei dem Hinterhalt ums Leben gekommen, während Capone, Scalise und Anselmi ohne einen Kratzer davonkamen. Das Feuergefecht machte als Adonis-Club-Massaker die Runde – das erste, aber bei weitem nicht letzte Mal, daß in Verbindung mit Capone das Wort Massaker fiel. Die Schießerei bedeutete das Ende der iri-

---

* Gefolgsleute.

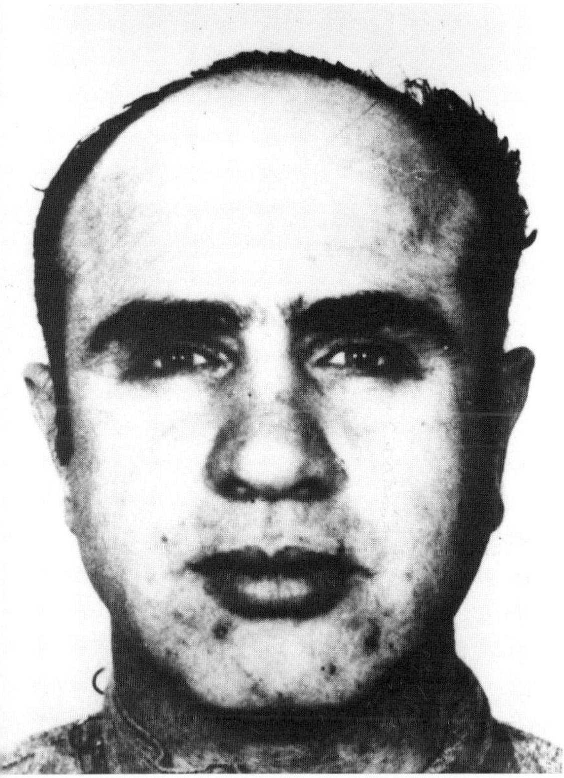

1 Al Capone im Alter von 18 Jahren – das erste Photo von Al, aufgenommen von der New Yorker Polizei

2 James Colosimos Nachtclub in Chicago, wo der junge Capone seine »Lehrjahre« zubrachte

3 Als jüngerer Bruder Albert (zweiter von links) mit Leibwächtern und einer Freundin

4 Ralph »Bottles« Capone (links) mit Anthony Arresso, einem Mitglied der Capone-Organisation

5 Capone (Mitte) mit Freunden und »Mitarbeitern« bei einem Picknick in Chicago. Rechts (liegend) Jim Emery, links Emerys Tochter Vera, Capones Patenkind, daneben Frankie La Porte

6 Das Lexington-Hotel in Chicago, in dem Capone mit seinem gesamten Stab residierte

7 Jonny Torrio, Capones erster und wichtigster Lehrmeister

8 Jack »Greasy Thumb« Guzik, berüchtigter Zuhälter und Buchhalter in der Capone-Organisation (unten links

9 Frankie Yale, Capones Mentor, Partner und zuletzt Opfer

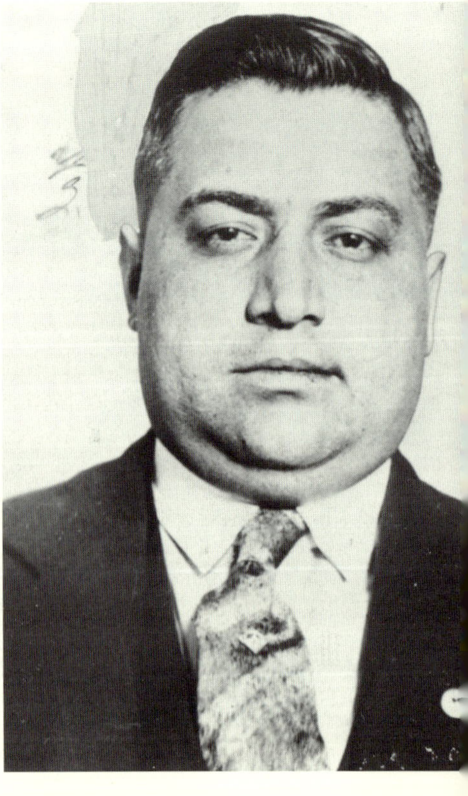

10 Albert Anselmi und John Scalise, Capones brutalste Handlanger und Killer

11 Al Capone mit Dorothy Pucci und ihrem Mann Albert Capone in Florida am Valentinstag 1929

12 Das Valentinstag-Massaker am Vormittag des 14. Februar 1929

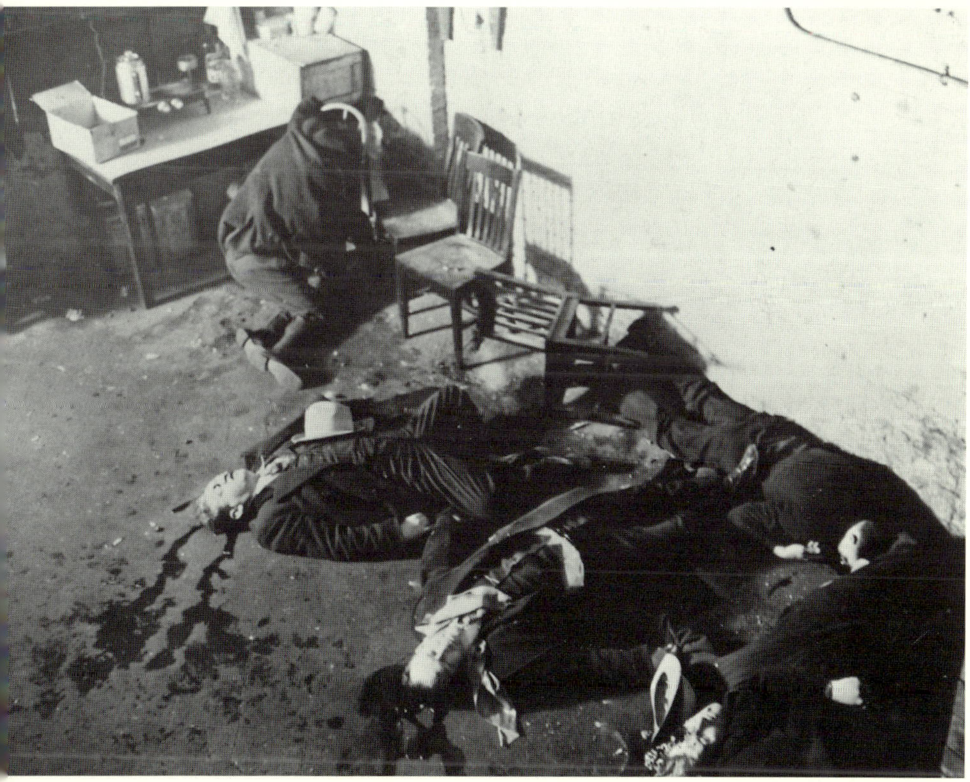

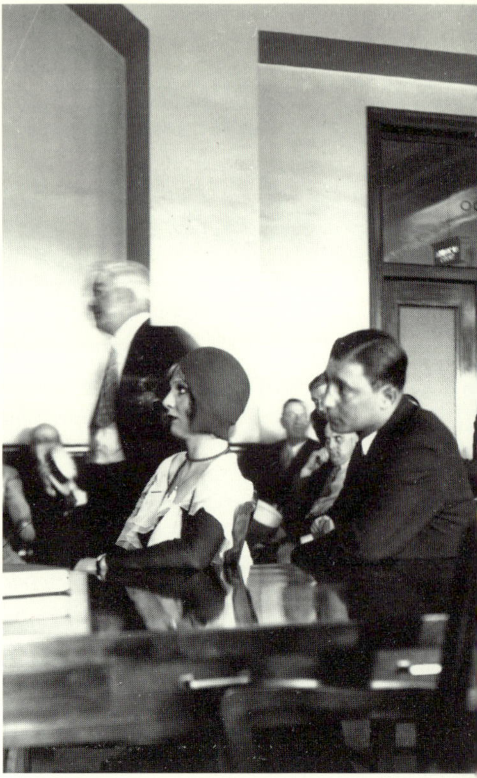

EST. 1895
SBARBARO & CO.

13 Capones Erzfeind George »Bugs« Moran (in Lederjacke) bei einer seiner zahlreichen Vernehmungen

14 Jack McGurn mit seiner Freundin Louise Rolfe, dem »blonden Alibi«, vor Gericht

15 Das Leichenbegängnis von »Hymie« Weiss, einem der mit Capone rivalisierenden Gangster-Bosse

16 Dion O`Banion – Blumenhändler, Alkoholschmuggler und Widersacher von Capone

17 Capones Mutter Teresina Raiola Capone mit einem ihrer vielen Enkel

18 Capones ältester Bruder Richard »Two-Gun« Hart (links) als Prohibitions-Agent

19 Capones erster Wohnsitz in Chicago, Prärie-Avenue 7244, der von der Polizei (im Auto) observiert wird

20 Der Bürgermeister von Chicago "Big Bill" Thompson (links) und sein Rivale William E. »Decent« Dever (rechts) mit ihren Frauen

schen Vorherrschaft über das Brooklyner Hafenviertel, in dem Frankie Yale und seine Leute nun die Oberhand hatten. Und sie zeigte, daß Al Capone auch hier in New York noch jemand war, den man keinesfalls unterschätzen durfte. Genaugenommen besaß er jetzt größere Autorität als Frankie Yale, sein ehemaliger Boß.

> *MCSWIGGIN – William H. McSwiggin, geliebter Sohn von Anthony und Elizabeth F. McSwiggin, geborene Fitzpatrick, Bruder von Mary, Helen, Emily und Margaret McSwiggin. Trauerzug Samstag 9.30 Uhr von der Wohnung Washington Boulevard 4946 zur St.-Thomas-Aquinus-Kirche. Beisetzung am Mount Carmel-Friedhof.*

Wo Capone sich aufhielt, hinterließ er eine blutige Spur. Ein weiteres Opfer seiner Machtbesessenheit war William McSwiggin, der junge »Hanging Prosecutor«, der 1924 geschworen hatte, Al Capone wegen Mordes an Joe Howard hinter Gitter zu bringen. Seine Ermordung löste einen Schwall von Mitgefühl aus und führte zu ebenso hochtrabenden wie leeren Versprechungen, Chicago und Cicero – endlich von allen verbrecherischen und erpresserischen Elementen zu säubern. Obwohl alle, die auch nur im entferntesten mit dem Fall befaßt waren, davon ausgingen, daß Capone und seine Leute dahintersteckten, wurde nie jemand verhaftet, geschweige denn des Mordes angeklagt. Von allen ungeklärten Verbrechen im Chicagoer Gangsterland war und bleibt der Tod von Billy McSwiggin eines der größten Rätsel.
Sicher ist nur, daß der 26jährige Billy McSwiggin am letzten Tag seines Lebens – es war der 27. April – im Haus seiner Eltern, West Washington Boulevard 4946, zu Abend aß. Sein Vater, Sergeant Anthony McSwiggin, war ein altgedienter Polizist mit 30 Jahren Berufserfahrung. Er war ehrlich, hoch angesehen und vergötterte seinen einzigen Sohn. Gegen 18 Uhr klingelte »Red« Duffy, ebenfalls Polizistensohn, an der Tür und wollte Billy abholen, der daraufhin das Haus verließ, ohne fertig gegessen zu haben. »Ich habe eine Verabredung mit Duffy«, erklärte er seinen Eltern. »Wir fahren nach Berwyn zum Kartenspielen.« Ein merkwürdiger Zeitvertreib für einen jungen Staatsanwalt, die Nächte mit Glücksspiel zuzubringen, und noch dazu in einem von Capones Etablissements, wo er viele von Capones Leuten und sogar den großen Gangsterboß selber traf. Aber McSwiggins Rachegelüste waren mit der Zeit abgeflaut, und er hatte inzwischen nichts mehr dagegen, Capones Schmuggelwhiskey zu trinken. Al seinerseits ließ die Gelegenheit nicht ungenutzt verstreichen und

begann, den Justizbeamten, der einst auf seinen Kopf aus gewesen war, schon bald als »meinen Freund McSwiggin« zu titulieren. Tatsächlich scheinen sich die beiden Männer, die fast genau gleich alt waren, gut verstanden zu haben.

Duffy war nicht der einzige, der jenen Abend mit McSwiggin zusammen verbringen wollte. Dabei war noch Jim Doherty, ebenfalls Sohn eines Cops, der seine Brötchen jedoch als Bootlegger und politischer Schreiberling verdiente und erst kürzlich Al Capones Zorn auf sich gezogen hatte, weil der ihn für den Tod seines ermordeten Verbündeten »Samoots« Amatuna verantwortlich machte.

An dem Abend, an dem McSwiggin, Duffy und Doherty zum Kartenspielen nach Berwyn wollten, beschäftigte sich Al Capone im »Hawthorne Inn« wieder einmal mit dem jüngsten Bandenkrieg, in dem es gegen zwei Bootlegger-Konkurrenten, die Brüder William »Klondike« und Myles O'Donnell ging. Die Feindseligkeiten zwischen der Capone-Organisation und den O'Donnells hatten sich im Laufe der letzten Monate zunehmend verschärft und konnten nun jeden Augenblick voll zum Ausbruch kommen.

Inzwischen passierte auf McSwiggins Fahrt nach Berwyn ein unvorhergesehener Zwischenfall. Das Auto, mit dem der junge Staatsanwalt und seine beiden Kumpel unterwegs waren, gab schon bald nach ihrer Abfahrt den Geist auf. Doherty, dem der Wagen gehörte, ließ ihn zu einer Werkstatt schleppen, und die Gruppe, zu der auch noch der ehemalige Polizist Edward Hanley gestoßen war, stieg in ein anderes Fahrzeug um – ein fataler Tausch, wie sich bald herausstellen sollte. Denn der flotte neue Lincoln, den die Männer nun fuhren, gehörte »Klondike« O'Donnell und war die Art Wagen, die Bootlegger und Gangster fuhren, nicht aber Staatsanwälte oder ihresgleichen. Auch das Fahrtziel hatte sich geändert. Die jungen Männer wollten nun nicht mehr nach Berwyn, sondern lenkten den Wagen direkt in Capones ureigensten Machtbereich, nach Cicero, wo sie die nächsten zwei Stunden ausgelassen von Bar zu Bar zogen und entsprechend auffielen; irgendwann gesellte sich auch Myles O'Donnell zu ihnen.

Um viertel nach acht hielt der Lincoln dann vor Harry Madigan's Pony Inn, einer Flüsterkneipe in der West Roosevelt Road 5613, nicht weit vom Hawthorne Inn entfernt, wo Capone gerade beim Abendessen war. »›Scarface‹ saß an einem Tisch in meiner Nähe«, erzählte ein Augenzeuge später einem Reporter. »So gegen viertel nach acht kam ganz aufgeregt ein blasser Mann herein und flüsterte Capone irgend etwas ins Ohr. Dann gingen beide in eine Nische, und Capone gab ihm eine Flinte mit einem großen, runden Magazin dran, mit der der Mann dann das Lokal verließ.«

Der Mann hatte Capone mitgeteilt, daß der Lincoln der O'Donnells schon geraume Zeit in Cicero, seinem Territorium, herumfuhr, was einer massiven Provokation gleichkam. Was Capone nicht wußte, war, daß sich bei der Gruppe um »Klondike« O'Donnell auch Billy McSwiggin befand, jener Staatsanwalt, den Al immer wieder als seinen Freund bezeichnete. Bei der »Flinte mit einem großen, runden Magazin«, handelte es sich natürlich um ein Maschinengewehr. Inzwischen hatten sich noch weitere Capone-Schergen zu dem Mann gesellt, der Capone informiert hatte. Gemeinsam gingen sie zur Rückseite des Hotels, wo sie in ihre Autos stiegen und in einer Kolonne von fünf Wagen davonfuhren: ein Führungsfahrzeug und zwei Wagen, die, wenn nötig, den Verkehr aufhalten sollten, dann im Abstand von knapp 20 Metern Capones gepanzerte Limousine und dahinter noch ein weiteres Auto, das die Nachhut bildete. Innerhalb weniger Minuten war der Konvoi am Pony Inn angelangt. Um halb neun schwankten McSwiggin, Hanley, Doherty, Duffy und die Brüder O'Donnell aus der Kneipe, um mit dem Lincoln zur nächsten Bar weiterzufahren.

An dieser Stelle endete die fröhliche Zechtour. Sobald McSwiggins Gruppe ins Blickfeld der Wagenkolonne kam, fingen Capones Leute an zu feuern, und das unverkennbar rhythmische Rattern eines Maschinengewehrs durchschnitt die nächtliche Stille. Ob Al selbst auch Schüsse abgab, war nicht erkennbar. Die Wagenkolonne rollte vorbei, und die Männer sanken niedergemäht auf die Straße. Der Angriff hatte nur wenige Sekunden gedauert, jedoch waren über 50 Schüsse gefallen. Red Duffy und Jim Doherty trugen schwere Verletzungen davon. Die Brüder O'Donnell und Edward Hanley überlebten, da sie geistesgegenwärtig genug gewesen waren, sich rechtzeitig zu ducken und dem tödlichen Kugelhagel auszuweichen. Billy McSwiggin aber lag zusammengekrümmt auf dem Gehsteig – 20 Kugeln hatten ihn in Hals und Rücken getroffen.

Die O'Donnells, die eine weitere Attacke fürchteten, zerrten Duffy zu einem Baum, trugen dann Doherty und McSwiggin zu ihrer Limousine und rasten zu »Klondikes« Wohnung an der Parkside Avenue. Doch bis sie dort ankamen, waren McSwiggin und Doherty bereits tot.

In einem Anfall von Panik schleppten die Brüder die Leichen ins Haus, leerten ihre Taschen, schnitten die Etiketten aus ihren Kleidungsstücken und brachten sie dann wieder zum Wagen zurück. Dann fuhren sie mit den Toten aus der Stadt, warfen sie an einem dunklen, verlassenen Straßenstück aus dem Auto und flohen. Gegen zehn Uhr bemerkte ein vorbeifahrender Mann zwei merkwürdig verdreht liegende Körper am Straßenrand. Er hielt an, stieg aus um nachzusehen, und entdeckte, daß die beiden noch warm waren. Er informierte sofort die Polizei, und gegen Mitternacht lagen sie, eindeutig identifiziert, in der städtischen Leichenhalle.

Im Laufe der Untersuchung der Morde kamen schon in den nächsten Tagen diverse Umstände auf, die die Integrität McSwiggins sehr in Frage stellten. Wie kam es, daß ein Mann, der heilige Eide geschworen hatte, Capone wegen Mordes an Joe Howard vor Gericht zu bringen, am Abend seines Todes in Gesellschaft zweier stadtbekannter Bootlegger gesehen worden war? Und das mitten in Capones Hochburg Cicero, und noch dazu schwer angetrunken. Es gab zwar keine Beweise dafür, daß McSwiggin engere Beziehungen zu den O'Donnell-Brüdern unterhielt, aber es sah doch sehr danach aus. Je mehr Presse und Polizei suchte und untersuchte, desto wahrscheinlicher wurde es, daß McSwiggin ahnungslos seinen eigenen Tod verschuldet hatte. Trotzdem: Die Umstände seiner brutalen Ermordung waren so grauenvoll, daß die Sympathien der Bevölkerung nach einer Weile des Zauderns spontan auf die Seite des brillanten jungen Staatsanwaltes übergingen, den hinterhältige Gangster auf so gemeine Weise kaltblütig umgebracht hatten.

Sein Vater goß noch zusätzlich Öl ins Feuer: »Ich werde nicht eher ruhen, bevor ich nicht die feigen Killer meines Jungen eigenhändig umgebracht habe oder zumindest habe hängen sehen«, äußerte er sich vor der Presse. »Nur dafür lebe ich überhaupt noch.« Die Einwohner von Chicago erfuhren, daß der kleine »Mac« der Augapfel seines Vaters und die große Stütze seiner vier Schwestern gewesen war, daß er an der De Paul-Universität studiert hatte und ein guter Katholik war. Aufgrund solcher und ähnlicher Kommentare war die Öffentlichkeit geneigt, dem blutjungen Billy McSwiggin sein mangelndes Urteilsvermögen zu verzeihen. »Er war erst 26 … und hat halt auch einmal über die Stränge geschlagen«, war eine gängige Entschuldigung. Tagelang wiederholten die Zeitungen den Aufschrei: »Wer hat McSwiggin ermordet?« So kam es, daß der tote Staatsanwalt Capone ungleich mehr Ärger bereitete als es der lebende je vermocht hatte.

Der Vorgesetzte des Ermordeten, Staatsanwalt Robert Emmet Crowe, reagierte auf diese Welle des Protestes mit einer eindrucksvollen Geste: »Wir werden diese Gangster bis aufs Blut bekämpfen«, gelobte er und setzte für Hinweise, die zur Ergreifung des Täters führten, eine Belohnung von 5000 Dollar aus. Das Geld stammte aus seiner eigenen Tasche.

McSwiggins Ermordung bedeutete für den ebenso ehrgeizigen wie cleveren Crowe die Herausforderung seiner beruflichen Karriere. Von Anfang an stellte die Presse seine Unabhängigkeit in Frage. »Alle Welt weiß, daß offizielle Ermittlungen grundsätzlich unter dem Fluch parteilicher Interessen stehen. Der ›Bierkrieg‹ steckt voller Politik«, begann der *Herald and Examiner* seinen Leitartikel zum Thema. »Robert E. Crowe ist nicht nur Staatsanwalt, sondern zugleich auch Kopf einer politischen Organisation,

und das bindet ihm die Hände. Möglicherweise sind eine Reihe seiner eigenen Leute in die Sache verwickelt. ... Was Kriminalität und Gewalt angeht, ist die ganze Stadt in Gefahr. Warum sehen wir den Tatsachen nicht ins Auge? Crowe kann uns nicht helfen.«
Crowe versuchte, solchen Vorwürfen mit dem gewaltigen Aufgebot von nicht weniger als 300 Detectives entgegenzutreten, die er wie eine kleine Armee zu Razzien in Flüsterkneipen und Spielhöllen in ganz Chicago und vor allem natürlich Cicero aussandte. Eine der ersten Informationen, die Crowe dadurch erhielt, war, daß Harry Madigan, der Besitzer der Flüsterkneipe, in der McSwiggin seinen letzten Drink gekippt hatte, im schwelenden Krieg zwischen den Capones und den O'Donnells erst kürzlich die Seiten gewechselt hatte. »Als ich in Cicero einen Saloon aufmachen wollte«, sagte er, »war Capone zunächst dagegen, aber ich habe es dank politischen Drucks dann trotzdem geschafft. Dann kam Capone zu mir und sagte, ich müsse sein Bier kaufen, was ich dann auch getan habe. Vor ein paar Wochen sind dann Doherty und Myles O'Donnell bei mir aufgetaucht und sagten, sie könnten mir besseres Bier liefern als Capone. ... Es würde mich 50 Dollar pro Faß kosten, und bei Capone bezahlte ich 60. Ich habe also den Lieferanten gewechselt, und auf meine Empfehlung hin haben noch ein paar andere Kneipenwirte in Cicero dasselbe getan.« Diese Aussage konnte bedeuten, daß Capone – beziehungsweise seine Leute – auf Vergeltung für Madigans Lieferantenwechsel sannen. Also veranlaßte Crowe eine Razzia im Hawthorne Inn, bei der die Beamten zwar eine Menge Belege über die Glücksspiel- und Alkoholschmuggelaktivitäten der Organisation fanden, aber nichts, was irgendwie Licht in McSwiggins Tod gebracht hätte. Trotz dieser Pleite erklärte Crowe, der um jeden Preis einen Erfolg verbuchen wollte, er sei sicher, den Schuldigen gefunden zu haben. Am 5. Mai wurde in allen Chicagoer Blättern folgende Erklärung veröffentlicht:

> »Für die Staatsanwaltschaft gilt als erwiesen, daß [Al] Capone persönlich die Ermordung McSwiggins anführte. Es ist bekannt, daß fünf Automobile mit fast dreißig, sämtlich mit Pistolen oder Maschinengewehren bewaffneten Gangstern in den dreifachen Mord verwickelt waren.
> Außerdem wurde festgestellt, daß Capone selbst das Maschinengewehr bediente, um dadurch seinen Begleitern seine Furchtlosigkeit zu beweisen.«

Das war eine kühne These, Beweise aber gab es nach wie vor keine. Allerdings glaubte inzwischen jeder in Chicago, der irgendwie mit dem Fall befaßt war, daß Capone zumindest indirekt mit McSwiggins Ermordung zu tun hatte. »Alle Ermittlungsbeamten stimmen mit Sergeant McSwiggin [dem Vater von Billy McSwiggin] insofern überein, daß Capone für den Mordanschlag verantwortlich war«, vermerkte Richter Lyle, fügte dann aber hinzu: »Ich glaube jedoch, daß Capone es einzig auf die O'Donnell-Leute abgesehen hatte und nicht wußte, daß McSwiggin mit von der Partie war. Capone hätte den Ärger vorausgesehen, den der Mord an einem Staatsanwalt unweigerlich nach sich zieht ... Capone hätte den Staatsanwalt nur dann umgebracht, wenn dieser ihn bis zur Weißglut gereizt hätte, und dafür gibt es nicht die geringsten Hinweise.«

Man kam also immer mehr zu dem Schluß, daß sich der junge Staatsanwalt ganz einfach zur falschen Zeit – auf dem Höhepunkt der Fehde zwischen Capone und den O'Donnells – am falschen Ort – in O'Donnells Wagen – aufgehalten hatte. Wie Lyle andeutete, hatte Capone jeden Grund, McSwiggin nicht umzubringen. Staatsanwälte, Polizisten, Detectives und sogar Frauen und Kinder feindlicher Gangster waren während der Gangland-Kriege immer tabu. Die naheliegendste Erklärung für McSwiggins Tod bestand also tatsächlich darin, daß Capone nicht ahnte, daß dieser sich zum Zeitpunkt des Anschlags in Gesellschaft der O'Donnells befand. Welche Ironie des Schicksals, daß die eigentlichen Zielscheiben, die Brüder O'Donnell, völlig unversehrt davonkamen und die für sie vorgesehenen Kugeln statt dessen McSwiggin den Tod brachten.

Um die Hintergründe der Schießerei doch noch aufzudecken, berief das Büro der Staatsanwaltschaft ein Großes Geschworenengericht nach dem anderen ein. Da laut Gesetz des Bundesstaates Illinois die Sitzungsperiode eines Geschworenengerichtes nicht länger als einen Monat dauern durfte, wurden es, da sich die Angelegenheit über ein halbes Jahr bis in den Oktober 1926 hinein erstreckte, insgesamt sechs. Ihre vergeblichen Versuche, wegen des Mordes an Billy McSwiggin Anklage gegen Capone oder irgend jemand anderen zu erheben, gingen als eine der größten Blamagen in die Justizgeschichte ein.

Die Gründe dafür lagen auf der Hand. Zunächst einmal gab es keine zuverlässigen Zeugen. Kaum waren sie vor das Gericht zitiert, verschwanden diese nämlich oder litten zumindest an akutem Gedächtnisschwund. Ein Richter faßte die Situation wie folgt zusammen: »Unter den Gangstern herrscht ein verabredetes Schweigen, und es ist deutlich erkennbar, daß sämtliche Zeugen eingeschüchtert werden. Die Angst davor, im Falle einer Aussage ›aus dem Weg geräumt‹ zu werden, dürfte nicht aus der Luft gegriffen sein.« Die Stellungnahme endete: »Das Schweigen und die versiegelten Lippen der Gangster machen die Aufklärung dieses Falles, wie so vieler ähnlicher, soweit unmöglich.« Gleichzeitig – und aus demselben, verständlichen Grund – lehnten auch die Geschworenen es ab, einen Schuldspruch zu fällen. Wäre einer von ihnen tatsächlich so dumm gewesen, auf einer Anklageerhebung zu bestehen, war es naheliegend, daß er ein ähnliches Ende finden würde wie der unglückliche McSwiggin.

Die fruchtlosen Bemühungen der Staatsanwaltschaft zogen sich den ganzen Sommer über hin. Die Öffentlichkeit zeigte sich zunehmend enttäuscht und wußte nicht, wen sie für den Tod von McSwiggin verantwortlich machen sollte: die Gangster oder die Maschinengewehre. Ein Cartoon in der *Daily News* schilderte beredt die Eskalation der Gewalt: Das erste Bild zeigt eine Prügelei; im nächsten greift eine Hand nach einem Revolver, und darunter steht: »ausreichend zur Tötung eines Menschen«. Auf der folgenden Zeichnung feuert ein vermummter Mann eine Maschinenpistole ab, um »mit geringem Kräfteaufwand mehrere Menschen [zu] töten«; und das letzte Bild prophezeite: »In Zukunft wird man wohl mit einer ›Dicken Berta‹ eine ganze Stadt zusammenschießen, nur um einen oder zwei Männer zu kriegen.«

Da noch immer keine konkreten Beweise vorlagen, die Capone mit dem Mordfall in Verbindung brachten, setzten die Ermittler ihre Razzien – oder besser Überfälle – auf von Capone kontrollierte Bordelle in Cicero und Umgebung fort. Im berüchtigsten Puff, dem Stockade, richteten sie verheerende Schäden an, und bei anderer Gelegenheit steckte eine nicht identifizierte Gruppe ein Freudenhaus in Forest View in Brand. Die Feuerwehr kam zwar rechtzeitig, stand dann aber nur herum und sah zu, wie das Gebäude ein Raub der Flammen wurde. »Warum unternehmen Sie denn nichts?« fragte verzweifelt einer von Capones Leuten. »Wir haben kein Wasser übrig«, lautete die lakonische Antwort.

Joseph Z. Klenha, Präsident des Stadtrats von Cicero, legte Beschwerde ein, daß er es satt habe, seine friedliche kleine Stadt andauernd von Chicagoer Polizisten heimgesucht zu sehen, die darüber hinaus auch noch für schlechte Publicity sorgten. »Demnächst heißt es noch, Cicero sei schuld am Burenkrieg«, lamentierte er. »Die permanenten Patrouillen in den Straßen machen das Ganze zu einer Burleske.« Doch Klenhas Protest stieß auf taube Ohren. Mittlerweile überprüfte ein Untersuchungsausschuß des Geschworenengerichts Klenhas Verbindung zu Capone und war kurz davor, gegen die beiden sowie eine ganze Reihe weiterer Racketeers und Stadtbeamter Anklage wegen Verstoßes gegen die Prohibition zu erheben. In Cicero waren immense Mengen Schmuggelalkohol entdeckt worden, und Capone selbst wurde beschuldigt, im Ship Alkohol auszuschenken. Obwohl sein Bestechungsnetz dicht genug geknüpft war, um eine eventu-

elle Verurteilung von vornherein auszuschließen, störten ihn diese Übergriffe doch gewaltig, zumal sie der Polizei neue Handhabe gaben, ihre Razzien fortzusetzen.
Die nächste Untersuchungswelle förderte in einem »Barracks« genannten Bordell interessantes Beweismaterial zutage. Das »Barracks« war ein typischer Capone-Puff mit Spielhölle und Alkoholausschank in dem Vorort Burnham, den das Syndikat gemeinsam mit dem »Boy Mayor« Johnny Patton kontrollierte. Für die Woche vom 6. September 1925 verzeichneten die Bücher Einnahmen aus den Spielautomaten in Höhe von 906 Dollar, der Klavierspieler erhielt 55,25 Dollar als Trinkgeld, an der Bar kamen 2677,10 Dollar zusammen, weitere 1800 Dollar brachte das Glücksspiel, und die Prostitution, der bei weitem größte Posten, schlug mit 5891 Dollar zu Buche. Diese Zahlen addierten sich zu der stolzen Summe von 11 329,35 Dollar, wovon zehn Prozent automatisch als Schmiergelder abgingen. Dazu kamen beträchtliche Ausgaben, die sich zusammengenommen auf 8540 Dollar beliefen, aber einen wöchentlichen Reingewinn von 1746,35 Dollar übrig ließen. Das »Stockade« brachte ein Vielfaches davon ein, und wenn man davon ausging, daß diese Woche repräsentativ war, nahm die Capone-Organisation allein durch ihre Bordelle in Cicero und Umgebung jährlich vier Millionen Dollar ein. Dank der Bücher gewann die Polizei erstmals einen Einblick in das wahre Ausmaß der Bordellwirtschaft, und diesmal reichten die Informationen aus, um Al Capone, Ralph Capone, die O'Donnell-Brüder und diverse andere wegen Verstoßes gegen den Volstead Act (d. h. die Prohibition) zu belangen. Doch wieder verliefen die Anklagen im Sande, da es der Polizei einfach nicht gelang, Al Capones habhaft zu werden und ihn zu verhören.

In der krisenreichen Zeit Anfang Mai entging Capone Presse und Polizei, indem er bei Dominic Roberto – einem seiner Lieutenants – Unterschlupf fand. Roberto war mit der Sängerin Rio Burke verheiratet, die Capone schon vier Jahre früher auf einem Picknick begegnet war und stets Schwierigkeiten hatte, sich vorzustellen, daß jener junge Trunkenbold inzwischen die mächtigste Gangsterorganisation Chicagos leitete. Die Veränderung, die er in diesen vier Jahren durchgemacht hatte, war weiß Gott erstaunlich, denn jetzt stand ein ernster, stets makellos gekleideter und höflicher Mann vor ihr. »Er aß alles, was man ihm vorsetzte«, entsann sie sich. »Die ganze Zeit, die er sich bei uns versteckte, verhielt er sich wie ein vollkommener Gentleman. Fast alle seine Anzüge waren aus Seide, und er legte großen Wert auf gepflegtes Aussehen. Er war ein recht gutaussehender Mann, hatte aber meiner Meinung nach kaum Sex-Appeal; ich glaube nicht, daß er ein großer Frauenheld war, obwohl er bestimmt so seine Geliebten hatte. Er hat nicht oft gelächelt und kaum gelacht. Irgendwie war er immer ganz und gar nüchterner Geschäftsmann.«

Obwohl Capone sich weitgehend unauffällig verhielt, witterte Rio Gefahr. Und nicht ganz unbegründet, wie sich bald herausstellen sollte: »Eines Tages rief mich das Mädchen und zeigte mir einen Sack voller Revolver, den sie im Garderobenschrank gefunden hatte. Ich ging deshalb zu Dominic, aber der sagte nur: ›Ein paar von den Jungs wollen auf die Jagd gehen.‹ Ich wagte nicht zu fragen, was er damit meinte, aber ich erinnere mich, daß Dominic nie ins Bett ging, ohne vorher einen Revolver unter sein Kopfkissen zu legen. Und einmal fand ich in seiner Schublade so ein merkwürdiges Ding. Es war rund und schwarz und sah aus wie ein Füllfederhalter, aber es war eine Schußwaffe.«

Rio und Dominic Roberto lebten damals in Chicago Heights, einem Viertel mit hohem italienischen Bevölkerungsanteil, das für Capones Syndikat zunehmend an Bedeutung gewann.

Um sich die Langeweile zu vertreiben, unternahmen Capone und Dominic Roberto öfters lange Überlandfahrten. Manchmal folgten sie dem Ufer des Lake Michigan bis nach Milwaukee hinein. Sie redeten nicht viel während der Fahrt, hielten nach Streifenwagen Ausschau, und erst wenn die Sonne unterging und die Schatten länger wurden, gaben sie ein wenig mehr Gas. Die Polizei suchte Capone, fand ihn jedoch nicht.

Aber auch er war auf der Suche nach sich selbst. Von allen Seiten – Polizei, Presse, rivalisierenden Gangsterbanden – bedrängt und bedroht, fürchtete er mehr als je zuvor um sein Leben. Die Cops hatten seinen Bruder Frank erschossen, und er war überzeugt, daß sie bei einer ihrer nächsten Razzien auch ihn aufs Korn nehmen würden. Und falls sie wider Erwarten ihr Ziel verfehlten, gab es immer noch die O'Donnells, deren Rachefeldzug nur noch eine Frage der Zeit war. Obwohl er einer Anklage wegen Mordes an McSwiggin entgangen war, war er sich doch darüber im klaren, daß ihn Staatsanwaltschaft und Öffentlichkeit gleichermaßen für schuldig hielten. Und sobald der nächste Leichnam auftauchte, würde man wieder ihm die Schuld in die Schuhe schieben, selbst wenn er das Opfer noch nicht einmal dem Namen nach kannte.

Genaugenommen war er ja auch nicht nur wegen der Erschießung McSwiggin auf der Flucht, sondern wegen einer ganzen Serie von Bluttaten: Begonnen hatte es mit dem Tod seines Bruders Frank am 1. April 1924, dann folgten sein Mord an Joe Howard, seine Verwicklung in die brutale Hinrichtung O'Banions und weitere Greueltaten während zweier grauenvoller Jahre mit wachsenden gewalttätigen Auseinandersetzungen – zwischen den Gangsterbanden untereinander, aber auch mit der Polizei –, die nun in McSwiggins Tod kulminierten. Capone war es leid, ständig in Todesgefahr zu schweben. In über zwei Jahren hatte er nie mehr als ein paar Tage an einem Ort zubringen können, sei es im Hawthorne Inn, in seinem Haus an der Prairie Avenue oder im Hotel Metropole. Die permanente Anspannung und Furcht hatten ihm viel Kraft gekostet, und er wollte endlich dem drohenden Gefühl entrinnen, eines Tages genauso zu enden wie sein Bruder Frank. Frauen, Kokain und die Freßorgien, in denen er sich erging, ließen ihn die Angst für kurze Zeit vergessen, aber spätestens beim nächsten Mord sprangen ihm wieder die unerträglichen Schlagzeilen entgegen. Aus all diesen Gründen faßte Al Capone den Entschluß, für längere Zeit unterzutauchen, nicht nur für einige Tage oder Wochen, sondern für mehrere Monate. Ein ganzes Vierteljahr lang suchten 300 auf den Fall McSwiggin angesetzte Detectives die halben Vereinigten Staaten nach ihm ab. Sie durchkämmten New York, wanderten durch die Wälder von Michigan und trieben sich in der Umgebung des winzigen Dorfes Couderay in Wisconsin herum, wo Ralph eine Jagdhütte besaß. Vergebens. Es kursierten Gerüchte, Al Capone habe sich nach Indiana, nach Kanada oder Italien abgesetzt. Capones Lebenslauf weist an dieser Stelle auch eine große Lücke auf, und es wird vielfach angenommen, daß während dieser Zeit nichts Wesentliches passierte. Doch diese Annahme ist schlichtweg falsch, denn der Sommer des Jahres 1926 wurde zu einem bedeutenden Wendepunkt in Capones Leben. Je länger sie sich hinzogen, desto mehr glichen diese drei Monate einem reinigenden Bad, dem er als ein anderer Mensch entstieg. Heute weiß man, daß Al Capone nach seinem achttägigen Aufenthalt bei Dominic Roberto nur wenige Autostunden westwärts fuhr bis nach Lansing, Michigan, wo er bei Freunden Unterschlupf fand und in Kreisen verkehrte, von denen weder Zeitungsleute noch Polizei auch nur im entferntesten Kenntnis nahmen. Und während die Wochen verstrichen, entwickelten sich Al Capones Fahrten durch den Mittleren Westen immer mehr zu einer Reise der Selbsterfahrung, zu einer Zeit der inneren Einkehr und Besinnung, bis er sich schließlich im klaren darüber war, was er mit dem Rest seines Lebens anfangen wollte.

4. Kapitel

Am Round Lake – »Hallo, Al!«

Die Fahrt von Chicago nach Lansing führte damals rund 350 Kilometer weit durch grünes, sanft gewelltes Hügelland. Je weiter sich Al Capone von Chicago entfernte, desto frischer wurde die Luft, desto sauberer die Ortschaften und desto geringer die Wahrscheinlichkeit, daß jemand ihn erkannte. Er hielt sich zunächst ostwärts, lenkte seinen Wagen am Südufer des Lake Michigan entlang vorbei an Gary, Indiana, und Michigan City bis nach Benton Harbor, Michigan, wo viele seiner »Geschäfts«-Partner opulent ausgestattete Ferienhäuser besaßen und wo um diese Jahreszeit reges Treiben herrschte. Kurz hinter dem Seebad schwenkte der Highway vom Ufer ab in Richtung Osten nach Battle Creek und von dort nordwärts nach Lansing. Aus der Sicht eines Bootleggers war die Lage der Stadt optimal: Nicht einmal 150 Kilometer von Detroit entfernt, diente sie als Kontrollpunkt und Abfertigungsstelle für große Mengen importierten Whiskeys der Capone-Organisation, der über eine schmale Wasserstraße von Windsor, Kanada, aus ins Land geschmuggelt wurde. Die Lastwagen mit Capones Branntwein stoppten kurz in Lansing und fuhren von dort weiter nach Chicago, New York oder zu anderen Verteilerzentralen.
Trotz seiner geographischen Vorzüge wies der Ort für Capone und andere Alkoholschmuggler aber auch eine Reihe von Nachteilen auf. So war Lansing zum einen die Hauptstadt des Bundesstaates Michigan, was genau jene Art von Regierungsbeamten mit sich brachte, denen Racketeers gewöhnlich lieber aus dem Weg gingen. Und zum zweiten war hier eine der ältesten Autoindustrien beheimatet, nämlich die von Ransom E. Olds gegründete Oldsmobile-Fabrik, in der mehrere tausend Leute Arbeit fanden. Dieser Kombination aus Industrie und Regierungssitz verdankte Lansing ein überdurchschnittliches kulturelles Niveau und auch seinen Reichtum. Normalerweise mieden Capone und seine Leute die Stadt und hielten sich, wenn sie in der Gegend zu tun hatten, lieber auf dem Lande auf. Hier, inmitten einer von malerischen Seen durchsetzten Hügellandschaft, gab es unzählige Verstecke. Die Bevölkerung war zu einem nicht geringen Anteil italienischen Ursprungs, denn viele Familien, denen das von ethnischen

Vorurteilen geprägte Leben in Chicagos Little Italy oder Chicago Heights zu trist und eng erschienen war, hatten sich hier eine neue Existenz aufgebaut und vielleicht sogar ein eigenes Geschäft gegründet.
Einer der Italiener, die Chicago Heights zugunsten der vielversprechenden Chancen von Lansing verlassen hatten, war Angelo Mastropietro*, ein guter Freund von Al Capone. Der junge Familienvater hatte für Capones Organisation im Vertrieb gearbeitet, bis er, wie so viele junge Männer aus Chicago Heights, in eine Auseinandersetzung mit tödlichem Ausgang verwickelt wurde und daraufhin nach Lansing floh, wo er ein neues Leben anfing. »Italiener hatten es extrem schwer in Chicago Heights«, erinnerte sich Angelos Tochter Grazia**. »Es war eine häßliche, eine tote Stadt. Wenn man auf den Friedhof ging, sah man lauter Grabsteine von jungen Leuten, alle in den Zwanzigern von Gangstern ermordet. Deshalb kamen so viele Italiener nach Lansing. Mein Vater hatte einen Obst- und Gemüseladen in der South Washington Avenue 120. Es war ein richtig legales Geschäft in einer guten Lage, und er hat viel Geld verdient, da er alle großen Restaurants, Coffee-Shops und Cafés belieferte.«
Angelos Entschluß, der Unterwelt den Rücken zu kehren, war gefährlich, denn abtrünnige Bandenmitglieder wurden meistens kaltgemacht, bevor sie Gelegenheit hatten, ihre ehemaligen Mitstreiter zu verraten. Angelo gehörte zu den wenigen Glücklichen, die verschont blieben, was zum Teil damit zusammenhing, daß er Chicago verließ, zum Teil aber auch damit zu tun hatte, daß er dem Syndikat von Zeit zu Zeit weiterhin kleine Dienste erwies. So gestattete er Capone beispielsweise, seinen Laden als Tarnung für Bootlegging-Transaktionen zu benutzen. »Die Arbeiter meines Vaters fuhren mit ihren Lastern nach Florida hinunter, um Obst und Gemüse zu holen, und manchmal brachten sie auch illegalen Alkohol mit«, erzählte seine Tochter. Außerdem äußerte sich Angelo nie über seine Arbeit in Chicago, obwohl jeder wußte, warum er von dort weggegangen war. Er hatte es geschafft, sich in Lansing aus eigener Kraft ein neues Leben aufzubauen, und es sogar – auf ganz legalem Wege – zu bescheidenem Wohlstand gebracht.

Als sein früherer Boß nach Lansing kam, zeigte Angelo Mastropietro Verständnis. Schließlich wußte er aus eigener Erfahrung, was es bedeutete, in ständiger Angst zu leben, und so bot er von sich aus an, Al Capone so lange wie nötig Obdach und Schutz zu gewähren. Dank Angelos Hilfe wurde Lansing zu einem richtigen Feriendomizil für Al Capone, der nicht nur

---

* Name vom Autor geändert.
** Name vom Autor geändert.

1926, sondern auch die nächsten vier Jahre hier den Sommer verbrachte und eine ganze Reihe neuer Freundschaften schloß. Allerdings unternahm Capone auch keinerlei Anstrengungen, die Stadt zu kontrollieren oder ihre politische Landschaft zu verändern, wie er es zum Beispiel in Cicero getan hatte. Von Lansing erwartete und erhoffte er sich nur eines: Ruhe und Seelenfrieden, was er in Chicago niemals hätte finden können.

Der Al Capone, den die italienischen Einwandererfamilien aus Lansing kennenlernten, hatte mit jenem »Scarface«, der in den Chicagoer Tageszeitungen regelmäßig Schlagzeilen machte, so gut wie nichts gemein. Seine Bekannten in Lansing verbanden den Namen Capone nicht unweigerlich mit Bierkriegen, Maschinengewehrfeuer oder abgrundtiefer Korruption. Der Al Capone, den sie bewunderten und schätzten, war ein ruhiger, stets untadelig gekleideter und sehr gepflegter Mann, den sichtlich etwas belastete, worüber er aber nie sprach, und der für wohltätige Zwecke unerhörte Summen spendete. Sie sahen in ihm weder einen Zuhälter noch Glücksspielorganisator, Racketeer oder gar Mörder, sondern vielmehr einen freigebigen Freund und Wohltäter, in manchen Fällen sogar Retter in letzter Not. Und Capone seinerseits sonnte sich in ihrer Bewunderung. In Lansing konnte sich auf offener Straße zeigen, ohne um sein Leben fürchten zu müssen. Hier war niemand darauf aus, ihn umzulegen. Allein schon die Gewißheit, daß ein solcher Ort, wo man der Korruption und Gewalt Chicagos für eine Weile entfliehen konnte, überhaupt existierte, gab ihm das unbezahlbare Gefühl, einfach nur Mensch sein zu dürfen.

Die Mastropietros zählten zu den ersten, die von Capones Rehabilitationsbemühungen profitierten. Von 1926 an gehörte Al quasi zur Familie, stand bei den Töchter Grazia und Catherine* Pate und überschüttete die beiden Mädchen mit kostbaren Geschenken, um sich ihre Liebe und Zuneigung zu kaufen. »Al Capone war ein guter Mensch«, erzählte Grazia, die sich durch nichts von ihrer Meinung abbringen ließ. »Seine Familie war in der Gemeinde hoch angesehen. Es waren nicht die Dummköpfe, als die sie im Film immer hingestellt wurden. Er konnte sich ausgezeichnet artikulieren. Und wenn er in ein Zimmer kam, merkte man es nur daran, daß alles verstummte. Er sprach sehr leise, aber mit einer unglaublichen Autorität. Er war ein wirklich feiner Mann. Viele Jahre später, als dieser Film, in dem Rod Steiger ihn spielte, im Fernsehen kam, mußten wir alle lachen, weil der immer furchtbar laut redete. Meine Mutter und Großmutter, die ihn vergöttert hatten, waren ganz empört, weil er in Wahrheit immer so ruhig war, und außerdem sträubten sie sich dagegen, ihn in Morde und andere

* Name vom Autor geändert.

Gewalttaten verwickelt zu sehen. Sie fanden den Film abscheulich. Capone war nicht laut und ungehobelt. Capone hatte Klasse. Ja, mehr noch, er strahlte Würde aus.«

Obwohl Capone in Lansing nie Gewalt anwendete, hatte er doch immer seine beiden Hauptleibwächter, »Machine Gun« Jack McGurn und Frank »The Enforcer« Nitti bei sich, mit denen zusammen er sich am Round Lake, etwas außerhalb von Lansing, niederließ. Der Round Lake, eher ein größerer Weiher als ein See, hatte einen kleinen Strand mit mehreren kleinen Ferienhäusern, von denen aus man eine recht hübsche Aussicht über das umliegende Hügelland mit seinen Scheunen und Gehöften genießen konnte.

Hier, am Round Lake, führte Al ein denkbar einfaches Leben. Tagsüber hielt er sich am Strand auf, schwamm oder döste in der Sonne. Manchmal spielte er mit den Kindern, die im seichten Wasser herumplanschten. »Wir fanden es unglaublich toll, als Al Capone die Hütten am Round Lake gemietet hat«, erinnerte sich Grazias Cousine Giovanna Antonucci*. »Al schwamm für sein Leben gern. Sie können sich nicht vorstellen, wie der Mann schwimmen konnte. ... Einer seiner Freunde warf einen Strohhut, wie man sie damals trug, weit aufs Wasser hinaus ... und Al ... sprang hinein, schwamm ein Stück unter Wasser, und wenn er auftauchte, prustete er wie ein Seelöwe.« Wenn Al und seine Begleiter nicht im Wasser waren, dann »redeten sie meistens, spielten Schallplatten ab, tranken oder lasen. Gelesen haben sie viel. Sie glauben nicht, wie viele Bücher die dabeihatten.«

Abends, wenn die Kinder weg waren, schlenderte Al zu seinem Cottage zurück und beobachtete den Sonnenuntergang. Die einzigen Geräusche, die er hörte, waren das Quaken das Frösche und das gelegentliche Zwitschern eines Vogels. Keine rollenden Roulettekugeln, keine quietschenden Autoreifen, keine Schüsse. Zuweilen aber überkam ihn die Langeweile, und er wurde unruhig. Dann suchte er in einem etwas entfernt, aber auch am See gelegenen Rasthaus Zerstreuung, wo man bis in die frühen Morgenstunden hinein tanzen und trinken konnte. Zehn Cents kostete ein Tanz, und der ganze Raum hallte vom Gelächter der jungen Gäste wider. Es war kein Ort für verheiratete Frauen; die Mädchen, die hierher kamen, suchten jemanden, der ihnen einen Drink spendierte und mit dem sie Spaß haben konnten. In dieses bescheidene Lokal kam Al des öfteren zum Trinken und Tanzen, und hier lernte er auch eine hübsche junge Frau kennen, die später zu ihm in das kleine Cottage unten am See ziehen sollte.

---

* Name vom Autor geändert.

Je länger Capone in Lansing blieb, desto mehr Leute lernte er kennen. Viele boten ihm Schutz, die einen direkt, indem sie ihn bei sich aufnahmen, die anderen indirekt dadurch, daß sie ihn nicht verrieten. Capone seinerseits zeigte seine Dankbarkeit in Form finanzieller Zuwendungen. Trotzdem blieb immer eine Kluft zwischen ihm, dem Racketeer und Gangster, und dem Rest der Gesellschaft. Das fühlte er, und dieses Gefühl bedrückte ihn.

Niemand spürte diesen Abgrund zwischen Capone und den anderen mehr als der 16jährige Anthony Russo, den der Racketeer wie einen zweiten Sohn behandelte. Er kannte Al Capone als einen warmherzigen, liebevollen und großzügigen Mann, der sehr verletzlich und irgendwie vom Schicksal verfolgt war. Die Familie Russo hatte Al bereits in Chicago kennengelernt, und der junge Anthony sonnte sich von Anfang an in der Aura des Ruhms, die den Racketeer umgab. Er entsann sich, daß Al seiner Mutter einmal 200 Dollar in bar in die Hand drückte und ihn mit einem nagelneuen Fahrrad überraschte, auf dem er dann selber den ganzen Nachmittag herumkurvte. Doch Anthony war trotz seiner Jugend nicht so naiv, um nicht die Gefahr zu wittern, die Capone ständig umgab und unter der der große Racketeer sichtlich litt. Besonders lebhaft in Erinnerung geblieben ist ihm die Art und Weise, mit der Al ihn davor warnte, selber ein Gangster zu werden: »Wenn du das tust«, drohte er dem Jungen einmal, »und ich noch am Leben bin, dann bringe ich dich eigenhändig um.«

Diese Warnung hinderte Russo jedoch nicht daran, am Round Lake für Al Capone den Laufburschen zu spielen. »Wenn er wegen irgend etwas sauer war«, erinnerte sich Anthony, »redete er kein einziges Wort, und wer klug war, ging ihm dann aus dem Weg. Am besten paßte man sich immer seiner Stimmung an. Wenn er dann wieder auftaute, redete er auch wieder. Aber ich habe nie erlebt, daß er den Mund aufgemacht hat, wenn er ärgerlich war. … Im Grunde hatte er ein fröhliches Naturell. Wir haben verdammt viel zusammen gelacht.

Sogar draußen am Round Lake trug er immer ein weißes Hemd und Krawatte. Wenn er frische Socken brauchte, schickte er mich nach Lansing. Er wollte immer eine ganz bestimmte Art, die sieben Dollar fünfzig das Paar kostete. Und er trug nur Seidenhemden für 150 Dollar. Das war damals wahnsinnig viel Geld. Manchmal drückte er mir einen Hundert-Dollar-Schein in die Hand, und ich kaufte ihm fünf Paar Socken, und wenn ich ihm das Wechselgeld zurückgeben wollte, sagte er: ›Nein, behalt es.‹ Auf die Art und Weise verdiente ich mehr als seine Leibwächter. Ich meine Frank Nitti und Jack McGurn. McGurn war ein phantastischer Golfspieler. Handicap zwei oder so. Er hätte als Pro arbeiten können, aber bei Capone bekam er 150 Dollar die Woche, und das war verdammt mehr, als man damals mit Golf verdienen konnte.«

Für Al, der damit prahlte, 33 000 Dollar die *Woche* zu kassieren und en masse Geschenke für 200 Dollar verteilte, waren dies allerdings magere Gehälter. McGurn und Nitti erhielten auch nichts aus dem großen Topf, in den die Glücksspiel- und Wetteinnahmen der Organisation flossen, obwohl Capone ihnen das immer wieder in Aussicht stellte. »Es war genauso, wie wenn man für eine große Firma tätig war«, erzählte Anthony. »Wissen Sie, wenn diese Leute mit soviel Engagement in ein legales Unternehmen eingestiegen wären, wie sie es in ihre Art von Geschäft steckten, dann hätten sie garantiert auch auf ganz legitimem Weg ein Vermögen erwirtschaftet. Um so eine Organisation leiten zu können, mußte man schon verdammt viel im Schädel haben. Und wer clever war, dem konnte auch die Polente nichts anhaben. Nein, Capone und seine Männer waren immens intelligente Geschäftsleute mit einem Haufen Superideen. Aber selbst ein Großunternehmer hätte niemals so viel Knete machen können, wie im Alkoholgeschäft zu holen war …

Es lief in etwa folgendermaßen: Capones Leute betreten einen Saloon und sagen zu dem Kneipier: ›Sie sollten Ace-Bier ausschenken‹, so hieß Capones Biersorte. Wenn der Kerl – es gab eine ganze Reihe solcher Schlaumeier – dann meinte, sie sollten verschwinden, er würde ihr Bier nicht kaufen, dann gaben sie ihm noch eine zweite Chance. Nützte er die auch nicht, erlebte er eine böse Überraschung. Am nächsten Tag ist die Hälfte von seinem Laden weggepustet, und während er noch so dasteht und sich am Kopf kratzt und überlegt, was er nun tun soll, tritt der Kerl, der ihm das Bier hat verkaufen wollen, zu ihm und sagt: ›Siehst du, wenn du Ace-Bier ausgeschenkt hättest, wäre dir das nicht passiert.‹ Da der Kneipier nicht das Geld hat, seinen Schuppen alleine wieder aufzubauen, geht er zu Capone, der ihm unter die Arme greift. Und von jetzt ab tut er, was man ihm sagt.«

Russo gewann einigen Einblick in Capones Organisation, und dabei fiel ihm auf, daß es einen einzigen Mann gab, der Al das Wasser reichen konnte, ja der in mancherlei Hinsicht sogar noch mächtiger war als Al. Er hieß Frankie La Porte und »… hat sogar Capone kontrolliert; ein aalglatter Bursche, aber sehr weltmännisch. Forderte einem echt Respekt ab. Und er brachte es so weit, daß jeder, der etwas von Capone wollte, zuerst zu ihm kam. Und er sagte Al dann, wie er mit den Leuten umgehen und was er tun sollte, weil er einen Haufen Verbindungen zu wichtigen Leuten überall in den Vereinigten Staaten besaß. Er war so quasi der Knotenpunkt zwischen Chicago, New York, Kansas City, St. Louis und Los Angeles. Frankie gab sich nie mit den niedrigeren Rängen ab. Er verhandelte grundsätzlich nur mit den Spitzenleuten in jeder Stadt.«

Capone zog Russo immer mehr in seinen Bann, und der Junge war bald vollends überzeugt, daß der schlimme Ruf seines Idols im Grunde nur auf eine Reihe unglücklicher Umstände zurückzuführen war. Nach Russos Meinung zählte Al Capone zu den wirklich feinen Menschen, den die Medien ganz zu Unrecht als Teufel in Menschengestalt hinstellten. »Ich fand immer, daß er sich wie ein Gentleman verhielt. Er hat mich immer davor gewarnt, mich in irgendwelche krummen Geschäfte verwickeln zu lassen. Er hat vielen Alten in Chicago geholfen, vielen alten Italienern. Wenn er nicht gewesen wäre, wäre die Hälfte von ihnen auf die Fürsorge angewiesen gewesen, oder schlimmer. Wenn jemand Hilfe brauchte und sich an Al wandte, dann bekam er sie. So war er einfach. Er hatte keinen besonderen Titel, niemand nannte ihn ›Pate‹ oder so, für alle war er einfach nur Al. Bis auf die alten Italiener. Die respektierten ihn, und wenn sie ihm begegneten und er zu ihnen hinüberging, um sie zu begrüßen, dann küßten sie ihm die Hand. Für sie war er immer ›Signor Capone‹. Sie schauten zu ihm auf wie zu einem Anführer, weil sie es von Italien her so gewohnt waren. Capone war ihnen wichtiger als der Präsident der Vereinigten Staaten. An den konnten sie sich nämlich nicht wenden, wenn sie Probleme hatten, aber Al war immer für sie da. Wenn jemand krank war und kein Geld hatte, um zum Arzt zu gehen, dann konnte man sich darauf verlassen, daß er sich darum kümmern würde. Oder, sagen wir, Ihre Tochter wäre mit einem Mann verheiratet, der sie schlägt. Al hätte dafür gesorgt, daß er sie in Zukunft besser behandelt. Ich weiß nicht, was er davon hatte, daß er sich so um diese armen Schweine kümmerte, denn sie konnten sich nie revanchieren. Aber er hat es trotzdem getan.«

Russo zufolge unterschied sich Capone vom typischen Gangster noch in einer anderen Hinsicht: »Er hat nie eine Waffe getragen. Das hatte er nicht nötig; wozu bezahlte er schließlich seine ganzen Bodyguards? Das einzige Mal, als ich ihn mit einer Kanone gesehen habe, war an dem Abend, wo ich mit McGurn und Nitti zusammen zu seinem Cottage am Round Lake rausgefahren bin. Al war schon unten. Wir fuhren in einer großen Studebaker-Limousine, und McGurn sagte gerade: ›Hey, seht ihr den tollen Mond‹, als wir an den Randstein rumpeln, und weil er so schnell gefahren ist, überschlägt sich der Wagen. Die Jungs hatten einen Haufen schwere 45er dabei, die sie jetzt mir aufluden. Und ich war doch nur ein kleiner Junge. Die Straße zum See runter ist verdammt einsam, aber man weiß ja nie, wer einem da begegnet. Ich marschiere also schwer bepackt den Weg entlang, aber Nitti hält mich auf: ›So geht das nicht. Al bringt uns um, wenn Anthony allein mit dem ganzen Kram auftaucht. Ich komme mit.‹ Also nimmt er mir einen Teil der Knarren ab, und wir ziehen los. Es ist nicht weit zum See. Nitti klopft an die Tür von Als Hütte. Er zittert direkt. Er weiß, daß Al toben wird. Ich meine, hier ist ein Mann, der in Chicago von den Bullen gesucht wird, und seine Leibwächter fabrizieren einen Autounfall. Klar, daß die Polente nicht lange brauchen wird, um draufzukommen, daß er sich hier versteckt. Nitti klopft also an die Tür, und Al ruft: ›Wer ist da?‹ Nitti hat so verdammte Angst, daß er keinen Ton rausbringt. Aber er klopft noch einmal. Wieder fragt Al: ›Wer ist da?‹, und Nitti antwortet immer noch nicht. Er hat zuviel Angst, und mir steckt auch ein Kloß im Hals. Plötzlich wird die Tür aufgerissen, und die Mündung einer großen 45er drückt direkt gegen Nittis Schläfe. Was glauben Sie, wie schnell der seine Stimme wiederhatte! ›Jesus, Al, nicht schießen! Ich bin's! Lieber Himmel!‹ Und Al nimmt den Revolverlauf weg und sagt: ›Los, kommt rein. Was zum Teufel ist denn passiert? Und was ist das?‹«

Nitti und Anthony Russo betraten also Als Cottage. Im Inneren sah Anthony ein Mädchen, eine attraktive Blondine. Keine Italienerin. Sie hieß Virginia und war am Round Lake Als Geliebte. Virgina fiel dem jungen Russo besonders auf, weil sie »ein verdammt hübsches Mädchen [war],... Al hatte sie im Rasthaus kennengelernt. Dort trieben sich alle möglichen Typen rum. Sie hatte eine Klasse Figur, nicht groß, aber sehr hübsch. Aber Sie müssen wissen, daß sie ihm nichts bedeutet hat. Die Ehefrauen waren immer am besten dran. Männer wie Al behandelten ihre Frau immer mit großem Respekt. Und die Mädchen wußten, daß sie besser ihren Mund hielten und sich nur dann blicken ließen, wenn man sie rief. Als Frau hat sich nie beklagt, daß er Freundinnen hatte. Aber natürlich weiß niemand, ob sie nur deshalb nichts sagte, weil sie Angst hatte, oder weil sie zu schlau dazu war. Frauen in ihrer Position äußerten sich nie über die Geschäfte ihrer Männer. Wenn man sie danach fragte, antworteten sie nur, ihr Ehegespons sei im Obsthandel oder hätte irgendwo einen Blumenladen oder einen Fleischmarkt. Mehr wüßten sie nicht. Die meisten Männer hatten große Achtung vor der Familie, und wenn Al davon sprach, daß er die Seinen schon so lange nicht gesehen hatte, wurde er richtig melancholisch. Er liebte seinen Sohn, und er hatte große Angst um ihn. Wenn man so ein Leben führte wie er, war es nicht gut, viele Menschen zu haben, um die man sich sorgen muß. Das Verblüffende ist, daß nie irgend jemand versucht hat, Als Frau etwas anzutun. Andererseits passierte den Frauen dieser Leute nie etwas. Ich habe nie gehört, daß die Ehefrau eines Racketeers irgendwie verletzt worden wäre. Die hatten so einen merkwürdigen Ehrenkodex, den kein Mensch verstand.«

Nachdem er mehrere Wochen am Ufer des Round Lake verbracht hatte, fühlte sich Capone in Lansing zunehmend sicher, und er fing an, mit Hilfe der Mastropietros engere Beziehungen mit der örtlichen Polizeibehörde zu knüpfen. Obwohl er in Chicago, keine 350 Kilometer entfernt, gesucht wurde, gelang es ihm, die Lansinger Polizei dazu zu bringen, seine Anwesenheit geheimzuhalten. Die tonangebende Rolle bei dieser Konspiration gegen die Bundesbehörden spielte der überall als korrekt bekannte Polizeichef von Lansing, John O'Brien. Für ihn sah die Sache ganz einfach so aus: Er hielt den Mund und kassierte dafür einen Haufen Geld. Weiter brauchte er nichts zu tun. Die Mastropietros ihrerseits hörten nicht auf, O'Briens Loblied zu singen. »John O'Brien kam zu Parties in unser Haus«, erzählte Grazia Mastropietro. »Er wußte, daß sich Al Capone in Lansing aufhielt, aber er belästigte ihn nicht weiter, weil er wußte, daß er unser Freund war. O'Brien war ein Mensch, dem Freundschaft noch etwas bedeutete. Sagen wir, er hatte einen Freund, der eine Spielhölle besaß, und es stand eine Razzia an, dann gab er diesem Mann einen Tip, damit er rechtzeitig verduften konnte. Einen Freund zu warnen, ist doch keine Korruption, oder?«

Anthony Russo erinnerte sich, daß Capones neuer Verbündeter O'Brien »ganz schön hart vorgehen konnte. Zu uns aber war er immer ausgesprochen nett. Aber wir waren schließlich auch seine Freunde. Fast schon Familie. Er ging ja auch nicht leer aus. Dafür, daß er nichts ausplauderte und dafür sorgte, daß sich keine fremden Cops in die Stadt verirrten, erhielt er ein paar Scheinchen.« Allerdings sollte O'Brien seinen Leichtsinn langfristig büßen müssen, denn einige Jahre später, als Capone seine Dienste längst nicht mehr benötigte, flog seine Beziehung zu dem Racketeer auf. »Er wurde unehrenhaft entlassen«, berichtete Grazia, »... mit seiner Karriere im Polizeidienst war es aus und vorbei.«

Unter dem Schutz der örtlichen Polizei genoß Capone die italienische Gastfreundschaft nun mehr denn je und fühlte sich schließlich sogar sicher genug, sein Versteck am Round Lake zu verlassen und sich offen in Lansing zu zeigen. Er mietete eine ganze Suite im Hotel Downey und empfing dort Politiker und Zeitungsleute. »Ich war 17 und Laufbursche beim *State Journal*, als ich Al Capone kennenlernte«, entsann sich Lloyd Moles, ein Journalist aus Lansing. »Es war immer dasselbe, wenn ich hörte, daß ›Onkel Al‹ wieder kommen wollte. Er mietete den ersten Stock des Downey und frischte dort alte Freundschaften auf. Aber ich hatte keine Ahnung, wer er wirklich war, obwohl ich ihm vorgestellt wurde. Er schien Kinder zu mögen, denn er hatte immer Geschenke für sie dabei. Jahre später, als ich dann als Reporter arbeitete, fragte ich bei der Polizei, ob sie gewußt hätten, daß Al Capone in Lansing ein Sommerdomizil unterhielt. Und daraufhin erfuhr ich, daß Capone, der berüchtigste Racketeer Amerikas, sie sogar jedes Mal verständigte, bevor er in die Stadt kam.«

Capone führte seine Geschäfte zwar vom Hotel Downey aus, wohnte jedoch bei der Familie Mastropietro. In ihrem Haus an der Saginaw Street genoß er eine Ruhe und Friedfertigkeit, die er woanders um kein Geld der Welt hätte kaufen können. Stundenlang spielte er mit den Mastropietro-Kindern und ihren Freunden, und besonderen Spaß machte es ihm, Babys hoch in die Luft zu werfen und sie dann mit seinen starken Armen wieder aufzufangen. Ältere Kinder überhäufte er mit kleineren Geschenken. Giovanna Antonucci entsann sich an die fröhlichen Einkaufsbummel mit Capone: »Er nahm uns Kinder an der Hand und ging mit uns in ein großes Kaufhaus in der Innenstadt von Lansing und kleidete uns alle von Kopf bis Fuß neu ein. Ich bekam ein Taftkleid und weiße Lackschuhe, meinem Bruder schenkte er ein neues Rad und einen neuen Anzug. Die Leute in Lansing kannten ihn; er versteckte sich keineswegs. Ich weiß noch genau: Wenn er die Straße entlang ging, blieben die Leute stehen und grüßten ihn, oder sie nickten ihm aus dem Auto heraus zu. Jeder kannte ihn und wußte, wer er war. Niemand hatte Angst vor ihm. Wir mochten ihn. Er war gut zu uns. Es tat uns immer leid, wenn er wieder abfuhr. Er redete sehr leise. Man mußte ganz genau hinhören, um ihn zu verstehen. Und er war ganz bestimmt kein Krimineller.

Ich erzähle Ihnen eine Geschichte: Capone hatte einen jungen Kerl bei sich, einen seiner Leibwächter. Wir kannten ihn alle. Und direkt neben uns wohnte ein hübsches Mädchen, Amerikanerin – ich meine, keine Italienerin, wir waren natürlich alle Amerikaner –, und dieses Mädchen wollte er abends zum Tanzen ausführen. Aber bevor er loszog, holte Al sich den Jungen und fragte ihn, ob er mit dem Mädchen ausgehen wolle. Und als der bejahte, sagte Al: ›Okay. Du führst sie aus, aber du bringst sie genauso unbescholten zurück, wie sie das Haus verläßt. Verstanden?‹ So war Al. Immer der perfekte Gentleman.«

Trotzdem verlief das Leben mit »Onkel Al« in der Saginaw Street nicht immer so idyllisch, wie es auf den ersten Blick vielleicht schien. Ein Gefühl drohender Gefahr hing über dem Haus, und das spürten sogar die Kinder. »Ich erinnere mich daran, wie er einmal auf der Veranda saß«, sagte Grazia Mastropietro. »Das war zu der Zeit, als die Chicagoer Polizei nach ihm fahndete. Da entdeckten wir im Haus gegenüber zwei Polizisten von der örtlichen Wache. Sie blieben die ganze Zeit über dort, einer ständig am Fenster, solange er bei uns wohnte. Und dann waren da immer die Autos, die so auffällig langsam an unserem Grundstück vorbeifuhren.«

Giovanna Antonucci faszinierte besonders die Heimlichkeit, mit der Capone und seine Kumpane zusammentrafen. Sie lebten in einer Welt, in die die Kinder und andere Normalsterbliche keinen Einblick hatten. »Mein Bruder und ich waren neugierig, und deshalb schlichen wir uns einmal an die Tür und öffneten sie einen Spalt, um die Männer zu beobachten. Sie spielten Karten und tranken. Alle trugen Pistolen, und das jagte uns Angst ein. Wir zogen ganz schnell die Tür ins Schloß. Aber dann siegte doch wieder die Neugier, und wir warfen noch einen verstohlenen Blick in den Raum, um ihnen beim Kartenspielen zuzuschauen. Und dann kroch Grazia unter den Tisch und band den Männern die Schnürsenkel auf, und alle taten so, als merkten sie nichts. Sie hatten immer die Jalousetten unten, weil Al Angst hatte, daß draußen ein Scharfschütze lauern oder jemand vorbeifahren und sie aus dem Wagen heraus erschießen könnte. Aber wir waren Kinder, und deshalb ließen sie uns in Ruhe. Sie waren immer nett zu uns, und wir mochten sie gut leiden. Wenn wir alle draußen herumtollten, kam Al manchmal an die Tür und rief mich: ›Komm her, Giovanna‹, und dann drückte er mir fünf Dollar – manchmal sogar noch mehr – in die Hand und sagte, ich solle für uns alle Eis holen. Und dann rannte ich los zum Drugstore und kaufte Unmengen Eis. Ist doch klar, daß wir die Männer mochten, vor allem natürlich Al.«

Obwohl Capone als manisch Extrovertierter täglich durch die Straßen von Lansing stolzierte, ermahnten die Eltern ihre Kinder immer, seine Anwesenheit wie ein strenges Geheimnis zu hüten. Das letzte, was sie wollten, war, daß eines der Kinder Fremden gegenüber ausplauderte, daß Al Capone hier ein Sommerdomizil unterhielt.

Grazias Tochter, inzwischen selbst eine junge Mutter, erinnerte sich: »Wie ich klein war, bettelte ich meine Oma immer, mir und meinen Freundinnen doch von Al Capone zu erzählen. Aber das tat sie nie, sondern zog mich statt dessen am Ärmel ins Nebenzimmer und schalt mich: ›Daß du mir ja den Mädchen nicht sagst, daß wir ihn kannten!‹« Und ihre Mutter fügte hinzu: »Genau darum ging es. Sie hätten uns umgebracht, wenn wir den Mund nicht gehalten hätten.«

»Onkel Al« brachte zwar ein gewisses Element der Gewalt in das Haus der Mastropietros, sorgte aber gleichzeitig für das Verschwinden einer anderen Bedrohung, unter der Angelo wie überhaupt der Großteil der italienischen Bevölkerung Lansings schon lange litt: der »Schwarzen Hand«, jener kleinen, selbständig arbeitenden italienischen Erpresser, die ausschließlich ihre eigenen Landsleute ausnahmen. »Jeder Kaufmann, dem sein Leben und sein Laden lieb waren, mußte wöchentlich eine gewisse Summe als Schutzgeld zahlen«, erzählte Grazia. »Aber viele konnten den geforderten

Betrag nicht aufbringen. Gerade Anfang der zwanziger Jahre lebten viele hart am Existenzminimum. Das einzige, was sie hatten, war ihr Geschäft. Und dann drohten diese Blutsauger, sie zu verprügeln oder ihren Laden in die Luft zu jagen, wenn sie nicht zahlten. ... Eines Tages dann haben sich die Kaufleute zusammengesetzt und sind zu meinem Vater gekommen, und mein Vater, Angelo, ging zu Capone, und bat ihn um Hilfe. Capone meinte darauf zu meinem Vater, er möge den Leuten von der ›Schwarzen Hand‹ ausrichten, Al Capone ließe ihnen sagen, sie sollten die Italiener in Lansing in Frieden lassen. Und dasselbe hat er auch mit der Purple Gang in Detroit gemacht: ›Wenn ihr die Leute in Lansing noch mal belästigt, kriegt ihr es mit mir zu tun.‹ Und sowohl die ›Schwarze Hand‹ als auch die Purple Gang ließen uns daraufhin in Ruhe. Das war noch ein Grund mehr, warum die italienischen Kaufleute meinen Vater sehr geachtet und Al Capone geradezu vergöttert haben.«

Capones Vorgehen gegen die »Schwarze Hand« hatte zum Teil höchst eigennützige Gründe – schließlich bedrohten sie letztlich auch seine Jagdgründe –, war aber bestimmt auch darauf zurückzuführen, daß er vor seinen Leuten als Held erscheinen wollte. Und zumindest in Lansing ging seine Rechnung voll auf. Grazia Mastropietro berichtete: »Meine Mutter sagte immer zu mir: ›Laß dir nie von irgend jemand einreden, daß er ein Mörder oder Schläger ist. Er ist ein wunderbarer Mensch, ein vollkommener Gentleman.‹« Grazias Mutter fühlte sich zu einer solchen Aussage berechtigt, weil Al Capone inmitten einer Welt von Korrumpiertheit und ethnischer Vorurteile Recht und Ordnung zu verkörpern schien. Er hatte die Macht, den Italienern von Lansing Gerechtigkeit und sogar ein gewisses Quantum Wohlstand zu verschaffen. In ihren Augen war er kein Gangster, und auf seine Tätigkeit als Alkoholschmuggler war man eher stolz. Er war für sie Arbeitgeber, Freund und Herr über Recht und Ordnung – ein Image, das seinem geltungssüchtigen Ego immens schmeichelte. Hier zollte man ihm den Respekt, den er sich in Brooklyn und Chicago nicht um alles Geld und nicht einmal mit Maschinengewehrsalven kaufen konnte. Dort war er ein Gebrandmarkter, dem ewig der Ruf des »Zuhälters«, »Gangsters« und »Mörders« anhaftete. In Lansing dagegen galt er als feiner Mann, der über weitreichende Beziehungen verfügte und die Macht hatte, den Menschen zu helfen. Noch heute lassen die Italiener in Lansing, die Capone kannten, nichts auf ihn kommen. Und es sind keineswegs naive, sondern durchaus realistische, pragmatische Menschen, die es in ihrer neuen Heimat nie leicht hatten. Aber ihnen hat Capone tatsächlich geholfen, ihre Vorstellung vom »American Dream« wahr werden zu lassen. Und ihnen gegenüber zeigte er sich auch nur von seiner besten Seite: höflich, charmant, großzügig und loyal – allesamt Eigenschaften, die sich mit dem gängigen Bild eines Gangsterbosses nur schwer unter einen Hut bringen lassen.

Dennoch war der Al Capone, der in Lansing eine Horde Kinder zum Eis einlud, derselbe Mensch geblieben, der Joe Howard in einem Wutanfall fünf Kugeln in den Leib jagte. Ganz dem Ehrenkodex der Racketeers gemäß, benutzte er die Erträge seiner bösen Taten dazu, gute Werke zu finanzieren. Und je mehr Verbrechen er beging, desto stärker wurde sein Bedürfnis, sich davon freizukaufen. Geld oder Geschenke zu verteilen, wurde für Capone zum einfachsten Weg, Zufriedenheit zu erlangen. So beschwor er beispielsweise seinen Freund und Beschützer Angelo Mastropietro, als Zeichen seiner Dankbarkeit ein nagelneues Auto anzunehmen. Aber Angelo lehnte dies ebenso strikt ab wie alle anderen Geschenke Capones und erklärte, er handle ausschließlich aus Freundschaft. Die meisten italienischen Familien in Lansing konnten sich solch noble Gesten allerdings nicht erlauben, sondern waren dankbar um jeden Cent. »Da war die Familie, die es sich nicht leisten konnte, ihrer Tochter ein ordentliches Brautkleid zu kaufen«, entsann sich Grazia Mastropietro. »Capone kam nicht nur für das Kleid auf, sondern bezahlte die ganze Hochzeit und gab ihr darüber hinaus noch eine Mitgift. Und einigen High School-Kindern hat er Geld für die Collegeausbildung geschenkt.«

Auf der Basis dieser und ähnlicher Wohltaten begann Al Capone, sich in einem neuen Licht zu sehen. Wenn er in Chicago genauso vorginge, würden ihm die Leute dort vielleicht mit derselben Zuneigung und dem gleichen Respekt begegnen, die ihm die Einwohner von Lansing entgegenbrachten. Andererseits war er sich durchaus im klaren, daß er, um dieses Ziel zu erreichen, die exponierte Machtposition, die er von Johnny Torrio geerbt hatte, würde abgeben müssen. Er könnte zum Beispiel damit anfangen, die Führung der täglichen Geschäfte an Ralph und Jack Guzik abzutreten. Schließlich leiteten sie den Laden ja auch jetzt während seiner Abwesenheit. Dann könnte er sich voll und ganz darauf konzentrieren, seinen Namen reinzuwaschen. Natürlich gab es da eine Reihe unschöner Hindernisse, angefangen mit dem Mord an McSwiggin – aber wäre es nicht herrlich, einmal ohne den furchtbaren Kloß im Hals zu leben, einmal nicht ständig auf der Flucht zu sein und sich ohne gepanzerte Limousine mit Vor- und Nachhut durch die Stadt zu bewegen, so wie er es hier in Lansing tat, wo ihm die Passanten freundlich »Hallo, Al!« zuriefen, wenn sie ihn sahen, und ihm zuwinkten, anstatt eine Maschinenpistole in seine Richtung abzufeuern oder zu versuchen, seine Lieblingspasta zu vergiften.

Sein Bruder Vincenzo, »Two-Gun« Hart, das wußte er, hatte den Schritt

vom Revolverhelden zum Gesetzeshüter geschafft und es sogar fertiggebracht, sich als Marschall und Prohibitions-Agent einen Namen zu machen. Natürlich war seine Verwandlung, die mit der Verhüllung seiner wahren Identität einherging, recht eigenwillig, und Al würde es vollkommen anders anpacken müssen. Aber die Möglichkeit schien ihm überaus verlockend. Warum sollte er es nicht bewerkstelligen können? Je länger er darüber nachdachte und je mehr müßige Sommerwochen verstrichen, desto verlockender erschien ihm der Gedanke, aus dem Gangsterleben auszusteigen. Aber wie sollte er es realisieren? War es überhaupt machbar? Nein. Es war unmöglich.
Angelo jedoch wußte es besser: Mit Gottes Hilfe war alles möglich.

Bisher hatten ethnische Vorurteile, Haß, Rachegelüste und Habgier Capones Leben bestimmt. Jetzt, im Sommer 1926, sehnte er sich danach, das zu ändern – und wenn es nur darum ging, seinen Hals zu retten. Viele Stunden lang diskutierte er mit seinem Freund Angelo Mastropietro die verschiedenen Möglichkeiten durch: Am einfachsten wäre es, weiterhin auf Tauchstation in Lansing zu bleiben, wo ihn seine Freunde und Verbündeten und sogar die Polizei deckten. Ein anderer, ebenfall relativ leicht realisierbarer Weg bestünde darin, sich nach Kanada abzusetzen und nach einer Weile seine Familie nachkommen zu lassen. Und dann könnte er natürlich noch nach Chicago zurückkehren – das war der riskanteste Weg. Gelänge es ihm, die Anschläge feindlicher Racketeers zu überleben und auch den Fängen der Behörden zu entkommen und seinen Namen reinzuwaschen, dann könnte er ein neues Leben beginnen. Capone entschied sich für die dritte Möglichkeit, den schwierigsten und riskantesten, letztlich aber einzig lohnenden Weg.
Er fing an, Ferngespräche mit den Behörden in Chicago zu führen, und schon bald gab es in Lansing nur noch ein Gesprächsthema: Al Capone hatte vor, sich der Polizei zu stellen. Die Verhandlungen zwischen dem Racketeer und der Staatsanwaltschaft erforderten größtes Fingerspitzengefühl. Mehrmals spielte Capone mit dem Gedanken, alles hinzuwerfen, doch sein Freund Angelo gab ihm immer wieder den nötigen Rückhalt. Wenn er jetzt aufgab, so argumentierte Mastropietro, würde er den Rest seines Lebens auf der Flucht zubringen und früher oder später doch gefaßt werden. Es war wesentlich klüger, sich in einem Moment zu stellen, in dem man selbst noch gute Karten hatte. Und schließlich gelang es ihm, Capone zu überzeugen, daß es keinen Sinn hatte, ewig vor seinen Feinden und den blutigen Erinnerungen davonzulaufen. Er mußte endlich anfangen, die Konsequenzen wenn schon nicht aller, so zumindest einiger sei-

ner Taten zu tragen. Wie die Sache ausgehen würde, konnte allerdings niemand voraussagen.

Nach vier Monaten schließlich teilte Al Capone den Behörden in Chicago mit, er wolle nach Illinois zurückkehren, und er vereinbarte mit Staatsanwalt Crowe, daß er sich an der Grenze zwischen den Bundesstaaten Illinois und Indiana einer Gruppe der Bundespolizei unter Leitung von Pat Roche stellen werde.

In der brütenden Mittagshitze des 28. Juli 1926 näherte sich eine große Limousine langsam der Staatengrenze. Sie hielt an, und ein hochgewachsener, massiger, sehr gut gekleideter Mann stieg aus und wurde sofort von einem Haufen wartender Presseleute bedrängt. Al Capone – unverkennbar war er dieser Mann – nahm sich Zeit für sie und erläuterte geduldig die Vereinbarungen, die er mit der Staatsanwaltschaft getroffen hatte: »Ich fahre jetzt mit Mr. Roche zum Bundesgerichtshof [in Chicago]«, sagte er entschlossen. »Wir haben am Telephon bereits über die Angelegenheit gesprochen, und ich finde, es ist endlich an der Zeit, meine Unschuld zu belegen. Gegen mich liegen so viele Anschuldigungen vor, daß ich sie bald nicht mehr zählen kann, und ich hatte bisher keine Gelegenheit, mich dazu zu äußern. Aber ich bin unschuldig, und es wird nicht lange dauern, das zu beweisen.« Auf die Frage eines Reporters, warum er sich denn so lange versteckt gehalten hätte, wenn er doch unschuldig sei, antwortete der clevere Racketeer ausweichend: »Die Polizei erzählt viel. Man hat mir einen Haufen Morde angehängt. Jedes Mal, wenn sie den wahren Schuldigen nicht finden konnten, haben sie die Sache mir in die Schuhe geschoben, weil sie mich für einen geeigneten Sündenbock hielten.«

Mit diesen Worten startete Al Capone die Kampagne, seinen Namen von allen Anklagen und Vorwürfen reinzuwaschen.

5. Kapitel

Rückkehr und Zielscheibe

Nachdem Al Capone seinem beschaulichen Dasein somit selbst ein jähes Ende bereitet hatte, kehrte er nach Chicago zurück, wo der Arm des Gesetzes sehr unsanft nach ihm griff. Man zerrte ihn an die Öffentlichkeit, nahm ihm seine Freiheit und steckte ihn in Polizeigewahrsam, wo ihm das ganze Ausmaß seiner Situation bewußt wurde: Die Polizei hatte seinen Bruder Frank ohne viel Aufhebens erschossen und würde versuchen, bei der nächstbesten Gelegenheit auch ihn zu erledigen. Doch Capone hielt die Wut und Angst, die in ihm hochkamen, im Zaum und zeigte sich überaus kooperativ, so als ob ihn das Großaufgebot an Polizisten, die ihn für McSwiggins Tod verantwortlich machten, nicht im geringsten beunruhigte.
Am 29. Juli 1926, einen Tag nachdem er sich gestellt hatte, mußte Capone vor Richter Thomas Lynch erscheinen. Vor dem Gerichtsgebäude wartete die Presse auf ihn, der gegenüber er mit einem meisterhaft vagen Statement andeutete, wie er den Fall sah: »Selbstverständlich habe ich McSwiggin nicht umgebracht«, beteuerte Capone, und die Journalisten versuchten fieberhaft, die Worte jenes Mannes mitzuschreiben, der vor drei Monaten auf mysteriöse Weise verschwunden und nun ebenso geheimnisvoll wieder aufgetaucht war. »Warum sollte ich? Ich mochte den Kerl. Keine zehn Tage, bevor er kaltgemacht wurde, habe ich noch mit McSwiggin geredet. Ein paar Freunde von mir waren auch dabei. Wären wir darauf aus gewesen, ihn zu töten, hätten wir es einfach getan, und niemand hätte es erfahren. Aber wir wollten nicht, wir haben es nie gewollt. Auch Doherty und Duffy waren meine Freunde. Ich wollte ihnen nicht an den Kragen. Schließlich hatte ich Doherty öfters Geld geborgt. Ich war nicht im ›Biergeschäft‹, und mir war egal, wo sie ihre Ware verkauften. Ein paar Tage vor dem Mord waren mein Bruder Ralph und Doherty und die O'Donnells noch zusammen auf einer Party.«
Einem anderen Reporter gegenüber machte Capone eine noch brisantere Enthüllung: »Ich habe McSwiggin bezahlt. Ich habe ihn gut bezahlt, und ich bekam, wofür ich zahlte.« Das hieß im Klartext folgendes: Erstens kannte und mochte er McSwiggin; zweitens verstieß McSwiggin in von

Capone kontrollierten Flüsterkneipen gegen die Prohibition; drittens war der Vater des Ermordeten einer von Als Trinkkumpanen; und viertens bestach Capone McSwiggin regelmäßig.

Nach diesen sehr geschickten Sätzen betrat Capone den Gerichtssaal – der Augenblick der Wahrheit war gekommen. Er wurde von seinem Anwalt Thomas Nash begleitet, der schon öfters Racketeers wie Al Capone durch das Labyrinth des Chicagoer Justizsystems geführt und sich dadurch eine gutgehende Kanzlei aufgebaut hatte. Hinter vorgehaltener Hand hieß es, Nash würde seine Mandanten so oft freibekommen, weil er wüßte, wen es zu bestechen und wen es zu bedrohen galt. Auch diesmal machten sich seine Vorkehrungen bezahlt, denn kaum hatte der stellvertretende Staatsanwalt George Gorman die Mordanklage verlesen, wies der Richter die Klage schon mit der Begründung ab, die Anzeige des Chief of Detectives Schoemaker beruhe »auf oberflächlichen Informationen und Vermutungen, die durch weitere Untersuchungen nicht erhärtet werden konnten«. Innerhalb weniger Stunden war Capone ein freier Mann.

Das rasche Urteil rechtfertigte im nachhinein Capones Entscheidung, zurückzukehren und sich der Anklage des Mordes an William McSwiggin zu stellen. Ja, im Grunde war es ein Geniestreich, weil sich der Gangsterboß damit das gekauft hatte, was ihm am kostbarsten war: Zeit. In seiner Abwesenheit hatten sich die Gemüter beruhigt, und zudem hatte eine nähere Untersuchung von McSwiggins Laufbahn den Verdacht gegen den jungen Staatsanwalt erhärtet. Seine zum Teil auf Kinderfreundschaften basierenden Verbindungen zu irischen Bootleggern und Männern, die man mit Fug und Recht als »Gangster« bezeichnen konnte, waren so offensichtlich, daß er sich nachträglich als durch und durch unredlicher und korrupter Staatsdiener entpuppte, der sich wiederholt auf gefährliches Terrain vorgewagt hatte. So wie er sich verhielt, mußte früher oder später etwas passieren. Nur ein ausgesprochen dummer und leichtsinniger Staatsanwalt würde regelmäßig mit Alkoholschmugglern spielen und zechen. Und wenn McSwiggin die Prohibition, die zu wahren er geschworen hatte, so offen ignorierte und nicht nur zu Hause ein Gläschen trank, sondern in Gesellschaft der größten Bootlegger kreuz und quer durch Cicero von einer Bar zur nächsten zog, und mit ihnen trank, pokerte und sich von ihnen chauffieren ließ und auch noch seinem Vater davon erzählte, der, obwohl selber Polizist, offenbar nichts dabei fand – mußte man sich da nicht fragen, was für ein Staatsanwalt, geschweige denn Vorbild McSwiggin überhaupt war?

Vor diesem Hintergrund erkannte die Öffentlichkeit, daß Capone und McSwiggin nicht auf verschiedenen Seiten standen, sondern sich im Grunde gegen das Gesetz verbündet, ja geradezu dagegen verschworen hatten. Die beiden vertraten keineswegs entgegengesetzte ethische Vorstellungen, sondern unterschieden sich lediglich um wenige, verschwommene Nuancen. Einer benutzte den anderen, und beide scherten sich nicht um die Öffentlichkeit. Nachdem all das im Sommer 1926 ans Licht kam, war McSwiggins Ruf für immer dahin, und er galt auch nicht mehr als der Märtyrer, als den man ihn im Anschluß an seinen brutalen Tod so oft hingestellt hatte.

Capone und sein Anwalt verließen den Gerichtssaal, vorbei an Sergeant Anthony McSwiggin, der für seinen toten Sohn Zeugnis ablegen wollte. Nachdem der Mann, den er für den Mörder seines Sohnes hielt, gegangen war, murmelte McSwiggin bitter: »Sie haben ihm einen Orden umgehängt und ihn freigelassen«, und weiter: »Als sie meinen Jungen getötet haben, haben sie auch mich getötet.«

Das bedeutete jedoch nicht das Ende der Auseinandersetzungen zwischen Capone und Anthony McSwiggin. Wie besessen irrte der alte Polizist durch die Chicagoer Gefängnisse und wollte Gefangenen Informationen abringen, um den Mörder seines Sohnes letztlich doch noch zu entlarven. Obwohl niemand Capones Namen nannte, wandte sich der alte McSwiggin an die Presse und behauptete, er wisse nun, wer seinen Sohn getötet habe, könnte den Namen jedoch nicht preisgeben, weil dieser Hinweis für die Ohren der Öffentlichkeit zu gefährlich wäre. Bald darauf änderte er jedoch seine Meinung und sagte, er könnte die Mörder von William McSwiggin doch namentlich nennen: Al Capone, zwei seiner Lieutenants – Frankie Rio und Frank Diamond – sowie ein Bootlegger namens Bob McCollough. Doch die Worte des verstörten alten Mannes fanden kaum Gehör, und Anthony McSwiggins verzweifelter Versuch, eine Wiederaufnahme des Verfahrens zu erreichen, scheiterte.

Kurz darauf kursierte in Chicagoer Flüsterkneipen und Nachrichtenredaktionen das Gerücht von einer neuen Konfrontation zwischen den beiden: Erbost und wie besessen hätte der altgediente Polizeibeamte Capone im Foyer des Hawthorne Hotels gestellt und lautstark des Mordes bezichtigt, woraufhin Capone seinem verdutzten Ankläger einen Revolver in die Hand gedrückt und gemeint hätte: »Wenn Sie glauben, daß ich es war, dann erschießen Sie mich doch.« Anthony McSwiggin hätte daraufhin fluchtartig das Foyer verlassen und Al Capone sei wieder zum Pokern ins Obergeschoß gegangen.

Was McSwiggins Tod betraf, wurde Capone letztlich nie restlos entlastet, doch richteten sich die Vorwürfe bald nicht mehr gegen ihn, sondern gegen andere Personen, ja sogar gegen das Büro des Staatsanwalts Robert Crowe selbst, der mit den Racketeers zu sehr auf du und du zu stehen schien, um sie auf die Anklagebank bringen zu können. Schließlich war

Crowe McSwiggins Chef und hatte von denselben unheilvollen Verbindungen profitiert, in die auch McSwiggin verwickelt gewesen war. Je intensiver sich die Staatsanwälte mit McSwiggins Ermordung beschäftigten, desto mehr belasteten sie sich selbst. Je länger sich die Untersuchungen hinzogen, desto mehr wurde die vermeintliche »Geheimhaltung« zur Farce. Statt dessen drängte sich zunehmend der Verdacht auf, die eigentlichen Schuldigen wären nicht die Racketeers, sondern die gesamte Chicagoer Stadtverwaltung, die sich nun als ein bürokratischer Apparat entpuppte, der viel mehr darauf bedacht schien, seine eigenen, hart erkämpften Pfründe zu verteidigen, als sich um öffentliche Belange und Mißstände zu kümmern.
Hauptleidtragender von McSwiggins Ermordung war im Endeffekt die politische Ordnung von Chicago. Händeringend, aber tatenlos sah der reformistische Bürgermeister William »Decent« Dever dem Treiben zu. Er bot ein Bild ohnmächtiger Entrüstung, doch blieben seine Ausfälle gegen die Gangster und für die Prohibition nur hohle Phrasen. Offenbar vermochte keine Stadt, kein Bezirk und keine staatliche Institution eine unparteiische Untersuchung des Mordfalls McSwiggin oder irgendeines anderen Falls, bei dem es um organisiertes Gangstertum und Alkoholschmuggel ging, zuwege zu bringen. Die Möglichkeit, eine Untersuchung durch eine Bundesbehörde vorzunehmen, existierte damals noch nicht.
So aber konnte es nicht weitergehen, eine Veränderung zum Guten oder Schlechten stand unwiderruflich an: Entweder würde die Korruption allgegenwärtig und Männer wie Capone so mächtig werden, daß sich niemand mehr die Mühe machte, dagegen vorzugehen, oder aber die Bundesregierung würde sich gezwungen sehen einzugreifen, und sei es nur, um angesichts der zunehmenden kriminellen Bedrohung ihre eigene Glaubwürdigkeit zu wahren. Und noch eine weitere Frage blieb offen: Was mußte das für ein Verbrechen sein, das Capone oder andere Gangsterbosse sozusagen aus beruflichen Gründen verübten, damit die Bundesbehörde schließlich doch noch auf den Plan gerufen würde?

Capone war nach Chicago zurückgekehrt, weil er um jeden Preis Ansehen und Achtung erlangen wollte. Nachdem die Mordanklage erfolgreich abgewiesen war, sah er sich nun mit einer weitaus größeren Herausforderung konfrontiert: Er mußte der Organisation wieder eine solide Grundlage verschaffen, wie es sie unter Johnny Torrio gegeben hatte, als man Meinungsverschiedenheiten in klärenden Gesprächen beilegte, anstatt sich gegenseitig umzubringen. Gelang es Capone, dies zu bewerkstelligen, könnte er sein Ziel erreichen und sich vielleicht schon gegen Ende des Jahres aus dem Geschäft zurückziehen. Er malte sich bereits aus, wie er als wohlhabender Privatier Weihnachten mit Frau und Kind in seinem Haus in der Prairie Avenue verbringen würde. Doch solche Tagträume liefen seinem Temperament zuwider. Außerdem war er viel zu gesellig, um bis ans Ende seiner Tage von einem finsteren Hinterzimmer aus die Fäden zu ziehen. Er mußte einfach im Rampenlicht stehen, Reden halten, Hände schütteln und selber aktiv werden.

Am 10. August beauftragte er Louis Barko, einen seiner Handlanger, »Hymie« Weiss und »Schemer« Drucci zu überfallen, die sich Capones Abwesenheit kräftig zunutze gemacht hatten. Es war kurz nach neun Uhr morgens, als sich die beiden Männer auf dem Weg zu einem Treffen mit Morris Eller, einem leitenden Verwaltungsbeamten mit Verbindungen zum Amt für Stadthygiene, und John Sbarbaro befanden, der als Bestattungsunternehmer von Gangsterland fungierte und gleichzeitig ein Gehalt als stellvertretender Staatsanwalt kassierte. Drucci führte Bestechungsgelder in Höhe von 13 200 Dollar mit sich. Auf ihrem Weg zum Standard Oil Building, wo die Zusammenkunft stattfinden sollte, wurden sie von Barko und drei anderen Männern gestellt.

Es fielen Schüsse, Passanten flohen in alle Richtungen. Als ein Polizeiwagen am Tatort eintraf, fielen wieder Schüsse. Weiss rannte in das Gebäude, und Drucci versuchte, sich mit einem Sprung auf das Trittbrett eines fahrenden Autos zu retten. Die Polizei verhaftete ihn und Barko, nahm die beiden mit aufs Revier und unterzog sie einem Verhör. Doch wie in Chicago üblich, kam nichts dabei heraus. Die Verdächtigen, alte Bekannte der Polizei, nannten dem verwirrten Chief of Detectives, William »Shoes« Schoemaker, falsche Namen und Adressen. Dem Ehrenkodex der Gangster entsprechend beteuerte Drucci, er hätte den Mann, der auf ihn geschossen hatte, noch nie zuvor gesehen. Später gab er zu, wenn er es sich so überlege, könnte es sein, daß er ihm vielleicht doch schon einmal begegnet sei, aber er hätte nicht die leiseste Ahnung, warum überhaupt geschossen worden war. Wahrscheinlich hatte es der Schütze auf sein Geld abgesehen. Drucci war sich ganz sicher, das Opfer eines ganz gewöhnlichen Raubüberfalls geworden zu sein. Und überhaupt wisse er rein gar nichts von Banden … Zähneknirschend mußte »Shoes« die beiden wieder laufen lassen.

Capone hatte Drucci und Weiss durch Barko also mitteilen lassen, daß er wieder in der Stadt war, und erhielt daraufhin eine furiose Antwort. Sechs Wochen später, am 20. September, aß Capone mit Frankie Rio, einem seiner Leibwächter, im Hawthorne Inn zu Mittag. Wie immer saßen sie im hinteren Bereich des Restaurants, mit dem Rücken zur Wand. Es war ein herrlicher Herbstnachmittag, die Blätter verfärbten sich allmählich. Eine gespannte Erwartung lag in der Luft, denn heute sollte ein großes Pferderennen auf dem Hawthorne Race Track stattfinden. Alkoholschmuggler aus ganz Amerika hatten ihre besten Pferde geschickt, und die edlen Vollblüter boten einen prächtigen Anblick. Capone freute sich auf den Nachmittag, wo er von der Ehrentribüne aus die Rennen verfolgen wollte. Aber er mußte sich noch bis 14.30 Uhr gedulden. Die Zeiger der Uhr über der Kasse schienen bei 13.15 Uhr stillzustehen. Gedankenverloren führte Al seine Kaffeetasse zum Mund, doch noch bevor er einen Schluck genommen hatte, stellte er die Tasse abrupt auf den Tisch zurück. Er hatte etwas Ungewöhnliches, etwas Tödliches gehört.

Nun ging es Schlag auf Schlag: 60 Gäste kreischten, Capone verschwand unter dem Tisch, Rio fixierte mit gezückter Waffe die beiden Flügeltüren, die auf die Straße hinausführten. Der Lärm wurde lauter, und schließlich war das ohrenbetäubende Feuer von Maschinengewehren zu hören, das sich von Westen her auf der 22nd Street näherte. Das Personal verließ fluchtartig das Restaurant. Wer von den anderen Gästen geistesgegenwärtig genug war, warf sich wie Capone zwischen den Tischen zu Boden. Dann hörte der Lärm, der immer lauter geworden war, mit einem Mal auf. Der Wagen, von dem aus geschossen worden war, beschleunigte und verschwand. Es herrschte Totenstille. Obwohl ganz eindeutig aus Maschinengewehren gefeuert worden war, war seltsamerweise nichts zu Bruch gegangen.

Die Gäste atmeten auf, wenngleich noch niemand außer Capone aufzustehen wagte. Er hatte erkannt, daß die unbekannten Schützen nur mit Platzpatronen geschossen hatten. Womit sonst? Schließlich würde niemand, nicht einmal ein Gangster, mit einem Maschinengewehr wahllos in eine Menschenmenge schießen. Capone wollte zeigen, daß er sich nicht einschüchtern ließ, und ging auf die Türen zu, als plötzlich jemand auf ihn zusprang und ihn zu Boden riß. Es war Frankie Rio, der seinen Job tat. »Es ist noch nicht vorbei, Boß«, rief Rio und schnappte nach Luft. »Jetzt geht's erst richtig los. Bleib unten.« Capone sah ihn an, blieb liegen und wartete ab, wie sich die Sache weiterentwickeln würde.

Kurze Zeit später fuhr eine Kolonne aus sieben Wagen an der hufeisenförmigen Fassade des Hawthorne Inn vor. Auf der Höhe des Hotels angelangt, eröffneten Schützen aus den Wagen heraus das Maschinengewehrfeuer auf das Restaurant, in dem Capone auf dem Boden lag. Diesmal waren es echte Kugeln, die ein tödliches Muster in die Fassade zeichneten. Am Ende des Gebäudes angekommen, blieb der erste Wagen stehen, Stoßstange an Stoßstange hielten auch die folgenden fünf Limousinen an, und aus jedem Wagen prasselte Maschinengewehrfeuer auf das Hawthorne und das benachbarte Hotel Anton. Anschließend tauchten noch zwei Wagen auf, und während einer kurzen Feuerpause stieg ein Mann, der Zeugenaussagen zufolge einen braunen Overall und ein khakigrünes Hemd trug, aus dem vorletzten Wagen und ging mit einem Maschinengewehr bewaffnet auf den Haupteingang des Hawthorne zu. Dort kniete er sich hin und begann zu schießen, machte eine kurze Pause, um nachzuladen, und durchlöcherte die Fassade und die Innenräume ungefähr auf Herzhöhe mit hunderten von 45er Kugeln in fein säuberlichen Reihen. Danach stand er auf und kehrte zum Wagen zurück. Der Fahrer hupte dreimal, und der Konvoi rollte weiter und verschwand.

Die Attentäter hatten mehr als 1000 Schüsse auf die zwei von Capone kontrollierten Hotels abgefeuert, dabei alle Fensterscheiben zerschossen, die Türen restlos zerfetzt und auf Ziegeln und Mauerwerk groteske Gravuren hinterlassen. Niemand verlor bei dem barbarischen Angriff das Leben, und auch Al Capone, die eigentliche Zielscheibe, kam ohne Blessuren davon. Einige Verletzte gab es allerdings. Clyde Freeman, seine Frau, und ihr fünfjähriger Sohn, die zum Pferderennen aus Louisiana gekommen waren, schafften es nicht mehr rechtzeitig aus ihrem geparkten Wagen auszusteigen, als die ersten Schüsse fielen. Nachdem sich der Rauch verzogen hatte, entdeckte Mr. Freeman ein Einschußloch in seinem Hut und eines in der Jacke seines Sohnes. Viel schlimmer war jedoch, daß eine Kugel das Knie des Jungen gestreift, seine Frau einen Steckschuß im Arm erlitten, und ein Splitter der zerborstenen Windschutzscheibe ihr rechtes Auge getroffen hatte. Capone eilte zum Wagen der Freemans, der von vorne bis hinten mit Einschußlöchern übersät war, und als er sah, was geschehen war, bestand er darauf, mit 10 000 Dollar für den Schaden aufzukommen.

Das andere Opfer war Capones Scherge Louis Barko, der einen Monat zuvor das Feuer auf Drucci und Weiss eröffnet hatte. Seine Schußwunde an der Schulter erregte die Aufmerksamkeit von William Schoemaker, der einmal mehr fluchte und Barko zusammen mit Weiss, Drucci und »Bugs« Moran gründlich in die Zange nahm. Doch wieder ließ sich Barko nicht mehr entlocken als: »Ich hab' diese Leute noch nie gesehen.« Obwohl am hellichten Tag mitten in Cicero mehr als 1000 Schüsse gefallen waren, stellte die Polizei die Untersuchung des Vorfalls ein. Hätten sich »Shoes« und seine korrupte Polizeieinheit die Mühe gemacht, diese Männer einzusperren, wäre es nie zu der nächsten blutigen Episode in der Geschichte der Chicagoer Bandenkriege gekommen. So aber sollte Capone einmal mehr demonstrieren können, daß er es verstand, mit seinen Feinden abzurechnen, vor allem mit Leuten wie »Hymie« Weiss, der es gewagt hatte, ihn an jenem strahlenden Herbstnachmittag in Cicero derart zu demütigen.

Bevor Capone zurückschlug, wollte er Weiss jedoch noch eine letzte Chance geben. Von seinem Entschluß, aus dem Geschäft auszusteigen, beflügelt, lud er Weiss für Montag, den 4. Oktober, zu einem Treffen ins Morrison Hotel ein. Capone hoffte, Weiss als Geschäftspartner zu gewinnen und damit ihre tödliche Rivalität zu beenden. Da er fürchtete, seine persönliche Anwesenheit würde die Stimmung zu sehr anheizen, schickte Capone Tony Lombardo, den damaligen Boß der Chicagoer Unione Sicilione, um in seinem Namen zu verhandeln. »Capone will endlich Frieden«, soll Lombardo im Verlauf des Treffens gesagt haben. »Wenn die Kämpfe weitergehen, werden auf beiden Seiten nur wenige Männer übrigbleiben. Du und Capone, ihr seid beide noch nicht einmal dreißig. Es gibt keinen Grund, warum einer von euch sterben sollte. Dieses Morden ist doch Irrsinn. Das Geschäft gibt genug für euch beide her.« Dann legte Lombardo Capones Verhandlungsangebot auf den Tisch: Als Gegenleistung für den Frieden würde Weiss alle Bierkonzessionen Chicagos nördlich der Madison Street verwalten. Das Angebot war mehr als großzügig, da sich in diesem Gebiet mehrere tausend Flüsterkneipen befanden. Damit gab er Weiss im Grunde eine außerordentlich lukrative Vertriebsvollmacht in die Hand. Capone war bereit, diesen Preis für den Frieden und sein Leben zu bezahlen.

Weiss aber lehnte das Angebot erbost ab und nannte Capone eine Schlange. »Erst lächelt er dir ins Gesicht, dann macht er dich kalt – das ist seine beste Nummer. Außerdem geht es hier nicht nur ums Geschäft. Capone hat noch nicht für O'Banions Tod bezahlt.«

»Das war vor zwei Jahren«, erwiderte Lombardo. »Ihr habt doch schon genug Leute umgebracht.

»Capone wird mir beweisen müssen, daß er es mit dem Frieden ernst meint«, beharrte Weiss.

»Er wird dir jeden Beweis liefern, der in seiner Macht steht.«

»Scalise und Anselmi haben O'Banion auf dem Gewissen«, bemerkte Weiss. »Sag Capone, er soll mir Scalise und Anselmi ausliefern. Das ist mein Preis für den Frieden.«

Lombardo rief Al an, um ihn zu informieren.

»Das würd' ich keinem räudigen Hund antun!« brüllte Capone in den Hörer.

Der Versuch, zwischen den feindlichen Parteien Frieden zu stiften, war endgültig gescheitert. Jetzt war es nur noch eine Frage der Zeit, wann Capone auf die Demütigung, die Weiss ihm zugefügt hatte, reagierte. Denn wenn er Weiss nicht umbrachte, würde zweifellos dieser ihn töten. Der entsetzliche Teufelskreis aus Blut und Terror nahm kein Ende, und einmal mehr bestand die Möglichkeit, daß Capone schon bald neben seinem Bruder Frank im Familiengrab der Capones auf dem Mount Carmel-Friedhof seine letzte Ruhe fände.

Am nächsten Tag, dem 5. Oktober, mietete ein Mann, der sich Oscar Lundin nannte, in der North State Street 740 für acht Dollar die Woche ein Zimmer im ersten Stock. Diese Adresse lag – ganz zufällig – direkt gegenüber von Schofields Blumenladen, in dem zwei Jahre zuvor Dion O'-Banion ermordet worden war und der dessen Nachfolgern »Schemer« Drucci, »Bugs« Moran und »Hymie« Weiss noch immer als Hauptquartier diente. Das Zimmer bot einen guten Blick auf den Laden und eignete sich hervorragend für einen Scharfschützen. Fast eine ganze Woche lang wechselten sich die Beobachtungsposten ab. Am 11. Oktober, einem Montagnachmittag, ließ sich Weiss endlich blicken. Er fuhr in einem Cadillac vor, der gegenüber von Schofields Blumenladen hielt.

Aus ihrem Versteck heraus beobachteten zwei Männer den Wagen, drückten die Zigaretten aus und griffen nach ihren Maschinenpistolen. Mit Argusaugen spähten sie auf die Straße hinunter, denn mit etwas Glück würden sie nicht nur Weiss, sondern auch seine vier Begleiter aus dem Weg räumen können: den Strafverteidiger W. W. O'Brien, den korrupten Politiker Benjamin Jacobs, den Bootlegger Patrick Murray sowie Sam Peller, ihren Chauffeur.

Als auf der gegenüberliegenden Straßenseite ein Buick hielt, stieg Weiss aus seinem Cadillac aus und überquerte – sichtlich aufgeregt – die Straße. Er kam gerade vom Gericht, wo er eine Liste der Geschworenen für die Verhandlung gegen »Polack Joe« Saltis erhalten hatte, einen Racketeer von der South Side, der unter Mordanklage stand. Weiss plante, die Geschworenen zu bestechen oder ihnen zu drohen. Die Heckenschützen standen schußbereit im ersten Stock am Fenster, und als Weiss in der Mitte der Straße über die Trambahngleise sprang, eröffneten sie das Feuer. Wenige Augenblicke später hatten sie Murray erschossen und Jacobs, O'Brien sowie Peller schwer verletzt, und Weiss lag mit zehn Kugeln im Körper tot auf dem Gehsteig. Er war 28 geworden, für einen Racketeer nicht mehr allzu jung, aber auch nicht gerade alt.

Die Holy Name Cathedral war stummer Zeuge der Schießerei und trug ebenfalls Narben davon. Bevor die Schüsse fielen, stand am Eckstein die folgende Inschrift aus dem Brief des Paulus an die Philipper zu lesen:

> At The Name Of Jesus Every Knee Should Bow
> In Heaven And On
> Earth.*

---

* Anm. d. Übs.: (Im Namen Jesu) beuge sich jedes Knie/Im Himmel und auf/Erden. Der in Klammern gesetzte Teil wurde weggeschossen.

Hinterher hieß es nur noch:

Every Knee Should Bow
In Heaven And On
Earth.

Jahrelang weigerte sich die Kirche, den Schaden an der Kathedrale zu reparieren, um mahnend der Gewalt in Chicago zu gedenken und an jenen Tag zu erinnern, über den die *Tribune* schrieb: »Gangsterbanden haben den Glauben buchstäblich in Stücke geschossen.«
Wie nicht anders zu erwarten, bekam auch Weiss eine pompöse Beerdigung. Der Bestattungsunternehmer John Sbarbaro, der schon früher mit großem Geschick die durchlöcherten Leichen anderer Gangster wieder zurechtgeflickt hatte, organisierte das Begräbnis. Weiss wurde in einem bronzenen Sarg mit silbernen Beschlägen im Mount Carmel-Friedhof beigesetzt, wo Gangster und ihre Opfer gleichermaßen ihre letzte Ruhe fanden. Capone war nicht dreist genug, um der Beerdigung persönlich beizuwohnen. Moran und Drucci hingegen beweinten gemeinsam ihren ermordeten Waffenbruder und fragten sich, wen man wohl als nächstes beerdigen würde: Capone, den Freund oder sich selbst. Da es Ende Oktober war und die Wahlen unmittelbar vor der Tür standen, wollten auch einige Politiker dem zweitmächtigsten Bootlegger der Stadt die letzte Ehre erweisen, fuhren in ihren mit grellen Plakaten beklebten Wagen im Leichenzug mit und verwandelten die Zeremonie so in eine Wahlveranstaltung. Auf den Banderolen stand in dicken Buchstaben zu lesen:

WÄHLT KING-ELLER-GRAYDON INS AMT FÜR STADTHYGIENE!
JOE SAVAGE ZUM RICHTER FÜR UNSEREN BEZIRK!
JOHN SBARBARO ALS RICHTER FÜR UNSERE STADT!

Jene Mischung aus Gangster-Beerdigung und politischem Szenario gehörte im Chicago der zwanziger Jahre schon bald zum gewohnten Bild – und mit jedem neuen Mord wurden die Grenzen fließender.

Zwar deutete alles darauf hin, daß Capone Weiss' Tod geplant hatte, doch konnte man die eigentlichen Mörder letztlich nie ausfindig machen, obwohl sie eine erstaunliche Fülle an Beweismaterial hinterlassen hatten. Kriminalbeamte stellten nur einen Häuserblock vom Tatort entfernt eine der Tatwaffen sicher. In dem von »Oscar Lundin« angemieteten Zimmer lagen überall am Boden verstreut Zigarettenkippen und leere Patronenhülsen. Auf dem Bett fand man sogar einen grauen Gangsterhut mit dem Etikett eines Händlers aus Cicero, dessen Laden in der Nähe des Hawthorne Inn lag. Trotz dieser und anderer Indizien sowie zahlreicher Aussagen von Augenzeugen gelang es der Polizei auch diesmal nicht, eine Verhaftung vorzunehmen oder gar jemanden unter Mordanklage zu stellen. Polizeichef Morgan Collins ging zumindest rhetorisch in die Offensive, indem er verkündete, er mache Capone persönlich für das jüngste Gemetzel verantwortlich. »Capone ist wie üblich auf Nummer Sicher gegangen; er ließ die Killer, erstklassige Maschinenpistolenschützen, von auswärts in die Stadt holen und dann schnellstens wieder hinausschleusen«, erklärte Collins, mußte aber gleichzeitig einräumen: »Capone hat ein Alibi. Zur Zeit der Schießerei war er in Cicero. Wir laden ihn nur dann vor, wenn wir etwas gegen ihn in der Hand haben. Wenn nicht, hat es keinen Sinn, ihn auszuquetschen.« Ein Reporter faßte dies unter der Schlagzeile zusammen: »CHICAGOER POLIZEI KAPITULIERT BEDINGUNGSLOS VOR CAPONE«.

Diesmal hatte Capone keinen Grund unterzutauchen. Vielmehr gab er eine Pressekonferenz. »Ich bedauere, daß Weiss ermordet wurde«, erklärte er und ließ sich seine Schadenfreude nicht anmerken, »aber ich habe nichts damit zu tun. Ich habe der Polizei mitgeteilt, ich stünde ihr jederzeit zur Verfügung, doch man sagte mir, ich würde nicht gebraucht. Ich war mir sicher, daß man mich dafür verantwortlich machen würde, aber warum hätte ich Weiss umbringen sollen?« Anders als im Fall McSwiggin machten Polizei und Staatsanwaltschaft keinerlei Anstalten, Capone wegen Weiss' Ermordung zu verhören, geschweige denn ihn unter Anklage zu stellen, obwohl man ihn für den Drahtzieher hielt. McSwiggin war einer von ihnen gewesen, Weiss hingegen nur ein Gangster. In gewisser Hinsicht hatte Capone der Polizei sogar einen Gefallen getan, als er ihn aus dem Weg räumen ließ.

Capones selbstsicheres Auftreten zeigte, daß er es immer besser verstand, Verdachtsmomente von sich zu weisen. Walter Trohan, der für die Presseagentur *City News Bureau* über die Polizeiarbeit berichtete, fiel auf, daß Capone im Umgang mit den Vertretern des Gesetzes eher an einen mächtigen Politiker erinnere als an einen Gangster: »Jedes Mal, wenn in Chicago ein Bandenmord passierte, lud die Polizei Capone vor, um ihn zu verhören und unter die Lupe zu nehmen ... Damals befand sich das Gericht über dem Polizeirevier in der South State Street. Eines Morgens wollte ich die breite Treppe zum Gericht hochgehen, wo sich Capone aufhielt, wurde aber von zwei Kerlen aufgehalten, die mich filzten. Empört lief ich wieder nach unten, um mich beim Revierleiter zu beschweren. ... Doch der schaute mich nur an und sagte: »Das sind nicht meine, sondern Capones Leute.«

> *Hab' ich's euch nicht gesagt: Ich werde ihnen zusetzen, daß ihnen Hören und Sehen vergeht!*
>
> »Big Bill« Thompson, 5. April 1927

Während Capone einen Sinneswandel vollzogen zu haben schien, verlief das politische Leben in Chicago noch immer in denselben alten krummen Bahnen wie früher. Einfalt und Unvernunft beherrschten nach wie vor das öffentliche Leben – mit oder ohne Capones Geld, Einfluß und Schießwut war Korruption inzwischen an der Tagesordnung. Bürgermeister Devers Abstieg war nicht mehr aufzuhalten, sein Kreuzzug für die Prohibition längst nicht mehr glaubwürdig. Er ähnelte einem glücklosen Aushilfslehrer, der in einer besonders ungezogenen Klasse mit geballter Faust Ordnung zu schaffen sucht, durch sein Auftreten die Schüler jedoch zu noch anarchischerem Verhalten anstachelt und schließlich von den Unruhestiftern unter Hohngelächter aus dem Klassenzimmer hinausgeworfen wird.

Für »Big Bill« Thompson, der seit seinem Ausscheiden vier Jahre zuvor auf ein Comeback wartete, war diese politische Situation geradezu ideal, und er nutzte sie schamlos aus, um sich in Szene zu setzen. Besser als jeder andere Chicagoer Politiker – mit Ausnahme höchstens des Quasi-Politikers Capone – wußte Thompson für die nötige Publicity zu sorgen. Er machte Schlagzeilen, wo er nur konnte, und machte den Wählern klar, daß nur er die Stadt im alten Glanz wiedererstehen lassen könne.

Thompson, der angeblich infolge einer Fünfzig-Dollar-Wette in die Politik gegangen war, hatte einen Skandal nach dem anderen heraufbeschworen. So mußte er in einem Wahlkampf zugeben, häufig Gast in Chicagoer Bordellen gewesen zu sein. Was sein Liebesleben anbetraf, maß er ohne jeden Skrupel mit zweierlei Maß. So hatte er eine adlige Witwe geheiratet, die ihm eine Aura viktorianischer Ehrbarkeit verlieh, und hielt sich gleichzeitig eine attraktive jüdische Geliebte. Er aß und trank mit Leidenschaft und pflegte einen extravaganten Lebensstil. So erwarb er zum Beispiel während Devers Amtszeit eine 25 000-Dollar-Jacht, taufte sie *Big Bill*, ließ sich selbst als Galionsfigur verewigen und erklärte zur allgemeinen Erheiterung der Presse, er wolle im Rahmen einer Expedition einen Fisch fangen, der angeblich auf Bäume klettern könne. Mit der *Big Bill* kreuzte er auf dem Mississippi, hielt unterwegs politische Reden und tat überhaupt, was in seiner Macht stand, um Aufmerksamkeit zu erregen.

Zwar gelang es ihm nicht, seinen Kletterfisch zu finden, aber er löste eine »Bürgermeister-Thompson-Euphorie« aus, die er nach seiner Rückkehr nach Chicago mit großer Sorgfalt weiter hegte und pflegte. Dort kandidierten bereits zwei seiner Protegés, Fred Lundin und Dr. John Dill Robertson, der Leiter des städtischen Gesundheitsamts, um das Bürgermeisteramt. Thompson war erbost über diesen »Verrat«, wie er es nannte, und demonstrierte sein Mißfallen in Form eines politischen Kabaretts im Cort Theatre, das er extra zu diesem Zweck anmietete. Bei seiner »Rattenshow« betrat er die Bühne mit einem Käfig in der Hand. Die beiden Ratten im Käfig, so teilte er dem Publikum mit, hießen nach seinen Rivalen Fred und Doc. »Fred«, sagte er zu der einen Ratte, »war ich nicht einer deiner besten Freunde?« Dann wandte er sich an die andere Ratte: »Das ist Doc. Da bin ich mir ganz sicher, weil er gestern nach 20 Jahren zum ersten Mal wieder ein Bad genommen hat« (eine Anspielung auf Robertsons Posten beim Gesundheitsamt). Thompson beendete seine Darbietung mit dem Kommentar, früher wären sechs Ratten im Käfig gewesen, doch Doc und Fred hätten die anderen aufgefressen. Das Publikum johlte vor Begeisterung, und er war auf einmal aussichtsreichster Bürgermeisterkandidat. Nun mußte Thompson nur noch gegen William E. Dever antreten, den er als »fragwürdigen Iren« hinstellte und gegen den er so oft er nur konnte antikatholische Vorurteile schürte. Der wortgewandte, integre (»Decent«) Dever war alles andere als eine leichte Beute, da er – wenngleich hauptsächlich außerhalb Chicagos – großes Ansehen genoß und weithin als der fähigste Bürgermeister des Landes und als der einzige galt, dem es eventuell noch gelingen könnte, die Chicagoer Gangster in die Knie zu zwingen.

In der Schlußphase des Wahlkampfs verlagerte Thompson seine Taktik und schwenkte von kabarettistischen Gags auf groteske Demagogie um. Damit gelang es ihm auch tatsächlich, die Bevölkerung vom Wesentlichen abzulenken und sie mit künstlichen Wahlkampfthemen aufzuwiegeln.

Bürgermeister Dever wollte Thompsons Torheiten plausible Argumente entgegenhalten, mußte sich jedoch frustriert fragen, wie er »gegen so ein Hirn« Wahlkampf führen solle. Er mußte zugeben, daß seine vernünftige, nüchterne Kampagne gegen Thompsons tückische Phrasendrescherei – zumal zum dankbaren Thema Prohibition – keine Chance hatte. Seinen Wählern stets zu Diensten, behauptete Thompson, er sei »nass wie der Atlantische Ozean«, und um dies zu erhärten versprach er, jede Flüsterkneipe, die Dever geschlossen hatte, wieder zu öffnen und dem ohnehin schon triefnassen Chicago noch zehntausend neue zu bescheren. Zum Beweis für seine Glaubwürdigkeit ließ er in seiner Wahlkampfzentrale den besten schwarzgebrannten Schnaps in der Stadt ausschenken.

Chicagos Ruf als Tummelplatz für Gangster wurde unweigerlich zu einem wichtigen, ja vielleicht sogar dem einzigen echten Wahlkampfthema. Dever hatte es diesbezüglich zwar immer ernst gemeint, aber nichts erreicht. Doch Thompson fackelte nicht lange und machte ihn für das kriminelle Klima der Stadt verantwortlich. In einer Großanzeige in der *Chicago Tribune* warnte er: »Die Stadt wird von Schwachsinnigen und anderen niederen Elementen überschwemmt. Die Zeitungen sind voll von Berichten über Morde und andere entsetzliche Verbrechen. Thompson verpflichtet sich, dies zu ändern, damit das Leben und Eigentum der Chicagoer Bürger wieder sicher wird.« – »Big Bill« fand nichts dabei, die Gangster einerseits zu verdammen und gleichzeitig bei Capone und anderen Racketeers um Unterstützung zu werben. Ihm ging es nur darum, die Wahlen zu gewinnen, und wenn er zu diesem Zweck eine Massenhysterie entfachen mußte, sollte ihm auch das recht sein.

Obwohl er den Kampf gegen das Verbrechen propagierte, gab es wohl kaum einen Politiker, der den Chicagoer Gangsterbossen so gelegen kam wie Thompson. Dennoch widerstand Capone Thompsons Anbiederungsversuchen. Sie waren zwar beide Republikaner, doch obwohl sich Thompson nach allen Regeln der Kunst bestechen ließ, hielt Capone ihn für einen Narren, auf den man sich nicht verlassen konnte. Wenn er sich Leute im Staatsdienst gefügig machte, dann bevorzugt wenig profilierte, sachliche Typen wie Edward Z. Klenha, sein Mann in Cicero. Capone schätzte Diskretion und den Anschein von Ehrbarkeit, während Thompson ein skandalsüchtiger, provokativer Exzentriker war, der nur Scherereien machte. Als Thompson um die Gunst und finanzielle Zuwendungen der Racketeers warb, bekam er haufenweise Bargeld von Saloonbesitzern, die seinen Anti-Prohibitions-Kurs aus verständlichen Gründen sehr begrüßten, und zudem die Unterstützung von »Schemer« Drucci und Jack Zuta, der für »Bugs« Moran das Glücksspiel- und Prostitutionsgeschäft überwachte und 50 000 Dollar für Thompsons Wahlkampf spendete.

Um von seinen dummen, aber gefährlichen Rivalen nicht ausgestochen zu werden, spendete Capone, mehr aus Notwehr als aus Begeisterung für Thompson, heimlich 260 000 Dollar für dessen Wahlkampf. Dabei handelte es sich um eine im Verlauf des Wahlkampfs ganz beiläufig durchgeführte Bargeld-Transaktion. Laut einem Bericht der Chicago Crime Commission stammte das Geld »aus einer bis zum Rand mit gebündelten Fünf-Dollar-Noten gefüllten Badewanne im Hotel Sherman und [sei] an Thompsons Mitarbeiter ausgeteilt« worden. Das Geld war natürlich wie immer an Gegenleistungen geknüpft. Wie die *Chicago Tribune* ans Licht brachte, ging es dabei in erster Linie um Gebietsanteile: »Capone sollte im gesamten Stadtgebiet südlich der Madison Street das uneingeschränkte Recht bekommen, Freudenhäuser und Spielhöllen zu unterhalten … und den Verkauf von Bier und Schnaps zu kontrollieren.« Die zweite Bedingung betraf »personelle Fragen«. Bald darauf traten etliche von Capones Vertrauten – zum Beispiel Morris und Emmanuel Eller, ein Vater-Sohn-Team, das Leute bestach, damit sie zweimal zur Urne gingen, und Daniel Serritella, der Repräsentanten der Unione Sicilione – dem Thompson Republican Club bei. Sie alle sollten später während Thompsons Amtszeit wichtige Ämter bekleiden. Als die Nachricht von Capones Spende schließlich durchsickerte, überboten sich Thompsons politische Rivalen und die Presse gegenseitig in den Bekundungen ihrer Abscheu.

Für den Wahltag rechnete die Chicagoer Polizei mit Gewalttätigkeiten in den Bandenrevieren. Am Vorabend unterwies John Stege, der stellvertretende Polizeichef, seine Männer sorgfältig im Umgang mit der Maschinenpistole. 250 Polizeiautos fuhren am Wahltag überall in der Stadt Streife, doch im Gegensatz zu früheren Wahlen blieben Entführungen und Schießereien die Ausnahmen. Zwar wurden ein oder zwei Wahlleiter entführt und beinahe zu Tode geprügelt, Schüsse abgefeuert und in einigen Clubs der Demokraten Bomben gezündet, doch für eine Chicagoer Wahl war das so gut wie nichts. Bei jeder Fehlzündung eines vorbeifahrenden Autos sprachen sich die Wähler selbst Mut zu: Nein, es war kein Schuß!

Die Polizei wie auch Devers Anhänger gingen davon aus, daß Capone seine Leute in die Schlacht schicken würde, doch da er von Thompson wenig begeistert war und seinen Status als »Privatier« um jeden Preis bewahren wollte, traten weder er noch seine Leute in Erscheinung. »Schemer« Drucci konnte es jedoch nicht lassen und warf sich ins Getümmel. Um »Big Bill« einen Gefallen zu tun, entführte Drucci am Wahltag den Dever-treuen Stadtrat Dorsey Crowe und hielt ihn die Nacht über fest. Kurz nachdem er Crowes Büro verwüstet hatte, wurde Drucci noch am selben Tag zusammen mit seinen beiden Helfern an der Ecke Diversey Parkway und Clark Street gefaßt. Die Polizei nahm ihm seine 45er ab und sperrte ihn ein. Als sein Anwalt Maurice Green die Freilassung seines Mandanten forderte, wurde dieser von vier Polizisten zum Gerichtsgebäude eskortiert. Einer der Polizisten war der nicht gerade zimperliche Danny Healy, der es schon einmal gewagt hatte, den Bootlegger »Polack Joe« Saltis zu verprügeln. Im Streifenwagen verhöhnte Healy Drucci so lange, bis dessen Zorn nur mehr durch eine vorgehaltene Pistole gebremst werden konnte. Später schilderte Healy die darauffolgende Auseinandersetzung so: »Drucci sagte: ›Ich krieg' dich schon noch. Ich wart' bei dir zu Hause auf dich.‹ … Ich sagte ihm, er solle ruhig bleiben, und Drucci sagte: ›Nimm deine Kanone weg oder ich verprügle dich, daß dir Hören und Sehen vergeht.‹ Dann riß er ein Bein nach oben, schlug mir mit der Linken gegen den Kopf und rief: ›Komm nur her du, ich mach' dich fertig‹ und packte mich dabei mit der rechten Hand. Da griff ich mit der linken Hand nach meiner Pistole und schoß viermal auf ihn.« Drucci sackte in sich zusammen und war bei der Ankunft am Gerichtsgebäude bereits tot.

Druccis Anwalt forderte lautstark, Healy wegen Mordes festzunehmen, doch William Schoemaker erwiderte nur: »Ich weiß nichts von einem Mord. Ich weiß nur, daß Drucci ums Leben kam, als er einem Polizisten die Waffe wegreißen wollte. Healy wird einen Orden dafür bekommen.«

Bei der Polizei konnte man kaum fassen, daß »Schemer« Drucci ausgerechnet von einem der ihren getötet worden war. Ein Cop, der einen Gangster umbringt – nicht dessen Geld nahm, nicht dessen schwarzgebrannten Schnaps trank, nicht absichtlich wegsah – das hatte in Chicago Seltenheitswert. Tatsächlich war Drucci der erste bedeutende Racketeer, der seit Frank Capones Erschießung drei Jahre zuvor durch die Hand eines Polizisten starb. Wieder folgte eine bombastische Gangsterbeerdigung – diesmal sogar mit militärischer Note, weil »Schemer« Drucci Kriegsveteran gewesen war –, wieder ein silberner Sarg im Bestattungsinstitut Sbarbaro und wieder eine Feier auf dem Mount Carmel-Friedhof, der allmählich zum Nationalmonument Chicagoer Bandenführer aufstieg. Cecilia Drucci, die ein Erbe im Wert von 400 000 Dollar antrat, trauerte nicht allzu sehr um ihn. Die bildhübsche und emanzipierte junge Witwe seufzte nur leise und sagte zu einem Reporter: »Ein Polizist hat ihn ermordet, aber wenigstens hat er eine schöne Beerdigung bekommen.«

Man kann nur erahnen, wie sich Capone über diese Nachricht gefreut haben muß. Auf einen Schlag war das Problem Drucci vom Tisch. Weiss war ebenfalls beseitigt. Es konnte gar nicht besser laufen für Al. Von seinen ärgsten Feinden war nur noch »Bugs« Moran und sein Lumpenpack übrig, die es mit Capones finanziell gesicherter und perfekt durchstrukturierter Organisation nicht im Traum aufnehmen konnten. Doch jeder, der Mumm in den Knochen und ein Maschinengewehr hatte, war gefährlich, weshalb Capone eine verständliche Furcht vor Moran bewahrt hatte und immer mehr zu der Überzeugung gelangte, daß man zur rechten Zeit und am rechten Ort auch gegen ihn etwas unternehmen müsse.

William Hale Thompson gewann mit 515 716 zu 432 678 Stimmen die Wahl, ein Sieg, der niemand verwunderte. Thompsons Leute feierten in der Wahlnacht im Ballsaal des Sherman House, wo sie die Wahlkampfhymne ihres Helden schmetterten, bis sie heiser waren. Anschließend lud

Thompson seine Anhänger ein, den Sieg auf seiner Jacht weiterzufeiern, woraufhin solche Menschenmassen an Bord strömten, daß das Narrenschiff unter der Last kenterte und sank. Thompson brachte sich tropfnaß und frierend, aber großtuerisch wie eh und je in Sicherheit. Als er am 13. April 1927 seinen Amtseid ablegte, versprach er, den Elan des Wahlkampfes mit ins Rathaus zu nehmen. Schon bald machte er es sich zur Gewohnheit, nachts, von einem Spot angestrahlt, in einem Cabriolet durch die Straßen Chicagos zu fahren. »Die Leute wollen ihren Bürgermeister sehen«, erklärte er.

Nach Beginn von Thompsons zweiter Amtszeit wurde Capone rasch klar, daß die 260 000-Dollar-Wahlkampfspende die beste Investition seines Lebens gewesen war. Thompson, der diensteifrige Tölpel, räumte alles aus dem Weg, was Capones Organisation in Chicago behinderte. Nachts fand sich der Bürgermeister am liebsten in Ralph Capones Cotton Club in Cicero ein, wo Racketeers und Politiker in schönster Eintracht verkehrten, und er revanchierte sich bei allen, die ihm Schützenhilfe geleistet hatten. So wurde Capones Verbündeter Dan Serritella zum städtischen Siegelbewahrer ernannt, dem als Leiter der Abteilung Maße und Gewichte automatisch Bestechungsgelder in Hülle und Fülle zuflossen. Darüber hinaus avancierte er zum republikanischen Ausschußmitglied im ersten Stadtbezirk und wurde als solcher Capones wichtigstes Bindeglied zum Rathaus.

Thompson deutete seinen Sieg als Auftrag, das ganze Land zu erobern und seine Ambitionen nicht allein auf Chicago zu beschränken. Als Präsident Coolidge erklärte, 1928 nicht mehr kandidieren zu wollen, sah sich Thompson bereits als nächster republikanischer Präsidentschaftskandidat – und die Bevölkerung zog ihn bemerkenswerterweise sogar in Betracht. Wenn ein Warren G. Harding ins Weiße Haus einziehen konnte, warum nicht auch William Hale Thompson?

Um für seine Präsidentschaftskandidatur Stimmung zu machen, begab sich »Big Bill« mit seinen Freunden und einer kleinen Polizeiband in einem eigenen Eisenbahnwagen auf eine Vortragsreise kreuz und quer durch die Vereinigten Staaten. Auf landesweiten Messen und in Präriestädten denunzierte er den »schändlichen« Völkerbund und dessen Internationalen Gerichtshof, kurz alles, was in seinen Augen das Ideal »Amerika zuerst« bedrohte. Im Mittleren Westen, ja bis nach San Francisco hinein brachte man ihm überall Sympathie und Respekt entgegen; in New Orleans gab Huey Long, der zukünftige Gouverneur von Louisiana, Thompson zu Ehren sogar ein Bankett. Die *New York Times*, der die Worte fehlten, um diese Euphorie zu beschreiben, prägte kurzerhand den Begriff »Bigbillism«.

Im Mai 1927 fällte der Oberste Gerichtshof der Vereinigten Staaten einen Beschluß, der in »Big Bills« Chicago mehr oder weniger unterging, sich jedoch nachhaltig auf diese malträtierte Stadt auswirken sollte.

»STEUERERKLÄRUNG FÜR BOOTLEGGER PFLICHT« lautete die kurze Schlagzeile der *New York Times*. »Dem Obersten Gerichtshof zufolge sind Alkohlschmuggler steuerpflichtig, auch wenn sie gegen das ›Dry Law‹ verstoßen.«

Der Auslöser für diese Entscheidung war ein Fall in Charleston, South Carolina, wo Rechtsanwälte meinten, der 5. Zusatzartikel zur Verfassung, der eine belastende Aussage gegen die eigene Person verbietet, entbinde ihren Klienten, einen Bootlegger namens Manley Sullivan, davon, eine Steuererklärung einzureichen und seinen unrechtmäßigen Gewinn zu versteuern. Daraufhin änderte das Gericht den Wortlaut des Gesetzes um eine kleine, aber entscheidende Passage, indem es verfügte, daß ab sofort auch Einkünfte aus illegalen Quellen angegeben werden müßten und einkommensteuerpflichtig wären. Einkommen sei Einkommen, gleichgültig ob rechtmäßig bzw. auf legalem Wege erworben oder nicht. Mit dieser Entscheidung wollte man zwei illegale Industrien eindämmen, die während der Prohibition aufgeblüht waren: das Glücksspiel, wie zum Beispiel Buchmacherei, und den Schwarzhandel mit Alkohol. Dem Gerichtsbeschluß zufolge hatten nun also Bootlegger wie Al Capone ihr gesamtes Einkommen zu versteuern.

Die *Times* lobte die Entscheidung des Obersten Gerichtshofs und unterstrich deren Bedeutung für die Alkoholschmuggler, die »immense Profite machen, aber ... wie weniger begünstigte Sterbliche auch ihre Steuern zahlen müssen«. Anfangs zeigte der Gerichtsbeschluß kaum Wirkung, und die Finanzbehörden erstickten auch nicht unter einer Flut von Steuererklärungen von Bootleggern. Die Racketeers lachten nur darüber, denn schließlich war keiner von ihnen so dumm, seine illegalen Gewinne anzumelden. Sie könnten genausogut ins Büro des Staatsanwalts gehen und Selbstanzeige erstatten. Und wie jeder andere Racketeer dachte auch Al Capone nicht im Traum daran, eine Einkommensteuererklärung einzureichen.

Auf den ersten Blick schien die Steuerbehörde kaum in der Lage, Capone oder andere wichtige Bootlegger zu packen. Seit der Einführung einer bundesweiten Einkommensteuer durch den Kongreß im Jahr 1913 stand das Finanzamt vor dem Problem, diese Abgabe überhaupt einzutreiben. Nicht zuletzt aus diesem Grund wurde eine Geheimdienstabteilung ins Leben gerufen, die unter der Leitung eines ehemaligen Poststenografen namens Elmer Irey Steuersündern auf die Spur kommen sollte. Trotz des hochtrabenden Namens »Special Intelligence Unit«, den andere Regierungsabteilungen oft für reichlich wichtigtuerisch hielten, vegetierte die Abteilung im Schatten des FBI dahin – nur wenige Leute wußten von ihrer Existenz, und noch weniger nahmen sie zur Kenntnis. Noch dazu wurde Irey von seinen Gegnern mit Gerüchten über seine angebliche Trunksucht permanent durch den Schmutz gezogen. Jetzt, nach dieser Entscheidung des Obersten Gerichtshofs, hatten das Finanzamt und seine Geheimdienstabteilung aber endlich echte Befugnisse. Irey krempelte die Ärmel hoch und leitete eine Untersuchung gegen den bekanntesten Racketeer der korruptesten Stadt des Landes ein: Al Capone.

Augenblicklich jedoch florierte in Chicago erst einmal der »Bigbillism«, dessen Blütezeit Capone nach Möglichkeit auszunutzen gedachte. Er verschob seinen Rückzug aus den Geschäften deshalb bis auf weiteres, denn das gesamte politische System aus Begünstigung und Wahlbetrug entwickelte sich zum besten »Geschäft« überhaupt. Aus der Sicht der Racketeers war das ganze Land ohnehin von einem Netz ineinander verwobener »Geschäfte« überspannt. Machten Versicherungen nicht auch solche »Geschäfte«, und das völlig legal? Was war John D. Rockefellers Standard Oil Monopol anderes als das lukrativste »Geschäft« im ganzen Land, und war nicht Rockefeller selbst der größte Racketeer von allen? In Chicago hatte sich der Finanzier Samuel Insull, »Kaiser« Insull, wie er sich nicht ungern titulieren ließ, im Lauf der Jahre ein riesiges Netz aus Versorgungsbetrieben aufgebaut, wofür er sogar zweimal auf die Titelseite des *Time Magazine* kam und zum Helden der Geschäftswelt wie des kleinen Mannes avancierte. Insull war Präsident von elf Firmen, Direktor von 58 und Vorstandsvorsitzender von weiteren 65 Unternehmen und beschäftigte 50 000 Menschen. Von seinem Büro am Wacker Drive aus kontrollierte er ein drei Milliarden Dollar schweres Firmenimperium, dessen komplexe Pyramidenstruktur den wirtschaftlichen Boom als Lebenselixier brauchte.

Trotz seines immensen Reichtums und seiner Spitzenposition im Establishment gab es durchaus Parallelen zwischen Insull und Capone: Capones Leute waren auf Wettmanipulation spezialisiert, Insulls auf Aktienmanipulation. Capones Glücksspielimperium entwickelte sich zu einer Pseudo-Unterhaltungsindustrie – was er als die »kleinen Freuden des Lebens« bezeichnete – und zu einem kaum weniger obskuren Zerrbild der Börse wurde. Beide Männer vermochten mit perverser Genialität den Zeitgeist auszunutzen, der die Grenzen zwischen Legalität und Illegalität verwischte. Beide konnten jederzeit Opfer eines Mordanschlags werden, und beide reisten in gepanzerten Limousinen mit kugelsicherem Glas.

Auf Insull wurde mehrmals geschossen, als er in seinem 16-Zylinder-Cadillac durch die Straßen Chicagos fuhr. Einer seiner Chauffeure starb im Kugelhagel, er selbst und seine Frau entgingen auf dem Nachhauseweg einmal nur knapp einer Entführung. Nach einigen vereitelten Attentatsversuchen wandte sich Insull an den Mann, der ihm am ehesten Schutz gewähren konnte: Al Capone. Dieser bot Insull einige Leibwächter seiner Organisation an, doch der ebenso knausrige wie wohlhabende Insull lehnte es ab, ihre Gehälter zu bezahlen. Zudem sorgte sich Insull um sein Image – es erschien ihm untragbar, mit einer Phalanx sizilianischer Bodyguards gesehen zu werden. So rekrutierte er schließlich aus den Reihen seiner Angestellten eine kleine Armee von Sicherheitskräften.

Abgesehen von ihrem Sicherheitsbedürfnis verfolgten beide Männer auch in anderer Hinsicht ähnliche Strategien und waren stets darauf bedacht, ihre Monopolstellung zu schützen. Obwohl Insull 100 000 Dollar für Thompsons Wahlkampf gespendet hatte – fast so viel wie Capone –, unterstellte ihm kaum jemand niedere Motive. Wieder einmal sah Capone einen lebenden Beweis dafür, daß sich das Volk einem Reichen ehrerbietig zu Füßen legte – solange er nur keinen italienischen Nachnamen trug.

Wild entschlossen, sich anzueignen, was er für Geld nur kaufen konnte, und dieses auch zur Schau zu stellen, erweiterte Capone sein Hauptquartier im Chicagoer Hotel Metropole. Er und seine Männer sowie die Frauen, die sie im Schlepptau hatten, beanspruchten mittlerweile mehr als 50 Zimmer und damit im Grunde das ganze Hotel. Der Alkohol floß in Strömen, Prostituierte kamen und gingen unbehelligt. Rund um die Uhr wurde gespielt. In Umkehrung des normalen Geschäftsgebarens vergnügte man sich wochentags und ging statt dessen sonntags seinen Geschäften nach. Jeden Sonntagmorgen warteten im Foyer scharenweise Anwälte, Richter und Politiker, um bei Capone vorstellig zu werden. Wer einer Audienz für würdig befunden wurde, gelangte über von bewaffneten Sicherheitskräften bewachte Gänge zu den Zimmern 409 und 410, wo der große Racketeer hofhielt. Bittsteller, die bis hierher vorgelassen wurden, kamen nicht umhin, die eindrucksvollen Porträts dreier großer Amerikaner zu bewundern, die die Wände zierten: George Washington, Abraham Lincoln – und William Hale Thompson. Öffentlich stellte sich Capone damit auf die Seite des neuen Bürgermeisters, obwohl er ihn in privaten Unterhaltungen nach wie vor herabsetzte.

Da er von der Polizei so gut wie nichts zu befürchten hatte und auch die Behörden stillschweigend mit ihm kooperierten, wurde Capone immer mehr zu einem honorigen Bürger der Stadt, zu einer Person des öffentlichen Lebens, deren Anwesenheit bei gesellschaftlichen Anlässen gefragt war. Es war die Zeit der tollkühnen Flieger, und am 15. Mai, wenige Tage bevor Charles Lindbergh seinen Transatlantikflug wagte, landete ein italienischer Pilot namens Francesco de Pinedo, der im Auftrag Mussolinis den Erdball umrundete, mit seinem Wasserflugzeug auf dem Lake Michigan. Dort wurde er von hochrangigen Vertretern des öffentlichen Lebens begrüßt: dem italienischen Konsul, dem Chef der Chicagoer Faschisten, mehreren Offizieren der amerikanischen Luftwaffe, einem Richter – und Al Capone, der mit einem Satz bei ihm war und ihm überschwenglich die Hand schüttelte. Die Presse zollte Capones Anwesenheit große Aufmerksamkeit, woraufhin Stimmen laut wurden, die meinten, es gehöre sich nicht, daß Chicago von einem Gangster repräsentiert werde. Doch die Polizei erklärte prompt, sie hätte Capone eingeladen, weil er ihr gegebenenfalls helfen könne, antifaschistische Ausschreitungen niederzuschlagen.

In der Gewißheit, nun ein fester Bestandteil des Chicagoer Establishments zu sein, überwand Capone allmählich seine Furcht vor Anschlägen und zeigte sich regelmäßig in der Öffentlichkeit – vor allem bei Sportveranstaltungen. Legendäre Athleten gab es damals genug: Babe Ruth im Baseball, Bill Tilden im Tennis, Red Grange im Football, Jack Dempsey und Gene Tunney im Boxen. Immer von etlichen Leibwächtern umringt, ließ sich Capone kein Spiel der Chicago Cubs entgehen, und gelegentlich begleitete ihn auch ein kleiner Junge, den alle für seinen Sohn hielten. Doch Capone war nicht so dumm, sein einziges Kind vor 30 000 Menschen zur Schau zu stellen. Bei dem Buben handelte es sich vielmehr um Sam Pontarelli, einen seiner Pflegesöhne, wohingegen Sonny Capone in der sicheren Abgeschiedenheit des Familienwohnsitzes an der South Prairie Avenue zurückblieb.

Obwohl sich Capone liebend gern mit Koryphäen zeigte und Sporthallen fast so regelmäßig besuchte wie Bordelle, war er selbst überhaupt kein Sportler. In seiner Jugend war er ein exzellenter Billardspieler gewesen, doch da er meistens damit beschäftigt war, seinen Feinden aus dem Weg zu gehen und sich zu verstecken, hatte er kaum Interesse an körperlicher Ertüchtigung. Lediglich beim Golf, der in den zwanziger Jahren viele Anhänger fand und unter den Chicagoer Racketeers große Mode wurde, machte Capone eine Ausnahme und legte regelrechten Fanatismus an den Tag. Doch wie sich zeigen sollte, war nicht einmal diese harmlose Sportart völlig ungefährlich.

Verständlicherweise spielte Capone am liebsten in Clubs, die zu seinem Syndikat gehörten. Der Neun-Loch-Platz in der Vorstadt Burnham zählte schon bald nach seiner Eröffnung zu den bevorzugten Aufenthaltsorten von Capone-Handlangern wie »Machine Gun« Jack McGurn und einem anderen Maschinenpistolenvirtuosen namens Fred »Killer« Burke, der ebenso vierschrötig und häßlich wie McGurn schlank und attraktiv war. Später kam auch Capone selbst immer öfter, manchmal zweimal die Woche. Bald freundete er sich mit seinem zwölfjährigen Caddie Timothy Sullivan an, der sehr schnell Capones Charme und Großzügigkeit erlag. Jahre später erinnerte sich Sullivan an seine erste Begegnung mit Capone: »Er trug ein weißes Seidenhemd mit Monogramm, keine Krawatte, graue Knickerbocker, einen Gürtel mit Diamant-Schnalle und war umringt von seinen Gangstern«, darunter McGurn, Jack Guzik, der noch unsportlicher war als Capone selbst, und eine grimmige kleine Kröte von einem Leibwächter namens »Banjo Eyes«.

Einmal spielten Capone und McGurn gegen Guzik und Burke um 500 Dollar pro Loch. »Capone spielte einen Ball vom ersten Abschlag. Er schlug so hart, daß er auf dem Fairway hätte landen müssen, aber er hatte ihn angeschnitten, so daß er mit einem Linksdrall in eine Baumgruppe flog. Ich suchte ihn ungefähr zehn Minuten auf allen vieren und hatte panische Angst, Al könnte zornig werden und mich schlagen oder vielleicht sogar erschießen. Doch er grinste nur, tätschelte mir den Kopf und nannte mich ›Kid‹.« Sullivan fiel ein Stein vom Herzen, und er gelangte zu dem Schluß, daß Al Capone ganz anders war als sein Ruf; er schien ihm sanft und geduldig, was aber nichts daran änderte, daß er ein miserabler Golfer war. »Ich glaube, er kam nicht unter 60 Schläge für die neun Loch. Beim Abschlag kam er gut und gern eine halbe Meile weit, aber er schnitt die Bälle immer an, und Putten konnte er schon gleich gar nicht.« Gegen Ende des Nachmittags hatte Capone fast an jedem Loch und auch alle Zusatzwetten verloren. Sullivan schätzte, daß allein während dieses einen Spiels an die 10 000 Dollar den Besitzer wechselten, und am Ende drückte Capone ihm das unglaubliches Trinkgeld von 20 Dollar in die Hand.

Als Capones Dauercaddie stellte Sullivan bald fest, daß Gangster eine unverkennbare Art hatten, Golf zu spielen. Alle trugen Flachmänner am Gürtel, die bei jedem Schritt blechern klapperten, tranken im Gehen und waren am neunten Loch alles andere als nüchtern. Völlig benebelt, hackten sie mit den Schlägern richtige Löcher in den Rasen, vor allem »Killer« Burke, der mit dem Eisen herumfuchtelte wie mit einer Waffe. Ohne Vorwarnung fingen die ausgewachsenen Männer an, sich wie Kinder zu balgen. Der gelenkige McGurn schlug Purzelbäume oder ging auf den Händen. Manchmal stellten sich die vier auch hintereinander auf und spielten Bockspringen bis zum Abschlag, wo sie sich dann mit »Blind Robin« die Zeit vertrieben, einem Spiel, das sich Al hatte einfallen lassen: Einer der

Männer legte sich rücklings ins Gras, balancierte den Golfball auf dem Kinn, schloß die Augen und betete stumm, während die anderen abschlugen. Immer wenn Al an der Reihe war, den menschlichen Abschlag zu spielen, legten seine Leute die Driver weg und schwangen sanft, ganz sanft mit dem Putter durch, um in seinem runden Gesicht nur ja keine Spuren zu hinterlassen.

Unter den Racketeers wurde ständig geschummelt, was zu erbitterten Streitereien führte. Als McGurn Burke einmal dabei erwischte, wie er den Ball in eine günstigere Position rückte, kam es zu einer handgreiflichen Auseinandersetzung. Burke war viel größer, doch der jüngere und stärkere McGurn schlug vor einer Gruppe von Golfern, die sich das Spektakel gespannt ansahen, gut ein Dutzend Mal auf seinen Gegner ein. Nach einer halben Stunde hatte McGurn, blutend, aber noch auf den Beinen, Burke zu Boden gerungen. »Die Jungens faßten sich an den Händen und trugen ihn wie auf einer Bahre ins Clubhaus«, entsann sich Sullivan.

Bei einer anderen Gelegenheit ließ Guzik seinen Zorn an dem jungen Caddie aus. Am sechsten Loch schlug der feiste Mann den Ball mit einem von Sullivan empfohlenen Schläger in den Bunker. Beim dritten erfolglosen Versuch, ihn aus dem Sand herauszubekommen, verlor Guzik plötzlich die Nerven. »Er packte den Driver wie einen Knüppel, ging auf mich los und warf mir alle Schimpfnamen an den Kopf, die man sich nur denken kann«, berichtete Sullivan. »Ich rannte im Zickzack über den Fairway. Gott sei Dank war er viel zu fett und langsam, um mich zu erwischen, sonst hätte er mich wahrscheinlich umgebracht. Schließlich blieb er atemlos stehen, brach den Schläger über dem Knie und warf die Trümmer nach mir.«

»Was fällt dir eigentlich ein, den Kleinen derart zu behandeln?« schrie Capone »Greasy Thumb« Guzik am nächsten Tag an, der daraufhin ein paar magere Entschuldigungen stammelte. Dann bestand Al darauf, daß Guzik dem Caddie ein Trinkgeld gab. Als Guzik ihm eine mickrige Dollarnote hinhielt, riß Capone ihm die Brieftasche weg, holte 20 Dollar heraus, drückte sie dem Jungen in die Hand und schleuderte Guzik die Brieftasche vor die Füße. Guzik »hob sie auf und watschelte wortlos weg«.

Sullivan paßte sich den Sitten der Racketeers an und begann zu schummeln, um seinem Freund Al zu helfen. »Ich hatte einige Bälle in der Hosentasche, ließ ungefähr dort, wo seiner verschwunden war, einen fallen, und tat so, als hätte ich ihn gefunden. Er bemerkte das recht schnell, lachte jedoch nur und meinte: ›Du bist in Ordnung, Kleiner.‹« Für Capone war das normal, doch als »Banjo Eyes« hinter den Trick mit den Bällen kam, geriet er außer sich, schimpfte Capone einen Lügner, woraufhin sich die beiden Männer vor allen anderen lauthals anschrien. Schließlich brüllte Al:

»Knie dich hin und fang schon mal an zu beten!« Blitzschnell griff er in seine Golftasche und holte einen Revolver heraus. Sullivan fing an zu weinen und beschwor den Mann, den er so sehr bewunderte, »Banjo Eyes« am Leben zu lassen. Der Appell des jungen Caddie zeigte Wirkung, Capones Zorn verflog so schnell wie er gekommen war, und das Spiel ging weiter, ohne daß etwas passierte.

Diese Episode endete zwar glimpflich, da Al aber ständig eine Kanone trug, drohte immer Gefahr. Als Capone während eines Spiels mit Johnny Patton gedankenlos nach seiner Golftasche griff, ging der 45er Revolver darin los. Al wurde getroffen und schrie vor Schmerzen. »Die Kugel drang durch das Fleisch seines rechten Beins«, berichtete die *Tribune*, »ging knapp an seinem Unterleib vorbei und blieb in seinem linken Bein stecken.« Obwohl er keine lebensbedrohliche Verletzung davontrug, brauchte er schnell medizinische Behandlung. Patton brachte ihn ins St. Margaret's Hospital von Hammond, wo die Ärzte eine schwere Wunde in der Leistengegend diagnostizierten. Doch der Oberarzt weigerte sich, ihn stationär aufzunehmen, weil er befürchtete, die Anwesenheit von »Scarface« Al Capone würde weitere Gangster anlocken, die dann ein Zielschießen auf seine Patienten veranstalteten. Schließlich einigte man sich darauf, daß er unter dem Namen Geary bleiben könne. Er belegte fünf Zimmer: eines für sich, die anderen für Bodyguards wie Tony »Little New York« Campagna, die ihn rund um die Uhr bewachten. »Auf den Gängen sieht man keine Pistolen«, beteuerte ein Augenzeuge, »aber es gibt einen Haufen Wachen, die sich um ungebetene Besucher kümmern.« Nach einer Woche wurde Capone entlassen und ging als erstes gleich wieder auf den Golfplatz. »Von nun an«, berichtete sein Caddie Tim Sullivan, »schauten die Jungens immer zweimal nach, ob ihre Kanonen gesichert waren, bevor sie sie in ihre Golftasche legten.«

Durch seinen Umgang mit den Racketeers bekam der junge Tim Sullivan bald auch Dinge mit, die nichts mehr mit Golf zu tun hatten. »Eines Nachmittags redeten sie andauernd von irgendeiner Party, die sie am Abend im Clubhaus feiern wollten. Sie nannten es ›Orgie‹. Ich hatte das Wort noch nie gehört«, entsann sich Sullivan, »und war unheimlich neugierig. Nach dem Abendessen ging ich zurück ins Clubhaus. Der Türsteher lachte laut auf, als ich sagte, ich möchte an Als Party teilnehmen. ›Geh nach Hause, Kleiner. Du brauchst 'ne frische Windel‹, sagte er. Ich tat so, als ginge ich, schlich mich jedoch auf die Rückseite des Hauses.« Er kletterte zu einem Fenster im ersten Stock hoch und sah »ungefähr 20 Pärchen, die meisten nackt. Al jedoch nicht. Er stand nur daneben, sah zu und lachte.«

Es war kaum verwunderlich, daß Sullivan nach diesem Erlebnis verkündete, er wolle sich, wenn er älter sei, auch der Capone-Gang anschließen. Was für ein Leben: Auf dem Golfplatz herumlungern, mal ein wenig bockspringen, mal ein kleiner Mord…! Al lächelte und zerzauste dem Jungen das Haar. »Du gehörst doch jetzt schon dazu, oder nicht? Du bist mein Caddie«, sagte er.

»Ich meine aber so richtig«, erwiderte Sullivan, »mit ‘ner Pistole, so wie die anderen Jungs.« Nun wurde Capone deutlicher. »Keine Chance, Kleiner. Ich brauche dich noch länger und zwar heil. Du könntest was abkriegen. Die meisten Kerle in meinem Geschäft kriegen was ab.«

Der Kleine schloß sich der Gang nie an. Dafür kam seine ältere Schwester »Babe« in näheren Kontakt mit Al. Babe war sechzehn und eigentlich noch ein Kind, mit ihren dunklen Augen und dunklen Haaren aber bereits eine echte irische Schönheit. Sie arbeitete im Clubhaus als Bedienung. Als sie dem berühmten Al eine Tasse Kaffee servieren sollte, wurde sie so nervös, daß sie die heiße Flüssigkeit über seinen Anzug schüttete. Capone sprang auf und brüllte das ungeschickte Ding an. Als er dann aber sah, wie jung und reizend sie war, fand er rasch seine Selbstbeherrschung wieder, entschuldigte sich und legte ihr fürsorglich den Arm um die Schultern. »Ich wollte dich nicht erschrecken«, sagte er sanft, »aber der Kaffee ist ziemlich heiß«, und gab Babe zehn Dollar Trinkgeld. Das Mädchen ging ihm nicht mehr aus dem Sinn. Schon bald besuchte er sie regelmäßig und überschüttete sie mit Diamanten, Armreifen, Kettchen und anderen glitzernden Schmuckstücken höchst dubioser Herkunft. Da sie nicht als Gangsterliebchen gelten wollte, versteckte Babe die Pretiosen vor ihrer Mutter, doch Al erwies sich als hartnäckiger Verehrer, der in der kindhaften Babe all die Unschuld sah, die er selbst für immer verloren hatte. Wann immer er in Burnham war, hielt er vor dem Haus der Sullivans, wo sein Lieblingscaddie und sein Lieblingsmädchen wohnten. Er schmeichelte sich bei Mama und Papa Sullivan ein, die ihre Vorbehalte aufgaben und ihn äußerst charmant und höflich fanden – so ganz anders, als die Zeitungen ihn beschrieben. Zuletzt hörte Babe auf, ihr Verhältnis zu verheimlichen. »Er sagte Babe immer wieder, wie sehr er sie liebte«, erzählte ihr Bruder, »und daß er sich sofort scheiden ließe, wenn sie ihn heiraten würde.« Sich von Mae scheiden lassen? Keiner der Sullivans nahm Als Worte ernst, doch immerhin klang es äußerst ritterlich. Schließlich lehnte Babe Capones Antrag höflich, aber bestimmt ab. »Sie sagte, sie fände es gut, so wie es sei.«

Ihr Verhältnis ging also weiter, und Al machte des öfteren Ausflüge mit Babe und ihrem kleinen Bruder. Abgesehen von dem neben dem Fahrersitz installierten Maschinengewehr war das Innere von Als Limousine luxuriös und friedlich. »Macht euch keine Sorgen«, sagte Al nonchalant, als er den erstaunten Blick der beiden sah. »Nur eine Art Versicherung. Schaut lieber nach draußen.« Ein andermal wollte er sich mit Babe, dem Kleinen und zwei Leibwächtern Al Jolsons neuesten Film *The Singing Fool* ansehen. Im Kino konnte Capone sich entspannen und die Gefahr, die sein ständiger Begleiter war, für kurze Zeit vergessen. Als die Lichter wieder angingen, bemerkte Sullivan zu seinem Erstaunen Tränen auf den Wangen des Gangsters.

Der Kleine fand heraus, daß Capones eigentliche Leidenschaft weniger den Frauen als vielmehr dem Boxen galt, einem Sport, der tief in der Gangsterkultur verwurzelt war. Jahrelang hatte er jede freie Minute in Sporthallen verbracht, wo er alte Kumpel wiedersah und Hände schüttelte, vor allem aber das faszinierende Schauspiel im Ring verfolgte. Kein anderer Sport war so direkt, so gewalttätig, so realitäts- und lebensnah. Jeder Boxkampf war eine Metapher des Gangsterlebens: kurz, brutal, bisweilen ruhmreich, aber nicht wirklich glanzvoll. Zudem war Boxen kein Breitensport; es roch zu sehr nach Schweiß und war zu primitiv, um die Popularität von beispielsweise Baseball zu erreichen. Außerdem war es vielerorts verboten. McGurn und viele andere Capone-Handlanger waren eine Zeitlang Profiboxer gewesen, und nicht wenige Manager standen Racketeers nahe oder waren selber welche.

Doch nicht nur Gangster verfolgten die oftmals blutigen Kämpfe mit begeistertem Fanatismus, sondern auch viele »feine« Leute. Wenn sie sich zu Ehren dieses oder jenes Champions auf Partys trafen, waren sie alle ein Herz und eine Seele. »Allerdings«, so bemerkte Barney Ross, ein mit Capone befreundeter Boxer aus Chicaco, »benahmen sich die feinen Pinkel bei solchen Gelegenheiten häufig daneben und besoffen sich regelrecht, während die Gangster immer Gentlemen blieben.«

Ross und die anderen Boxer bestritten vehement, daß diese gentlemanliken Racketeers oder deren willfährige Manager Kämpfe manipulierten, obwohl dies ganz offensichtlich war – vor allem in Chicago, wo Capones Syndikat oftmals nicht nur diktierte, wer gegen wen antrat, sondern auch im vorhinein den Sieger bestimmte.

Einer der Boxer, dessen Laufbahn Capone mit wohlwollendem Interesse verfolgte, war sein ehemaliger Caddie Timothy Sullivan, der sich inzwischen zu einem vielversprechenden jungen Talent gemausert hatte. Capone beobachtete ihn oft beim Training und verschaffte ihm später auch Kämpfe.

Ursprünglich wußten nur Insider des Chicagoer Boxzirkus, daß die Kämpfe regelmäßig manipuliert wurden, doch im September 1927 wurde das ganze Land darauf aufmerksam. Auslöser war der Kampf zwischen Jack Dempsey und Gene Tunney um die Weltmeisterschaft im Schwergewicht, der das größte Chicagoer Boxspektakel aller Zeiten zu werden versprach und bei dem Boxfan Capone kräftig mitmischte. Al hatte Dempsey, der nach seinem Geburtsort und der Art, wie er seine Gegner zurichtete, »Manassa Mauler«* genannt wurde, kurz nach dessen Titelkampf gegen Jess Willard kennengelernt, und Dempsey bezeichnete Capone immer wieder als einen seiner größten Fans. Ihre Beziehung wurde jedoch geheimgehalten, und wenn Capone Dempsey beim Training besuchte, waren Kameras verboten, und die Reporter legten ihre Notizblöcke weg. Dempsey bewunderte Capone und kam hervorragend mit ihm aus: »Er war ein rauher Bursche, der nicht als Racketeer, sondern als Mann akzeptiert werden wollte.«

Dempsey löste damals heftige Kontroversen aus, aber nicht etwa deshalb, weil er Kontakt zu Capone pflegte, sondern weil er sich 1923 bis 1926 wiederholt weigerte, seinen Titel gegen einen würdigen Herausforderer, den Schwarzen Harry Willis, zu verteidigen. Er entschied sich statt dessen für den Kampf gegen Gene Tunney, einen Weißen, der wie Dempsey 190 Pfund wog. Weil Dempsey nicht gegen Willis angetreten war, verweigerte der New Yorker Boxverband seine Zustimmung, woraufhin man den Kampf Dempsey-Tunney nach Philadelphia verlegte, wo Tunney neuer Schwergewichtsweltmeister wurde. Die Revanche – einer der umstrittensten Kämpfe in der Geschichte des Boxsports – wurde für den 22. September 1927 anberaumt und sollte am Soldiers Field in Chicago stattfinden.

Wochen im voraus hieß es, Capone würde alle Hebel in Bewegung setzen, um dieses Mal seinen Kumpel siegen zu sehen. Angeblich hatte er 50 000 Dollar auf Dempsey gesetzt. Darüber hinaus kaufte er 100 Sitzplätze am Ring zu je 40 Dollar für seine Freunde und Kollegen, und seine Organisation finanzierte noch zahllose weitere Wetten für diesen Kampf. So oft war von Capones Verbindung mit Dempsey die Rede, daß sich »Manassa Mauler« gezwungen sah, dazu Stellung zu nehmen. Öffentlich erklärte er, er habe seinen Freund Al gebeten, sich im Namen der »Fairneß« herauszuhalten. Und um den Schein zu wahren, zog Capone tatsächlich alle Wetten zurück. »Es ist besser, wenn es offen und ehrlich zugeht«, sagte er im Hinblick auf Dempsey zu »Doc« Kearns, einem anderen Boxpromoter. »Er soll keine Sonderbehandlung bekommen, verstehst du, sondern einen fairen Deal.« Gleichzeitig schickte er Jack und dessen Frau einen prächtigen

* Anm. d. Übs.: »To maul« bedeutet soviel wie »schwer verprügeln«.

Blumenstrauß mit der Nachricht: »Für die Dempseys. Im Namen der Fairneß.«

Am Tag des Kampfes erschien Dempsey in einer gepanzerten Limousine mit Polizeieskorte am Soldiers Field – schließlich war man in Chicago. Capone kam in Begleitung eines schweigsamen Journalisten. Nur wenige kannten sein Gesicht, doch seine Kolumnen für die Hearst-Zeitungen las ganz Amerika: Es war Damon Runyon, ein abgebrühter, arbeitswütiger, mit allen Wassern gewaschener Mann, der mit Vorliebe Gangster aus der Nähe betrachtete – nicht um sie bloßzustellen, sondern um die Welt einmal aus der amoralischen Perspektive eines unverbesserlichen Racketeers zu sehen. Auf dem Wege vom Kolumnisten und Sportberichterstatter zu einem der bestbezahlten Kurzgeschichtenautoren seiner Zeit, diente ihm Gangsterland als Schauplatz für seine herrlich absurd-romantischen Stories, und Al Capone mit seiner großen Klappe, seiner Zigarre, seinen bizarren Anwandlungen von Großmut, seinem Größenwahn und seiner Paranoia bot sich als Bilderbuchvorlage dafür an.

Neben Runyon und Capone waren an jenem Abend noch 145 000 andere Boxfans zugegen. Dempseys Plädoyer für die »Fairneß« war als Fingerzeig dafür aufgenommen worden, daß Boxen eine »anständige« Sportart werden wollte, und man schien bereit, diesem Wunsch nachzukommen. So war dies zum Beispiel der erste Kampf, bei dem Frauen einen beträchtlichen Anteil unter den Zuschauern ausmachten. »Sie kamen herein, lächelten etwas verlegen, machten sich zurecht, schwatzten während der Vorkämpfe, bissen sich auf die Lippen und verzogen den Mund«, beobachtete eine Reporterin der *Chicago Tribune*. »Sie wollten einen Knockout sehen, nicht allzuviel Blut, aber ein K.o.«

Vor dem eigentlichen Kampf erfolgte ein Auftritt der drei mächtigsten Politiker von Illinois: Gouverneur Len Small, Bürgermeister William Hale Thompson und Staatsanwalt Robert Crowe. »Sie standen im grellen Licht der 45 Scheinwerfer, die den Ring sowie den Bereich rundherum taghell erleuchteten, und nahmen lächelnd die Ovationen der begeisterten Menge entgegen«, notierte ein Reporter. Auch Al Capone applaudierte ihnen von seinem Platz am Ring aus. Obwohl er von diesen ignoriert wurde, dürfte es ihn doch mit Befriedigung erfüllt haben zu wissen, daß er, der Mann im Dunkel, alle drei Politiker, die hier über ihm im Rampenlicht standen, in der Tasche hatte und durch sie mehr Macht auszuüben vermochte als jeder andere in Illinois.

Kurz vor 22.00 Uhr gaben die drei rundlichen Politiker endlich den Ring frei, und die Menge fieberte gespannt dem Beginn des großen Kampfes entgegen. Der Gong ertönte, und Dempsey in dunkler und Tunney in

weißer Hose traten zur ersten Runde an. Dempsey hatte sich einen Bart wachsen lassen und sah »wild« aus, wie ein Berichterstatter meinte. Die beiden hatten offensichtlich aber mehr Interesse daran, nicht zu verlieren, als zu gewinnen. Der Kampf dauerte und dauerte, und das leise Raunen der Menge zeigte die Enttäuschung über den ausbleibenden Knockout. Allerdings war schon jetzt klar, daß Tunney Capones Protegé besiegen würde. Mitte der siebenten Runde landete Dempsey drei brutale Schläge hintereinander auf Tunneys Unterkiefer, woraufhin dieser »mit irrem, glasigem Blick, wie ein Betrunkener« zu Boden ging. Tunney versuchte, an einem der Seile Halt zu finden, doch Dempsey verharrte mit ausgestreckten Armen über ihm. Tunney machte keine Anstalten mehr, aufzustehen. Ringrichter Dave Barry versuchte, Dempsey wegzuschieben, damit er Tunney anzählen könnte, doch Dempsey, der selbst die Orientierung verloren hatte, blieb ungefähr fünf kostbare Sekunden wie angewurzelt über Tunney gebeugt stehen und verzögerte so den Beginn des Anzählens. Schließlich tapste er in seine Ecke, und der Ringrichter begann unter dem ohrenbetäubenden Gejohle der Zuschauer mit dem Ritual. »Als das Anzählen begann, war Gene wieder halbwegs klar im Kopf, und bevor der Ringrichter bei fünf war, hatte er sich bereits zum Sitzen aufgerappelt und war bei neun bereit, aufzustehen«, berichtete ein Beobachter am Ring. Diese überlange Erholungsphase ging als »long count« in die Boxgeschichte ein und war später Thema endloser Debatten und Haarspaltereien über die Regeln. Doch im Endeffekt zählte nur, daß Tunney wieder auf die Beine kam. Er kämpfte vorsichtig weiter, konnte Dempsey in der achten Runde zu Boden schlagen. Nach zehn Runden wurde er einstimmig zum Sieger erklärt und blieb somit Weltmeister im Schwergewicht.
Nach dem Kampf fuhr Capone ins Metropole zurück, wo er eine feudale Party gab, auf der Senatoren und Kongreßabgeordnete, Journalisten und Mitglieder der sogenannten feinen Gesellschaft Als Gratisschnaps kippten und endlich einmal Gelegenheit hatten, echte Gangster hautnah zu erleben. Die Tanzband – im Jazz Age gab es immer eine Band – stand unter der Leitung von Jule Styne, einem ehemaligen Wunderkind, das von der E- zur U-Musik übergewechselt war und später für seine Broadway-Songs und Filmmusik bekannt wurde. Als sich die Musiker warmgespielt hatten, übernahm Capone Stynes Platz, um selber als Dirigent zu agieren.
Er hatte den Taktstock, er hatte die Partitur, und er hatte die Aufmerksamkeit aller Anwesenden. Selbstbewußt und schwungvoll bewegte er die Arme, und die Band spielte. Unter seiner Leitung schwang sich die Klarinette in ungewohnte Höhen, das Klavier hämmerte, und jeder im Metropole konnte erkennen, daß es sich bei dem Stück um Gershwins »Rhapsody in

Blue«, *die* Hymne des Jazz Age, handelte. Zuletzt verbeugte sich Capone und gab dem Dirigenten den Taktstock zurück. Nach einem denkwürdigen Boxkampf hatten die Gäste im Metropole ein noch denkwürdigeres Konzert erlebt.
Für Capone bedeutete der Kampf nichts weiter als den Auftakt zu einer weiteren glanzvollen Nacht, wie sie für die »Roaring Twenties« so typisch war, für Jack Dempsey aber waren mit der Niederlage alle Hoffnungen auf den Titel endgültig dahin. Doch Capone hatte noch Verwendung für ihn. Nach Beendigung seiner aktiven Laufbahn arbeitete »Manassa Mauler« nun als Boxpromoter für Capones Organisation. Manipulierte Kämpfe waren in Chicago nach wie vor an der Tagesordnung, und Dempsey sollte später, nach seinem Ausscheiden aus dem Geschäft, schreiben: »Ich kündigte, weil ich nurmehr ein Strohmann war, nur dem Namen nach Boxpromoter ... Capones Leute sagten mir, wer kämpfen und wieviel ich zahlen sollte. Als sie anfingen, mir anzuordnen, wer gewinnen und wer verlieren sollte und auch noch in welcher Runde, stieg ich aus.« Dempsey brach zwar mit Capones Organisation, leitete aber später zusammen mit den beiden prominenten jüdischen Racketeers Meyer Lansky und Longy Zwillman das Dempsey-Vanderbilt Hotel in Miami Beach, Florida.

Nun, da Capones großes Ziel, sich eine Aura von Ehrbarkeit und Ansehen zu verschaffen, in greifbare Nähe gerückt war, baute er seine Organisation weiter aus. Wenige Monate nach Thompsons Einzug ins Rathaus kam die Chicago Crime Commission zu dem Schluß: »Capone übernahm die South Side mit allen dazugehörigen Privilegien. Sein Mann [Jimmy] Mondi eröffnete eine Spielhölle in der Clark Street, südlich der Madison Street ... Capone übernahm die Bierreviere der Saltis-Bande und der O'Donnell-Gang. In Zusammenhang mit dem Spielautomatengeschäft wurde später Anklage gegen sechs hochrangige Polizeibeamte erhoben.« Sein Einfluß auf die Polizei war jetzt größer als je zuvor. Hochrangige Beamte unterstützten den Racketeer nach Kräften, damit der Whiskeystrom nicht zum Erliegen kam. Streifenpolizisten führten Razzien durch, die jedoch nur Schau waren. William Pasley, ein Reporter, der sich mit dem Wiederaufleben der Korruption in Chicago beschäftigte, wetterte: »Mitanzusehen, wie ein Staatsdiener mit goldenem Stern auf der Brust in aller Ruhe Whiskey kippt, während seine Männer Pseudo-Razzien in Flüsterkneipen durchführen, ist schon etwas ganz Besonderes.« Capones Chicagoer Monopol auf Glücksspiel und Alkoholschmuggel, der Wirtschaftsboom und die völlige Mißachtung der Prohibition bescherten der Organisation neue Rekordprofite. 1927 schätzte das Büro des U. S. Staatsanwalts die Einnahmen des Capone-Konzerns auf ungefähr 105 Millionen Dollar, die sich wie folgt errechneten:

> Alkoholproduktion und -verkauf: 60 000 000 Dollar
> Glücksspiel: 25 000 000 Dollar
> Prostitution und Beherbergungsbetriebe: 10 000 000 Dollar
> Andere Einnahmen: 10 000 000 Dollar

1927 war ein gutes Jahr für Capones Organisation gewesen, obwohl Al die meiste Zeit über zurückgezogen gelebt hatte, und 1928 versprach noch besser zu werden.

In Chicago herrschte wieder die Gewalt, denn Thompsons »neue Ordnung« ließ den von Capone ausgehandelten Waffenstillstand zwischen den Racketeers scheitern. Im Mai, knapp einen Monat nach Thompsons Amtsantritt, beschäftigten insgesamt vier Morde die Polizei: Der Kleidung nach zu urteilen, handelte es sich bei den Toten um Racketeers. Sie trugen große Geldsummen bei sich, waren Italiener und kamen von auswärts – einer aus New York, zwei aus St. Louis und einer aus Cleveland. Noch kurioser war, daß jedem Opfer offenbar nach der Ermordung ein Fünfcentstück in die rechte Hand gelegt worden war. Die Polizei deutete dies als Zeichen abgrundtiefer Verachtung – als wäre das Leben des Opfers keine fünf Cent wert gewesen.
Der Verdacht fiel auf drei Männer, die man zu Capones Organisation zählte: Scalise und Anselmi, die immer zu zweit arbeiteten, und »Machine Gun« Jack McGurn. Die stadtbekannten Killer Scalise und Anselmi waren zweifellos potentielle Täter, wenngleich das Fünfcentstück nicht zu der eher primitiven Art paßte, mit der sie ihre Opfer sonst aus dem Weg räumten. Jack McGurn leugnete hartnäckig, etwas von den Morden zu wissen, was freilich gar nichts besagte. Er war der unberechenbarste von Capones Schergen – fähig, clever und impulsiv. Vincenzo Gebaldi – so McGurns wirklicher Name – stammte aus Chicago, war das älteste von sechs Kindern und galt in Little Italy als herausragender Schüler und Faustkämpfer. In Amateurboxclubs bahnte er sich einen Weg nach oben, nahm einen irischen »Künstler«-Namen an und brachte es als Jack McGurn zu einigem Ruhm in der Weltergewichtler-Klasse. Um ungefähr diese Zeit entdeckte sein Vater Angelo, ein Gemüsehändler, einen lukrativen Nebenerwerb: Den Verkauf von Zucker an die Gennas, die führenden Schnapsbrenner von Little Italy. Obwohl Angelo dadurch noch kein Gangster wurde, hatte er sich doch mit außerordentlich gefährlichen Männern eingelassen und

bezahlte diese Geschäftsbeziehung auch im Januar 1923 mit dem Leben. Jack McGurn war damals 19. Nach dem Tod seines Vaters begann er seine Verbrecherlaufbahn und war der Polizei schon bald wegen einiger gewalttätiger Eskapaden bekannt. Daß er einmal sogar eine Maschinengewehrsalve überlebte, brachte ihm den Spitznamen »Machine Gun« ein. Trotz seines Rufs und der unwiderlegbaren Tatsache, daß viel Blut an seinen Händen klebte, wurde er nie verhaftet, und auch im Fall der vier Morde konnte man ihm keine Schuld nachweisen. Dennoch blieb die Polizei äußerst mißtrauisch. Hätte sie sich eingehender mit ihm beschäftigt, wäre ihr aufgefallen, daß auch sein Vater Angelo in seiner rechten Hand ein Fünfcentstück hielt, als man ihn damals tot in Little Italy auffand ...
Den Leichen, die in jener Zeit auftauchten, war eines gemein: Es waren alles Männer, die irgendwann einmal versucht hatten, die 50 000 Dollar zu kassieren, die ein anderer Racketeer namens Joseph Aiello auf Capones Kopf ausgesetzt hatte. Aiello – er stammte aus einer großen sizilianischen Familie – hatte keine Zeit verschwendet, die Lücke zu füllen, die durch »Hymie« Weiss' und »Schemer« Druccis Tod entstanden war. Und Capone hatte guten Grund die Aiellos zu fürchten, nahmen sie doch im Schnapsgeschäft von Little Italy inzwischen die Stellung der Gennas ein und waren entsprechend mächtig. Da McGurn jedoch einen potentiellen Mörder nach dem anderen ausschaltete, änderten die Aiellos ihre Strategie: Sie entführten den Koch des »Bella Napoli«, eines von Capones Lieblingsrestaurants, und stellten ihn vor die Wahl: Entweder er würde jetzt sofort umgebracht werden, oder er müsse Al beim nächsten Essen mit Blausäure vergiften. Sollte sich der Mann für die zweite Möglichkeit entscheiden, würde Joseph Aiello dies zusätzlich mit 10 000 Dollar honorieren. Der Koch zeigte Geschäftssinn: Er stimmte zu, bestand auf Vorauszahlung und erzählte Capone bei der nächstbesten Gelegenheit von Aiellos Hinterhältigkeit, womit er sich bei seinem bekanntesten Gast natürlich beliebt machte. Capone erklärte nun seinerseits, Aiello müsse beseitigt werden. Zum Äußersten entschlossen, ersann aber auch Aiello einen weiteren, weitaus ernstzunehmenderen Anschlag auf das Leben seines Erzfeindes.

Rein äußerlich war der Zigarrenladen in der South Clark Street 311 nichts Besonderes. Doch Aiello und alle anderen Racketeers wußten, daß dieses Geschäft in einem belebten, aber ärmlichen Chicagoer Stadtviertel den korrupten Politikern, die den ersten Stadtbezirk kontrollierten, als Hauptquartier diente. Hier organisierte »Hinky Dink« Kenna die Verteilung seiner Bestechungsgelder, und hier trafen sich auch Politiker und Racketeers wie Capone. Auf der anderen Straßenseite befand sich das kleine Hotel Atlantic, wo Aiello in Zimmer 302 Maschinengewehrschützen postierte, die verhältnismäßig gut sichtbar hinter einer Gardine am Fenster saßen. Stundenlang starrten sie auf die Straße und warteten auf ihr Opfer.

Man sollte annehmen, daß Capone nun seine Männer auf Aiellos Schergen ansetzte, doch ihm lag daran, gerade eine solche Schießerei zwischen zwei rivalisierenden Gangs um jeden Preis zu vermeiden. Er ließ statt dessen seine Beziehungen zur Polizei spielen, um Aiello den Garaus zu machen. Nicht Capones Leute nahmen das Nest im Hotel Atlantic auseinander, sondern eine Gruppe von Polizisten. Anschließend verhafteten sie Aiello am 22. November 1927 in seinem Haus am Rogers Park und brachten ihn zur Vernehmung in eine Dienststelle in der South Street. Kurz nach seiner Ankunft dort gab die Polizei Capone einen Tip. Wenig später rasten mehrere Taxis auf die Polizeidienststelle zu und kamen mit quietschenden Bremsen zum Stehen. Mehr als ein Dutzend Capone-Leute sprang aus den Wagen, einige mit Maschinenpistolen ausgerüstet, andere mit 45er Automatikwaffen. Der Einsatz wirkte so straff organisiert, daß die herumstehenden Polizisten zunächst glaubten, nicht Gangster, sondern ihre eigenen Kollegen wären hier am Werk. Erst als einer der Männer die Dienststelle betrat und dort als Louis »Little New York« Campagna erkannt wurde, begriffen die Cops, was hier gespielt wurde und wer die Fäden zog.

Nun wurde ein Heer von Polizisten alarmiert, das Campagna und zwei weitere Capone-Männer verhaftete. Damit war der Konflikt jedoch nicht zu Ende, denn wieder einmal zeigte die Polizei ihr Talent zu verhängnisvollen Fehlentscheidungen, als sie Capones Truppe in die Zelle neben Aiello einsperrte.

»Du bist tot, Freundchen, mausetot«, flüsterte Campagna in sizilianischem Dialekt zu Aiello hinüber. »Du kommst nicht mal bis zum Ende der Straße, willst du drauf wetten?«

»Können wir uns nicht einigen?« fragte Aiello. »Gebt mir 14 Tage, und ich verkaufe meine Läden, mein Haus und alles andere und verlasse Chicago ein für allemal. Können wir uns nicht darauf einigen? Denkt doch an meine Frau und das Baby.«

»Du dreckige Ratte! Du hast uns zum zweiten Mal hintergangen. Du hast damit angefangen. Wir führen es bloß zu Ende.«

Nachdem ihn sein Anwalt freibekommen hatte, flehte Aiello die Polizei an, ihn zu beschützen, worauf ihm ein Detective antwortete: »Sicher. Sie bekommen Polizeischutz – bis nach New York und auf ein Schiff.« An jenem Abend flohen Joseph Aiello und seine beiden Brüder aus Chicago und sollten die folgenden zwei Jahre damit zubringen, im entlegenen Trenton, New Jersey, Mordpläne gegen Al Capone zu schmieden.

Wäre das Aiello-Drama von Leinwand-Cops aufgeführt worden, hätte man sich bei dem Anblick sicherlich vor Lachen gekugelt. Offenbar war es nur in Chicago möglich, eine solche »Law-and-Order«-Farce zu inszenieren: Polizisten, die in ihren alten Klapperkisten durch die Straßen jagten und so taten, als wollten sie Nachforschungen anstellen, an denen ihre Vorgesetzten keinerlei Interesse hatten, und im Grunde nur hofften, daß sich das Ganze in Wohlgefallen auflöste, bevor noch mehr Polizisten und Staatsanwälte darin verwickelt würden.

Nachdem sein Leben nun nicht mehr unmittelbar bedroht war, konnte Capone der Versuchung nicht widerstehen, sich auf einer Pressekonferenz zu brüsten, er sei der mächtigste, aber auch dreisteste Racketeer von ganz Chicago. »Als ich erfuhr, daß Joey Aiello Frieden schließen wollte, aber 14 Tage Zeit brauchte, um seine Angelegenheiten zu regeln, war ich bereit, darauf einzugehen«, erklärte er. »Ich bin immer und überall zu Verhandlungen bereit, wenn uns das einer Einigung näher bringt. Ich will keine Scherereien. Ich will kein Blutvergießen. Aber ich werde mich selbst schützen. Wenn mich jemand schlägt, schlage ich zurück. Ich bin der Boß. Ich werde die Fäden in der Hand behalten. Man setzt mir nun schon seit etlichen Jahren die Knarre an die Brust, aber wie Sie sehen, erfreue ich mich nach wie vor bester Gesundheit. Lassen Sie sich von niemandem einreden, man könnte mich aus der Stadt jagen. Ich bin noch nie vor etwas davongelaufen und werde es garantiert auch jetzt nicht tun. Wenn wir mit diesem Gesindel fertig sind, gibt es keinen Widerstand mehr, und ich werde immer noch im Geschäft sein.«

Dieser Gefühlsausbruch war im Grunde töricht und widersprach völlig seiner früheren Entscheidung, sich ins Privatleben zurückzuziehen. Verschiedene Umstände sollten Capone später dazu zwingen, jedes seiner Worte zurückzunehmen.

Richard Hart gab seinen drei Söhnen Anweisung, sich in einer Reihe aufzustellen. Er drückte jedem eine Zigarette in die Hand, und die Jungen steckten sie sich in den Mund, zündeten sie jedoch nicht an. Ihr Vater ging etliche Schritte zurück, bis er auf einer Höhe mit seinen Söhnen stand. Dann zog er seinen Revolver und nahm sie aufs Korn. Von weitem sah es so aus, als würde er genau auf ihre Köpfe zielen, aber er hatte die Zigaretten im Visier, die die Buben mit den Zähnen festhielten.

Die Jungen schlossen die Augen, als ihr Vater den Hahn spannte. Krachend löste sich der erste Schuß, doch die Kinder wußten, daß sie stillhalten mußten. So schoß Hart eine Zigarette nach der anderen entzwei – eine Hälfte fiel zu Boden, die andere blieb im Mund. Als der letzte Schuß ver-

hallt war, öffneten die Jungen ihre Augen. Ihr Vater hatte die Pistole wieder in den Halfter gesteckt und ging lächelnd auf sie zu.
Es waren gute Jungen.

Im Sommer 1927 beschlossen Präsident Calvin Coolidge und seine Frau, die Hitze und den Streß von Washington hinter sich zu lassen und am 15. Juni zur Sommerfrische in die Black Hills von South Dakota zu fahren, wo ein staatseigenes Jagdhaus mit 20 Zimmern auf sie wartete. Während der Präsident vor allem darüber nachgrübelte, ob er sich im darauffolgenden Jahr zur Wiederwahl stellen sollte, sorgte er unter den Einheimischen für Diskussionsstoff, indem er erklärte, entgegen der ortsüblichen Gepflogenheit nicht mit einer Fliege, sondern mit Wurm und Haken zu angeln. Weiteres Aufsehen erregte er, als er sich von den Sioux-Indianern zum »Leading Eagle« ernennen ließ und in einem kunstvoll gearbeiteten Cowboykostüm für Photographen posierte.
Während seines Aufenthalts im Westen wurde der glücklose Coolidge von Leibwächtern beschützt, die man unter den besten Polizisten dieses Landesteils ausgewählt hatte. Auch Richard »Two-Gun« Hart gehörte dieser Elitetruppe an und hatte den besonderen Auftrag, Coolidge während der Reise zu bewachen. Für Hart war dies eine große Ehre und der Beweis dafür, daß die Bedenken, die 1924 durch die Erschießung Ed Morvaces aufgekommen waren, längst vergessen und verjährt waren. Bei einer genaueren Untersuchung seiner Vergangenheit wäre zweifellos ans Licht gekommen, wie wenig er der war, als der er sich ausgab. Coolidge, ja die ganze Nation wäre entsetzt gewesen, hätte man gewußt, daß einer der Leibwächter des Präsidenten der Bruder des berüchtigten Al Capone war. Doch niemand fragte nach, und niemand kam dahinter.
Somit verwirklichten beide Capone-Brüder ihre gegensätzlichen Vorstellungen von Verbrechen, Strafe und Gerechtigkeit: »Two-Gun« Hart jagte in der Wildnis Alkoholschmuggler oder bewachte den Präsidenten der Vereinigten Staaten, während sein Bruder Al Capone sein Imperium rücksichtslos erweiterte und das Bild eines neuen Antihelden des Jazz Age prägte: das des Stadtgangsters, der sich seine eigenen Gesetze schafft …

SECHSTES KAPITEL

»Vorruhestand« in Miami

Al Capones Liebe gehörte der Oper, aber die eigentliche Musik seiner Zeit und Stadt war der Jazz. Zahlreiche fähige, oft geniale Jazzmusiker strömten damals nach Chicago, wo sie mit ihrer vor Temperament überschäumenden Musik wahre Begeisterungsstürme entfachten. 1927 war Chicago zur Welthauptstadt des Jazz aufgestiegen, und da Al Capone und sein Bruder Ralph die Nightclubs und Saloons der South Side kontrollierten, wurden sie fast automatisch auch zu bedeutenden Jazz-Impresarios. Trotz oder vielmehr gerade wegen der Prohibition florierte ihr Nightclub-Imperium und vor allem der Cotton Club in Cicero, in dem aufzutreten zum Ziel jedes ehrgeizigen Jazzmusikers wurde. Wie in den meisten anderen Nachtlokalen spielten hier vorwiegend schwarze Musiker vor einem weißen Publikum, zu dem neben Bürgermeister Thompson etliche Stadträte, Richter und andere Persönlichkeiten des öffentlichen Lebens zählten. Auch die Polizei war anwesend, aber nicht als Gesetzeshüter, sondern als Gast.

Obwohl Al Capone nie beabsichtigt hatte, Jazz-Impresario zu werden, ging er bald schon deshalb ganz in dieser Rolle auf, weil er dadurch die bekanntesten und besten Künstler seiner Zeit kennenlernte, die ihm – das war besonders schmeichelhaft – darüber hinaus ihren Lebensunterhalt verdankten. Wer sich als Musiker einen Namen machen oder auch einfach nur überleben wollte, kam an Al und Ralph Capone nicht vorbei. Anders als Ralph und andere Racketeers, suchte Al sogar die Gesellschaft der überwiegend schwarzen Musiker und erlangte so allmählich deren Bewunderung und Anerkennung. Sein Verhalten war um so erstaunlicher, da die Farbigen damals von den meisten weißen Chicagoern und allen sechs Tageszeitungen geflissentlich ignoriert wurden. Die Blätter konnten sich das leisten, da die Schwarzen verglichen mit den anderen Bevölkerungsgruppen – Juden und Italienern oder gar den Iren – keinerlei politisches Gewicht besaßen. Doch Capone hatte keine Vorurteile und hieß jedermann willkommen, der sich auf seine Seite schlug.

Einer der jungen schwarzen Musiker, die ihre Karriere Al Capone verdankten, war der berühmte Jazz-Bassist Milt »Judge« Hinton. Die Capones halfen sowohl dem Musiker als auch dem Bootlegger Hinton auf die Beine, und eines Tages griff sogar Al persönlich ein, um die Karriere des jungen Talents vor einem jähen Ende zu bewahren. Hintons Background und Geschichte steht stellvertretend für die vieler Schwarzer, die vor dem Rassenhaß des Südens geflohen waren, um in Chicago ein neues Leben zu beginnen. 1910 in Mississippi geboren, zog Hinton mit seiner Familie in die Chicagoer South Side, denn, so erinnerte er sich: »Jeder kam nach Chicago. Auf den Schlachthöfen brauchte man dringend Arbeiter, in den Hotels Pförtner und auf den Bahnhöfen Gepäckträger. Das waren gute Jobs, viel besser als das, was die Schwarzen im Süden hatten. Deshalb wanderten sie wie meine Familie zu Tausenden nach Norden.«

Hier fanden die Farbigen Wohnungen und Arbeit, meist weit besser bezahlt als in ihrer alten Heimat. »Aber natürlich wollten wir unsere eigene Musik. Wir hatten ja überall in der South Side diese tollen Nightclubs. Louis Armstrong, Jelly Roll Morton, King Oliver aus New Orleans und Duke Ellington aus New York – sie alle spielten in Chicago in den Clubs und großen Hotels. Deshalb wurde Chicago auch das Zentrum des Jazz.«

Es gab eine Unmenge vielversprechender Musiker. Hintons Mutter verdiente ihr Geld als Klavierlehrerin, und einer ihrer Schüler hieß Nat King Cole. Später ging Hinton auf die überwiegend von Farbigen besuchte Wendell Phillips High School, deren musikalischer Leiter, Major N. Clark Smith, es sich zur Aufgabe gemacht hatte, ehrgeizige und talentierte Schüler zu fördern. »Aus dieser Schule kamen viele großartige Musiker, die sich in Duke Ellingtons und Cab Calloways Band einen Namen machten«, entsann sich Hinton. »Major Smith stellte sogar außerhalb der Schule eine Jugendband auf die Beine, mit der er durchs Land reisen wollte. Lionel Hampton und Nat King Cole spielten in dieser Band.«

Inzwischen suchte Hinton verzweifelt, mit seinem Instrument, der Violine, eine Anstellung zu finden. »Als Al Capone in Cicero den Cotton Club eröffnete, wollte er ausschließlich schwarze Musiker und Entertainer haben. Walter Bond, ein junger Klarinettist aus Mississippi, sollte eine Band zusammentrommeln.« Weil er mit seiner Violine im Cotton Club keine Arbeit fand, trug der junge Hinton für 9.25 Dollar die Woche Zeitungen aus. »Und derweil kamen meine Freunde, die Posaune oder Saxophon spielten, für 75 Dollar die Woche in Al Capones Band unter. Ich war verzweifelt. Weil ich nicht wußte, ob ich mit einem Saxophon zurechtkommen würde, versuchte ich es mit dem Baß. Violine und Baß sind schließlich fast dasselbe.« Tatsächlich machten sich sein Lerneifer und Unternehmungsgeist bezahlt. Schon bald hatte er erste kleinere Auftritte, trug nebenher jedoch nach wie vor Zeitungen aus. »Alle großen schwarzen Bands hatten einen Bassisten, und wenn einer von denen betrunken war und nicht auftauchte, holten sie mich. Das war meine Lehrzeit. Inzwischen konnte ich gut mit dem Baß umgehen und lernte andere Musiker kennen. Doch dann sagte meine Mutter zu mir: ›Du kannst nicht früh um fünf von einer Vorstellung nach Hause kommen, dich umziehen und dann deine Zeitungen austragen. Du mußt zur Schule gehen.‹« Das Schicksal machte dem jungen Hinton die Entscheidung leicht, denn genau zu dieser Zeit eröffnete Ralph Capone einen neuen Nightclub und engagierte ihn als Bassisten. »Ralph war ein ziemlich grober Kerl, wirklich fies und gemein, ganz anders als Al«, stellte Hinton fest. »Ralph ohrfeigte alle möglichen Leute; er war längst nicht so beliebt wie Al. Ich kam zwar gut mit ihm aus, aber man wußte genau, daß Ärger vorprogrammiert war, wenn jemand aus der Reihe tanzte.«

Hinton blieb eine Weile in Ralphs Club, entschied sich dann aber, in die Wäscherei seines Onkels einzutreten. Dort aber fand er bald heraus, daß das bescheidene Geschäft nur Tarnung war und sein Onkel eigentlich »die Mietshäuser in der Umgebung mit Alkohol und Whiskey belieferte. Wenn es an der Zeit war, die Miete zu bezahlen, gab man an einem Samstagabend eine Party und lud all seine Freunde zu Hühnchen und Whiskey ein. Die Leute kamen und zahlten für Essen und Trinken, und so bekam man das Geld für die Miete zusammen. Und natürlich kauften sie ihren Whiskey bei uns, bei meinem Onkel. Al Capone erkannte das Potential, das hinter diesem Markt steckte, und traf sich mit meinem Onkel und einem Kerl namens Jim Thomas, der Beziehungen zum Lotteriegeschäft hatte. Capone machte den beiden einen attraktiven Vorschlag: ›Ihr kauft euren gesamten Alkohol bei mir für sechs Dollar die Gallone und verkauft ihn für 18 Dollar. Ihr bekommt zwölf Dollar pro Gallone heraus. Ich regle das mit der Polizei, und um euren Schutz braucht ihr euch nicht zu sorgen. Ich organisiere den Transport. Ihr braucht nur den Alkohol zu liefern und das Geld einsammeln.‹« Von da an tauchte Capone jeden Samstag in der Wäscherei auf. »Er war recht massig, wirklich imposant, und kam immer mit mehreren Kerlen herein. Überall standen Polizisten herum, die auf ihn warteten. Sie bildeten eine Schlange wie an einer Bushaltestelle. Er hatte eine große Tasche voll Geld dabei und drückte jedem Polizisten fünf Dollar in die Hand.«

Solche Bestechungsgelder waren dem Schwarzhandel zwar sehr förderlich, doch hing Capones Erfolg letztlich vor allem damit zusammen, daß er sämtliche Konkurrenten rücksichtslos ausschaltete. Von außerhalb konnte niemand die Gegend versorgen, aber der Racketeer erlaubte seinen

Händlern, ihr eigenes Gebräu herzustellen. Mit Capones Segen betrieb auch Pete Ford, der Partner von Hintons Onkel, gegenüber der Wäscherei eine gutgehende Brennerei. »Capone lagerte seine Kanister mit Alkohol hinter dem Haus. Wir kippten eine Kiste Whiskey in den Kessel, mischten ihn mit Alkohol und machten drei Kisten daraus.« Bevor sie die Flaschen verkauften, tarnten sie sie als originalverpackten Whiskey. »Da kam immer ein Schwarzer, der so ein komisches Auge hatte, mit einem Packen Banderolen. Wir füllten die Flaschen ab, klebten die Banderolen über den Deckel und verkauften den halben Liter für fünf Dollar. Dabei sprang für jeden von uns ein Haufen Knete heraus. Mein Onkel trug ein Seidenhemd, hatte fast tausend Dollar in seiner Brusttasche, saß einfach nur am Tisch, frönte seiner Lieblingsbeschäftigung, dem Essen, und wickelte nebenher am Telefon die Whiskeybestellungen ab. Dann beluden wir den Lastwagen und lieferten die Ware aus. Er ließ mich chauffieren. So lernte ich Autofahren. Ich war 15 und fand es toll, daß ich mitmachen durfte.«

Hintons kurze, hochbezahlte Laufbahn als Bootlegger fand jedoch ein blutiges Ende. Als er Pete Ford zu einem Kunden brachte, wurde sein Wagen von einem anderen gerammt. Hinton flog durch die Windschutzscheibe in ein Meer aus Glassplittern, Ford wurde auf die Straße geschleudert. In einer Lache aus Blut und Alkohol warteten die beiden auf einen Krankenwagen. »Man brachte mich ins Krankenhaus. Die Polizei kam, aber wir blieben unbehelligt, weil Al Capone seine Hand darüberhielt«, erinnerte sich Hinton später.

»Meine ganze rechte Seite war lädiert. Ein Finger der rechten Hand, den ich zum Baßspielen brauchte, hing herunter. Der Arzt wollte den Finger amputieren, aber ich schrie: ›Bitte nehmen Sie den Finger nicht ab‹. Da kam Al Capone zusammen mit meiner Mutter ins Krankenhaus und verbot dem Arzt, den Finger abzunehmen. Und was Al Capone sagte, war Gesetz. Sie haben ihn ganz falsch wieder hingeflickt, aber ich hatte seither nie Probleme damit. Capone übernahm auch die Krankenhauskosten.«

Als Hinton entlassen wurde, konnte er seinen Finger wieder halbwegs gebrauchen und hoffte immer noch auf eine Musikerkarriere. Pete Ford, Hintons Boß, erlag seinen Verletzungen. Bald darauf wurde auch ein schwarzer Schlägertyp namens Slim Thompson, der in das kleine Bootlegger-Geschäft verwickelt war, tot aufgefunden. Sein Tod hing angeblich mit dem Unfall zusammen. Obwohl niemand das eigentlich Motiv kannte, reichte dies, um Hinton aus dem Bootlegger-Geschäft aussteigen zu lassen, und er fuhr auch nie wieder einen Wagen. In den darauffolgenden Jahren spielte Milt »Judge« Hinton in etlichen von Ralph Capones Nightclubs und trat

später mit Künstlern wie Charlie Parker, Mahalia Jackson, Bing Crosby und Aretha Franklin auf.
Capones Umgang mit Schwarzen und namentlich sein Einsatz für den jungen Hinton bildete unter Italienern seiner Generation tatsächlich die sprichwörtliche Ausnahme; die meisten sprachen von den Schwarzen verächtlich als »melanzane«* und warnten ihre Kinder vor »denen da«. Doch Capone organisierte die farbigen Bootlegger, beschützte sie vor der Polizei und steigerte gleichzeitig ihre Gewinne. Er stellte nur eine einzige Bedingung, über die es allerdings keine Diskussionen gab: »Ihr kauft euren Alkohol nur bei mir.« Diese Haltung führte dazu, daß Capone bald nicht nur von vielen Italienern, sondern auch den Schwarzen als Wohltäter angesehen wurde. Beide Gruppierungen waren Außenseiter, beide wurden unterdrückt und gemieden, doch Capone war der einzige Racketeer, der diese Tatsache auszunutzen wußte. Daß Capone sich mit den Schwarzen abgab und sich um sie kümmerte, während er gleichzeitig von ihnen profitierte, belegt übrigens einmal mehr seine Begabung zur Aushandlung von Koalitionen, die letztlich auch seinen Aufstieg zu einer einflußreichen, politischen Kraft förderten. Im Gegensatz dazu beruhte der Einfluß des Chicagoer Establishments auf der Ausgrenzung eben jener Elemente, die Capone bei sich aufnahm. Die Stadtväter nämlich liebäugelten mit einem Kastensystem, in dem sie sich als herrschende Klasse sahen und gleichzeitig das niedrige Volk mit der Prohibition knechteten, die sie selbst nur allzugern ignorierten.

Nun machte Capone aber nicht nur aus geschäftlichen Gründen gemeinsame Sache mit den Schwarzen, sondern war auch fasziniert von ihrer lebensfrohen Musik. Doch wer für Capone arbeitete, mußte damit rechnen, auf Befehl vor einem launischen Tyrannen spielen zu müssen. Das erlebte Fats Waller, ein anderer Jazzmusiker aus Harlem**, am eigenen Leib. Der außergewöhnlich begabte Texter, Sänger und Pianist kombinierte in seinen Songs Witz, Anzüglichkeiten, Wortspiele und Parodien. Capone hörte den »Harmful Little Armful«, wie Waller sich selbst nannte, zum ersten Mal im Sherman House, wo sich die Band häufig traf. Eines Abends unterbrach einer von Capones Schergen die Vorstellung und richtete seine Maschinenpistole auf den Zuschauerraum. Die Anwesenden möchten sich ruhig verhalten, er suche nur einen »Freund«. Währenddessen trieben Capones Männer die Zuschauer und Waller in die Herrentoilette. Waller war da-

---

* »Auberginen«.
** Er wurde vor allem durch seinen Song »Ain't Misbehavin'« berühmt.

durch derart verstört, daß er sich weigerte herauszukommen, bevor nicht die Polizei für seine Sicherheit garantierte.*

Einige Zeit später wurde Waller selbst beim Verlassen des Sherman House mit vorgehaltener Pistole entführt. Vier Männer stießen ihn in einen wartenden Wagen, der ins Dunkel der Nacht entschwand. Waller geriet in Panik, nicht zuletzt weil er Schwarzer, seine Entführer jedoch Weiße waren. Die ganze Fahrt über sah er sich schon eines gewaltsamen Todes sterben. Doch die Limousine fuhr nach Cicero und hielt vor dem Hawthorne Inn. Seine Kidnapper zerrten Waller in einen Saloon, in dem eine Party in vollem Gange war. Sie befahlen ihm, sich ans Klavier zu setzen und zu spielen. Waller begriff schließlich, daß er sich auf einer Geburtstagsparty zu Ehren von Al Capone befand und er selbst das Geschenk der Männer für ihren Boß war. Halb benommen vor Glück, spielte er drauflos. Capone zeigte sich erkenntlich, indem er Waller mit Champagner versorgte und ihm nach jedem erfüllten Musikwunsch Geldscheine in die Taschen steckte. Waller behauptete, er hätte damals das erste Mal Champagner getrunken und sich, nachdem er den anfänglichen Schock verdaut hatte, köstlich amüsiert. Die Party dauerte volle drei Tage, und Waller kam erschöpft und verkatert, aber um mehrere tausend Dollar reicher nach Hause.

So großzügig und liebenswert Capone sich den Jazzmusikern gegenüber auch zeigte, spürte man in seiner Gegenwart doch immer eine gewisse Gewalttätigkeit. Weniger berühmte Musiker waren im Gegensatz zu Fats Waller nicht durch ihren guten Ruf geschützt, sondern brauchten Glück und Geistesgegenwart, um ungeschoren davonzukommen. In diese Kategorie fiel der junge Chicagoer Saxophonist Milton »Mezz« Mezzrow. Während er sich durch Capones »Universität der Künste« spielte, die aus diversen Bordellen und Nightclubs bestand, lernte er den Gangsterboß auch persönlich kennen: »Wenn Al auftauchte, war er immer von mehreren Bodyguards umringt. Sie saßen gut gelaunt und aufgekratzt in einer Ecke, hatten die Szenerie jedoch ständig im Blick. Al grinste meistens übers ganze Gesicht und wirkte sehr gutmütig.«

Im Gegensatz zu seinem genialen, geschäftstüchtigen Bruder hing der junge Matthew Capone, den Mezzrow als »Mitzi« kannte, meist nur herum und versuchte, sich nützlich zu machen. »Er sollte zusammen mit einem anderen Mann die Bierwägen nach Burnham hinaus begleiten und gewährleisten, daß niemand den Transport überfiel. Sein kleines Ford-Coupé

---

* In Anbetracht der Umstände, unter denen die Musiker damals spielen mußten, überrascht es nicht, daß der Chicagoer Jazz seine Berühmtheit einer charakteristischen Ruhelosigkeit verdankt, die man in New Orleans nicht kannte.

zuckelte wie ein Hündchen hinter den riesigen Lastwagen her, und niemand ahnte, daß es bis obenhin mit Maschinenpistolen vollgestopft war.«
Wenn er nicht gerade Biertransporte eskortierte, stellte Mitzi den Frauen nach, die in Capones Jazzclubs auftraten. Als er sich jedoch in eine junge Sängerin namens Lillian verknallte, griff Al ein. »Du feuerst das Mädchen«, befahl er Mezzrow. »Schaff sie fort. Wenn mir noch einmal etwas über sie und Mitzi zu Ohren kommt, kannst du auch gleich deinen Hut nehmen.«
Mezzrow wagte das Unvorstellbare und trotzte Al Capone. »Ich werde sie nicht rausschmeißen. Warum hältst du Mitzi nicht von hier fern, wenn dir die Sache nicht paßt?«
»Sie kann sowieso nicht singen«, sagte Al verächtlich.
»Nicht singen? Du erkennst doch nicht mal einen guten Whiskey, wenn du ihn riechst, obwohl das dein Geschäft ist, und du willst mir etwas über Musik erzählen?«
Dann wurde Mezzrow mit einem Mal bewußt, daß er dabei war, sich mit »Mister Fifty Caliber« höchstpersönlich anzulegen, und er verstummte. Normalerweise hätte man die Aufsässigkeit eines Untergebenen von Capone mit Schlägen, Schüssen oder gar dem Tod bestraft, doch Mezzrow genoß in Capones Reich die Freiheit eines Hofnarren. Seinen Musikern gegenüber ließ Capone bekanntlich stets große Nachsicht walten.
Eine Weile herrschte betretenes Schweigen, dann platzte Capone los: »Hört euch den Professor an«, rief er. »Der Kerl hat vielleicht Mumm.« Mezzrow atmete schon auf, als Al unvermittelt mit verhaltener Stimme hinzufügte: »Aber wenn ich Mitzi dabei erwische, daß er hier noch weiter herumpoussiert, geht es euch beiden an den Kragen. Ist das klar?«
»Mezz« sorgte dafür – und blieb am Leben.

Am 8. November 1927 erschien in der *Chicago Daily News* die Schlagzeile: »CICERO PROFITIERT VON SPIELHÖLLENSCHLIESSUNG – Al Capones Lokale werden von Spielwütigen überrannt«. Interessierte Leser erfuhren: »Gestern abend, als die Chicagoer Konkurrenz geschlossen wurde, schlug für ›Scarface‹ Al Capones Spielhallen die große Stunde. Das Lauderback's, das Ship's, das Radio Inn und andere Lokale in Cicero platzten aus allen Nähten. Was die Umsätze betraf, waren die drei mageren Monate vergessen, in denen die Chicagoer Spielhöllen unter Thompsons Politik der ›offenen Stadt‹ Hochkonjunktur hatten. ... Bürger, die bei Fortuna ihr Glück versuchen wollten, erfuhren, die Stadt habe ›rigoros einen Riegel vorgeschoben‹.«
Entgegen allem Anschein beruhte die Schließung der Chicagoer Lokale je-

doch nicht auf einer Initiative der Polizei – verantwortlich dafür war vielmehr Al Capone, der durch die Unterbindung dieses überaus profitablen Geschäftes einmal mehr demonstrierte, daß er die Wirtschaft der Stadt fest im Griff hatte. Allerdings hatte er sich nicht urplötzlich zum großen Reformer gewandelt, sondern plante ganz im Gegenteil, die illegalen Chicagoer Geschäfte von nun an offen ablaufen zu lassen. Der Thompson-Administration würde dann nichts anderes übrigbleiben, als zähneknirschend mit ihm zu kooperieren. Capone hatte seinen Rivalen und sogar der Polizei schon länger Daumenschrauben angelegt, doch nun griff er zum ersten Mal nach einer ganzen Stadt. Bei einer Recherche über Capones Machtbereich kam die *Chicago Daily News* zu dem höchst beunruhigenden Schluß, Chicago sei »eine Stadt, in der drei Millionen Menschen einem Diktator der Unterwelt Tribut zollen«.

Angesichts dieser höchst unerfreulichen Presse schien es Capone angebracht, wieder einmal für eine Weile von der Bildfläche zu verschwinden. Doch tat er es diesmal offen, und jedermann wußte, wohin er sich absetzte, denn am Tag vor seiner Abreise tauchte er mitsamt Gefolge im renommierten Chicagoer Kaufhaus Marshall Field auf – und zwar als Kunde. Einem Berichterstatter zufolge staffierten sich die Herren für 5000 Dollar mit allem aus, was »der gut gekleidete Jäger trägt, wenn er sich von den Bandenkriegen ausruhen möchte«. Am nächsten Morgen machte man sich dann auf den Weg ins nördliche Wisconsin, und in den folgenden Tagen erfuhren die Leser der Regenbogenpresse, noch nie seien »so gut gekleidete Entenjäger mit teuren Beinkleidern durchs Gebüsch gepirscht. Wenn es regnete, wurden sie von wasserdichten Mänteln und Kniehosen geschützt.« Wenig verwunderlich hieß es auch, die Jagdgesellschaft bestünde aus »guten Schützen mit hochwertigen Waffen«. Capone und seine Kumpane waren eine ganze Woche unterwegs – und während dieser Zeit festigte sich in Al erneut der Gedanke, sich zur Ruhe zu setzen.

Mit diesem festen Entschluß, etlichen Enten, Feldhasen und sogar einem Bären, den einer seiner Freunde erlegt hatte, kehrte Capone am 5. Dezember von seinem Jagdausflug zurück und berief sofort die Presse in seine Suite im Metropole. »Er hatte es sich in einem Sessel gemütlich gemacht … und trug den flotten Jagdanzug, den er sich für seinen Abstecher in die Wälder zugelegt hatte. Auf seinen Wangen prangte noch der Sechs-Tage-Bart, den er sich beim Jagen hatte wachsen lassen …« Capone verkündete, er werde aus dem Bootlegger-Geschäft aussteigen und zudem auch noch Chicago verlassen – eine Enthüllung, die die skeptischen Pressevertreter amüsiert zur Kenntnis nahmen. »Morgen fahre ich nach St. Petersburg, Florida«, übertönte Capone das hämische Gemurmel. »Sollen die ehrenwerten Bürger Chicagos zusehen, wo sie ihren Schnaps herbekommen. Ich habe den Job satt. Es ist ein undankbares Geschäft. Ich weiß nicht, wann ich – wenn überhaupt – wieder zurückkomme, aber auf jeden Fall erst nach den Feiertagen.« Nein, er habe sich dort unten kein Haus gekauft, noch nicht, aber er stehe kurz davor und gehe davon aus, Neujahr fernab des kühlen Lake Michigan zu feiern. Es war das zweite Mal, daß Capone diesen Schritt ankündigte. War daraus ein alljährliches Ritual geworden? Allerdings spürte man diesmal, wie ernst es ihm offensichtlich war.

»Ich habe die besten Jahre meines Lebens geopfert, um für die Menschen den Wohltäter zu spielen«, tönte er, ganz geflissener Diener der öffentlichen Genußssucht. »Ich habe den Leuten die leichten Freuden des Lebens ermöglicht und für ihr Wohlergehen gesorgt. Und zum Dank dafür werde ich nun beschimpft und verfolgt. Man heißt mich einen Mörder. Sagt den Leuten, daß ich jetzt weggehe. Ich denke, das Morden wird aufhören. Es wird keinen Schnaps und kein Glücksspiel mehr geben.« Nicht unkommentiert lassen konnte Capone auch die jüngste Forderung des Chicagoer Polizeichefs, mehr uniformierte Beamte gegen die Racketeers einzusetzen: »Ich denke, Mike Hughes wird diese 3000 Mann nicht mehr brauchen. Die Cops können mir jetzt nicht mehr jeden Bandenmord in die Schuhe schieben. Vielleicht finden sie ja einen neuen Helden für ihre Schlagzeilen. Es wäre doch eine Schande, wenn sie mich in meiner Abwesenheit vergessen und jemand anderen zum Chef der Bandenviertel machen würden, oder etwa nicht?«

»Dienst an der Allgemeinheit – das ist mein Motto«, fuhr Capone mit bitterer Ironie fort. »90 Prozent der Chicagoer trinken und spielen. Ich habe versucht, ihnen anständigen Schnaps und einen fairen Spielbetrieb zu bieten. Doch niemand honoriert das. Es bringt nichts. Ich wünsche all meinen Freunden und Feinden frohe Weihnachten und ein glückliches neues Jahr. Mehr bekommen sie in diesem Jahr nicht von mir. Ich hoffe, ich vermiese mit meiner Abreise niemandem das Weihnachtsfest.« Das war eine Anspielung an den stattlichen »Weihnachtsbonus«, den korrupte Polizisten und städtische Beamte inzwischen von ihm erwarteten. In diesem Jahr würde Al keine Geldbündel verteilen, und die *Chicago Daily News* schätzte, daß er sich damit mindestens 100 000 Dollar sparte.

Mit einem Mal wurde er ernst und schien Mitleid heischen zu wollen: »Ich könnte das alles ertragen, wenn nicht meine Mutter und meine Familie so darunter leiden müßten. Sie bekommen andauernd zu hören, was ich für ein schrecklicher Verbrecher sei. Es wird ihnen einfach zu viel, und mir reicht es allmählich auch. Die ganze Welt hält mich für einen millionenschweren Gangster. Neulich kam ein Mann hier herein und sagte, er bräuchte dringend 3000 Dollar. Wenn ich sie ihm geben würde, würde er mich zum Nutznießer seiner 15 000-Dollar-Lebensversicherung machen und anschließend Selbstmord begehen. Ich mußte den Mann hinauswerfen. Heute bekam ich einen Brief von einer Frau aus England. Sogar dort drüben kennt man mich als Killer. Sie wollte mir die Reise nach London bezahlen, wenn ich einige Nachbarn umbringe, mit denen sie Streit hat. Die Zeitungen stellen mich als Millionär hin; deshalb vergeht kaum eine Stunde, in der mich nicht irgendwer um Geld angeht. Mit solchen Dingen muß ich mich herumschlagen, und alles nur, weil ich der Öffentlichkeit gebe, was sie will. Die Nachfrage ist riesig, das brauche ich Ihnen ja wohl nicht zu sagen.«

Wie berauscht von seinen eigenen Ausführungen erklärte Capone, er sei nicht vorbestraft. Das war natürlich ebenso gelogen wie seine nächste Aussage: »Man hat mir noch nie ein Verbrechen nachgewiesen, noch habe ich jemals jemandem befohlen, ein Verbrechen zu begehen. Ich hatte noch nie etwas mit Prostitution zu tun. Ich bin beileibe kein Heiliger, aber ich habe noch nie jemanden getötet. Ich habe in meinem ganzen Leben noch niemanden überfallen. Und meine Männer haben nie jemanden beraubt und sind nie in Häuser eingebrochen, solange sie für mich arbeiteten. Möglicherweise haben sie etliche Dinger gedreht, bevor sie zu mir kamen oder nachdem sie von mir weggingen, aber nicht, solange sie in meinem Dienst standen.« Als Beweis für die Rechtmäßigkeit, Korrektheit und Ehrlichkeit seiner Geschäfte führte Capone Cicero an, das er bemerkenswerterweise als »die sauberste Stadt der USA« bezeichnete. »Es gibt nur eine Spielhalle in der ganzen Stadt und keine einzige Lasterhöhle.« Diese Behauptung war natürlich völlig absurd, doch machte sich niemand die Mühe, Capone zu korrigieren.

Capone redete noch einige Zeit in diesem Stil weiter; was er sagte und wie viele Märchen er auftischte, spielte längst keine Rolle mehr. Im Chicago des Jahres 1927 war Schwarz Weiß, Wahrheit Lüge und alles, sogar die Bandenkriege, »Public Relations«. Als ein Reporter fragte, wie ein Bootlegger die Ermordung seiner Rivalen rechtfertigen könne, entgegnete Capone: »Wahrscheinlich denkt er, Gott sieht das Recht auf Selbstverteidigung nicht so eng, wie es die Gesetzbücher vorschreiben. Vielleicht gehört dazu auch, jemanden zu töten, um das eigene Geschäft zu verteidigen, mit dem man das Geld für Frau und Kind verdient. Ich sehe es jedenfalls so. Ihr könnt mir keinen Vorwurf machen, weil ich der Meinung bin, daß es auf der Welt noch schlechtere Kerle gibt als mich.« Das war als Anspielung auf »Big Bill« Thompson und seine Beamten gedacht, die Capone zutiefst verachtete, denn das Gleichgewicht der Kräfte hatte sich in letzter

Zeit beträchtlich zugunsten Capones verschoben. Er hatte sich die Macht mit Waffengewalt, Schnaps, Frauen und Geld erkauft, und jetzt machte es ihm Spaß, den Rattenfänger zu spielen, der vorhatte, Chicago den Ratten zu überlassen.

Capone hatte sich als »Held der Schlagzeilen« bezeichnet, und die Chicagoer Tageszeitungen gaben seiner ungewöhnlichen Pressekonferenz erwartungsgemäß breiten Raum. »IHR KÖNNT ALLE VERDURSTEN, LAUTET AL CAPONES ABSCHIEDSGRUSS«, proklamierte die *Chicago Tribune*, während die *Daily News* Als Absicht, kein »Weihnachtsgeld« mehr zu verteilen, lapidar mit den Worten kommentierte: »DER WEIHNACHTSMANN WEINT – CAPONE PACKT DIE KOFFER.« Auch Polizeichef Mike Hughes äußerte sich zu Als Ankündigung. »Am liebsten würde ich ihm und seinen Jungs einen großen Strauß Rosen schicken«, meinte er hämisch.

Bürgermeister Thompson schwieg eigenartigerweise zu Al Capones unvermittelter Abreise; aus dem Rathaus waren keine Worte der Erleichterung oder Freude zu vernehmen. Das Fatale war nämlich, daß Thompson mehr von Capone abhing als dieser von ihm, ja irgendwie brauchte die ganze Stadt Chicago Al Capone: die Presse, um ihre Zeitungen verkaufen zu können; die Polizisten (und die Prohibitions-Agenten), um ihr mageres Gehalt aufzubessern und die Ordnung zu wahren; die Flüsterkneipen und ihre Kunden, um nicht auszutrocknen; und vor allem Thompson, um den Schein des Friedens in Chicago zu wahren und selbst an der Macht zu bleiben. Aber der Bürgermeister konnte ja schlecht an die Öffentlichkeit treten und den berüchtigten Unterweltboß anflehen, seine Entscheidung noch einmal zu überdenken. Statt dessen nahm er Capones Ankündigung schweigend zur Kenntnis – wie den Rückzug eines mächtigen Gönners.

Ein kalter Wind wehte über Chicago. Er brachte Schnee und Temperaturen um minus zwölf Grad. Capone war dem plötzlichen Wintereinbruch gerade noch entkommen – einen Tag nach seiner Pressekonferenz hatte er das gefährliche Pflaster Chicagos gegen ein wärmeres und vermeintlich sichereres Klima eingetauscht.

Am 10. Dezember bestieg Al in Begleitung seines Bruders Ralph und etlichen bewaffneten Leibwächtern einen Zug, der sie jedoch nicht wie angekündigt nach St. Petersburg, Florida, sondern nach Los Angeles brachte. Es war eine merkwürdige Entscheidung, da Capone in dieser Stadt kaum Verbündete hatte und zudem Mae und Sonny in Chicago blieben. Al wollte sie entweder später nachkommen lassen oder, falls sich Los Angeles nicht gastfreundlich zeigte, selbst wieder nach Hause zurückkehren. In einem Monat feierte er seinen 29. Geburtstag, und bislang hatte er außer Brooklyn, Chicago und Lansing noch nichts von den Vereinigten Staaten gesehen. Zwar durchstreifte er unentwegt den Großraum Chicaco, zog jedoch seine kugelsichere Limousine der freien Natur vor, in der sich sein älterer Bruder »Two-Gun« Hart so wohl fühlte. Auf dieser Bahnfahrt konnte Al nun zum ersten Mal die Größe des Landes erahnen und einen wenn auch flüchtigen Blick auf das Land werfen, das damals, im Dezember 1927, eklatante soziale Gegensätze aufwies. Die Großstädte waren die modernsten der Welt und fest im 20. Jahrhundert verankert, während die Dörfer in der Prärie an ihrem Lebensstil aus dem vorigen Jahrhundert festhielten. Was das städtische und das ländliche Amerika voneinander schied, war in erster Linie die Prohibition. Denn das Verbot, Alkohol zu verkaufen und zu konsumieren, war nicht nur Ausdruck bloßer Enthaltsamkeit, sondern spiegelte einen ganzen Lebensstil wider und stand für protestantische Frömmelei, soziale Mittelklasse und eine autarke Gemeinschaft mit engem Horizont, die von Tugendhaftigkeit und Argwohn gegenüber allem Fremden geprägt war.

Hatte Capone gehofft, in Südkalifornien willkommen geheißen zu werden, erlebte er kurz nach seiner Ankunft eine bittere Enttäuschung. James E. Davis, der Polizeichef von Los Angeles, begrüßte den verrufenen Racketeer nämlich mit unmißverständlicher Abneigung: »Sie sind hier nicht erwünscht. Sie haben zwölf Stunden Zeit, unsere Stadt wieder zu verlassen.« Tatsächlich hielt es Capone und seine Begleiter auch kaum länger in Los Angeles. Sie verbrachten die Nacht im Hotel Biltmore, wo sich Capone vor der Presse zum Stand des Bandenunwesens in Chicago äußerte – »Das Gerede von den Bandenkriegen ist völlig übertrieben, und ich habe es allmählich satt. Ich bin gegen jede Art von Bandenkrieg und will mit jedermann gut auskommen.« –, und besichtigten am nächsten Tag ein Filmstudio. »Ich habe noch nie gesehen, wie ein Film gedreht wird«, meinte Al. »Das ist ein phantastisches Geschäft« – ein Geschäft, das mit Gangsterfilmen schon bald Millionen einbringen sollte. Capone nahm sich auch die Zeit, einen Blick auf die Häuser der Stars zu werfen, vor allem auf Mary Pickfords Prachtdomizil »Pickfair«. Der Abstecher in diese Traumwelt fand ein abruptes Ende, als Detective »Roughhouse« Brown auftauchte, um Capone aus der Stadt zu geleiten. »Warum hacken nur immer alle auf mir herum?« wollte Capone von den Reportern wissen, während er seine Abreise vorbereitete. »Ich dachte, ihr mögt Touristen. Ich könnte hier das viele schöne Geld ausgeben, das ich in Chicago verdient habe. Das ist das erste Mal, daß ich höre, daß jemand mit Geld in Los Angeles unerwünscht ist.«

Unter Polizeiaufsicht fuhr Capone mit seinem Gefolge zum Bahnhof zurück und bestieg dort am 14. Dezember den »Santa Fé Chief«. Auf ihrer Rückfahrt Richtung Osten kamen sie auch durch Kansas City, die Hochburg der Prohibitions-Verfechter. »Das Polizeiaufgebot am Bahnhof war so dicke, daß sich einige Cops sogar als Apfelverkäufer verkleidet haben«, bemerkte Capone amüsiert, konnte seine Reise aber unbehelligt fortsetzen. In der Zwischenzeit verkündeten der Chicagoer Polizeichef Michael Hughes und Chief of Detectives William E. O'Connor, sie hätten vor, sämtliche Gangster der Stadt unter Hausarrest zu stellen. »Ich werde unverzüglich Wachen vor den Häusern aller Chicagoer Ganoven postieren«, gab O'Connor bekannt. »Wenn wir sie schon nicht im Gefängnis festhalten können, legen wir sie eben auf Eis. Das kommt schließlich fast auf dasselbe raus.«

Diese Anordnung erschwerte Capones Rückkehr zu seiner Familie in Chicago erheblich, da ihm nun bei Überschreiten der Staatsgrenze die Festnahme drohte. Mae wartete besorgt auf ihren Mann und zeigte sich derart entrüstet, daß sie ausnahmsweise ihr Schweigen brach und mit der Bitte an die Öffentlichkeit trat, man möge Al doch endlich in Ruhe lassen, und sei es nur ihres Kindes wegen. Allerdings erreichte sie damit genau das Gegenteil davon, denn jetzt wurde die Presse erst recht auf Al Capones kleinen Jungen aufmerksam. »CAPONES SOHN LEIDET UNTER DEN SÜNDEN SEINES VATERS«, prangte es von der Titelseite des *Chicago Herald and Examiner*. »Mutter erbittet Hilfe für ihren Jungen, der von Mitschülern drangsaliert wird.« Mae erklärte, der kleine Sonny käme jeden Tag weinend von der Schule nach Hause, weil ihm seine Klassenkameraden spöttisch vorwarfen, sein Vater sei ein Gangster und Mörder. »Das ist zuviel für ihn. Das ist zuviel für mich«, gestand Mae, »und es ist einfach nicht fair. Der Junge ist innerlich gebrochen und kann es nicht begreifen. Ich als seine Mutter leide mit ihm. Kann man denn gar nichts dagegen unternehmen?« Die Antwort auf diesen Hilferuf, das lernte die Familie Capone im Laufe der nächsten Jahre, lautete nein. Das Stigma würde Sonny sein Leben lang anhaften.

Während Al auf der Rückfahrt nach Illinois über die Konsequenzen eines möglichen Hausarrests in Chicago und die Schande grübelte, die er seiner Familie gebracht hatte, bestieg der Reporter Alfred »Jake« Lingle vom *Chicago Herald and Examiner* den Zug. Al kannte ihn.

Die zwanziger und dreißiger Jahre waren die Zeit der »fliegenden Reporter«, die lediglich recherchierten und ihre oft unzusammenhängenden Erkenntnisse anschließend telephonisch an ihre Zeitung übermittelten, wo sie von einem Redakteur in Artikelform gebracht wurden. So tauchte Lingle nur selten in den Redaktionsräumen seiner Zeitungen auf. Er bevorzugte vielmehr die Gesellschaft Capones oder anderer Racketeers und trug auch jene diamantenbesetzte Gürtelschnalle, die Al seinen Freunden zu schenken pflegte. Jeder, der sein Luxusauto sah oder ihn in seiner prunkvollen Suite im Stevens Hotel besuchte, begriff, daß Lingle im Grunde mehr Racketeer als Journalist war. Die Reportertätigkeit bildete die perfekte Tarnung für Lingles eigentliches Geschäft und seine hervorragenden Beziehungen zu Capone.

Gegen Ende der Zugfahrt schüttete ihm dieser sein Herz aus: »Es ist hart, wenn einem unbescholtenen Bürger der Zugang zu seinem Heim von denselben Polizisten verwehrt wird, die ihr Gehalt zumindest zum Teil aus den Taschen des Opfers bekommen«, klagte er Lingle. »Schließlich kann man sagen, daß jeder Polizist in Chicago seinen Lebensunterhalt unter anderem auch meinen Steuern verdankt. Und trotzdem wollen sie mich für nichts und wieder nichts ins Gefängnis stecken, obwohl ich nur meine Frau und meinen kleinen Sohn besuchen möchte.« Capone seufzte pathetisch. »Ich weiß gar nicht, was dieses Theater überhaupt soll. Wie würde es dir gehen, wenn sich die Polizei, die uns ja eigentlich schützen soll, dir gegenüber so verhielte?« Wieder machte Capone eine kurze Pause. Sein Blick schweifte über die trübe Winterlandschaft, die draußen vor dem Fenster vorbeiflog. »Ich gehe zurück nach Chicago. Niemand kann mich davon abhalten. Ich habe ein Recht, dort zu sein. Meine Familie lebt dort. Wenn sie mich von Chicago fernhalten wollen, müssen sie mich schon erschießen. Ich habe nie etwas Unrechtes getan. Niemand kann beweisen, daß ich je etwas Unrechtes getan habe. Sie nehmen mich fest, filzen mich, sperren mich ein, bezichtigen mich aller nur denkbaren Verbrechen, aber vor Gericht stellen sie mich nur wegen ungebührlichen Verhaltens. Und selbst diese Anklage muß aus Mangel an Beweisen fallengelassen werden. Die Polizei weiß, daß sie nichts gegen mich in der Hand hat, kündigt jedoch in aller Öffentlichkeit an, sie werde mich nicht mehr in mein Haus lassen. Und das soll Gerechtigkeit sein? Ich bin schon seit langem der Sündenbock. Das muß doch endlich einmal aufhören! Ich stehe mit dem Rücken zur Wand. Ich werde kämpfen, und es wird ein guter Kampf sein.«

Lingle gab seiner Redaktion die Story durch. Doch wiederum brachte sie nur negative Publicity für Capone, denn die Polizei wartete schon auf ihn, als der Zug am Freitag, den 16. Dezember, in Joliet, Illinois, einfuhr (wo sich zufälligerweise auch die Strafanstalt befand). Als Capone, den Hut tief in die Stirn gezogen, aus dem Zug stieg und den Mantelkragen gegen die Kälte hochschlug, wurde er von sechs Polizisten mit Gewehren im Anschlag in Empfang genommen. »Sehr erfreut«, begrüßte Einsatzleiter Polizeichef Corcoran. Nach wie vor waren die Flinten auf ihn gerichtet.

»Donnerwetter«, murmelte er. »Man könnte meinen, ich wäre Jesse James und die Youngers in einer Person. Was soll die Artillerie?« Unaufgefordert gab er seinen 45er Revolver, nach kurzem Nachdenken noch eine kleinere Waffe und als Zeichen seines guten Willens auch die Munition ab. Anschließend verhaftete ihn die Polizei wegen unerlaubten Waffenbesitzes und brachte ihn ins Gefängnis. Hatte er sich noch wenige Tage zuvor in Los Angeles die Zeit in seiner feudalen Suite des Hotel Biltmore vertrieben und mit Filmstars parliert, teilte er sich nun in Joliet eine kühle, feuchte Zelle mit ein paar Obdachlosen.

Augenblicklich traten seine Chicagoer Anwälte Thomas Nash und Michael Ahern auf den Plan. Sie stellten eine Kaution, und acht Stunden nach seiner Festnahme war Capone bereits wieder auf freiem Fuße. »Ich bin auf niemanden sauer«, erklärte er bei seiner Freilassung. »Ich werde die hochgeschätzten karitativen Dienste von Joliet mit einer großzügigen Spende bedenken.« Dann sprang er in einen Wagen und ließ sich nach Chicago Heights chauffieren, die einzige Stadt, wo ihn die Polizei mit Sicherheit in Ruhe lassen würde. Als er zu seiner Familie in der South Prairie Avenue zurückkehrte, hatte die Polizei ihr Vorhaben, jeden Gangster der Stadt unter Hausarrest zu stellen, bereits wieder fallengelassen. »Was soll's«, kommentierte Chief of Detectives O'Connor Capones Rückkehr lakonisch. »Wenn er wieder da ist, ist er eben wieder da. Punktum.« Dennoch setzte er sein Katz-und-Maus-Spiel fort und ließ Capones Anwesen rund um die Uhr observieren.

Obwohl er der Polizei die Stirn geboten hatte, mußte Capone erkennen, daß seine Reise ein einziges Fiasko gewesen war. Wo er auch hinkam, gab er den örtlichen Polizeichefs die Chance, sich auf seine Kosten einen Namen zu machen. Noch dazu hatte er nun landesweit negative Presse bekommen. Zum ersten Mal in seiner Karriere als Racketeer sah er sich damit konfrontiert, ausgelacht zu werden. Und sogar in Chicago luden die Tageszeitungen ihren Spott auf ihm ab. Um die Dinge aus seiner Warte darzustellen, rief Al Capone eine Pressekonferenz im Hotel Metropole ein, wo er öffentlich zugab, ein Bootlegger zu sein – was ja sowieso jeder wußte. Allerdings war dieses Eingeständnis keineswegs als Zeichen eines reumütigen Sinneswandels, sondern vielmehr als Bloßstellung der Heuchelei seiner Kritiker gedacht. »Man nennt Al Capone einen Alkoholschmuggler und Schwarzbrenner«, begann er. »Ja, es ist schwarzgebrannter Schnaps, solange er noch auf dem Lastwagen ist. Aber sobald man ihn in einem Club oder sonstwo auf einem silbernen Tablett serviert bekommt, ist es auf einmal der Inbegriff von Gastfreundschaft. Ich habe nie etwas anderes getan, als dem nachzukommen, was die Leute wollen. Gegen den

Durst hilft kein Gesetz. Es heißt, ich würde gegen die Prohibition verstoßen. Aber wer tut das nicht?« Diese Argumente waren faktisch nicht zu entkräften, übergingen jedoch großzügig die finstere Kehrseite seines Geschäfts, das Glücksspiel, die Zuhälterei und die Morde. Mit diesem Bekenntnis zum geringeren Übel, dem Alkoholschmuggel, der ja halb als Kavaliersdelikt gehandelt wurde, hoffte Capone seine anderen Aktivitäten zu verschleiern, obwohl er gerade diesen seine immensen Geld- und Machtmittel verdankte.

Am nächsten Tag – es war der 22. Dezember – fuhr er noch einmal kurz nach Joliet, um sich in einer nicht öffentlichen Anhörung der Anklage des unerlaubten Waffenbesitzes zu stellen. Auf Anraten seiner Anwälte bekannte er sich schuldig und bezahlte 2601 Dollar Bußgeld und Gerichtskosten. Ohne eine Miene zu verziehen, griff der Racketeer in seine Tasche, holte ein dickes Bündel Geldscheine heraus und zählte die Summe in Hundert-Dollar-Noten auf den Tisch. Als der Beamte ihm das Wechselgeld herausgeben wollte, wehrte Al ab. Er solle es einem Weihnachtsmann der Heilsarmee spenden und dazu sagen, es sei »ein Weihnachtsgeschenk von Al Capone«.

Capone verbrachte die Feiertage mit seiner Familie in Chicago, wo das Wetter nicht besser war als seine Laune. Kurz nach Neujahr bestieg er mit Frau und Kind dann tatsächlich einen Zug nach Florida, und am 4. Januar 1928 kamen sie in Miami an. Der Empfang war vergleichbar dem in Los Angeles. Die Polizei heftete sich an Als Fersen, wohin er auch ging, und die Presse machte sich mit Freuden daran, ihn zu schikanieren. Bei der Ankunft des heimatlosen Exilgangsters, wie man ihn recht unpassend titulierte, ließen sich führende Vertreter der Bevölkerung Miamis – insbesondere die Kirchen und Frauenclubs – zu Kundgebungen selbstgerechter Entrüstung hinreißen.

Diesmal war Capone jedoch wild entschlossen, sich nicht vertreiben zu lassen, und pries Miami als den »Garten Amerikas, das sonnige Italien der Neuen Welt, wo man gut und im Überfluß leben und wo selbst die Ärmsten Glück finden können«. Außerdem tat er seine Absicht kund, eine der Stützen der Gesellschaft von Miami zu werden: »Ich werde hier ein Haus bauen oder kaufen, und ich hoffe, daß viele meiner Freunde diesem Vorbild folgen. Falls man es mir gestattet, werde ich außerdem das feinste Restaurant des Landes eröffnen und sogar Ihrem Rotary Club beitreten.«

Zu jener Zeit erlebte Miami wieder einmal einen Einbruch auf dem Immobilienmarkt. Ein Jahr zuvor hatte ein Hurrikan in der Region gewütet, einen Sachschaden von mehreren Millionen Dollar angerichtet und 50000

Menschen obdachlos gemacht. Ausnahmsweise war das Glück einmal auf Capones Seite. Finanzkräftige Investoren waren in Miami höchst willkommen, und kaum hatte er das magische Wort »Hauskauf« ausgesprochen, war der Bann gebrochen. Geschäft war schließlich Geschäft, auch wenn der Käufer Al Capone hieß. Er wurde von Maklern, die sich in den schlechten Zeiten eine fette Provision sichern wollten, regelrecht überrannt. »CAPONE IN MIAMI UMZINGELT«, lautete die Schlagzeile der *Chicago Tribune*, »ABER VON IMMOBILIENMAKLERN«.
Während sich die Geschäftswelt also daran machte, den zugereisten Gangsterboß zu schröpfen, ließen die gewählten Volksvertreter aus Angst, Capone könne ihre ordentliche Stadt in ein zweites Chicago verwandeln oder zumindest diesen Eindruck erwecken und Touristen verschrecken, wortreiche Erklärungen vom Stapel, in denen der Racketeer zur unverzüglichen Abreise aufgefordert wurde. Als Reaktion darauf, lud Capone die Stadtväter zu einem Treffen ein: »Legen wir doch die Karten auf den Tisch«, sagte er. »Sie alle wissen, wer ich bin und woher ich komme ... Ich habe nicht die Absicht, hier eine Spielhalle oder irgendein anderes verbotenes Geschäft zu betreiben.« Er muß seine Argumente überzeugend vorgebracht haben, denn nach der Unterredung sprach J. Newton Lummus, der Bürgermeister von Miami, mit großem Respekt von ihm und bezeichnete den Racketeer wörtlich als »einen der fairsten Männer, mit denen ich je zu tun hatte«. Um weiteren Beschimpfungen möglichst aus dem Weg zu gehen, ließ sich Capone in Miami Beach nieder, das zwar praktisch zu Miami gehörte, rechtlich jedoch eigenständig war. Mit diesem geschickten Schachzug verschaffte er den Politikern eine Verschnaufpause, ohne sich selbst allzuweit vom Ort des Geschehens zu entfernen.

Nach 1915 war Miami Beach eher als drittklassige Kokosplantage denn als Hochburg der Millionäre und Glücksspieler bekannt. Dann begann die Familie Lummus – die auch den Bürgermeister stellte – die Mangroven zu roden und das Gebiet als Seebad auszubauen. Nach einem grandiosen Start erlitt ihre Ocean Beach-Immobiliengesellschaft während des Ersten Weltkrieges eine schlimme Flaute, erholte sich dann aber relativ rasch wieder, und Anfang der zwanziger Jahre begann ein regelrechter Run auf die besten Grundstücke. In Miami selbst wurden riesige Gebäudekomplexe aus dem Boden gestampft, viele in maurisch-spanischem Stil, ihren großspurigen Dimensionen nach jedoch unverkennbar amerikanisch. Begünstigt durch den Wirtschaftsboom, entwickelte sich die Stadt zu einem Tummelplatz der Reichen und Schönen, die nicht selten in eigenen Eisenbahnwaggons anreisten. Den Anstoß zum Aufstieg von Miami Beach gab Carl

Fisher, ein aus Indianapolis stammender Millionär, der hier Polo-, Golf- und Tennisplätze anlegte und exotische Vögel aussetzte, um ein kleines, exklusives Paradies zu schaffen, in dem die Realität nichts verloren hatte. Es war das passende Ambiente für einen Racketeer wir Al Capone, der nichts so sehr anstrebte wie gesellschaftlichen Status, denn in Miami war »Gesellschaft« ein ausgesprochen dehnbarer Begriff.

Capone richtete sich in einer Suite im besten Hotel der Stadt, dem »Ponce de León«, ein und mietete zusätzlich dazu ein Strandhaus, für das er für den Sommer 3000 Dollar bezahlte. Mae und Sonny zogen in das Haus, und Al pendelte zwischen Strand und Hotel. Die kritischen Stimmen gegen ihn waren verstummt, ja, der Polizeichef von Miami, H. Leslie Quigg, ging sogar so weit, über Capone zu sagen: »Wenn er hier nur seine Ferien verbringt und sich nicht daneben benimmt, mag er bleiben, so lange er will.« Solche unverbindlichen Äußerungen ließen deutlich die Nachsicht der Behörden gegenüber seinen neuen Aktivitäten erkennen, doch die Kooperation der Stadtverwaltung ging noch weit darüber hinaus. Ganz zufällig war J. Newton Lummus, der Bürgermeister von Miami, nämlich auch Immobilienmakler, und zwar ein ausgesprochen cleverer. So sehr er Capone nach außen hin angriff, so effektiv arbeitete Lummus insgeheim für den Chicagoer Gangsterboß.

Lummus wußte von einem großen, luxuriösen Anwesen, das er für ein angemessenes Domizil für einen unermeßlich reichen »Geschäftsmann« hielt. Die Adresse lautete Palm Island 93, und das Grundstück lag im Herzen einer kleinen künstlichen Insel neben dem langen, niederen Damm, der Miami Beach mit Miami verbindet. Welten trennten diesen Ort von Capones anderen Wohnsitzen im Arbeitervorort Cicero und der Prairie Avenue in Chicago. Die piekfeine Insel verfügte über einen eigenen Wachdienst und wurde ebenso sorgfältig gepflegt wie ein Country Club. Die meisten Villen gehörten Prominenten der Schickeria von Miami. Das Anwesen, das Lummus im Auge hatte, war 1922 von dem Brauereikönig Clarence Busch errichtet worden und umfaßte ein Herrenhaus mit 14 Zimmern, ein kleines Pförtnerhaus, einen großen Innenhof und mehr als 100 Meter Sandstrand mit eigenem Bootssteg. Es war, kurz gesagt, ein Traum. Die zartbeige getünchten spanischen Arkaden, die hohen, schattenspendenden Palmen – alles an der Villa atmete Luxus pur. Ein weiterer Vorteil, den Capone besonders schätzte, bestand darin, daß das gesamte Grundstück von einer hohen Mauer umgeben wurde, die unerwünschten Besuchern das Eindringen erschwerte.

Lummus und Capone waren sich der Tatsache bewußt, daß der Racketeer die Villa unmöglich auf seinen eigenen Namen kaufen konnte, ohne einen

Sturm der Entrüstung heraufzubeschwören. Man brauchte also einen Strohmann, und es dauerte nicht lange, bis Capone den geeigneten Mann gefunden hatte. Er hieß Parker Henderson Jr., war der Sohn des vorigen Bürgermeisters von Miami, 24 und überaus anspruchsvoll. Er arbeitete als Manager im Ponce de León und erlag rasch Capones Charme. Schon wenige Tage nach Als Ankunft stolzierte Henderson mit einer diamantbesetzten Gürtelschnalle herum, die ihm der Racketeer als Zeichen seiner Freundschaft geschenkt hatte. Tatsächlich schien das Gangsterdasein Henderson überaus faszinierend und erstrebenswert – die Waffen, der Glamour und vor allem die Mädchen –, und er freute sich, dem Gangster zu Diensten sein zu können.
Capone schickte ihn zu Lummus, der ihn über das Vorhaben aufklärte und ihm eine satte Provision versprach. Es war nicht weiter schwer, den naiven jungen Mann zu überreden, der bereits angefangen hatte, für Capone riskante finanzielle Transaktionen zu tätigen. Nicht weniger als 18mal erhielt Henderson zwischen Mitte Januar und Anfang April größere Beträge, die über Zahlungsanweisung aus Chicago nach Miami kamen und an einen gewissen »A. Costa« adressiert waren. Einer von Capones Handlangern, Nick Circella, begleitete Henderson jedesmal, wenn dieser gegen gefälschte Unterschrift das Geld abholte. So war sichergestellt, daß der Strohmann keine krummen Touren machte, sondern das Geld getreulich bei Capone ablieferte. Schließlich waren 31000 Dollar beisammen, mehr als genug, um die Anzahlung für seine Traumvilla zu leisten. Im März machte Lummus den Handel für Capone perfekt, und endlich besaß der Racketeer ein mehr als ansehnliches Domizil außerhalb Chicagos, in das er sich gegebenenfalls jederzeit zurückziehen konnte.

Obwohl es dem Gangsterboß und dem Bürgermeister scheinbar gelungen war, den Immobilienerwerb vor der breiten Öffentlichkeit geheimzuhalten, war es doch der Kauf der Palm Island-Villa, der den Bundesbehörden den ersten konkreten Anhaltspunkt lieferte, Capone wegen Steuerhinterziehung zu belangen. In Washington D.C. hatte die Geheimdienstabteilung der Steuerbehörden unter Leitung von Elmer Irey bereits große Anstrengungen unternommen, Capones Einkommensverhältnisse zu überprüfen, bisher jedoch kaum Erfolge verbuchen können. Der Plan bestand darin, zu beweisen, daß er über illegale Einkünfte verfügte, die er entgegen der Entscheidung des Obersten Gerichtshofes nicht versteuerte. Wie nicht anders zu erwarten, zahlte Capone natürlich keine Steuern. Einem Memorandum zufolge hatte Capone niemals auch nur eine einzige Steuererklärung eingereicht. Nun sah Irey eine kleine Chance, anhand von Capones *Ausgaben*

Rückschlüsse auf sein steuerpflichtiges Einkommen zu ziehen. Zum Leiter dieser Untersuchungskommission bestimmte Irey Frank J. Wilson, dem es schon öfters geglückt war, Finanzmanipulationen weniger bedeutender Racketeers aufzudecken.

Wilson und seine Frau Judith zogen ins Sheridan Plaza Hotel in Chicago, wo sie sich als Touristen ausgaben. Wilson weihte seine Frau nicht in seinen Auftrag ein; sie wußte lediglich, daß ihr Mann die Geschäfte eines gewissen »Curly Brown« überprüfte. Man schrieb das Jahr 1928, und Wilson sollte die nächsten drei Jahre damit zubringen, Beweismaterial zusammenzutragen, das ausreichte, Capone hinter Gitter zu schicken. »Es ging darum«, so Wilson, »ihm ein Einkommen von mehr als 5000 Dollar* für jedes Jahr nachzuweisen, in dem er keine Steuererklärung eingereicht hatte, bzw. Belege dafür zu beschaffen, daß seine Einkünfte die geringen Beträge überstiegen, die er in den anderen Jahren angegeben hatte.« In Anbetracht Capones gigantischer Einnahmen und der Unsummen, die er für alles mögliche ausgab, schien dieses Unterfangen nicht allzu schwierig. Dennoch erwies es sich als nahezu unmöglich. Wilson mußte feststellen, daß Capone, was seine Einkünfte anging, »in vollkommener Anonymität waltete. Er erledigte sämtliche Geschäfte über Mittelsmänner oder Dritte.«

Zu Beginn seiner Nachforschungen suchte Wilson Rat und Hilfe bei Art Madden, dem örtlichen Agenten der Steuerbehörden; dieser zeigte sich allerdings wenig kooperativ und riet ihm davon ab, seine Zeit mit etwas derartig Unsinnigem zu verschwenden. Capone wegen Steuerhinterziehung zu überführen, sei schlichtweg unmöglich. Später bekam Wilson einen kleinen Trupp von Mitarbeitern genehmigt, der jedoch längst nicht ausreichte. »Als Arbeitsräume stellte die Regierung mir und meinen drei Assistenten eine fensterlose Kammer im alten Postamt zur Verfügung. Die Glasscheibe in der Tür zeigte Sprünge, es gab einen uralten, halb vergammelten Doppelschreibtisch, und von den Wänden blätterte die Farbe ab. Man konnte sich darin kaum am Kopf kratzen, ohne jemandem mit dem Ellbogen ein Veilchen zu verpassen.«

Um der Enge dieses sogenannten Büros zu entfliehen, verbrachte Wilson ganze Tage damit, durch Chicago zu streifen und die Stadt zu erkunden. Ein paarmal fuhr er nach Cicero hinaus, begutachtete die Spielhöllen, Saloons und Bordelle, fand aber nicht ein einziges Stück Papier, das deren Verbindung mit Capone belegte. Ein Agent, der mit Wilson zusammen an dem Fall arbeitete, klagte: »Wir wissen genau, woher er seine Einkünfte bezieht. Er dürfte schätzungsweise 20 Millionen Dollar in bar besitzen. Aber wo hält er

---

* Anm. d. Übs.: der damalige Steuerfreibetrag.

sie versteckt? Immer wieder glauben wir, endlich ein Stückchen vorangekommen zu sein, müssen dann aber feststellen, daß wir wieder in einer Sackgasse gelandet sind. Zum Beispiel fanden wir einmal 100 000 Dollar, die sein Bruder Ralph in einem Schließfach deponiert hatte. Taschengeld.«

An Beweise für Capones Transaktionen war deshalb so schwer heranzukommen, weil Glücksspiel, Prostitution und Alkoholschmuggel reine Bargeschäfte waren. Und in den seltenen Ausnahmefällen, in denen die Organisation mit Schecks arbeitete, waren diese nie von Capone, sondern stets von Jack Guzik oder anderen Stellvertretern unterzeichnet.

Doch Wilson ließ sich nicht entmutigen. Das Paradoxon, daß Capone zwar zu den reichsten Männern Chicagos zählte, offiziell jedoch über keinerlei Einnahmen verfügte, trieb den emsigen Spurensucher allerdings fast zum Wahnsinn. »Es war allgemein bekannt, daß er [Capone] von jedem Faß Whiskey im Cook County seinen Anteil kassierte«, resümierte Wilson später diese fruchtlose Phase der Ermittlungen, »daß er Tausende von Flüsterkneipen und Wettbüros, 15 Spielhöllen und eine schier endlose Kette von Bordellen leitete und daß er mehr als ein halbes Dutzend Brauereien kontrollierte. … Er ließ sich in 16-Zylinder-Limousinen durch die Straßen chauffieren, schlief in seidenen Pyjamas zu 50 Dollar das Stück und gab beim besten Schneider der Stadt auf einmal 15 Anzüge zu je 135 Dollar in Auftrag. Seine Privatarmee belief sich auf rund 700 Mann, die mit Automatikwaffen und gepanzerten Autos ausgerüstet waren. Und ich schaffte es nicht, irgendwelche Beweise dafür zu erbringen, daß dieser Pascha mehr als 5000 Dollar im Jahr verdiente!« Seine Frau wunderte sich inzwischen, warum sich ihr Mann so aufregte: »Du machst weiß Gott einen riesen Aufstand um diesen Curly Brown-Fall«, tadelte sie ihn. »So ein großer Fisch kann er doch gar nicht sein. Ich habe noch nie ein Wort über ihn in der Zeitung gelesen.«

Aufgrund des Villenkaufs in Miami hatte die Steuerbehörde dort jetzt jedoch endlich bessere Karten. Diese Immobilie war der unwiderlegbare Beweis, daß er über ein beträchtliches Einkommen verfügen mußte. Die Art des Erwerbs zeigte gleichzeitig jedoch, wie raffiniert Capone seine finanziellen Transaktionen handhabte. Ein Memorandum des Schatzamtes verdeutlicht den Vorgang:

> »Im Laufe der Ermittlungen gegen Al Capone stellte sich heraus, daß er eine prachtvolle Villa in einer der besten Wohngegenden von Miami, Florida, erworben hatte. Nachforschungen vor Ort ergaben, daß der ursprüngliche Besitzer das Anwesen für 40 000 Dollar an einen Immobilienhändler

> [Henderson] veräußerte: 2000 US-Dollar wurden in bar angezahlt, und bei Überschreibung des Hauses zahlte der Immobilienhändler noch einmal 8000 US-Dollar in Tausend-Dollar-Noten an den Verkäufer, was eine Grundschuld von 30 000 US-Dollar übrigließ. Kurz darauf fand man heraus, daß die Übertragungsurkunde auf den Namen Mae Capone lautete, die Ehefrau von Al Capone.«

Während Irey und seine Steuerfahnder weiterhin alle erdenklichen Anstrengungen unternahmen, sich durch den ebenso komplexen wie verdeckten Wirrwarr von Capones Finanzen hindurchzukämpfen, läutete die Ernennung von George E. Q. Johnson zum neuen Bundesstaatsanwalt in Chicago eine neue Ära der Verbrechensbekämpfung ein. Auf den ersten Blick schien der Wechsel im Amt des leitenden Staatsanwalts relativ unbedeutend. George Emmerson Q. Johnson – das Q. stand für keinen eigenen Namen, sondern diente lediglich dazu, ihn von anderen George Johnsons zu unterscheiden – war am 11. Juli 1874 in Harcourt, Iowa, geboren, auf einer Farm in Wisconsin aufgewachsen und hatte sich nach dem Jurastudium vorwiegend aus eigener Kraft hochgearbeitet. Im Februar 1927 dann ernannte Präsident Coolidge den nunmehr 54jährigen zum Bundesstaatsanwalt. Johnson war ein hochgewachsener, drahtiger Mann mit widerspenstigem Haar, Mittelscheitel und Nickelbrille, den man in seinen Tweedanzügen leicht für einen Dichter oder Theaterkritiker halten konnte. Sobald er jedoch den Mund aufmachte, wurde deutlich, daß sich bei ihm distinguiertes Auftreten mit einem unbändigen Gerechtigkeitssinn verband. Diese letztgenannte Eigenschaft unterschied ihn vom Rest der altgedienten Garde von Polizisten und Staatsanwälten, die im vergeblichen Kampf gegen das organisierte Verbrechen in Chicago müde und zynisch geworden waren. Für einen Anwalt von Johnsons Rang bedeutete die neue Stellung zugleich den Verzicht auf finanzielle Vergünstigungen. Damals verdienten Bundesrichter im Jahr circa 10 000 Dollar, Staatsanwälte etwas mehr, und das Salär von Bundesstaatsanwälten wie Johnson belief sich auf rund 15 000 Dollar. Diese Gehälter verblaßten neben dem, was korrupte Beamte einstreichen konnten. Einer der gefragtesten Posten war der des Sheriffs von Cook County; die Bezahlung war mager, aber es ging das Gerücht, daß dieses Amt Bestechungsgelder in Höhe von einer halben Million Dollar und mehr im Jahr einbrachte.

Johnson Haltung zu Capone wurde durch die ethnische Komponente bestimmt: Er war nämlich fest davon überzeugt, daß seine Unbestechlichkeit nicht zuletzt daraus resultierte, daß er von schwedischen Einwanderern abstammte und auf dem Lande aufgewachsen war. »Ich bin ein schwedischstämmiger Bauernsohn«, bemerkte er einmal. »Und meine Erziehung hätte es niemals zugelassen, daß ich im Amt von irgend jemandem Geld annehme.« Dazu kam, daß die meisten Racketeers, mit denen er es zu tun hatte, italienische Namen trugen, und er vermutete einen gewissen Zusammenhang zwischen dieser Tatsache und ihren kriminellen Neigungen. Außerdem dürfte auch eine Art Klassenkrieg mit hineingespielt haben: Da war auf der einen Seite die Schicht der städtischen Einwanderer, aus der Capone kam, und die sich vorwiegend aus Italienern, Iren und Juden zusammensetzte. Und dann gab es, auf der anderen Seite, die ländliche, nordisch-skandinavische Schicht, zu der Johnson und viele andere Bundes- und Staatsbeamte gehörten.

Mit der Zeit sollte Johnson allerdings die bemerkenswerten Fähigkeiten seines Gegenspielers achten lernen. »Mein Vater hat oft gesagt, Al Capone hätte ein brillanter Geschäftsmann werden können«, berichtete sein Sohn George E.Q. Johnson Jr. »Er war überzeugt, daß Capone über das Organisationstalent, die Intelligenz und die nötige Gerissenheit verfügte, die man braucht, um in der Geschäftswelt Erfolg zu haben.« Darüber hinaus kam der Staatsanwalt nicht umhin festzustellen, daß der Gangsterboß und er eine ganze Reihe von Gemeinsamkeiten hatten: Beide Männer stammten aus großen Familien mit je neun Kindern. Beide waren auf Leibwächter angewiesen, um sich vor Attentaten zu schützen. Und beide hatten nur ein Kind, einen Sohn, und die beiden Jungen waren auch noch im selben Alter. »Im Spaß sagten wir oft, daß später dann ich die Anklage gegen Sonny führen würde«, entsann sich Johnson junior.

Vom Tag seiner Ernennung an war offensichtlich, daß Johnson seine Aufgabe überaus ernst nahm. Anders als seine Amtsvorgänger weigerte er sich, seine Schlacht gegen die Verbrechersyndikate in der Öffentlichkeit, d. h. in der Presse, auszutragen. William Devers leere Versprechungen und »Big Bills« unverfrorene Lügengeschichten hatten genügend Schlagzeilen gemacht, und er hielt nichts davon, seine Pläne der Allgemeinheit bekanntzugeben. Außerdem plante er, das bereits Usus gewordene Komplizentum zwischen Chicagoer Stadtverwaltung und Unterwelt nicht länger zu tolerieren. Er distanzierte sich von den korrupten Elementen des Verwaltungsapparates – den Polizisten, Stadträten und stellvertretenden Staatsanwälten, die als Gegenleistung für ihre Unterstützung einen Teil der Profite der Capone-Organisation kassierten. Statt dessen begann er, sich durch gezielte Zeitungslektüre über die Chicagoer Unterwelt zu informieren. Als er herausfand, daß die Blätter mehr Berichte über deren »Geschäfte« und nützlichere Informationen enthielten, als sie bei der Polizei zu finden waren,

stellte er einen Journalisten ein, der ein richtiges Archiv über die einzelnen Racketeers und ihre Organisationen anlegen sollte. Diese Datenbank ermöglichte es Johnson, einem Mann von außerordentlichen analytischen Fähigkeiten, erstmals umfassenden Einblick in die Struktur der Chicagoer Verbrecherorganisationen und der Bandenkriege zu gewinnen.
Was Johnson an Capone und seinem Syndikat besonders ärgerte, war deren Vorspiegelung von Respektabilität. Und Capone war in Johnsons Augen der schlimmste von allen. Ständig um seinen Ruf besorgt, überließ er das Management der Bordelle der Organisation seinem Bruder Ralph und Jack Guzik, ihrer beider rechten Hand. Johnson war ein Mann von Prinzipien, und die herausragende Stellung des feisten Zuhälters »Greasy Thumb« Guzik ging ihm so sehr gegen den Strich, daß er persönlich wurde. »Ich wohne in einer ruhigen Gegend«, erklärte er, »wo viele anständige, hart arbeitende Menschen leben. Und dieser Kerl hat die Nerven, sich sozusagen gleich um die Ecke einzunisten.« Damit nicht genug, verbissen sich der Hund der Guziks und der Pit Bull der Familie Johnson regelmäßig ineinander, wenn sie sich begegneten. Reichte es nicht, daß Al Capone die Chicagoer Stadtverwaltung mehr oder weniger in der Tasche hatte und Ralph Capone fast sämtliche Puffs kontrollierte? Mußte auch noch Jack Guzik mit seiner Familie in unmittelbarer Nachbarschaft wohnen? Es war ein Affront gegen jeden rechtschaffenen Bürger. George E.Q. Johnson gelobte, keine Mühe zu scheuen, diese Männer ihrer gerechten Strafe zuzuführen.

Noch ahnte Capone nicht, daß am Michigansee schweres Geschütz gegen ihn aufgefahren wurde. Er weilte immer noch in Miami, war in Gedanken jedoch häufig in Chicago, wo für den 8. April eine wichtige Wahl angesetzt war. Obwohl der Bürgermeister selbst erst 1931 zur Wiederwahl anstand, ging es doch um die Besetzung diverser wichtiger Ämter. Erwartungsgemäß hatte Thompsons neuerliche Amtszeit der Stadt bereits verheerende Zustände beschert. Die Kriminalität florierte wie nie zuvor. Gegen Ende des Jahres 1927 veröffentlichte der Chicagoer Arbeitgeberverband eine Liste von 23 Branchen, in denen die Racketeers insbesondere Fuß gefaßt hatten. Zu den genannten Betrieben zählten: Wäschereien, Reinigungen und Färbereien, Dentallabors, Fensterputzer, Gemüsehändler, Müllabfuhren, Drogerien, Blumenläden, Schuhmacher, Glaser, Bäcker, Metzger, Fischhändler und sogar Photographen. »Weigert sich ein Ladenbesitzer oder Handwerker, Schutzgeld an die Racketeers zu entrichten, begibt er sich damit selbst in große Gefahr«, schloß der Verband.
Und mit dem organisierten Erpressertum wuchs auch die Kriminalität. 1928, »Big Bills« erstem vollen Jahr im Amt, war die Stadt Schauplatz von

367 Morden, also etwa einem pro Tag. (Zum Vergleich: Im selben Zeitraum passierten in New York 200 Tötungsdelikte.) Die Chicagoer Polizei nahm mehrere Verdächtige fest, und einige wurden auch verurteilt, aber die Bevölkerung war zutiefst beunruhigt, und bisweilen wurde sogar der Ruf nach Vollstreckung der Todesstrafe laut. Nicht minder katastrophal stand es um die finanzielle Seite: Vor ein Geschworenengericht bestellt, um über die Herkunft der Gelder für seine Wahlwerbung Auskunft zu geben, sah sich Thompsons Wahlmanager, Homer K. Galpin, veranlaßt, 18 Monate lang unterzutauchen. Je länger die Thompson-Administration im Amt war, desto säumiger ging die Stadt mit der Eintreibung von Steuergeldern um und zahlte selber keine Rechnungen mehr, bis sich ihre Schulden schließlich auf 300 Millionen Dollar beliefen. Die Stadt, so ein Journalist, stand als »Bettler an der Tür ihrer eigenen Bankiers«.

Trotz dieser verwaltungstechnischen Desaster wagte niemand, konkrete Schritte zur Rettung der Stadt einzuleiten. Der öffentlichen Meinung nach wurde Chicago von Gangstern regiert. In Chicago gab es niemanden mehr, der ihnen ernsthaften Widerstand entgegengesetzt hätte. Obwohl Thompson im Grunde ohne Opposition walten konnte, blieb seine Regierungsmannschaft schon deshalb angreifbar, weil ihn so viele Menschen verabscheuten. Und obgleich er gegen die Prohibition wetterte, was ihm eigentlich viele Sympathien hätte einbringen müssen, wuchs seine Unbeliebtheit bei Bürgern und Presse in demselben Maße, in dem die Kriminalitätsrate stieg und Chicago nicht nur landes-, sondern weltweit zu *der* Verbrecherstadt schlechthin wurde. Unter Thompson galt die Stadt als Dorado für Gangster jedes Kalibers, und der Bürgermeister selbst wurde zur Zielscheibe des Spotts.

> »An den Herausgeber der *New York Times*:
> GARRETT, Indiana, 9. Januar [1928]. Komme soeben von einer Stippvisite aus Chicago zurück. …
> Man mag sich über Chicago und seine Gauner lustig machen, aber die dort haben eine weiß Gott clevere Art, mit ihren Ganoven umzugehen: Sie bringen die Gangsterbanden einfach dazu, sich gegenseitig umzulegen, und die Polizei braucht dann nichts weiter zu tun, als Schiedsrichter zu spielen und die Leichen aufzusammeln. In Chicago sind generell nur Gauner zugelassen, die sich bereit erklären, mindestens einen anderen Gauner kaltzumachen. Also: Viva Chicago!
> Mit besten, noch nicht niedergeknallten Grüßen
> Will Rogers«

Doch es sollte noch schlimmer kommen. Ende Januar waren das Haus des Leiters der örtlichen Finanzbehörde und nur wenige Tage später das eines Beamten der Stadtverwaltung Ziel eines Bombenanschlags. Am 17. Februar brachte dann die *New York Times* eine Schlagzeile, die sich in ähnlichen Worten über die nächsten Wochen ständig wiederholen sollte: »BOMBENANSCHLAG AUF CHICAGOER RICHTER – Eine Explosion zerstört das Haus, er und seine Frau bleiben jedoch unverletzt.« Das Opfer dieses Angriffs war allerdings ein besonders interessanter Fall, da es sich dabei um John Sbarbaro handelte, *Richter* Sbarbaro, den – wir erinnern uns – Staatsanwalt und Unternehmer, dessen Hauptbeschäftigung darin bestanden hatte, Racketeers, die eines höchst unnatürlichen Todes gestorben waren, unter die Erde zu bringen. In jüngster Zeit waren seine Verbindungen zur Unterwelt sogar noch intensiver geworden, denn er stellte alten Freunden seine Garage zur Verfügung: Konnte man sich ein besseres Versteck für Schmuggelalkohol denken als die Garage eines Richters? Jetzt allerdings konnte sie diesem Zweck nicht länger dienen, denn sie war bei der Explosion weitgehend zerstört worden. Richter Sbarbaro selbst gab sich, was den Anschlag betraf, vollkommen unwissend. Möglicherweise, so meinte er, sei er gegen einige Kriminelle zu hart vorgegangen, und die von ihm Verurteilten wollten sich nun auf diesem Wege an ihm rächen. Viele Blätter druckten seine Erklärung – geglaubt hat sie ihm kein Mensch.

Im März eskalierte die Gewalt. Am Morgen des 21. erhielt der republikanische Politiker »Diamond Joe« Esposito einen Drohanruf, und am Abend desselben Tages wurde er auf dem Nachhauseweg aus einer vorbeifahrenden Limousine heraus – vor den Augen seiner Frau und Kinder – erschossen. Merkwürdigerweise entkamen seine beiden Leibwächter, die ihn gewöhnlich auf Schritt und Tritt begleiteten, unverletzt. Hatte ihnen jemand eine Warnung zugespielt? Jedenfalls wurden die Täter nie gefaßt. Kurze Zeit später wurde ein weiterer prominenter Politiker, »Big Tim« Murphy, der sich nebenbei als Racketeer und Bootlegger betätigt hatte, ermordet.

Die nächste Welle der Gewalt erweckte landesweite Aufmerksamkeit, denn ihre Opfer waren keine Gangster, ja nicht einmal Gangster-Komplizen, was in Widerspruch zu dem bisherigen »fair game« der Racketeers stand: Als ersten traf es den US-Senator Charles S. Deneen, Leiter einer Gruppe von Prohibitions-Verfechtern, die sich zum Ziel gesetzt hatten, die Thompson-Administration zu entlassen. In Deneens Haus explodierte eine Bombe, und es war reiner Zufall, daß niemand dabei verletzt wurde. Der zweite Anschlag galt Richter John A. Swanson, dem von Deneen unterstützten Kandidaten für das Amt des Staatsanwaltes. Sein Heim ging am

gleichen Abend in Flammen aus. 62 Anschläge wurden in sechs Monaten gezählt – und insgesamt waren es 115 Bomben, die in diesem Jahr Chicago erschütterten.
Auch George E. Q. Johnson, der neue Bundesstaatsanwalt, erhielt eine Reihe von Bombendrohungen. Eines Morgens nahm seine Frau einen Anruf entgegen, bei dem eine unbekannte Stimme sie warnte, ihr Haus würde in die Luft gejagt, wenn ihr Mann nicht endlich seine Aktivitäten einstelle. Ehefrauen anderer exponierter Politiker berichteten ähnliches; häufig drohten die Anrufer auch mit Kindsentführung.
Die Gewalt – wie auch die Androhungen von Gewalt – waren um so beunruhigender, da niemand wußte, wer dahintersteckte. Und Sbarbaros merkwürdige Stellungnahme legte die Vermutung nahe, daß die Opfer Angst hatten, Namen zu nennen. Es herrschte allgemeine Unruhe, doch die Polizei unternahm nichts. »Es gibt mehr als 50 Läden in der Stadt, wo man ganz legal Dynamit kaufen kann«, äußerste sich Polizeichef Hughes in dem Versuch, die Kritik abzuwenden, doch weder er noch irgend jemand anderes unternahm jemals einen Versuch, diese Geschäfte zu schließen.
Der Bürgermeister schob die Schuld an der Gewalt Deneens Lager zu, obwohl die meisten Anschläge politischen Gegnern Thompsons galten. »Die Bomben sind das Werk der Deneen-Anhänger«, wetterte er und fuhr mit der Behauptung fort, Deneens Leute hätten auch Esposito, diesen guten und treuen Republikaner, kaltblütig umgelegt. »Big Bill« mutmaßte, daß der entschiedene Alkoholgegner Deneen eine Schwadron korrupter Prohibitions-Agenten angeworben hatte, die nun tätliche Angriffe auf »feuchte« Politiker verübten. Staatsanwalt Robert E. Crowe, Thompsons Busenfreund, machte die Verwirrung komplett, indem er schlichtweg behauptete, Deneen und Swanson hätten die Bomben selbst gelegt. »Aber die Öffentlichkeit wird nicht auf ihre faulen Tricks hereinfallen«, deklamierte er. »Nachdem sie damit, daß sie die Häuser unserer Freunde in die Luft jagten, nichts erreicht haben, fangen sie jetzt an, Brandsätze in ihren eigenen Wohnungen zu legen, um dadurch den Eindruck zu erwecken, die Stadt werde von gesetzwidrigen Kräften regiert.«
Natürlich ließ sich die Öffentlichkeit durch solch dreiste Lügen nicht beirren, und die Unzufriedenheit mit der Thompson-Administration wuchs weiter. Die Wähler erkannten, daß sich ihre Stadt tatsächlich in der Hand von gesetzwidrigen Kräften befand, die mit Hilfe von Thompson und Crowe ihre eigenen Interessen verfolgten. Daran änderten auch die durchsichtigen Ablenkungsversuche nichts, mit denen Thompson die Schuld an der Misere immer neuen imaginären Feinden zuzuschieben gedachte.
Trotzdem gab er sich siegessicher. Kurz vor der Wahl empfing der Bür-

germeister einen Reporter der *Associated Press* in seinem luxuriös ausgestatteten Büro im Rathaus, um ihm, hinter seinem Schreibtisch thronend, in aller Seelenruhe mitzuteilen, Chicago sei ganz zu Unrecht in den Ruf der Gewalttätigkeit geraten. Seit er in der Stadt das Sagen habe, sei die Gewalt in Chicago sogar um 67 Prozent zurückgegangen; Polizeichef Hughes habe ihm das erst vor kurzem mitgeteilt. »Natürlich haben wir hier eine gewisse Kriminalität«, fuhr Thompson fort, »aber das ist … in New York und anderen Großstädten nicht anders. Nur daß wir hier über unsere Kriminalität öffentlich berichten, und die nicht.«

Je näher der Wahltermin rückte, desto deutlicher wurde die öffentliche Empörung, die sich in riesigen Wahlversammlungen Luft machte. Bei einer davon rief Edward R. Litsinger, Kandidat für einen Überprüfungsausschuß, die Frage in die Menge: »Der Haushalt von Chicago liegt bei 243 Millionen Dollar. Und was bekommen wir dafür?«

»Bomben!« kam prompt die vielstimmige Antwort. »Pineapples!«

Und die »Pineapples«, jene berüchtigten gerillten Handgranaten, gaben in der Tat Anlaß zur Sorge.

Inmitten des ganzen Qualms, Rauchs und Lärms des Wahlkampfes tauchte immer wieder der Name eines Mannes auf, der alles Böse der Stadt zu verkörpern schien. Es war kein Kandidat, der Mann weilte zu der Zeit nicht einmal in der Stadt. Er verbrachte den eisigen Winter vielmehr mehrere tausend Meilen entfernt in seiner luxuriösen Villa auf Palm Island. Doch obwohl er sich in Chicago weder blicken noch von sich hören ließ, hielt jeder in der Stadt – angefangen von Senator Deneen bis hin zu Bürgermeister Thompson – Al Capone für den eigentlich Schuldigen. Er allein habe die hohe Kriminalitätsrate und Gewalttätigkeit in Chicago zu verantworten. So wurde er, ohne bei der Wahl selbst auch nur die geringste Rolle zu spielen, zu einem gewichtigen Wahlkampfthema. Dabei gab es keinerlei Beweise dafür, daß er überhaupt mit den Bombenangriffen zu tun hatte, und auch seine ansonsten allgegenwärtige Organisation muß keineswegs in die Sache verwickelt gewesen sein. Vieles deutet vielmehr darauf hin, daß die Bomben das Werk kleiner, selbständig arbeitender Ganoven waren, die sich örtlichen Politikern – vor allem aus Thompsons Lager – andienten, in deren Auftrag unliebsame Konkurrenten aus dem Feld jagten und sich dabei ganz sicher fühlen konnten, da Al Capone einen wunderbaren Sündenbock abgab.

Der Wahltag selbst war den Worten eines Pressekorrespondenten zufolge von »Schlägereien, Betrug und Entführungen« geprägt. Die schlimmste Bluttat war die Ermordung des schwarzen Rechtsanwalts Octavius C. Granady, der im »blutigen« 20. Bezirk gegen den Capone-Verbündeten

Morris Eller angetreten war. Mit Maschinengewehren bewaffnete Killer verfolgten seinen Wagen und erschossen ihn, nachdem er sein Auto gegen einen Baum gelenkt hatte. In diesem Fall gab es sieben Verhaftungen: Drei Gangster und vier Polizeibeamte wurden nacheinander festgenommen, verhört, des Mordes angeklagt – und schließlich wieder freigelassen.
Trotz der Gewalttätigkeiten strömten die empörten Bürger in Scharen zu den Wahlurnen. Einer der wichtigsten Erfolge bestand darin, daß der durch und durch korrupte Robert E. Crowe aus dem Amt gewählt und durch Richter Swanson ersetzt wurde. Noch kurz vor der Wahl hatte Thompson weithin verlauten lassen, er werde zurücktreten, falls Crowe unterlag. Nun aber, da die Niederlage Realität geworden war, wollte er davon nichts mehr wissen. »Warum sollte ich abdanken?« fragte er indigniert. »Wir haben vielleicht eine Schlacht verloren, aber doch nicht den Krieg.« Thompson blieb also im Amt, erholte sich aber nie mehr völlig von der Schlappe, die seine Administration bei diesen Wahlen einstecken mußte. Landesweit feierten liberale Zeitungen die Niederlage seines korrupten Regimes. »Das Ergebnis dieser Wahlen läßt das ganze Land aufatmen«, kommentierte es die *Washington Post*, und der *Kansas City Star* meinte kurz und bündig: »Es gibt also doch einen Gott.« Katastrophale Ergebnisse bei Umfragen machten auch Thompsons Hoffnungen auf die Präsidentschaftskandidatur zunichte. Plötzlich verlor er jedes Interesse an Chicago, ja an der Politik überhaupt. Mehrere Monate schien er wie vom Erdboden verschwunden, und wer sich nach dem Verbleib des Bürgermeisters erkundigte, wurde lapidar mit der Antwort abgespeist, er sei in Wisconsin auf der Jagd.

Zu derselben Zeit genossen Al Capone und seine Familie die Sonne Floridas. Al schien voll und ganz dem ruhigen Dasein eines Frühpensionärs zu frönen. Er meldete den inzwischen neunjährigen Sonny in einer katholischen Privatschule an, die seinem einzigen Kind neben einem sicheren Umfeld auch den Schein von Ansehen verleihen sollte. Daneben überwachte er persönlich die Renovierungsarbeiten an seiner Villa auf Palm Island. Aus Sicherheitsgründen ließ er die Betonmauer, die das Grundstück umgab, erhöhen und verstärken und an der Einfahrt ein Telephon installieren, damit der Pförtner jeden Besucher anmelden konnte. Weil er gerne schwamm, wurde darüber hinaus ein riesiger Swimmingpool angelegt, von dem aus Capone einen phantastischen Blick über die Biscayne Bay genoß. Auf einer Seite des Beckens baute sein Architekt ihm ein prächtiges, zweistöckiges Poolhaus im maurisch-spanischen Stil. Außerdem ließ Capone ein dekoratives Becken aus dem Fels hauen, das er mit tropischen Fischen bestückte, und vergrößerte den Steg, an dem später zwei Boote vertäut lagen: Das Rennboot *Sonny* – später wurde es wegen seines Neffen in *Sonny and Ralphie* umgetauft –, und ein 32-Fuß-Kajütboot, mit dem er zum Hochseefischen hinausfuhr. Die Renovierung kostete rund 100 000 Dollar, mehr als das Doppelte dessen, was Capone ursprünglich für das Anwesen bezahlt hatte. Aber sie verwandelte ein bereits komfortables Heim in ein Luxusdomizil, das den höchsten Sicherheitsanforderungen gerecht wurde. Auch an der Innenausstattung sparte er nicht. Der eindrucksvolle Wohnraum wurde von einem großen Porträt dominiert, das Al und Sonny zeigte. Im ersten Stock war es weniger imposant, dafür aber gemütlicher. Eine schmale Treppe führte zu einer Galerie hinauf, von der aus man drei Schlafzimmer erreichte. Das größte war Capones und enthielt neben einem überbreiten Bett nur noch eine riesige Holztruhe, in der er sein »Taschengeld« verwahrte. »Vertraut euer Geld bloß keiner Bank an«, riet er auch seinen Leuten immer.

Mae tat das Ihre, um den Namen Capone zu rehabilitieren. Sie richtete die Villa – ihr erstes wirklich eigenes Heim, das sie nicht mit ihrer Schwiegermutter und Als Brüdern teilen mußte – mit großer Hingabe ein und scheute weder Zeit noch Geld, um sie nach ihrem Geschmack zu möblieren. Bei ihren Einkaufstouren entwickelte Mae eine Vorliebe für das Louis-quatorze und füllte das Haus mit jeder Menge vergoldeter, überreich ornamentierter Stilmöbel – freilich keine aus der Zeit, sondern allesamt Replikate. Außerdem erwarb sie mehrere Tafelservice mit Goldverzierung, ein Set aus 13 Gewürzdosen, ein Frisierset aus Messing und Email, einen Art déco-Frisiertisch mit passenden Flacons, viele Elfenbeinminiaturen und vier Metall-Elefanten, die ihren Rüssel hoch in die Luft strecken, was ja bekanntlich Glück bringen soll. Es war genau die Art von Ausstattung, mit der jede geschmacklich ungebildete, aber vor Geld stinkende Ehefrau eines neureichen Magnaten ihr Heim ausgestattet hätte. Wo immer sie hinging, hinterließ sie – zur Freude aller Kaufleute – eine Spur von Tausend-Dollar-Noten. Soweit man Ansehen kaufen konnte, tat es Mae, und sie bezahlte dafür in bar.

Mae war auch stets darauf bedacht, einen guten Eindruck auf ihre neuen Nachbarn in Florida zu machen. Allerdings waren die Gesten, mit denen sie zeigen wollte, daß sie eben nicht die Braut eines ungehobelten Gangsters war, unfreiwillig gerade so plump und vielsagend, als wenn sie es lauthals hinausposaunt hätte. Mochte Al anderen Menschen ohne Skrupel sogar das Leben rauben – Mae achtete das Eigentum anderer mit allergrößter Gewissenhaftigkeit. Als die Capones etwa aus dem gemieteten Haus auszogen, rechnete die Besitzerin, eine Mrs. Stern, damit, Wände und Möbel von Kugeln durchsiebt zu finden. Statt dessen war ihr Haus in untadeligem Zustand, ja sogar besser ausgestattet als vorher: In den Schränken entdeckte sie nagelneues Besteck und Porzellan für zwölf Personen. Und an dem Tag, an dem die letzte Telephonrechnung der Capones ankam – sie belief sich, der vielen Ferngespräche wegen, auf stolze 500 Dollar – fuhr Mae persönlich in ihrem Cadillac vor. Ihr platinblondes Haar schimmerte unnatürlich in der Sonne, als sie durch den Vorgarten zur Haustür ging, klingelte, und zu Mrs. Stern sagte: »Ich bin gekommen, um unsere Telephonrechnung zu bezahlen.« Sie zog eine Tausend-Dollar-Note aus ihrer Geldbörse und drückte sie der erstaunten Hausbesitzerin in die Hand. »Behalten Sie den Rest«, beharrte Mrs. Capone. »Bestimmt ist während wir hier wohnten einiges zu Bruch gegangen, und ich hoffe, der Betrag deckt alle Schäden ab.« Dann verabschiedete sie sich und fuhr davon. Al selbst hätte die Angelegenheit nicht anders gehandhabt, und das Verhalten seiner Frau legt die Vermutung nahe, daß er ihr genau gesagt hatte, was sie tun und sagen sollte.

Während Mae das Haus möblierte, beschäftigte sich Al damit, seinen Kleiderschrank zu füllen. Die Vorliebe für teure, wenn auch nicht unbedingt immer geschmackvolle Garderobe hatte sich bei ihm zu einer regelrechten Manie entwickelt. Dazu kam, daß er auf diesem Wege Leute kennenlernte, die ansonsten vermutlich auf die andere Straßenseite gewechselt wären, wenn sie ihn kommen sahen. Der Wink mit einem Geldschein, das wußte er aus reicher Erfahrung, vermochte da wahre Wunder zu wirken. Eines Tages führte ihn sein neuer Freund Parker Henderson bei Sewell Brother's ein, einem vornehmen Herrenausstatter an der East Flagler Street in der Innenstadt von Miami. Sewell erkannte in dem Racketeer sofort einen überraschend jovialen und flüssigen Kunden. Bei diesem ersten Besuch erwarb Capone unter anderem ein Dutzend Seidenhemden zu je 35 Dollar und zwölf Sets seidene Unterwäsche – Ware im Wert von über 1000 Dollar, die er bar bezahlte. In seinem neuen Outfit sah er laut Sewell aus »wie ein Tourist«, was Al aber gerade bezweckte. Nur etwas störte das Bild: »Er trug einen Gürtel mit diamantbesetzter Schnalle«, entsann sich Sewell, »und dieser Gürtel paßte überhaupt nicht zu den neuen Kleidungsstücken. Deshalb fragte ich ihn, ob ich ihm einen neuen dazu schenken dürfe. Und dann setzte ich ihm einen Hundert-Dollar-Panamahut auf den Kopf und zog ihn so weit herunter, daß man die häßliche Narbe, die seine linke Wange verunstaltete, kaum noch sah. ›Der Hut und der Gürtel sind ein Geschenk des Hauses‹, sagte ich ihm. Da griff er nach meiner Rechten und meinte fast gerührt: ›Lassen Sie mich Ihnen die Hand schütteln. Das ist das erste Mal, daß mir jemand etwas geschenkt hat.‹«

Erst im Mai kehrte Capone wieder nach Chicago zurück und begab sich sogleich nach Cicero, wo ihn unschöne Neuigkeiten erwarteten. Seit etwas über einem Jahr häuften sich die geschäftlichen Schwierigkeiten mit Frankie Yale. Yale klagte, daß immer mehr Lastwagen auf der Strecke Brooklyn–Chicago überfallen würden, doch Al hegte den Verdacht, daß Yale selbst daran nicht unbeteiligt war. Da der Alkohol, den Capone auf diesem Weg bezog, eine seiner Haupteinnahmequellen bildete, war in diesem Punkt nicht gut Kirschen mit ihm essen. Um Licht in die Angelegenheit zu bringen, schickte er einen seiner Leute, James »Jimmy Files« De Amato, nach Brooklyn, um dort Erkundigungen anzustellen. Kaum einen Monat nach seiner Ankunft in New York wurde De Amato auf offener Straße erschossen. In Brooklyn betrachtete man »Jimmy Files'« Hinscheiden als einen Bandenmord unter vielen, doch Capone ahnte, daß seine List aufgeflogen war. Die Überfälle auf Capones Schmuggelwhiskey setzten sich fort, und sein Mißtrauen gegen Yale wuchs zusehends. Anfang 1928 überlebte Yale zwei unaufgeklärte Mordanschläge, woraufhin er verlauten ließ, er wolle sich demnächst zur Ruhe setzen.

Als Capone am 17. Mai nach Miami zurückkehrte, war er zu dem Entschluß gelangt, daß etwas unternommen werden müsse. Als junger Mann hatte er für Yale getötet; jetzt war es seiner Meinung nach an der Zeit, den Geschäftspartner und ehemaligen Boß zu beseitigen. Mit 43 Jahren war Yale so gewalttätig wie eh und je, und jeder Versuch, ihn aus dem Weg zu räumen, barg unvorhersehbare Risiken. Ob es tatsächlich nötig war, Yale umzubringen, war freilich eine andere Frage. Selbst wenn Frankie hinter den Überfällen steckte, wäre dies noch kein Grund, ihn deswegen gleich zu ermorden. Andererseits reagierte Capone zunehmend empfindlicher auf Ärgernisse und Provokationen, mochten sie echt oder eingebildet sein, und seine fortschreitende Syphilis und die damit einhergehende Veränderung seiner Persönlichkeit machte ihn immer reizbarer. Es ist also durchaus vorstellbar, daß er sich eine ganze Reihe von Gründen zurechtbastelte, warum es besser wäre, Yale für immer aus dem Weg zu räumen. Ein Al Capone, der ernsthaft in Erwägung gezogen hatte, »Banjo Eyes« wegen einer Schummelei beim Golfspiel umzubringen, war durchaus fähig, Frankie Yale wegen weitaus ärgerlicherer Verstöße umlegen zu lassen.

Sobald der Entschluß gefaßt war, zitierte er sechs Leute aus Chicago herbei, um den Mord zu planen. Es waren Jack Guzik und Dan Serritella sowie vier seiner sogenannten »Leibwächter«, bei denen es sich in Wahrheit jedoch um Profikiller handelte: »Machine Gun« Jack McGurn, Scalise und Anselmi sowie Fred »Killer« Burke. Dann ging er seinen Freund Parker Henderson jr. erneut um einen Gefallen an. Unter dem Vorwand, sein Leben sei in Gefahr, bat er den jungen Henderson, ihm für seine »Leibwächter«, die gerade aus Chicago angekommen seien, einige Waffen zu besorgen. Wie immer war Henderson beglückt, ihm zu Diensten sein zu können, und beeilte sich, bei einem Waffenhändler in Fort Worth, Texas, sechs Revolver und sechs Flinten zu bestellen. Er zahlte sie und ließ sie, wie vereinbart, nach der Lieferung in einem leeren Zimmer im Ponce de León herumliegen, wo Capones Leute sie an sich nahmen. Am 28. Juni dann bestiegen die sechs, nunmehr schwer bewaffneten Männer den Southland Express in Richtung Chicago, verließen den Zug jedoch in Knoxville, Tennessee, und fuhren mit einem Gebrauchtwagen weiter – allerdings nicht nach Chicago; ihr Ziel hieß vielmehr New York.

Capone plante, den Medienrummel um Yales Tod aus sicherer Distanz von Florida aus zu verfolgen, wo er sich unter dem Anschein völliger Zurückgezogenheit mit Hochseefischen und Glücksspiel vergnügte. Doch während er noch auf die Ausführung seines Mordauftrages wartete, ereilte ihn ein recht unangenehmer Skandal, und zwar direkt vor seiner eigenen Haustür: Das Ganze begann damit, daß die *Miami Daily News* verschiedene Details über den Capone–Lummus–Henderson–Deal veröffentlichte, der den Erwerb der Villa auf Palm Island ermöglicht hatte, und sogar einige Dokumente im Wortlaut abdruckte. Die Enthüllung, daß kein anderer als Bürgermeister J. Newton Lummus als Capones Immobilienmakler fungiert hatte, ließ erwartungsgemäß sowohl bei den offiziellen Stellen als auch bei der Bevölkerung Rufe der Empörung laut werden. Wutentbrannt forderten die Mitglieder des Stadtrats von Miami Beach Lummus' Rücktritt und verabschiedeten eine Resolution, die Capone als »unerwünschten Bürger« auswies, der »aufgrund seiner Verbindungen zur Chicagoer Unterwelt … eine Bedrohung für die Gemeinde« darstelle.

Lummus blieb mit der Erklärung im Amt, als Bürgermeister von Miami sehe er keinerlei Veranlassung, sich den Beschlüssen des Stadtrates von Miami Beach zu fügen. Widerwillig erklärte er sich schließlich bereit, eine Verfügung zu unterschreiben, die Capone aus der Gemeinde auszuschließen versuchte, jedoch keine rechtlichen Schritte nach sich zog. Während der Bürgermeister also relativ unbehelligt zu seinen Regierungs- und Immobiliengeschäften zurückkehrte, sah sich Capone wieder einmal im Rampenlicht negativer Publicity. Da sein Name inzwischen überall bekannt war, machte der Vorfall sogar landesweit Schlagzeilen. »MIAMI BEACH WILL CAPONE LOSWERDEN« teilte beispielsweise die *New York Times* ihren Lesern mit, die jedoch gleichzeitig erfuhren: »GANGSTERBOSS WEIGERT SICH, DIE STADT ZU VERLASSEN«.

Capone blieb also in Miami, doch weder die luxuriöse Ausstattung seines

Heims noch die Tatsache, daß er in der Gemeinde wahre Unsummen ausgab, änderten etwas daran, daß ihn die Brutalität seiner Geschäfte immer wieder einholte. In Chicago war es ihm gelungen, »Beruf« und Privatleben weitgehend zu trennen; das Büro im Hotel Metropole lag mehrere Meilen von dem Haus in der Prairie Avenue entfernt. Und wenn er es für nötig erachtete, der Polizei für eine Weile aus dem Weg zu gehen, konnte er sich von einem Versteck zum nächsten bewegen. Hier in Miami aber war er gezwungen, seine Geschäfte von der Villa aus zu führen, in der er mit seiner Familie zusammen wohnte. Da seine Brüder ihn nicht begleitet hatten, war er zudem auf fremde Leibwächter angewiesen. Besucher zeigten sich immer wieder erstaunt über die Gewehre und Pistolen, die überall auf Maes Louis-quartorze-Möbeln herumlagen. Sie beklagte sich auch wiederholt über die ungebetenen »Gäste«, aber Al wußte, daß Sicherheit Vorrang haben mußte. Wo immer er sich zeigte, gab es ein Riesenspektakel. Gingen die Capones beispielsweise in ein Restaurant zum Essen, traten sie mit einem regelrechten Gefolge auf. Ein Mann trug einen großen Geigenkasten, in dem sich neben dem vergoldeten Geschirr, von dem Al zu speisen pflegte, auch mehrere Maschinenpistolen befanden – nur für den Fall, daß während der Mahlzeit eine kleine Kraftprobe nötig werden sollte.

Capones »Vorruhestand« in Florida entpuppte sich also als weit weniger angenehm als erhofft. Dies wiederum hatte verstärkte Auswirkungen auf seine Stimmung, die immer unberechenbarer wurde. Einmal zerbrach er aus unerfindlichen Gründen mitten auf dem Golfplatz alle seine Schläger. Gleichzeitig steigerte sich aber auch sein zwanghafter Wunsch nach Kontakt mit der Bevölkerung. Sein Dasein als Racketeer machte normale Freundschaften nahezu unmöglich, doch wenn es ihm schon nicht gelang, einen Freund zu gewinnen, dann war er bereit, dafür zu zahlen – und kein Preis schien ihm zu hoch. Auch das gesellschaftliche Ansehen, das er sich so sehr wünschte, wurde ihm nie zuteil. Er hatte keine Mühe, anderen Furcht einzuflößen, riesige Summen Geldes zu verdienen und sich mit jeder Menge Nutten zu vergnügen – aber gleich jenseits der Glitzerwelt der Racketeers, jenseits der Clubs, der Bordelle und Kneipen lauerte auch auf ihn die drohende Gefahr eines frühen und gewaltsamen Todes. Um seine Ängste zu verdrängen und sich die Zeit zu vertreiben, entwickelte er sich in Miami zu einem zwanghaften Spieler. Schon früher hatte er Wahnsinnsbeträge verspielt, doch jetzt übertrafen seine Verluste im Kasino und vor allem auf der Pferderennbahn alles Vorhergegangene. Jede Woche verlor er mehrere 100 000 Dollar – sehr zur Freude der örtlichen Buchmacher, denen dieser Mann aber auch schon wieder unheimlich war, weil ihn selbst der größte Verlust vollkommen kalt ließ.

Je weiter Capones Neurosyphilis fortschritt, desto mehr verlor er den Bezug zur Realität. Natürlich ging dies nicht abrupt vor sich, es passierte nicht plötzlich; aber ganz langsam, schleichend, häuften sich bei ihm Anfälle von Megalomanie (Größenwahn) und Paranoia (Geistesgestörtheit). Je mehr die Krankheit sein Nervensystem befiel, desto unberechenbarer wurde er – einmal depressiv und trübsinnig, dann wieder überschwenglich oder exzessiv gewalttätig – und alles ohne erkennbaren Grund. Er litt unter dem unterschwelligen, aber immer stärker werdenden Drang nach Größe und Bedeutsamkeit, einem Verlangen, das ihn nie zur Ruhe kommen ließ, ihn ständig aufstachelte und doch gleichzeitig wieder zu Fall brachte. Er war Ungeheuer und tragische Gestalt in einer Person, von der Syphilis und von Visionen, die seinen Verstand überstiegen, in den Wahnsinn getrieben – die sprichwörtliche Bestie, die, von der flüchtig-zarten Schönheit eines vorbeifliegenden Schmetterlings bezaubert, diesen festzuhalten sucht, das Insekt aber mit seiner klobigen Pranke zu Tode quetscht und dann von Schuldgefühlen über die eigene Schwerfälligkeit und Gewalttätigkeit geplagt zusammenbricht.

Der 1. Juli 1928, ein Sonntag, war in Brooklyn warm und sonnig. Während die Kirchenglocken zum Gottesdienst riefen, kreuzte ein großer, dunkelbraun glänzender Lincoln langsam durch die Straßen des Stadtteils. Am Steuer saß Frankie Yale, der eine morgendliche Spritztour durch sein Revier unternahm. Yale war allein im Wagen, aber er hatte keine Angst, denn seine brandneue Limousine verfügte über eine kugelsichere Karosserie. Was Yale nicht bemerkte, war, daß ihm ein schwarzer Buick folgte, in dem vier Männer saßen, die ganz und gar nicht wie Kirchgänger aussahen. Einer war »Machine Gun« Jack McGurn, Capones schießwütiger Killer, und bei ihm waren Scalise, Anselmi und Burke. Als Yale zufällig einmal in den Rückspiegel blickte, war ihm sofort klar, woher der Wind wehte.
Yale trat das Gaspedal voll durch und bog mit quietschenden Reifen in die 44th Street ein, doch der Buick ließ sich nicht abschütteln, sondern holte auf. Nebeneinander rasten die beiden Wagen die baumbeschattete, von hübschen Brownstone-Reihenhäusern gesäumte Straße entlang. In Haus Nummer 923 gaben Solomon und Bertha Kaufman gerade eine Party für ihren Sohn. Das Jaulen der Automotoren lockte ihre Gäste an das breite Fenster, von wo aus sie Zeuge wurden, wie sich aus dem Fenster des Buick mehrere Gewehrläufe schoben und auf den Fahrer des Lincoln richteten. Dann fielen Schüsse, und Frankie Yale brach tot über dem Lenkrad seines Wagens zusammen. Das Chassis seines Autos war kugelsicher, nicht jedoch die Fenster. Aber damit nicht genug. Die Männer hatten einen Job zu

erledigen, und sie wollten auf Nummer Sicher gehen. Einer von ihnen hob ein Maschinengewehr und begann damit auf Yales Körper zu feuern, während der Lincoln unkontrolliert weiter die Straße entlangrollte. Es war das erste Mal, daß diese Waffe für einen Gangland-Mord in New York benutzt wurde. Dann beschleunigte der Buick, bog in eine Seitenstraße und verschwand. Später ließen die Mörder den Wagen stehen – mitsamt einer Maschinenpistole, einer abgesägten Schrotflinte und zwei Revolvern. Yales Lincoln rollte noch ein Stück weit die Straße entlang, traf dann auf den Gehsteig und prallte schließlich gegen die Treppe des Kaufmanschen Hauses. Die Fahrertür sprang auf, und Frankie Yales blutüberströmter Leichnam fiel vor den Augen der schockierten Gäste heraus auf die Straße. Obwohl Frankie Yale auf einer Straße in Brooklyn und nicht in Chicago gestorben war, zählte seine Ermordung zu den bedeutendsten Gangland-Hits der zwanziger Jahre, denn Yale war der neben Capone bekannteste und meistgefürchtete Racketeer der Prohibitionszeit. Von wem und warum er getötet worden war, wußte niemand zu sagen. Presse und Öffentlichkeit stürzten sich zunächst auf die grausamen Umstände seines Todes und das bombastischste Gangsterbegräbnis, das man in New York je gesehen hatte. Die Beerdigung fand am 5. Juli statt, und 100 000 Menschen säumten die Straßen, um Frankie Yale die letzte Ehre zu erweisen und den grandiosen Blumenschmuck zu begaffen. Das wahrscheinlich merkwürdigste Arrangement bestand aus einem riesigen, von einem Pfeil durchbohrten Herz aus roten Rosen, das sich von einem Zifferblatt aus weißen und blauen Veilchen abhob, dessen Zeiger die Uhrzeit der tödlichen Schüsse festhielten. Unter dem Ganzen standen die Worte zu lesen: »Wir kriegen sie, Junge.« Ganz New York war stolz darauf, daß die Zahl der Trauergäste, die Länge des Leichenzugs und die Kosten des Blumenschmucks sogar das O'Banion-Begräbnis übertrafen, das bislang als großartigste Trauerbezeugung der Unterwelt gegolten hatte.

Nachdem Yale zur ewigen Ruhe gebettet war, erwartete seine Witwe Maria natürlich eine große Erbschaft. Doch ihre Hoffnungen wurden bitter enttäuscht. Gerade 3000 Dollar tauchten auf, das meiste davon hatte Frankie zum Zeitpunkt seines Todes auf dem Leib getragen. In schlimmen Geldnöten, sah sie sich gezwungen, seinen berühmten diamantbesetzten Gürtel versteigern zu lassen – doch auch der brachte gerade noch 75 Dollar! Um ihre Familie durchzufüttern, saß Maria Yale, die Witwe des mächtigsten Gangsterbosses von Brooklyn, schon bald darauf zehn Stunden am Tag in einer stickigen Fabrikhalle und nähte im Akkord auf einer ratternden Maschine Hosen.

Kaum hatte sich die erste Erregung über den Mord gelegt, fiel der Verdacht auch schon auf Capone. Seine Todesboten waren, was das Verwischen ihrer Spuren anging, äußerst leichtfertig vorgegangen. Die Waffen, mit denen sie Yale erschossen und die sie dann liegengelassen hatten, ließen sich bis zu Parker Henderson zurückverfolgen, der sich jetzt der Polizei gegenüber ebenso kooperativ zeigte wie noch vor kurzem gegenüber Capone. Auch die Benutzung einer Maschinenpistole war kein kluger Schachzug gewesen, denn die Polizei entdeckte auch diese Waffe, deren Spur zu einem Chicagoer Waffenhändler namens Peter von Frantzius führte, der nicht umsonst in dem Ruf stand, alle Chicagoer Unterweltgrößen mit Kanonen zu versorgen. Die Hinweise, die Capone als Schuldigen auswiesen, waren so eindeutig, als hätte man ihn auf frischer Tat neben der Leiche ertappt.

Die Presse nagelte ihn augenblicklich fest: »YALES TODESENGEL KAMEN AUS CHICAGO«, druckte die *Chicago Tribune* schon wenige Tage nach dem Mord, und schob einige Wochen später nach: »INFORMANT BESTÄTIGT: YALE AUF CAPONES GEHEISS ERSCHOSSEN«. Der New Yorker Polizeichef Grover Wahlen erklärte Capone öffentlich für den Tod Yales verantwortlich und unternahm auf Staatskosten eine fruchtlose Reise nach Chicago, um mit den dortigen Behörden über den Fall zu konferieren. Die jedoch steckten bis zum Hals in Ermittlungen über andere Bandenkriege. Was sie anging, hatte »Scarface« der Polizei sogar einen Gefallen getan. Der Ordnung halber stritt Capone jegliche Beteiligung an der Ermordung ab. Er habe Frankie Yale immer gemocht, sagte er, und sogar einen Kranz zu seiner Beerdigung geschickt.

Frankie Yales Tod löste eine Kette von anderen Greueltaten aus, die schließlich in dem Mord an Pasqualino Lolordo gipfelte, der den kurz zuvor auf offener Straße niedergeschossenen Antonio Lombardo als Kopf der inzwischen von Capone kontrollierten Unione Sicilione abgelöst hatte. Am 8. Januar 1929 suchten Lolordos Mörder ihn in seiner Wohnung auf. Mrs. Lolordo kannte die drei Männer gut genug, um sie hereinzubitten und ihnen Gebäck und Drinks anzubieten. Während sie auf das Wohl ihres Gastgebers anstießen, zogen sie ihre Revolver und feuerten. Die trauernde Witwe schwor, sie habe nichts gesehen, und so entgingen auch diese Täter ihrer gerechten Strafe und wurden nie gefaßt.

Al Capone befand sich um diese Zeit bereits wieder bei seinen Lieben in Miami Beach, wo er den hier so gar nicht unwirtlichen Winter mit Hochseefischen und der weiteren Ausstattung seines Heims zubrachte. Die letzten sechs Monate waren extrem blutig gewesen. Capone hatte Frankie Yale umbringen lassen und dafür die Ermordung seiner sizilianischen Verbündeten Antonio Lombardo und Pasqualino Lolordo hinnehmen müssen. Unterm Strich hatte seine Rache an Yale jedoch das gewünschte Ergebnis gezeitigt, und Capone war überzeugt, klug und richtig gehandelt zu haben. Schon bald nach Beginn des neuen Jahres begann er Pläne für ein anderes Blutbad zu schmieden, ein Massaker, das seiner Wunschvorstellung nach alle seine Chicagoer Gegenspieler ein für allemal aus dem Weg schaffen und die Bandenkriege für immer beenden würde.

Teil II

Fall

Al Capone auf dem Weg ins Gefängnis.
Das Photo zeigt den »Staatsfeind Nr. 1« mit zwei Polizisten, die ihn mit dem Zug nach Atlanta überführen (1932).

KAPITEL 7

Das Massaker

Falls es eine Zeit in Al Capones Gangsterkarriere gab, in der er absolut unangreifbar erschien, dann waren es die Monate vor seinem 30. Geburtstag am 17. Januar 1929. Das Bündnis der Organisationen, das er geschaffen hatte, setzte sich über alle ethnischen Barrieren hinweg und schloß Juden, Italiener, Polen, Schwarze und jeden anderen bedeutenden Block mit ein. An der Spitze stand Al Capone, und erst dann kamen all die anderen – er war nicht der einzige Alkoholschmuggler in Chicago, aber er dominierte das Geschäft. Dasselbe galt für die Bereiche der Prostitution und des Glücksspiels. Er hatte Stützpunkte und Anlaufstellen im Lexington Hotel im Süden von Chicago, in einigen anderen Häusern in Cicero und in Chicago Heights sowie einen Zufluchtsort für den Winter in Miami Beach, Florida, und ein Sommerversteck in Lansing, Michigan, eingerichtet. Er überwachte eine riesige Organisation von geschickten Schiebern und Revolverhelden, aber die Begriffe »Gangster«, »Gauner« oder »Ganove« reichten längst nicht mehr aus, um ihn zu beschreiben. »Bugs« Moran war ein gewöhnlicher Ganove, »Greasy Thumb« Guzik ein Gangster, aber Capone hatte sich über sie hinaus zu einem gefürchteten Racketeer, zum eigentlichen Bürgermeister von Chicago, entwickelt.

Sein wirtschaftlicher Einfluß erstreckte sich weit über die Stadtgrenzen hinaus. Das Verteilernetz des Capone-Alkoholschmuggels reichte von New Yorks Long Island bis zum Lake Michigan, und er kontrollierte den Nachschub von Spirituosen aus Europa, Kanada und der Karibik. Die Zeitungen bezifferten sein jährliches Einkommen auf über 100 Millionen Dollar.

Doch das war nur eine grobe Schätzung und möglicherweise übertrieben; wie Capone des öfteren sagte, gingen gewaltige Summen durch seine Hände. Niemand, nicht einmal Capone selbst, konnte sagen, wieviel genau er einnahm, denn um Banken machte er einen großen Bogen und behielt auch nichts für sich, abgesehen von dem Vorrat an Bargeld, den er in dem Versteck am Fußende seines Bettes in der Palm-Island-Villa aufhob. Er war sozusagen eine Pipeline, durch die ungeheure Geldmengen flossen; wenn er Kapital brauchte, tauchte er seine Hand in den Strom und bediente sich. Die politischen Umstände begünstigten ihn nach wie vor: Der Bürgermeister fürchtete ihn, das Chicagoer Police Department hatte er sich durch Bestechung willfährig gemacht, und die Prohibition, der Grundstock für seinen kometenhaften Aufstieg, erlebte gerade ihr zehntes Jahr und verwandelte ansonsten gesetzestreue Amerikaner in notorische Rechtsbrecher.

Viele Trinker waren während der Prohibition groß geworden und wußten gar nicht mehr, daß es je eine Zeit gegeben hatte, in der Alkohol frei erhältlich gewesen war. Infolge der Prohibition wurde gelegentliche Mißachtung der Gesetze zum festen Bestandteil des amerikanischen Lebens. Viele Amerikaner realisierten – vielleicht zum erstenmal –, daß die Gesetzgebung des Landes irrig oder sogar rundweg falsch sein konnte und deshalb ignoriert werden durfte. Mabel Walker Willebrandt, der stellvertretende US-Generalstaatsanwalt, schrieb 1929 deprimiert: »Niemand, der vernünftig und ehrlich ist, wird leugnen, daß bis jetzt noch nicht wirksam und landesweit durchgegriffen wird, um dem Gesetz Geltung zu verschaffen. Genausowenig kann bestritten werden, daß die Durchsetzung der Prohibition die größte und genaugenommen die einzige wirkliche politische Streitfrage in der gesamten Nation ist. Kein anderes politisches oder wirtschaftliches oder moralisches Problem, abgesehen von der Sklaverei, hat die Bürger von Amerika je so sehr beschäftigt und entzweit wie das der Prohibition.«

Capone hat sich die Ironie der Situation und die Heuchelei zunutze gemacht und Reichtümer angehäuft. Wenn man von ihm sprach, dann immer in Verbindung mit dem Wörtchen »big« – groß. Man brauchte nur zu sagen »Big Boy« oder »Big Fellow«, und jeder wußte, wer gemeint war; es gab viele Gangster in Chicago, aber nur einen »Big Fellow«. Einige hatten Angst vor ihm, andere liebten ihn, und die vielen Pharisäer, die die Prohibition hervorgebracht hat, verachteten ihn nach außen hin, unterstützten ihn jedoch gleichzeitig im verborgenen. Die mächtigen Männer von Chicago tranken seinen Fusel und beschimpften ihn dennoch als Itaker und Verbrecher; sein Geschick, ein lächerliches Gesetz wirksam zu umgehen, brachte ihm die heimliche Bewunderung vieler Stadtbürger ein. Die Karriere von Al Capone zeigte, daß ein Mann, der ohne einen Penny in der Tasche nach Chicago kam, in dieser kommerziellsten aller Städte Amerikas immer noch reich werden konnte. Und Al Capone hatte seine herausragende Stellung innerhalb von sieben Jahren, noch vor seinem 30. Geburtstag, erreicht. Von der Moral ganz abgesehen, war sein Lebenslauf in seiner Generation die größte Erfolgsstory von Chicago.

Als er den Gipfel der Macht und des Einflusses erreicht hatte, begannen die Behörden, die ihn zu Fall bringen sollten, ihre Schlagkraft zu verstärken. Verglichen mit dem Machtapparat, den Capone steuerte, waren die FBI-Agenten lange Zeit nur unbedeutende Rädchen im Getriebe von Chicago. Capone und seinen Verbündeten erschienen sie harmlos, nicht gefährlicher als eine Grüppchen kurzsichtiger Beamter, die in muffigen, verstaubten Büros, die sie von der Post gemietet hatten, über Buchhaltungsunterlagen brüteten und vergilbte Zeitungsausschnitte sortierten. Capones Versäumnis, die Behörden als ernsthaften Gegner ins Kalkül zu ziehen, verschaffte diesen einen deutlichen Vorteil, weil sie ungehindert und ohne Störungen ihre Ziele verfolgen konnten.

George E. Q. Johnson, der neu bestellte Bundesstaatsanwalt, war der erste, der begriff, welch große Rolle Chicago Heights in Capones Alkoholschmuggel-Imperium als Zufluchtsort, Auffanglager und Waffendepot spielte. Er wurde auf Heights aufmerksam, kurz nachdem der örtliche Polizeichef, Leroy Gilbert, bei einer Routineüberprüfung zwei Männer festnahm, die Spirituosen durch die Stadt beförderten. Gilbert sollte vor der großen Strafkammer gegen die Schmuggler aussagen, aber am Abend des 6. Dezember 1928 wurde ihm, als er in seinem Wohnzimmer saß und Zeitung las, eine Kugel durch den Kopf gejagt. Die Polizei ermittelte, daß zwei unbekannte Männer mit Gewehren die Tat verübt hatten, aber die Mörder wurden nie gefaßt.

Um dieses Verbrechen zu ahnden und den heimtückischen Mord zu rächen, stellte Johnsons Büro in Zusammenarbeit mit der Chicagoer Polizei eine Sondereinheit zusammen, der 100 Mann, hauptsächlich Polizeioffiziere, angehörten. Zum erstenmal begruben die Gesetzeshüter des Bundes, des County und der Stadt ihre Streitigkeiten und gingen vereint gegen das organisierte Verbrechen in Chicago vor. Das Ergebnis dieser einmaligen Maßnahme war dramatischer, als es sich die Verantwortlichen erhofft hatten.

Genau einen Monat nach dem Mord an Gilbert führte die Hundertschaft die größte Razzia durch, die Chicago Heights je erlebt hatte. In den frühen Morgenstunden des 6. Januar 1929 waren die Straßen von Chicago Heights menschenleer und die Kneipen voll. Auf dem Hungry Hill bewachten die Italiener pflichtgemäß ihre Schnapsbrennereien und wappneten sich, so gut sie konnten, gegen die schneidende Kälte. Die Polizeiautos kamen im Schutz der Dunkelheit näher; an sich war das kein ungewöhnlicher oder bedrohlicher Anblick in Chicago Heights, wo Capones Organisation das örtliche Police Department fest im Griff hatte, aber diese speziellen Autos kamen aus Chicago. Schließlich verteilten sich 20 Wagen mit leise brummenden Motoren und ausgeschalteten Scheinwerfern in den Straßen von

Chicago Heights. Das erste Ziel war nicht, wie man hätte erwarten können, eine Brennerei, eine Kneipe mit Jazzband oder eine Spielhölle, in denen sich Ganoven und freizügige Mädchen tummelten; nein – die Autos steuerten direkt das Chicago-Heights-Gefängnis an, das die Sondereinheit als feindlichen Stützpunkt ansah, der besetzt und eingenommen werden mußte. Und genau das taten sie auch.

Zunächst umzingelten sie das Gebäude, dann marschierten mehrere Männer der Einheit durch den vorderen Eingang und erklärten dem erschrokkenen Sergeant, der an seinem Schreibtisch gedöst hatte, daß er seines Dienstes enthoben sei und sie ab sofort die Verantwortung übernehmen würden. Die erstaunten und überrumpelten Polizisten aus Chicago Heights überließen den Eindringlingen ohne Proteste das Feld. Auf diese Weise nahmen die »guten Cops« den »bösen Cops« vorübergehend die Kontrolle über das Gebäude aus den Händen.

Sobald die Polizeistation und das dazugehörige Gefängnis eingenommen war, führte die Sondereinheit die nächste Direktive aus. Die Männer schwärmten in Heights aus, brachen in Brauereien ein, zertrümmerten Destillerien und beschlagnahmten Unmengen von Alkohol. Was sie bis dahin vorgefunden hatten, war keine Überraschung. Aber als sie das Anwesen von Oliver J. Ellis – der, wie sie annahmen, Manager des Subway, Capones lukrativer Spielhölle in Cicero, war – stürmten, stießen sie auf eine unverhoffte Goldmine: In einem Gebäude hinter dem Haupthaus entdeckten sie über 400 Spielautomaten. Plötzlich wurde ihnen klar, daß Chicago Heights das Zentrum des organisierten Spielautomatenbetriebes war.

Bei Tagesanbruch kamen die Bewohner von Chicago Heights aus ihren Häusern und beobachteten den Sturm auf Ellis' Anwesen. Während die Polizisten mit Vorschlaghämmern auf die Spielautomaten eindroschen, flitzten die Kinder durch die Halle, um all die Dollar- und Zweidollarstücke aufzusammeln, die sich über den Boden ergossen. Am Ende der Razzia nahm die Sondereinheit mehr als 20 Männer wegen des Verdachts der Mittäterschaft an der Ermordung des Polizeichefs Gilbert fest und sperrten sie zusammen mit dem diensthabenden Sergeant der örtlichen Polizei in das Heights-Gefängnis.

In wenigen Stunden hatte die Sondereinheit die bis dato gültigen Regeln im Konflikt zwischen der Verbrecherorganisation und den Vertretern des Gesetzes nachhaltig verändert. Die Fronten waren neu festgelegt – oder wurden überhaupt zum erstenmal definiert –, da die korrupten Behörden bis dahin sämtliche Augen zugedrückt hatten. Jeder Seite standen gewaltige Ressourcen zur Verfügung: Die Capone-Organisation baute auf die enormen Einkünfte, die sie durch die Alkoholgeschäfte erzielt hatte und noch immer erzielte, und sicherte sich mit dem Geld politische Macht und die Unterstützung maßgeblicher Leute in Chicago und im Staate Illinois. Das Geld verhalf den Gangstern auch zu Waffen, verschiedenen Schaltzentralen in der Stadt und zum Stillschweigen der Anklagejury. Solange die Prohibition aufrechterhalten wurde, war die Einnahmequelle und alles, was man mit Geld kaufen konnte, gesichert. Zusätzlich hatte die Organisation den Vorteil, von einem Al Capone angeführt zu werden.

Aber George E. Q. Johnson, der Vertreter der US-Regierung, war auch in einer mächtigen Position, und er konnte ebenso auf unerschöpfliche Mittel zurückgreifen. Wenn er mehr Ermittlungsbeamte brauchte, wurden sie ihm zugeteilt. Wenn er ohne richterliche Vollmacht oder Durchsuchungserlaubnis nicht weiterkam, erhielt er sie unverzüglich. Am wichtigsten jedoch war, daß er das Recht auf seiner Seite hatte, das im Zeitalter der Prohibition in Chicago offensichtlich ohne Schwierigkeiten umgangen werden konnte. Capone hatte über diese Tatsache hinweggesehen, solange er das Gesetz ignorieren oder sich freikaufen konnte, aber er hatte es auch nie zuvor mit Bundesbehörden zu tun gehabt, und in den folgenden zwei Jahren mußte er feststellen, daß sie zwar langsam und schwerfällig arbeiteten, aber hartnäckig waren und niemals aufgaben. Ihre unaufhörlichen Nachforschungen und Untersuchungen ermöglichten es ihnen schließlich, die schwachen Glieder in Capones Organisation ausfindig zu machen. Ihr erster Angriffspunkt war Ralph Capone.

Der wichtigste Fund, der bei der Razzia in Chicago Heights gemacht wurde, waren nicht die Schnapsvorräte, Destillerien oder Spielautomaten, sondern eine Reihe von Geschäftsbüchern, die der Polizei in die Hände fielen, nachdem sie einen Safe in Ellis' Haus aufgebrochen hatte. Als vorsichtiger Mann, dem sein Leben lieb war, ließ Ellis bei den Verhören kein Wort über die Bücher verlauten, aber sein Schweigen schaffte das Problem, das sich für die Organisation durch diese Unterlagen ergab, nicht aus der Welt. Die Bücher boten Capones Gegenspielern unschätzbare Einblicke. Da die Polizei und das Büro des Generalstaatsanwalts in Washington Hand in Hand arbeiteten, wurden die Unterlagen an die entsprechenden Stellen weitergegeben. Als Mabel Walker Willebrandt die Bücher prüfte, entdeckte er, daß »die Einkünfte allein durch die Spielautomaten während einer Periode von drei Jahren, den Einträgen nach, annähernd 725 000 Dollar pro Jahr betrugen … und das in einer Gegend mit weniger als 100 000 Einwohnern«.

Auch die Steuerbehörde wurde auf die Geschäftsbücher aufmerksam – für die Fahnder waren die Unterlagen ein gefundenes Fressen. Sie fanden heraus, daß der Spielautomatenbetrieb sogar noch profitabler war, als Willebrandt vermutet hatte, und errechneten einen durchschnittlichen Jahresumsatz von mindestens 1,5 Millionen Dollar – nicht schlecht für ein Geschäft, das nur im verborgenen blühen konnte. Bei sorgfältiger Prüfung jeder einzelnen auch noch so kleinen Eintragung, gelang der Steuerbehörde ein großer Durchbruch. Die Beamten fanden eine Liste der Schecks, die Ellis bei einer Bank eingereicht und zu Bargeld gemacht hatte, und gingen jeder Transaktion nach, bis sie schließlich auf eine lohnende Spur stießen – auf einen Scheck über 2130 Dollar vom 27. Juni 1928. Der Betrag erschien ziemlich gering, aber die Unterschrift war bedeutend: Den Scheck hatte Ralph Capone ausgestellt.

Seit zwei Jahren war Ralph Capone den Steuerfahndern kein Unbekannter mehr. Ihr Mitarbeiter in Chicago, Eddie Waters, hatte einige Male mit »Bottles« Ralph Capone gesprochen und ihm klarzumachen versucht, daß er verpflichtet war, sein gesamtes Einkommen zu versteuern. Aber »Bottles« behauptete steif und fest, er sei kein wohlhabender Alkoholschmuggler, nur ein Rennpferdbesitzer mit ganz bescheidenen Mitteln, mit denen er hin und wieder eine Wette placierte. Als er immer mehr unter Druck gesetzt wurde, räumte er schließlich ein, daß er dem Fiskus für die Jahre 1922 bis 1925 insgesamt 4086 Dollar und 25 Cents schuldete. Im September 1927 machte Ralph dann dem Fiskus das Angebot, 1000 Dollar zu bezahlen. Mehr könne er nicht aufbringen, da seine finanzielle Situation, wie er erklärte, so angespannt sei, daß er selbst diese Summe nur durch Anleihen beschaffen könne. In einem Tonfall, der einer Figur einer Damon Runyon-Geschichte* alle Ehre gemacht hätte, erklärte Ralphs Anwalt: »Mein Mandant hat durch die Krankheit und den Tod seines Pferdes im letzten Jahr beträchtliche Verluste erlitten. Zudem hat er eine Menge Geld beim Wetten verloren. Ihm ist nichts weiter geblieben als die Beteiligung an zwei anderen Pferden, und augenblicklich muß er praktisch all seine Einkünfte darauf verwenden, diese Pferde trainieren zu lassen.« Weder Ralph noch seinem Anwalt schien bewußt gewesen zu sein, daß sie mit dieser Aussage eingestanden, daß der bekannte Schieber einmal eine Menge Geld gehabt haben mußte, sonst hätte er ja nicht so viel verlieren können. Die Steuerbehörde, der Ralph schon lange ausgesprochen suspekt vorkam, war überzeugt, daß er sich früher oder später selbst verraten würde, und dachte nicht daran, die Sache auf sich beruhen zu lassen. Ralph bot ihnen von Mal zu Mal höhere Summen an, aber selbst sein letztes Angebot über 5000 Dollar wurde abgelehnt.

---

* Damon Runyon (1884-1946), Autor grotesker Kurzgeschichten, die im Milieu der Unterwelt spielen, und Kriegsberichterstatter.

Jetzt, mit dem verräterischen Scheck über 2130 Dollar in den Händen, verschaffte sich die Behörde tiefere Einblicke in Ralphs Finanzen. Zwei ihrer Ermittlungsbeamten, Nels Tessem und Archie Martin, durchforsteten die Bücher sowie alle anderen Unterlagen, die sich bei der Steuerbehörde bis dahin angesammelt hatten, noch einmal ganz genau – insgesamt prüften sie knapp zwei Millionen Buchhaltungsposten! Besonders Tessem war einer der großen Helden im Hintergrund, die bei den Bemühungen der Bundesbehörden, die Capone-Organisation zu zerschlagen, große Dienste leisteten. Er war skandinavischer Herkunft wie so viele andere Fahnder und hatte einen bemerkenswerten Sinn für Details. Er machte sich entschlossen ans Werk, und nach zwei Monaten mühsamer Tüftelarbeit konnte er mit erstaunlichen Erkenntnissen aufwarten. Die erste große Überraschung war, daß Ralph Capone, obwohl er nach seinen eigenen Angaben vollkommen mittellos war, 25 000 Dollar unter dem Namen James Carter bei der Pinkert State Bank in Cicero deponiert hatte. Dieser Widerspruch war nur der erste in einer langen Kette weiterer. In einem Bericht, in dem er die Ermittlungsergebnisse zusammenfaßte, schrieb Tessem:

> »Die Nachforschungen haben weiterhin ergeben, daß [Ralph] Capone ein blühendes Geschäft mit Bierverkauf in Cicero unterhielt ..., daß er maßgeblich an Spielbetrieben und gesetzwidrigen Häusern [Bordellen] beteiligt war sowie andere Geschäfte betrieb, die bestehende Gesetze verletzen. Er setzte unterschiedliche Methoden ein, um seine Aktivitäten nach außen hin zu vertuschen, unter anderem benutzte er falsche Namen wie James Carroll, James Costello jr., James Carter, James Carson, Harry Roberts und Harry White. Auf den Konten, die er unter diesen Namen bei der Pinkert State Bank eingerichtet hat, sind mehr als 1 850 000 Dollar deponiert.«

Jedesmal, wenn Ralph eines dieser Konten auflöste, richtete er, wie Tessem in Erfahrung brachte, gleichzeitig ein neues unter einem anderen falschen Namen ein und zahlte exakt dieselbe Summe, die er gerade abgehoben hatte, dort ein. Tessem und alle anderen Steuerfander hatten längst erkannt, daß Ralph kein großes Finanzgenie war, aber sie hätten nie für möglich gehalten, daß jemand so einfältig sein konnte. Zudem war Tessem aufgefallen, daß viele der Beträge, die Ralph auf der Bank einzahlte, durch 55 teilbar waren – jeder Mensch in Chicago wußte, daß ein Faß Bier 55 Dollar kostete. Demnach war es nicht schwer zu erraten, womit Ralph sein

Geld verdiente. Jetzt war es sozusagen amtlich, daß Ralph ein weit größeres Einkommen bezog, als er bei der Steuerbehörde angegeben hatte. Tessems Bericht beinhaltete neben den finanziellen Daten eine Charakterskizze von Ralph Capone, die durchsetzt war mit verächtlichen Bemerkungen: »Ralph J. Capone ist ein Bruder des berüchtigten Alphonse Capone, und einige Jahre lang war er einer der Anführer in der sogenannten Capone-Organisation. Er hat einen ausgesprochen schlechten Ruf … Bei keiner der Nachforschungen kam auch nur der kleinste Beweis ans Licht, daß Ralph J. Capone in den letzten Jahren auf gesetzmäßige Weise Geschäfte gemacht hat, es sei denn, man führt ins Feld, daß Pferderennen und Wetten in einigen Staaten legal sind.«
Aufgrund von Tessems Erkenntnissen erhob die Bundesstaatsanwaltschaft in Chicago Anklage gegen Ralph Capone wegen Steuerhinterziehung. Trotz der Berge an Beweisen, die Tessem angehäuft hatte, wußte nicht einmal der Bundesstaatsanwalt, wie er diesen Fall hieb- und stichfest machen konnte – besonders nicht in Chicago, wo es kaum unvoreingenommene Richter oder unparteiische Geschworene gab. Außerdem schien Ralphs Steuerbetrug im Vergleich zu seinen Alkoholschiebereien und anderen illegalen Aktivitäten nur ein geringfügiges Vergehen zu sein. Dennoch verschafften Ralphs obskure Vorgehensweise und seine Verdunklungsversuche den Behörden wertvolle Hinweise. Während sie selbst wußten, welch ernstzunehmende Grundlagen ihre Beschuldigungen hatten, sah Ralph den Schachzug der Beamten eher als List an, mit deren Hilfe sie Bestechungsgelder einheimsen wollten. Ralph wurde sozusagen zum Testfall für die Steuerfahnder: Sobald sie ihn dingfest gemacht hatten, wollten sie sich das nächste große Tier aus der Capone-Organisation, Jack Guzik, vornehmen. Und wenn sie Guzik geschnappt hatten, würden sie sich mit dem »Big Fellow« persönlich befassen. Das war zumindest ihr Plan.

Al Capone saß in Miami Beach und schien blind zu sein gegen das Vorhaben der Regierung, ihn vor Gericht zu bringen. Er zeigte sich wegen der großen Razzia in Chicago Heights keineswegs beunruhigt und lehnte es ab, sich mit Ralphs Steuerproblemen zu belasten. Seine einzige Sorge war und blieb, daß seine und die Sicherheit seiner Leute durch rivalisierende Gangs bedroht werden könnte – besonders »Bugs« Morans nicht gerade raffinierte, aber beharrliche kleine Bande gab keine Ruhe. Da Capone entschlossen war, den Anschein eines zurückgezogenen Lebens in Florida aufrechtzuerhalten, konnte er sich einen neuen Bandenkrieg nicht leisten. Doch sein skrupelloser Leibwächter »Machine Gun« Jack McGurn war ganz versessen darauf, für seinen Boß eine Schlacht zu schlagen.

In den vergangenen drei Jahren war McGurn von einem einfachen brutalen Schläger mit 150 Dollar Wochenlohn zum persönlichen Bodyguard des Bosses aufgestiegen. Obwohl er sich seinen vordergründigen Charme bewahrt hatte, war der flinke, athletische kleine Mann immer gewalttätiger und selbstbewußter geworden, je höher er die Karriereleiter hinaufkletterte. Inzwischen war er in ganz Chicago bekannt und gefürchtet. Er wurde oft bei Sechs-Tage-Rennen als Zuschauer gesehen. Für McGurn waren sie eine blendende Gelegenheit, sich in Szene zu setzen und großspurig Wetten mit atemberaubend hohen Einsätzen abzuschließen.
Durch dieses angeberische Verhalten zog McGurn zwangsläufig die Aufmerksamkeit von »Bugs« Moran auf sich, der bereits mehrere gescheiterte Mordanschläge auf Capone verübt hatte. Moran beauftragte die Brüder Pete und Frank Gusenberg, McGurn kaltzumachen. Eines Nachts folgten die beiden Capones persönlichem Leibwächter zu einer Telefonzelle in einem Hotel auf der Rush Street und eröffneten das Feuer mit einem Revolver und einem Maschinengewehr – Glas zersprang in Scherben, Holz splitterte. McGurn brach zusammen, ehe er das Feuer der Gusenbergs erwidern konnte. Die Brüder ergriffen die Flucht in der Annahme, Al Capones wichtigsten Handlanger ausgeschaltet zu haben. Wie sich herausstellen sollte, war das ein Irrtum – ein tödlicher Irrtum. Ein Krankenwagen raste mit McGurn in die Klinik, und die Ärzte entfernten die Kugeln aus seinem Körper. Später wurde er ins Lexington Hotel gebracht, wo er mit seiner platinblonden Freundin Louise Rolfe eine Suite bewohnte. McGurns Überleben bedeutete das Todesurteil für die Gusenberg-Brüder, die er zweifelsfrei erkannt hatte.
Zu Beginn des Jahres 1929, nachdem er sich von dem fehlgeschlagenen Attentat der Moran-Leute erholt hatte, ging McGurn zu Capone und riet ihm, nicht nur die Gusenberg-Brüder, sondern gleich Morans gesamte Gang aus dem Weg räumen zu lassen. Al gab grünes Licht und stellte damit die Weichen für das berüchtigtste Massaker in der Geschichte Chicagos, für ein Blutbad, das schließlich auch zum Ende von Capones Gangsterkarriere beitragen sollte. Natürlich ahnte zu diesem Zeitpunkt noch niemand, worauf der geplante Anschlag letzten Endes hinauslaufen würde. Capone, der sich nach wie vor in Florida aufhielt, sah den Rachefeldzug als private Angelegenheit zwischen zwei rivalisierenden Banden an. Er wußte, daß sein Name ins Spiel gebracht werden würde, auch wenn McGurn das Unternehmen leitete, aber da er schon einmal mit dem Mord an Morans Verbündetem »Hymie« Weiss ungeschoren davongekommen war, war die Verlockung groß, auch Moran selbst auszuschalten. Der Mann war in Chicago so verhaßt, daß sowohl die Presse als auch die Polizei Capone

ihren Dank aussprechen würden, wenn er die Stadt von ihm befreite. Daher war er bereit, McGurn 10 000 Dollar plus Spesen für diesen Auftrag zu bezahlen. Er selbst hatte vor, während der Tat in Miami Beach zu bleiben, und er wollte, daß »Machine Gun« McGurn das ganze »verdammte Geschäft« allein abwickelte.

Während der nächsten Wochen verfolgte McGurn jede Bewegung der Moran-Gang. Diese Jungs waren Nieten im Vergleich zur Capone-Organisation. Sie hatten keine Kontrolle über Luxushotels und hielten auch keine Pressekonferenzen ab. Eine Garage hinter den Büros der S. M. C. Cartage Company diente ihnen als Hauptquartier – das Haus in der North Clark Street 2122 war von tristen Läden und kleinen Geschäften umgeben. McGurn fand heraus, daß Morans Männer in dieser Garage Alkohollieferungen entgegennahmen und den Fusel von dort aus an ihre örtlichen Verkaufsstellen verteilten. Da die Garage das einzige Gebäude war, in dem sich alle maßgeblichen Mitglieder der Gang regelmäßig trafen, erschien sie McGurn als idealer Ort für die Massenexekution, die er im Sinn hatte.

Als nächstes stellte er eine Killertruppe zusammen, der einige der berüchtigtsten »Talente« der Unterwelt angehörten. Die Auswahl erforderte Sorgfalt und Geschick. Eine Regel war, Killer von auswärts anzuheuern, damit die Opfer, sollten sie überleben, sie nicht wiedererkannten. Da Mord kein Vergehen war, das von Bundesbehörden geahndet wurde, und die Police Departments in den verschiedenen Städten Schwierigkeiten hatten, ihre Ermittlungsarbeit zu koordinieren, war es für die Mörder günstig, wenn sie sofort nach vollbrachter Tat die Stadt verließen. Capones Plan, Frankie Yale auszuschalten, hatte genau aus diesem Grund so gut funktioniert, und das hatte McGurn nicht vergessen. Er rief Capones gelegentlichen Golfpartner Fred »Killer« Burke aus St. Louis zu sich und beauftragte ihn mit der Leitung der Aktion. Burke war Mitglied der Egan's Rats Gang, die ihrerseits dem Verteilernetz von Capones Alkoholschmuggel angeschlossen war. Obwohl sich Burke des öfteren in Chicago und in Benton Harbor, einem Erholungsort in der Nähe des Lake Michigan, aufhielt, brachte man ihn kaum mit Capone in Verbindung. »Killer« Burke war eher bekannt als skrupelloser Bankräuber und wurde in mindestens vier Staaten polizeilich gesucht.

Burke trug seinen Spitznamen »Killer« zu Recht, und er freute sich darüber, an einer Aktion beteiligt zu sein und sich damit 5000 Dollar verdienen zu können. Er brachte einen anderen Revolverhelden aus der Egan's Rats Gang mit – James Ray. Außerdem heuerten sie Joseph Lolordo und zwei Veteranen des Anschlags auf Yale, John Scalise und Albert Anselmi,

an – jeder von ihnen erhielt 1000 Dollar für die Ausführung des Auftrags. Das unzertrennliche Duo Scalise/Anselmi, das eine einzigartige Rolle in der Unterwelt von Chicago spielte, hatte Capone schon früher von Zeit zu Zeit losgeschickt, um jemanden umzubringen. Sie waren seit ihrer Mithilfe bei der Ermordung von Morans Vorgänger Dion O'Banion im Jahre 1924 in der ganzen Stadt bekannt. Ein Jahr darauf hatten sie Angelo Genna, ihrem ehemaligen Boß, das Lebenslicht ausgeblasen, zudem hatten sie einen Detective und einen Polizisten auf dem Gewissen – für diesen letzten Mord hatten sie kurze Gefängnisstrafen abgesessen.
McGurn entschied sich, das Vorhaben mit einer ganz neuen Variante anzugehen. Seine Schützen würden sich als Chicagoer Polizisten verkleidet, die eine routinemäßige Prohibition-Razzia durchführten, Zugang zu der Garage verschaffen. Dazu brauchten sie ein Polizeiauto und echte Uniformen mit Mützen, Dienstmarken und allem drum und dran. Er wandte sich an einen anderen Mitarbeiter von Capone, Claude Maddox, der sich verpflichtete, einen Streifenwagen mit Blaulicht und einige Uniformen, die die Killer am fraglichen Tag tragen sollten, zu organisieren. Zudem beauftragte McGurn zwei Mitglieder der Detroit's Purpel Gang – auch eine der Capone-Organisation angeschlossene Bande – damit, Schmiere zu stehen und nach den Opfern Ausschau zu halten. Die beiden Brüder Harry und Phil Keywell waren in Chicago gänzlich unbeschriebene Blätter.
Die Mörderbande nahm sich in der Nähe der Garage, in der North Clark Street 2119, ein Zimmer und bezahlte der Vermieterin die Miete für eine Woche im voraus. Sie hängten die Polizeiuniformen in den Schrank und warteten auf ihren »Auftritt«. In der Zwischenzeit versammelte Capone seine Familie in der Palm-Beach-Villa um sich, war aber ständig mit McGurn telephonisch in Kontakt. Auf diese Weise war er in der Lage, die Ereignisse aus 1000 Meilen Entfernung zu beeinflussen. Erst ein paar Tage vor dem festgesetzten Tag stellte er die Anrufe nach Chicago ein.
Um die Moran-Bande in die Garage zu locken, griff McGurn zu einer List. Er versorgte einen der vielen Schnapsdiebe mit einer Schiffsladung Old Log Cabin Whiskey – diese Sorte war sehr begehrt, weil sie angeblich nur in Kanada gebrannt wurde – und wies ihn an, Moran den Whiskey für einen guten Preis zu verkaufen. Nach diesem ersten Geschäft sagte Moran zu, dem Mann eine weitere Lieferung abzunehmen. Am Abend des 13. Februar rief der Schnapsdieb wieder in der Garage an, um zu berichten, daß er eine neue Ladung »direkt vom Fluß« – die Grenze zwischen Kanada und Detroit – geholt hatte und die Kiste für nur 57 Dollar das Stück verkaufen würde. Moran schluckte den Köder. Er vereinbarte mit dem Lieferanten, daß er und seine Männer die Ware am Donnerstag, dem 14. Februar, um

10.30 Uhr vormittags in der Garage in Empfang nehmen und bar bezahlen würden.

Der Valentinstag war kalt und windig, nur wenige Fußgänger waren unterwegs. McGurn beabsichtigte nicht, sich an diesem Morgen in der Nähe des Geschehens blicken zu lassen, und traf deshalb umfangreiche Vorkehrungen, um sich ein Alibi zu verschaffen. Er richtete es so ein, daß er am Mittwochabend in Gesellschaft seiner Freundin Louise Rolfe gesehen wurde. Auch am Donnerstag blieb er mit ihr zusammen. Das Pärchen nächtigte nicht im Lexington Hotel, das ihn mit Capone in Zusammenhang bringen würde, statt dessen mieteten sie sich im Stevens Hotel ein. McGurn schrieb sich mit seinem echten Namen Vincent Gebaldi in das Gästeregister ein, um sein Alibi zu untermauern. Dieses Manöver sollte sich später, als McGurn von der Polizei überprüft wurde, als ungeheuer nützlich erweisen.

Am Donnerstagvormittag um 10.30 Uhr beobachteten die Keywells einen Mann, den sie für »Bugs« Moran hielten, wie er auf die Garage zuging, und sie informierten Burke und seine Truppe. Die Männer streiften die Polizeiuniformen über und stiegen eilends in den Streifenwagen. Mit Sirene und Blaulicht fuhren sie in der North Clark Street 2122 vor: Vier Männer, zwei in Mänteln, zwei in Polizeiuniformen sprangen heraus und benahmen sich genau wie Cops bei einer Razzia. Die vier stürmten in den Laden an der Straße und rannten durch den Flur in die kahle, ungeheizte Garage auf der Rückseite. Sie trafen sieben Männer an: die Gusenberg-Brüder, die versucht hatten, McGurn umzubringen, einen Geldschrankknacker namens John May, den Kneipenbesitzer Albert R. Weinshank, James Clark, den Bankräuber, der in Wahrheit Albert Kashellek hieß und Morans Schwager war, und Adam Heyer, einen Gangster, der als Morans »Geschäftsführer« galt. Der siebente im Bunde war Dr. Reinhart H. Schwimmer, 29 Jahre alt und ein verdächtig erfolgreicher Augenarzt. Da er als einziger bei der Polizei nicht aktenkundig war, wurde allgemein angenommen, daß Schwimmer ein adretter junger Arzt war, der aus reinem Vergnügen mit Ganoven gesellschaftlich verkehrte. In Wahrheit war Schwimmer aktiv in Alkoholgeschäfte verwickelt; er wohnte im selben Hotel wie »Bugs« Moran, und er war für seine Prahlerei bekannt, daß er, wen immer er wollte, im Handumdrehen ermorden lassen konnte. Also gehörte Schwimmer tatsächlich Morans Gang an.

Die sieben Männer waren eine gut gekleidete, erfolgreich wirkende Gruppe zweit- und drittklassiger Ganoven, ihre mit Diamanten besetzten Krawattennadeln und Ringe glitzerten im Licht. Dr. Schwimmer trug eine Nelke am Revers. Ihr einziger Wächter war Heyers deutscher Schäferhund

Highball, und der war an einem Rohr festgebunden. Jeder der Männer hatte mehrere tausend Dollar in bar bei sich, um die Lieferung Old Log Cabin zu bezahlen. Außerdem warteten sie darauf, daß Moran und zwei andere Komplizen, Willie Marks und Ted Newberry, zu ihnen stießen.
In diesem Moment stürmten McGurns »Cops« – Burke, Scalise, Anselmi und Lolordo – die Garage. Sie befahlen den sieben Männern, sich mit dem Gesicht zur Wand zu stellen und die Hände zu heben. Durch die Verkleidungen getäuscht, gehorchten die Männer ohne jeden Widerspruch, obwohl einige von ihnen selbst Revolver in den Taschen hatten. Nachdem sie ihren Opfern die Waffen abgenommen hatten, eröffneten die vier Vollstrecker unvermittelt das Feuer aus zwei Maschinengewehren, einer abgesägten Schrotflinte und einem 45er. Die Kugeln zerfetzten die Körper; May und Clark bekamen je eine volle Ladung aus dem Schrotgewehr ab, und innerhalb von zehn Sekunden sackten sieben Männer auf den Boden der Garage – tot. Das hieß, einer atmete noch: Frank Gusenberg. Heyers Schäferhund war durch den Lärm und den Geruch nach Blut wild geworden und heulte jämmerlich und so laut, daß er in der ganzen Nachbarschaft zu hören war.
Als die vier Todesschützen den Ort des Verbrechens verließen, veranstalteten sie eine große Show, um eventuelle Augenzeugen hinters Licht zu führen. Die beiden Kerle in den Mänteln rissen die Arme in die Luft, während ihnen die »Cops« mit gezogenen Waffen folgten. Die vier gingen gemächlich zu dem gestohlenen Polizeiwagen, stiegen ein und brausten davon. Die Augenzeugen waren überzeugt, zwei Polizisten bei der Festnahme von zwei Verdächtigen beobachtet zu haben.
Als sich McGurns Handlanger aus dem Staub machten, waren sie sicher, ihren Auftrag voll und ganz erfüllt und Morans Gang samt und sonders ausgelöscht zu haben. Das jedoch war ein großer Irrtum, da »Bugs« Moran, ihr wichtigstes Ziel, nicht unter den Ganoven in der Garage gewesen war. Die Keywell-Brüder, die glaubten, ihn gesehen zu haben, als er das Gebäude betrat, hatten ihn mit Al Weinshank verwechselt – die Ähnlichkeit zwischen den beiden war in der Tat schon vielen aufgefallen. Moran hatte sich nur ein paar Minuten verspätet und kam genau in dem Augenblick zu Fuß die North Clark Street herunter, als der Polizeiwagen vor der S. M. C. Cartage Company anhielt. Er befürchtete eine Razzia und ging zusammen mit Marks und Newberry einfach weiter. Diese simple Vorsichtsmaßnahme rettete den drei Männern das Leben. Wären sie rechtzeitig zu dem Treffen gekommen, wären zehn Männer exekutiert worden. Das gestohlene Polizeiauto, das Zeugen und Opfer gleichermaßen in die Irre führen sollte, hatte statt dessen Moran davon abgehalten, die Garage zu betreten.

Der erste echte Cop, der in der Garage eintraf, war Sergeant Thomas Loftus. Er entdeckte, daß Frank Gusenberg trotz der 22 Einschußwunden noch atmete, wenn auch sein Leben an einem seidenen Faden zu hängen schien. Gusenberg wurde sofort ins nahegelegene Krankenhaus transportiert, wo ihn ein anderer Polizist, Sergeant Clarence Sweeney, vernahm. »Wer hat auf dich geschossen?«

»Keiner – niemand hat geschossen«, erwiderte der sterbende Gusenberg.

Es war verständlich, daß ein Ganove eine solche Antwort gab, denn wenn Gusenberg auspackte und überlebte, würde er unweigerlich zu einem späteren Zeitpunkt umgebracht werden.

»Welche Gang war es?« drängte Sergeant Sweeney, und als keine Antwort kam, setzte er leise hinzu: »Willst du einen Priester, Frank?«

»Nein«, flüsterte Gusenberg. »Mir ist kalt … furchtbar kalt … Sarge …«

Sergeant Sweeney drehte die elektrische Heizung höher, dann beugte er sich über Gusenbergs Bett. »Wer war es, Frank?«

Gusenberg verzog die Lippen, sagte jedoch kein Wort. Um 13.35 Uhr durchlief ihn ein Schauer. Seine Muskeln spannten sich an und wurden gleich darauf schlaff. Drei Stunden nach der Schießerei war Frank Gusenberg tot. Zu dieser Zeit hatte sich die entsetzliche Kunde von den Ereignissen in der North Clark Street schon in ganz Chicago verbreitet.

Zuerst wußte niemand, wer die Opfer waren oder warum man sie umgebracht hatte. Zeugen aus der Nachbarschaft – und von denen gab es reichlich – sagten aus, daß sie gesehen hatten, wie Polizisten in die Garage eindrangen und sie mit zwei Festgenommenen wieder verließen, aber in den Polizeiprotokollen fand sich keine Eintragung über einen derartigen Einsatz oder eine Razzia. Zunächst kam kein Mensch auf die Idee, daß die Mörder die Uniformen nur zur Tarnung getragen hatten. Das Entsetzen und die Bestürzung über die Bluttat überlagerten alles andere. Es schien, als wäre diese Tat nur ein weiterer Ausdruck von eskalierender Brutalität und Mordlust der skrupellosen Verbrecher von Chicago. Aus diesem Grund ließen sich die Reporter, die es leid waren, zu jeder Auseinandersetzung der Racketeers zu eilen, sehr lange Zeit, bis sie am Tatort erschienen.

Die einzige Ausnahme war Walter Trohan, der junge Reporter vom *Chicago City News Bureau*, ihn hatte die allgemeine Lethargie der Presseleute noch nicht befallen. Er hatte schon viel Grausiges im Zusammenhang mit den Bandenkriegen in Chicago gesehen, doch das war nichts im Vergleich zu dem, was ihn in der Garage der S. M. C. Cartage Company erwartete.

»Ich war im Presseraum, als der Anruf kam, daß einige Männer in einer Garage in der North Clark Street 2122 getötet worden seien«, erinnerte er

sich. »Johnny Pastor, der gewöhnlich Geburts-, Hochzeits- und Todesanzeigen sammelte, benachrichtigte mich. Ich sagte zu den Reportern der anderen Zeitungen: ›Johnny hat eine brandheiße Story.‹
›Der ist so aufgeregt, daß er gar nicht weiß, worum es sich überhaupt handelt‹, sagte der Leiter des *City News Bureau.* Er hieß Isaac Gershman und … wollte immer den großen amerikanischen Roman schreiben, hat aber nie auch nur eine Zeile zu Papier gebracht … Jedenfalls diktierte er mir den Aufmacher für den Artikel: ›Fünf Männer wurden ersten Meldungen zufolge bei einem Kampf in der North Clark Street 2122 verletzt.‹
Ich schrieb den Bericht, der sich später als die größte Untertreibung der Geschichte der Bandenkriege herausstellen sollte, und während ich arbeitete, rief Johnny noch einmal an und sagte: ›Großer Gott, es sind nicht fünf Männer, es sind sechs, und sie liegen tot auf dem Boden. Ein weiterer wurde ins Krankenhaus gebracht …‹ Gersh sagte zu mir: ›Fahr hin und sieh dir das selbst an.‹ Ich fragte, ob ich mir ein Taxi rufen dürfe, und er meinte: ›Die Straßenbahn hält alle fünf Minuten in der Clark Street. Nimm die Straßenbahn.‹ Also stieg ich in die Straßenbahn und fuhr hin … Ich brauchte nur fünf Minuten und war, abgesehen von zwei Polizisten, vor allen anderen da. Ich lief zu dem Haus, rief ›City Press‹, ging durch ein kleines Büro mit Schreibtisch und Telephon – sonst gab es keine Möbel, ein armseliger Ort – und steuerte auf die Tür zu, die zur Garage führte.
Ich öffnete sie und ging hinein. Überall waren Blutlachen, und die toten Jungs lagen herum wie im Kino. Ich hatte schon vorher mit Leichen zu tun – das gehörte zu meinem Job –, aber immer nur mit einer. So viele auf einmal hatte ich noch nie gesehen. Sie lagen überall, und überall war Blut, und der verrückte Schäferhund bellte wie wahnsinnig und zerrte an seiner Kette. Ich war entsetzt, aber gleichzeitig wollte ich unbedingt zum nächsten Telephon, im Büro anrufen und die Story weitergeben …
Ich … ließ meterweise Information ins Büro schaffen – alles war ein Knüller. Unterstützt wurde ich von einem jungen Burschen namens Kelleher. Ich schickte ihn auf die andere Straßenseite zu den kleinen Pensionen, die Zimmer vermieteten, und sagte ihm, er solle allen Fragen stellen und sich dort auf die Lauer legen und alles beobachten. Er stieß auf niemanden, der in letzter Zeit ein Zimmer vermietet hatte, statt dessen fand die Polizei am folgenden Tag die Frau, in deren Haus sich die Mörder eingenistet hatten. Ich wußte, daß die Opfer zur Moran-Gang gehört hatten und daß Moran selbst nicht unter ihnen war … Jedenfalls war mir klar, daß Capone hinter all dem steckte, weil Moran und er Rivalen waren, die um das größte Stück des Kuchens kämpften …«
Die Nachricht von dem Massaker verbreitete sich wie ein Lauffeuer in der

Stadt, und alle waren schockiert: sieben Männer, mitten in Chicago erschossen, und das am Valentinstag! Die Polizisten rückten scharenweise an. Highball, der deutsche Schäferhund, kläffte unaufhörlich, und der Radau hallte von den kahlen Wänden wider. Ein paar Cops wollten das Tier erschießen, aber andere schritten ein und erklärten, daß es schon genug Blutvergießen gegeben hätte. Jemand nahm den Hund von der Kette, und er raste wie ein Wilder auf die Straße. John H. Lyle, der kämpferische Richter, der es liebte, in den Zeitungen dick und groß erwähnt zu werden, beschloß, sich die Leichen und die Verwüstung selbst anzuschauen. Er kaschierte seinen Abscheu mit wortreichen Erklärungen. »Die Leichen vor der blutbespritzten Wand waren das unvermeidliche Resultat der nachlässigen Handhabung des Prohibitionsgesetzes, das vor mehr als neun Jahren in Kraft getreten ist – die Haltung der Behörden war sozusagen ein Freibrief zum Töten, und eine allzu nachsichtige Bürgerschaft hat der Unterwelt Vorschub geleistet.«

Schon bald wurde die Massenhinrichtung als das fürchterlichste Massaker in der Geschichte Chicagos, wenn nicht der gesamten Nation angesehen. Frühere Exekutionen hatten viele Opfer gefordert, aber keine davon hatte solche Dimensionen wie das grausame Gemetzel in der Garage der S.M.C. Carting Company. Nach seinem Besuch dort, machte Willis O'Rourke, der für den *Chicago Evening American* schrieb, einen grausigen Witz: »Ich hatte mehr Hirnmasse an meinen Füßen als in meinem Kopf.« Aber der Anblick ging selbst den hartgesottensten Männern, denen der Bandenkrieg in Chicago nichts neues war, an die Nieren. »In meinem ganzen Leben habe ich noch nie so etwas gesehen«, sagte einer der entsetzten Detectives nach einem Blick auf die Blutlachen und durchlöcherten Leichen. »Nichts, was während der Prohibition in dieser Stadt passiert ist, kann sich mit dem hier vergleichen.« Patrick Roche, ein Detective der Bundesbehörden, ging sogar noch weiter: »Ich habe die Alkoholschieber, Zuhälter und Ganoven jahrelang beobachtet, aber nie zuvor hat man sieben Männer vor eine Wand gestellt und kaltblütig erschossen. Niemals«, schloß er, »hat ein solches Massaker stattgefunden.«

Die Schießerei in der Garage sollte als Valentinstag-Massaker in Amerika und auf der ganzen Welt bekannt werden. Jack McGurns gescheiterter Versuch, »Bugs« Moran auszuschalten, war zu Chicagos größter Sensationsstory der zwanziger Jahre geworden, vielleicht sogar zur größten Story, die diese lebendige, unruhige, brodelnde Stadt je hervorgebracht hat. Die Zeitungen im ganzen Land berichteten ausführlich über den Massenmord, und ihre Auflagen schnellten von einem Tag auf den anderen in Millionenhöhe. Aber die vielen Artikel enthielten unklare und widersprüchliche Angaben.

Und die von vielen Blättern verbreitete Theorie, daß die Chicagoer Polizei für den Massenmord verantwortlich sei, trug am meisten zur allgemeinen Verwirrung bei. So schrieb die *Wisconsin News* am 15. Februar 1929:

»CHICAGOER POLIZEI FÜHRT MASSENMORDE FÜR GANGSTERBANDEN AUS

CHICAGO – Major Fred D. Silloway, Beauftragter der Prohibitionsbehörde, vertrat heute die Ansicht, daß Polizisten die sechs Gangster und einen ihrer Freunde, die sich gestern an einem Versammlungsort der North Side Gang eingefunden hatten, erschossen. Außerdem erklärte er, daß vor dem Abend die Namen der Mörder bekannt sein würden.«

Die *New York Times* lieferte einen detaillierteren Bericht in noch alarmierenderer Aufmachung:

»7 CHICAGOER GANGSTER VON RIVALISIERENDER BANDE IN POLIZEIUNIFORMEN ABGESCHLACHTET …

EXEKUTION GETARNT ALS RAZZIA …

CHICAGO, 14. Feb. Chicagos Unterweltbosse feierten den Valentinstag mit Maschinengewehren und einem Kugelhagel – sieben Mitglieder der George (Bugs) Moran-Dion O'Banion-Gang von der North Side starben beim kaltblütigsten Bandenmassaker in der Geschichte der Stadt und ihrer Unterwelt …

Der Bandenkrieg in Chicago begann mit der Ermordung von Dion O'Banion im November 1924. In den fünfzig Monaten, die seither vergangen sind, wurden 38 Morde registriert – die meisten gehen auf das Konto der Feindschaft zwischen der North Side Gang, die von O'Banion gegründet wurde, und dem West Side Syndikat, dem John Torrio vorstand, ehe Al Capone die Führung übernahm.

Das heutige Massaker ist das Ende der North Side-Dynastie, die mit O'Banion begann. Nach O'Banion führte ›Hymie‹ Weiss die Bande an, später wurde er durch ›Schemer‹ Drucci ersetzt, dessen Nachfolger ›Bugs‹ Moran wurde. Und

Moran ist bis jetzt verschollen, während sieben seiner wichtigsten Handlanger ihr Leben ließen …
›Das bedeutet Krieg bis zum Ende‹, sagte Commissioner Russel. ›Ich habe nie eine derartige Kampfansage erlebt – die Killer verkleidet als Polizisten –, aber wir nehmen die Herausforderung an. Wir werden dem Bandenwesen ein Ende machen.‹«

Daß das Verbrechen von Männern in Uniformen begangen worden war, stieß den Behörden besonders bitter auf, und sie wehrten sich wütend gegen die Vermutung, Männer aus ihren Reihen könnten daran beteiligt gewesen sein. In Chicago schien alles möglich, und die Angst, daß mordlustige Cops frei herumliefen, blieb trotz aller Beteuerungen. Zeitungen, ganz normale Bürger, Gesetzeshüter und Alkoholschmuggler schrien nach Rache. Bürgerinitiativen boten enorme Summen als Belohnung für Hinweise an, die zur Ergreifung der Täter führten: die Chicagoer Handelsgenossenschaft 50 000 Dollar, der Stadtrat 20 000 Dollar, die Staatsanwaltschaft weitere 20 000 Dollar und die Abonnenten einer Zeitung 10 000 Dollar. Trotz der Belohnungen erhielt das Chicago Police Department bei den umfangreichen Zeugenbefragungen nur spärliche Hinweise. Und niemand sollte je für das Valentinstag-Massaker verurteilt werden.

Während sich die Polizei, die Presse und die Öffentlichkeit mit den widersprüchlichen Einzelheiten des Massakers befaßten, wurde Al Capones Name in diesem Zusammenhang zunächst nur am Rande erwähnt. Seine langjährige Feindschaft mit »Bugs« Moran war aktenkundig, aber als sich die Polizisten Zugang zu seiner Suite im Lexington Hotel und zu seinem Haus in der Prairie Avenue verschafften, machten sie die Entdeckung, daß er sich in der fraglichen Zeit nicht in Chicago aufgehalten hatte. Er war nach wie vor in Miami und führte ein ruhiges, vielleicht zu ruhiges, Leben mit Mae und Sonny. Eine Überprüfung des Verzeichnisses, das seine Telephongesellschaft über seine Ferngespräche führte, ergab, daß er mehrere Tage vor dem Ereignis weder Anrufe aus Chicago erhalten noch selbst angerufen hatte. Und an dem Morgen, an dem die sieben Morde verübt worden waren, befand er sich zufällig im Büro des Bezirksstaatsanwalts, Robert Taylor, der den Gangster zu einem kurzen Gespräch über seine Geschäfte in Miami zu sich gerufen hatte.
Taylor fragte Capone nach seiner Beziehung zu Parker Henderson jr., dem leichtgläubigen Geschäftsführer des Ponce de León Hotels. »Sie bekamen Geld, das Ihnen unter dem Namen A. Costa geschickt wurde«, sagte Tay-

lor und gab damit preis, was die Steuerfahnder über Capones Geschäfte in Miami in Erfahrung gebracht hatten. »Haben Sie Parker Henderson zur Western Union geschickt, um es abzuholen?«

»Nein«, antwortete Capone.

»Dann hat Henderson nie Geld für Sie in Empfang genommen?«

Capone änderte seine Taktik. »Doch – damals, als ich mein Haus gekauft habe.«

»Sie ließen Henderson eine Zeitlang Summen zwischen 1000 und 5000 Dollar zukommen, ist das richtig?«

»Daran kann ich mich nicht erinnern«, erwiderte Capone offensichtlich besorgt.

»Sie erhielten kein Geld aus Chicago durch die Western Union?«

»Das weiß ich nicht mehr.«

Das Gespräch war peinlich für Capone, aber das war nicht so wichtig. Taylor verschaffte Al Capone mit der Einladung in sein Büro, ein wasserdichtes Alibi für den Zeitpunkt des Valentinstag-Massakers.

In den folgenden zwei Tagen ließ sich Capone oft in Miami blicken, er schloß Wetten beim Pferderennen in Hialeah ab, besuchte die Hunderennbahn, tauchte im McAllister Hotel auf und gab sich ganz entspannt und unbeschwert. Überall trat er lächelnd auf. Am Samstagabend, zwei Tage nach der Schießerei, gab Capone eine große Party in seiner Villa. 100 Gäste, unter ihnen einige der einflußreichsten Männer Miamis, folgten seiner Einladung, und alles verlief gesetzt und ehrbar. Kurz, Capone benahm sich nicht wie ein Mann, der etwas zu verbergen hatte, oder besser gesagt: Er benahm sich wie ein Mann, der sich mächtig anstrengte, den Eindruck zu erwecken, daß er nichts zu verbergen habe. Vielsagend war die Tatsache, daß er nicht mit Chicago telephoniert hatte – normalerweise meldete er sich täglich bei seinen Männern. Warum nicht in den Tagen vor dem 14. Februar?

Das Getuschel über Capones Rolle bei dem Massaker wurde immer lauter, als die Polizei »Bugs« Moran, jetzt ein ehemaliger Bandenführer, endlich aufspürte. Auf die Frage, wer seiner Meinung nach für das Gemetzel verantwortlich war, antwortete Moran: »Nur Capone tötet auf diese Weise.« Als er von dieser Bemerkung erfuhr, spottete Capone: »Der einzige Mann, der auf diese Weise tötet, ist ›Bugs‹ Moran.« Trotz all seiner Bemühungen, den Unschuldigen zu spielen, gelang es Capone nicht wie bei früheren Bandenmorden, sich gänzlich vom Valentinstag-Massaker zu distanzieren. Statt die Bandenkriege in Chicago zu beenden, diente die von Capone angeordnete und von McGurn durchgeführte Massenhinrichtung nur dazu, die Feindseligkeiten zu verstärken. Was als letzte große Abrechnung zwischen Morans Bande und der Capone-Organisation gedacht war, führte zu

weiteren sinnlosen Gemetzeln. Aus Angst vor einem neuen Blutbad flohen Gangster in Scharen aus Chicago. Am Nachmittag des 18. Februar beförderte der Zug von Chicago nach Miami nicht weniger als 50 Ganoven, unter ihnen Alkoholschieber wie Frankie Lake, Terry Druggan und Barney. Die *Chicago Tribune* schätzte, daß mindestens 500 Ganoven nach dem Massaker nach Miami «übersiedelten«. Viele gestanden, wenn man sie nach dem Grund der Übersiedlung fragte, daß ihnen der Boden in Chicago zu heiß geworden sei. Es war allgemein bekannt, daß das Klima in Florida viel besser für die Gesundheit war.
Der Zustrom wohlhabender Flüchtlinge aus Chicago belebte das lahme Hotelwesen in Miami. Die Mieten für die Zimmer verdoppelten und verdreifachten sich. Und alle Gäste bezahlten in bar …

Am 23. Februar führte Dr. Herman N. Bundesen, der Coroner* des Cook County, eine gerichtsmedizinische Untersuchung an den sieben Opfern des Massakers durch. Sie zeigte in schonungslosen Details, daß jeder einzelne Mann mindestens 15 Kugeln abbekommen hatte, die meisten in den Rücken und in den Kopf. Man berechnete die Einschußwinkel und fand heraus, daß noch einige Schüsse abgefeuert worden waren, als die Opfer bereits auf dem Boden lagen. Die Beschreibung der Wunden, die Dr. Reinhart Schwimmer abbekommen hatte, sagte aus, was auch für die anderen Leichen zutraf:

> »16 Einschußwunden befinden sich im Rücken, zwölf von ihnen in geringen Abständen gleich links neben der Wirbelsäule. Jede Wunde hat einen Durchmesser von 7,5 Millimetern. Zudem finden sich noch andere Wunden … sie haben in etwa die Größe von Schrotkugeln. Sieben dieser Schrotkugeln konnten dem Brustkorb entnommen werden. Kopfhaut und Schädeldecke weisen eine ausgefranste Wunde mit nach innen gewölbten Rändern auf, was nahelegt, daß ein weiteres Geschoß dort eingedrungen ist. Die Wunde befindet sich am Scheitelpunkt, ungefähr zehn Zentimeter über der linken Augenbraue … Der Einschußkanal verläuft nach hinten und etwas nach rechts. Die Kugel verletzte große Teile des Gehirns und trat auf der rechten Seite des Kopfes aus. Die Austrittswunde ist von beträchtlicher Größe.«

* Der Coroner untersucht unnatürliche Todesfälle; auch der Gerichtsmediziner, der Autopsien vornimmt.

Nach der Autopsie der Leichen widmeten die Ermittler den Geschossen ihre besondere Aufmerksamkeit. Das Massaker fand zu einer Zeit statt, in der die Ballistik als Wissenschaft immer mehr anerkannt und beachtet wurde. Amerikas größte Autorität auf diesem Gebiet, Major Calvin Goddard, demonstrierte, daß jede Waffe einen deutlichen »Fingerabdruck« auf dem Geschoß hinterließ, das aus ihr abgefeuert worden war. Daher konnte ein geübter Ermittler, wenn er die Kratzer auf der Kugel und die Spuren an der Hülse verglich, genau erkennen, aus welcher Waffe die Geschosse stammten. Goddard arbeitete in New York; eine Gruppe wohlhabender Chicagoer Geschäftsleute erfuhr von seinen Erkenntnissen und überredete ihn, nach Chicago zu übersiedeln. Sie richteten ihm ein Labor in der Western University ein. Seine erste Aufgabe war, zu beweisen, daß die Chicagoer Polizisten nicht zu den Schützen bei dem Valentinstag-Massaker gehörten. Später untersuchte er jedes Maschinengewehr, das die Polizei beschlagnahmte. Gerade als Goddard zu der Überzeugung gelangt war, daß keine Polizeiwaffe bei dem Massaker benutzt worden war, erhielt er die einmalige Gelegenheit zu zeigen, wie aufschlußreich die ballistischen Erkenntnisse sein konnten. Fred »Killer« Burke, einer der Schützen beim Valentinstag-Massaker, »half« ihm, die Theorien unter Beweis zu stellen.

Burke blieb fast das ganze Jahr 1929 in der Nähe von Chicago und führte unter dem falschen Namen Fred Dane mit seiner Frau in einem Haus am Lake Shore Drive ein zurückgezogenes Leben. Er hätte bis in alle Ewigkeit dort wohnen können, wenn er nicht in einen Autounfall verwickelt gewesen wäre. Eines Nachts im Dezember 1929 streifte Burke einen anderen Wagen auf der Hauptstraße in der Nähe von St. Joseph, Michigan. Betrunken und außer sich vor Wut, als ein junger Polizist, Charles Skelley, ihn festnehmen wollte, gab er vier Schüsse auf ihn ab. Skelley erlag kurz darauf im Krankenhaus seinen Schußverletzungen, und die Polizei leitete eine Großfahndung nach seinem Mörder ein.

Burke verschwand für über ein Jahr von der Bildfläche. Während dieser Zeit untersuchte Major Goddard die Patronen und die Hülsen, die auf Skelley abgefeuert worden waren. Unter dem Mikroskop zeigte sich, daß die Markierungen und Rillen exakt dieselben waren wie die auf den Geschossen, die man nach der Ermordung von Frankie Yale und nach dem Valentinstag-Massaker sichergestellt hatte. Das bedeutete, daß in allen drei Fällen dieselbe Waffe benutzt worden war. Die Polizei war in der Lage, die Spur der Waffe zu Burke zurückzuverfolgen, der sich, wie sie leider viel zu spät feststellten, als »Fred Dane« ausgegeben und in Chicago gelebt hatte.

Erst im März 1931 brachte die Polizei in Erfahrung, daß sich Burke auf der Farm seines Schwiegervaters in Milan, Missouri, versteckt hielt. Obwohl er sich einen Schnurrbart hatte wachsen lassen, um die verräterische Narbe auf der Oberlippe zu verdecken, war seine häßliche Visage noch deutlich zu erkennen. Vorsichtshalber schlief er auf der Farm immer mit offenem Fenster, und ein Fluchtwagen stand ständig direkt vor diesem Fenster bereit. Aber diese Vorsichtsmaßnahme half ihm nichts, als die Polizei am frühen Morgen des 26. März ins Haus eindrang und ihn im Schlaf überraschte. Wie alle anderen Racketeers fürchtete Burke die Polizei nicht besonders, dafür hatte er höllische Angst vor rivalisierenden Banden. Als er begriff, daß fremde Männer sein Versteck umzingelt hatten, war sein erster Gedanke, andere Ganoven wollten ihn als Polizisten verkleidet überfallen, wie er es am Valentinstag mit Morans Leuten gemacht hatte. Er verlangte, die Dienstmarken der Männer zu sehen. Sie zeigten sie ihm, und Burke, dem ein Stein vom Herzen fiel, weil nur Cops ihn aufgespürt hatten, ließ sich ohne Widerstand abführen. Er wurde nach Michigan überstellt, wo er wegen des Mordes an Charles Skelley gesucht wurde, kam vor Gericht und wurde zu lebenslänglicher Haft verurteilt. Obwohl der Gerechtigkeit Genüge in diesem Fall getan war, mußte sich Fred »Killer« Burke aber niemals für seine führende Rolle beim Valentinstag-Massaker vor Gericht verantworten.

Die Beweise, die Jack McGurn mit dem Valentinstag Massaker in Verbindung brachten, waren sogar noch erdrückender als die im Fall Burke. Die Polizei nahm McGurn in seiner Hotelsuite fest, und zwei Augenzeugen behaupteten bei einer Gegenüberstellung, ihn am Ort des Massakers gesehen zu haben. McGurn kam in Haft, eine Kaution wurde abgelehnt. Doch der erfinderische McGurn wartete mit einem der berühmtesten Alibis in der Geschichte der amerikanischen Kriminalfälle auf: Er behauptete steif und fest, er habe nichts mit den sieben Morden am Valentinstag zu tun, weil er am 13. Februar von neun Uhr abends bis zum Nachmittag des 14. Februar, präzise bis um drei Uhr, mit seiner Freundin Louise Rolfe im Stevens Hotel zusammengewesen sei. Aus diesem Grund sei es unmöglich, daß man ihn der Nähe der North Clark Street gesehen haben konnte. Polizei und Staatsanwaltschaft unternahmen monatelang alle Anstrengungen, um das, was die Zeitungen McGurns »blondes Alibi« nannten, zu brechen. Als sie ihr Ziel fast erreicht zu haben schienen, spielte McGurn seinen letzten Trumpf aus und heiratete Louise Rolfe. Als Ehefrau des Beschuldigten konnte sie nicht mehr gegen McGurn aussagen. Am 2. Dezember 1929 wurden alle Anklagen gegen ihn fallengelassen, und McGurn war ein freier Mann. Es war ihm geglückt, die Polizei zu überlisten, aber er verbrachte den Rest seines Lebens als Randfigur der Unterwelt. Als er das nächste Mal Schlagzeilen machte, war er das Opfer und nicht der Täter.

Alle regionalen und überregionalen Zeitungen waren einhellig der Meinung, daß Al Capone nicht mehr nur Chicagos Problem war, sondern das des ganzen Staates. Trotz einer neuen Steuerprüfung und der nahezu fanatischen Anstrengungen des Bundesstaatsanwalts George E. Q. Johnson blühten Al Capones Geschäfte und die anderer Racketeers wie nie zuvor. Man mußte auf höchster Ebene etwas gegen sie unternehmen. Der scheidende Präsident Calvin Coolidge hatte keinen Finger in dem Fall Al Capone gerührt, und sein Nachfolger Herbert Hoover ließ nicht erkennen, wie er in dieser Angelegenheit dachte. Als die Öffentlichkeit immer lautstärker Maßnahmen gegen Capone und Änderungen des Prohibitionsgesetzes forderten, machte sich Colonel Robert McCormick, der einflußreiche Herausgeber der *Chicago Tribune*, auf den Weg nach Washington, um bei Hoover vorzusprechen. Obwohl McCormick fanatischer Republikaner war, war er doch ein glühender Gegner der Prohibition, die er als Hauptursache für solche Greueltaten wie das Valentintags-Massaker ansah. Er wußte, daß die Behörden mit der Durchsetzung des Gesetzes hoffnungslos überfordert waren, und riet dem Präsidenten, das Justizministerium anzuweisen, weniger die gewöhnlichen Trinker strafrechtlich zu verfolgen und sich dafür mehr auf die größten Alkoholschieber zu konzentrieren, die die Quelle für die Korruption in Chicago darstellten. McCormick schloß: »Die Polizei läßt Al Capone vollkommen in Ruhe.«
Auf Hoovers überraschende Frage: »Wer ist Al Capone?« beschrieb der Zeitungsherausgeber in großen Zügen Amerikas raffiniertesten und am schwersten faßbaren Alkoholschmuggler und die kläglichen Versuche der Chicagoer Polizei, ihn vor Gericht zu bringen. Seiner Ansicht nach sei es sinnlos, Capone wegen eines Verstoßes gegen das Prohibitionsgesetz zu verurteilen. Die einzige erfolgversprechende Möglichkeit, ihn hinter Gitter zu bringen, erschien ihm ein Nachweis der Steuerhinterziehung zu sein.
»Als erstes instruierte ich alle Bundesbehörden, sich eingehend mit Mr. Capone und seinen Verbündeten zu befassen«, schrieb Hoover in seinen Memoiren. »Es war die reinste Ironie, daß ein Mann, der Hunderte von Morden angeordnet und in einigen Fällen sogar persönlich seine Hand im Spiel gehabt hatte, nur bestraft werden konnte, weil er das Geld, das er mit eben diesen Morden verdient hat, nicht ordentlich versteuert hatte.«
Hoover hatte die Angewohnheit, jeden Morgen vor dem Frühstück mit seinen Kabinettsmitgliedern Morgensport mit Medizinbällen zu betreiben – dies war seine bevorzugte Art, sich in Form zu halten. Die Turnriege wur-

de bald allgemein »Medizinball-Kabinett« genannt. Unter den Teilnehmern war auch Andrew Mellon, der Finanzminister.
Eines Morgens, kurze Zeit nach dem Gespräch mit McCormick, fragte Hoover seinen Finanzminister: »Haben Sie diesen Burschen Capone schon gefaßt?«
Mellon schüttelte den Kopf.
»Ich will diesen Mann im Gefängnis sehen«, sagte der Präsident und widmete sich wieder dem Medizinball.

Wenige Tage nach dem kurzen Wortwechsel auf dem Rasen hinter dem Weißen Haus wurde Capone eine Vorladung zugestellt, in der er aufgefordert wurde, am 12. März vor der bundesstaatlichen Großen Strafkammer in Chicago zu erscheinen. Das war der Beginn des großen Katz-und-Maus-Spiels zwischen Capone und dem Chicagoer Staatsanwalt George E. Q. Johnson, bei dem beide Seiten kleine, aber verhängnisvolle Fehler machten. Capones erste Antwort auf die Vorladung war ein ärztliches Attest, das ihm einen schlechten Gesundheitszustand nach einer schweren Grippe bescheinigte. Am 5. März verfaßte Kenneth Phillips, sein Arzt in Miami, eine eidesstattliche Erklärung, in der stand: »Seit dem 13. Januar 1929 leidet Alphonse Capone an Bronchopneumonie und Rippenfellentzündung. Im Verlaufe der Krankheit drang Flüssigkeit in den Brustkorb des Patienten, und er mußte sechs Wochen das Bett in seiner Villa hüten.«
Jeder, der sich die Mühe machte, Zeitung zu lesen, wußte, daß diese Behauptung absurd war; Capone war in der angegebenen Zeit, besonders seit dem Valentinstag-Massaker, ständig unterwegs gewesen: Er war auf der Rennbahn in Hialeah und beim Boxkampf Sharkey gegen Stribling gesehen worden, hatte zwei große Parties gegeben und sogar dem Bezirksstaatsanwalt einen Besuch abgestattet. Trotzdem behauptete Dr. Phillips in dem Schriftstück: »Capones Gesundheitszustand ist sehr labil, so daß er ein großes Risiko eingehen würde, wenn er das milde Klima von Süd-Florida verlassen und nach Chicago reisen würde … Nach der schweren Lungenentzündung besteht die ernste Gefahr eines Rückfalls, der zu einem Zusammenbruch oder sogar zum Tode führen könnte.«
Indem er sich weigerte, einer Vorladung vor die bundesstaatliche Strafkammer Folge zu leisten, verschaffte Capone der Regierung unfreiwillig einen Vorteil, den sie bis ins letzte ausnutzte. Erstmals war J. Edgar Hoover, der Chef des Federal Bureau of Investigation, persönlich daran interessiert, Capone hinter Schloß und Riegel zu bringen. Bis dahin hatte es das FBI tunlichst vermieden, sich mit Capone – oder allen anderen Gangstern – anzulegen. Dafür gab es eine ganze Reihe bürokratischer

Gründe, die alle mit dem reizbaren Charakter des FBI-Chefs, der sich zudem nach allen Seiten hin absichern wollte, zu tun hatten. Hoover saß seit 1924 auf seinem Posten, und in all den Jahren der Prohibition war er den Alkoholschiebern und Gangsterbanden aus dem Weg gegangen, weil er fürchtete, sie könnten die FBI-Agenten korrumpieren, wie sie es mit den Beamten getan hatten, die dem Prohibitionsgesetz Geltung verschaffen sollten. Die Schlacht gegen die Stadtbanden konnte Hoover nicht gewinnen, und er wollte sich auch gar nicht auf einen derart aussichtslosen Kampf einlassen. Bis in die fünfziger Jahre hatte er behauptet, daß diese Gangster nicht gegen die Gesetze des Bundes verstießen; erst als das FBI 1957 eine Konferenz der organisierten Banden aus ganz Amerika in Apalachin, New York, auflöste, erklärte Hoover schließlich, daß die Ganoven ihre Geschäfte über die Grenzen der einzelnen Bundesstaaten ausgedehnt hätten und ihre Aktivitäten demzufolge vom FBI überprüft werden müßten. Der Fall Al Capone war eine der wenigen Ausnahmen seiner eisernen Regel, aber Hoover verfolgte Capone hauptsächlich, weil er fürchtete, das Finanzministerium könne zuerst Anklage gegen ihn erheben und das Ansehen des FBI schmälern. Der andere Grund für Hoovers Interesse an Capone war, daß ihn der stellvertretende Generalstaatsanwalt Mabel Walker Willebrandt drängte, Maßnahmen zu ergreifen. »Diese Angelegenheit ist für mich persönlich von großer Bedeutung«, sagte Willebrandt und fuhr fort: »Es wäre ein Volltreffer, wenn es Ihnen gelänge nachzuweisen, daß diese eidesstattliche Erklärung falsch ist, dann könnten wir Capone und diesen Arzt wegen Nichtachtung des Gerichts festnageln. Kann ich mich darauf verlassen, daß Sie diskret und rasch handeln?«

J. Edgar Hoover hatte keine andere Wahl, als der Aufforderung nachzukommen. Das FBI leistete gründliche Arbeit bei den Bemühungen, Dr. Phillips Attest, Capone sei zu krank, um nach Chicago zu fahren, als unglaubwürdig zu entlarven. FBI-Agenten fuhren nach Miami und sammelten ihrerseits eidesstattliche Erklärungen – zwölf an der Zahl – von Zeugen, die Capone in der fraglichen Zeit gesehen hatten. Dr. Samuel D. Light, auch ein Arzt, den Capone oft konsultierte, sagte aus, daß sein Patient in der ersten Januarhälfte krank gewesen sei. Dr. Light hatte in diesem Zeitraum 17 Hausbesuche notiert, und Capone brauchte zwei Krankenschwestern, die ihn während der Grippe, die sich zu einer »doppelseitigen Lungenentzündung« entwickelt hatte, pflegen mußten. Aber dann schien sich Capones Gesundheitszustand rapide gebessert zu haben, weil ihn acht Zeugen an 24 Tagen zwischen Ende Januar und Anfang März auf der Hialeah-Rennbahn gesehen hatten. Eddie Nirmaier, der Pilot, der über Palm Island eine ungefährliche »Bombe« abgeworfen hatte, um Capone daran zu erinnern, daß er

ihm bei einem früheren gemeinsamen Flug Karten für den Boxkampf zwischen Sharkey und Stribling versprochen hatte, schwor, daß Al, als er ihn und einige seiner Kumpel am 2. Februar nach Bimini geflogen hatte, »bei bester Gesundheit gewesen zu sein schien«. Zumindest war er kräftig genug, um einen Rundflug ohne irgendwelche Probleme durchzustehen.
Ein besonders eifriger FBI-Agent namens J. J. Perkins erfuhr von einem anderen Trip kurz vor dem Valentinstag-Massaker. Der Reisegesellschaft gehörten Capone, sein jüngerer Bruder Albert, der Leibwächter Philip D'Andrea, drei Männer aus Miami und der Prohibitionsbeauftragte William Kelly an. Wie nicht anders zu erwarten, übernahm Capone Kellys Ausgaben bei diesem Ausflug. Die Gesellschaft verließ Miami am 8. Februar an Bord des Dampfschiffs »New Northland«. »Bevor die SS New Northland ablegte«, berichtete Perkins seinem Boß Hoover, »fragte Tremblay, der Kapitän des Schiffes, Mr. H.V. Perry [Manager der Dampfschiffgesellschaft], wer Capone sei. Ein Freund hat den Kapitän mit Capone bekannt gemacht und ihm gesagt, daß man Capone auf der Fahrt von Miami nach Nassau besondere Aufmerksamkeit widmen sollte. Mr. Perry wies den Kapitän der SS New Northland an, nicht zu eng mit Capone zu verkehren und sich, wenn nötig, in seine Kabine zurückzuziehen, um ihm aus dem Weg zu gehen.« Die Capone-Gesellschaft kehrte am Morgen des 13. Februar aus Nassau zurück, also etwas mehr als 24 Stunden vor dem Valentinstag-Massaker.
Nach dieser präzisen und detaillierten Feldarbeit seiner Männer erwachte Hoovers Interesse. Das Resultat der Ermittlungen faßten die FBI-Leute wie folgt zusammen: »Es besteht kein Zweifel, daß Al Capone in der ersten Januarhälfte 1929 krank war und mit Grippe oder Lungenentzündung im Bett lag. Dennoch zeigt die Beweislage ..., daß er sich so weit erholt hat, um aufzustehen und an verschiedenen Unternehmungen teilzunehmen.« Kurz gesagt, Dr. Phillips hatte ein falsches Attest über Capones Gesundheitszustand ausgestellt.
Die Ermittlungen machten eine Zusammenarbeit verschiedener Stellen erforderlich: Zunächst war da das Büro, das die Zeugenbefragungen durchführte, dann Mabel Walker Willebrandt, der die Einheit der Prohibitionsbehörde leitete, der Staatsanwalt George E. Q. Johnson, der die Aussagen verwerten sollte, um eine Anklage gegen Capone anzustrengen, und schließlich James H. Wilkerson, der Bundesrichter, der die von Capone mißachtete Vorladung ausgefertigt hatte. Bei dieser Gelegenheit bildeten all die Büros und Einzelpersonen in Chicago und Washington, D. C., ein engmaschiges Netz. »Es wäre gefährlich für ihn [Capone], nach Chicago zu kommen«, sagte Richter Wilkerson und machte sich über Capones Vor-

wand für sein Fernbleiben lustig. »Ich frage mich, welche Gefahr er fürchtet.« Wenige Tage später klagte er Capone wegen Mißachtung des Gerichts an. George E. Q. Johnson war hocherfreut über dieses Ergebnis. In einem Dankesbrief an J. Edgar Hoover schrieb er: »Im Umgang mit Personen wie Capone halte ich es für das klügste, jede auch noch so geringe Rechtsverletzung rigoros zu ahnden, und diese Anklage wegen Mißachtung wird uns in anderer Hinsicht weiterhelfen ...« Das würde deutlich werden, wenn Capone der Justiz überstellt wurde.

Johnsons Beteuerungen stellten den ehrgeizigen Chef des FBI keineswegs zufrieden – er hatte damit gerechnet, daß die wenigen Nachforschungen seiner Männer zum Zusammenbruch von Capones Organisation führen würden. »Capone wird allgemein als Herrscher der Unterwelt angesehen, was er zweifellos auch ist, aber er muß die Zügel fest im Griff haben, um alles zu kontrollieren«, bemerkte Hoover. »Ich glaube, daß viele seiner Gefolgsmänner seine Anweisungen aus Angst ausführen und nicht aus echter Loyalität zu ihm, und sicher sind die vielen Feinde, die er sich gemacht hat, eher geneigt, den Regierungsbehörden Informationen über Capones Aktivitäten zuzuspielen, wenn er im Gefängnis sitzt, auch wenn es nur wegen Mißachtung des Gerichts ist.« Hoovers Erwartungen waren unrealistisch. Seine Bemühungen vorzupreschen, um Capone dingfest zu machen, führten zu nichts. Im Gegensatz dazu verfolgte Johnson seine schwerfällige, aber weitaus subtilere Strategie weiter.

Capone kümmerte sich nicht um seine mächtigen neuen Widersacher, die untereinander um Positionen kämpften, genaugenommen war ihm nicht einmal klar, welche Gefahren ihm wirklich drohten. »Man sagt, die Chicagoer Polizei will mich wegen des Bandenmordes sprechen«, lautete eine seiner Notizen vom 6. März. Doch nicht die Polizei wollte ihn verhören, sondern die Große Strafkammer, und Gegenstand der Untersuchung war nicht das Valentinstag-Massaker, sondern die Funde, die bei der überfallartigen und erfolgreichen Razzia in Chicago Heights Anfang Januar gemacht worden waren. Die Staatsanwaltschaft glaubte, Beweise in den Händen zu haben, die Capone mit einem Postraub in Verbindung brachten. Die Behörden waren so erpicht darauf, ihn in Chicago zu vernehmen, daß sie ihm Personenschutz anboten und Immunität in Aussicht stellten, wenn er aussagte. Selbst das Chicagoer Police Department erklärte, daß es Abstand davon nehmen würde, Capone wegen des Valentinstag-Massakers zu vernehmen, wenn er vor der Großen Strafkammer erschien. »So wie die Dinge jetzt stehen, wollen wir mit Capone auch gar nicht darüber reden«, sagte der stellvertretende Police Commissioner John Stege. »Er war nachweislich in Florida, als die Morde in der Clark Street verübt wurden.«

Capone hatte eine ähnliche Situation 1926 schon einmal erlebt, als die Polizei ihn wegen des Mordes an William McSwiggin verhören wollte. Nachdem er sich eine Weile in Lansing versteckt gehalten hatte, tauchte er in Chicago auf und schaffte es, sich aus den Schwierigkeiten herauszuwinden. Aufgrund der Versprechungen der Polizei und der Staatsanwaltschaft war er bereit, dieses Manöver noch einmal zu versuchen. Am 19. März fuhr er nach Indiana, blieb aber jenseits der Grenze von Illinois 15 Meilen von Chicago entfernt – sein Termin bei der Großen Strafkammer war auf zehn Uhr morgens des folgenden Tages festgelegt. In diesem heiklen Moment ließ George E. Q. Johnson verlauten: »Capone wird wie der Ganove behandelt, der er ist.« Johnsons Ausbruch hätte um ein Haar alle sorgfältig ausgeklügelten Pläne, Capone nach Chicago zu locken, zunichte gemacht. Dennoch erschien der Gangster zu seinem Termin. Seine Aussage dauerte länger als eine Stunde, er skizzierte widerstrebend, wie er in Chicago Karriere gemacht hatte, und räumte ein, daß er es versäumt haben könnte, Einkommensteuern zu bezahlen. Immer willens, einen Handel abzuschließen, bot Capone, einem Zeitungsbericht zufolge, an, »die Gehälter einiger Prohibitions-Agenten für ein oder zwei Jahre zu bezahlen, um seine Differenzen mit den Finanzbehörden beizulegen«.
Nach dem Verhör forderte Richter Wilkerson Capone auf, sich am 26. desselben Monats noch einmal zur Verfügung zu stellen, und Capones Anwälte William F. Waugh und Benjamin Epstein verlangten, daß die Bundesregierung ihr Versprechen wahrmachte und Capone Immunität gewährte. In der Zwischenzeit verzichtete die Polizei darauf, Capone über das Massaker zu befragen. Capone hielt sich bis zu seinem nächsten Termin vor Gericht im Hintergrund, während das FBI plötzlich im Lexington Hotel und im »Metropole« Unterlagen beschlagnahmte – in beiden Hotels hatte Capone ein luxuriöses Quartier angemietet. Capone behauptete, daß er keine Ahnung von Johnsons Motiven habe. Der Staatsanwalt erklärte, er habe anhand der beschlagnahmten Unterlagen von Capones Suiten in den Luxushotels erfahren. Wenn Capone Hotelrechnungen, die sich auf mehrere 1000 Dollar pro Woche beliefen, bezahlen konnte, verdiente er sicherlich genug Geld, um einkommensteuerpflichtig zu sein.
Capone war immer sehr darauf bedacht gewesen, die Quellen seiner Einkünfte im dunkeln zu lassen – diese Lektion hatte er von Johnny Torrio gelernt. Er hatte seit Jahren keinen Scheck mehr ausgestellt oder angenommen, keine Bankkonten geführt und die Buchhaltung seinem Bruder Ralph und Jack Guzik überlassen. Aber Geld ausgeben war etwas ganz anderes. Und er gab in aller Öffentlichkeit gewaltige Summen aus – in Hotels, auf Rennbahnen, in Restaurants und wo immer er sich auch aufhielt.

Er hatte Geld an wohlhabende Politiker und arme Witwen verschenkt, und seine Transaktionen erschienen immer unverfänglich. Er wußte, wie man einer Mordanklage entkam und sich herausredete, solange es um Alkoholschiebereien ging. Wenn ein Killer wie Jack McGurn es schaffte, bei solchen Verbrechen wie dem Valentinstag-Massaker einer gerichtlichen Verfolgung zu entgehen, dann mußte doch Al Capone, der weitaus raffinierter bei seinen Gesetzesübertretungen zu Werke ging, in der Lage sein, eine Verurteilung wegen Steuerhinterziehung abzuwenden. Richter konnten gekauft und Geschworene bedroht werden! Er konnte sich einfach nicht vorstellen, daß die Regierungsbehörden bei einer Anklage wegen Steuerbetrugs Erfolg haben würden.

»Das Einkommensteuergesetz ist der reinste Quatsch«, beharrte er. »Die Regierung kann nicht legale Steuern für illegales Geld einstreichen.«

Kurz bevor Capone zum zweitenmal aussagen sollte, verkündete Johnson zur Überraschung aller, daß der Gangsterboß ein freier Mann sei. Zum gegenwärtigen Zeitpunkt wäre ein weiteres Erscheinen nicht nötig. Trotzdem wurde Capone am 27. März, als er bereits seine Sachen packte, um nach Florida zurückzukehren, wegen Mißachtung des Gerichts festgenommen – Grundlage für diese Maßnahme waren die Ermittlungsergebnisse des FBI das ärztliche Attest betreffend. Capone war in Rage, weil ihn die Regierung beschuldigte, eine Aussage vor Gericht nicht geleistet zu haben, die er – wenn auch verspätet – dann doch gemacht hatte, und das nachdem ihn der Staatsanwalt formell »entlassen« hatte. Capone mußte die Erfahrung machen, daß die Regierungsbehörden die Gesetze bestimmten und willkürlich damit umgingen.

»Das ist eine Schande!« schimpfte Capone, als er im Büro des FBI erschien, um zu der Beschuldigung Stellung zu nehmen. Man machte ihm klar, daß er sofort wieder gehen könne, wenn er eine Kaution von 5000 Dollar hinterlegen würde. Ein breites, siegesgewisses Grinsen erhellte sein rundes Gesicht. »Das ist kein Problem«, sagte er. »Meine Anwälte haben alles parat.« Die Kautionssumme lag im nächsten Augenblick auf dem Tisch, und Capone nahm seinen Hut. »Bis später, Jungs«, sagte er zu den Reportern, als er durch die Tür marschierte.

Alles wies darauf hin, daß Capone noch immer Drogen nahm, als sein Zahnarzt Dr. Frank L. Brady Ende April in seiner Chicagoer Praxis ermordet wurde. Zwei bewaffnete Männer drangen in die Räume ein, während der Arzt einen Patienten behandelte; einer preßte ihm den Revolverlauf an den weißen Arztkittel und schoß. Die Ermittlungen von »Shoes«, Captain William Schoemaker, ergaben, daß Dr. Brady, ein ausgezeichneter Zahnarzt mit vielen Patienten, darunter auch Capone, noch einer besonders riskanten Nebenbeschäftigung nachging: Er versorgte die Gangster mit verschreibungspflichtigen Medikamenten, und es war durchaus möglich, daß er für Capone Kokain beschaffte; Routinekonsultationen bei dem Zahnarzt konnten ohne Probleme als Tarnung für die Transaktionen genutzt werden. Wie bei so vielen anderen Morduntersuchungen, die »Shoes« durchführte, wurde bei dieser auch kein Verdächtiger und kein Motiv gefunden, aber der Mord an dem Zahnarzt war eine weitere tiefe Kerbe in Capones Schutzpanzer.

Ein paar Tage nach dem Mord, Anfang Mai, kam Capone wieder nach Chicago. Ein erschreckendes Gerücht hatte Capone wider die bessere Einsicht nach Chicago getrieben: Scalise und Anselmi, die beiden Revolverhelden, die beim Valentinstag-Massaker dabeigewesen waren, hatten angeblich Capone ihre Loyalität entzogen und sich dem neuen Anführer der Unione Sicilione, Joseph »Hop Toad« Guinta, angeschlossen, der eine Allianz mit Joseph Aiello, einem anderen Feind Capones, eingegangen war: Überdies hatte Capone gehört, daß Scalise überall prahlte: »Ich bin der mächtigste Mann in Chicago.« Das konnte nur als sizilianische Herausforderung an Capones Überlegenheit gewertet werden. Capone war immer sehr bedacht darauf gewesen, die wankelmütige Unione Sicilione auf seiner Seite zu halten. Jede Auseinandersetzung mit dieser Bande konnte tödlich sein, und Scalise und Anselmi waren, anders als die Stümper in der ehemaligen Moran-Gang, imstande, Capone ganz schnell das Lebenslicht auszublasen, wenn sie sich dazu entschließen sollten.

Bevor Capone zur Tat schritt, um die Verschwörung gegen ihn zu zerschlagen, entschied er sich, Scalise und Anselmi einem Test zu unterziehen. Er lud die beiden Männer und Frankie Rio, seinen über jeden Zweifel erhabenen Gefolgsmann, in ein Restaurant ein. Während des Essens gerieten sich Rio und Capone in die Haare und brüllten sich an. Scalise und Anselmi staunten nicht schlecht, als Rio Capone sogar eine Ohrfeige verpaßte und aus dem Lokal stürmte. Das hatte die beiden Sizilianer schwer beeindruckt, und sie vereinbarten für den folgenden Tag ein geheimes Treffen mit Rio, um ihm das Angebot zu machen, sich an dem Mordkomplott gegen Capone zu beteiligen und gemeinsam mit ihnen die Macht zu übernehmen. Scalesi und Anselmi konnten nicht wissen, daß der Streit zwischen Capone und Rio nur vorgetäuscht gewesen war. In den nächsten drei Tagen verhandelte Rio mit Scalise und Anselmi, dann erstattete er Capone ausführlich Bericht über ihren Verrat. Mittlerweile hatte sich Capone schon genaue Vorstellungen gemacht, wie er die Sizilianer und ihren Komplizen Guinta unschädlich machen konnte.

Für den 7. Mai lud Capone seine engsten Freunde und die drei Verräter in ein Rasthaus in Hammond, Indiana, zu einem Festmahl ein. Hammond war eine der Kleinstädte, die Capone kontrollierte. Daß Capone als Treffpunkt einen Ort jenseits der Staatsgrenze von Illinois wählte, hätte seine Gäste eigentlich hellhörig machen müssen; jeder, der ein Verbrechen, genauer einen Mord, in Indiana beging und schnell über die Grenze nach Illinois verschwand, war schwer zu fassen. Trotzdem sahen sich Capones Widersacher gezwungen, an dem Bankett teilzunehmen – ein Fernbleiben wäre als Zeichen von Verrat gewertet worden. Die Gästeliste war lang, beinahe 100 enge »Mitarbeiter« von Capone waren geladen. Die Feier und die Trinksprüche zogen sich bis tief in die Nacht hin, bis Al Capones Stimmung plötzlich umschlug und er Scalise, Anselmi und Guinta vor allen anderen des Verrats beschuldigte. Das kam für sie einem offen ausgesprochenen Todesurteil gleich. »Dies ist die Art, wie wir mit Verrätern umgehen«, sagte Capone, und bevor die drei Männer begriffen, wie ihnen geschah, wurden sie an ihre Stühle gefesselt. Capone ging mit einem Baseballschläger in der Hand auf sie zu und schlug sie damit beinahe tot.
Als Capone aufhörte, tauchten einige Männer mit schußbereiten Waffen auf. Die folgenden Ereignisse wurden später von Dr. Eli S. Jones dem Coroner des Lake County, Indiana, rekonstruiert:

> »Scalise riß die Hände hoch, um sein Gesicht zu schützen, und eine Kugel riß ihm den kleinen Finger ab und drang in sein Auge. Ein weiteres Geschoß schlug in seinen Kiefer ein, und er fiel mit dem Stuhl um. Die anderen Killer – es müssen drei oder vier gewesen sein – schossen währenddessen auf Guinta und Anselmi und machten sie kampfunfähig. Anselmis Arm wurde von einer Kugel durchschlagen. Als die Opfer mit den Gesichtern nach unten auf dem Boden lagen, stellten sich ihre Angreifer über sie und feuerten noch mehrere Schüsse ab.«

Capone hatte wieder einmal demonstriert, daß er, und nur er, nach wie vor der mächtigste Mann in Chicago war.
Am nächsten Morgen wurden die drei verstümmelten Leichen an einem abgelegenen Platz auf dem Highway in der Nähe von Wolf Lake, Indiana, gefunden. Scalise und Guinta hatte man auf den Rücksitz eines Autowracks verfrachtet, Anselmis Leiche lag auf dem Boden neben dem Wagen. Dr. Francis McNamara, der die Autopsien vornahm, erklärte, daß er in den 30 Jahren als Gerichtsmediziner noch nie so übel zugerichtete Lei-

chen gesehen hatte. Scalise und Anselmi wurden zur Beerdigung nach Sizilien überführt, Guinta hingegen fand in seinem Smoking und glänzend polierten Schuhen dort seine letzte Ruhe, wo so viele andere Chicagoer Racketeers und ihre Opfer bestattet worden waren – auf dem Mount Carmel-Friedhof.

Wenige Tage nach den Morden wurde in Chicago gemunkelt, daß Al Capone dabeigewesen und irgendwie in das Verbrechen verwickelt war. Genaugenommen waren die Polizeibehörden und Richter John H. Lyle, der sich seit einiger Zeit eingehend mit Capone befaßte, überzeugt, daß Al höchstpersönlich die Hinrichtung vollzogen hatte – daß er die Opfer eigenhändig mit einem Baseballschläger niedergeschlagen und anschließend vor den Augen seiner Handlanger mit Kopfschüssen endgültig erledigt hatte. Obwohl Capone das Schießen anderen überlassen hatte, war der dreifache Mord vom 7. Mai die unmenschlichste und brutalste Episode seiner gesamten Karriere. Er hatte geglaubt, daß Scalise, Anselmi und Guinta ihn umbringen wollten, und er hatte seiner Meinung nach aus reiner Notwehr gehandelt. Dennoch zeigte die groteske Art, wie er ihren Tod in Szene gesetzt hatte, ein sadistisches Verhalten, das neu für Capone war und darauf hindeutete, daß die Neurosyphilis seine Persönlichkeit bereits dramatisch beeinflußte.

Nach Bekanntwerden des dreifachen Mordes wiesen Capones Mitarbeiter und Familienmitglieder, die nicht an dem Bankett teilgenommen hatten, die Möglichkeit weit von sich, daß Al einer solchen Greueltat fähig sein könnte. Das paßte nicht zu dem friedfertigen, liebenswürdigen, rücksichtsvollen und großzügigen Al, den sie kannten. Sie glaubten, daß er die Gewalt und Brutalität der Unterwelt tolerierte, weil sie Mittel zum Zweck waren, aber er selbst war in ihren Augen kein Sadist und ganz bestimmt kein kaltblütiger Mörder. Dieser Mord strafte die Legende von Capone, dem wohltätigen Tyrannen, der die Seinen vor Zugriffen Fremder beschützte, Lügen. Er hatte immer davon gesprochen, daß er besser als die gewöhnlichen Ganoven sei, aber die Ereignisse des 7. Mai sprachen dafür, daß er weit schlimmer und gefährlicher als jeder andere war.

Drei Tage nach der Exekution von Scalise, Anselmi und Guinta, verließ Capone Chicago, um sich angeblich einen Boxkampf in Atlantic City, New Jersey, anzusehen. Atlantic City, damals ein eleganter Badeort, lockte die Prominenten an, die vorgaben, sich zu ärgern, wenn Journalisten sie bei einem Spaziergang auf der berühmten Promenade entdeckten. In diesem Fall diente Capones Interesse am Sport als Tarnung für eine andere Mission – er nahm an einer Zusammenkunft der organisierten Gangster Amerikas teil. Ziel dieser Konferenz war, eine Kommission zu bilden, die die Auseinandersetzungen und Streitereien zwischen einzelnen Männern oder ganzen Banden friedlich und in einer unter Geschäftsleuten üblichen, sachlichen Art und Weise beilegen sollte. Zumindest war dies der offizielle Grund für die Zusammenkunft. Wie Capone im Laufe der folgenden Tage feststellen mußte, stand noch ein anderer Punkt auf der Tagesordnung, von dem er nichts wußte: Seine mißgünstigen Rivalen wollten seine Macht und die enormen Profite schmälern – das Entsetzen und die Empörung, die das Valentinstag-Massaker hervorgerufen hatte, lieferte ihnen einen guten Vorwand für ihr Vorhaben.

Capone, dem der Ruf vorauseilte, ein Massenmörder zu sein, war bei weitem der berüchtigtste der Männer, die sich in diesem Frühling in Atlantic City einfanden. Die Erinnerung an das Valentinstag-Massaker war noch frisch, und inzwischen hatte sich auch herumgesprochen, daß er kürzlich an drei barbarischen Morden entscheidend und tatkräftig beteiligt war. In dem Augenblick, in dem er sich in Atlantic City blicken lassen würde, lautete die Order des Beauftragten für die öffentliche Sicherheit in der Stadt, W. S. Cuthbert, war »Al Capone aufzugreifen ... und als unerwünschte Person festzunehmen«.

Um nicht allzusehr aufzufallen, war Capone mit nur einem Leibwächter erschienen, mit einem jungen Burschen, der noch relativ unbekannt in der Gangsterszene war: Tony Accardo. Accardo hatte sein Handwerk in der Circus-Gang gelernt und sollte Jahre später, nach Capones Tod, die Führung der Chicagoer Organisation übernehmen. Zu dieser Zeit jedoch war er noch gänzlich unerfahren, was er beispielsweise damit unter Beweis stellte, daß er sich von der Konferenz absetzte und einen Tätowierladen besuchte, um sich einen Vogel auf seinen rechten Handrücken tätowieren zu lassen. Wenn er die Finger bewegte, sah es aus, als würde der Vogel mit den Flügeln schlagen. »Kleiner«, meinte Capone, »das wird dich viel Geld und Ärger kosten, genausogut könntest du ein Abzeichen tragen, auf dem das Wort ›Dieb‹ steht.«

Capone und Accardo entgingen einer Festnahme, weil der Gangsterboß von Atlantic City, »Nucky«* Johnson, so umsichtig gewesen war, die örtliche Polizei großzügig zu bezahlen, damit sie ihren Job nicht erledigte. In der Wahl der Quartiere hatte »Nucky« jedoch ein weit weniger glückliches Händchen bewiesen. Er hatte für seine Gäste Zimmer in dem eleganten »Breakers«, einem verschwiegenen Hotel, reserviert, doch das Manage-

---

* »Nucky« – Kurzform von Enoch und von »Knuckles« – Knöchel –, Johnsons anderem Spitznamen.

ment weigerte sich, die jüdischen Ganoven – und das waren nicht wenige – aufzunehmen. Capone war derart außer sich über diese Unverschämtheit, daß er »Nucky« anschrie. »Ich glaube, man konnte die beiden sogar in Philadelphia hören«, erzählte Luciano später, »und Capone hat mich angebrüllt, daß ich miese Arrangements getroffen hätte. ›Nucky‹ klemmte sich Al unter den Arm, schubste ihn in einen Wagen und schrie: ›Mir nach, ihr Scheißkerle!‹«

»Nucky« setzte alle Hebel in Bewegung und nutzte seinen Einfluß, um seine Besucher in dem ebenso vornehmen »Ritz« unterzubringen. Als Capone in der neuen Bleibe ankam, war er immer noch fuchsteufelswild und riß die Gemälde von den Wänden, um sie dem armen »Nucky« Johnson nachzuwerfen. Luciano berichtete: »Niemand war mehr sauer [wegen des Breakers], weil wir alle Hände voll zu tun hatten, Al zu beruhigen. So fing unsere Zusammenkunft an.«

Der Wutausbruch war keineswegs typisch für Capone, der sich immer rühmte, in der Öffentlichkeit Haltung zu bewahren. Wenn man die Tatsache berücksichtigte, daß er nur wenige Tage zuvor drei Männer mit einem Baseballschläger beinahe tot geprügelt hatte, war es einleuchtend, daß er die Grenzen seiner Belastbarkeit erreicht hatte. Seine nicht diagnostizierte Neurosyphilis beeinflußte langsam, aber unausweichlich seinen Geist und sein Verhalten. Was früher Stimmungsschwankungen gewesen waren, steigerte sich jetzt zu erschreckenden, mörderischen Anfällen. Capones gewalttätiges Benehmen bestätigte den schlimmsten Verdacht der anderen Konferenzteilnehmer.

Die Liste der Angereisten las sich wie ein *Who's Who* der amerikanischen Unterwelt: Jack Guzik aus Chicago, »Boo-Boo« Hoff und »Nig« Rosen aus Philadelphia, Moe Dalitz und Chuck Polizzi (sein echter Name war Leo Berkowitz) aus Cleveland, Longy Zwillman aus Newark und John Lazia aus Kansas City. Die mächtigsten Männer kamen aus New York, und obwohl sie untereinander vollkommen zerstritten waren, glaubten sie, daß sie und nicht Capone im Zentrum der Gangsterwelt standen. Sie bildeten eine Einheit gegen ihren gemeinsamen Feind Al Capone, dessen Exzesse und Hunger nach Publicity sie alle nur in Schwierigkeiten brachte. Zudem hegten sie Groll gegen Capone, weil er der Mann war, der Frankie Yale auf dem Gewissen hatte, und was noch schlimmer war: Er hatte ihn in ihrem Revier, in Brooklyn, getötet, ohne sie vorher von seinem Vorhaben in Kenntnis zu setzen. Auch wenn sie insgeheim Yales Tod bejubelt hatten, konnten sie Capones Überheblichkeit nicht so ohne weiteres hinnehmen. Die New Yorker waren also gekommen, um Caesar zu vernichten, und nicht, um ihn zu preisen.

Außer Luciano und Costello gehörten zur New Yorker Delegation noch »Dutch« Schultz, Albert Anastasia, Louis Lepke, Meyer Lansky und überraschenderweise Johnny Torrio, der für diese Gelegenheit seinen ruhigen »Alterssitz« verlassen hatte. Torrio war der Boß aller Bosse gewesen und unterhielt als einziger freundschaftliche Beziehungen zu Capone und zu den New Yorker Gangstern; aus diesem Grund spielte er eine zentrale Rolle bei dieser Versammlung. Viele der Anwesenden hätten nichts lieber getan, als ihre Revolver zu ziehen und sich gegenseitig abzuknallen, aber sie wandten sich statt dessen an Torrio, die graue Eminenz der Unterwelt, und baten ihn, die Vermittlerrolle bei ihren erbitterten Auseinandersetzungen zu übernehmen. Torrio war ohnehin der Ansicht, daß es für Capone Zeit wurde, abzutreten. Capones Hang zur Brutalität gefährdete die Geschäfte aller anderen, und Torrio war nach wie vor davon überzeugt, daß das organisierte Verbrechen wesentlich erfolgreicher wäre, wenn die Männer Verhandlungen führten, statt Blutbäder anzurichten. »Es gibt zwei Arten der Macht«, erklärte er. »Ein Capone kann eine Weile durch Mord und Terror herrschen, aber es wird immer jemanden geben, der ihn mit seinen eigenen Waffen schlägt. Andererseits wird der Mann, der Geld, das ganz große Geld, machen kann, für die anderen zu guter Letzt unentbehrlich sein.«

Der Grundstock für diese Konferenz war vor einem Jahr bei dem Treffen in Cleveland gelegt worden. Viele der Racketeers, die jetzt auch in Atlantic City teilnahmen, waren dort gewesen und hatten feierlich erklärt, sie würden ihre automatischen Waffen gegen Spielautomaten und Destillen eintauschen. Capone hatte seinerzeit überlegt, ob er sich in Cleveland blicken lassen sollte, sich aber im letzten Moment doch dagegen entschieden, weil er glaubte – möglicherweise auch zu Recht –, daß die Gruppe versuchen würde, seine uneingeschränkte Kontrolle in Chicago zu beschneiden. Der Gedanke, daß sich andere Gangster hinter seinem Rücken gegen ihn verschwören könnten, machte ihn dann aber doch nervös, und später bereute er seine Entscheidung. Deshalb hatte er es jetzt auf sich genommen, nach Atlantic City zu fahren, obwohl der Zeitpunkt der Konferenz für ihn nicht hätte ungünstiger sein können.

Die Konferenz dauerte vom 13. bis zum 16. Mai und legte beredtes Zeugnis von den Auswüchsen der Prohibition und dem chaotischen Zustand der amerikanischen Gesellschaft zu dieser Zeit ab. Die Versammlung bot einen dramatischen Beweis dafür, daß das organisierte Verbrechen kein auf einzelne Orte beschränktes Problem mehr war. Überdies beschwor sie das Gespenst eines landesweit funktionierenden kriminellen Netzwerks* herauf, das als Schattenregierung mit riesigen finanziellen Ressourcen und ungeheuerlichem politischen Einfluß die Fäden im Hintergrund zog.

Dennoch war es keine Konferenz im konventionellen Sinne. Die meisten Geschäfte wurden nicht in verräucherten Zimmern oder bei den großen Banketten abgeschlossen, sondern im Freien und auf der Promenade, wo die »Delegierten« in gemieteten Rollstühlen mit Baldachinen ihre Verhandlungen führten, während ihre Lakaien sie nebeneinander durch die Landschaft schoben. Am Ende der Promenade standen sie auf, zogen Schuhe und Strümpfe aus, rollten die maßgeschneiderten Hosenbeine hoch und spazierten durch den Sand. Mit dem sanften Plätschern des Atlantischen Ozeans als Hintergrundmusik diskutierten sie, wie sie ihre Geschäfte über die Städte hinaus auf das weite Land ausdehnen konnten. Das war Johnny Torrios Vision von organisiertem Gangstertum: ein Kartell von Geschäftsmännern, die zusammenkamen, um über gemeinsame Probleme und Ziele friedlich zu debattieren.

Capone wurde von seinen Gegenspielern weitgehend aus diesen Gesprächen ausgeschlossen, aber er erneuerte eine Allianz, als er Moses Annenberg auf der Promenade begegnete. Moe Annenberg hatte sich einen Namen als ungeheuer erfolgreicher Verkaufsmanager der Hearstpresse in Chicago gemacht; später übersiedelte er nach Milwaukee und San Francisco und war dort weitgehend auf demselben Gebiet tätig. Nach sieben Jahren übernahm er die Kontrolle über die *Daily Racing Form,* die Bibel der Buchmacher, und begann, sein eigenes Imperium aufzubauen. 1926 schied er aus dem Hearstkonzern aus, betrieb eine eigene Nachrichtenagentur und gab Rennzeitungen heraus; der *Philadelphia Inquirer* wurde seine bekannteste und renommierteste Zeitung. Trotz der respektablen Fassade machte Moe Annenberg auch Geschäfte mit den Gangsterorganisationen. Er war, wenn man den Berichten Glauben schenken darf, sogar der mächtigste nicht-italienische Gangster in ganz Amerika. Er war ein ausgesprochen unansehnlicher und unangenehmer Mensch, aber er wickelte seine schwierigen, oft schmutzigen Geschäfte mit unübertroffenem Geschick ab. Als Realist begriff Annenberg, daß er es sich nicht leisten konnte, Capone zu ignorieren, auch wenn dieser bei allen anderen in Ungnade gefallen war.

Annenbergs Anwesenheit in Atlantic City begünstigte gewisse Journalisten, die einen detaillierten, nicht uneigennützigen Bericht über die Diskussionspunkte und Beschlüsse der Konferenz von ihm erhielten. Tatsächlich war eines der Ziele dieser Zusammenkunft, sich die Presse und die Öffentlichkeit durch gemäßigtes Verhalten geneigt zu machen. Die Gangster, die sich in diesen milden Maitagen auf der Promenade von Atlantic City und in den Korridoren vom »Ritz« tummelten, wollten den Eindruck hinterlassen, daß sie kultivierte und harmlose Geschäftsleute waren, die ihren Mitmenschen das boten, was ein wenig Vergnügen und Freude in ihr Leben brachte. Robert T. Laughran von der *United Press* wurde auserkoren, der Welt von der Bildung der neuen Kommission zu berichten. Man erzählte ihm, daß die Ganoven übereingekommen seien, die internen Fehden und Streitigkeiten zu vergessen, und einen 14-Punkte-Plan erstellt hätten. Die Beschlüsse, die hauptsächlich Capone betrafen, beinhalteten folgende Punkte:

- Das Morden muß eingestellt werden. Von jetzt an werden alle Kontroversen von der Kommission beigelegt. Die Mitglieder müssen auf den Gebrauch von Maschinengewehren verzichten.
- Johnny Torrio ist Leiter der neuen Kommission.
- Al Capones Organisation soll ab sofort aufgelöst werden.
- Torrio ist für die Finanzen verantwortlich und bezahlt die Mitglieder der Kommission wöchentlich aus.
- Joseph Aiello (Capones Todfeind) soll den Chicagoer Zweig der Unione Sicilione anführen.
- Capone soll die Schiffstransporte und seine Spielbetriebe an die Kommission übergeben.

Jeder dieser Punkte war eine Beleidigung für Capone und von dem Wunsch der anderen Konferenzteilnehmer diktiert, ihm eine öffentliche Rüge zu erteilen, während sie sich gleichzeitig große Teile seiner enormen Einkünfte sicherten. Der große Gewinner war Torrio, der, nach Schätzungen der Kommission, aus Capones ehemaligen Unternehmungen ein jährliches Einkommen von etwa 15 Millionen Dollar beziehen würde. Nach diesen Vereinbarungen standen ihm die Einkünfte zu, die mit den drei Rennbahnen – jede warf im Jahr etwa eine Million ab – erzielt wurden, die etwa sieben Millionen aus den Spielbetrieben in Cicero und Chicago Heights, die zwei Millionen, die mit Prostitution verdient wurden, und weitere drei Millionen, die der Bierverkauf einbrachte.

Wären die Pläne der Kommission zur Ausführung gekommen, hätte sich Johnny Torrio als der finanzkräftigste und einflußreichste Gangster der ganzen Nation etabliert, und das wäre gleichbedeutend mit dem Ende von Al Capones Karriere gewesen. Capone, der Atlantic City von seinen Widersachern aufs äußerste gedemütigt verließ, hegte nicht die geringste Absicht, die Kontrolle über seine Chicagoer Organisation seinem früheren Mentor zu überlassen, obwohl er schon lange ins Auge gefaßt hatte, sich aus den Geschäften zurückzuziehen. Den Zeitpunkt und die Bedingungen wollte er jedoch selbst bestimmen; für ihn kam es nicht in Frage, sich von neidischen Rivalen aus dem Feld schlagen zu lassen. Er war noch jung, kaum älter als 30, und er war schlau genug, um zu begreifen, daß die Pläne der Kommission eine Bedrohung für sein Leben darstellten. Wenn er sich den Bestimmungen widersetzte, würde er wahrscheinlich genauso gnadenlos aus dem Weg geräumt werden, wie er Frankie Yale ausgeschaltet hatte. Er war demnach an einem wichtigen Wendepunkt seiner Karriere angelangt, als er am wenigsten damit gerechnet hatte. Er hätte den Versuch unternehmen können, die Oberhand zurückzugewinnen, aber das hätte seinen sicheren Tod bedeutet; oder er verschwand einfach in der Versenkung. Beides konnte er nicht akzeptieren, und deshalb sann er auf eine dritte Möglichkeit, wie er sich aus allem herauswinden konnte. Er wollte warten. Er erkannte vielleicht besser als sonst jemand, wie launisch und flatterhaft die organisierten Verbrecherbanden waren. Die Rollenverteilungen und die Bündnisse unter den maßgeblichen Männern wechselten ständig; nichts war in Stein gemeißelt, nicht einmal die Beschlüsse der Kommission. Capone überlegte, wo er seine Wartezeit verbringen sollte, und suchte sich einen Ort aus, der seine Familie und seine Kollegen gleichermaßen schockierte, aber auch der sicherste Platz für alle Gangster war, die in Ungnade gefallen waren: das Gefängnis.

Capone verließ Atlantic City in der festen Überzeugung, daß er in dem Augenblick, in dem er auch nur einen Fuß nach New York oder Chicago setzen würde, dem Tode geweiht war. Mit einem Trick versuchte er, sowohl den Gangstern, die ihn töten wollten – wie er zumindest glaubte –, als auch den Bundesbehörden, die ihn in Chicago erwarteten, zu entgehen: Er arrangierte seine eigene Festnahme wegen eines minderen Vergehens. Er meldete sich telephonisch bei den beiden Detectives James »Shooey« Malone und John Creedon. Offiziell arbeiteten beide für das Philadelphia Police Department, aber in Wirklichkeit verbrachten sie viel Zeit in Miami, wo Capone ihnen Karten für den Sharkey Stribling-Kampf geschenkt und sie in seinem Haus auf Palm Island bewirtet hatte. Capone kündigte Malone und Creedon an, daß er am 17. Mai durch Philadelphia fahren und eine Waffe bei sich tragen würde. Einem Gerücht zufolge, das Malone und Creedon natürlich heftig bestritten, soll jeder der beiden Männer 10000 Dollar erhalten haben, sobald sie Capone festgenommen hatten. Dies war ein großzügiges Entgelt – ebensoviel bezahlte Capone für einen Mord!
Das, was jetzt folgte, war eines der bizarrsten Intermezzi in Capones Karriere. Am festgesetzten Abend warteten die Detectives im Foyer eines Kinos, während sich Capone und sein Leibwächter Frankie Rio einen Film

ansahen. Als die Racketeers auftauchten, rief Malone, wie abgemacht: »Sie sind ›Scarface‹ Capone.«
»Mein Name ist Al Brown«, erwiderte der Gangster nach Drehbuch. »Nennen Sie mich Capone, wenn Sie wollen. Wer sind Sie?«
»Ich streckte meine rechte Hand aus, um ihm meine Dienstmarke zu zeigen«, erzählte Creedon später. »Capone steckte die Hand in seine Manteltasche, zog eine Schußwaffe heraus und übergab sie mir.« Zusätzlich zu der Pistole Kaliber 38, drückte Capone, wie behauptet wird, Malone ein Rolle Geldscheine in die Hand – die 20000 Dollar, mit denen er die Detectives für die »Verhaftung« bezahlte.
Danach überschlugen sich die Ereignisse, die Capone im voraus so sorgfältig arrangiert hatte. Creedon und Malone brachten Capone unverzüglich zur City Hall, wo er bis zwei Uhr morgens von der Polizei verhört wurde. Er zeigte sich maßvoll und kooperativ und ganz und gar nicht wie der draufgängerische, wortgewandte Gangster, den die Polizisten erwartet hatten. »Ich führte eine äußerst interessante Unterhaltung mit Capone kurz nach seiner Festnahme«, sagte Lemuel B. Schofield, der Beauftragte für öffentliche Sicherheit aus Philadelphia, der die Vernehmung leitete. »Sein Verhalten stand ganz im Gegensatz zu den Wutausbrüchen … seines Leibwächters … Capone beruhigte ihn und sagte: ›Hör mal, mein Junge, du bist mein Freund und warst ein treuer Kumpel, aber jetzt übernehme ich das Reden.‹« Und Capone redete tatsächlich. »Ich bin lange genug in der Organisation, um zu wissen, daß ein Mann in diesem Spiel eine Pause einlegen muß und das Schicksal nicht herausfordern darf«, erklärte er Schofield. »Ich hatte seit Jahren keinen Seelenfrieden mehr. Jede Minute schwebte ich in Lebensgefahr. Selbst wenn wir in friedlicher Mission unterwegs waren, mußten wir uns vor den anderen Organisationen verstecken. Jeden Moment muß man mit einem tödlichen Angriff rechnen, und schlimmer – schlimmer noch als der Tod – sind die Ratten in diesem Spiel, die überall herumrennen und der Polizei alles erzählen würden, wenn man sie nicht ständig mit Geld und Gefälligkeiten zufriedenstellt. Ich habe die Bandenmorde und Schießereien satt. Ich habe eine Woche in Atlantic City verbracht und versucht, Frieden unter den verschiedenen Gangs meiner Stadt zu stiften.«
Bei Tagesanbruch übernahm der Bezirksstaatsanwalt John Monaghan den Fall. Um 10.30 Uhr am Vormittag wurde offiziell Anklage gegen Al Capone wegen Waffenbesitzes erhoben. Eine Stunde später erklärten sich Al und Frankie Rio schuldig im Sinne der Anklage. Richter John E. Walsh verurteilte die Männer zu einem Jahr Gefängnis, und schon 30 Minuten nach der Urteilsverkündung traten sie ihre Haftstrafe an. Von der Festnah-

me bis zur Überführung ins Gefängnis waren nicht mehr als 16 Stunden vergangen – ein Rekord für Philadelphias Justiz.

In seiner Laufbahn als Gangster hatte Capone neben anderen kriminellen Handlungen einige Männer mit eigener Hand getötet, Dutzende Morde angeordnet, gegen die Prohibition verstoßen, Tausende von Polizisten und Prohibitions-Agenten bestochen und Prostitutionsbetriebe in großem Stil geführt. Obwohl die breite Öffentlichkeit über seine Aktivitäten Bescheid wußte und er einige Male festgenommen worden war, war er noch nie zu einer Haftstrafe verurteilt worden – bis jetzt. Al hatte immer wieder mindere Vergehen eingestanden, um von größeren abzulenken. In der Vergangenheit hatte er zugegeben, Alkoholschmuggler zu sein, aber kein Zuhälter, er hatte sich vehement gegen Heroin ausgesprochen, schnupfte aber selbst Kokain, und jetzt, während er verdächtigt wurde, das Valentinstag-Massaker geplant zu haben, machte er das Geständnis, eine Waffe bei sich getragen zu haben, und hoffte, daß die Öffentlichkeit glaubte, der Gerechtigkeit sei Genüge getan, wenn er ein Jahr hinter Gittern verbrachte.

So hatte es sich Capone ausgedacht; die Realität im Gefängnis jedoch war bitterer für ihn, als er es vorausgesehen hatte. Capone und Rio wurden in das nahegelegene Holmesburg County-Gefängnis gebracht, und Capone mußte seinen maßgeschneiderten Anzug gegen die schlecht sitzende blaue Anstaltskleidung eintauschen. Er bekam einen brutalen Sträflingshaarschnitt und eine Nummer verpaßt: 90725. Zu guter Letzt trennte er sich von seinem elfeinhalbkarätigen Diamantring, den er am kleinen Finger trug – geschätzter Wert: 50 000 Dollar – und vertraute ihn seinem Anwalt mit der Instruktion an, ihn an Ralph Capone weiterzuleiten. Diese Geste symbolisierte die Übergabe der Macht; Ralph sollte bis zu Als Rückkehr die Leitung der Organisation übernehmen.

In der Zwischenzeit wehrten sich die beiden Detectives, die Capone verhaftet hatten, vehement gegen den Vorwurf, sie hätten gemeinsame Sache mit dem Häftling gemacht. »Das bringt einen so weit, daß man am liebsten kein Bulle mehr sein möchte«, beschwerte sich Malone. »Wir nutzen die Gelegenheit und schnappen zwei der gefährlichsten Gangster der Unterwelt. Sie haben Knarren bei sich und wissen, wie man damit umgeht. Und plötzlich brüllen alle: ›Schiebung!‹«

Malone protestierte zu laut, und man war allgemein der Meinung, daß Capones Verurteilung nichts weiter als ein Schauprozeß war, den nicht die Staatsanwaltschaft, sondern der Angeklagte selbst in Szene gesetzt hatte. Über die eigenartigen Umstände seiner Festnahme und Verurteilung wurde im ganzen Land kontrovers diskutiert. Die verschiedenen Behörden in Chicago und Washington, die vergeblich versucht hatten, Capone hinter

Schloß und Riegel zu bringen, begrüßten die Neuigkeit mit gebremstem Enthusiasmus und verbargen ihre Ungläubigkeit. Al Capone im Gefängnis – einfach so! Wie konnte das Philadelphia Police Department erfolgreich sein, wo sie so kläglich versagt hatten! Und noch dazu so schnell – in nur 16 Stunden! Die Klügeren unter ihnen wie George E. Q. Johnson, zogen es vor, dem geschenkten Gaul nicht zu tief ins Maul zu schauen. »Die Capone-Verurteilung spricht für sich selbst – und die Angelegenheit verrät eine ganze Menge«, kommentierte er den Vorfall. Die Bemerkung konnte auf verschiedene Arten interpretiert werden. Für diejenigen, die Capone nur im Gefängnis sehen wollten, hieß das, daß Johnson durch die unerwartete Entwicklung ermutigt wurde; und diejenigen, deren Argwohn durch die Art der Verhaftung geweckt war, sahen sich bestätigt und meinten, er wolle damit zum Ausdruck bringen, daß alles ein abgekartetes Spiel war. Jedenfalls ließ Johnson nicht locker und verfolgte Al und Ralph Capone weiterhin verbissen wegen Steuerhinterziehung.

John Stege, Chicagos stellvertretenden Polizeichef, brachte Capones Verhaftung in Philadelphia in große Verlegenheit. Warum, fragten die Reporter wütend, hatte *er* nicht daran gedacht, Al Capone wegen Waffenbesitzes in Chicago ins Gefängnis zu bringen? »Ich habe Capone ein halbes Dutzend Mal festgenommen und oft Waffen bei ihm gefunden. Dasselbe gilt für 100 andere Gangster in unserer Stadt«, brauste Stege auf. »Aber«, setzte er hinzu, »in der Minute, in der ich ihn dem Haftrichter vorführe, stellt sein Anwalt jedesmal einen Antrag auf Freilassung wegen fehlerhafter Beweisführung. Der Polizist wird ins Kreuzverhör genommen, und wenn er zugibt, daß er keine richterliche Erlaubnis zur Durchsuchung und keinen Haftbefehl hatte, erklärt der Richter die Festnahme für illegal, und der Ganove wird freigelassen …« Und so weiter und so fort. Steges Entschuldigungen konnten lediglich die Öffentlichkeit beruhigen, aber es bedurfte keines weiteren Beweises dafür, daß das Chicago Police Department hoffnungslos mit Capone und seinesgleichen verstrickt war.

Im Gegensatz dazu hatte Capone überzeugend demonstriert, daß er wußte, wie die Dinge zu handhaben waren. Das Manöver war wegen des Tempos und der Dreistigkeit besonders eindrucksvoll – mit einem Schlag war es ihm gelungen, seinen Gegnern aus der Unterwelt und den Bundesbehörden zu entkommen. Ob es tatsächlich nötig war, bis zum Äußersten zu gehen und ein Jahr im Gefängnis abzusitzen, steht auf einem anderen Blatt. Einer der Gründe, warum Capone so lange überlebte, war sein besessenes Streben nach Sicherheit; selbst wenn ihn der sichere Tod in New York oder Chicago tatsächlich erwartet hätte, wäre ihm immer noch der Rückzug nach Miami geblieben, wo er seit über einem Jahr im »Ruhestand« gelebt hatte. Am wahrscheinlichsten ist, daß er nach der Konferenz schlichtweg in Panik geraten war, und seine Entscheidung, sich im Gefängnis in Sicherheit zu bringen, war nur ein weiteres Symptom dafür, daß sein Sinn für die Realität allmählich schwand – die Neurosyphilis machte sich immer mehr bemerkbar.

Die Capone-Familie versammelte sich in Chicago und zeigte, daß sie es genausogut wie Al verstand, eine öffentliche Offensive zu starten. Statt sich tief beschämt im Hintergrund zu halten, unternahmen Als Mutter Teresa – 59 Jahre alt –, seine Schwester Mafalda, die gerade den Abschluß an der Lucy Flower Highschool gemacht hatte, und einige jüngere Capone-Brüder den beherzten Schritt und luden Reporter in das Capone-Haus an der Prairie Avenue ein. Teresa trug ein elegantes schwarzes Seidenkleid zu diesem Anlaß, und sie redete mit ihren Gästen in dem charmanten Mischmasch von Englisch und Italienisch, mit dem sie sich sogar verständlich machen konnte. »In ihrem Wohnzimmer mit sanfter Beleuchtung und Samtdraperien drängten sich Freunde, die sich mit ihren schrillen italienischen Stimmen über Capones Gefangennahme und das Urteil unterhielten, aber die Mutter war trotz aller Aufregung bereit, immer wieder von ihrem Sohn und seiner Liebenswürdigkeit zu erzählen«, bemerkte der Mann von der *Chicago Tribune*. Die 18jährige Mafalda schien die Gelegenheit zu nutzen, um kundzutun, daß sie im heiratsfähigen Alter war. Sie war wegen einer Erkältung ans Bett gefesselt und bat die Reporter in ihr Boudoir, wo sie, angetan mit einem grünen Seidenneglige und unter einem rosafarbenen Satinbaldachin liegend, die Herren begrüßte. Mafalda war, wie es ein Reporter ausdrückte, »eine strahlende Gastgeberin« und eine redegewandte dazu. Natürlich hatte ihr Bruder eine Pistole bei sich, sagte sie und arrangierte kokett ihr Negligé über ihren Alabasterschultern. »Würde denn jemand erwarten, daß er durch die Straßen geht, ohne sich zu schützen?« flötete sie, und ihre Stimme wirkte noch verführerischer durch die Erkältung. »Wenn ihn alle doch nur so gut kennen würden wie ich, dann würden sie nicht solche Dinge über ihn sagen. Ich bewundere ihn. Und er ist der Lebensinhalt für unsere Mutter. Er ist so gut, so nett zu uns. Sie, die Sie ihn nur aus diesen Zeitungsstories kennen, werden nie verstehen, was für ein Mann er in Wirklichkeit ist.«
Zur selben Zeit wurde das Objekt von Mafaldas uneingeschränkter Liebe und Bewunderung rastlos und reizbar. Bei Interviews, die er durch das Gitter seiner Luxuszelle gab, wiederholte Al Capone eisern die Behauptung, daß er die Konferenz in Atlantic City einberufen habe (in Wirklichkeit hatte man ihn hinzitiert) und daß *er* auf einen Friedensschluß unter

den organisierten Gangstern gedrängt habe (obwohl die anderen in Wahrheit die Versammlung abgehalten hatten, um ihn von seinem Posten zu vertreiben). Und während sich die Wochen im Gefängnis zu Monaten ausdehnten, dementierte Capone hartnäckig das Gerücht, er habe seine Verhaftung selbst arrangiert, um seine eigene Haut zu retten. Nur wenige glaubten ihm, zumal sich sein Leben im Gefängnis kaum von dem in Freiheit unterschied.

Als er die Haft antrat, wurde viel davon gesprochen, wie schmutzig und überfüllt Holmesburg war und daß dort nur schwere Fälle ihre Strafe verbüßten. Man verlegte Capone schon sehr bald nach Eastern Penitentiary, wo er in einem Teil des Gefängnisses, der »Park Avenue« genannt wurde, eine große Zelle mit Teppichen und komfortablen Möbeln bewohnte. Alkoholische Getränke standen für ihn bereit, er konnte Ferngespräche führen, wann immer er es wünschte, seine Mahlzeiten wurden ihm von außerhalb gebracht, und er durfte so viele Besucher, wie er wollte, in der Abgeschiedenheit des Direktionsbüros empfangen. Unter anderen waren Ralph, Jack Guzik und Frank Nitti, die alle drei während Als Abwesenheit mit der Leitung der Organisation betraut waren, bei ihm. Capone machte sich bei seinen Mithäftlingen beliebt, indem er ihnen für 1000 Dollar Dinge abkaufte, die sie in den Werkstätten hergestellt hatten. Alle Sträflinge mußten arbeiten, und Capone entschied sich für den bequemsten, anspruchslosesten Job, den das Gefängnis zu bieten hatte: Er wurde Registrator in der Bibliothek. Er abonnierte Zeitschriften und las in seiner Freizeit. Er gab den Journalisten beinahe so viele Interviews wie draußen, aber jetzt pochte er nicht mehr auf seine Unschuld, sondern wurde philosophisch und grübelte über den kleinen Kerl Napoleon nach. Seiner Ansicht nach war Napoleon der größte Gauner von allen, trotzdem sagte er: »Ich hätte ihm manches beibringen können. Die Schwierigkeit mit dem Burschen war, daß er größenwahnsinnig wurde … Er hätte so viel Verstand haben müssen, sich nach dem Ärger mit Elba aus dem Spiel zu verdrücken, aber er war genau wie wir alle. Er konnte nicht abtreten, sondern mußte immer weitermachen. Er hat sich selbst zum Abschuß freigegeben … Wenn er in Chicago gelebt hätte, wäre eine abgesägte Schrotflinte sein Waterloo gewesen. Er endete nicht in der Gerichtsmedizin, dafür haben sie ihm ein Einfachticket nach St. Helena verpaßt … der Junge hatte verdammtes Pech.« Selbst wenn der Reporter, der das alles mitschrieb, Als Formulierungen ein bißchen nachgeholfen haben sollte, war der Gangsterboß auch noch hinter Schloß und Riegel für einige Stories gut.

Als der Sommer in den Herbst überging und der Herbst in den Winter, wurde Al ungeduldig und nervös. Er konnte es kaum erwarten, die Zügel der Macht wieder in die Hand zu nehmen. Die Schlagzeilen kündeten von seinen zahlreichen Gesuchen, einen Teil der Strafe erlassen zu bekommen:

»CAPONE SCHREIT: ›ES REICHT!‹ ER BITTET
UM HAFTENTLASSUNG«

»CAPONES ANTRAG AUF FREILASSUNG
ABGELEHNT«

»›SCARFACE‹ AL CAPONES ANWALT STELLT
NEUES GNADENGESUCH«

»CAPONE UNTERNIMMT DEN SECHSTEN ANLAUF,
UM AUS DEM GEFÄNGNIS ZU KOMMEN«

»CAPONE VERLIERT EINEN WEITEREN KAMPF
UM SEINE FREIHEIT«

Welche Argumente seine Anwälte auch ins Feld führten, Capone blieb in der Falle gefangen, die er selbst aufgestellt hatte.

Anfang Oktober mußte die Capone-Organisation einen weiteren Rückschlag hinnehmen. Eine Anklagejury gab sieben Anklagen gegen Ralph Capone statt, der offiziell als Anführer der Organisation fungierte. Die Beschuldigungen basierten auf den Ergebnissen, die Nels Tessems akribische Prüfung von Ralphs Transaktionen bei der Pinkert State Bank in Cicero ans Licht gebracht hatte. Zudem hatte das Finanzministerium kürzlich von einer Alkoholschmuggelaktion erfahren, die er geleitet hatte. Die Schiffsladungen, die von Ontario, Kanada, nach Chicago gebracht werden sollten, hatten insgesamt einen Geldwert von einer Million Dollar. Dann waren da noch dieser riesige Diamantring und die beiden Limousinen, deren Besitzer er war, obwohl er der Finanzbehörde weiszumachen versuchte, er würde an der Armutsgrenze leben – ganz zu schweigen von der Suite, die er im Western Hotel, das früher Hawthorne Hotel hieß, bewohnte. Die Beweise für seine Wohlhabenheit waren erdrückend.
Sechs der Anklagepunkte waren zu erwarten gewesen – sie betrafen seine Weigerung, Einkommensteuer zu bezahlen. Die siebente berief sich auf ein altes Gesetz, das ursprünglich eingeführt worden war, um Profitmachern und Schiebern während des Bürgerkriegs das Handwerk zu legen. Jetzt wurde es wegen Ralphs auf einem Bankkonto versteckten 25 000 Dollar

geltend gemacht, während er behauptete, vollkommen mittellos zu sein. Die Folge von all dem war, daß er wegen Betrugs an der Bundesregierung vor Gericht gestellt wurde.

Das Finanzministerium ließ Ralph auf aufsehenerregende Weise verhaften, als wollte es damit all die anderen Gangster warnen. Am Abend des 8. Oktober besuchte Ralph einen Boxkampf. Als er in der ersten Reihe am Ring Platz nahm, ging Spezialagent Clarence Converse, ein Mitarbeiter von Tessem, auf ihn zu, nahm ihn fest und führte ihn in Handschellen ab. Da es schon spät am Abend war, mußte Ralph die Nacht in einer Zelle verbringen – erst am Morgen kam er nach Hinterlegung einer Kaution von 35 000 Dollar frei. Der Prozeßtermin wurde auf den folgenden Mai festgesetzt, den Vorsitz sollte Richter James H. Wilkerson führen.

Anders als sein jüngerer Bruder, der freiwillig ins Gefängnis gegangen war, mußte sich Ralph einer ernstzunehmenden Anklage stellen und sah sich einem feindseligen Richter und dem Zorn der gesamten Chicagoer Presse gegenüber. Außerdem trug er das Stigma, der Bruder des berüchtigten »Scarface« Al Capone zu sein. Bei seinen jahrelangen Verhandlungen mit der Finanzbehörde hatte sich Ralph sowohl als Lügner als auch als Dummkopf erwiesen. Trotzdem versuchte er eifrig, sich zu rechtfertigen. Er hatte sein ganzes Leben im Schatten seines jüngeren Bruders Al gestanden und ungeheuer von ihm profitiert, aber er hatte nie solchen Respekt, solche Loyalität und Bewunderung genossen wie Al. Wenn sonst schon nichts Gutes bei dem Gerichtsverfahren herauskam, so bot es Ralph zumindest die Chance, einmal selbst für sich einzustehen. Zum erstenmal tat er etwas Kluges, als er unter Anklage stand: Er engagierte den besten Anwalt, den man mit Geld kaufen konnte.

Unglücklicherweise beging Ralph einen groben Fehler. Jetzt, da man ihn bereits am Haken hatte, wurden weitere Ermittler auf ihn angesetzt, und sie wandten die neuesten Techniken an, die ihnen zur Verfügung standen. Er zog ihre Aufmerksamkeit auf sich, als er sorglos seine Alkoholgeschäfte wiederaufnahm und von seiner Hotelsuite und dem nahe gelegenen Montmartre Café aus operierte, ohne zu merken, daß die Telephone angezapft waren. Ein mutiger, unbekümmerter junger Agent hörte jedes Wort mit. Sein Name war Eliot Ness.

Kapitel 8

Staatsfeind Nummer 1

Er war ein Mann, dessen Schicksal launisch war wie eine Geliebte – zu Zeiten war es ihm gnädig gestimmt, dann wieder verhöhnte es ihn. Heute gilt Eliot Ness, dank der vielen Filme und Fernsehproduktionen, die über seine Heldentaten gedreht wurden, als Prototyp des Spürhundes in der Zeit der Prohibition, als der Mann, der Al Capone zu guter Letzt kleingekriegt und Chicago gesäubert hatte. Man kann genügend Einwände gegen die Legende erheben, die sich um Eliot Ness rankt: Die Vielschichtigkeit der damaligen Bedingungen wird zu vereinfacht dargestellt und sowohl die Gewalt als auch anti-italienische Vorurteile werden allzu bereitwillig übersehen, denn Ness hatte es gerade auf diese Einwanderergruppe abgesehen. Da er anständig, gutaussehend und jungenhaft war, erschienen seine dunklen Seiten als unproblematisch, normal und durch und durch amerikanisch. Während Capone das verkörperte, was die Amerikaner, besonders die ländlichen Bewohner der USA, verabscheuten und in den Städten der zwanziger Jahre fürchteten – das Verbrechen, die Slums und besonders die Einwanderer –, kam ihnen Eliot Ness wie das große Heilmittel gegen alle Übel vor: ein echt amerikanischer Junge, der inmitten von grünen Rasenflächen und weißen Lattenzäunen aufgewachsen war und die Bürger einer Nation repräsentierte, die die Gesetze respektierten und dieselbe Sprache sprachen. So war das Amerika, wie es alle Amerikaner, die Einwanderer eingeschlossen, sehen wollten.

Ness selbst war der erste, der die stark übertriebene und verzerrte Version seiner Laufbahn in der Öffentlichkeit verbreitete. Gegen Ende seines Lebens, als er von allen vergessen, ein gebrochener Mann und exzessiver Trinker war, versuchte er den Ruhm seiner Jugend wiederaufleben zu lassen und seinen Schuldenberg abzubauen, indem er ein Buch über seine Abenteuer im Chicago der Prohibitionsära schrieb. In diesem Buch schilderte er sich selbst als einen Sherlock Holmes, der das Böse in Gestalt von Al Capone erbittert verfolgte. Ness konnte sich gerade lange genug aus seinem Elend befreien, um eine kurze Zusammenfassung seiner frühen Karriere zu Papier zu bringen, die er dann an einen Co-Autor, den Journalisten Oscar Fraley, weitergab. Fraley machte aus dem vergleichsweise aufrichtigen, wahrheitsgetreuen, wenn auch undramatischen Bericht eine Geschichte im Stil eines Mickey-Spillane-Romans. Das Buch mit dem Titel *The Untouchables* erschien 1957 – zu spät für Ness, der zwei Jahre zuvor gestorben war. Auch wenn sich das Buch nicht immer an Ness' Vorlage oder die historischen Fakten hielt, erregte es große Aufmerksamkeit, beschwor die Legende von Eliot Ness wieder herauf und nährte den Mythos, daß ein einziger Mann – nicht das Rechtssystem, die Steuergesetze oder ein paar nüchterne Finanzbeamte – für den Untergang Capones verantwortlich war.

Ness und Fraley hatten mit ihrem Buch ganze Arbeit geleistet; das Resultat war, daß die Rolle, die die Finanzbehörde und die Bundesermittler gespielt hatten, vollkommen vergessen wurde. Die Öffentlichkeit feierte begeistert den Helden Eliot Ness. In Wirklichkeit konnte Ness nichts Entscheidendes zu dem Kampf der Regierung gegen Capone beitragen, egal wie viele Schnapsbrennereien er zerstört und wie viele Alkoholschmuggler er auch festgenommen hatte.

Trotzdem ist die Wahrheit über Ness ebenso faszinierend, wenn auch weniger spektakulär, als die Erfindungen, denn er machte Capone bemerkenswert oft einen dicken Strich durch die Rechnung. Der Racketeer herrschte über ein landesweites Verbrechernetz, das ihm einen Gewinn von etwa 75 Millionen Dollar im Jahr einbrachte; das jährliche Einkommen des anständigen, jungen Prohibitions-Agenten belief sich auf gerade 2500 Dollar. Capone benahm sich oft extravagant und unmoralisch, Ness hingegen war jungenhaft, unbestimmt und schwer zu durchschauen. Capone war fett und dunkel, Ness über einsachtzig groß, schlaksig und hatte verträumte blaue Augen. Capones schrille, maßgeschneiderte Anzüge schrien geradezu »Gangster«; Ness kleidete sich konservativ und trug sein weizenblondes Haar in der Mitte gescheitelt. Capones graue Augen, das dunkle Haar und besonders die doppelte Narbe verliehen ihm eine Aura von bedrohlicher Unnachgiebigkeit, im Gegensatz dazu wirkte Ness aufrichtig und liebenswert wie Gary Cooper. Capone wütete und tobte und hatte sogar drei seiner Widersacher mit einem Baseballschläger verprügelt, Ness hingegen verlor nie die Beherrschung und hatte seine Gefühle immer unter Kontrolle.

Ness war intelligent, gebildet und ehrgeizig, aber auch scharf auf Publicity, hoffnungslos naiv und unsicher. Sein schlimmster Feind war nicht Al Capone – der mit Sicherheit das beste war, was ihm passieren konnte –, sondern er selbst. Er quälte sich durchs Leben, hatte Probleme mit Frauen und dem Alkohol. Genaugenommen war seine Trunksucht so ausgeprägt, daß sie seine Ehen und letztlich auch seine Karriere zerstörte.

Die äußeren Umstände seiner frühen Jahre geben bereits ein paar Hinweise auf das Chaos, das ihm das Leben als Erwachsener schwermachte. Ness wurde am 19. April 1903 in Chicago geboren. Seine Eltern, Peter und Emma (King), waren norwegische Einwanderer – sie benannten ihren Sohn nach dem englischen Romancier George Eliot, ohne zu wissen, daß sie das Pseudonym von Mary Ann Evans als Namen für ihr Kind ausgewählt hatten. Ness' Vater führte eine skandinavische Bäckerei in der Chicagoer Vorstadt Kensington; sein Arbeitstag war lang, dennoch häufte er keine Reichtümer an, war aber auch nicht arm. Die skandinavische Gemeinde von Chicago war, wie andere ethnische Enklaven, eine festgefügte Gruppe mit starkem Zusammenhalt, und Eliot Ness kam schon früh mit Leuten zusammen, die die Weichen für seine spätere berufliche Laufbahn stellten. Die Familie seines späteren Chefs George E. Q. Johnson lebte in Ness' Nachbarschaft, und es ist möglich, sogar sehr wahrscheinlich, daß der junge Ness Johnson bereits kannte. Demnach hatte Ness also schon von Anfang an Kontakt zu den Männern und der ethnischen Gruppe, die Capones erbittertste Gegner werden sollten – zu Männern, die an Amerika glaubten, weil Amerika an sie glaubte. Außerdem war Ness' um zehn Jahre ältere Schwester mit Alexander Jamie, einem FBI-Agenten verheiratet. Jamie brachte Ness das Schießen bei und spielte eine große Rolle in Ness' Jugend und seiner späteren Karriere.

Dennoch war die wichtigste Figur im Leben des jungen Mannes nicht der Vater und auch nicht Jamie, sondern die Mutter. Wenn man die besondere Beziehung von Emma King Ness zu ihrem jüngsten Kind durchschaut, gelingt es, das Mysterium um Eliot Ness ein Stück weit zu entschlüsseln. Emma vergötterte Eliot; in späteren Jahren, als er einen gewissen Bekanntheitsgrad erreicht hatte, erinnerte sie sich gern daran, was für ein braver Junge er immer gewesen war. Für sie kam es keineswegs überraschend, daß er Agent einer Bundesbehörde wurde, denn er war ein so guter Sohn und ihrer Ansicht nach unfähig, etwas falsch zu machen. Nacht für Nacht, wenn Peter Ness in seiner Bäckerei arbeitete, hielt sich der junge Ness zu Hause bei seiner Mutter und anfangs auch bei seiner Schwester auf, und er blieb ihnen beiden sehr verbunden – so sehr, daß er noch als 26jähriger Agent im Elternhaus wohnte.

In seiner überbehüteten Kindheit und Jugend gewöhnte er sich daran, daß sich Frauen voll und ganz mit ihm identifizierten, und im Gegenzug identifizierte er sich mit den Frauen. »Die Frauen liebten Eliot«, sagt Louise Jamie, eine angeheiratete Verwandte. »Er war gutaussehend, sympathisch und verständnisvoll. Er trug nie eine Waffe und war sehr zugänglich. Er war ein typischer Anglo-Norweger, das Rückgrat von Amerika. Das erkannten selbst die Gangster. Es gibt so etwas wie eine Ganovenehre, müssen Sie wissen – sie haben ihn respektiert. Aus diesem Grund hat niemand auf Eliot geschossen.« Es stimmte, die Frauen fanden ihn sein ganzes Leben lang äußerst attraktiv. Vielleicht machte ihn seine Melancholie so anziehend, die hin und wieder sichtbar wurde, vielleicht begeisterten sie sich aber auch nur für sein gutes Aussehen. Die Frauen verführten ihn zu einem romantischen Abenteuer nach dem anderen, aber keine seiner Ehen, Liebesbeziehungen oder Flirts nahmen ein gutes Ende.

In einer Zeit, in der ein College-Abschluß ein seltenes Empfehlungsschreiben für einen Detective war, besuchte Ness die Universität von Chicago und belegte nacheinander juristische, wirtschaftswissenschaftliche und politische Seminare. Er machte eine blendende Figur auf dem Campus, kleidete sich sportlich, spielte Tennis, hatte Verabredungen mit Mädchen und war Mitglied der »Sigma Alpha Epsilon«-Studentenverbindung. Nur seine ungehemmte Begeisterung für Jiu-Jitsu, das er eifrig trainierte, um sich für zukünftige Kampfeinsätze vorzubereiten, entsprach der Konvention. Ness machte 1925 mit 22 Jahren als einer der drei besten seines Semesters den Abschluß. Unter normalen Umständen hätte sich ein intelligenter junger Mann wie Ness anschließend für ein Jurastudium entschieden, aber Eliot fühlte sich zum Polizeiapparat hingezogen, vielleicht weil er seinem Schwager Alexander Jamie nacheifern wollte.

Auf Jamies Empfehlung nahm George E. Q. Johnson Ness 1928 in das Prohibition Bureau auf. Ness war eine sichere Wahl, weil er ein Nachbar von Johnson und mit Jamie verwandt war, gleichzeitig verursachte seine Jugend und seine Unerfahrenheit den Verantwortlichen Kopfzerbrechen. Ness war gerade mal 26 Jahre alt und lebte noch bei seinen Eltern, als er es zum erstenmal mit dem gefährlichsten und mächtigsten Gangster der Region zu tun bekam.

Ness begann mit seiner Arbeit bei Johnson, als die örtlichen und staatlichen Behörden erstmalig ihre Kräfte vereinten, um Capones Organisation zu zerschlagen, und er nahm an vielen Razzien in Chicago Heights teil. Trotzdem war er noch eine unbekannte Größe, und sein Name wurde, wenn überhaupt, nur beiläufig in den Zeitungen erwähnt und dann meist falsch geschrieben – »Eliott Ness«. Ness war Dan Koken als Partner zugeteilt, den er zum Idol erhob. Dan Koken war der erste in einer ganzen Reihe von Kollegen, für die der junge Mann regelrecht schwärmte. Die beiden bildeten gelegentlich ein Team mit »Nine Toed« Nabors, der, nach Ness' eigenen Worten, »der attraktivste Mann war, den ich je gesehen habe. Er war gebaut wie ein griechischer Gott und hatte helles, welliges Haar.«

Aufgrund der vordergründigen Erfolge in Chicago Heights wurde Eliot Ness befördert; er verlegte sein Tätigkeitsfeld von Chicago Heights nach Cicero, um sich mehr auf die Capone-Organisation konzentrieren zu können. Da Al zu dieser Zeit noch in Philadelphia im Gefängnis saß, rückte Ness statt dessen Ralph Capone auf den Pelz, der bereits wegen Steuerbetrugs unter Anklage stand. Ness' Auftrag war, genügend Beweise für Ralphs Beteiligung am Alkoholschmuggel zu sammeln, um die Anklagejury dazu zu bewegen, ihn auch wegen Verletzung des Prohibitionsgesetzes vor Gericht zu bringen. Um dieses Ziel zu erreichen, mußte Ness überzeugend demonstrieren, daß Ralph Alkohollieferungen in Empfang nahm und weiterleitete. Das Ermittlerteam wußte, daß Ralph keine Geistesgröße war; er kaufte und verkaufte Schnaps so unvorsichtig, wie er mit seinen Finanzen umging. Täglich saß er am späten Nachmittag im Montmartre Café, gab telephonisch seine Anweisungen und verteilte die Lieferungen. Es war Ness' Idee, das Telephon anzuzapfen und die Gespräche aufzuzeichnen, die sicherlich eine ganze Menge Anhaltspunkte bieten würden.
In den folgenden Monaten erwiesen sich die Mitschnitte der Telephonate bei der Verfolgung von Alkoholladungen durch Chicago als äußerst wirksam. »Nach einiger Zeit war es praktisch unmöglich, daß sie Bier oder Schnaps auslieferten, ohne das Risiko einzugehen, von uns erwischt zu werden«, prahlte Ness. Wie auch immer, die Wanze an der Telephonleitung in dem kleinen, schäbigen Montmartre Café anzubringen, war kein einfaches Unterfangen. Ness schilderte das Unternehmen so: »Wir mußten einen Mann auf den [Telephon-]Mast hinter dem ›Montmartre‹ schicken, aber die Gegend war nie unbewacht.« Ness beschloß, ein Ablenkungsmanöver zu starten: »In meiner Verzweiflung holte ich meinen Cadillac aus der Garage, nahm das Verdeck ab und setzte vier meiner kräftigsten Spezialagenten hinein, die ein ums andere Mal langsam um den Block fuhren … Innerhalb von zehn Minuten erregten sie größtes Aufsehen, und die Capone-Männer, die Wache standen, stiegen in ihre Autos und folgten ihnen mit einigem Abstand.« Mittlerweile kletterte Ness' Abhörexperte, Spezialagent Paul Robsky, auf den Telephonmast und tat so, als wäre er ein Mechaniker, der die Leitungen überprüfte. Ness' Sekretärin rief zur selben Zeit im »Montmartre« an. Während die Sekretärin mit dem Barmann schäkerte, suchte Robsky fieberhaft im Schaltkasten nach der richtigen Kabelverbindung und gab Ness ein Zeichen, als er sie gefunden hatte. »Die Brücke war geschlagen und die Wanze im Ganovenhauptquartier von Cicero installiert. Die Wanze leistete uns viele Monate gute Dienste, und wir erfuhren eine Menge über die Aktionen und die Mitglieder der Gang.«

Während sie über den Mitschriften von Ralphs Telephongesprächen brüteten, entdeckten Ness und seine Männer zwei lohnende Hinweise. Ein Mann, der sich »McCoy« nannte, erzählte Ralph: »Ich hab' zwei wirklich große Bestellungen, die ich an euch weitergeben will.« Und Ralph erwiderte: »Du weißt, daß ich hier keine Bestellungen entgegennehme. Ruf Guzik im Wabash Hotel an.« Aus diesem Wortwechsel schloß Ness, daß »Greasy Thumb« einen höheren Rang in der Capone-Organisation einnahm als Ralph. Das machte Sinn, denn Guzik war um einiges schlauer als Ralph. Der andere Hinweis war sogar noch aufschlußreicher. Ein Mann namens »Fusco« meldete sich bei Ralph. »Ich denke, wir können ohne Gefahr den Posten in der South Wabash Avenue wieder in Betrieb nehmen.« Ralph antwortete: »Ich weiß nicht, ob es noch riskant ist, aber wenn du meinst, es ist sicher, dann nur zu.« Fusco erkundigte sich: »Was hörst du von Snorky?« Damit war Al Capone gemeint, der immer noch im Pennsylvanias Eastern Penitentiary schmorte. »Nicht viel Neues«, entgegnete Ralph. »Er kommt bald zurück.« Das machte Ness bewußt, daß er endlich näher an Al Capone herankam, und den Hinweis auf die »South Wabash Avenue« deutete er folgendermaßen: Die Organisation hatte vor, ihre größte Brauerei wieder in Betrieb zu nehmen, die von den Bundesbehörden vor einiger Zeit durchsucht und geschlossen worden war.

Die Information erwies sich als zutreffend. Eine Woche später umzingelten Ness und einige andere Agenten die Brauerei, dann rammten sie mit einem Lastwagen, an den ein Schneepflug – der auch als Schild gegen die Kugeln diente – montiert war, das Tor. »Wir nahmen sechs Männer fest, beschlagnahmten zwei Lastwagen und vernichteten Bier und Gerätschaften im Wert von 100 000 Dollar«, berichtete Ness mit Genugtuung.

Die Razzia hatte gefährliche Folgen. Am nächsten Abend, als Ness mit seiner Freundin durch die Gegend von Illinois spazierenfuhr, bemerkte er »ständig Scheinwerfer im Rückspiegel«. Er brachte seine Freundin nach Hause, ging mit ihr bis zur Haustür und stieg wieder in seinen Wagen. In dem von Fraley »aufpolierten« Buch erinnerte sich Ness daran, wie »etwas vor dem Autofenster hell aufblitzte. Ich duckte mich instinktiv, kurz bevor die Windschutzscheibe zersplitterte und gleichzeitig der Knall eines Schusses zu hören war. Ohne nachzudenken, trat ich das Gaspedal ganz durch. Sobald das Auto einen Satz vorwärts machte, flammte wieder ein Blitz auf, und das linke hintere Fenster wurde von einer weiteren Kugel durchschlagen … Ich raste wie ein Verrückter um den Block, holte meinen Revolver aus dem Schulterholster und hielt ihn in der linken Hand, während ich einen Bogen fuhr, um hinter den Wagen zu kommen, der mir aufgelauert hatte. Ich wollte Revanche, aber der Beinahe-Attentäter war in der Nacht ver-

schwunden.« Auf dem Nachhauseweg spekulierte Ness, daß der Angriff »als Willkommensgeschenk für ›Scarface Al‹ geplant gewesen war«.
Als Capone schließlich aus dem Gefängnis entlassen wurde und nach Chicago zurückkehrte, erwartete Ness weitere und erbittertere Auseinandersetzungen. Er schreckte nicht davor zurück – im Gegenteil, er sah den tätlichen Angriffen sogar mit Spannung entgegen. Der Kampf mit den Gangstern »war ungeheuer aufregend«, wie er selbst sagte. »Außerdem glaube ich, daß ich die Monotonie in einem Büro nicht ausgehalten hätte.« Diese draufgängerische Einstellung machte ihn bei seinen Kollegen nicht gerade beliebt. Viele der Männer, mit denen er zusammenarbeitete, hielten ihn für einen Angeber und einen Amateur, der ins Klassenzimmer gehörte und ein Stück Kreide und keine Waffe in die Hand nehmen sollte. Besonders zuwider war ihnen sein Selbstbewußtsein und die Tatsache, daß er immer auf die Wirkung seiner Aktionen bedacht zu sein schien. Es war ihm wichtig, ob er in den Zeitungen erwähnt wurde und wie die Mädchen ihn beurteilten. Ness wollte immer den Helden spielen – die Betonung liegt dabei auf spielen. Capone zu fangen war ein Spiel für ihn, bei dem Übertreibungen und Frivolitäten erlaubt waren. »Ich finde, es macht Spaß, wenn man mit einem Lastwagen durch das geschlossene Tor einer Brauerei donnert und Typen dort vorfindet, die man nicht erwartet hätte«, sagte er.
Eliots Vorstellung von Spaß entbehrte jeder realistischen Grundlage; seine Aktionen waren letztlich zum Scheitern verurteilt. Er versuchte, ein Gesetz zu erzwingen, das längst keine Unterstützung von der breiten Masse mehr hatte, und seine kleinen Siege konnte er nur erringen, weil Al Capone in seiner Gefängniszelle saß und nicht in die Alkoholgeschäfte eingreifen konnte. Ness' Job wurde weit weniger lustig und wesentlich frustrierender, sobald Capone auf freiem Fuß und wieder in Chicago war.

»Ich kann das alles, was sie über ihn sagen, nicht glauben. In meiner siebenjährigen Berufserfahrung habe ich nie einen Häftling gesehen, der so freundlich, fröhlich und entgegenkommend war. Er hat seine Arbeit – in der Bibliothek – gewissenhaft und mit großer Intelligenz erledigt. Er hat Köpfchen. Er hätte überall und in jedem Beruf seinen Weg gemacht. Er war ein idealer Häftling.« So beurteilte Dr. Herbert M. Goddard, Vizepräsident der Gefängnisaufsichtsbehörde, Al Capone.
Goddard lernte den Musterhäftling kennen, als er Mitte August 1929 eine kleine Nasenoperation bei ihm durchführte und ihm zwei Wochen später die Mandeln herausnahm, die Al, wie der Arzt erklärte, seit Jahren Probleme bereiteten. Jetzt konnte der Arzt seinen damaligen Patienten gar nicht genug loben. »Ich kann nicht einschätzen, wieviel Geld er hergeschenkt

hat«, sagte Goddard im September 1929. »Natürlich können wir nicht nachfragen, woher er es hat. Er ist Mitglied einer Gangsterorganisation und gibt das auch zu. Aber mir kann niemand mehr weismachen, daß er durch und durch schlecht ist, nachdem ich ihn zehn Monate lang mehrmals in der Woche gesehen und beobachtet habe, wie er mit seiner Frau, seinem Jungen und seiner Mutter umgeht.«

Die Öffentlichkeit hörte nichts über Al, bis er am 17. März 1930, als er aus dem Gefängnis entlassen wurde, wieder in die Schlagzeilen kam. Wegen guter Führung hatte er nur zehn statt zwölf Monate hinter Gittern verbringen müssen. Die Art seiner Freilassung war ebenso suspekt wie seine Verhaftung. Um den Presseleuten zu entkommen, die sich vor dem Gefängnis drängten, wurde Capone einen Tag vor dem festgesetzten Termin weggebracht. Mit dem Wagen des Direktors fuhr man ihn nach Gratersford, einem anderen Gefängnis, in dem er weitere 24 Stunden festgehalten wurde; erst dann war er tatsächlich frei. Er fuhr direkt nach Chicago, wo er von seinem Bruder Ralph und Jack Guzik empfangen wurde. Die Presse erfuhr nichts von alledem, und um die Reporter noch mehr zu verwirren, führten die Beamten eine kleine Komödie auf. Polizisten bezogen vor dem Gefängnisgebäude Posten und patrouillierten durch die Straßen, während das Büro des Direktors die neugierigen Journalisten mit aus der Luft gegriffenen Informationen versorgte.

Obwohl Capone das Gebäude bereits einen Tag vorher verlassen hatte, erweckten die Bulletins den Eindruck, daß er sich immer noch in seiner Zelle befand und darauf wartete, daß der Gouverneur von Pennsylvania sein Gnadengesuch unterzeichnete. Mit dieser Taktik wurde die Pressemeute bis nach Einbruch der Dunkelheit hingehalten, erst dann erschien der Direktor Herbert »Hardboiled« Smith und gestand: »Wir haben Sie ein wenig hinters Licht geführt. Der schwere Junge ist gestern morgen in einem braunen Automobil ins Gefängnis nach Gratersford gebracht worden … Versuchen Sie selbst herauszufinden, wohin er von dort aus gefahren ist.«

Aufgebracht über das Theater, das man um Capones Freilassung veranstaltet hatte, rief einer der Reporter: »Wieviel haben Sie dafür bekommen, Direktor?«

»Verschwinden Sie von hier und lassen Sie sich nicht mehr blicken«, lautete die Antwort.

Am nächsten Tag konnte man in der *Chicago Tribune* die Schlagzeile lesen: »DIREKTOR SCHLEUST GANGSTER AUS DEM GEFÄNGNIS UND VERURSACHT AUFRUHR.« Dies war mehr als nur eine Lokalnachricht. Die spektakuläre Freilassung brachte Capone auf die Titelseite des *Time Magazine* – eine Ehre, die normalerweise nur Industriemagnaten vorbehalten war, für die sich der Herausgeber Henry Luce begeistern konnte. Aber was war Alphonse (»Scarface«) Capone, wie das Magazin ihn nannte, anderes als der Tycoon des Alkoholschmuggels und der Unterwelt der Vereinigten Staaten? Und genauso sah Capone auf dem Titelphoto auch aus: mit ordentlich gekämmtem Haar, gestärktem Kragen und einer Rose am Revers. Nur die auffällige Narbe an der Wange verdarb den Eindruck der Respektabilität. In dem Artikel wurde er ein wenig anders dargestellt und als »Gangster Nummer 1 in den USA« bezeichnet, der mehr Geschäftsmann als Mörder sei, ein Mann, der »saubere Hemden trägt, einen Lincoln fährt und Gewalttaten seinen Handlangern überläßt«. Fred D. Pasley, ein Redakteur der *Chicago Tribune,* hatte in den letzten sechs Monaten einen ausführlichen Bericht über Capones Rolle in den Chicagoer Bandenkriegen verfaßt und als Buch herausgebracht: *Al Capone, The Biography of a Self-Made Man.* Obwohl es nur dürftige authentische Informationen über den 31jährigen Gangster enthielt, war es ein Beweis für Capones Bedeutung. Kein Mensch wäre auf die Idee gekommen, ein Buch über »Bugs« Moran, »Hymie« Weiss oder Frankie Yale zu veröffentlichen.

In Chicago postierten sich sofort ein paar Streifenwagen vor Capones Haus an der Prairie Avenue. Die Polizisten harrten drei Tage und Nächte an Ort und Stelle aus, in der vergeblichen Hoffnung, wenigstens einen Blick auf den schwer faßbaren Gangster werfen zu können. Nur Eliot Ness, der nach wie vor mit dem Fall betraut war, ahnte – dank der Wanze in Ralphs Hotel –, wo sich Capone aufhielt. Auf diese Weise erfuhr Ness auch, daß Ralph telephonisch jemanden herbeirief, der ihm helfen sollte, mit Al fertig zu werden. »Wir sind in Zimmer Nummer 718 im ›Western‹«, sagte Ralph, »und Al ist außer Rand und Band. Er ist in einer schrecklichen Verfassung. Kommst du? Du bist der einzige, der mit ihm umgehen kann, wenn er so ist. Wir haben nach einem Haufen Handtücher geschickt.« Offenbar hatte Al zur Feier seiner Freilassung so viel getrunken, daß ihm in Ralphs Suite schlecht geworden war.

Ness hatte auch Abschriften von Anrufen bei Capones Familie in der Prairie Avenue. Besonders ein Telephonat hatte die Aufmerksamkeit des jungen Agenten geweckt: Jake Lingle, der Reporter, der bekannt dafür war, einen freundlichen – vielleicht zu freundlichen – Umgang mit Capone zu pflegen, meldete sich bei Ralph, der mit jedem Tag verzweifelter klang. Wie jedermann in Chicago wollte Lingle, der jetzt bei der *Tribune* beschäftigt war, wissen, wo Al Capone abgeblieben war. Als Ralph wenig überzeugend behauptete, er hätte selbst keine Ahnung, maulte Lingle: »Mensch, Ralph, das ist nicht gut für mich. Man erwartet von mir, daß ich am Ball bleibe. Ich bekomme große Schwierigkeiten bei meiner Zeitung. Hör zu, ich möchte, daß du mich gleich anrufst, wenn du von ihm hörst, versprich mir das. Sag ihm, daß ich ihn sofort sprechen muß.« Ralph versprach, seinem Bruder alles auszurichten. Lingle rief nach einiger Zeit noch einmal an und wurde wütend, als sich Ralph noch immer weigerte, ihm etwas über den Verbleib seines Bruders zu verraten. »Hört mal, ihr Jungs wollt mich doch nicht leimen, oder? Ich an eurer Stelle würde mir das gut überlegen.« Lingles Tonfall machte Ness stutzig. Was war das für ein Reporter, der es wagte, Al Capones Bruder zu drohen?

In dem Augenblick, in dem die Polizei abzog, tauchte Capone zu Hause auf. Inzwischen hatte er sich von der exzessiven Willkommensparty im Western Hotel erholt. Er suchte nicht Zuflucht im Kreis der Familie und versteckte sich auch nicht in Cicero oder in Chicago Heights. Statt dessen bezog er für alle sichtbar Quartier in seiner Suite im Lexington Hotel in der South Michigan Avenue im Herzen von Chicago. Er ließ sich auf seinem angestammten Platz unter den Porträts von Washington, Lincoln und »Big Bill« Thompson nieder und übernahm wieder die Leitung seiner florierenden Unternehmungen. Nicht nur der Alkoholschmuggel, sondern auch die Verteilung der Bestechungsgelder und die Bordell- und Spielbetriebe erforderten nach der zehnmonatigen Abwesenheit seine Aufmerksamkeit. Seine rechte Hand war bandagiert – ein Überbleibsel der ausschweifenden Party –, aber wenn er nach der Verletzung gefragt wurde, sagte er nur: »Ich habe mir die Finger an einem Stück Roastbeef verbrannt.« Indem er seinen Thron wieder einnahm, demonstrierte Capone, daß er auch weiterhin die mächtigste – und umstrittenste – Gestalt in Chicago bleiben wollte.

Chicagos unfähiger stellvertretender Polizeichef John Stege bestand lautstark darauf, daß Capone sofort verhaftet werden sollte, sobald er gesehen wurde, und der Racketeer reagierte mit Freuden auf Steges Bluff. Um zu zeigen, daß er niemanden fürchtete – zumindest nicht die Polizei oder die Bundesbehörden –, ließ er sich in Begleitung eines Anwalts im Polizeirevier blicken und fragte, ob ihn die Chicagoer Polizei sprechen wolle. Nein, lautete die Antwort. Und wie war es mit dem Polizeichef und seinem Stellvertreter? Nein. Wollte ihm dann vielleicht der Staatsanwalt John A. Swanson Fragen stellen? Auch nicht. Und George E. Q. Johnson? Absolut nicht. Johnson war zu klug, um eine offizielle Herausforderung von Capone anzunehmen; der Bundesstaatsanwalt wußte, daß seine Zeit irgendwann einmal kommen würde – im Gerichtssaal. Aber Al hatte sich mit diesem Vorstoß Klarheit verschafft. Falls die Regierung größere Anstrengungen plante, um »Capone zu schnappen«, konnte er jedenfalls keine Hinweise darauf entdecken.

Nach seiner Stippvisite marschierte er mit Polizeieskorte zum Büro des FBI und führte eine hitzige Unterhaltung mit dem stellvertretenden Staatsanwalt Harry Ditchburne und John Stege:

> DITCHBURNE: Al, was wissen Sie über das Valentinstag-Massaker, bei dem sieben von Morans Leuten ums Leben kamen?
> CAPONE: Ich war zu dieser Zeit in Florida.
> STEGE: Ja, und Sie waren auch in Florida, als Frank Yale in New York ermordet wurde.
> CAPONE: Ich bin gar kein so schlechter Kerl, wie man mich immer darstellt. Wenn Sie alles genau untersuchen, was man mir je zur Last gelegt hat, werden Sie herausfinden, daß ich nichts von alldem getan habe. Man schiebt mir alles in die Schuhe, was hier vor sich geht ... Ich will nur nicht sofort verhaftet werden, wenn ich in die Stadt komme.
> STEGE: Ihre Glückssträhne ist zu Ende Ihre Tage sind vorbei. Wann verlassen Sie die Stadt?
> CAPONE: Irgendwann nächste Woche fahre ich nach Florida. Ich weiß nicht, wann ich vor dem Bundesgericht wegen dieser Mißachtungsgeschichte erscheinen muß.
> STEGE: Sie können gehen, im Moment erhebt niemand Anklage gegen Sie. Aber nächstes Mal wandern Sie hinter Schloß und Riegel.
> NASH [Capones Anwalt]: Lenin und Trotzki und andere haben sich gegen eine solche Behandlung zur Wehr gesetzt.
> STEGE: Ich hoffe, Capone geht nach Rußland.

Als der Wortwechsel endete, brach bereits die Abenddämmerung über Chicago herein. Ein müder Capone zuckte mit den Schultern und erzählte den Reportern, die ihm auf seiner Runde gefolgt waren: »Es ist schwer herauszufinden, wer hinter mir her ist.« Leises Gelächter. »Ich hab's ihnen leicht gemacht. Ich war bereit, mich jeder Beschuldigung zu stellen, die man gegen mich erhebt.« Er verteidigte sich vor seinen aufmerksamen Zuhörern, indem er auf die Heuchelei der Ankläger hinwies. »Alles, was ich je verbrochen habe, war, Bier und Whiskey an unsere besten Leute zu verkaufen«, behauptete er. »Ich habe nur eine allgemeine Nachfrage befriedigt. Und jetzt schreien gerade die Jungs, die mein Geschäft am meisten ankurbeln, am lautesten. Einige der höchsten Richter kaufen mein Zeug.« Ausnahmsweise blieb Capone bei der Wahrheit. »Sie sagen, daß

ich mich nicht an die Gesetze halte. Niemand beachtet die Gesetze. Sie, meine Herren, wissen das, und diese Männer wissen es auch. Ihr Bruder oder Ihr Vater sitzt in der Klemme. Was tun Sie? Lehnen Sie sich zurück ... ohne ihm zu helfen? Sie wären hundsgemein, wenn Sie das täten. Kein Mensch ist hundertprozentig auf der Seite des Gesetzes, wenn man es ganz genau nimmt. Das Komische an der Sache ist, daß ein Mann in diesem Geschäft einen Haufen Gesellschaft hat. Ich meine seine Kunden. Wenn die Leute kein Bier haben wollten und es nicht trinken würden, wäre es doch verrückt, herumzurennen und es verkaufen zu wollen. Ich habe auf meinen Reisen auch Spielhöllen gesehen, und ich hab' nie erlebt, daß man eine Waffe auf jemanden gerichtet hat, um ihn zum Hineingehen zu zwingen. Mir ist nie zu Ohren gekommen, daß man jemanden an die Orte prügeln muß, an denen man Spaß haben kann. Andererseits liest man in den Zeitungen, daß Bankkassierer in Autos geschubst, mit dem Revolver bedroht und zur Bank gefahren werden, wo sie den Tresorraum für den Kerl mit der Knarre aufmachen müssen. Sieht fast so aus, als wäre es schlimmer, sich einen Drink zu genehmigen als eine Bank auszurauben. Vielleicht liege ich ja falsch, und es ist tatsächlich schlimmer.«
Wieder einmal rühmte er sich, keine Bank ausgeraubt zu haben, wie es gewöhnliche Ganoven tun. Er wußte, daß dies die sicherste Methode war, um den ganzen Zorn der Bundesbehörden auf sich und seine Organisation zu ziehen. Zum Schluß erklärte er noch: »Die Leute kommen von außerhalb in diese Stadt und wollen eine gute Zeit erleben, ein bißchen was trinken oder vielleicht in einen Nachtclub gehen. Sie müssen aufpassen, daß sie nicht dabei erwischt werden – sonst kommen sie in den Knast und werden am nächsten Tag dem Richter vorgeführt.« Mit diesen Worten schloß er die improvisierte Pressekonferenz und fuhr zufrieden ins Lexington Hotel – schließlich hatte er bei der leidigen Angelegenheit eine ganz gute Figur gemacht.

Capones Bedürfnis nach Publicity rief Ness wieder auf den Plan. Er und ein paar andere Agenten lungerten vor dem »Lexington« herum und warteten auf Ärger. Sie bekamen ihn, als sie einem kleinen Ganoven namens Frankie Frost über den Weg liefen, der sie bei einer wilden Autojagd kreuz und quer durch Chicago lockte. Ness und seine Männer schnappten Frost, aber selbst bei einem harten Verhör und nach, wie man vermutet, körperlichen Tätlichkeiten, war kein Wort über Capones Organisation aus ihm herauszubringen. Dieser Zwischenfall machte deutlich, wie sinnlos Ness' Bemühungen waren, denn jetzt, nachdem Capone wieder in der Stadt war, wagte es niemand, zuviel mit einem anständigen Cop zu sprechen; es war einfach zu gefährlich. »Nachdem er die Sicherheit erlangt hatte, die mit der Macht einhergeht, wurde Capone sogar noch gefährlicher«, mußte Ness eingestehen und wiederholte das, was viele Gegenspieler von Capone schon vor ihm registriert hatten: »Zusätzlich zu seiner Skrupellosigkeit hatte er alle Eigenschaften eines ausgezeichneten Geschäftsmannes. Unter den brillantineglänzenden Haaren steckte gesundes Urteilsvermögen; er verfügte über diplomatisches Geschick und hatte stahlharte Nerven wie ein eiskalter Spieler – zu alldem kam berechnender Menschenverstand.«

Während Capone für Ness der größte Schurke und Bösewicht war, stellte er für den Gangster höchstens ein kleines Ärgernis dar. Seinem niedrigen Status entsprechend hatte Ness nie eine Einladung zu Capone in die luxuriöse Suite im Lexington Hotel erhalten und bekam niemals die Gelegenheit, Capone direkt gegenüber zu sitzen. Ness erwartete nach wie vor, daß sich sein Gegner wie ein Gangster aufführte und große, auffällige Coups landete; doch Capone trat eher wie ein Geschäftsmann auf, blieb im Hintergrund und fädelte seine Aktionen raffiniert ein.

Da ihm die Möglichkeit fehlte, in Capones Festung im »Lexington« einzudringen, beschloß Ness, seine Taktik zu ändern. Wenn er nicht an Capone persönlich herankam, würde er versuchen, seine Brauereien und Brennereien zu vernichten. Ness und seine Männer stützten sich auf die Informationen, die sie beim Abhören der Telephonate gesammelt hatten, und planten eine Razzia im großen Stil, bei der sie einen Zehn-Tonnen-Lastwagen mit Rammbock einsetzten. Am Abend des 13. Juni fuhren sie mit dem schweren Laster in die South Wabash Avenue 2108, wo sie eine von Capones Brauereien vermuteten. Der Laster donnerte durch die Vordertür. Die Agenten sprangen von der Ladefläche, nahmen fünf Männer fest und kippten so viel Bier aus Fässern und Behältern, wie sie konnten. Es schien, als ob Ness endlich eine geeignete Methode gefunden hätte, Capone wirksame Stiche zu versetzen, und er nahm sich vor, eine derartige Aktion nach der anderen zu starten.

Aber das führte zu nichts. Ness stürmte ein anderes Gebäude, das angeblich eine Brauerei in Betrieb sein sollte, fand aber lediglich ein leeres Lagerhaus vor. Er unternahm einen weiteren Versuch, die Informationen der Telephonmitschnitte zu nutzen, und landete wieder in einem »ausgetrockneten Loch«. Ihm dämmerte, daß Capone – oder seine Helfershelfer – seine Telephone ebenso angezapft hatten wie er das von Capone. Ness' Vermutung war zutreffend. Schlau und gerissen wie immer hatten Capones Männer Angestellte der Telephongesellschaft und Elektriker mit Schmiergeldern dazu veranlaßt, Wanzen an den Telephonleitungen der Agenten zu installieren. Auf diese Weise wurden die Gangster rechtzeitig vor Razzien gewarnt und konnten die Betriebe leer räumen, ehe Ness dort auftauchte. Capone schlug Ness mit seinen eigenen Waffen.

Kurz danach schickte die Capone-Organisation einen jungen Mann, der als »Kid«* bekannt war, zu Ness. Kid war blendend als Unterhändler geeignet, denn Ness hatte ihn früher als Informanten benutzt und war daher geneigt, ihm zu glauben. Kid schlenderte unbekümmert in Ness' Büro, und während der Unterhaltung verriet Ness seine Enttäuschung über die ergebnislosen Razzien der letzten Zeit. Kid erklärte, daß Al eine Belohnung von 500 Dollar ausgesetzt hatte für jeden, der ihm Hinweise auf eine bevorstehende Razzia gab. Während Ness diese Neuigkeit verdaute, zog Kid einen großen Umschlag aus der Tasche und legte ihn mit einer Entschuldigung auf den Schreibtisch. Ness öffnete den Umschlag und fand, wie zu erwarten war, Geld – zwei nagelneue Tausenddollarscheine. »Sie sagen, wenn Sie die Sache ein wenig leichter nehmen könnten, würden Sie dieselbe Summe – 2000 Dollar – wieder bekommen, und zwar jede Woche«, machte Kid deutlich.

Wütend schob Ness den Umschlag und seinen Inhalt wieder in Kids Tasche. Er war so aufgebracht, daß Kid fürchtete, er würde ihn schlagen. In seinem Rückblick auf die Ereignisse berichtete Ness: »Ich sagte zu Kid: ›Hör gut zu, damit ich das nie wieder sagen muß. Ich mag ein armer Bäckerssohn sein, aber ich brauche diese Art von Geld nicht. Jetzt verschwinde von hier und erzähl diesen Ratten, was ich gesagt habe – und sorg dafür, daß sie jeden Penny zurückbekommen, sonst breche ich dir das Genick.‹« Vielleicht war Ness in Wirklichkeit nicht ganz so anmaßend und redegewandt, aber er ging jedenfalls nicht auf den Bestechungsversuch ein. Trotzdem führte ihm dieser Zwischenfall aufs neue vor Augen, wie schwierig es für ihn – für jedermann – sein würde, Al Capone zu bezwingen.

Als er an diesem Abend sein Büro verließ, erlebte Ness, dem die Ereignisse des Tages ohnehin schon schwer zugesetzt hatten, eine weitere schmerzliche Demütigung: Sein Wagen war gestohlen worden. Er glaubte zu wissen, wer für den Diebstahl verantwortlich war.

Ralph Capones Gerichtsverfahren wegen Steuerhinterziehung begann am 9. April, drei Wochen nach Als Freilassung aus dem Gefängnis. Der Vorsitz führende Richter war den Capones inzwischen allzu bekannt: Es war der ehrenwerte James H. Wilkerson vom Bezirksgerichtshof. Obwohl George E.Q. Johnson, der die Regierung in dieser Sache vertrat, in der Öffentlichkeit nichts darüber verlauten ließ, sah er den Prozeß als Testfall für

---

* Dieser »Kid« war nicht Tom Sullivan, der Caddie, den Capone ebenfalls »Kid« nannte.

ein Steuerverfahren gegen Ralphs jüngeren Bruder Al an. Als solcher erwies er sich als ausgesprochen erfolgreich, zumindest aus Johnsons Blickwinkel. Der Prozeß dauerte zwei Wochen, in denen die Staatsanwaltschaft eindeutige Beweise dafür vorlegte, daß Ralph Capone in den Jahren 1922 bis 1925 unrechtmäßig Einkommensteuer zurückbehalten hatte. Zudem nutzten sie Nels Tessems akribische Analyse von Ralphs eigenartigen finanziellen Transaktionen bei der Pinkert State Bank in Cicero. Der meterhohe Stapel von Akten und Bankunterlagen, die Tessem zusammengetragen hatte, war so schwer, daß er auf einem Karren in den Gerichtssaal gefahren werden mußte. Die erdrückenden Beweise gegen ihn zwangen Ralph zu dem Geständnis, daß er Konten unter falschen Namen geführt hatte, aber er versuchte sich damit herauszureden, daß dies eine notwendige Maßnahme für einen Spieler sei. Und außerdem, so betonte er, sei er kein Alkoholschmuggler. Er gab zu, mit einem gewissen Al Capone, auch unter den Namen »Scarface«, »Snorky« und »Big Fellow« bekannt, in Verbindung zu stehen, aber womit Al sein Geld verdiente, könne er nicht sagen. Falls sich die Regierungsbehörden dafür interessierten, würden sie wohl oder übel Al persönlich danach fragen müssen.

Trotz Ralphs offensichtlicher Lügen und Ausflüchte, legte die Staatsanwaltschaft einen lückenlosen Fall vor. Ralph wurde nicht beschuldigt, ein Gangster, Alkoholschmuggler, Spieler oder Zuhälter zu sein, statt dessen konzentrierten sich die Ankläger nur auf die Steuerhinterziehung. In diesem Bereich gab es keine Hintertürchen – entweder er hatte Einkommensteuer bezahlt oder nicht, und nach der Beweislage konnte kein Zweifel bestehen, daß er es jahrelang versäumt hatte. Die Behörden setzten darauf, daß Steuerhinterziehung selbst im korrupten Chicago ein strafbares Vergehen war – anders als Mord oder die Verletzung des Prohibitionsgesetzes. Die Erfahrungen hatten gezeigt, daß die Geschworenen eines Mordprozesses Rachemaßnahmen fürchteten, und das oft aus gutem Grund. Das Prohibitionsgesetz nahm ohnehin niemand ernst genug, um ein Vergehen dagegen wirklich zu ahnden. Es war klug, wenn auch unspektakulär, bei der Anklage wegen Steuerbetrugs zu bleiben.

Am 26. April zog sich die Jury zur Urteilsfindung zurück, und nach einer Beratung von zweieinhalb Stunden und sechs Abstimmungen befanden die Geschworenen den Angeklagten in allen Punkten für schuldig. Ralph mußte mit einer Gesamtstrafe von 22 Jahren Gefängnis und einem Bußgeld bis zu 40000 Dollar rechnen. »Ich verstehe das alles nicht«, beschwerte er sich, und das war vermutlich die einzige wahrheitsgemäße Bemerkung, die er in diesem Gerichtssaal von sich gegeben hatte.

Obwohl er verurteilt war, wurde Ralph nicht in Handschellen abgeführt, um seine Haftstrafe abzusitzen – wenigstens noch nicht. Seine Anwälte reichten eine ganze Reihe von Gesuchen und Anträgen ein, und bis über die einzelnen Punkte entschieden war, blieb Ralph auf freiem Fuß. Dennoch mußte er eine weitere schmerzliche Demütigung hinnehmen. Nach Prozeßende gab Al eine kleine Party für Ralph und nutzte die Gelegenheit, seinem älteren Bruder eine scharfe Rüge zu erteilen. »Man wird erwischt, wenn man nicht schlau genug ist«, sagte Al. »Du hast zuviel geredet und zu viele schriftliche Unterlagen hinterlassen. Du mußt klüger vorgehen, Ralph, und ich hoffe, daß du dir das zu Herzen nimmst, wenn du wieder draußen bist.« Al hatte jeden Grund, sich Sorgen zu machen, denn er war sich bewußt, daß Ralphs Prozeß lediglich eine Generalprobe für seinen eigenen war, und wenn die Behörden einen riesigen Stapel Akten über Ralph sammeln konnte, um wie vieles mehr würden sie dann über den »Big Fellow« persönlich herausfinden?

Trotz der ernsten Konsequenzen für Al Capone und all die anderen Gangster, fand das Ergebnis von Ralphs Gerichtsverfahren außerhalb von Chicago nur beiläufige Erwähnung in den Zeitungen und gedämpfte Reaktionen in der Öffentlichkeit. Aber das Urteil erschütterte Chicagos Unterwelt bis ins Mark. Alkoholschmuggler, Wucherer und Spieler aller Art stürmten in die Finanzbehörde und standen Schlange, um die versäumten Steuerzahlungen zu leisten. Im Mai berichtete George E. Q. Johnson, daß das Finanzamt mehr als eine Million Dollar von den »pflichtvergessenen« Ganoven Chicagos erhalten hatte, aber diese Summe war nur ein Bruchteil dessen, was sie der Regierung wirklich schuldeten.

Präsident Hoover verfolgte den Ausgang von Ralphs Gerichtsverfahren mit höchstem Interesse, und er drängte nach wie vor darauf, nicht nur Ralph, sondern auch Al Capone hinter Gitter zu bringen. Die Verurteilung veranlaßte Elmer Ireys Steuerfahnderteam, die Bemühungen zu verdoppeln und noch fieberhafter nach Beweisen gegen den »Big Fellow« zu suchen, was sich jedoch als äußerst schwierig herausstellte. Zwei Tage nach Prozeßende war Arthur Madden, der Ermittler in Chicago, gezwungen, seinem Boß einzugestehen: »Wir sind im Zusammenhang mit Al Capone auf wenig Interessantes gestoßen.« Aber er konnte auf ein paar Anhaltspunkte verweisen, deren Bedeutung noch nicht klar ersichtlich war. »Ich habe nicht den geringsten Zweifel, daß Al Capone und seine Kumpane einen beträchtlichen Gewinn mit der Hunderennbahn in der Nähe von Cicero erzielen«, bemerkte Madden. »Genaugenommen gibt es ziemlich überzeugende Hinweise darauf, daß namhafte Summen an Frank Nitto ausgezahlt wurden.« Er meinte Nitti, der jetzt auch unter Anklage stand. »Er ist einer der Rädelsführer in Capones Organisation. Eine der Banken, die in

seine Geschäfte verwickelt ist, war sehr zurückhaltend oder ängstlich oder beides. Ich denke, die Anklagejury sollte die Bankangestellten gründlich überprüfen, bevor die Fakten dem Richter vorgelegt werden können.«
Der aussagekräftigste Teil von Maddens Bericht betraf die Bemühungen des Anwalts Lawrence Mattingly, den Capone engagiert hatte, um die Steuerangelegenheiten zu regeln. »Mr. Mattingly suchte mehrfach den zuständigen Beamten in der Finanzbehörde auf. Für heute nachmittag ist ein weiterer Termin anberaumt. Offenbar möchte er die Verpflichtungen seines Mandanten bereinigen, aber in Wirklichkeit will er die Sache so abwickeln, daß die Staatsanwaltschaft keine Handhabe mehr gegen Capone hat.« Das hieß im Klartext, daß Johnson anders als bei allen anderen Gangstern, die Zahlungen von Capone ablehnte; tatsächlich sollten die Behörden Mattinglys Anstrengungen später als Beweis für Capones Schuld anführen. Es gab nur einen einzigen Grund, warum Johnson Capone anders behandelte als all die anderen Ganoven: Die Regierung, und das hieß alle Mitglieder bis zum Präsidenten, war entschlossen, Al Capone vor Gericht zu stellen – nur fehlten noch die ausreichenden Beweise.

Nach Ralphs Verurteilung mußte Al Capone noch einen weiteren Tiefschlag von unerwarteter Seite hinnehmen: von Frank J. Loesch, dem 78 Jahre alten Leiter der Chicago Crime Commission. Capone betrachtete Loesch als zahnlosen Drachen, der von einem Haufen versoffener Heuchler unterstützt wurde, deren Kampagne gegen das organisierte Verbrechen hauptsächlich von rassistischen und ethnischen Vorurteilen geprägt war. »Die amerikanischen Bürger sind keine gesetzlosen Menschen«, hatte Loesch erst am 22. März 1930 in einem Vortrag an der Princeton University erklärt. »Die Ausländer und die erste Generation der Neu-Amerikaner machen uns das Leben schwer.« Seine Zuhörer wußten genau, wen er meinte – diese Italiener, Juden, Polen und Iren. Loeschs Bemerkung löste eine hitzige Debatte aus, aber er ließ sich nicht beirren. Als er zu einer näheren Erklärung gedrängt wurde, behauptete er: »Die echten Amerikaner sind keine Gangster. Neue Einwanderer und die erste Generation von Juden und Italienern sind die Hauptverbrecher – die Juden haben den Verstand, die Italiener die Muskeln.«*
Bei seiner Rückkehr nach Chicago beschloß Loesch, die Angelegenheit Capone selbst in die Hand zu nehmen. Er startete eine Kampagne, um Capone und seinesgleichen in aller Öffentlichkeit zu brandmarken. Sein Plan

* Es ist erwähnenswert, daß Loesch selbst zu den Neu-Amerikanern der ersten Generation gehörte, er war der Sohn deutscher Immigranten.

war simpel, aber er funktionierte besser, als Loesch es sich hätte erträumen können – so gut, daß er auch heute noch angewendet wird. »Ich bat den Abteilungsleiter [der Chicago Crime Commission], mir eine Liste mit den Namen der prominentesten Ganoven zu bringen – von Männern, die, wie wir alle wissen, Morde begangen hatten, denen man aber nichts nachweisen konnte. Etwa 100 Namen kamen zusammen, und ich wählte 28 davon aus«, sagte Loesch. »Ich setzte Capone ganz oben auf die Liste, der nächste war sein Bruder [Ralph], und dann kamen die anderen – jeder einzelne war ein echter Verbrecher. Ich nannte sie Staatsfeinde und bezeichnete sie auch in dem Brief so, den ich an den Polizeichef, den Sheriff und jeden anderen maßgeblichen Kriminalbeamten schickte.« Loeschs Zorn richtete sich natürlich in der Hauptsache auf Capone – »selbstverständlich mache ich Capone nicht für die gesamte Kriminalität in Chicago verantwortlich, keinesfalls, aber er ist allen anderen haushoch überlegen«.

Loeschs Liste nannte die Staatsfeinde in der Reihenfolge ihrer Bedeutung, aber sie wies auch Lücken und Verzerrungen auf. Zum Beispiel hatte er es unterlassen, die Jungs aus Chicago Heights aufzuzählen, und Chicago Heights außer acht zu lassen hieß, den härtesten Kern des organisierten Verbrechens in Chicago und im Mittleren Westen zu ignorieren. Gleichzeitig maß er relativ untergeordneten Figuren ungebührlich große Bedeutung zu. Trotz dieser Mängel stellte die Liste ein *Who's Who* der Unterwelt dar. Unter den Staatsfeinden, wie sie Loesch eingeordnet hatte, befanden sich:

Alphonse Capone	Edward »Spike« O'Donnell
Ralph Capone	Joe »Polack Joe« Saltis
Frank Rio	Myles O'Donnell
Jack McGurn	Frankie Lake
Jack Guzick	Terry Druggan
George »Bugs« Moran	William »Klondike« O'Donnell
Joe Aiello	James »Fur« Sammons

»Das Ziel ist«, erklärte Loesch in dem Begleitbrief zu der Liste, »das Augenmerk der Öffentlichkeit auf Chicagos prominenteste, berühmt berüchtigte Gangster zu richten und darauf hinzuwirken, daß die Gesetzeshüter und gesetzestreuen Bürger sie ständig unter Beobachtung halten.« Während er gewisse Gangster brandmarkte, forderte Loesch die Kriminalisten und jeden anderen Beamten, der nachlässig geworden war, auf, das zu tun, was er für ihre Bürgerpflicht hielt. Wäre Loesch direkter und freimütiger gewesen, hätte er Chicagos Bürgermeister »Big Bill« Thompson so ziemlich an die Spitze der Liste setzen müssen; hätte er größeren

Weitblick gehabt, wäre er in seinem Brief auf die Prohibition eingegangen, die all diese Staatsfeinde reich gemacht hatte.
Obwohl Loeschs Liste der Staatsfeinde nur Chicago betraf und alle anderen gefährlichen Gangster gleichen oder noch höheren Rangs aus Städten wie New York oder Kansas City nicht berücksichtigte, fand sie weit über die Grenzen von Cook County hinaus Beachtung. Am 24. April veröffentlichte die *Chicago Tribune* die Liste unter einer achtspaltigen Schlagzeile, und andere Zeitungen zogen nach. Plötzlich stand Chicagos Gangsterelite im grellen Rampenlicht, und niemand mehr als Al Capone. Loesch hatte Capone in den krassesten Farben geschildert und ihm den Stempel aufgedrückt, den er verdiente. Bis dahin hatte die Öffentlichkeit nur einen verschwommenen Eindruck von Capone und seinen Aktivitäten gehabt, und die Meinungen waren unterschiedlich gewesen. Er galt als der Mann, der das Valentinstag-Massaker angeordnet haben könnte, andererseits wußte niemand genau, ob er tatsächlich in dieses Verbrechen verstrickt war. Man glaubte, daß er für den Mord an William McSwiggin, einem korrupten Staatsanwalt, verantwortlich gewesen war, aber kein Mensch konnte mit Gewißheit sagen, welche Rolle er dabei gespielt hatte. Jedermann wußte, daß Al Capone Alkohol schmuggelte, doch nur wenige registrierten, daß er auch ein Zuhälter war. Jetzt, nach Frank J. Loeschs Vorstoß, wußten alle, wer Al Capone war: der Staatsfeind Nummer 1.
Diese Bezeichnung fand Widerhall in der von der Depression gebeutelten Nation, und Capone wurde zum Sündenbock für alle möglichen sozialen Mißstände. Er wurde nicht mehr als Symptom dieser Mißstände geduldet, sondern mit einem Mal als die eigentliche Ursache angesehen. Dank Loeschs »Öffentlichkeitsarbeit« wurde Al Capone als erster großer, amerikanischer Krimineller des 20. Jahrhunderts bekannt. Und wie es sich für einen modernen Kriminellen gehörte, war er ein Organisationstalent, kein Straßenräuber oder ein auf sich alleingestellter Killer. Er war der Anführer eines riesigen Gangster-Unternehmens. Man war allgemein der Ansicht, daß er und seine Organisation die Gesellschaft als Ganzes korrumpiert und so den Nährboden für weitere Verderben bereitet hatte. Als Staatsfeind Nummer 1 setzte Capone neue Maßstäbe in der Kriminalität. Vor Capone und der Zeit der Prohibition hatten die breite Masse und die Polizeibeamten eine feste Vorstellung von Verbrechern – von ihren Motiven und ihren Charakteren. Kriminelle, so glaubte man, hatten sich entschieden, böse und schlecht zu sein, und sie hatten tatsächlich ihren Spaß an Gemeinheiten und Grausamkeiten. Zudem waren sie Einzelkämpfer, Ausgestoßene. In den zwanziger Jahren hingegen bewegten sich Verbrecher wie Capone in der besten Gesellschaft und gelangten zu großer wirtschaftlicher Macht.

Sie bauten Häuser, sorgten für ihre Familien und versuchten, ihren Kindern beizubringen, was der Unterschied zwischen Gut und Böse war. Sie waren nicht unbedingt böse, gemein oder verdorben – obwohl es auch solche gab –, sie wurden zu Staatsfeinden, weil sie auf illegaler Ebene Geschäfte machten. Mit ihren Organisationen ahmten sie Strukturen konventioneller Unternehmen nach. Sie leisteten elementare Wohltätigkeitsarbeiten und waren in der Lage, Menschen zu helfen, denen der Staat keine Chance ließ. Ihr großer geschäftlicher Erfolg machte sie zur Bedrohung, zu Staatsfeinden.

Andere führende Männer der Strafverfolgung beeilten sich, auf Loeschs brillante Öffentlichkeitsarbeit zu reagieren und mit ihm gleichzuziehen. In Chicago schrieb Robert Isham Randolph – der »Colonel«, wie er angesprochen werden wollte – einen Artikel für *Collier's Magazine*, in dem er Capone in Grund und Boden verdammte. Zu dieser Zeit war Randolph Vorstand der »Secret Six«, einer Gruppe von einigen der reichsten Männer Chicagos, zu denen Julius Rosenwald, der Präsident von Sears, Roebuck und Samuel Insull gehörte, der kurz darauf selbst als Gangster in seinem Bereich, den Versorgungsbetrieben der Stadt, entlarvt werden sollte. Ihre Idee war, Chicago von den Gangstern zu säubern und dabei die wirtschaftlichen Bedingungen zu verbessern, besonders für sich selbst. Um dieses Ziel zu erreichen spendeten sie der Chicago Crime Commission einige hunderttausend Dollar und stellten sogar Elmer Irey 75 000 Dollar zur Verfügung, um die Arbeit der Finanzbehörde zu unterstützen.

In seinem Artikel warnte Randolph vor der Gefahr, daß Al Capone ein Vorbild für die unterprivilegierte Jugend – das hieß im Klartext: für die jungen Einwanderer – werden könnte. »Für einen tatkräftigen Jungen, der in eine Zivilisation hineingeboren wurde, die ihm keine ausreichenden Möglichkeiten, sich auszutoben, bietet, stellt das Gangsterleben eine große Verlockung dar. Man kann von einem solchen Jugendlichen nicht verlangen, daß er die Fassade eines Al Capone, dem Herrn der Bordelle, durchschaut, wenn er sich wie ein Held in der Öffentlichkeit präsentiert. Möglicherweise findet es der junge Mann aufregend, selbst eine Waffe in der Tasche zu haben, ein bißchen Cowboy zu spielen … So ein Junge tut sich mit den armen, geistig minderbemittelten Huren zusammen, die den Gangstern zu Diensten sind und Burschen mit Revolvern bewundern.« Ishams Warnung endete mit einem zeitgemäßen Hinweis. »Er lernt, Drogen zu nehmen, um sich Mut zu machen und Mordaufträge ausführen zu können, und höchstwahrscheinlich endet er mit dem Gesicht nach unten auf irgendeiner einsamen Straße, nachdem ihn andere Gangster ›zu einer kleinen Spazierfahrt‹ eingeladen haben.«

Ein anderes Mitglied der Chicago Crime Commission, Henry Barrett Chamberlin, nutzte das Radio, um seine Anti-Capone-Propaganda zu verbreiten. In einer Sendung über das organisierte Verbrechen versuchte er den Volkszorn gegen die große Bedrohung, der alle ins Auge sehen müßten, anzuheizen. »Capone ist der gefährlichste, einfallsreichste, brutalste, bedrohlichste und gewissenloseste Verbrecher der modernen Zeit. Er hat mehr dazu beigetragen, den guten Namen von Chicago in den Schmutz zu ziehen, als irgendein Mann vor ihm«, erklärte er. »Begonnen hat er als kleiner Raufbold, und er hat sich Schritt für Schritt durch Zuhälterei, Frauenhandel und Mord zu einer Position hochgearbeitet, die in diesem Land noch nie zuvor jemand eingenommen hat ... Dieser Gorilla des Bandentums muß in die Enge getrieben werden ... Das Ende ist gewiß; seine traurige Berühmtheit, die für einige Zeit das Geheimnis seiner Stärke war, kündigt seinen Ruin an.«

Billy Sunday, ein Prediger und erbitterter Verfechter der Prohibition, fiel in den Chor der Verdammung ein. Er mietete ein Theater am Loop und wetterte in seinen täglichen Ansprachen eine Woche lang gegen Al Capone. »Ich gehe nach Chicago und tue alles, was mir möglich ist, um Al Capone und seiner Bande von Halsabschneidern das Handwerk zu legen«, sagte er. »Die Behörden in Chicago dürfen nicht länger der Sündenbock sein, und wenn ich in irgendeiner Weise behilflich sein kann bei ihrem Kampf gegen den bösen Mann und seine Horde, stelle ich mich hin und predige so lange, bis ich ihn aus Chicago vertrieben habe ...«

In Washington, D. C., warf Präsident Hoover das Ansehen seines Amtes in die Waagschale, um der Kampagne gegen Capone noch mehr Gewicht zu verleihen. Er lud Journalisten zu einem inoffiziellen Gespräch ein und berichtete, daß die Bundesbehörden bereits Ralph Capone dingfest gemacht hätten und es nur noch eine Frage der Zeit sei, bis sie seinem jüngeren Bruder Alphonse »den entscheidenden Schlag versetzen« würden. J. Edgar Hoover, der jede Gelegenheit nutzte, sich Publicity zu verschaffen, nahm Loeschs Liste in die FBI-Kartei der »meistgesuchten« Verbrecher der Vereinigten Staaten auf. Im Laufe der Zeit wurde die Liste der Staatsfeinde so sehr mit dem FBI und Hoover identifiziert, daß Loeschs Rolle als Urheber des Konzepts vollkommen in Vergessenheit geriet.

Am 20. April, drei Tage vor der Veröffentlichung der Liste, fuhr Al Capone mit dem Zug nach Miami, wo er wieder einmal in das ruhige Familienleben in seiner Palm-Island-Villa einzutauchen versuchte. Vor über einem Monat war er aus dem Gefängnis entlassen worden, und da er in ständiger Angst vor Anschlägen anderer Gangster lebte, hätte er sich am liebsten schon früher hinter die sicheren Mauern seiner Zufluchtsstätte zurückgezogen, doch wenige Wochen zuvor hatte der Gouverneur von Florida bekanntgegeben, Al Capone würde sofort des Landes verwiesen, sobald er Florida betrat. Capone reagierte auf diese Kampfansage, indem er zwei der renommiertesten Anwälte von Miami, J. F. Gordon und Vincent C. Giblin, engagierte, die geltend machten, daß Capone das Recht zustehe, den Boden von Florida zu betreten, da er ein Haus in diesem Staat besaß. Sobald Capones Anwälte eine von einem Bundesrichter unterzeichnete einstweilige Verfügung erhielten, die den Sheriffs untersagte, ihren Klienten »aufzugreifen, in Haft zu nehmen, an einen anderen Ort zu verbringen oder anderweitig zu belästigen«, bestieg der Gangsterboß den Zug nach Miami. Gleich nach seiner Ankunft hielt er eine Pressekonferenz ab und beteuerte, daß er vorhabe, ein friedliches Leben zu führen. »Ich bin hier, um mich zu erholen – ich denke, ich habe ein bißchen Ruhe verdient«, sagte er und wiederholte offensichtlich das, was seine Anwälte für diesen Anlaß formuliert hatten. »Ich wünsche mir nichts anderes, als in Ruhe gelassen zu werden, damit ich mein Zuhause genießen kann, das ich mir hier geschaffen habe.« Er behauptete sogar, daß er seine Steuerprobleme mit der Finanzbehörde ins reine gebracht habe, aber in diesem Punkt machte er sich selbst etwas vor. Johnson und seine Leute in Chicago gingen der Angelegenheit mit ungebremstem Eifer nach, ohne sich öffentlich dazu zu äußern.

Endlich wieder mit seiner Familie vereint, unternahm Capone Bootsfahrten über die Biscayne Bay mit seinem Sohn und entschädigte sich für die Entbehrungen, die er im Gefängnis hatte erleiden müssen. Aber die Ferien waren jäh zu Ende, als die Zeitungen die Liste von Chicagos Staatsfeinden veröffentlichten. Capone merkte rasch, wie demütigend ein Leben als Staatsfeind Nummer 1 war – genau das hatten Loesch und die Chicago Crime Commission beabsichtigt. Wohin er auch ging, wurde er jetzt behandelt, als hätte man ihn bereits der abscheulichsten Verbrechen für schuldig befunden und als wäre er von der Gesellschaft ausgeschlossen. Die Stadtverordneten von Miami beugten sich dem öffentlichen Druck und erklärten, daß der Staatsfeind Nummer 1 festgenommen und wegen Landstreicherei angeklagt würde, sobald er auch nur einen Fuß vor seine Haustür setzte. Und sie hielten ihr Versprechen. Die Polizei folgte dem Staatsfeind auf Schritt und Tritt und nahm ihn fest, wann immer sie konnte. Er wurde zweimal in einer Woche verhaftet. Beide Male mußte er nach einer Nacht in der Zelle auf richterliche Anordnung wieder freigelassen werden. Im Mai stand Capone mindestens dreimal vor dem Haftrichter, und er mußte feststellen, daß das Etikett »Staatsfeind Nummer 1« so etwas wie eine sich selbst erfüllende Prophezeiung wurde. In der Vergangenheit war es ihm gelungen, den Kugeln rivalisierender Gangster zu entgehen, aber dem verbalen Krieg, den ihm die Bürokratie erklärt hatte, war er nicht gewachsen. Eingesperrt in seinem Haus auf Palm Island wurde er reizbar, launisch und in sich gekehrt. Es war ihm unbegreiflich, wie die Männer von der Chicago Crime Commission, die regelmäßig Schnaps und Bier von ihm kauften, ihn auf diese drastische Weise fertigmachen konnten. Er selbst sah sich als Held und Wohltäter, der dafür sorgte, daß andere Spaß im Leben hatten, aber plötzlich wurde er als Schwerverbrecher dargestellt. Auf Anraten seiner Anwälte ging Capone zweimal rechtlich gegen die Gesetzeshüter der Stadt Miami und die willkürlichen Verhaftungen vor und bekam Recht. Es wurde klar, daß die örtlichen Behörden keine Handhabe hatten, Capone aus ihrer Stadt zu vertreiben.

Im Moment dieses Sieges entzweite sich Capone mit seinem Anwalt Vincent Giblin, der ihm eine Rechnung über 50 000 Dollar gestellt hatte. Das war viel Geld, aber immerhin hatte Giblin seinem Mandanten zur Freiheit verholfen. Nichtsdestotrotz weigerte sich Capone, die Schuld zu begleichen, obwohl er normalerweise Anwälten oder Ärzten ohne zu murren alles bezahlte, was sie verlangten. Vielleicht hatte er in diesem Fall nicht verstanden, was Giblin geleistet hatte, und hielt die Forderung für überhöht; vielleicht hatte er aber auch nicht genügend Bargeld zur Hand. Jedenfalls ließ sich Giblin weder von Capone noch von sonst jemandem so abfertigten, und eines Tages tauchte er ohne jede Vorwarnung in der Palm-Island-Villa auf, packte Capone am Hemd und drohte ihm Prügel an, wenn er die Rechnung nicht bezahlte. Verblüfft und eingeschüchtert führte Capone den Anwalt in sein Schlafzimmer, wo er sein Bargeld in der Truhe am Fußende des Bettes versteckte. Er öffnete die Truhe, nahm eine Handvoll Banknoten heraus und gab sie Giblin. Als Giblin später nachzählte, merkte er, daß er nicht den vollen Betrag erhalten hatte, und er klagte den Rest der Schuld ein. Auf diese Weise verlor Capone den besten Anwalt, den er je hatte, und ohne Giblins energische Protektion war er angreifbarer als je zuvor.

Trotz der unermüdlichen Anstrengungen von George E. Q. Johnson, des FBI, der Finanzbehörde, der Secret Six, der Chicago Crime Commission und sogar des Präsidenten Hoover gelang es nicht, genügend Beweismaterial zu sammeln, um Capone vor Gericht zu stellen. Am 9. Juni 1930, als ein Schuß in Chicago durch die Luft peitschte, änderte sich die Situation entscheidend. Der Schuß machte Schlagzeilen und stürzte die Stadt in eine neue Krise. Nicht einmal das Valentinstag-Massaker hatte einen derartigen Aufschrei verursacht. Zum erstenmal war das Opfer eines Bandenmordes kein Gangster, sondern ein Zeitungsreporter, und zwar Jake Lingle, der mit Al Capone befreundet und sein Kontaktmann zur *Chicago Tribune* war.

Laut Statistik wurden in den zehn Jahren seit Beginn der Prohibition 530 Bandenmorde verübt, und es war ein ungeschriebenes Gesetz, daß die Gangster nur das Blut anderer Gangster vergossen. Journalisten waren wie Frauen und Kinder tabu. Alle hielten sich strikt an diese Regel, zumindest bis zum 9. Juni, dem Tag, an dem der *Tribune*-Reporter vor Hunderten von Zeugen umgebracht wurde. Es konnte kein Zweifel daran bestehen, daß es sich um einen Bandenmord handelte, und unweigerlich kam immer wieder Al Capones Name zur Sprache. Alfred »Jake« Lingle, Polizeireporter, war nicht das, was er zu sein vorgab. Obwohl er für die *Tribune* arbeitete, hatten die Gangster die Regel, nur ihresgleichen kaltzumachen, eingehalten.
Nach der Schießerei erinnerte sich Walter Trohan, ein Kollege von der *Tribune*: »Es war bekannt, daß Jake Lingle ein Freund von Al Capone war. Er konnte jederzeit zu ihm gehen und ihm Fragen stellen. Man wußte, daß Jake überhaupt viele Kontakte zur Unterwelt hatte.« Dennoch hielten Trohan und die anderen Mitarbeiter der Zeitung Lingle nicht für einen Ganoven. »... er war ein Schmierenkomödiant, ein Angeber. Er und andere Polizeireporter machten immer eine große Show und borgten sich gegenseitig einen oder zwei Hunderter und gaben sie am nächsten Tag zurück, nur um zu zeigen, was für tolle Hechte sie sind. Wir haben alle nicht das große Geld.« Ein anderer Kollege erzählte, daß Lingle beim Pokern eine große Nummer abzog. »Er holte Geldscheine aus seiner Brieftasche, manchmal ein ganzes Bündel Tausender. Wir haben ihn gefragt, wie er an so viel Geld kommt, und wir glaubten ihm die Geschichte, daß er einen Haufen Geld von einem reichen Onkel geerbt hätte.« Es hatte natürlich nie einen reichen Onkel gegeben. Ein Journalist recherchierte die Sache und fand heraus, daß Lingle von seinem Vater 500 Dollar geerbt hatte. Bei der *Tribune* verdiente er 65 Dollar die Woche – kein schlechtes Gehalt für einen Reporter, aber kaum genug, um eine Brieftasche vollzustopfen.
Viele Zeitungsleute besserten ihr mageres Gehalt mit ein paar Geschäften auf, die ihnen ihr Job ermöglichte. Sie wußten fast alle, daß man als Gegenleistung für eine gute Story leicht an kostenlose Eintrittskarten und Mahlzeiten, an eine Kiste guter kubanischer Zigarren, eine Flasche importierten Scotch und gelegentlich an Geld kam. Aus diesem Grund genossen die Reporter viel Aufmerksamkeit, aber nur wenig Ansehen. Bestechung gehörte zum Alltagsleben in den Chicagoer Zeitungsredaktionen.
Als der junge Reporter Vern Whaley »mit einer Menge Flausen im Kopf«

nach Chicago kam und einen Job als Boxkampf-Reporter bei der *Chicago Evening Post* – für 45 Dollar in der Woche – bekam, bildete er sich ein, er hätte das große Los gezogen, bis er einem »massigen, großen Iren namens O'Keefe« begegnete, der gerade einen von Whaleys Box-Artikeln gelesen hatte. »Ich möchte Ihnen die Hand schütteln«, sagte er, und Whaley erzählt weiter: »Er ergriff meine Hand, und plötzlich hielt ich fünf Hundertdollarscheine zwischen den Fingern. Ich fragte: ›Wofür ist das?‹ und O'Keefe meinte: ›Ich möchte, daß Sie sich einen neuen Hut davon kaufen‹ ...« Nachdem Whaley des öfteren so großzügig beschenkt worden war, beschloß er, mit seinem Chefredakteur darüber zu sprechen. Whaley gestand, daß ihn seine Vorgesetzten beim *Register* in Des Moines, wo er nur 25 Dollar verdient hatte, davor gewarnt hatten, Geld für irgend etwas, was er schrieb, anzunehmen, aber hier in Chicago »taucht jedesmal, wenn ich etwas geschrieben habe, jemand auf und drückt mir Geld in die Hand. Ich habe ein schlechtes Gewissen, wenn ich es annehme – ich weiß, es ist nicht richtig.« In nur sechs Wochen hatte er über 4000 Dollar abgesahnt, aber da er immer noch der grüne Junge aus Iowa war, wagte er nicht, etwas davon auszugeben, weil er fürchtete, daß man es ihm sofort abnehmen würde, wenn jemand dahinterkam, daß er Geld bekommen hatte. Als Whaley mit seinem Geständnis fertig war, sah ihn der Chefredakteur »entgeistert an. Er sagte kein Wort, stand kopfschüttelnd auf und schaute aus dem Fenster .... Nach einer Weile begann er zu reden, ohne sich zu mir umzudrehen. Er sagte: ›Vern, unser Budget gestattet es mir nicht, Ihnen eine Gehaltserhöhung zu geben, aber nehmen Sie alles, was Sie kriegen können.‹«

Für Whaley, Lingle und andere gab es in Chicago während der Zeit der Prohibition zahllose Gelegenheiten, sich nebenbei die Taschen zu füllen. Kurz nachdem Whaley bei der *Tribune* angefangen hatte, wurde er mit anderen Sportreportern zu einem Mittagessen eingeladen – Gastgeber war Al Capone, und Wahley erfuhr, daß derartige Zusammenkünfte wöchentlich stattfanden. Das Gesprächsthema bei diesen Essen war immer dasselbe: Wer gewinnt den nächsten Boxkampf. Der Begriff, mit dem man einen manipulierten Kampf umschrieb, war »Barney«, aber nicht alle Kämpfe waren Barneys. Das Seltsame war, wie Whaley bemerkte, »daß die besten Kämpfe, die ich je gesehen habe, Barneys waren«. Bald war Whaley – wie so viele andere – von Capone fasziniert. »Der Fusel war gut, das Essen schmeckte großartig, Capone höchstpersönlich ging um den Tisch und bot allen Havanna-Zigarren an. Sie müssen anderthalb Dollar das Stück gekostet haben – es waren die ganz dicken –, und ich rauchte damals Fünfcent-Zigarren ... Als ich davon schwärmte, welch ein Genuß es war, diese Zigarre zu rauchen, sahen mich die anderen Jungs an, als wäre ich verrückt

geworden, und Capone setzte sich lächelnd an seinen Platz. Als ich aufstand, um zu gehen, paffte ich immer noch an der Zigarre, und er sagte: ›Hier, Vern, ich hab' ein Geschenk für Sie.‹ Er schenkte mir 50 dieser teuren Zigarren. Danach konnte ich nie wieder eine billige Zigarre rauchen.«
Walter Trohan erzählt, daß er auch einer Einladung gefolgt war, die Capone für die Presse und einige Politiker in einem West Side-Restaurant gegeben hatte. »Die Leute schwänzelten um Capone herum. Sie machten ihm ihre Aufwartung und schüttelten ihm die Hand. Ich war angewidert, drehte mich auf dem Absatz um und ging, obwohl es kostenlose Drinks gab.«
Lingle war beileibe nicht der einzige Journalist, der Capone nahestand, aber er prahlte des öfteren mit seinen guten Kontakten. Er trug einen Gürtel mit diamantbesetzter Schnalle, den Capone ihm geschenkt hatte, und er versetzte seine Kollegen mit der Behauptung, er würde den Bierpreis in Chicago bestimmen, in Erstaunen. In Wirklichkeit setzte Lingle den Bierpreis genausowenig fest wie Billy Sunday. Obwohl er nicht als Alkoholschmuggler aktiv war, diente Lingle als Informant, und das war eine gefährliche Beschäftigung in Chicago. Und noch verhängnisvoller für ihn war, daß er ein doppeltes Spiel trieb und diejenigen hinterging, die ihm nahestanden. Trohan erzählt: »Kurz bevor er erschossen wurde, ging Jake zum Chefredakteur und forderte, daß ich gefeuert werde, weil er sich einbildete, ich hätte ihn beleidigt ...« Trohan hatte einem Staatsanwalt gegenüber eine scherzhafte Bemerkung über »Jakes Gaunereien« gemacht, und als Lingle davon erfuhr, »wurde er fuchsteufelswild, weil er nichts mit unsauberen Geschäften zu tun hatte. Zumindest gab er das vor. Er mischte mit, da bin ich mir ganz sicher. Deshalb reagierte er so empfindlich auf meine Bemerkung, aber zu der Zeit wußte ich nichts davon.«
Lingle nahm nicht nur Geld und andere Gefälligkeiten von den Alkoholschiebern an, sondern spielte auch den Verbindungsmann zwischen der *Tribune* und der Chicagoer Polizei. Er hatte tatsächlich ziemlichen Einfluß und war im Grunde der Mann, der entschied, wer der nächste Polizeichef von Chicago wurde. Trohan sagt: »Unser Geschäftsführer Edward Scott Beck war ein vornehmer Gentleman, der viel dazu beigetragen hat, daß die *Tribune* eine so große Zeitung geworden ist. Damals war er schon über 70 und wohnte in der Gegend der North Side. Wann immer er von einer Spielhölle, einer Flüsterkneipe oder einem Freudenhaus in der Nachbarschaft erfuhr, ging er zu Lingle und sagte: ›Sorgen Sie dafür, daß der Polizeichef eine Razzia macht und den Schuppen schließt.‹ Und das tat Lingle auch.«
Laut Trohan erschütterte zu dieser Zeit ein Immobilienskandal die Stadtverwaltung, und die *Tribune* spielte eine entscheidende Rolle bei der Aufdeckung des Falles. Das Resultat war, daß John Stege, der Polizeichef, der

so viele sinnlose Verbalattacken gegen Capone geritten hatte, seinen Dienst quittierte; um die Zeitung zu beschwichtigen, erlaubte die Thompson-Administration, die während Thompsons Abwesenheit von Samuel Ettelson, dem Syndikus, angeführt wurde, der *Tribune*, Steges Nachfolger zu bestimmen. Die Herausgeber der *Tribune* wandten sich an ihren Polizeireporter Jake Lingle und baten ihn, jemanden zu empfehlen. »Er entschied sich für einen Burschen namens Bill Russell«, erinnert sich Trohan. »Als Jake noch ein Junge war, war Russel Streifenpolizist in seinem Viertel. Er war ein guter Mann, ein netter Kerl. Verbrechen machten immer Schlagzeilen, und es war wichtig für die *Tribune*, einen freundlichen Polizeichef und eine bereitwillige Informationsquelle zu haben.« So liefen die Dinge in Chicago; die Interessensparteien – in diesem Fall das Police Department, die *Tribune,* die Stadtverwaltung und die Capone-Organisation arbeiteten mit Hilfe von Mittelsmännern zusammen und einigten sich auf Kompromisse. Durch seinen Helfershelfer Jake Lingle gelang es Al Capone, zu entscheiden, wer der neue Polizeichef der Stadt sein sollte. Lingle hatte Capone gute Dienste geleistet und sich einen regelmäßigen Lebensunterhalt verdient. Deshalb konnte er es sich leisten, im Stevens Hotel zu wohnen, ein Landhaus zu kaufen und einen schnittigen Wagen zu fahren. Und deshalb konnte er es sich auch erlauben, Ralph Capone am Telephon wütend zurechtzuweisen. Nur in Chicago konnte ein Mann als Königsmacher im Police Department fungieren, gleichzeitig Vertrauter von Gangstern sein und im Impressum einer Zeitung stehen.

Aber Lingle wollte noch mehr. Sein Einfluß gab ihm das Gefühl, unverletzbar zu sein, obwohl er in Wirklichkeit extrem gefährdet war. Als Doppel- oder sogar Dreifachagent zu agieren war so aufregend, daß er nicht widerstehen konnte. Er erklärte sich bereit, Capone bei den Bundesbehörden zu denunzieren. Am 8. Juni lud Frank Wilson, der verbissene Fahnder der Finanzbehörde, den Verleger der *Tribune* Robert McCormick zu sich ein und fragte, ob er ein Gespräch mit Jake Lingle führen könne. »Ich habe gehört, er hat viele Kontakte zur Unterwelt.« Wilson schreibt in seiner Autobiographie *Special Agent*: »Colonel McCormick war kooperativ und versprach, innerhalb der nächsten 48 Stunden eine Unterhaltung mit Lingle zu vermitteln.« McCormick ging sogar noch weiter und sagte: »Ich bringe Lingle dazu, Sie rückhaltlos zu unterstützen.« Man verabredete einen Termin für den 10. Juni.

Einen Tag vor seinem Treffen mit Wilson verließ Jake Lingle das Stevens Hotel, um den Chefredakteur der *Tribune* davon in Kenntnis zu setzen, daß in der Gangsterszene, genauer auf der North Side, etwas im Gange sei. »Ich habe versucht ›Bugs‹ Moran aufzuspüren – er könnte mir sagen, was los ist.« – »Geh der Sache nach«, sagte sein Boß. Auch noch nach dem Valentinstag-Massaker, bei dem die Moran-Gang beträchtlich dezimiert worden war, ging diese nach wie vor ihren Alkoholgeschäften in einem eng begrenztem Gebiet auf der North Side nach, und obwohl sich »Bugs« nicht mit Capone vergleichen konnte, war er immer noch in Chicago präsent.

Es war ein schöner Tag, und Lingle schlenderte durch die Straßen zu einem Platz, der als Treffpunkt für Männer aus der Unterwelt bekannt war, aber bald vergaß er »Bugs« Moran und beschloß, seiner Lieblingsbeschäftigung nachzugehen und den Nachmittag auf der Rennbahn zu verbummeln. Er ging in Richtung Illinois Central Railroad Station, wo um 1.30 Uhr ein Zug zur Washington-Park-Rennbahn abfuhr. Lingle kaufte eine Rennzeitung, bevor er in die Fußgängerunterführung unter der Michigan Avenue eintauchte. Ein hagerer, gut gekleideter junger Mann folgte ihm, und als Lingle das Ende der Unterführung beinahe erreicht hatte, zog der junge Mann einen Revolver aus der Tasche und schloß zu ihm auf. Er hielt dem Reporter die Waffe an den Hinterkopf und feuerte aus wenigen Zentimetern einen Schuß ab. Lingle stürzte mit der Rennzeitung in der Hand und einer brennenden Zigarre zwischen den Zähnen zu Boden. Er war 39 Jahre alt, als er starb. Der Schuß hallte in dem Tunnel wider, der Killer flüchtete die Treppe hinauf, und eine Frau schrie. Einige Passanten hetzten dem Mörder durch die Randolph Street und durch eine Seitenstraße in Richtung Wabash nach. Polizisten setzten die Jagd fort, aber der Mörder entkam.

Am nächsten Tag beherrschte der Mord an Jake Lingle alle Chicagoer Zeitungen, und sein eigener Arbeitsplatz, die *Chicago Tribune,* war jetzt ein Teil der Sensationsstory. Und wenn die Leute aus Chicago von der *Tribune* sprachen, dann meinten sie gewöhnlich den gebieterischen Verleger Colonel Robert Rutherford McCormick.

McCormick lebte, abgeschirmt durch seinen Wohlstand und seine Position, in einer ganz anderen Welt als seine Mitarbeiter. Nach dem Mord an Lingle ließ er den Eindruck entstehen, er hätte nie von diesem Mann gehört und nicht die geringste Ahnung gehabt, daß jemand, der so enge Beziehungen zur Capone-Organisation unterhielt, für die *Tribune* arbeitete. Diese Behauptung wurde allgemein akzeptiert, obwohl sie falsch war. Nur wenige Tage zuvor hatte McCormick, wie bereits erwähnt, mit Frank Wilson über Lingle und seine Kontakte zu Capone gesprochen. Das alles bewies, daß McCormick die ganze Zeit genauestens über Lingle und seine Verbindung zu Al Capone Bescheid gewußt hatte, wie jedermann, der die mit Diamanten verzierte Gürtelschnalle gesehen und seine Zeitungsartikel gelesen hatte. Aber dem Verleger der *Chicago Tribune* hätte es nicht gut angestanden zuzugeben, daß er wissentlich einen Mann beschäftigte, der Capone nahestand. Kriminalität war zu dieser Zeit in Chicago das große Thema, und die *Tribune* lief Gefahr, ihre Glaubwürdigkeit zu verlieren, wenn die Wahrheit ans Licht kam. Der Mord an Lingle war eine echte Bedrohung für McCormick und die Zeitung. Es war schon schlimm genug, daß Leute wie Max Annenberg und Capone Verkaufszahlen und Auflagenhöhe bestimmten, aber auch nur die Andeutung, daß Capone den Inhalt durch Mittelsmänner kontrollierte, wäre vernichtend.

McCormick ging auf Nummer Sicher, täuschte Unwissenheit vor und spielte den Schockierten und Entrüsteten. Vern Whaley erinnert sich, daß McCormick am Morgen nach dem Mord an Lingle »eine Personalversammlung in der Stadthalle einberief; er war außer sich vor Zorn ... Ich dachte, der Schlag würde ihn treffen, aber er machte uns unmißverständlich klar, daß die *Tribune* Jake Lingles Tod rächen würde. Er selbst wollte sich um dieses Syndikat kümmern ...«

Im Leben war Lingle Capones Handlager und ein Dealer; nach seinem Tod machte ihn McCormick zum Märtyrer und Opfer der Capone-Organisation. Die *Tribune* setzte eine Belohnung von 25 000 Dollar aus für »Hinweise, die zur Verhaftung des oder der Mörder führen«, und andere Tageszeitungen schlossen sich an und verdoppelten die Summe. McCormicks Blatt wandte sich mit kämpferischen Artikeln an die Bevölkerung:

> »Es ist klar, welche Absichten mit diesem Mord verfolgt wurden. Es war ein Vergeltungsschlag und der Versuch der Einschüchterung. Mr. Lingle war Polizeireporter und außergewöhnlich gut informiert. Er pflegte Freundschaften zu den höchsten Polizeibeamten der Stadt, und durch seine Arbeit wurde er mit den meisten großen und kleinen Gangstern der Unterwelt bekannt ... Was ihn für diese Zeitung so wertvoll gemacht hat, stellte eine Gefahr für seine Mörder dar ... Es herrscht Krieg. Es wird Opfer geben, aber in einem Krieg ist das nicht anders zu erwarten ... Die Gesellschaft nimmt die Kampfansage der Kriminellen an. Es war eine Herausforderung von Maulhelden, aber wir nehmen sie an, die Konsequenzen bleiben abzuwarten. Die Justiz wird eine Schlacht schlagen, oder sie muß abdanken.«

Das Begräbnis von Alfred »Jake« Lingle war so prunkvoll wie das eines Würdenträgers oder wie das eines großen Gangsters. Das Police Department, die Feuerwehr, die American Legion, sogar die Navy sandten Delegationen, die durch die Straßen von Chicago marschierten. Prominente Richter, Stadträte und Staatsanwälte nahmen an der Prozession teil, und Bill Russell, dem Lingle auf den Posten des Polizeichefs verholfen hatte, führte die Sargträger an. Obwohl er als Jude geboren war, wurde Lingle auf dem katholischen Friedhof Mount Carmel bestattet, der letzten Ruhestätte so vieler Gangster. Sein Grab war nur wenige Schritte von dem Obelisken entfernt, der zum Andenken von Dion O'Banion aufgestellt worden war. Walter Trohan berichtet: »Der Priester sagte in seiner Predigt, daß Lingle ein Held gewesen sei, der von Gangstern ermordet wurde, aber viele Leute glaubten, daß er die Finger bei dieser Predigt hinter dem Rücken gekreuzt hielt und wußte, daß Jake kein so guter Kerl gewesen war.«

Die Ermittlungen im Mordfall Lingle ergaben, daß der Polizeireporter tatsächlich nicht zu den Guten gehört hatte. Während die *Chicago Tribune* den Ermordeten immer noch als Märtyrer betrauerte, veröffentlichte der *St. Louis Post-Dispatch* Einzelheiten über Lingles Karriere als Dealer der Capone-Organisation, den Gürtel von Capone, den er so stolz zur Schau gestellt hatte, und seinen verschwenderischen Lebensstil. Die Informationen stammten von Frank Wilson.

Kurz nach Lingles Tod vernahm Wilson Frankie Pope, den Geschäftsführer einer Capone-Spielhölle in Cicero, und Pope machte Wilson klar, daß Lingle ganz und gar nicht der war, der er nach außen hin zu sein schien. »Jake«, sagte Pope, »war ein Dealer.« Wilson gab diesen Hinweis an John T. Rogers, einen Reporter des *Post-Dispatch,* weiter, der Nachforschungen über Lingles Doppelleben anstellte. Das Resultat seiner Recherchen schockierte Chicago, besonders die *Chicago Tribune.* Rogers rief McCormick an, bevor er seinen Artikel veröffentlichte und berichtete ihn von dem erschütternden Inhalt. McCormick reagierte mit Empörung, aber er konnte nicht verhindern, daß der *Post-Dispatch* die Öffentlichkeit informierte. Rogers schrieb: »Seine [Lingles] Vergnügungssucht, sein verschwenderisches Leben und der Einfluß, den er auf Angelegenheiten der Polizei ausübte, lenkte die Aufmerksamkeit auf den neuen Polizeichef und die *Tribune.* Wir konzentrierten unsere Recherchen auf den Mann und die mysteriöse Geldquelle, aus der er die enormen Summen schöpfte, die regelmäßig seinem Bankkonto gutgeschrieben wurden.«

Weitere Nachforschungen über Lingles Finanzen brachten beunruhigende Einzelheiten über seine Gewohnheiten zutage. In einem Zeitraum von zwei Jahren hatte er beinahe 64 000 Dollar auf seinem Konto bei der Lake Shore Trust and Savings Bank angehäuft, und er hatte kräftigen Profit aus seiner Freundschaft mit Polizeichef Russell geschlagen. Aber Lingle brauchte immer mehr Geld; er hatte kurz vor seinem Tod eine Viertelmillion Dollar an der Börse verloren. Die rasch anwachsende Skandalwelle und die Aufdeckung der Korruption zwangen Bill Russell und seinen Stellvertreter zum Rücktritt. Außerdem bereiteten die Enthüllungen McCormick große Probleme, und die Konkurrenzblätter überhäuften ihn mit Hohn und Spott. Auch »Big Bill« Thompson, den die *Tribune* jahrelang angegriffen hatte, nutzte die Gelegenheit, um sich über die Zeitung lustig zu machen.

Zu guter Letzt sah sich McCormick zu einer Kehrtwende gezwungen: Von einem Tag auf den anderen wurde der Ermordete in der *Tribune* nicht mehr als beklagenswertes Opfer, sondern als Schurke bezeichnet, der alle getäuscht hatte. »Es hat sich herausgestellt, daß Alfred Lingle einen vollkommen anderen Charakter hatte, als es der Geschäftsführung der *Tribune* zu seinen Lebzeiten bewußt war«, verkündete die Zeitung. »Offenbar war er an Unternehmungen beteiligt, die ihm zu Geld verhalfen und ihm schließlich den Tod brachten.« Zu ihrer Verteidigung führte die *Tribune* wenig überzeugend an: »Es gibt auch bei anderen Zeitungen und in anderen Berufssparten schwarze Schafe, auch in Positionen, die mehr Verantwortungsbewußtsein erfordern, als die von Alfred Lingle.«

KAPITEL 9

Undercover-Agenten

Der Sommer des Jahres 1930 war lang, heiß und frustrierend für Frank J. Wilson, der die Ermittlungen der Finanzbehörde gegen Al Capone leitete. Der Mord an Jake Lingle hatte zwar Grauen und Entsetzen in Chicago hervorgerufen, Wilson mußte aber deprimiert zur Kenntnis nehmen, daß die Empörung nicht ausreichte, um Capone auszuräuchern. Schlimmer noch – durch die ungeheuerlichen Vorgänge wurde allen bewußt, daß Capone seine Fühler in alle Winkel ausstreckte. Er beherrschte nicht nur die Spielhöllen, Bordelle, Nachtclubs und Kneipen, sondern sein Einfluß reichte bis in die Stadtverwaltung, ins Police Department und nach Cicero, ja sogar bis in die Zeitungsredaktionen der Stadt. Aus Angst, daß die Korruption auch sein Büro befallen haben könnte, hatte sich Wilson völlig abgeschirmt und die letzten zwei Jahre damit verbracht, unzählige Geschäftsbücher und Bankunterlagen zu studieren, aber es war ihm nicht gelungen, konkrete Anhaltspunkte für Capones Einkommen zu erhalten. »Er hat sich einen Palast auf Palm Island in Florida gekauft, einen Küchenchef aus Chicago in sein Haus geholt und gab jede Woche 1000 Dollar für Festivitäten und Bankette aus. Er fuhr in 16-Zylinder-Limousinen spazieren, schlief in 50-Dollar-Pyjamas und bestellte auf einmal 15 Anzüge für 135 Dollar das Stück«, erinnerte sich Wilson, »und ich konnte nicht beweisen, daß dieser Satrap von Chicago mehr als 5000 Dollar im Jahr verdiente!«

Wilson verfolgte unendlich viele Hinweise, die er aus Zeitungsartikeln und von Informanten bezog, aber immer wieder griff er ins Leere. »Alle waren feindselig«, urteilte er. »Sie hatten hundertmal mehr Angst davor, von Capone umgebracht zu werden, als vor einer Gefängnisstrafe wegen einer Falschaussage.« Obwohl ihn seine Schnüffeleien in Gefahr brachten, schützte ihn sein anonymes Dasein und seine Betriebsamkeit mehr als jede konventionelle Sicherheitsmaßnahme. Er lauerte in den schattigen Winkeln von Capones Imperium, blieb aber mit seiner Allerweltserscheinung unauffällig. Er war schlank, hatte eine Glatze, trug eine Brille und verknitterte

weiße Hemden und Krawatten; er wechselte häufig seinen Standort, bestieg in letzter Sekunde einen Zug, hielt sich immer nur kurz in heruntergekommenen Pensionen auf und rauchte eine Zigarette nach der anderen, während er seine Anrufe von öffentlichen Telephonzellen aus tätigte. Er war bereit, jeder auch noch so vagen Spur nachzugehen. Ihm war ein Gerücht zu Ohren gekommen, daß Capone auch das Minigolf-Geschäft in Chicago kontrollierte, und machte sich daran, in dieser Sache Nachforschungen anzustellen. »Bei den Recherchen habe ich nur meine Geschicklichkeit im Einputten verbessert«, notierte er knapp. Es war widersinnig, daß einer der mächtigsten Männer Chicagos, vielleicht *der* mächtigste Mann in ganz Amerika, in finanzieller Hinsicht keine Fingerabdrücke hinterließ, aber genauso war es: Der Staatsfeind Nummer 1 war für die Steuerbehörde ein vollkommen unbeschriebenes Blatt.
In seiner Verzweiflung versuchte Wilson andere Informationsquellen anzuzapfen. Er fuhr nach St. Louis und traf sich mit John T. Rogers, dem Journalisten der *Post-Dispatch*, dem er einen Tip über Jake Lingle gegeben hatte. Jetzt wollte Wilson, daß Rogers ihm dafür eine Gefälligkeit erwies. Rogers lud Wilson zum Mittagessen in den Missouri Athletic Club ein, und dort gesellte sich ein dritter Mann zu ihnen, der behauptete, etwas über die Gewinne, die die Capone-Organisation mit den Spielbetrieben machte, zu wissen. Sein Name war Edward O'Hare.
Als junger Mann hatte sich O'Hare mit dem Erfinder der mechanischen Hasen zusammengetan, die beim Start von Hunderennen eingesetzt wurden. Rennbahnbesitzer bezahlten einen kleinen Prozentsatz ihrer Einnahmen für das Recht, diese Einrichtung zu benutzen, und im Laufe der Jahre verdiente O'Hare durch seine Beteiligung an diesem Geschäft viel Geld. Doch das war nicht seine einzige Einkommensquelle; 1923 stand er wegen eines Vergehens in Zusammenhang mit Alkoholschmuggel vor Gericht. Die Anklage wurde bei einem Revisionsverfahren fallengelassen, und O'Hares Fähigkeit, die Gesetze zu umgehen, brachte ihm den Spitznamen »Artful Eddie« ein. Nach diesem Zwischenfall begann er, Hunderennbahnen in ganz Illinois einzurichten, und weckte bald die Aufmerksamkeit von Al Capone, der sich selbst in diesem außerordentlich lukrativen Geschäft etablieren wollte. Hunderennen waren der Traum eines jeden organisierten Gangsters, weil sie leicht zu manipulieren waren. Man brauchte dem Hund, der verlieren sollte nur kurz vor dem Rennen ein großes Stück Fleisch zu fressen zu geben.
Anfangs hatte O'Hare Capones Angeboten widerstanden und betrieb den Lawndale Kennel Club in Konkurrenz zu Capones Hawthorne Kennel Club. O'Hare war so selbstbewußt, daß er Capone sogar androhte, ihm das

Recht zu verweigern, den mechanischen Hasen zu benutzen, falls ihm oder seinem Rennbetrieb irgendein Leid geschehen würde. Capone antwortete darauf mit dem Vorschlag zu einem Treffen, und die beiden Männer fanden, obwohl sie Rivalen waren, Gefallen aneinander. Zu guter Letzt konnte Capone O'Hare davon überzeugen, daß er mehr Geld machen könnte, als er für möglich hielt, wenn die beiden Hunderennbahnen zu einem Unternehmen verschmelzen würden. Hunderennen waren groß in Mode, und man munkelte, daß sie in einer guten Woche 50 000 Dollar einbrachten. O'Hare machte sich keine Illusionen über Capone, aber »Artful Eddie« redete sich ein, er könne mit allen Gefahren, die von ihm ausgingen, spielend fertig werden. »Man verdient gut, wenn man Geschäfte mit Gangstern macht, und man geht kein Risiko ein, wenn man sich nicht auch auf persönlicher Ebene mit ihnen einläßt«, erklärte er. »Wenn alles beim Geschäftlichen bleibt, gibt es nichts, wovor man Angst haben müßte.«

O'Hare hielt Distanz zur Capone-Organisation; er wurde nie in Capones Gesellschaft oder in einer seiner Spielhöllen gesehen, doch er hatte keine Möglichkeit mehr, aus dem einmal vereinbarten Arrangement auszubrechen, und zu der Zeit, als er sich zu dem Gespräch mit Wilson bereit erklärte, hatte O'Hare begriffen, daß er einen Pakt mit dem Teufel geschlossen hatte. »Eddie merkte zu spät, daß Capone so mächtig war … er konnte ohne die Zustimmung seines stillen Teilhabers auf seiner Hunderennbahn nichts unternehmen«, merkte Wilson an. »Ich hatte Mitleid mit O'Hare, als mir klar wurde, in welch mißliche Lage er sich unbewußt manövriert hatte.« Während des Mittagessens wurde deutlich, daß O'Hares Lebensinhalt sein Sohn, der zwölfjährige Butch, war. Vater und Sohn hatten einen gemeinsamen Traum: Eines Tages sollte der kleine Butch die US Naval Academy in Annapolis besuchen. Wilson mochte den freundlichen O'Hare, aber er konnte nicht verstehen, wieso er sein eigenes und das Leben seines Sohnes aufs Spiel setzte, indem er gegen Capone aussagte.

Dennoch erhielt Wilson nur wenige Tage, nachdem er nach Chicago zurückgekehrt war, einen Anruf von seinem Freund Rogers, der ihm sagte, daß O'Hare bereit war, alles zu sagen, was er wußte. Wilson blieb skeptisch. »Ich hoffe, es klebt nicht zuviel Blut an seinen Händen und wir können uns auf ihn verlassen.«

»Ich kenne ihn seit 20 Jahren«, beruhigte ihn Rogers. »Er war nie direkt in irgendeinen der Bandenkriege verwickelt. Er beschränkt seine Aktivitäten auf die legalen Hunderennen.« Aber warum, fragte Wilson, wollte O'Hare auspacken? »Er ist ganz verrückt, wenn es um seinen Jungen geht«, erklärte Rogers. »Er ist wild entschlossen, Butch in diese Akademie in Annapolis zu bringen, und er hat kapiert, daß er vorher mit den Gangstern Schluß

machen muß. Aber er kann nicht ausbrechen, solange Capone auf dem Thron sitzt. Ich habe ihm gesagt, daß du Fortschritte machst und daß der Boß um so früher ins Zuchthaus wandert, wenn er dir behilflich ist.«
»Weiß er, daß sein Leben aufs höchste gefährdet ist, wenn er ›Scarface‹ ans Messer liefert?«
»Zum Teufel, Frank, wenn Eddie zehn Leben hätte, würde er alle zehn für diesen Jungen aufs Spiel setzen.«
Von diesem Zeitpunkt an diente Rogers als Vermittler und leitete Informationen von O'Hare an die Steuerbehörde weiter.

Richter John Lyle hatte angekündigt, Capone in Chicago wegen Landstreicherei festzunehmen, sobald er sich dort in der Öffentlichkeit blicken ließ. Capone nahm diese Drohung nicht ernst und feierte seine Rückkehr nach Chicago mit einem großen Bankett im Western Hotel. Wenige Tage zuvor, am 29. Juli, nährte der Mord an Jack Zuta, einem Zuhälter und dem Buchhalter der alten Moran-Gang, kurzzeitig die Hoffnungen der Polizeibehörden, weil sie glaubten, sie könnten beweisen, daß Capone seine Finger im Spiel hatte. Da die Polizei Zuta einen Monat vor seiner Ermordung vernommen hatte, spekulierten die Zeitungen, daß er Capone bei dem Verhör mit einer ganzen Reihe von Verbrechen in Zusammenhang gebracht und daß Capone ihn zur Strafe kaltgemacht hatte. Diese Theorie klang wie so viele andere über die Machenschaften der organisierten Banden in Chicago einleuchtend, entbehrte aber jeder Grundlage. Viel aufschlußreicher waren die Geschäftsbücher und Unterlagen, die in Zutas »Nachlaß« gefunden wurden – sie zeigten, daß die Moran-Gang, für die er gearbeitet hatte, exakt dieselbe Bestechungsmethoden anwandte, um sich höhere Beamte geneigt zu machen, wie die Capone-Organisation. Die Schriftstücke deckten auf, daß Zuta Kontakte zu Frankie Yale und zu weniger bekannten Verbündeten von Capone unterhalten hatte. In einem Brief vom Juni 1927 schrieb Louis La Cava, der vor seiner Flucht nach New York für Capone tätig war, an Zuta über den Versuch, die Capone-Unternehmungen zu zerschlagen: »Ich helfe Dir, eine starke Geschäftsorganisation aufzubauen, die der von denen in Cicero gewachsen ist. Du weißt, daß es noch ein riesiges jungfräuliches Gebiet jenseits der Grenze auf der North Side gibt, und sie werden alle Hebel in Bewegung setzen, um zu verhindern, daß ich mich mit Euch zusammentue. Sie versuchen, mich auszuhungern, bis ich wieder zu ihnen zurückkomme und um Gnade winsle.« Obwohl Zutas Papiere viele solcher Leckerbissen enthielten, offenbarten sie kein Gesamtbild von den kriminellen Gepflogenheiten der Moran-Gang oder der Capone-Organisation.

Während der Aufregung nach Zutas Tod erhielt Capone den Anschein aufrecht, daß er sich ins Luxusleben zurückgezogen hatte. Im August widmete er sich hauptsächlich der Aufgabe, sein Handicap auf dem Burnham Wood-Golfkurs zu verbessern, wo er zwischen den Schlägen gelegentlich Geschäfte mit »Greasy Thumb« Guzik und »Machine Gun« Jack McGurn machte. Es war fast wie in alten Zeiten. »Er ist ganz in Ordnung, wenn Sie mich fragen«, sagte eine Serviererin des Golfclubs über Capone, »und er und die anderen Jungs spielen immer alle 18 Löcher«.
Im September beauftragte die französische Zeitung *Le Journal* einen ihrer Mitarbeiter, ein Interview mit Alphonse Capone zu führen, der in Europa als der größte Gangster Amerikas bekannt war. Das Chicago Police Department behauptete, keine Ahnung zu haben, wo sich Capone aufhielt, aber der französische Journalist, der noch nie in Chicago gewesen war, fand ihn auf Anhieb. Wie alle Europäer war der Franzose entsetzt über die Prohibition und geneigt, Sympathie für die Alkoholschmuggler aufzubringen. Das Interview sorgte sowohl in den Vereinigten Staaten als auch in Europa für Schlagzeilen. Der große Gangsterboß zeigte sich von seiner charmantesten Seite, als er von dem ausländischen Journalist nach seinen Widersachern befragt wurde:

> »Er zuckte mit den Achseln, erhob die Stimme und rief: ›Scheinheilige, lauter Heuchler! In diesem Land gibt es wirklich zu viele davon … dieses Spiel macht mich ganz krank. Es gibt Leute, die nach dem Alkoholverbot schreien und selbst trinken … Und dann sind da noch die Politiker, die sich die Maske der Respektabilität aufsetzen und in Wirklichkeit nichts anderes als Schwindler sind. Und solche Leute soll ich nicht verachten? Ich würde mein Frühstück lieber mit einem Polizeispitzel teilen … Ich hoffe, Sie nennen mich in Ihrem Artikel nicht ›Gorilla‹ … Adieu … Wenn Sie in diesem Winter nach Florida kommen, schauen Sie bei mir vorbei. Ich zeige Ihnen meine wunderschönen Blumen.‹
> Und der Mann, der 50 Menschenleben auf dem Gewissen haben soll, gibt mir, ständig lächelnd, seine feingliedrige, sehr weiße Hand.«

Capone machte einen selbstsicheren Eindruck, weil er überzeugt war, daß ihm keine Gefahr drohte. Richter Lyle konnte über das organisierte Verbrechen herziehen, soviel er wollte, um zum Bürgermeister gewählt zu werden, Al Capone würde dem Geschwätz keine Beachtung schenken; er hatte seine Anwälte, die sich um derartige Dinge kümmerten. Und genauso sicher war er, daß die Finanzbehörde ihn niemals wegen Steuerhinterziehung vor Gericht bringen konnte. Nach Jahren der Ermittlungen hatten die Fahnder offenbar keine ausreichenden Beweise gefunden, um Anklage zu erheben. Falls sie nicht aufhörten, ihn zu belästigen, würde er das Finanzministerium, wenn nötig die ganzen Vereinigten Staaten vor den Kadi zerren, wie er es mit den maßgeblichen Leuten in Miami getan hatte, und er würde sich grinsend anhören, wenn der Richter einen Vortrag über die in der Verfassung garantierten Rechte des einzelnen auf Freiheit hielt. Ja, Capone würde seine Rache genießen, und was noch besser war, er würde seine Gegner mit legalen Mitteln schlagen.

Zu dieser Zeit mußte Wilson Al Capone recht geben: Die Finanzbehörde hatte nach zwei Jahren verbissener Nachforschungen wenig vorzuweisen. Wilsons Mitarbeiter, Art Madden, hatte einmal gesagt, es wäre genauso aussichtslos, »dem Mond eine Ankündigung zur Zwangsvollstreckung zuzustellen«, wie Capone wegen Steuerhinterziehung festzunageln, und Maddens Prophezeiung erwies sich als niederschmetternd zutreffend. Gegen Ende des Sommers war Wilson so weit, seine fruchtlosen Ermittlungen abzubrechen. »Ich bin als nüchterner und besonnener Mensch bekannt«, meinte er, aber »nach zwei Jahren brach mir der Schweiß aus allen Poren.«

Wilson hatte noch mehr Grund zur Angst, als ihm zu Ohren kam, daß die Capone-Organisation plante, ihn umzubringen. Bis dahin hatte Wilson vernünftige Vorsichtsmaßnahmen ergriffen, um seine persönliche Sicherheit zu wahren, aber er hatte nie wirklich um sein Leben gefürchtet.

Die Nachricht kam von dem Informanten De Angelo, doch das war nicht sein echter Name. De Angelo war der Deckname für den Undercover-Agenten Mike Malone, den Wilson vor beinahe zwei Jahren beauftragt hatte, Insiderwissen über Capones Organisation zu sammeln. Wilsons Einschätzung nach war Malone »der großartigste Undercover-Agent, den die Dienstelle je hatte. Fast einsneunzig groß, breiter Brustkorb, zweihundert Pfund schwer, pechschwarzes Haar, scharfe braune Augen mit ausgeprägten dunklen Ringen darunter und ein strahlendes, freundliches Lächeln – Mike hätte leicht als Italiener, Jude, Grieche, oder was auch immer die Situation erforderte, durchgehen können. Tatsächlich war er ein ›schwarzer Ire‹ aus Jersey City.«

Als Vorbereitung auf seine verdeckten Ermittlungen fabrizierte Malone eine ausführliche Legende über sein Vorleben und behauptete, ein Ganove in Brooklyn gewesen zu sein, um sich als Einsteiger in die Capone-Organisation zu empfehlen. Er mietete sich im Lexington Hotel ein und bekam zufällig Zimmer Nummer 724, das direkt neben dem von Philip D'Andrea, einem Leibwächter von Capone, lag. Während der nächsten Wochen hielt sich Malone, der jetzt den Namen De Angelo trug, oft in der Lobby des Hotels auf und benahm sich möglichst auffällig, bis ihn einer von Capones Männern ansprach und nach seinen Geschäften fragte. »Ich bin Promoter«, sagte De Angelo. »Kennen Sie jemanden, der Interesse daran hätte, ein paar falsche Goldbarren zu kaufen?« De Angelo erzählte von seiner Vergangenheit in Brooklyn und erwähnte, daß er bei einer Schießerei dabeigewesen sei. Er behauptete sogar, Mitglied der Five Points Gang, dem Ursprung vieler organisierter Verbrecher, gewesen zu sein. Mit diesen dreisten Lügen und Prahlereien, die vorher genau ausgeklügelt worden waren, gewann er das Vertrauen der Capone-Leute und bekam schließlich einen Job als Croupier in einem Spielclub in Cicero. Während der ganzen Zeit hielt sich De Angelo von seinem wirklichen Boß Frank Wilson fern. Im Laufe der Monate wurde er innerhalb der Organisation mehrmals befördert, bis er Chefcroupier im Club war.

In seiner Freizeit aß und trank De Angelo mit den Capone-Männern, und er leitete alles weiter, was er herausfand und hörte – auch die Bemerkung eines Ganoven über den »Enforcer« – Vollstrecker –, womit vermutlich Frank Nitti gemeint war: »Er hält für Al alles in Ordnung. Wenn jemand aus der Reihe tanzt, sagt Al dem ›Enforcer‹ Bescheid. Als nächstes erfährt man, daß ein paar Jungs einen Zug in Detroit oder New York besteigen, und der ›Enforcer‹ sagt ihnen, wer ins Gras beißen muß. Die Jungs erledigen ihren Job und fahren wieder nach Hause.« Im Gegensatz zu den angeheuerten Killern mochte Al, wie der Ganove erzählte, »keine Schießereien unter seinen Männern, wenn es nicht unbedingt nötig ist und jemand zum Schweigen gebracht werden muß. So wie Scalise und Anselmi. Ich will nie, daß Al ein solches Bankett für mich gibt. Ich hab' erlebt, wie er an einem Abend ein Bankett für einen der Jungs gegeben hat, und als der Bursche aufstand, um sich zu verbeugen, nahm Al einen Baseballschläger und prügelte ihm vor allen Leuten das Gehirn aus dem Schädel.«

Kurz nach diesem Gespräch erhielt De Angelo eine Einladung zu einem solchen Bankett, zu einer Geburtstagsparty, die Al für den Enforcer, Frank Nitti, im New Florence Restaurant gab.

De Angelo war nicht sicher, ob es klug war, daran teilzunehmen, aber er wußte, daß Al Capone dort sein würde, und er wollte den Staatsfeind Nummer 1 persönlich in Aktion erleben. Er mobilisierte andere Spezialagenten, die vor dem Restaurant Posten bezogen, dann ging er hinein, um zuzusehen, wie sich Capone, McGurn und alle anderen sinnlos betranken. Es gab keinen in Badewannen zusammengepanschten Gin für die Jungs – nur der beste importierte Champagner wurde serviert. Capone trug einen Smoking und blieb den ganzen Abend über ruhig. Er schwang keinen Baseballschläger, dafür tätschelte er De Angelo freundschaftlich die Schulter. Falls Al ihn verdächtigte, ein Spion der Finanzbehörde zu sein, so ließ er es sich jedenfalls nicht anmerken.

Trotzdem war De Angelo kurzzeitig davon überzeugt, daß Capones Küchenchef ihn zu vergiften versuchte. Der Stein des Anstoßes war ein Steak. Als De Angelo einen Bissen essen wollte, glaubte er sich die Zunge und den Mund total verbrannt zu haben. Er bekam plötzlich kaum noch Luft und schrie nach einem Glas Wasser. Darauf bekam er nur die Antwort: »Wozu, zur Hölle, brauchst du Wasser, wenn es so viel Champagner gibt?« De Angelo redete sich damit heraus, daß er wegen seiner Magengeschwüre nicht viel trinken könne. Nachdem er einen Krug Eiswasser ausgetrunken und sich einigermaßen erholt hatte, fragte er Paul »The Waiter« Ricca, der neben ihm saß, was das für Fleisch war, das man ihnen aufgetischt hatte. »Pfeffersteak«, sagte Ricca. »Schmeckt's dir nicht?« Es stellte sich heraus, daß der rote Pfeffer das einzige an diesem Abend war, was die Gesundheit der Partyteilnehmer gefährdete. Später gab es sogar einen köstlichen Kuchen, auf dem stand: »Happy Birthday, Frank.«

Nach einigen Monaten bekam De Angelo Verstärkung durch einen anderen Undercover-Agent, der unter dem Namen Graziano operierte. Zu zweit hörten sie eine Unterhaltung zwischen zwei Revolverhelden mit an. »Snorky will, daß wir uns um einen Burschen kümmern«, sagte der eine. – »Wo wohnt er?« – »Im S. P.« Wie jedermann in Chicago wußte, war damit das »Sheridan Plaza« gemeint, in dem sich Wilson und seine Frau unter fremdem Namen einquartiert hatten. De Angelo und Graziano gaben die Information sofort an Wilson weiter, der wiederum seinem Boß Elmer Irey, dem Leiter der Spezialeinheit, Bericht erstattete. Irey wartete mit einer finsteren Theorie auf. Was, wenn Capone die ganze Zeit gewußt hatte, daß De Angelo und Graziano Geheimagenten waren? Wenn ja, dann fütterte er sie womöglich mit falschen Informationen. Und wenn Capone tatsächlich wußte, daß die Männer Spione waren, würde er nicht zögern, sie ermorden zu lassen, sobald ihm der Zeitpunkt günstig erschien. Irey setzte De Angelo von seinen Bedenken in Kenntnis. De Angelo antwortete mit einem Brief, weil er fürchtete, daß die Telephone abgehört werden könnten. »Ich bin ziemlich sicher, daß die [Capone-]Gang keine Ahnung von meiner wahren Identität hat«, schrieb er. »Sie sind weder hinter mir noch hinter Graziano her. Ich habe die Angelegenheit gründlich mit ihm durchgesprochen, und er ist sich genauso sicher wie ich. Wir wollen die Sache durchziehen.«

Gleich nachdem De Angelo den Brief aufgegeben hatte, erhielt er den nächsten Hinweis darauf, daß Wilsons Leben in großer Gefahr war. Der Undercover-Agent brach alle Regeln und rief Wilson in seinem Zimmer im »Sheridan Plaza« an. »Dies ist ein Notfall«, sagte er, als Wilson sich meldete. »Sie müssen das Hotel sofort verlassen.« Der Panik nahe, folgte Wilson De Angelos Rat. Sie trafen sich, und De Angelo erzählte ihm, daß Capones Männer ihn schon seit einigen Tagen beschatteten, und als Wilson ihm nicht glaubte, verblüffte er ihn mit der Beschreibung dessen, was er am Tag zuvor zum Mittagessen bestellt und daß er die Rechnung mit einem Fünfdollarschein bezahlt hatte. »Ich möchte, daß Sie aus dem ›Sheridan Plaza‹ ausziehen«, sagte De Angelo, »weil sie Sie umbringen wollen, wenn Sie am Morgen in die Garage zu Ihrem Wagen gehen ... Zwei Kerle verschaffen sich in der Nacht Zugang zu Ihrem Auto ... Sobald Sie sich hinter das Steuer setzen, erledigen sie Sie mit einer Kanone mit Schalldämpfer ... Sie fahren mit Ihnen los, beschweren Ihre Leiche und werfen sie in einen Fluß.«
Wilson kaute auf seiner billigen Zigarre herum, während er zuhörte, auf welche Weise die Capone-Bande ihn kaltzustellen plante. Er blies eine dicke Rauchwolke in die Luft und sagte: »Ich bekomme genügend Beweise gegen Capone zusammen, und wenn es das letzte ist, was ich in diesem Leben tue.«
Aber erst zogen Wilson und seine Frau aus dem »Sheridan Plaza« aus. Als er die Rechnung bezahlte, erklärte er dem Portier deutlich, daß er nach Kansas zurückkehren wolle. Er und seine Frau nahmen ein Taxi, wechselten nach drei Blocks in den eigenen Wagen und fuhren zu einem Apartmenthaus. Wilson stieg aus, drückte auf einen Klingelknopf und kehrte später zu seinem Auto zurück. Als nächstes machte er sich auf den Weg zur Union Station, lungerte einige Zeit auf dem Bahnsteig herum, dann fuhr er zu einem anderen Chicagoer Hotel, zum »Palmer House«, und nahm sich ein Zimmer. Er war überzeugt, daß er mit seinen Täuschungsmanövern die Capone-Leute verwirrt und abgeschüttelt hatte. Mittlerweile hatte die *Chicago Tribune* Wind davon bekommen, daß Wilsons Leben bedroht worden war, und brachte die Geschichte auf der ersten Seite. »Ich war außer mir, als ich am Morgen las, daß Capones Plan, vier Schützen aus New York nach Chicago kommen zu lassen, enthüllt worden war«, schrieb er an Irey. »Durch diesen Vertrauensbruch könnte das Leben unserer Männer [De Angelo und Graziano] gefährdet sein, und wir haben vielleicht keine Chance mehr, auf diese Weise an Informationen heranzukommen.«
Kurze Zeit später erhielt Wilson von dem Undercover-Agenten Graziano einen weiteren Hinweis. Er hatte zwar nur den Bruchteil eines Gesprächs

mitbekommen, und die Information erschien beinahe unbedeutend, aber schließlich sollte diese Spur zu dem entscheidenden Beweis führen, daß Capone ein enormes Einkommen bezog, das er bei der Steuerbehörde nicht angegeben hatte. Graziano kam im Lexington Hotel mit einem von Capones Männern ins Gespräch, der beteuerte, er wäre im Besitz von Insiderinformationen über die Polizeirazzia im »Hawthorne Smoke Shop«, die vor fünf Jahren kurz nach dem Mord an dem stellvertretenden Staatsanwalt William McSwiggin stattgefunden hatte. »Sie haben ein paar schöne Geschäftsbücher, in denen lauter Zahlen standen, aus dem ›Smoke Shop‹ mitgenommen, die sie gegen den ›Big Boy‹ verwenden könnten«, sagte der Mann, »nur haben sie was übersehen.«

Graziano konnte nicht wissen, was dieser Hinweis zu bedeuten hatte, aber er erstattete pflichtgemäß Bericht an Irey, der sofort begriff, daß die Steuerbehörde bereits ein Geschäftsbuch mit entscheidenden Informationen über Capones Finanzen in den Händen hatte. Irey war so aufgeregt über diese Neuigkeit, daß er Washington verließ und nach Chicago fuhr, um mit seinen Agenten die Angelegenheit gründlich durchzusprechen. Wilson, der in den letzten zwei Jahren kaum etwas anderes getan hatte, als derartige Geschäftsbücher durchzuforsten, konnte sich an nichts erinnern, was der Beschreibung entsprochen hätte, aber er versprach: »Ich sehe alles noch einmal durch.«

Wilson suchte stunden- und tagelang. Eines Nachts machte er sich bereit, nach Hause zu gehen, und räumte die Papiere auf. »Ich entdeckte ein zusammengeschnürtes Bündel«, erinnerte er sich. »Es lag mehr als fünf Jahre bei den Akten, das Etikett sagte mir nicht das geringste. Ich sah es mir genauer an. Sobald ich einen Blick darauf warf, wußte ich, daß wir unseren Beweis hatten.« Wilson hatte die Aufzeichnungen gefunden, von denen Graziano erfahren hatte – Aufzeichnungen, die seine Dienststelle die ganze Zeit in Verwahrung gehabt hatte und die Capone, wie er selbst seit Jahren fürchtete, ans Messer liefern konnten. »Ich schnitt die Schnur auf und hatte drei Geschäftsbücher in der Hand – schwarz mit roten Ecken«, fuhr Wilson fort. »Dem ersten war nicht viel zu entnehmen. Im zweiten fand ich eine Rubrik ›Spezielles Kassenbuch‹. Ich überflog die Zahlenkolonnen mit den Überschriften ›Bird Cage‹, ›21‹, ›Pharao‹, ›Roulette‹, ›Pferdewetten‹.« Wilson dachte in dieser Nacht nicht mehr daran, nach Hause zu gehen. Er hockte in seinem winzigen Büro, ging die Bücher durch, stellte ein paar Berechnungen an, und als er zum Ende kam, war ihm bewußt, daß er auf Geschäftsbücher gestoßen war, in denen – für einen Zeitraum von 18 Monaten – ein Reingewinn von über einer halben Million ausgewiesen wurde. Und das vor über vier Jahren, als Capones Organisation noch wesentlich kleiner gewesen war! Das war der Beweis. Wilson und sein Team hatten sich auf Capones Ausgaben konzentriert, aber um stichhaltige Beweise für eine Steuerhinterziehung anführen zu können, mußten sie zweifelsfrei darlegen, daß er große Summen einstrich.

Der nächste Schritt war, die in den Büchern enthaltenen Informationen mit Capone persönlich in Zusammenhang zu bringen, und Wilson wußte, an wen er sich deswegen wenden mußte: an Fred Ries, den Kassierer, den Nels Tessem als entscheidendes Glied in der Kette von Capones Geldgeschäften identifiziert hatte. Aber Ries war verschwunden. Wilson vergeudete eine ganze Woche mit der Suche nach seinem Opfer, bis er den Tip erhielt, daß sich der Gesuchte in St. Louis aufhalten könnte. Wilson und Tessem bestiegen sofort einen Zug. »Von Postinspektoren erfuhren wir, daß ein Eilbrief an ihn ausgeliefert werden sollte, also hefteten wir uns an die Fersen des Postboten, und ich drückte Ries eine Vorladung vor die Bundesbehörde in die Hand.« Wilson drohte Ries mit einer Verhaftung und sah sich bei ihm um. Er fand einen Brief von Louis Lipschultz an Ries, in dem er den Kassierer anwies, sich weiter nach Westen, nach Kalifornien, zurückzuziehen – das Reisegeld lag bei. Lipschultz, das wußte Wilson, war Jack Guziks Schwager, und der Brief machte noch deutlicher, daß Ries etwas mit Capones Spielbetrieben zu tun hatte.

Ries war entrüstet, wie es nur ein Schuldiger sein konnte. Und schlimmer noch: Er fürchtete um sein Leben und glaubte, von den eigenen Leuten angegriffen zu werden. »Wer sind Sie?« fragte er seine unerwarteten Besucher. »Falls Sie Agenten der Regierung sind, möchte ich Ihre Dienstmarken sehen!« Wilson und Tessem hatten keine Dienstmarken, die sie ihm zeigen konnten. »Ich habe in meinem ganzen Leben nie auch nur ein Wort über Capone verlauten lassen und ihn nie angeschwärzt«, protestierte Ries. »Das alles ist ein Irrtum. Ich war nie in der Pinkert State Bank oder in Cicero.« Als Ries weiterhin beteuerte, vollkommen ahnungslos zu sein, begriff Wilson, daß der Kassierer eine kleine »Aufmunterung« brauchte, bevor er zugab, mit dem gefürchtetsten Gangster von Chicago in Verbindung zu stehen. Und Wilson war darauf vorbereitet, Druck auszuüben. Von seinen Informanten hatte er erfahren, daß Ries panische Angst vor Insekten hatte: Einmal hatte Ries einen Jutesack mit Bargeld aufgemacht, in dem sich Küchenschaben eingenistet hatten, und der Kassierer war voller Entsetzen zurückgezuckt, als er die kleinen braunen Käfer sah, die nach allen Seiten davonkrabbelten. Wilson nutzte dieses Wissen und schaffte Ries, der zu einem ungeheuer wichtigen Zeugen im Fall gegen Capone geworden war, in ein finsteres, heruntergekommenes Gefängnis in Danville, Illinois. »Dort gab es einen kleinen Raum im dritten Stock, der besonders gut

für Fred Ries geeignet war«, erzählte Wilson. »Er sah sich um und schnappte nach Luft. ›Hier würde man nicht mal einen Hund einsperren!‹ Küchenschaben und anderes Getier krochen überall herum.«
»Wenn es Ihnen hier nicht gefällt«, machte Wilson Ries klar, »brauchen Sie dem Aufseher nur zu sagen, daß Sie auspacken wollen.« Wilson warf ein Päckchen Zigaretten in die Zelle, machte auf dem Absatz kehrt und ließ den Kassierer mit seinem schlimmsten Alptraum allein. Die Idee, Ries mit Ungeziefer zu foltern, gefiel Wilson; nach zwei Jahren Frustration genoß er seine Macht über Capones Kassierer. Er unterhielt sich mit Tessem darüber, daß Ries wahrscheinlich schon jetzt am Rande des Wahnsinns stand, und die beiden Männer lachten sich ins Fäustchen. Nach fünf Tagen in der verwahrlosten Zelle kapitulierte Ries und ließ Wilson ausrichten, daß er ihn sehen wolle. »Die Wanzen fressen mich bei lebendigem Leibe«, jammerte er. »Seit fünf Tagen habe ich nichts Anständiges gegessen oder und so gut wie nicht geschlafen. Bringen Sie mich weg von hier! ... Ich bin kurz davor, verrückt zu werden. Ich packe aus – ich erzähle Ihnen alles, was ich über die Bankschecks weiß. Aber bringen Sie mich, um Gottes willen, weg von diesem Ungeziefer!«
Wilson spielte mit seinem Gefangenen noch ein wenig Katz und Maus, dann brachte er ihn nach Chicago, wo Ries vor einer Anklagejury, die in aller Heimlichkeit mitten in der Nacht zusammengetreten war, erklärte, wie die Spieleinrichtungen manipuliert wurden, damit das Haus immer Gewinn machte, und daß die Einnahmen – beinahe 100 000 Dollar in einer guten Nacht – in Bankschecks umgetauscht wurden, die bei Jack Guzik abgeliefert werden mußten. Die Kassierer schöpften ihre eigenen Gehälter von den Einkünften des Hauses ab, und der größte Teil des Profits ging an »Snorky«, »Big Fellow«, »Scarface«, den Staatsfeind Nummer 1 – wie auch immer man ihn nennen wollte –, an Capone höchstpersönlich. Wilson war überglücklich; Ries' Aussage »klang wie der Siegesruf aus Gettysburg in meinen Ohren«.
Die Bundesbehörde stützte sich hauptsächlich auf Ries' Geständnis und klagte Jack »Greasy Thumb« Guzik wegen Steuerhinterziehung an; der Prozeßtermin wurde auf November festgelegt.

Durch Fred Ries' Aussage vor der Anklagejury verdichtete sich plötzlich der Fall der Regierungsbehörden gegen Al Capone, aber schon am folgenden Tag, dem 19. September 1930, machte J. Edgar Hoover – der Mann, der sich später damit brüstete, er und sein FBI seien dafür verantwortlich, daß Capone der Justiz übergeben werden konnte – beinahe alle Bemühungen zunichte, indem er sich weigerte, mit George E. Q. Johnson bei der riskanten Aufgabe, Prozesse gegen die organisierten Gangster anzustrengen, zusammenzuarbeiten. Hoover redete sich damit heraus, daß seine Dienststelle unterbesetzt und mit Arbeit überhäuft sei, und für den Fall, daß diese Ausflüchte nicht überzeugend klangen, blieb er bei seiner Behauptung, es fiele schlicht nicht in den Verantwortlichkeitsbereich des FBI, Capone oder irgendeinen anderen organisierten Gangster dingfest zu machen. In einem ausführlichen, kämpferischen Memorandum an den stellvertretenden Generalstaatsanwalt beschwerte sich Hoover:

> »Ich halte es für unrechtmäßig und unvernünftig, von dieser Dienststelle zu erwarten, daß sie Agenten für Angelegenheiten einsetzt, die nicht in ihre Zuständigkeit fallen, besonders wenn sich die Arbeit wie zur Zeit derart angehäuft hat. Unsere Hauptaufgaben sind, in Konkursfällen, Angelegenheiten der National Bank, bei Mädchenhandel, Verletzungen der Anti-Trustgesetze, Wagendiebstählen und zahllosen anderen größeren Verstößen gegen das Strafgesetzbuch tätig zu werden ... Unsere Fahndungsteams sind ohnehin mit der Erfüllung der normalen Pflichten über Gebühr gefordert, und ein geregelter Arbeitsablauf wäre ganz und gar unmöglich, wenn unsere Männer zu Fällen abberufen werden, für die andere Ermittlungsbehörden eingerichtet worden sind.«

Das Justizministerium setzte sich über Hoovers vehemente Einwände hinweg und beauftragte die Chicagoer Dienststelle des FBI, Frank Nitti, den »Enforcer«, zu verhaften, der sich, seit er im März 1930 der Steuerhinterziehung beschuldigt wurde, versteckt hielt.

Einer der Gründe, warum sich das FBI so zurückgehalten hatte, war die Entdeckung einer Liste von Gangstern, die von der einen oder anderen Behörde in Haft genommen werden sollten. Die Liste kam zutage, als zwei Agenten der Finanzbehörde, Art Madden und Clarence Converse, im September eine Durchsuchung des Carleon Hotels in Cicero durchführten, das in Wirklichkeit ein Bordell war. Besitzer und Geschäftsführer von Capones Gnaden war Dennis Cooney. In der Woche zuvor hatte sich Converse in der Verkleidung eines Rennbahnarbeiters Zugang verschafft und nach Nitti gefragt, der, wie er gehört hatte, im »Carleon« logieren sollte. Bei der Durchsuchung gingen die Agenten von Zimmer zu Zimmer und scheuchten die verärgerten Mädchen aus den Betten, aber Nitti entkam ihnen. Statt dessen stießen die Gesetzeshüter auf einen anderen Handlanger Capones, Tony Tagenti, der behauptete, er hätte Grippe und müsse im Bett liegen bleiben. Auf der Suche nach einer Waffe drehte Converse Tagentis Kopfkissen um und entdeckte eine Liste. Tagenti bestritt eifrig, irgend etwas darüber zu wissen, und sagte, er habe nicht die geringste Ahnung, wie dieses Stück Papier unter sein Kissen gekommen sei. Tagenti wurde zum Polizeirevier gebracht, wo man seine Fingerabdrücke abnahm, während die Agenten Abschriften der Liste an die Zeitungsredaktionen der Stadt verteilten. Sie handelten über die Köpfe der korrupten Polizei hinweg, die diese brisante Liste mit den Namen der Gangster und der Beamten, die sie festnehmen sollten, sicher vernichtet hätten. Obwohl Madden Nitti noch nicht aufgespürt hatte, war der Finanzbehörde ein weiteres Beispiel dafür in die Hände gefallen, wie eng die Zusammenarbeit zwischen der Capone-Organisation und der örtlichen Polizei war, und diese Zusammenarbeit machte es den Bundesbeamten extrem schwer, ihre Ziele zu verfolgen.

Durch diesen letzten Skandal zum Handeln gezwungen, machte ein Team des FBI Nitti am 11. Oktober in einem Motel mit Namen »Roamer Inn« außerhalb von Michigan City, Indiana, ausfindig. Als die Agenten, ohne sich auszuweisen, das Restaurant betraten, sahen sie auf den ersten Blick, daß der Alkoholhandel und die Geschäfte mit der Prostitution in diesem Laden blühten. Offensichtlich war das »Roamer Inn« eines von Capones typischen Bordellen. Die Agenten verhafteten Nitti nicht sofort, statt dessen beschatteten sie ihn bis zum Ende des Monats. Zur gleichen Zeit beobachtete ein Sonderkommando, das aus zwei FBI-Agenten und nicht weniger als 15 Polizisten bestand, seine Bewegungen in der Nachbarstadt von Cicero, Berwyn, wo Nitti und seine Frau ein unauffälliges Leben unter falschem Namen führten. Die Agenten wollten Nitti zu Hause verhaften, aber sie kannten seine genaue Adresse nicht.

Pat O'Rourke vom Finanzministerium hatte schließlich Glück – er folgte Nittis Frau eines Nachmittags vom Schönheitssalon zu ihrem Wohnhaus. Um den falschen Namen und die Apartmentnummer herauszufinden, wandte O'Rourke eine List an. In einer der folgenden Nächte schob er Nittis Wagen vor einen Feuerhydranten und schlug bei der nächsten Feuerwehrstation Alarm. Als die Feuerwehrmänner sahen, daß ein Auto den Zugang zum Hydranten blockierte, suchten sie nach dem Besitzer. Auf diese Weise erfuhr O'Rourke, daß Nitti im Apartment 3 D wohnte und sich Belmont nannte. Der Agent observierte das Apartment zwei Tage, und als er sicher war, daß sich Nitti im Haus befand, rief er Polizeiverstärkung und hämmerte an Nittis Tür. »Das muß ein Irrtum sein«, schrie Nitti. »Mein Name ist Belmont. Ich bin der allseits bekannte Belmont«, setzte er leiser hinzu, »Sie Hurensohn.« Die Polizei brach die Tür auf und nahm den »allseits bekannten« Mr. Belmont-Nitti fest.

Erst jetzt, als sie Nitti in Gewahrsam hatten, wurde den Bundesbeamten bewußt, daß sie beinahe nichts über ihn und seine Verbindungen zu Capone wußten. Anders als jeder andere Hauptakteur der Organisation hatte Nitti kein Vorstrafenregister. Das sollte sich ändern – von jetzt an war Nitti in den Polizeiakten registriert, »auch wenn man ihm nichts anderes zur Last legen kann als seine Zusammenarbeit mit einem berüchtigten Gangster [Al Capone]«, wie es in dem FBI-Memorandum heißt. Bei der Vernehmung gab Nitti an, am 27. Januar 1888 in Angri, Italien, geboren zu sein, und er skizzierte in groben Zügen die typische Kindheit eines jungen Einwanderers, erwähnte jedoch mit keinem Wort Capone oder das organisierte Verbrechen. Seiner Schilderung nach war er kein Vollstrecker (»Enforcer«), sondern nur ein bescheidener Friseur, der »verschiedene Jobs in Brooklyn ausgeübt hat … das, was ich verdient habe, gab ich meiner Mutter, um meine Familie zu unterstützen«.
Nach der Verhaftung erschien Nittis Photo in allen Chicagoer Zeitungen, und der kleine, elegante Mann mit ordentlich gestutztem Schnurrbart und stets sorgenvoll gerunzelter Stirn wurde in der ganzen Stadt bekannt. Ries' hatte seinerzeit ausgesagt, daß Nitti für Capone diskret Geld bei der Schiff Trust and Savings Bank deponiert hatte, und die Bundesstaatsanwaltschaft stützte ihre Anklage auf diese Information. Als er mit den gegen ihn sprechenden Beweisen konfrontiert wurde, verlor Nitti den Mut, ja geradezu den Lebenswillen. Niedergeschlagen bekannte er sich schuldig, und als Gegenleistung für seine Kooperation wurde er zu der relativ milden Strafe von 18 Monaten Gefängnis verurteilt.
Nach Nittis Festnahme erklärte am 19. November 1930 die Jury eines Bundesgerichts nach der eine Woche dauernden Beweisaufnahme und nach sechseinhalb Stunden Beratung Jack Guzik für schuldig, in den Jahren 1927, 1928 und 1929 Steuern hinterzogen zu haben. Während des Prozesses hatte George E. Q. Johnson dargelegt, daß Guzik in diesen Jahren eine Million Dollar verdient, aber lediglich 60 240 Dollar Steuern für die 250 000 Dollar, die er offiziell besaß, bezahlt hatte. Fred Ries, Capones Buchhalter, war der Kronzeuge der Regierung, und seine Aussage belastete nicht nur Jack Guzik, sondern auch Capone, der noch nicht angeklagt war. Ries erzählte dem Gericht, daß Jack Guzik, sein »unmittelbarer Boß« war und daß es noch andere gab: »Al Capone, Ralph Capone und Frank Nitti.« Er erklärte, daß ein typischer Capone-Spielbetrieb einen Reingewinn von etwa 25 000 Dollar in der Woche erzielte, »wenn die Geschäfte gut liefen«, daß das Haus niemals Geld verlor und daß er die Gewinne in Form eines Bankschecks an Guziks Chauffeur weitergegeben hatte.
Guzik legte verschiedene Widersprüche ein, die alle abgelehnt wurden,

und Richter Charles E. Woodward verurteilte ihn schließlich zu fünf Jahren Gefängnis und einem Bußgeld von 17 500 Dollar.
Ries' Enthüllungen waren goldwert für die Bundesstaatsanwaltschaft, doch die Capone-Organisation hatte eine Belohnung für jeden ausgesetzt, der Hinweise auf den Aufenthaltsort des Kassierers geben konnte. Da es sich noch Monate hinziehen sollte, bis Ries erneut vor Gericht aussagen mußte, stand zu befürchten, daß er nicht überleben würde. Frank Wilson, der Ries persönlich verhaftet und zur Zielscheibe für Capones Mordbuben gemacht hatte, fühlte sich in gewisser Weise für ihn verantwortlich. Zur damaligen Zeit gab es noch kein Zeugenschutzprogramm und keine offizielle Möglichkeit, einen Kronzeugen der Regierung vor Anschlägen zu schützen, also versuchte Wilson, das Problem selbst zu lösen. »Ich verfrachtete meinen … kleinen Goldschatz zusammen mit Agenten der Regierung, die auf ihn aufpassen sollten, bis wir ihn vor Gericht brauchten, nach Südamerika.« Wilson überredete sogar die Secret Six – die Gruppe wohlhabender Geschäftsmänner, die es sich zum Ziel gesetzt hatten Chicago zu säubern –, die Kosten für Ries' Zwangsurlaub zu übernehmen.
Frank »The Enforcer« Nitti, Jack »Greasy Thumb« Guzik und Ralph »Bottles« Capone waren rechtskräftig verurteilt, und die Bundesstaatsanwaltschaft konnte drei große, wenn auch verspätete, Siege über die Capone-Organisation feiern. Das machte Johnson Mut, den Fall gegen Al Capone, den Staatsfeind Nummer 1, selbst voranzutreiben. Mit jedem Monat machte er Fortschritte, und später, als sich die Ereignisse überstürzten, konnte er sogar jede Woche neue Erfolge verbuchen.

Die Welt des organisierten Verbrechens veränderte sich rasch, und Capone hatte Mühe, Schritt zu halten. Seit Beginn seiner gesetzlosen Karriere war sich Capone bewußt gewesen, daß die größte Gefahr nicht von den Behörden und Strafverfolgern ausging, sondern von anderen Gangstern. Jetzt fiel es ihm schwer zu begreifen, daß sich die Situation gewandelt hatte. Er war der »Big Fellow«, der größte Gangsterboß von Chicago, und er hatte wenig von anderen Kriminellen zu fürchten – er hatte sie alle besiegt. Statt ihrer mußte er sich jetzt mit neu zum Leben erwachten Polizeikräften auseinandersetzen. Selbst seine altbewährte Methode im Umgang mit Gesetzeshütern – die Bestechung – erwies sich jetzt als wirkungslos.
Während Ries aussagte und Frank Nitti sich schuldig bekannte, beschloß Capone, Pluspunkte bei der öffentlichen Meinung zu sammeln.
»CAPONES SUPPENKÜCHE VERTEILT 120 000 KOSTENLOSE MAHLZEITEN«, lautete die Schlagzeile in der *Chicago Tribune* vom 5. Dezember. »›Ein Landstreicher ohne Lebensunterhalt für sich und seine

Familie‹, wie sich Richter Lyle im Haftbefehl ausdrückte, spendet 12 000 Dollar für die Armen.« In den letzten Wochen des Jahres 1930 wurde Capones Suppenküche zum seltsamsten Anblick, den Chicago je gesehen hatte. Ein ganzes Heer von abgerissenen, hungernden Menschen versammelte sich dreimal täglich vor der South State Street 935 und kam in den Genuß von Capones Großzügigkeit, wünschte ihm ewige Gesundheit und erzählte den Leuten von den Zeitungen, daß Capone mehr für die Armen tat als die gesamte Bundesregierung. Der großartige Al Capone mischte sich unter die von allen Vergessenen und Vernachlässigten, schüttelte ihnen die Hände, lächelte warmherzig und sprach ihnen Mut zu. Er stellte laut die Frage, wieso die Regierung Zeit damit verschwendete, einen Wohltäter und Arbeitgeber wie ihn vor Gericht zu zerren, wenn es doch so viele andere, drängendere Sorgen wie die Speisung der Hungernden gab.

Im November und Dezember gab Capones Suppenküche regelmäßig Frühstück zwischen sieben und neun Uhr morgens, Mittagessen von 11.30 Uhr bis zwei und Abendessen zwischen 16.30 und 18.30 Uhr aus – früh genug, damit sich die Obdachlosen noch einen Schlafplatz in einer billigen Herberge oder auf einer Parkbank suchen konnten. Der Thanksgiving Day 1930 war ein öffentlicher Triumph für Capone. An diesem Tag konnte er sich rühmen, mehr als 5000 hungrige Männer, Frauen und Kinder mit einem herzhaften Fleischeintopf versorgt zu haben. Er stellte sicher, daß in den Zeitungen ausdrücklich erwähnt wurde, daß er 1250 Pfund Fleisch gekauft und bezahlt hatte. Kein Politiker hätte ein so spezielles Sozialprogramm geschickter aufbauen können als Capone. Die Zeitungsartikel, die regelmäßig über die Suppenküche veröffentlicht wurden, erregten großes Interesse, und eine Flut von Briefen, adressiert an »Al Capone, Chicago, USA« oder »Al Capones Suppenküche«, erreichten den Gangsterboß. Viele Unglückliche flehten in diesen Briefe Al Capone, den »Landstreicher« und Staatsfeind Nummer 1, an, ihnen wieder auf die Beine zu helfen. Noch bemerkenswerter war, daß die Suppenküche ebenso großen Anklang bei den Wohlhabenden und Einflußreichen fand wie bei den Armen und Entrechteten. »Ich begegnete einer reizenden Frau aus der Chicagoer Hautevolee, die mit Tränen in den Augen über Capone sprach«, schrieb Mary Borden in *Harper's Monthly*. »Diese Sentimentalität jagte mir Angst ein. Ich hatte natürlich schon von Capones Anhängern gehört – er hatte mehr Bewunderer, sagte man mir, als ein Filmstar –, aber ich hätte nie gedacht, daß Freunde aus meiner Kindheit zu ihnen gehörten. Daß die hungrige und verwahrloste Schar von Arbeitslosen, die auf den Straßen anstanden, um in den Genuß seiner Freigebigkeit zu kommen, rührselig und mit heiserer Stimme murmeln: ›Der gutherzige Al‹, ist nur zu verständlich, doch daß die wohlbehütete und verwöhnte Tochter einer der ältesten Chicagoer Familien zu Tränen gerührt war, weil ein Alkoholschmuggler sein großes Herz zeigte, war erschreckend. Das schien auf … die Verbreitung des moralischen Verfalls … hinzudeuten.« Mary Borden verließ Chicago in tiefer Sorge nach allem, was sie gesehen und gehört hatte; sie war überzeugt, daß Capones Organisation, wie alle sie beschrieben hatten, »ein Staat im Staate war«.

Um der günstigen Presse entgegenzuwirken, die durch die Einrichtung der Suppenküche hervorgerufen worden war (und um seine Bewerbung für den Bürgermeisterposten voranzutreiben), nahm Richter Lyle am 30. November an einer Razzia in Capones Versteck auf dem South Austin Boulevard in Cicero teil. Die Information über Capones Aufenthaltsort war leider falsch; er hatte den Zufluchtsort seit einigen Jahren nicht mehr benutzt. Seine Abwesenheit hielt die Bundesbeamten jedoch nicht davon ab, sich die luxuriöse Einrichtung genauer anzusehen. Bei der Durchsuchung entdeckten sie ein Dutzend Seidenpyjamas mit dem Monogramm »A. C.«, aber Capone selbst kamen sie in dieser Nacht keinen Schritt näher. Sogar wenn sie ihn im Bett lümmelnd vorgefunden hätten, wären ihnen die Hände gebunden gewesen, und sie hätten ihn nur kurz aufgrund von Lyles Haftbefehl wegen Landstreicherei festhalten können – und das wäre rechtlich gesehen ein ziemlich fragwürdiges Unterfangen gewesen. Die Razzia erwies sich als peinliche Niederlage.

Währenddessen teilte die Suppenküche weiterhin Tausende von Mahlzeiten in der Woche aus, und Capone war immer noch ein freier Mann. Lyle war so wütend, daß er behauptete, er würde Capone direkt auf den elektrischen Stuhl schicken, falls er jemals vor ihm im Gerichtssaal erschiene. Diese Erklärung gab er bei einem Bankett ab, das die Chicago Corset Manufacturers' Association im Hotel La Salle gab – Richter Lyle war Ehrengast. Die versammelten Korsettfabrikanten hörten respektvoll zu, als er sich als »Chicagos hervorragendsten Juristen« und, noch wichtiger, als »Chicagos nächsten Bürgermeister« präsentierte. Lyle nutzte die Gelegenheit, um Capone in Grund und Boden zu verdammen: »Capone ist beinahe zur legendären Figur in Chicago geworden«, sagte Lyle. »Aber er ist kein Mythos, sondern eine falsche Schlange. Er ist mehr als geballte Kriminalität. Er ist eine wahre und mächtige politische Kraft. Er hat einen seiner Männer bei der letzten Wahl ins Rennen geschickt, und ein Demokrat mußte das Feld räumen. Er hat einen Wortführer im Kongreß, einen anderen in der Stadtverwaltung … Man muß ihm das Handwerk legen – sowohl dem Kriminellen als auch dem Politiker.« Lyle schloß seine Rede: »Wir werden ihn auf den Stuhl schicken, wenn es irgend möglich ist. Er verdient den Tod; er hat kein Recht zu leben.« Um seine Forderung zu stützen, machte Lyle den Gangsterboß für den Tod von »Big Jim« Colosimo verantwortlich – Colosimo starb im Jahre 1920, weit bevor Capone nach Chicago kam. Die Korsettfabrikanten applaudierten begeistert; sie waren überzeugt, daß Richter John H. Lyle ihren Industriezweig vor der räuberischen Einmischung des organisierten Verbrechens schützen würde. Natürlich machte sich Lyle mit seinen rücksichtslosen und dem Rechtssystem widersprechenden Äußerungen zum Narren, aber man verstand die Motive, die ihn zu dieser Hetztirade getrieben hatten. Der Mann wollte Bürgermeister werden und mußte alles versuchen.

Wie Lyles von Hysterie bestimmten Bemerkungen deutlich machten, herrschte Angst, wo immer sich Capone auch blicken ließ, selbst in der Suppenküche. Die Möglichkeit, daß Gewalttaten verübt wurden, bestand immer, wie Mike Rotunno, ein Pressephotograph, erfahren mußte, als er in die Suppenküche geschickt wurde, um eine Aufnahme von Capone beim Austeilen von kostenlosen Mahlzeiten an die Armen zu machen. Rotunno kannte Capone von zahlreichen Begegnungen im Gerichtsgebäude, wo er den Gangsterboß photographiert und während der Verhandlungspausen Karten mit ihm gespielt hatte. Seiner Erfahrung nach stellte sich Al immer bereitwillig als Photomotiv zur Verfügung. Rotunno wußte, daß er ein »Trinkgeld« von 50 Dollar für seine Bemühungen bekam, wenn er Capone nur von rechts, wo man die Narben nicht sah, photographierte. An diesem Tag ging Rotunno wie üblich seinem Geschäft nach, aber als das Pulver des Blitzlichts in einer grellen Rauchwolke explodierte, rannten alle Anwesenden sofort los und gingen in Deckung. Rotunno versuchte zu erklären, daß kein Schuß abgefeuert worden war und kein Mörder einen Anschlag auf Capone verübt hatte, aber die Angst war so groß, wie er sich erinnert, daß »ich einige Minuten glaubte, es würde zu einem Blutbad kommen«.

Obwohl Capone bekanntgab, daß für die Suppenküche monatlich 10000 Dollar aufgebracht werden mußten, bezahlte er diese Summe wahrscheinlich nicht aus eigener Tasche. Er »ermutigte« die örtlichen Bäckereien, Fleischgroßhändler und Kaffeeröster, für diesen guten Zweck zu spenden, und was Capone anordnete, taten sie auch. Daß er zur selben Zeit den Bierpreis in Chicago anhob, ging in der emotionsgeladenen Situation völlig unter. Seit Menschengedenken kostete das Faß 55 Dollar, aber in den ersten Dezemberwochen, als die Suppenküche regen Zulauf fand, stieg der Preis auf 60 Dollar, obwohl die Herstellungskosten konstant bei vier Dollar geblieben waren. Sogar noch als Capone den Armen mit der einen Hand Almosen gab, langte er mit der anderen kräftig zu!

Genaugenommen war Al gegen Ende des Jahres 1930 so populär wie nie zuvor. An der Medill School für Journalistik in Chicago ergab eine Umfrage der Studenten nach den zehn »herausragendsten Persönlichkeiten in der Welt« folgende Aufzählung: Benito Mussolini, Charles Lindbergh, Admiral Richard Byrd, George Bernard Shaw, Bobby Jones, Herbert Hoover, Mahatma Gandhi, Albert Einstein, Henry Ford und Alphonse Capone. Die zwanziger Jahre waren das Jahrzehnt der Helden – Sportler, Wissenschaftler, Forscher, Industrielle – gewesen, aber das neue Jahrzehnt kündigte eine andere Grundstimmung an: Die dreißiger Jahre sollten die Ära der Tyrannen, Diktatoren und Demagogen werden. Capone gelang es, einen Platz in beiden Kategorien einzunehmen; er hatte das einzigartige Talent, den Schurken und den Helden gleichzeitig zu spielen, den Robin Hood und den Staatsfeind Nummer 1, den »Landstreicher«, der einem Heer von hungernden, gesetzestreuen Bürgern Nahrung gab. Capone gefiel den Amerikanern, weil er verschiedene legendäre Gestalten verkörperte: Für manche war er ein städtischer Gesetzloser, Jesse James in Chicagos Stahl- und Steinschluchten, ein Mann, der sich seine Persönlichkeit in einer Welt von Mitläufern und Allerweltstypen bewahrt hatte; für andere war er ein Bandit mit sozialem Gewissen, eine romantische Figur, die die Reichen bestahl, um den Armen zu helfen. Er mimte den Robin Hood und hatte die Stirn, Amerikas unpersönliche, habgierige Gesellschaft herauszufordern. All das trug dazu bei, seinen Ruf als Märtyrer zu festigen.

Capones Suppenküche unterschied sich von seinen früheren Wohltätigkeiten, die er immer privat und je nach Laune vollbracht hatte, obwohl ihm seine Großzügigkeit auch damals schon dazu gedient hatte, sich selbst zu verherrlichen. Er hatte Geld aus einem fahrenden Wagen geworfen, bei Hochzeiten Banknoten an Witwen verschenkt, ungeheuerliche Trinkgelder verteilt und es sehr genossen, als »Big Fellow« aufzutreten. Im Falle der Suppenküche war jedoch außerdem noch kühle Berechnung im Spiel; er wollte sein Image aufpolieren und sich bei den einfachen Leuten und Arbeitern lieb Kind machen, die ihn, wie er bemerkt hatte, als einen unvorstellbar Reichen und mächtigen Tycoon ansahen. Obwohl seine Schachzüge seinen Ruf kurzzeitig verbesserten, verpaßte er die Gelegenheit, weitere soziale Einrichtungen für die Menschen zu schaffen, die seine Suppenküchen besuchten, und er ließ sich auch nicht dazu herab, sich aus dem organisierten Verbrechen zu verabschieden, wie er es so oft angekündigt hatte. Dieses Versprechen, das einst aufrichtig gemacht wurde, aber immer unrealistisch gewesen war, fiel seiner Angst und seinem Bekanntheitsgrad zum Opfer. Als Staatsfeind Nummer 1 konnte er nicht mehr so ohne weiteres in die Welt der Gesetze zurückkehren; das beste, was er sich erhoffen durfte, war, die eigentlich unabwendbare Abrechnung hinauszuzögern, die ihn am Ende des *mala vita* erwartete.

Capone beschrieb seine Situation folgendermaßen: »Männer mit Macht sind Männer mit Geld oder dem Willen, es sich zu nehmen. Es gibt nur zwei Kategorien: die Anständigen und die Gauner. Ich bin ein Gauner, aber ich habe Respekt vor den Anständigen.« Damit meinte Capone Männer wie Henry Ford oder Thomas Edison, »ein Bursche mit Köpfchen, Entschlossenheit und der Bereitschaft, für das zu arbeiten, was er erreichen will«. Ein typischer Gauner war für ihn ein »Börsenspekulant, ein Kerl, der mehr aus dem Geld machen will, statt etwas zu produzieren, was die Leute haben wollen oder brauchen«. Und Capone hatte »keinen Respekt« vor solchen Menschen, wie er sagte. »Sie sind größere Halunken als die Ganoven der Unterwelt. Ein Unterwelter hat zumindest den Mumm, hinauszugehen und sich mit vorgehaltener Pistole das zu holen, was er braucht.«
Mit derartigen Statements versuchte Capone den Eindruck zu vermitteln, daß er eine Revolte der Arbeiter gegen das bankrotte, pharisäerhafte Establishment anführen wollte, aber seine Argumente waren zynisch und selbstsüchtig. Die Arbeiterklasse kam in den Genuß seiner kostenlosen Mahlzeiten, aber er hatte kein echtes Interesse daran, ihr zu helfen, sondern zog es vor, auch von ihnen zu profitieren, wenn sie für ihre Laster Geld ausgaben. Seine politische Macht basierte einzig und allein auf Korruption. Obwohl er Anstrengungen unternahm, einen Teil des allgemeinen Vermögens umzuverteilen, konnte niemand abstreiten, daß er die Armen genauso bestahl wie die Reichen – möglicherweise sogar noch mehr. Streng-genommen waren die Benachteiligten seine natürlichen Opfer, und den Wohlstand, den er in Florida genoß, verdankte er hauptsächlich den Arbeitern, die der Versuchung, zu trinken, zu spielen oder in ein Bordell zu gehen, nicht widerstehen konnten. Auch wenn Capone nach Höherem strebte und geltend machte, daß seine edelmütigen Absichten die brutalen Mittel rechtfertigten, hatte er keine politischen Pläne oder Ziele und keine wirkliche Vorstellung von sozialer Gerechtigkeit, er empfand nur grenzenlose Verachtung für das Rechtssystem und verfügte über einen unerschöpflichen Vorrat an raffinierten Listen, der Strafverfolgung zu entgehen.

Nach dem Erfolg mit den Suppenküchen hatte Capone den Ehrgeiz, sich noch mehr ins Rampenlicht zu rücken. Er hielt die Zeit für gekommen, es allen großen Männern gleichzutun und eine Autobiographie zu veröffentlichen. Er hatte Fred Pasleys sensationslüsternes Porträt, *Al Capone – The Biography of a Self-Made Man,* gelesen und war mit jeder Seite, die er umblätterte, wütender geworden. Seiner Ansicht nach war dieses Buch nichts anderes als der Versuch eines Journalisten, ihn zu verleumden und mit jedem Bandenmord, der in der letzten Zeit Schlagzeilen gemacht hatte, in

Verbindung zu bringen. Seine Autobiographie würde im Gegensatz dazu eher seine guten Taten in den Vordergrund stellen: seine Spenden für wohltätige Zwecke, die Liebe zu seinem Sohn und die Loyalität seiner Mutter gegenüber, die er täglich anrief, egal in welcher Situation er sich auch befand. Ihm fehlte nur noch ein talentierter Ghostwriter, der das Buch in die richtige Form brachte. Nach reiflicher Überlegung schickte er einen Mann zu Howard O'Brien von den *Chicago Daily News*. Der Mittelsmann informierte O'Brien, daß man »eingehende Erkundigungen über ihn eingezogen habe« und Al ihn als »anständigen Burschen« erachte. »Mr. Capone oder seine Ratgeber hatten alles gelesen, was ich je geschrieben habe, und sie schienen jedes Detail meines Lebens genau überprüft zu haben«, berichtete O'Brien. Der Abgesandte bat ihn, falls er Interesse daran habe, eine von Capone autorisierte Biographie zu verfassen, am folgenden Tag um Punkt ein Uhr mittags ins Lexington Hotel zu kommen – Mr. Capone war ein vielbeschäftigter Mann und konnte es nicht leiden, wenn man ihn warten ließ.
O'Briens Neugierde war geweckt. »Mit dem Glockenschlag um ein Uhr tauchte ein junger Mann in der Hotellobby auf. Er kam mir vor, als wäre er gerade aus einem Gangsterfilm entstiegen – makellos gekleidet und mit dem unvermeidlichen perlgrauen Hut.« Der Mann nickte und führte den Journalisten in Capones Büro. »Capone, gestärkt und gebügelt wie ein Modegeck, in einem doppelreihigen braunen Anzug, stand auf, um uns zu begrüßen. Er war massiv gebaut und neigte offensichtlich zur Fettleibigkeit. Sein Benehmen war höflich, seine Stimme klang freundlich.« O'Brien sah sich in dem Zimmer um: Aktenschränke, eine wunderschöne Aussicht auf Chicago und die Porträts von Washington und Lincoln, »... und dazwischen eine Zeichnung von Capone in Knickerbockern und mit Golfschläger in der Hand«. Capone begann die Unterhaltung mit Smalltalk über Golf, ehe er auf sein eigentliches Anliegen zu sprechen kam. Er beklagte sich bitter über Pasleys Buch, nannte es »verleumderisch« und stieß Drohungen gegen den Autor aus. O'Brien wurde unruhig und versicherte, daß sich nur wenige Menschen die Mühe gemacht hätten, es zu lesen. »Das stimmt nicht«, belehrte ihn Capone. »Das Buch wurde allein in Chicago 70000mal verkauft.« O'Brien beteuerte, daß diese Zahl weit übertrieben sei. Capone entschuldigte sich, um einen Telephonanruf entgegenzunehmen. »Aus Washington«, erklärte er.
Als Capone zurückkam, legte ihm O'Brien seine Ideen für das Buch dar, doch wann immer er eine »gezielte Frage« stellte, weigerte sich sein Gesprächspartner, darauf einzugehen. O'Brien wollte zum Beispiel wissen, ob es stimmte, daß Al seinerzeit Scalise, Anselmi und Guinta mit einem Baseballschläger verprügelt hatte. Capone winkte ab und erwiderte: »Das

kann ich Ihnen nicht sagen. Es wäre unfair meinen Leuten gegenüber.« Es wurde schnell offenkundig, daß Capone mehr daran interessiert war, mit dem Buch Geld zu verdienen als seinen Namen reinzuwaschen. Genaugenommen erhoffte er »Millionen« mit seiner Lebensgeschichte zu machen. O'Brien versuchte ihm klarzumachen, daß nur sehr, sehr wenige Bücher wirklich Geld einbrachten, aber Capone wischte den Einwand beiseite. Am Ende der Besprechung unterschrieb er eine Erklärung, daß er O'Brien als Biographen und seinen Agenten beauftragte.

O'Brien nahm den nächsten Zug nach New York, wo er die Zeitschriften- und Buchverlage abklapperte, um in den Redaktionen anzukündigen, daß er mit Capones voller Unterstützung eine Biographie schreiben würde, die den Gangsterboß als ganz anderen Menschen zeigen würde, als er bisher in der Öffentlichkeit dargestellt wurde. Aber die Verleger schreckten vor dem Gedanken, eine von Capone »autorisierte« Biographie zu veröffentlichen, zurück. Trotzdem schmeichelte die Idee, dieses Buch zu verfassen, Capones Eitelkeit so sehr, daß er sich, auch ohne einen Vertrag mit einem Verlag in der Tasche zu haben, häufig mit O'Brien traf und endlose Pläne für das Phantombuch schmiedete.

Gewöhnlich trafen sie sich in Capones Büro im »Lexington«, und Al stand meistens an dem großen Panoramafenster, um das Gelände zu betrachten, auf dem 1933 die Weltausstellung »Century of Progress« stattfinden sollte. Mit diesem Ereignis sollte die Geschichte der Stadt gefeiert werden, und man erhoffte sich neben einer Wiederbelebung der von der Depression gebeutelten Wirtschaft auch, daß das durch die Machenschaften der Gangster ramponierte Ansehen der Stadt aufpoliert wurde. Für Al bedeutete die Ausstellung nur eines: mehr Kunden, die sein Bier konsumieren würden. Er hatte bereits einige fruchtlose Anstrengungen unternommen, sich einen Teil des Geschäfts zu sichern. »Ich würde alles für die Bierkonzession geben«, sagte er zu O'Brien, der darauf entgegnete, daß Capone mit den Millionen, die er durch den Alkoholschmuggel einnahm, zufrieden sein könne. »Ja, aber dabei muß zu oft geteilt werden«, erklärte Capone geduldig, »und so viele Morde, Blutbäder und Ärger sind damit verbunden. Ich würde das Geschäft lieber legal betreiben.«

In den Wochen, in denen O'Brien die Gelegenheit hatte, Capone bei der Leitung seiner Organisation zu beobachten, fiel ihm zu seiner Überraschung auf, daß alles nach ganz eigenen, strengen Gesetzen ablief. »Ich gewann den Eindruck, daß all die Bandenmorde in Wirklichkeit Exekutionen und auf seltsame Art legal waren … Die einzige Möglichkeit, einen Mann zum Bezahlen einer Rechnung … zu zwingen, ist, ihm mit dem Tod

zu drohen, wenn er seinen Pflichten nicht nachkommt. Ich hatte den Eindruck, daß ein Mann in der Gangsterwelt, der sich anständig verhielt, so sicher war wie in jeder anderen Gesellschaftsschicht.«
Während der ganzen Zeit, die sie zusammen verbrachten, erlebte O'Brien einen ausgeglichenen und geschäftstüchtigen Al Capone. Die einzige Ausnahme war ein gemeinsames Mittagessen in einem Lokal, in dem, wie Capone versprach, echter, importierter Parmesan serviert werden sollte. Als dann ein minderwertiger, amerikanischer Ersatz an den Tisch gebracht wurde, brauste Capone auf. »Ich dachte, er reißt den Kellner in Stücke. Er benahm sich wie ein wütender Leopard«, erzählte O'Brien, der zum ersten und einzigen Mal mitbekam, welcher Zorn in Capone brodelte, und plötzlich konnte er sich vorstellen, daß sein ansonsten so freundlicher Gastgeber fähig war, mit einem Baseballschläger auf drei Männer loszugehen. Nachdem sich Capone wieder gefaßt hatte, versuchte O'Brien den Zwischenfall zu vergessen, aber er machte ihm dennoch zu schaffen.
Andere beunruhigende Ereignisse folgten. O'Brien machte die Bekanntschaft von drei Männern – »Schatten«, wie er sie nannte –, die immer wieder in dem Büro im »Lexington« auftauchten und Capone herumkommandierten. Offenbar war dies die mächtige Chicago Heights-Truppe – Roberto, Emery und La Porte –, der Capone seine Stellung verdankte und für die er sozusagen die Galionsfigur war. O'Brien war erstaunt: Alle Welt glaubte, Al wäre der große Boß in Chicago, dabei schien er nur ein »Rädchen im Getriebe und nicht der Herrscher« zu sein. O'Brien meinte, Material für ein faszinierendes Buch zu sammeln, aber die drei »Schatten« mit den Schulterholstern und den perlgrauen Hüten jagten ihm höllische Angst ein – sie bedrohten ihn mit »dem Blick«. Später gestand ihm Capone unbekümmert: »Manchmal verliere ich die Beherrschung, und ich sage: ›Menschenskind, ich wünschte, jemand würde den Kerl umlegen‹, und einer von den jungen Bürschchen, die sich einen Namen machen wollen, rennt los und erledigt die Sache. Dann muß ich die Scherben aufsammeln.«
Nach diesem Geständnis, das man genausogut als Drohung auffassen konnte, wurde O'Brien bewußt, daß er Capone *zu* nahe gekommen war und daß ihn die Geschichten, die er mitbekommen hatte, ins Grab bringen konnten. Reiner Selbstschutz trieb ihn dazu, das Buchprojekt aufzugeben oder zumindest aufzuschieben, bis Capone tot und begraben war. Sobald sich O'Brien zurückzog, ließ Capone die Idee, eine Autobiographie zu schreiben und Millionen damit zu verdienen, fallen.

Am Ende des Jahres 1930 konnte Al Capone mit Zufriedenheit auf die letzten Monate zurückblicken. Die Steuerbehörde und Richter Lyle hatten ihn nicht mehr behelligt, und seit seiner Rückkehr nach Chicago hatte sein Ruf durch die Einrichtung der viel gelobten Suppenküche erheblich gewonnen. Um seinen Status als führender Gangsterboß, wenn nicht gar als wichtigster Bürger der Stadt zu untermauern, richtete er seiner 18jährigen Schwester Mafalda eine Hochzeit aus, die in Chicago lange unvergessen bleiben sollte. Am Sonntag, dem 14. Dezember heiratete sie den 23 Jahre alten John Maritote in der St. Mary's Church in Cicero, an einem Schauplatz, der, wie die *New York Times* anmerkte, »in Capones Domäne, aber weit genug vom Ort der Auseinandersetzungen entfernt« lag. 4000 Gäste nahmen an der Zeremonie teil, und etwa 1000 Schaulustige drängten sich an diesem Winternachmittag vor der Kirche – alle waren stolz, mit dem großen Wohltäter, den manche als Staatsfeind Nummer 1 bezeichneten, in Zusammenhang gebracht und bei diesem Ereignis gesehen zu werden. Es ist beinahe überflüssig zu erwähnen, daß Mafaldas frisch Angetrauter ebenfalls in das organisierte Verbrechen verstrickt war, und genaugenommen vereinten sich mit dieser Eheschließung zwei Dynastien der Unterwelt. Offiziell gab der Bräutigam als Beruf »Filmvorführer« an, doch wichtiger war, daß er der jüngere Bruder von Frank Diamond, einem anderen erklärten Staatsfeind, war.

Chicago hatte während der letzten zehn Jahre viele prächtige Beisetzungen von prominenten Racketeers erlebt, aber keine dieser Feierlichkeiten konnte sich mit dem Glanz von Mafaldas Hochzeitsfest messen. Die Braut trug ein elfenbeinfarbenes Satinkleid mit acht Meter langer Schleppe. In ihren grobknochigen Händen hielt sie ein Bouquet mit 400 Blüten. Fünf Brautjungfrauen in gleichen rosafarbenen Taftkleidern und blauen Schuhen standen neben der Braut. Während der Zeremonie ertönten leise Orgelklänge, aber dennoch war die Stimmung, wie einer der Gäste berichtete, »äußerst angespannt, und Detectives, die sich als ungeladene Gäste Zugang verschaffen konnten, führten, ohne Aufsehen zu erregen, fünf Männer ab, von denen jeder eine Pistole bei sich hatte«. Ralph Capone, der verurteilte Steuerbetrüger, spielte den Brautführer. Als Mafalda am Arm ihres neuen Ehemannes, aus der Kirche schritt, tupfte sich die in einen Nerzmantel gehüllte Brautmutter, Teresa Capone, mit einem Taschentuch die Tränen aus den Augen. Es war ein strahlender, glanzvoller Nachmittag – mit einem einzigen Wermutstropfen: Al Capone, der eine Verhaftung fürchtete, war nirgendwo zu sehen.

Al Capone konnte von Glück sagen, daß seine Gegenspieler trotz ihrer einflußreichen Positionen bei der Bevölkerung nicht gerade beliebt waren. Der Mächtigste war Präsident Hoover, der sich durch die Depression in

Mißkredit gebracht hatte, und der Chef des FBI, J. Edgar Hoover, zögerte nach wie vor, sich mit dem Gangsterboß zu befassen.

Capones neuester Feind, Eliot Ness, war aus anderem Holz geschnitzt. Auf seine Weise war er ebenso auf Wirkung bedacht wie Capone: Ness pflegte sein Image als Collegeboy, der morgens Razzien in Brauereien durchführte, am Nachmittag Tennis spielte und sich abends vor den Kugeln der Gangster in Deckung brachte. Im Grunde hatte er wenige Fortschritte gemacht, seit Capone aus dem Gefängnis entlassen worden war. Seine größte Tat war vermutlich, daß er das Bestechungsgeld von 2000 Dollar nicht angenommen hatte, und Ness erzählte jedem, der ihm zuhören wollte, von seinem Heldenmut. Anders als seine Vorgesetzten Wilson und George E. Q. Johnson, die jede Publicity mieden, sonnte sich Ness im Glanz des öffentlichen Interesses; wenn er schon nicht an Capone herankam, wollte er wenigstens von allen beachtet werden und seine »Großtaten« im Blitzlichtgewitter der Photographen begehen. Er war jung und hatte es eilig, denn er war ziemlich spät auf den Zug der Anti-Capone-Kampagne aufgesprungen, und alle Anzeichen sprachen dafür, daß sich das Zeitalter der Prohibition dem Ende zuneigte.

Im November 1930 wurde Ness, dank seines unermüdlichen Eifers, befördert und dem Bezirksstaatsanwalt des Bundes William Froelich direkt unterstellt. Ness erinnerte sich in seinen Memoiren: »Es war meine Aufgabe, die Einkommensquellen von Capones Bande zu zerstören. Froelich gestand mir bei einer Besprechung zu, eine Sondereinheit zu bilden und dafür Leute, die ich mir wünschte, aus jeder anderen Bundesbehörde abzuberufen. Etwa zwölf Männer sollten mit mir zusammenarbeiten ...« Die Anzahl schwankte im Laufe der Zeit zwischen sechs und zwölf, und die ursprünglichen Mitglieder der »Unbestechlichen«, wie Ness seine Truppe nannte, waren: Martin Lahart, Jim Seeley, Samuel Seager, Lyle Chapman, Barney Cloonan, Thomas Friel, Paul Robsky, Michael King William Gardner und Joseph Leeson, mit 30 Jahren der alteste unter ihnen. Nachdem er das Kommando über die Unbestechlichen übernommen hatte, verspürte Ness ein nie gekanntes Gefühl der Macht. Zudem fand die neu erstandene Sonderkommission große Beachtung in der Öffentlichkeit. Sobald die Presse den selbstgewählten Namen »die Unbestechlichen« aufgriff und einige ihrer Taten schilderte, konnte Ness endlich ein bißchen von dem Ruhm genießen, nach dem er sich schon so lange gesehnt hatte.

»Zu allererst analysierten wir, wie wir Capones Bande am schwersten treffen und seine Gewinne am meisten schmälern konnten«, schrieb Ness. »Wenn unsere Zwölfergruppe einen Durchbruch erzielen sollte, wo 250 Prohibitions-Agenten und ein paar tausend Polizisten nichts erreicht hatten, mußten wir ein neues Spiel mit anderen Regeln spielen … Später fand ich heraus, daß sich Capones Leute nur je 40 Minuten in einem Zeitraum von 24 Stunden in den Brauereien aufhielten. Wir machten die Beobachtung, daß ein und dieselben Fässer immer wieder benutzt wurden, und uns wurde klar, daß wir lediglich die Transporte der Fässer von den Flüsterkneipen verfolgen mußten, um eine Capone-Brauerei aufzuspüren.« Zwei der Unbestechlichen, Leeson und Seeley, nahmen die Spur der Fässer von einer großen Bar im Loop auf. Man mußte kein Detective sein, um die Kneipe zu finden, denn dort herrschte ein Betrieb, als hätte es die Prohibitionsgesetze nie gegeben. Leeson und Seeley versteckten sich hinter der Kneipe und beobachteten, wie ein paar Capone-Männer leere Fässer abholten, um sie zum Auffüllen zur Brauerei zu bringen. Die Unbestechlichen sprangen in ihren Ford und folgten dem Lieferwagen bei seiner Runde durch die South Side. »Als die Ladefläche voll beladen war«, schrieb Ness, »fuhr der Lieferwagen zu einem alten Fabrikgebäude in der 38th, Ecke Shields Street …« In dem Glauben, eine echte Capone-Brauerei gefunden zu haben, mieteten sich Leeson und Seeley ein Apartment in der Nähe und observierten das Gebäude, nur um zu entdecken, daß sie sich geirrt hatten. Die Capone-Organisation benutzte die Räumlichkeiten nur zur Reinigung der Fässer (mit Dampf). Die Unbestechlichen entdeckten anschließend noch mehrere dieser Reinigungsstätten. Sie schätzten, daß die Capone-Organisation allein in Chicago täglich 140 000 Dollar mit Bier umsetzte. Nachdem sie weitere Einrichtungen ausfindig gemacht hatten, mußten sie diese Zahl sogar nach oben korrigieren.

Im Laufe der weiteren Ermittlungen verfolgten Leeson und Seeley den Weg der Fässer, die vor der Reinigungsanlage auf gut bewachte Lastwagen verladen wurden. Die beiden Unbestechlichen fanden heraus, daß die Fässer gewöhnlich um drei Uhr nachts abgeholt und in die South Cicero Avenue 1632 gebracht wurden. Wieder waren Ness und seine Männer überzeugt, daß sie auf eine Capone-Brauerei gestoßen waren. Sie beobachteten, wie Lastwagen vorfuhren und das Gelände schwerbeladen wieder verließen.

Die Unbestechlichen führten ihre erste Razzia am 11. März 1931 unter Ness' Leitung durch. Ness hatte zu dieser Zeit bereits eine besondere Zuneigung zu einem seiner Männer gefaßt, zu Bill Gardner, den er folgendermaßen beschrieb: »Ein Vollblutindianer, ein sehr gutaussehender Junge und ein Modegeck. Bill muß an die 240 Pfund wiegen, und alles sind reine Muskeln.« Gardner entsprach Ness' Vorstellung von einem ganzen Kerl, und er genoß offensichtlich seine Gesellschaft. Obwohl die Razzia ein riskantes Unternehmen war, plante Ness, der ewige Collegeboy, die Aktion wie ein

»Footballspiel«. Trotzdem wurde er, als das Spiel begann, mit unerwarteten Hindernissen und Gefahren konfrontiert. In seinen Memoiren schreibt er:

> »Ich benutzte einen Lastwagen mit schwerer Stahlstoßstange … wir hatten vor, durch die Tore der Brauerei zu preschen; fünf von uns saßen im Lastwagen, zehn weitere Männer waren auf zwei andere Autos verteilt … Wir fuhren in einem niedrigen Gang die Straße entlang und – wumm! – durch die Tore. Sie zerbarsten mit einem lauten Knall, und augenblicklich schlug mir das Herz bis zum Hals. Das war keine Brauerei! Ich sah auf eine schwarz gestrichene Holzwand, die etwa zwei Lastwagenlängen von der Vorderfront des Gebäudes entfernt stand und den Eindruck vermittelte, man stünde vor einer leeren Garage. Es dauerte nicht lange, bis wir die Schwingtüren in der Holzwand fanden, und in Null Komma nichts hatten wir fünf Arbeiter am Wickel.«

Die Ausbeute der Razzia war beachtlich: zwei Lastwagen, einer davon war mit einem mit Glas verkleideten Tank ausgestattet, und fünf Männer – der größte Fang war ein Braumeister namens Steve Svoboda, der als Capones bester Brauer galt. Sobald die Männer verhaftet waren, sah sich Ness eingehend um und stellte fest, daß er einen der größeren Betriebe entdeckt hatte. Noch mehr Befriedigung verschaffte ihm, daß die Razzia ausführliche Erwähnung in der Presse fand und sogar ein Thema für die Wochenschauen war. Durch diese Publicity verbreitete sich die Legende von dem couragierten jungen Spezialagenten und seiner Gruppe unbestechlicher Draufgänger. Dieselbe Beachtung hatte man Al Capones Bruder, »Two-Gun« Hart, zur Zeit der großen Prohibitionsrazzien geschenkt – auch damals sprach alle Welt von den tapferen Männern, die ihr Leben aufs Spiel setzten, um Schnapsbrennereien auszuheben. Und wie Hart sonnte sich auch Ness in der allgemeinen Aufmerksamkeit. Die einzige Enttäuschung nach diesem Erfolg war die Tatsache, daß Bill Gardner kurz danach die Unbestechlichen verließ, weil ihm der Job nicht zusagte.

Dennoch führte Ness in den nächsten vier Monaten unbeirrt eine ganze Reihe von weiteren Razzien durch und zapfte gleichzeitig die Telephone von Capones ständig wechselnden »Verkaufsbüros« an, in denen die Bestellungen von Flüsterkneipen entgegengenommen wurden. Die Unbestechlichen erzielten große Erfolge. »In kürzester Zeit«, prahlte Ness, »war es ihnen so gut wie unmöglich, Bier auszuliefern, ohne Gefahr zu laufen, von uns auseinandergenommen zu werden.«

Die Unbestechlichen beschlagnahmten 45 große Lieferwagen, die schließlich bei einer öffentlichen Auktion versteigert werden sollten, aber vorher wollte Ness Capone mit seiner Ausbeute verhöhnen. Er gab die Order, alle Lastwagen zu wienern, bis sie blitzten, und ließ sie in einem langen Konvoi mit Polizeieskorte auffahren. Als alles arrangiert war, dirigierte er den Konvoi durch die Michigan Avenue und am Lexington Hotel vorbei. Kurz bevor sich die »Parade« in Gang setzte, rief er im »Lexington« an. »Stellen Sie mich zu Mr. Capone durch«, verlangte er von der Telephonistin, und als sich eine andere Stimme meldete, sagte Ness: »Ich möchte mit ›Snorky‹ sprechen.«
»Wer ist dran?« wollte der Mann am anderen Ende der Leitung wissen.
»Das geht Sie einen verdammten Dreck an. Aber wenn Sie wissen, was gut für Sie ist, dann holen Sie ihn ans Telephon, aber ein bißchen plötzlich.« Und als Capone tatsächlich an den Apparat kam, sagte Ness: »›Snorky‹, ich möchte Ihnen nur erzählen, daß Sie etwas Interessantes zu sehen bekommen, wenn Sie um Punkt elf aus Ihrem Fenster auf die Michigan Avenue schauen.« Nach dieser Ankündigung legte Ness auf.
Die Fahrer der Lastwagen starteten die Motoren, und eine der seltsamsten Paraden, die Chicago je gesehen hatte, setzte sich in Bewegung. Ness saß im ersten Fahrzeug, mit einer abgesägten Schrotflinte bewaffnet, und hielt nach Ganoven Ausschau, die sich in den Kopf gesetzt haben könnten, den Konvoi zu überfallen. Vor dem »Lexington« fuchtelte er mit dem Gewehr durch die Luft und hielt unter dem Meer von perlgrauen Hüten am Straßenrand nach dem Gesicht mit der Narbe Ausschau – nichts. Er hob den Blick zu Capones Büro. Eine Menge Leute streckten die Köpfe aus den Fenstern, aber von Capone war keine Spur zu entdecken. Nichtsdestotrotz war Ness überzeugt, daß »Snorky« irgendwo da oben stand und vor Wut kochte, weil ihn die Unbestechlichen in aller Öffentlichkeit verspotteten. Zumindest bildete Ness sich das ein.

»Es war im Februar 1931 – ich stand an der Rennbahn von Hialeah und sah mir die Pferdeboxen des Mannes an, hinter dem ich seit drei Jahren her war«, erinnerte sich Frank Wilson. Zu dieser Zeit war der Steuerfahnder bei schlechter Gesundheit. Seit Monaten litt er unter Schlafmangel, rauchte mehr als je zuvor, und seit einiger Zeit machten ihm Zahnschmerzen und seine Überarbeitung schwer zu schaffen. Sein Boß, Elmer Irey, hielt es für die beste Lösung, Wilson nach Florida zu schicken, wo er sich erholen und seine Recherchen über Capones finanzielle Lage fortsetzen konnte. Al Capone hatte sich kürzlich in das warme Klima und in die relative Sicherheit seiner Palm-Island-Villa zurückgezogen. Er besuchte oft die Hialeah-

Rennbahn in Miami und spielte den sorgenfreien Lebemann, der das warme Wetter und die schnellen Pferde liebte. Wilson empörte sich über die Auftritte des Gangsters. »›Scarface‹ Al Capone saß da, auf jeder Seite eine juwelenbehängte Gangsterbraut, rauchte dicke Zigarren, hob gelegentlich den Feldstecher an die Augen und begrüßte huldvoll wie der Schah von Persien die Parade von Speichelleckern und Kriechern, die sich um ihn scharten.« Es war, als hätte Wilson den Leibhaftigen vor sich. »Ich sah sein feistes, olivenfarbenes Gesicht, die wulstigen, geschürzten Lippen, die Fettrollen unter seinem Kinn – und die Narbe, die sich dick wie ein Bleistift quer über seine Wange zog. Wenn ein Dorfpolizist einen Mann verhaften will, dann geht er einfach auf ihn zu und sagt: ›Sie sind festgenommen.‹ Und ich stehe da, mit der gesamten amerikanischen Regierung im Rücken, und bin so hilflos wie ein Kanarienvogel.«

In seiner Frustration tat Wilson das, was ihm nach der Verhaftung von Capone als zweitbeste Sache erschien. Beim Besuch einer örtlichen Hunderennbahn spürte er einen schwer faßbaren Buchhalter der Capone-Organisation auf – Leslie Shumway. Er war der Mann, der die Bücher geführt hatte, die Wilson nach so langer Zeit im Sommer aus den beschlagnahmten Akten ausgegraben hatte. Shumway war ein Volltreffer; wenn er zum Zeugen der Anklage würde, könnte man anhand seiner Aussage schlüssig beweisen, daß Al Capone die Gewinne aus den Spielclubs in Cicero in seine eigene Tasche steckte. Wilson mußte einen Dreh finden, Shumway für sich zu gewinnen, ohne ihn so zu verschrecken, daß er nie mehr den Mund aufmachte. Um dieses Ziel zu erreichen, wandte Wilson einige Tricks an. Schon 24 Stunden, nachdem er ihn entdeckt hatte, erhielt Shumway eine Vorladung, in der er aufgefordert wurde, über eine gewisse »White Steel Company« auszusagen. Shumway protestierte und erklärte, er habe nie von diesem Unternehmen gehört. Der Agent, der ihm die Vorladung zugestellt hatte, räumte ein, daß es sich möglicherweise um eine Verwechslung handelte, ermutigte ihn aber, trotzdem zu erscheinen, wenn auch nur, um den Irrtum aufzuklären und eine Entschuldigung entgegenzunehmen. Sobald Shumway sich blicken ließ, schnappte die Falle zu, die Wilson ihm gestellt hatte. Die White Steel Company war eine reine Erfindung und die Vorladung eine Finte. Plötzlich stand Shumway Frank J. Wilson gegenuber, der ihm eine Auflistung von Capones Spielgewinnen unter die Nase hielt – die Geschäftsbücher, die Shumway selbst geführt hatte. Shumway hatte die Eintragungen mit zwei deutlich unterschiedlichen Handschriften vorgenommen, um eventuelle Ermittler zu täuschen, aber Wilson war nicht auf den Trick hereingefallen. Trotz des Beweises leugnete Shumway standhaft, Capone zu kennen. »Leslie«, sagte Wilson, »ich weiß, daß Sie in verdammten Schwierigkeiten stecken. Für Sie gibt es nur zwei Möglichkeiten: Wenn Sie sich weigern, mein Spiel mitzumachen, schicke ich einen Marshal von der örtlichen Polizei auf die Hunderennbahn, damit er sich dort ganz offiziell nach Ihnen umschaut … Kapiert, Leslie? Sobald die Gang spitzkriegt, daß die Bundesbehörden Sie ausfindig gemacht haben …, kommen die Jungs möglicherweise auf die Idee, Sie für immer zum Schweigen zu bringen.« Die Alternative dazu wäre, daß Shumway seine Hände reinwusch, indem er die Eintragungen in den Geschäftsbüchern genau erklärte. In diesem Fall versprach Wilson, dafür zu sorgen, daß »Mrs. Shumway nicht Witwe werden« würde. Shumway erkannte seine aussichtslose Lage und erklärte sich bereit, Capone an die Bundesbehörde zu verraten.

Noch ehe Wilson die Gelegenheit hatte, diesen Sieg zu feiern, erfuhr Elmer Irey von einem Undercoveragenten, daß Capone Shumway schon seit einiger Zeit beschatten ließ und, nachdem er von der Unterredung mit Wilson erfahren hatte, plante, seinen Buchhalter kaltzumachen – genau wie Wilson es vorausgesehen hatte. Ireys erster Impuls war, zum Telephonhörer zu greifen und Wilson in Miami zu warnen, aber seine Leute hatten inzwischen herausgefunden, daß die Capone-Gang das Telephon in der Pension, in der sich Wilson eingemietet hatte, angezapft hatte. Irey umging das Problem, indem er ein Gespräch anmeldete, der Vermittlerin jedoch einschärfte, nichts von einem Ferngespräch zu erwähnen, um eventuelle Lauscher nicht mit der Nase darauf zu stoßen, daß dies ein wichtiges Telephonat war. Als Wilson an den Apparat kam, wies Irey ihn an, Shumway augenblicklich aus Miami zu schaffen. Innerhalb von 30 Minuten waren Wilson und Shumway auf dem Weg nach Peoria, Illinois, wo sie von Art Madden erwartet wurden. Während der Fahrt gab Shumway Details über Capones Spielbetriebe preis und erklärte die Bedeutung der einzelnen Posten in den Geschäftsbüchern.

Leslie Shumway sagte am 13. März vor einer Jury im Bundesgericht in Chicago aus. Als er fertig war, nahm er einen »Zwangsurlaub«, den die Secret Six finanzierten. In Begleitung eines Agenten von der Steuerbehörde, fuhr der Buchhalter nach Oregon und blieb bis Mai dort. Oregon war einer der wenigen Staaten in den USA, zu denen Capones Organisation keinen Zugang hatte.

Durch Shumways Aussage wurde die Beweislage im Fall gegen den Staatsfeind Nummer 1 bald hieb- und stichfest. Wilson, der bis kurz vor seinem Nervenzusammenbruch gearbeitet hatte, hielt seine Ermittlungsergebnisse unter Verschluß. Obwohl er es nur mit Steuerangelegenheiten zu tun hatte, führte die Spur der Profite unweigerlich zu Verbrechen, zum Alkoholschmuggel und zum Glücksspiel. Hätte er seine Ermittlungen nur auf

Morde oder Alkoholschiebereien konzentriert, hätte er lediglich partielle, verzerrte Einblicke in Capones Imperium gewonnen. Indem er den Weg der Gelder verfolgte, hatte er jedoch das Gesamtbild vor Augen. Das Geld war der sensibelste Aspekt der Capone-Organisation; Al wußte, wie er reagieren mußte, wenn er eines Mordes verdächtigt wurde – er gab Interviews, bei denen er die Liebe zu seiner Familie in den Vordergrund stellte – oder wenn man ihm Alkoholschmuggel zur Last legte, betonte er die Scheinheiligkeit der Prohibition –, aber gegen die Beschuldigung, keine Steuern für sein enormes Einkommen bezahlt zu haben, konnte er sich nicht zur Wehr setzen. Nachdem der Fusel ausgeliefert und das Blut vergossen war, zählte nur noch das Geld, das wußte er. Geld war Macht – die Macht, Leute schmieren zu können, sich politischen Einfluß zu sichern und die Wahrheit zu verwischen. Geld, nicht Revolverkugeln, war Capones wichtigstes Handwerkszeug.

Während Wilson Stückchen für Stückchen Capones finanzielle Situation kennenlernte, stieß er auf die eigentliche Machtquelle der Organisation. Aus diesem Grund begriff er mehr als jeder andere, mehr als J. Edgar Hoover, mehr als Eliot Ness, den Aufbau und die Arbeitsweise der Organisation, und deshalb lebte er auch in größerer Gefahr als jeder andere.

Wilson war nicht der einzige Repräsentant der Bundesregierung, der nach Florida fuhr, um Capone insgeheim zu beschatten. George E. Q. Johnson, der die Beweise sammelte, die Wilson und andere Agenten zusammentrugen, hatte sich auch auf den Weg nach Miami Beach gemacht, um sich angeblich von einer häßlichen Bronchitis zu erholen, die er sich im Chicagoer Winter eingefangen hatte. »Wir holten Agenten vom Secret Service in Miami ab«, erinnert sich sein Sohn, George jr., der seinen Vater begleitete, »und wir kamen mit dem Zug an, fuhren aber direkt nach Palm Island, um uns die Capone-Villa anzusehen. Es war ein prachtvolles Anwesen. Ich war damals noch ein junger Mann und schwer beeindruckt, weil mein Leben in Chicago ziemlich eingeschränkt war. Offenbar hatte es sich in der Gang herumgesprochen, daß wir da waren; auf der Straße standen eine Menge Autos und eigenartige, finstere Typen lungerten in unserem Hotel herum. Der Geschäftsführer des Hotels war keineswegs glücklich über unseren Aufenthalt in seinem Haus – nicht weil wir uns schlecht benahmen, sondern weil unsere Anwesenheit einen solchen Aufruhr verursachte. Die anderen Gäste hatten Angst, daß sie in die Schußlinie eines Mörders geraten könnten, der es auf meinen Vater abgesehen hatte.«

Da Frank Wilson und George E. Q. Johnson jede seiner Bewegungen in Miami beobachteten, entschied Capone, daß es in Chicago sicherer für ihn war. Zwei dringende Angelegenheiten erforderten ohnehin seine Anwesenheit: die Wahl des republikanischen Kandidaten für den Bürgermeisterposten und eine neue Vorladung vor eine Jury, die über den zwei Jahre zurückliegenden Vorwurf der Mißachtung des Gerichts – als sich Capone mit einem ärztlichen Attest entschuldigt vor einem Gerichtstermin gedrückt hatte – verhandeln würde.

Für Capone war es von äußerster Wichtigkeit, daß Richter Lyle, der gefährliche, Publicity hungrige Reformer, der Capone wegen Landstreicherei hinter Schloß und Riegel bringen wollte, seinem Kontrahenten bei der Nominierung unterlag. Der andere republikanische Anwärter war »Big Bill« Thompson, der sich nach dem Skandal sehr zurückgezogen hatte, aber dennoch gewillt war, in Zukunft wieder nach Capones Pfeife zu tanzen. Lyle war fest entschlossen, Thompsons Verbindung zum Staatsfeind Nummer 1 zu seinem hauptsächlichen Wahlkampfthema zu machen. »Falls Bürgermeister Thompson wieder nominiert werden sollte, wird die gesamte amerikanische und europäische Presse die Nachricht aufgreifen unter der Überschrift: ›Capone gewinnt‹«, sagte er bei einer Kundgebung. »Vor vier Jahren war noch nicht allgemein bekannt, daß Capone hinter Thompson die Fäden aller Marionetten im Rathaus in der Hand hält. Heute sieht man Capones Gesicht deutlich über die Kulissen spähen, wenn er die Menge überblickt, um herauszufinden, ob sein Hauptdarsteller ungeschoren davonkommt.« Thompson hatte während des Wahlkampfs nicht viel zu lachen. Lyle und die Chicago Crime Commission erklärten, sie hätten den Beweis, daß Capone Thompsons Kampagne unterstützte – Summen zwischen 25 000 und 150 000 Dollar wurden genannt.

Am 21. Februar, vier Tage nachdem Lyle seine Ansprache gehalten hatte und vier Tage vor der Kandidatenwahl, nahm Capone in Begleitung seines Bruders Ralph den »Dixie Flyer« von Miami nach Danville, Illinois, und fuhr weiter nach Chicago, wo die letzte heiße Phase des Wahlkampfs begonnen hatte. Thompson war aus seiner Abgeschiedenheit aufgetaucht, um seinen Gegner mit ungehobelten Tiraden zu attackieren. Auf seinen Wahlversammlungen nannte er Lyle einen »Affen«, einen »Schimpansen« und »den größten Lügner«. Er wütete: »Dieses angebliche Unschuldslamm hat meine Integrität angegriffen. Das ist zuviel. Ich schlag' ihn nieder, springe auf sein Gesicht und zertrete ihn wie einen Wurm. Unterschätzt Big Bill Thompson nicht!« Diese zweifelhafte Herausforderung beantwortete Lyle so: »Die Leute sind dieses plärrende Dschungelnilpferd leid, sie haben es satt, daß er sich schützend vor die Gangster, seine dubiosen Vertragspartner und faule, blutsaugerische Schieber stellt und geifernd Beleidigungen gegen die unbescholtenen Bürger von Chicago ausstößt.« Die Wähler waren begeistert über diesen Schlagabtausch, das war Politik im Stil von Chicago. Allgemein wurde angenommen, daß Thompson Lyle ganz leicht aus dem Feld schlagen und Chicago weitere vier Jahre der Korruption und der Skandale erleben würde.

Während das rüde Rededuell die Öffentlichkeit beschäftigte, enthüllten private Diskussionen, welchen Einfluß Capones Einmischungen auf die Wahl hatten. Kurz vor der Entscheidung begegnete Lyle dem voraussichtlichen demokratischen Kandidaten Tony Cermak anläßlich einer Trauerfeier.

»John«, sagte Cermak, »man hat Sie auf dieser Trauerfeier im Visier. Mindestens acht Mitglieder der Mafia sind auf Sie aufmerksam geworden. Sie planen, Sie umzubringen ..., Sie wissen, daß Sie bei den Vorwahlen ... vor Thompson liegen. Diese Männer wollen nicht, daß Sie nominiert werden, weil ihnen bewußt ist, daß Sie sie aus der Stadt jagen, wenn Sie gewählt werden.« Cermak empfahl Lyle, ohne eine Garde Leibwächter keinen Schritt mehr zu machen, und verlieh seiner Hoffnung Ausdruck, daß Lyle Thompson bei der Vorwahl ausstechen würde. Weiterhin gestand Cermak: »Sie [die Capone-Organisation] wissen nicht, wie ich über sie denke. Ich glaube, ich kann mir während des Wahlkampfs Unterstützung von der Bande sichern. Ich werde sie annehmen. Aber nach der Wahl werde ich die Stadt von ihnen säubern.«

Lyle war erstaunt über Cermaks Äußerungen. Erst hatte er den Richter bedroht, dann Capone denunziert, und zu guter Letzt hatte er angedeutet, er habe geheime Verbindungen zu Capone. »Strenggenommen kündigte er seine Absicht an, die Capone-Bande zu hintergehen«, merkte Lyle an. »Meiner Meinung nach war das ein gefährliches Spiel mit Mördern.«

Trotz Cermaks Prophezeiung, Lyle würde das Rennen machen, gewann Thompson die Vorwahl. Capone fiel ein Stein vom Herzen. Der Sieg stellte unter Beweis, daß Thompson, und damit Capone, die dominierende Macht in der republikanischen Partei von Chicago blieb, aber gleichzeitig sah sich die Öffentlichkeit bei der Aussicht darauf, daß sich Thompson vier weitere Jahre im Rathaus etablieren könnte, gezwungen, den Einfuß der organisierten Gangster auf ihn genauer unter die Lupe zu nehmen. Zumindest in diesem Punkt hatte der geschlagene Richter Lyle recht behalten. Und da der berüchtigte Capone seine Finger im Spiel hatte, zog die obskure Vorwahl im amerikanischen Mittelwesten nicht nur nationale, sondern internationale Aufmerksamkeit auf sich. Wenige Stunden nach seinem erklärten Wahlsieg, wurde Thompson von einem Redakteur des *London Daily Express* angerufen. Er behauptete, nicht das geringste mit Capone zu tun zu haben, und log das Blaue vom Himmel herunter. Es sei alles nur »Zeitungsgeschmiere«, erklärte er. »Ich weiß überhaupt nichts über Al Capone … Ich habe keine Ahnung, woher ihr Zeitungsleute dieses Zeug habt, aber eines kann ich Ihnen sagen: Die Statistiken, die von der Regierung der Vereinigten Staaten veröffentlicht wurden, zeigen, daß es nur 68 andere Städte mit mehr als 100 000 Einwohnern in diesem Land gibt, in denen es weniger Kriminalität als in Chicago gibt.«

Mit seiner Niederlage endeten auch Richter Lyles Bemühungen, »Capone zu schnappen«. Die Anklage wegen »Landstreicherei«, auf die der Richter seinen Ruf als Gangsterschreck gründen wollte, und der Haftbefehl wurden stillschweigend fallengelassen, weil der stellvertretende Staatsanwalt »keinen Polizisten finden konnte, der fähig war, einen Beweis dafür vorzulegen, daß Capone während der letzten 18 Monate illegalen Aktivitäten nachgekommen war oder sich auf den Straßen herumgetrieben hatte«.

Während die Bürger der Stadt zu den Wahlurnen gingen, um den republikanischen Kandidaten für das Bürgermeisteramt zu bestimmen, erschien Capone vor dem Bundesrichter James J. Wilkerson, um sich wegen Mißachtung des Gerichts zu verantworten. Er baute sich, gekleidet in einen dunkelblauen Anzug, mit seinem unvermeidlichen perlgrauen Hut und einer mit zahllosen Diamanten besetzten goldenen Uhrkette an der Weste, auf den Stufen des Gerichtsgebäudes auf und plauderte mit den Reportern über Politik. »Die Wahl?« sagte er. »Ich war der Sündenbock. Richter Lyle hat mich dumm aussehen lassen, als er behauptete, ich hätte 150 000 Dollar für die Kampagne des Bürgermeisters ausgegeben.« Dann kam er auf seine Autobiographie zu sprechen und erklärte, jemand – den Namen nannte er nicht – habe zwei Millionen Dollar für seine Lebensgeschichte geboten, »Film-, Serien- und Buchrechte« eingeschlossen. Dennoch habe er das Angebot zurückgewiesen; er habe nicht vor, »ins Literaturgeschäft einzusteigen«, auch nicht um diesen Preis. » … Das würde den Jungs, die über mich schreiben, Arbeit wegnehmen.« Als er nach der Pasley-Biographie gefragt wurde, sagte er, er hätte die ersten zehn Seiten gelesen und sei zu der Ansicht gekommen, das Buch handle »von jemand anderem«.

Nach diesen albernen Bemerkungen tauschte Capone die frühe Frühlingssonne gegen die Düsternis in Richter Wilkersons Gerichtssaal ein. Der Gangsterboß plazierte, so die *Tribune,* »seine Massen – 235 Pfund – auf den Stuhl an der Anklagebank und stellte eine Zufriedenheit zur Schau, die zu einem mit Milch gemästeten Ferkel, das sich im Schlamm suhlt, gepaßt hätte«. Capone und seine Anwälte Nash und Ahern betrachteten dieses Verfahren als Kleinigkeit, als juristisches Geplänkel ohne echte Konsequenzen. Der Irrtum hätte nicht größer sein können, denn schließlich war James H. Wilkerson ein Bundesrichter; anders als Lyle, bewarb er sich nicht um das Amt des Bürgermeisters und war auch für Capones übliche

Manipulationen gänzlich unempfänglich. Er war fest entschlossen, dem Gangster eine Lektion zu erteilen und ihm beizubringen, was es hieß, vor einem Bundesgericht zu stehen. Abgesehen davon sah Wilkerson diese erste Begegnung zwischen Gangster und Richter als Generalprobe für den Tag der großen Abrechnung an, denn falls es gelang, Capone wegen Steuerhinterziehung anzuklagen, würde auch diese Verhandlung in Wilkersons Gerichtssaal stattfinden.

Ein Zeuge nach dem anderen trat auf und erzählte, Capone in den Tagen nach dem Valentinstag-Massaker in Miami in der Öffentlichkeit gesehen zu haben, obwohl er, laut den Angaben seines Arztes, das Bett gehütet haben, und zu schwach gewesen sein sollte, um die Reise nach Chicago unbeschadet zu überstehen. Der Prozeß begann an einem Dienstag, am Freitag fällte Richter Wilkerson das Urteil. In seinem Schlußwort faßte er den Fall folgendermaßen zusammen: »Die Beweislage zeigt … häufige Besuche auf Rennbahnen, eine Reise per Flugzeug, einen Bootsausflug. Unter Berücksichtigung all dieser Beweise ist es eindeutig, daß der Beklagte [Capone] nicht wahrheitsgemäß behaupten kann, nach dem 2. Februar [1929], bettlägerig gewesen zu sein.« Wilkerson belehrte Capone, daß er diesmal nicht vor einem Kommunalgericht stehe, wo er alle, vom Richter angefangen bis zum Gerichtsdiener, einschüchtern oder bestechen konnte; heute stünde er vor einem Bundesgericht. »Dem Gericht gebührt Respekt und Gehorsam, man kann im Saal eines Bundesgerichts keine Spielchen treiben oder sich den Anordnungen widersetzen; und … wenn der Versuch unternommen wird, den Ablauf eines Verfahrens mit falschen Ausflüchten zu stören … ist das Gericht berechtigt, alle Fakten schonungslos … aufzudecken.« Während Wilkerson sprach, rutschte Capone, der in den letzten Tagen ruhig und gelassen gewirkt hatte, nervös auf seinem Stuhl hin und her. Er schien regelrecht zu erschrecken, als der Richter – was niemanden sonst überraschte –, den Staatsfeind Nummer 1 in allen Punkten der Anklage für schuldig erklärte.

Im Gerichtssaal war es totenstill, bis der Richter fortfuhr: »Und als Strafe für die Mißachtung des Gerichtes wird der Beklagte zu sechs Monaten im Gefängnis von Cook County verurteilt.« Sobald der Richter das Urteil, das er für hart, aber richtungweisend ansah, verkündet hatte, lehnte sich Capone lächelnd zurück – sein Grinsen wurde immer breiter, weil ihm klarwurde, daß sechs Monate so gut wie nichts waren. Seine Anwälte würden das Urteil anfechten, er würde eine Kaution hinterlegen – 5000 Dollar oder irgendeine andere unbedeutende Summe – und das Gefängnis von Cook County nie von innen sehen. Richter Wilkerson hatte sich als Papiertiger erwiesen – zumindest schätzte es Capone so ein.

Sobald er das Gebäude verließ, war Capone von Reportern umringt, die von ihm wissen wollten, wie er sich nach dem Urteil fühlte. Capone bemühte sich, dem Ernst der Lage gerecht zu werden, und sagte: »Wenn der Richter das Urteil für richtig hält, wird er schon wissen, warum. Man kann einen Richter nicht überstimmen.« Al ging direkt ins Lexington Hotel, um zu feiern, daß er Wilkersons Zorn entkommen war und daß »Big Bill« Thompson einen Wahlsieg errungen hatte.

George E. Q. Johnson war ebenso erfreut über den Ausgang des Verfahrens. Der Staatsanwalt sah ihn als Sieg des Bundesgerichts und als Beweis dafür an, daß Richter Wilkerson in der Lage war, mit Capone fertig zu werden, wenn die Zeit gekommen war, ihn wegen Steuerhinterziehung vor Gericht zu bringen. Mit einer fairen Geste nahm er Kontakt zum Chef des örtlichen FBI-Büros auf und bedankte sich für die Ermittlungsarbeiten, die die Agenten angestellt hatten, um Capone als Lügner zu entlarven. Der Chef des Büros erstattete J. Edgar Hoover in Washington Bericht über dieses Gespräch. »Johnson ... sagte, er sei sehr froh über den Ausgang des Prozesses, und er wollte das Büro beglückwünschen, weil es die Beweise erbracht und gute Arbeit geleistet hat.« Hoover nahm die Anerkennung keineswegs begeistert auf – er verabscheute jeden, auch einen Bundesstaatsanwalt, der es wagte, Erfolg für sich zu verbuchen, wenn es galt Kriminelle, besonders so berüchtigte wie Capone, der Justiz zu übergeben. Obwohl Johnson die Mitarbeit des FBI ausdrücklich gefordert und von Hoover eine abschlägige Antwort erhalten hatte, behauptete dieser jetzt, daß er und nicht Johnson die Ermittlungen gegen Capone geleitet habe. Um sicherzugehen, daß diese Version der Ereignisse der Nachwelt erhalten blieb, kritzelte Hoover einen erstaunlichen Kommentar unter den Bericht seines Agenten aus Chicago:

> »Der Enthusiasmus des Bundesstaatsanwalts ist sehr amüsant. Es hat uns beinahe zwei Jahre gekostet, diese Angelegenheit vor Gericht zu bringen. 3/1/31 J. E. H.«

Drei Tage später landete ein Stapel Zeitungsartikel, in denen Johnsons Triumph über Capone gepriesen wurde, auf Hoovers Schreibtisch. Hoover tobte vor Wut. Sein pathologischer Neid und die rücksichtslose Mißachtung der Wahrheit wird in seiner Stellungnahme deutlich.

> »Dieser Blödsinn setzt allem die Krone auf. Wir haben zwei Jahre gebraucht, um ihn [Johnson] dazu zu überreden, Capone

vor Gericht zu stellen & jetzt aalt er sich in der Sonne seiner Leistungen, die er unter allen Umständen nicht erbringen wollte. J. E. H.«

Natürlich waren Hoovers Behauptungen falsch. Hoover hatte alles getan, um sich vor der Mitwirkung im Capone-Fall zu drücken. Und Johnson hatte mehr als zwei Jahre geopfert, das Leben seiner Familie und sein eigenes aufs Spiel gesetzt. Johnson hatte versucht, das FBI in seine Arbeit miteinzubeziehen, aber Hoover hatte sich verweigert. Bei dem Versuch, sich beim FBI für die begrenzte Unterstützung zu bedanken, hatte er sich einen mächtigen Mann zum Feind gemacht – nicht einen Gangster, sondern J. Edgar Hoover höchstpersönlich.
Nach dieser Episode versuchte Hoover ständig, die Anstrengungen der Regierung, Capone vor Gericht zu bringen, zu unterwandern und zu stören. Von dieser Zeit an achtete er darauf, daß weder Johnson noch sonst irgend jemand, der an dem Fall arbeitete, die Unterstützung des FBI erhielt. Und darüber hinaus tat er sein möglichstes, um Johnsons Anstrengungen und die seiner Männer – wie Eliot Ness – zu blockieren. Noch lange, nachdem Johnson und die anderen den Vorfall vergessen hatten, erinnerte sich Hoover ganz genau daran. Der Chef des FBI vergaß nie eine Kränkung, selbst wenn sie reine Einbildung war.

Am 8. April unterlag »Big Bill« Thompson bei der Wahl zum Bürgermeister seinem demokratischen Kontrahenten Tony Cermak. Die Ablösung der alten politischen Garde in Chicago spiegelte die Veränderungen wider, die, bedingt durch die Depression, in der ganzen Nation vor sich gingen, und sie bedeutete auch, daß Capone seinen Stützpunkt im Rathaus verlor. Zunächst erfaßte die Stadt eine gewisse Euphorie, weil sie endlich einen Bürgermeister losgeworden war, der sich nicht nur als korrupt erwiesen hatte – was bei den politischen Verhältnissen in Chicago noch verständlich gewesen wäre –, sondern sich auch zum Gespött im ganzen Staat gemacht hätte. Am Morgen nachdem »Big Bill« Thompson seine demütigende Schlappe hatte hinnehmen müssen, veröffentlichte die *Tribune*, sein langjähriger Gegner, eine vernichtende Bilanz seiner Hinterlassenschaft:

»Für Chicago war Thompson gleichbedeutend mit Schmutz, Korruption, Idiotie und Bankrott. Er hat der Stadt weltweit den Ruf eingebracht, Schaubühne von schwachsinnigen Possen und barbarischen Verbrechen zu sein; das Gangstertum feierte Triumphe, Schmiergelder gingen ungehindert von Hand zu Hand, und die Bürgerschaft war mutlos und niedergeschlagen. Er hat den Wohlstand und den Stolz der Stadt zerstört. Er hat Chicago zum Inbegriff des Zusammenbruchs der amerikanischen Zivilisation gemacht.«

Der Jubel über Thompsons Niederlage wurde von der Erkenntnis gedämpft, daß sein Nachfolger Tony Cermak kein Reformer war. Anders als Chicagos letzter demokratischer Bürgermeister, der ehrenwerte, aber glücklose William E. Dever, war Cermak ein im traditionellen Parteiapparat großgewordener Politiker, ein Produkt der demokratischen Organisation von Illinois. Er hatte sein Geschäft von der Pike auf gelernt und schon früh begriffen, daß es sich ungünstig auswirkte, wenn man kontroverse Themen anschnitt oder in strittigen Punkten eindeutig Stellung bezog; es hätte sich ungünstig ausgewirkt, wenn er die organisierten Gangster öffentlich angeprangert oder andererseits die Prohibition unterstützt hätte. Er wußte finanzkräftige Gönner zu schätzen, und wie er Richter Lyle während der Vorwahlen anvertraut hatte, war er bereit, sich mit der Capone-Organisation zu arrangieren, wenn er dadurch die Wahl gewinnen konnte.

Aus all diesen Gründen wurde Tony Cermak kurz nach seiner Wahl als zweitrangiger Politiker und Opportunist bezeichnet, und die *National* schrieb in einem Artikel, Chicago hätte lediglich ein Unheil gegen ein anderes eingetauscht. Die Befürchtungen, die Cermaks Wahl hervorgerufen hatten, wurden noch durch ethnische Vorurteile geschürt. Während William Hale Thompson aus einer alten, gutbetuchten neu-englischen Familie stammte, war Cermak als Sohn eines Bergarbeiters in Prag geboren und als Kind in die Vereinigten Staaten eingewandert. In den Augen seiner Gegner war er ein Fremder, dem man sträflicherweise ungeheure Macht übertragen hatte.

Sobald Cermak sein Amt antrat, wiesen die Zeitungen unablässig darauf hin, daß sein größtes Problem das organisierte Verbrechen in Chicago und insbesondere Al Capone war. In den meisten Publikationen wurde dem neuen Bürgermeister Versagen prophezeit. »Er steht den Gangstern und den Verbrecherbanden vollkommen hilflos gegenüber, und er wird weiterhin hilflos bleiben – vorausgesetzt, er meint es überhaupt aufrichtig, wenn er sagt, daß er gegen die Herrschaft des Gangstertums ankämpfen will –, solange die Machenschaften der Gangs für so viele einflußreiche Bürger der Stadt profitabel bleiben«, schrieb der Korrespondent der *National* und warnte darüber hinaus: »Mehr als ein Besitzer von Flüsterkneipen und einige von Capones Handlangern erklärten mir in den letzten Tagen ganz offen, daß sie weit davon entfernt seien, eine von Cermak angeführte Kampagne gegen das Gangstertum zu fürchten. Diese Männer haben Cermak am Wahltag sogar unterstützt, weil sie ihn für viel zu schwach halten, als daß er gegen sie vorgehen könnte.«

In Wahrheit war Cermaks Situation jedoch bei weitem nicht so aussichtslos. Mittlerweile waren die Bemühungen der Bundesbehörden, Capone hinter Gitter zu bringen, so weit gediehen, daß Cermak selbst kaum noch Initiativen ergreifen mußte; die Bewegung, die Johnson, Wilson und die anderen Bundesagenten in Gang gesetzt hatten, riß ihn mit. Zudem herrschte die allgemeine Ansicht, daß der Stern der Prohibition – genau wie der von Präsident Herbert Hoover – im Sinken begriffen war. Die undankbare Aufgabe, das Prohibitionsgesetz zu verteidigen, blieb Cermak also erspart, und es gelang ihm, das Thema, das seine Amtszeit hätte vorzeitig beenden können, zu vermeiden.

Das soll nicht heißen, daß die Befürworter der Prohibition und die Abstinenzler klein beigaben. Die verschiedenen Vereine der strikten Alkoholgegner priesen das Gesetz nach wie vor als großen Erfolg und erklärten, daß das einzige Heilmittel gegen Überschreitungen drastische Gefängnisstrafen seien. Aber die Gefängnisse im ganzen Land waren bereits bis zum Bersten voll mit Alkoholschmugglern. Es gab keinen Platz mehr für weitere verurteilte Missetäter, und die Richter entließen die Ganoven immer häufiger mit einer Verwarnung und einem Augenzwinkern. Man schrieb das Jahr 1931, und die Stimmen der Abstinenzler klangen nicht wie ein Echo aus dem vergangenen Jahrzehnt, sondern wie ein Echo aus dem letzten Jahrhundert. Kaum ein Politiker, Cermak eingeschlossen, machte sich noch die Mühe, ihnen zuzuhören. Selbst Präsident Hoover vermutete, daß die Prohibitionsgesetze nicht fruchteten und überflüssig geworden waren.

Jeder, der Eliot Ness reden hörte, mußte glauben, daß es ihm im Frühling 1931 gelungen war, Capones Imperium zu zerschlagen. »Jetzt widmeten mir die Zeitungen große Aufmerksamkeit, und allmählich wurde ich als ›Gangsterschreck‹ bekannt.« Ob seine Publicity wirklich so groß war, ist mehr als zweifelhaft. Es stimmte, daß sein Name hin und wieder in den Chicagoer Zeitungen erwähnt wurde, aber nur weil George E. Q. Johnson die Reporter darauf hinwies, wie großartig der junge Eliot Ness seine Aufgabe erledigte, daß er mitten in der Nacht Schnapsbrennereien stürmte und Al Capone ablenkte, während die Bundesbehörden genügend Beweise sammelten, um den Gangsterboß wegen Steuerhinterziehung vor Gericht zu bringen. Ein typischer Bericht über Ness' Aktivitäten erschien in der *Chicago Tribune* vom 11. April 1931: »RAZZIA IN CAPONES

GROSSER BRAUEREI. – Agenten brachen mit einem Lastwagen durch das Tor und beschlagnahmten Gerätschaften im Wert von 100 000 Dollar.« Eliot Ness' Name tauchte erst – falsch geschrieben – im dritten Absatz auf. Selbst so viel Beachtung war im Grunde zuviel, denn Ness sollte eigentlich Zurückhaltung in der Wahrnehmung seiner Pflichten üben. Aber Ness war süchtig nach dem Rampenlicht und ignorierte die Notwendigkeit, seine Aktivitäten geheimzuhalten und so einen Beitrag zu seiner eigenen Sicherheit zu leisten.
Als Capones Männer begriffen, wer für die Zerstörung ihrer Einrichtungen verantwortlich war, wurde Ness zur Zielscheibe für unzählige Drohungen. Eines Tages fiel ihm auf, daß an der Motorhaube seines Wagens etwas nicht stimmte. »Ganz vorsichtig öffnete ich die Motorhaube«, schrieb er. »Direkt unter der dünnen Verkleidung, die den Fahrersitz vom Motor trennte, war eine Dynamit-Bombe am Kabelsystem angeschlossen. Ich drückte die Haube langsam zu und rief die Polizei. ›Wenn Sie den Anlasser angefaßt hätten‹, sagte der Sprengstoffexperte vom Police Department, als er sie [die Bombe] behutsam entfernte, ›wären Sie in der Luft zerfetzt worden.‹« Zum erstenmal bekam es sogar Ness mit der Angst zu tun, und er saß nach der überstandenen Gefahr noch lange zitternd in seinem Wagen.

Einen Monat nach seinem Amtsantritt verblüffte Cermak seine Kritiker mit einer großangelegten Offensive gegen die Capone-Organisation. Anstoß der Aktion war der Fund der verkohlten Leiche von Mike »the Pike« Heitler, einem Zuhälter, der kurz vor seinem Tod mit der Polizei über Al Capone gesprochen hatte. Der Staatsanwalt ließ nicht weniger als neun Capone-Vertraute für ein Verhör festnehmen, darunter Phil D'Andrea – Capones wichtigster Leibwächter – und Tony Accardo, der innerhalb der Organisation rasch aufstieg. Cermak persönlich erklärte, daß man auch Al Capone wegen des Mordes an Heitler vernehmen wolle. Es war ein beherzter Schritt – vielleicht ein tödlicher, nach Richter Lyles Einschätzung –, doch Cermak demonstrierte damit, daß er vorhatte, eine neue politische Ordnung in Chicago zu etablieren.
Capone war jedoch inzwischen zum Experten geworden, wenn es darum ging, sich von Gewalttaten in der Unterwelt zu distanzieren. Er wußte, daß der Aufschrei über Heitlers jähes Ende rasch verstummen würde, und er behielt recht. Statt sich mit diesem Sturm im Wasserglas zu befassen, bemühte sich Capone verstärkt darum, seine Position innerhalb des landesweiten organisierten Verbrechens zu stärken. Dazu sollte ihm die erste große Gangster-Konferenz seit der Zusammenkunft in Atlantic City vor zwei Jahren dienen. Damals war Capone nach dem Valentinstag-Massaker

bei den anderen in Ungnade gefallen, und seine Rivalen – besonders die Gangsterbosse aus New York –, hatten sich vorgenommen, die Kontrolle über die Chicagoer Organisation zu übernehmen und in Johnny Torrios Hände zu legen. Dieser Plan wurde nie ausgeführt, und Capones Dominanz auf nationaler Ebene hatte seither, besonders im Alkoholgeschäft, stetig zugenommen. Bei der für Ende Mai anberaumten Konferenz spielte er den Gastgeber.

Man hatte sich nach einem verbissenen Bandenkrieg in New York, der im ganzen Land Furore machte, zu diesem Treffen entschieden. Der Kampf, der in die Chroniken der Unterwelt als der »Castellammarese Krieg« einging – benannt nach dem sizilianischen Dorf, in dem die meisten Beteiligten geboren waren –, brach am 15. April aus, als Giuseppe Masseria, der führende Mafiaboß in New York, in einem Restaurant auf Coney Island ermordet wurde. Sein Tod verursachte ein Ungleichgewicht der Machtverteilung unter den rivalisierenden Mafiagangs der Stadt. Capones Jugendfreund »Lucky« Luciano übernahm die Rolle als »Boß der Bosse« in New York und teilte die verschiedenen Clans in fünf »Mafiafamilien« – dieses Schema hat sich bis in die heutige Zeit erhalten. Luciano übernahm selbst die Führung des Clans, der später als »Genueser Familie« bekannt wurde, Joseph Profaci blieb für die »Colombo-Familie« verantwortlich, Philip Mangano wurde Chef der »Gambino-Familie«, Gaetano Gagliano übernahm die Leitung der »Lucchese-Familie«, und Joseph Bonanno gab der ehemaligen »Maranzano-Familie« seinen Namen. Zu Beginn des blutigen Konflikts hatte Capone Geld an Masseria geschickt, und gleichzeitig hatte er Masserias Feinden in weiser Voraussicht eine Warnung zukommen lassen, daß sie nichts überstürzen und keine Killer schicken sollten. Deshalb stand Capone, als sich der Rauch verzogen hatte, mit den Siegern auf gutem Fuß, und sie sahen ihn jetzt sogar als Boß an, an den sie sich wenden konnten, wenn sie Rat oder Unterstützung brauchten, obwohl er ein Außenseiter war – ein Neapolitaner unter Sizilianern. Dank dieses Bandenkriegs gewann Capone die Anerkennung der New Yorker Mafia, die ihm so lange versagt geblieben war.

Unter den Gangsterbossen, die im Mai nach Chicago pilgerten, befand sich der junge Joseph Bonanno in Begleitung von Salvatore Maranzano. »Capone war ein verschwenderischer Gastgeber«, schrieb Bonanno in seinen Memoiren *A Man of Honor*. »Er übernahm die Kosten für die Unterbringung und stellte Speisen, Getränke und Frauen zur Verfügung. Er schenkte Maranzano eine goldene, mit Diamanten besetzte Uhr. Capone versicherte uns ausdrücklich, daß sich die Polizei nicht in unsere Angelegenheiten mischen würde, während wir im Hotel tagten … Jetzt, nachdem ich ihn kennengelernt hatte … hielt ich ihn trotz seines schauerlichen Rufs für einen ziemlich guten Kumpel, zumindest bei dieser Gelegenheit.« Während der Konferenz berichtete Maranzano von den Vorgängen des Castellammarese Krieges und stellte die neuen Bosse der New Yorker Familien vor. »Maranzano sprach überschwenglich und begeistert von Capone«, schrieb Bonanno. »Obwohl Capone immer für Masseria Partei ergriffen hatte … wollte er jetzt Frieden und sich in der Gesellschaft von Freunden amüsieren. In einer wortreichen Ansprache erkannte Maranzano Capone als Boß der Chicagoer Familie an. Alle applaudierten.« Capone hielt seinerseits eine Lobrede auf Maranzano.

Bis zu dieser Konferenz waren Capone und die Mafia oft tödliche Feinde gewesen. Nach Ansicht der heimlichtuerischen Mafia ließ Capone seine Organisation zu sehr in der Öffentlichkeit operieren und nahm zu viele Nichtitaliener in seine Reihen auf. Die Differenzen waren bis zu diesem Zeitpunkt, an dem sich Capone und die Mafia als Gleichgestellte und nicht als Rivalen gegenüberstanden, unüberwindlich gewesen. Die Akzeptanz der Mafia und die Aufnahme in ihre geheime Gesellschaft, eröffneten Capone neue Möglichkeiten, sein Netz weiter zu spannen und in das feindselige Territorium von New York einzudringen. Noch wichtiger, dieses neue Bündnis verminderte die Wahrscheinlichkeit, daß die Mafia ihn von angeheuerten Killern kaltmachen ließ. Die Anerkennung der Mafia war eine große Ehre.

Als die Bosse Capone in ihren Reihen willkommen hießen, waren sie sich bewußt, daß er jeden Augenblick der Steuerhinterziehung angeklagt werden konnte, und jedem – das heißt jedem außer Capone selbst – war klar, daß der Boß der Chicagoer »Familie« ins Gefängnis wanderte, falls die Bundesbehörden Beweise für ein solches Vergehen präsentieren konnten. Die Aussicht auf Capones Ausscheiden aus der organisierten Verbrecherszene warf die beunruhigende Frage auf, wer seine Nachfolge antreten sollte. Capone favorisierte seinen Bruder Ralph als den zweiten Mann in seiner Organisation, aber »Bottles« fehlte der Kampfgeist und die Führungsqualitäten, die Al auszeichneten. Zudem war er selbst wegen Steuerhinterziehung verurteilt, und obwohl er noch wegen eines Berufungsverfahrens auf freiem Fuß war, konnte er jederzeit hinter Schloß und Riegel geschickt werden. Mittlerweile wetteiferte schon eine Gruppe junger Männer um die Machtpositionen in der Organisation, die bekanntesten unter ihnen waren Tony Accardo und Murray Llewellyn Humphreys – »Murray the Hump« oder »Murray the Camel«, wie er genannt wurde. Er war – unglaublich, aber wahr – ein Waliser, wahrscheinlich der einzige Waliser in Amerikas Unterwelt. Er war schlank, elegant und auf finstere Art gutaussehend – ein

Musterbeispiel der neuen Gangstergeneration, zum Teil Verbrecher, zum Teil Geschäftsmann. Und er stand in Capones Gunst. »Jeder kann mit einer Knarre umgehen«, sagte Al über seinen Protegé. »Hump benutzt seinen Verstand. Er kann schießen, wenn er muß, aber wenn er kann, verhandelt er lieber mit Geld. Ich mag diesen Burschen.«

Während Amerikas mächtigste Gangsterbosse Al Capone bejubelten, erhielt Frank Wilson wieder einen unerwarteten Anruf von Mike Malone, dem Undercover-Agenten, der sich im Lexington Hotel unter dem Namen De Angelo einquartiert hatte. Diesmal meldete sich Malone, um Wilson davon in Kenntnis zu setzen, daß Capone fünf Killer angeheuert hatte, die Wilson, Art Madden, Elmer Irey und praktisch alle wichtigen Mitarbeiter der Steuerbehörde umbringen sollten. »Ich nehme an, Al bildet sich ein, das würde der Anklagejury Todesängste einjagen«, bemerkte der Undercover-Agent. Wieder einmal zogen Wilson und seine Frau um, nur um kurz darauf von Malone zu erfahren, daß Capone seine Absichten fallengelassen und die Killer nach Hause geschickt hatte.

Irey war das nächste Opfer in Capones Winkelzügen. Ein Capone-Mitarbeiter stattete dem Chef der Steuerbehörde einen Besuch ab und spielte auf die Möglichkeit einer enormen Bestechungssumme an. Irey, der schon lange auf diesen Moment gewartet hatte, entgegnete seinem Gast: »Zufällig teile ich die Angst nicht, die Capone so vielen Menschen einjagt. Es gibt keinen Grund, warum er anders behandelt werden sollte als jeder andere, der die Gesetze der Vereinigten Staaten auf kriminelle Weise verletzt hat. Ich darf hinzufügen, daß Al Capone, soweit es mich angeht, nichts anderes als ein massiger, fetter Mann in senffarbenem Anzug ist. Eines möchte ich ganz klarstellen, und ich wäre dankbar, wenn Sie das an Capone weitergeben würden: Wir wissen sehr genau, daß Capone nicht zögert, einen Mörder damit zu beauftragen, jeden, der ihm im Weg steht, umzubringen, aber falls einem unserer Agenten oder den Zeugen, die vor Gericht gegen ihn aussagen werden, irgend etwas passiert, kann ich Ihnen garantieren, daß sämtliche Polizeikräfte der Vereinigten Staaten auf den angesetzt werden, der für das Verbrechen verantwortlich ist.« Capones Abgesandter ging, ohne einen Handel abgeschlossen zu haben, und Irey widmete sich seiner Aufgabe mit neuerwachtem Elan.

Zu guter Letzt wurde auch George E. Q. Johnson zur Zielscheibe von Capones Manipulationen, die beinahe die gewissenhaften Ermittlungsarbeiten der Behörden zunichte gemacht hätten. Zwei Monate zuvor, am 13. März, hatte eine Anklagejury tatsächlich die schicksalhafte Entscheidung gefällt, Al Capone wegen Steuerhinterziehung anzuklagen, aber Johnson beschloß, die Anzeige zurückzuhalten, um öffentliches Aufsehen zu vermeiden, denn Wilson, Irey und die anderen Agenten hatten erst kürzlich neue Informationen über Capones Einkommen erhalten. Im April stellte Johnson eine neue Jury zusammen in der Hoffnung, sie würde eine noch vollkommenere und erdrückendere Anklageschrift formulieren. Capone erfuhr von der zurückgehaltenen Anzeige, und im Mai machten seine Anwälte Thomas Nash und Michael Ahern Johnson ihre Aufwartung. Sie setzten ihn mit einem exakten Bericht über die Aktivitäten der Anklagejury in Erstaunen, die sich eigentlich ganz im geheimen beraten sollte, und behaupteten, Capone hätte keine Chance, in Chicago einen fairen Prozeß zu bekommen, weil er über Jahre hinweg in dieser Stadt so schlechte Presse gehabt hatte.

Nachdem sie die juristischen Präliminarien hinter sich gebracht hatten, kamen sie auf den eigentlichen Punkt zu sprechen: Ihr Mandant Al Capone war bereit, einen Handel mit dem Bundesstaatsanwalt zu schließen. In Johnsons Worten klang das so: »Wenn ihm ein annehmbares Urteil versprochen würde, wäre er bereit, sich im Sinne der noch gültigen und der zu erwartenden Anklage für schuldig zu bekennen.« Dieses simple Angebot, das im wesentlichen einer im amerikanischen Rechtssystem durchaus zulässigen inoffiziellen Absprache gleichkam, brachte Johnson in ein ernstes Dilemma. Wenn er sich nicht damit einverstanden erklärte und den Prozeß anstrengte, lief er Gefahr, daß Capone die Geschworenen bestach, was ja in Chicago gang und gäbe war. Abgesehen davon – ob die Geschworenen nun mit Geld oder Einschüchterung beeinflußt wurden oder nicht – bestand eine reelle Chance, daß Capone freigesprochen wurde, und ein Freispruch wäre für Johnson eine Katastrophe gewesen. Wenn er andererseits auf den Handel einging und Capone hinter Gitter kam, mußte er mit der Möglichkeit rechnen, daß der Gangsterboß bereits zur Weltausstellung in Chicago wieder ein freier Mann war. Das wäre ein Desaster für die Bundesbehörden und für die Regierung, die befürchteten, daß Capone die Kontrolle über das Geschehen an sich reißen und die Touristen vertreiben könnte. Für Johnson gab es nur eine einzige akzeptable Lösung, und das war ein Gerichtsverfahren mit Geschworenen, die bereit, willens und in der Lage waren, Capone in allen Punkten der Anklage schuldig zu sprechen. Johnson hatte in dieser kniffligen Situation einen fähigen Verbündeten: Richter Wilkerson. So wie er mit Capone bei dem Prozeß wegen Mißachtung des Gerichts verfahren war, konnte man von dem Richter mit Fug und Recht erwarten, daß er, falls er die Gelegenheit dazu bekam, die höchst mögliche Strafe über Capone verhängen würde. Trotzdem war diese Vorgehensweise sehr riskant. Wenn die Geschworenen auf nicht schuldig bekannten, waren Wilkerson, Johnson, Wilson und allen anderen Männern, die so viel Zeit und Mühen geopfert hatten, um Capone vor Gericht zu bringen, die Hände gebunden. Das Ganze war wie ein Würfelspiel für Johnson, und er mußte damit rechnen, daß Capones Anwälte die Würfel präpariert hatten.

Johnson hätte Capones redegewandten Anwälten reinen Wein einschenken und ihnen sagen müssen, daß es keine Absprachen geben würde, aber er zögerte und erklärte ihnen statt dessen, daß er die Angelegenheit erst mit dem Justizministerium diskutieren müsse. Er machte sich sofort auf den Weg nach Washington und beriet sich mit dem Generalstaatsanwalt, der nach Ausflüchten suchte und Johnson anwies, noch zu warten. Gleich nach seiner Rückkehr nach Chicago traf sich Johnson wieder mit Ahern, und diesmal wurde Capones Anwalt präziser und schlug eine Gefängnisstrafe von 18 Monaten vor. Johnson lehnte ab.

Johnson weihte Richter James Wilkerson in die geheimen Verhandlungen mit den Capone-Anwälten ein und äußerte seine Ansicht, daß 18 Monate Gefängnis zu wenig seien. Das Büro des Bundesstaatsanwalts hatte Beweise dafür gesammelt, daß Capone in den Jahren von 1924 bis 1929 enormes Einkommen bezogen, aber keine Steuern abgeführt hatte. Wilkerson war entsetzt, daß Johnson überhaupt daran dachte, Absprachen mit der beklagten Partei zu treffen. Ganz egal, welches Angebot Capones Anwälte auch machten, Wilkerson würde sich niemals auf einen solchen Handel einlassen. Diese Aussage beruhigte Johnson, und er konnte endlich den Fall vorantreiben. In der Zwischenzeit befanden sich Capones Anwälte in dem Irrtum, daß sie nach wie vor ein günstiges Urteil aushandeln könnten, wenn sie nur ein angemessenes Angebot vorbrachten.

In diesem Stadium, am 5. Juni 1931, klagten die Vereinigten Staaten Capone der Steuerhinterziehung an, die Anklageschrift umfaßte 22 Punkte. Die *New York Times* griff den verspäteten Durchbruch freudig auf.

»CAPONE DER
STEUERHINTERZIEHUNG
ANGEKLAGT
Gangster kapituliert und hinterlegt eine Kaution
Er wird beschuldigt, Steuern in Höhe von
$ 215 080 hinterzogen zu haben.
CAPONE DROHEN FÜNF JAHRE GEFÄNGNIS
Die Steuerbehörde hat Belege für
Capones Einkommen
$ 1 038 654 in den Jahren 1925–1929

>›Scarface‹ Alphonse Capone, Nummer 1 unter Chicagos ›Staatsfeinden‹ und dem Vernehmen nach der wohlhabendste aller Gangsterbosse, beugte sich heute Nachmittag den Anordnungen der Regierung und hinterlegte 50000 Dollar Kaution. Eine Anklagejury der Bundesregierung legt ihm zur Last, wissentlich Steuern in Höhe von 215 080,48 Dollar hinterzogen zu haben.
>Bundesstaatsanwalt George E. Q. Johnson, der, wie verlautet, auf Capones Abschußliste stand und ermordet werden sollte, um ein Gerichtsverfahren zu verhindern, erklärte heute abend, er sei bereit für die Schlacht im Gerichtssaal und habe sich vorgenommen, Capone in das Staatsgefängnis Leavenworth zu schicken. Bis jetzt hat Mr. Johnson noch nie in einem Prozeß gegen einen Gangster verloren.«

Die Anklageschrift umfaßte 65 Seiten, aber das Kernstück war die Auflistung von Capones Einkünften in den Jahren von 1924 bis 1929, und die Berechnung der Steuern, die er für diese Summen abführen mußte. Nach einem Urteil des höchsten Gerichtshofes waren selbst Gewinne aus illegalen Geschäften wie Glücksspiel und Alkoholschmuggel einkommensteuerpflichtig.

Jahr	*Nettoeinkommen*	*Steuerschuld*
1924	$ 123 101,89	$ 32 489,24
1925	$ 257 285,98	$ 55 365,25
1926	$ 195 676,00	$ 39 962,75
1927	$ 218 056,04	$ 45 557,76
1928	$ 140 535,93	$ 25 887,72
1929	$ 103 999,00	$ 15 817,76
GESAMT	$ 1 038 654,84	$ 215 080,48

Johnson beeilte sich klarzustellen, daß diese Beträge keineswegs Capones gesamtes Einkommen für diese sechs Jahre seien, sondern nur die Einkünfte, für die die Ermittler der Bundesbehörden Belege vorlegen konnten. Es bestand kein Zweifel, daß Capones tatsächliches Einkommen um vieles höher war.

An dieser Stelle muß auch erwähnt werden, daß damals relativ wenige Menschen verpflichtet waren, Steuern zu bezahlen. Im Jahr 1920 zum Beispiel verdienten nur sieben Prozent aller amerikanischen Bürger so viel, daß sie Steuern abführen mußten. Die Steuern wurden nicht automatisch einbehalten, und die Formulare zur Einkommensteuererklärung flatterten den Leuten auch nicht mit der Post ins Haus. Der Steuerzahler mußte einen Buchhalter, Anwalt oder die örtliche Finanzbehörde beauftragen, die Erklärung für sie zu erstellen. In Capones Fall beabsichtigte die Vertretung der Anklage, die Tatsache besonders herauszuheben, daß er keine formellen Geschäftsbücher geführt hatte. Diese Unterlassung sollte als Beweis dafür dienen, daß er sein wahres Einkommen verschleiern wollte. Allerdings wurde zu dieser Zeit die ordnungsgemäße Buchhaltung in vielen Fällen vernachlässigt, und die wenigsten Menschen hatten Girokonten bei einer Bank.

Das Gesetz verlangte, daß die Anklagevertretung Capone vorsätzlichen Steuerbetrug nachwies, das Problem jedoch war, daß er angeboten hatte, seine Steuerschuld komplett zu begleichen. Trotz all dieser Mängel und ungünstigen Voraussetzungen für die Staatsanwaltschaft blieb die Tatsache bestehen, daß Jack Guzik und Ralph Capone seinerzeit beide unter gleichen Umständen desselben Vergehens angeklagt und rechtskräftig verurteilt worden waren.

Sofort nach der Bekanntgabe der Anklageschrift wollte sich Clarence Converse, ein Spezialagent des Finanzministeriums, die Genugtuung gönnen, Al Capone im Lexington Hotel zu verhaften. Aber Capone versetzte Chicago in Erstaunen, indem er sich selbst stellte, eine Kaution von 50 000 Dollar hinterlegte und wieder nach Hause ging.

In der darauffolgenden Woche wurde Capone noch einmal angeklagt, diesmal wegen Verletzung des Prohibitionsgesetzes und aufgrund der Beweise, die Eliot Ness und die Unbestechlichen aufgedeckt hatten. Die Anklage war, nach Ness' Worten, »eine Sensation«. »Nebensache« oder »Ablenkungsmanöver« wären wohl die treffenderen Bezeichnungen für dieses juristische »Kabinettstückchen«, denn in Wirklichkeit wurden die Anklagepunkte nur in den Zeitungen abgehandelt. Nichtsdestotrotz waren die Ermittlungsergebnisse von Ness und den Unbestechlichen eindrucksvoll – sie konnten der Capone-Organisation über 5000 Gesetzesverstöße, darunter 4000 Fälle von Biertransporten, nachweisen. Johnson, der Ness' Vorgesetzter war, erkannte die Sinnlosigkeit, Capone des Alkoholschmuggels zu bezichtigen. Er klopfte seinem fleißigen jungen Mitarbeiter Eliot Ness in aller Öffentlichkeit anerkennend auf die Schulter und wandte sich sofort wieder wichtigeren Angelegenheiten, nämlich Capones Steuerschulden, zu.

Tatsächlich wurde Ness in der *New York Times* mehr Beachtung eingeräumt als in der Chicagoer Zeitungen, die seinen Namen immer noch falsch schrieben. Die *Times* lobte die unerschrockene Truppe, die Capones

Betriebe zerstörte, und porträtierte Ness als eine Rarität unter den Polizeikräften, weil er jung, humorvoll und bescheiden sei und zudem ein College-Studium absolviert habe. Die Chicagoer Journalisten waren weder von seinem Humor noch von seinem College-Abschluß begeistert. Als Ness später einen Journalisten suchte, der ihm helfen sollte, die »Großtaten« der Unbestechlichen bei Capones Vernichtung so zu schildern, wie er sie gern darstellen wollte, winkten alle ab. Denjenigen, die die Prohibition miterlebt hatten, erschien es absurd, daß sie ausgerechnet ein Buch über Eliot Ness im Zusammenhang mit Capones Niedergang verfassen sollten.

Es gab viele, die für sich in Anspruch nahmen, der Mann zu sein, »der Capone zur Strecke gebracht« hatte. J. Edgar Hoover zum Beispiel hatte das FBI immer aus den Ermittlungen, so gut es ging, herausgehalten. Präsident Hoover glaubte, auch einen entscheidenden Beitrag geleistet zu haben, und bis zu einem gewissen Grad stimmte das auch. Aber die größten Verdienste hatten sich zwei weniger bekannte Männer erworben: Frank Wilson von der Steuerbehörde, der die eigentliche Ermittlungsarbeit geleistet hatte, und der Bundesstaatsanwalt George E. Q. Johnson, der dieser Aufgabe fünf Jahre seines Lebens geopfert hatte. Von allen verdiente Johnson am ehesten den Beinamen »der Mann, der Capone zur Strecke gebracht hatte«. Es ist eine Ironie der Geschichte, daß gerade Eliot Ness, der eine äußerst geringe Rolle in dem Kampf gegen Al Capone gespielt hatte, letztendlich die meisten Ehrungen zuteil wurden.

Capone verließ Chicago und zog sich nach Benton Harbor, Michigan, zurück, verbrachte seine Tage auf dem Golfplatz und seine Nächte im Vincent Hotel, wo er und seine Männer eine ganze Etage gemietet hatten. Zur selben Zeit versuchten seine Anwälte in Chicago das beste für ihren prominenten Mandanten auszuhandeln. Ahern und Nash glaubten – oder behaupteten das zumindest –, daß sie bereits eine Einigung mit Johnson erzielt hätten: Ihr Mandant würde sich schuldig bekennen und durfte als Gegenleistung dafür ein mildes Urteil erwarten. Deshalb bekannte sich Capone tatsächlich formell als schuldig im Sinne der Anklage und erklärte im selben Atemzug, daß er mit den Behörden übereingekommen sei, eine Gefängnisstrafe von zweieinhalb Jahren zu verbüßen.

Ende Juli kehrte Capone nach Chicago zurück, wo die Menschen unter der brütenden Hitze litten, und hielt eine letzte Pressekonferenz im Lexington Hotel ab. Die Szene war bizarr. Capone schwitzte heftig in seinem schwarzen Seidenpyjama, schwadronierte über seinen bevorstehenden Aufenthalt in Leavenworth und tat seine Absicht kund, sich nach der Haftstrafe aus den kriminellen Kreisen zurückzuziehen. Er kam auf die

Gangsterfilme zu sprechen, die in den letzten Jahren so populär geworden waren. »Man sollte sie alle nehmen und in den See werfen«, befand er. »Sie richten bei den jungen Leuten schlimme Dinge an ...« Sie verleiteten junge Männer dazu, auch Gangster zu spielen, meinte er.
Am 30. Juli erschien Capone in einem grünen Anzug vor Richter Wilkerson, um sein Schuldbekenntnis abzugeben, und er war felsenfest davon überzeugt, dafür eine geringfügige Strafe zu erhalten. Schaulustige standen vor dem Gebäude, in der Hoffnung, einen kurzen Blick auf Capone erhaschen zu können, wenn er aus dem Wagen stieg und schnellen Schrittes mit Polizeieskorte das Gebäude betrat. Im Gerichtssaal erwarteten ihn unter anderen George E. Q. Johnson und Eliot Ness. Capone nahm weder den einen noch den anderen zur Kenntnis. Das Drama begann, als sein Anwalt Michael Ahern das Thema des reduzierten Strafmaßes anschnitt, und Richter Wilkerson aufbrauste. »Die Parteien in einem Strafprozeß dürfen keine Absprachen über das zu erwartende Urteil treffen«, klärte er Ahern auf. »Es ist an der Zeit, dem Beklagten endlich unmißverständlich klarzumachen, daß niemand mit einem Bundesgericht schachern kann.« Die Gerichtsreporter glaubten zu sehen, daß Capone bei diesen Worten in sich zusammensank; plötzlich wirkte er niedergeschlagen und schäbig; sein Haar war verwirrt, seine Stirn schweißnaß und sein Gesicht aschfahl. Also waren die angeblichen Absprachen null und nichtig – Capone widerrief sein Schuldbekenntnis und erklärte sich für »nicht schuldig«.
In den nächsten Tagen rief Richter Wilkersons eloquente Eröffnungsrede ein donnerndes Echo in Chicago hervor. »Ich kann es nicht mit Worten schildern ... eine ungeheure Erregung erfaßte die Stadt, als Richter Wilkerson deutlich machte, daß er keine inoffiziellen Absprachen duldete«, sagte Frank Loesch, dem noch vor anderthalb Jahren der Gedanke, Capone hinter Gitter zu bringen, »abscheulich« erschienen war. Nach dieser Stellungnahme von Wilkerson änderte sich alles. Die Staatsanwaltschaft nahm den Kampf auf, potentielle Geschworene wurden bestimmt und die Vorbereitungen für das getroffen, was die Zeitungen schon jetzt als »den Prozeß des Jahrhunderts« bezeichneten. Der Termin für den Prozeßbeginn wurde auf den 6. Oktober festgesetzt

In den langen Sommer- und Spätsommerwochen entzog sich Capone wieder der Öffentlichkeit und besuchte seinen Sommersitz in Lansing, Michigan. Dies war die letzte Gelegenheit für ihn, zu dem kleinen Cottage am Round Lake zu schlendern, wo Virginia, seine blonde Geliebte, ihn erwartete. Zum letztenmal konnte er Picknicks mit McGurn und den Jungs veranstalten und mit ihnen lachend und plaudernd durch die Landschaft spazieren. In vielerlei Hinsicht war dies der letzte Sommer seines Lebens, auch wenn ihm noch 16 weitere Jahre beschieden waren. Als die Tage kürzer und kälter wurden und sich das Laub leuchtend verfärbte, tat Al immer noch so, als würde er jeden Sommer in Lansing verbringen und alles beim alten bleiben, wenn er den Prozeß überstanden hatte.

Ende September zog Capone in aller Heimlichkeit wieder ins Lexington Hotel in Chicago. Wie gewöhnlich wußte niemand, abgesehen von seinen wenigen Vertrauten, wo er den Sommer über gewesen war, wie er seine Zeit verbracht hatte und zu der Sonnenbräune gekommen war. Nicht einmal Ness, der sich rühmte, alles über Capone zu wissen, hatte auch nur die geringste Ahnung, wo sich der Gangsterboß aufgehalten hatte. Alle fürchteten, er könnte außer Landes fliehen. In diesem Fall hätten die Polizeibehörden eine internationale Großfahndung einleiten müssen, und die Regierung wäre gezwungen gewesen, einen Auslieferungsantrag zu stellen.

Aber Capone versetzte sowohl seine eigenen Anwälte als auch seine Gegner in Erstaunen, als er rechtzeitig zum Prozeßbeginn in Chicago auftauchte. Es ging das Gerücht, daß während seiner Abwesenheit, ungeheure Zahlungsmittel angehäuft worden waren. Capones Männer, so erzählte man sich, hätten jeden Buchmacher in Chicago in aller Schärfe dazu aufgefordert, Geld aufzutreiben, um die »Kriegskasse« aufzufüllen, die Capones Verteidigung dienen sollte. Der Gangsterboß beantwortete diese Gerüchte mit: »Es ist immer dasselbe: Capone hat dies und jenes getan … Die Annahme, ich hätte Geld von den Buchmachern gefordert, ist lächerlich. Solche Geschichten werden nur in Umlauf gebracht, um die Leute negativ zu beeinflussen, die sich Geschworene nennen … Macht mir einen fairen Prozeß – ich habe ein Recht darauf. Wenn ich verliere, werde ich mich nicht darüber beklagen.« Als der Termin näher rückte, schwang in seinen Reden ein verzweifelter Unterton mit. »Ich werde von der Öffentlichkeit gehetzt, man gibt mir keine faire Chance«, beschwerte er sich bei den Journalisten. »Sie wollen eine große Show mit all den juristischen Fallen, mit Geschrei und Protesten und allem, was dazugehört. Es ist ganz und gar unmöglich, daß ein Mann meines Alters all die Dinge getan hat, deren man mich beschuldigt. Ich bin in den Köpfen von Millionen ein Schreckgespenst. Wenn Al Capone schuldig gesprochen wird – wer muß dann leiden, ein Gespenst oder der Mann, der vor Ihnen steht? Sie haben recht – ich bin derjenige, der ins Gefängnis muß …«

Obwohl Capone sich in sein Schicksal zu fügen schien, war die gesamte Organisation auf den Beinen und versuchte mit allen Mitteln in buchstäblich letzter Minute seinen Freispruch zu sichern. Glücklicherweise waren Wilsons Geheimagenten noch immer auf ihren Posten und erstatteten Be-

richt über alle Aktivitäten. Am 23. September, nur zwei Wochen vor Prozeßbeginn, nahm Eddie O'Hare Kontakt zu Wilson auf und verlangte, ihn sofort zu sehen. Als sie sich in einem ruhigen Viertel von Chicago auf der Straße gegenüberstanden, meldete O'Hare beunruhigende Neuigkeiten: »Capones Jungs haben eine komplette Liste der voraussichtlichen Geschworenen. Sie sprechen mit einem nach dem anderen. Sie verteilen Tausenddollarscheine und versprechen ihnen politische Posten. Sie verschenken Eintrittskarten für Boxkämpfe und spenden Geld für die Kirchen. Außerdem benutzen sie auch ihre Muskeln.«
Wilson zeigte sich im ersten Moment wenig besorgt. »Eddie«, sagte er und paffte an seiner Zigarette, »Sie haben zu viele Kriminalromane gelesen. Der Richter und der Bundesstaatsanwalt sind noch nicht einmal im Besitz der Geschworenenliste. Ich habe erst heute danach gefragt.«
O'Hare zog eine Liste mit zehn Namen und Adressen der Leute aus der Tasche, die als mögliche Geschworene 30 bis 39 geführt wurden. Wilson fiel die Zigarette aus den Fingern, als er Eddie die Liste aus der Hand riß. Er marschierte sofort in Johnsons Büro im Gerichtsgebäude. Der Bundesstaatsanwalt, normalerweise ein gelassener, ruhiger Mann, warf einen Blick auf die Liste und donnerte mit der Faust auf den Schreibtisch. »Also hat Capone auch das Gericht unter seinem Daumen!« brüllte er. »Irgendein Stinktier hat wahrscheinlich ein paar tausend Dollar für diese Liste bekommen.« Wilson und Johnson wandten sich an Richter Wilkerson, der ein wenig umsichtiger reagierte. »Ich habe die Liste bis jetzt noch nicht erhalten – wenigstens bin ich über jeden Verdacht erhaben«, sagte er. »Ich werde Sie beide zu mir rufen, sobald ich sie bekomme.«
Bei ihrer nächsten Zusammenkunft konnte O'Hare einen detaillierten Bericht liefern. »Capone und seine Gang machen sich keinerlei Sorgen wegen des Gerichtsverfahrens, Frank. Sie haben die Geschworenenliste … Einige der schwersten Jungs ziehen los und bearbeiten die Leute. Wenn sie fertig damit sind, stehen alle voraussichtlichen Geschworenen entweder tief in Capones Schuld, oder sie haben solche Angst vor ihm, daß der Prozeß zu Ende sein wird, kaum daß er angefangen hat.« Wilson war erschüttert. Am folgenden Tag traf er sich erneut mit Johnson und Wilkerson, um ihnen den Ernst der Lage vor Augen zu führen, aber Wilkerson blieb nach wie vor gelassen. »Präsentieren Sie dem Gericht eine wasserdichte Anklage«, riet er ihnen, »und überlassen Sie mir den Rest.« Wilson hoffte, daß der Richter wußte, was er tat.

Am Sonntag, dem 3. Oktober, drei Tage vor Prozeßbeginn, wagte sich Capone in die Öffentlichkeit. In Begleitung von »Machine Gun« Jack Mc-

Gurn besuchte er ein Footballspiel in Evanstone, Illinois. Evanstone war die Wiege der christlichen Union abstinenter Frauen und der Prohibitionsbewegung.

Die beiden Männer kamen nach Anpfiff des Spiels an. Als sie ihre Plätze einnahmen, richteten sich feindselige Blicke auf sie. Capone bemühte sich nach Kräften, sie zu ignorieren. Vor Ende des ersten Spielabschnitts wurde leises Murren laut, das sich bald zu schallenden Buhrufen steigerte. Schließlich schien es, als würden alle 40 000 Zuschauer eher auf den Staatsfeind Nummer 1 als auf das Spiel achten und ihn auspfeifen. Am Ende des dritten Viertels konnte Capone diese Demütigung nicht länger ertragen. Er verließ, mit McGurn im Schlepptau, das Stadion. Eine Pfadfindergruppe rief ihm nach: »Al, Al, Al«, und die Menge bejubelte seinen Abgang.

In der folgenden Woche verhöhnte eine Studentenzeitung Chicagos großen Gangsterboß. Capone war eine derart rüde Behandlung nicht gewöhnt, aber was konnte ihm eine Bande College-Jungs schon anhaben? Am Dienstag würde er sich ganz anderen Gegnern stellen müssen: einem Richter und den Geschworenen.

Kapitel 10

USA gegen CAPONE

»Der Gerichtssaal! Heiß! Überfüllt! Überall Polizei!« schrie der Zeitungsjunge vom *Collier's Magazine*, nachdem der Prozeß gegen Al Capone endlich begonnen hatte. Die allgemeine Aufregung war deutlich spürbar und verbreitete sich wie eine ansteckende, fiebrige Grippe. Am ersten Morgen der Anhörung stand eine Polizeitruppe von 40 Mann bereit, um Capone in Empfang zu nehmen, als er aus dem Wagen stieg. »Da war er«, schwärmte ein Reporter, »der ›große Sieger‹ im Kampf der Chicagoer Gangster.« Eine Menschenmenge drängte sich um ihn, um einen flüchtigen Blick auf sein berühmtes Gesicht, die Narben oder den Hut zu erhaschen, bevor ihn die Polizei in das düstere Gerichtsgebäude führte.

Das Gebäude befand sich an der Ecke Dearborn und Adams und war nur eine kurze Fahrstrecke vom Lexington Hotel entfernt. Seine Architektur erinnerte an eine Zeit, in der Chicago eine Festung war, die sich in einer gesetzlosen Wildnis behaupten mußte. Die Fassade drückte beklemmenden Ernst aus, und die Räumlichkeiten im Inneren wirkten nur wenig zugänglicher. Besucher liefen durch die eindrucksvolle Lobby, von deren hoher Decke die Stimmen und geschäftigen Schritte widerhallten. Richter James Herbert Wilkersons Gerichtssaal im fünften Stockwerk strahlte patriotische Würde aus. Die mit weißem Marmor verkleideten Wände waren von Säulen mit vergoldeten Kapitellen unterteilt. Große Porträts der Gründerväter hingen an diesen Wänden, aber im Laufe der Zeit waren die Gemälde so dunkel geworden, daß die Gesichter der edlen Herren kaum noch zu erkennen waren. Das ganze Interieur spiegelte den verstaubten, düsteren Status der Justiz im Chicago der damaligen Zeit wider.

Sobald Capone den Gerichtssaal betrat, wurde er von Reportern belagert. Er sah erholt aus, trug einen dunkelblauen Anzug mit ordentlich gefaltetem, weißen Einstecktuch und einer braun-weißen Krawatte. Über seinem imposanten Bauch hing eine mit Diamanten besetzte goldene Uhrkette. »Er trug keine Ringe«, bemerkte einer der Journalisten, »und die beiden Narben auf seiner linken Wange waren kaum zu sehen.«

Einige der besten Berichterstatter aus den Vereinigten Staaten waren nach Chicago geschickt worden, um über den großen Prozeß zu schreiben. Die Hearst-Gruppe hatte Damon Runyon, einen alten Kumpan des Angeklagten, mit dieser Aufgabe betraut. Als Mann, der nach dem Motto »Geld stinkt nicht« lebte, betrachtete er die juristische Auseinandersetzung mit demselben ironischen Amüsement, mit dem er seine hochgelobten Stories über den ungehobelten Charme der Gangster verfaßt hatte. Im Gegensatz zu Runyon berichtete die *Time* in aller Häme über den Auftritt des »schmierigen, grinsenden« Capone, der sich über »den feisten Schädel« strich, während er seiner wohlverdienten Strafe ins Auge blicken mußte. Selbst der *Christian Science Monitor*, der normalerweise davon Abstand nahm, über das wenig erbauliche und kaum lehrreiche Verhalten der Racketeers zu schreiben, war bei diesem Ereignis vertreten. Dem Reporter von *Collier's* schien der Atem zu stocken vor Spannung. »Der Kampf in Chicago tobt immer noch weiter«, informierte die Zeitschrift ihre Leser. »Der Staatsfeind Nummer 1 und ein ganzes Heer von organisierten Verbrechern und Gangstern haben die ersten drei Schlachtreihen überrollt: Die Polizeikräfte der Stadt, des County und des Staates Illinois konnten sie nicht aufhalten. Jetzt stehen sie der vierten Macht gegenüber – der Regierung der Vereinigten Staaten.« Die Chicagoer Presse hatte ein begründetes persönliches Interesse am Ausgang des Prozesses. Für sie war das Gerichtsverfahren mehr als eine juristische Auseinandersetzung, es war eine Abrechnung mit Capones Leben und mit seinen Verbrechen, ein Kreuzzug, bei dem die Stadt vor all ihren Gaunern und Ganoven errettet werden sollte. »Es wird der größte aller Strafprozesse gegen einen Bandenchef«, prophezeite die *Tribune.* »Agenten von bundesstaatlichen Ermittlungsbehörden, die Beweise für Capones Steuerbetrug zusammengetragen haben, bringen ihre feste Überzeugung zum Ausdruck, daß Capone verurteilt wird.«

Auf die Frage der Reporter, ob er beunruhigt sei, erwiderte Capone mit einem breiten Grinsen. »Wer wäre das nicht?« Dennoch empfand er in diesem Moment Zuversicht. Er war der Meinung, daß seine Organisation die Geschworenen auf seine Seite gezogen hatte und daß er nichts weiter zu tun brauchte, als sich jeden Tag im Gerichtssaal zu zeigen und bis zu dem unvermeidlichen Freispruch höflich und respektvoll zu bleiben. Und selbst noch nach Abschluß des Verfahrens würde er sich großmütig geben und der Presse sagen, daß er keinen Groll hegen könne, weil ihm bewußt sei, daß die Jungs von den staatlichen Behörden nur ihren Job erledigt hatten. Sein Blick ruhte kurz auf seinem Bruder Matthew und seiner Schwester Mafalda, die sich bescheiden im Hintergrund des Saales hielten. Mafalda wahrte ihre Anonymität mit einem dunklen Schleier, der ihr Gesicht verdeckte.

Weit auffallender war das Team der Bundesstaatsanwaltschaft, allen voran George E. Q. Johnson – groß, mit goldgerahmter Brille und seinem charakteristischen widerspenstigen Haarschopf, der ungeschickt in der Mitte gescheitelt war. Sein Team von Anklagevertretern bestand aus Dwight Green, Jacob Grossman, William Froelich und Samuel Clawson – sie alle sollten abwechselnd die Zeugenbefragungen durchführen. Als Bundesstaatsanwalt war Johnson Capones Hauptgegner, aber während des gesamten Prozesses wechselten die beiden Männer kein Wort, obwohl sie manchmal dicht nebeneinander standen.

Capones Selbstsicherheit schwand in dem Augenblick, in dem Richter Wilkerson den Gerichtssaal betrat. »Richter Edwards eröffnet heute einen anderen Prozeß im Hause«, erklärte er unvermittelt und forderte den Gerichtsdiener auf: »Gehen Sie in seinen Gerichtssaal und führen Sie die Geschworenen von dort hierher. Die hier anwesenden Geschworenen wechseln zu Richter Edwards.« Nach diesen Worten verließen die Männer, die, wie jedermann angenommen hatte, über Capone zu Gericht sitzen sollten, den Saal und wurden von anderen möglichen Geschworenen ersetzt, deren Namen nicht auf der Liste gestanden hatten, die der Capone-Organisation in die Hände gespielt worden war. Während des Wechsels saß Capone stocksteif auf seinem Stuhl, sein Grinsen war zu einer Maske erstarrt. Sein Anwalt Michael Ahern war derart vor den Kopf geschlagen, daß er sich nicht einmal die Mühe machte, die möglichen Geschworenen beim Auswahlverfahren zu befragen.

Richter Wilkersons raffinierter Schachzug schloß die Gefahr von Korruption nicht vollständig aus, da die Zeitungen der Stadt ihrer Chronistenpflicht nachkamen und die Namen samt Adressen und Berufen veröffentlichten. Diese Handlungsweise – heutzutage undenkbar bei einem Strafprozeß gegen organisierte Verbrecher – lieferte die Männer Bestechungsversuchen und ernsten Bedrohungen geradezu aus. Um die Chance für Capones Leute, sich die Geschworenen vorzuknöpfen, zu minimieren, war der Richter entschlossen, das Gerichtsverfahren so kurz wie möglich zu halten. Und er ordnete an, daß die Juroren das Hotel, in dem sie untergebracht waren, abends nicht verlassen durften. Diese Vorsichtsmaßnahmen konnten sich als effektiv erweisen, aber eine Garantie für eine unparteiische Jury waren sie nicht.

»Keine Gleichgesinnten sitzen über Capone zu Gericht«, kommentierte die *Tribune*. »Die Jury besteht aus Männern, die die Meinung der ländlichen Bevölkerung vertreten ...« Schonungsloser drückte sich Runyon aus, der die Geschworenen als einen Haufen unwissender Landpomeranzen bezeichnete – »Ackerbauern mit schwieligen Händen, kleinstädtische Ladenbesitzer, Mechaniker und kleine Angestellte, die mit unverhohlenem Interesse auf die massige Gestalt des mondgesichtigen Burschen starren, der all diesen Wirbel verursacht hat, und sagen: ›O nein, wir haben keine Vorurteile gegen Al Capone.‹«

Nachdem die Geschworenen vereidigt worden waren und auf der Geschworenenbank Platz genommen hatten, wandte sich Richter Wilkerson an Capones Verteidiger. »Bekennt sich der Beklagte für schuldig oder für nicht schuldig?«

»Für nicht schuldig«, entgegnete Michael Ahern mit Bestimmtheit.

Ahern war in Chicago geboren und stand kurz vor seinem 43. Geburtstag. Im Laufe der 20 Jahre, die er inzwischen als Jurist tätig war, hatte er sich zusammen mit seinem Partner Thomas Nash zu einem der bekanntesten Strafverteidiger der Stadt hochgearbeitet. Ahern war groß gewachsen und eine angenehme Erscheinung; seine zurückhaltende, präzise Art, sich auszudrücken, täuschte über die Tatsache hinweg, daß er außer Capone einige der berüchtigtsten Ganoven von Chicago juristisch vertreten hatte.

»Befindet sich der Beklagte im Saal?« fragte Wilkerson.

Capone erhob sich, sah den Richter an und betrat nach der entsprechenden Aufforderung den Zeugenstand, damit die Geschworenen ihn sich genau ansehen und später identifizieren konnten – als ob das noch nötig gewesen wäre.

Das Gericht vertagte sich, und die Leute verließen den Saal.

Mittwoch, 7. Oktober. Jeder Platz in Richter Wilkersons Gerichtssaal war besetzt an diesem ersten Tag der Zeugenvernehmung. Mindestens 25 Reporter waren anwesend. Im Vorraum klickten leise die Telegraphen, Wachen patrouillierten auf den Korridoren, und Polizisten hatten an den strategischen Punkten des Stockwerks Posten bezogen. Im Saal rief der Gerichtsdiener zur Ordnung, und der Prozeß die Vereinigten Staaten von Amerika versus Alphonse Capone nahm endlich seinen Anfang. Richter Wilkerson führte das Verfahren zügig durch.

Der juristische Schlagabtausch begann, als Michael Ahern Beschwerde gegen die Bedingungen einlegte, unter denen sein Mandant das inzwischen mündlich widerrufene Schuldeingeständnis abgelegt hatte. Er betonte, es sei nur in der Überzeugung unterschrieben worden, daß das Gericht Milde walten ließ, aber nun sei diese Absprache für null und nichtig erklärt worden. Ahern gelang es, seinen Einspruch ins Protokoll aufnehmen zu lassen, aber das Verfahren lief dennoch ungehindert weiter.

Während die Staatsanwaltschaft den Geschworenen im Eröffnungsplädoyer die Anklage gegen Capone wegen wissentlicher Steuerhinterziehung erläuterte, lehnte sich Capone, eine »aufgedunsene Gestalt in dunklem Anzug träge auf seinem Drehstuhl zurück und sah Richter Wilkerson an«, schrieb ein Reporter. »Die wulstigen Lippen waren zu einem Lächeln verzogen, das sich hin und wieder zu einem Grinsen ausweitete. Die dicken, kräftigen, mit schwarzen Haaren bedeckten Finger trommelten auf den Tisch.«

Als ersten Hauptzeugen riefen die Anklagevertreter einen Versicherungsagenten namens Chester Bragg auf, dessen Aussage sehr vielsagend war, obwohl sie sich auf eine Zeit bezog, in der Capone noch nicht wegen Steuerhinterziehung belangt werden konnte. Die Befragung führte Dwight Green durch.

»Schildern Sie uns Ihr erstes Zusammentreffen mit Capone.«

»1925 führte ich mit einer Gruppe der West Suburban Ministers' and Citizens' Assoziation eine Razzia in der West 22nd Street 4818 in Cicero durch …«

»Haben Sie mit dem Beklagten gesprochen?«

»Ja.«

»Wer war sonst noch anwesend?«

»Eine ganze Reihe von Leuten, die bei der Razzia dabei waren, und einige Angestellte der Kneipe.«

»Erzählen Sie uns von dem Gespräch.«

»Ich hatte die Aufgabe, die Eingangstür zu bewachen und alle davon abzuhalten, herein- oder hinauszugehen. Ein großer, kräftiger Mann versuchte, die Kneipe zu betreten und stieß schließlich gewaltsam die Tür auf. Ich war verärgert und fragte ihn: ›Zum Teufel, was glauben Sie, was das hier ist, eine Party?‹ Und er sagte: ›Es sollte eine Party sein, ich bin der Besitzer von diesem Laden.‹ Also sagte ich: ›Kommen Sie, Al, wir warten schon auf Sie.‹«

»Was hat der Angeklagte dann getan?«

»Er ging zusammen mit Mr. Morgan, einem unserer Leute, hinauf.«

»Hatten Sie später noch einmal eine Unterhaltung mit dem Angeklagten?«

»Na ja, ich war bei verschiedenen Gesprächen dabei. Eines fand oben statt, als Capone Mr. Morgan und Reverend Hoover fragte, wieso sie es immer ausgerechnet auf ihn abgesehen hätten. ›Dies ist die letzte Razzia, die Sie bei mir machen‹, sagte Capone.«

»Beschreiben Sie uns, was Sie im oberen Stockwerk gesehen haben.«

»Da waren Roulette-, Karten-, Würfel- und Billardtische und eine Einrichtung für Chuck-a-luck.«

»Haben Sie Capone wiedergesehen?«

»Ja, als Richter Hamilton aus LaGrange, der uns begleitete, gebeten wurde, einen Haftbefehl gegen ihn auszustellen. Kurz danach verschwand Capone.«

Green beendete seine Befragung, und Capones Verteidiger griff beim Kreuzverhör einen kleinen, aber bedeutsamen Punkt auf.

»Was ist ein Chuck-a-luck?« fragte er ihn.

»Ich weiß es nicht.«

»Wie können Sie dann sagen, daß es eine Einrichtung für Chuck-a-luck in diesem Raum gab?«

»Ich meine, ich weiß es nicht genau. Es ist etwas, was wie ein Papageienkäfig aussieht, und in der Mitte rollen Würfel.«

»Wurde der Versuch unternommen, Capone bei der Razzia in der West 22nd Street festzunehmen?«

»Ich weiß es nicht. Ich habe nichts mitbekommen.«

»Wurde überhaupt jemand verhaftet?«

»Es wurden Haftbefehle für Angestellte ausgefüllt.«

»Sie haben nicht gesehen, daß ein Haftbefehl auf den Mann ausgestellt wurde, der sagte, er sei der Besitzer des Etablissements?«

»Es wurde einer verlangt, aber noch bevor der Haftbefehl ausgefüllt werden konnte, war Capone weg.«

»Wieso wurde der Haftbefehl nicht später ausgeführt?«

»Ich kann nicht behaupten, daß ich mich mit den juristischen Spitzfindigkeiten in solchen Fällen auskenne.«

Ahern veränderte seinen Tonfall und hakte mit verächtlichem Sarkasmus nach: »Oh, Sie haben den Verdacht, daß nicht alles mit rechten Dingen zuging und eine Gaunerei im Spiel war, wie?«

»Ich weiß, daß etwas faul war, weil die Verhaftung nicht vorgenommen wurde.«

Nachdem er mit Erfolg darauf hingewiesen hatte, daß die Razzia eine abgekartete Sache gewesen sein könnte, geriet Ahern ins Straucheln. Alle Anwälte bei einem Prozeß gehen ein hohes Risiko ein, wenn sie zu tief bohren und eine Frage zuviel stellen. Und genau diesen Fehler beging Ahern.

»Wie kommt es, daß Sie eine so genaue Erinnerung an diese Razzia haben?«

»Na, wenn man Ihnen das Gesicht so zugerichtet hätte, wie die mir damals, dann würden Sie das auch eine ganze Weile nicht vergessen.«

»Oh, Sie wurden zusammengeschlagen? Wo war das?«

»Draußen, als ich aus der Spelunke kam. Meine Nase war gebrochen – es wurde ein Totschläger oder ein Schlagring benutzt.«

Ahern drängte nicht auf weitere Antworten.

Nachdem Bragg entlassen wurde, rief die Staatsanwaltschaft David Morgan auf, der Braggs Aussage bestätigen sollte. Morgan wiederholte beinahe wortwörtlich, was Bragg gesagt hatte, und der Verdacht kam auf, daß die Aussagen vorher abgesprochen waren. »Er war unrasiert«, sagte Morgan, als er Capones Äußeres beschrieb. »Er sah aus, als hätte er sich mindestens einen Tag lang nicht rasiert, seine Wangen waren ganz dunkel, und er hatte ein grobes Hemd an ohne Krawatte und Kragen.«
Morgan wurde von Capones zweitem Verteidiger, einem Steuerexperten, der speziell für diesen Prozeß sein Pensionistendasein unterbrochen hatte, ins Kreuzverhör genommen. Seine Name war Albert Fink, und er war in jeder Hinsicht das genaue Gegenteil von Ahern. Ahern war groß, elegant und redegewandt, Fink hingegen klein, reizbar und ungeschliffen, und er stürzte sich entschlossen auf Morgan. Nach einer entsprechenden Frage bezeichnete sich Morgan selbst als »Ermittler der West Suburban Ministers' and Citizens' Association« – aber offenbar war er ein Ermittler, mit dessen Auffassungs- und Beobachtungsgabe es nicht zum besten stand.
»Das war eine Organisation von guten Menschen in dieser Stadt, die Verbrechen verhindern wollten, nicht wahr?« fragte Fink.
»In einigen Vorstädten, ja, Sir.«
»Was hat man Ihnen für Ihre Dienste bezahlt?«
»40 Dollar in der Woche.«
»Und wie lange haben Sie für die Organisation gearbeitet?«
»Etwa ein Jahr.«
Nachdem Morgan ausgesagt hatte, vorher Maschinenschlosser bei einer großen Elektrofirma gewesen zu sein, bemerkte Fink: »Also waren Sie Ihr Leben lang Maschinenschlosser, bevor Sie Detective wurden, ist das richtitig?«
»Ich würde das nicht gerade ›Detective‹ nennen.«
»Wie würden Sie es denn dann nennen?«
»Ich habe bei Ermittlungen mitgearbeitet.«
Danach versuchte Fink nach Kräften, dem Gericht zu beweisen, daß der ehemalige Maschinenschlosser als Detective nicht viel taugte.
»Kennen Sie Ralph Capone?« erkundigte sich Fink.
»Ich habe ihn gesehen«, antwortete Morgan.
»Erinnern Sie sich noch, wie oft Sie ihn gesehen haben?«
»Ungefähr so oft wie Alphonse.«
»Wie groß war Ralph im Vergleich zu Al im Jahr 1925, als Sie beide kannten? War Al größer oder kleiner als Ralph?«
»Na ja, sie hatten unterschiedliche Figuren; ich würde nicht sagen, daß er größer oder kleiner war.«
»Wer von beiden war größer?«

»Das kann ich nicht mit Sicherheit sagen.«
»Wer von beiden hatte mehr Gewicht?«
»Das ist schwer zu beurteilen.«
»Genauer gesagt«, schlußfolgerte Fink, »Sie konnten sie nicht auseinander halten.«
Green sprang auf die Füße und legte Einspruch ein. Der Verteidiger bemühte sich nach Kräften, den Schnitzer auszubügeln, den sein Kollege Ahern bei der Vernehmung von Bragg gemacht hatte.
»Niemand hat Sie an diesem Tag mit einem Totschläger oder Schlagring niedergeschlagen, nicht wahr?«
»Doch«, sagte Morgan. »Mir ging's ungefähr genauso wie Mr. Bragg.«
»Man hat sie auf die Nase geschlagen?«
»Ja.«
»Aber Al hat das nicht getan?«
»Nein.«
Der nächste Zeuge der Anklage war einer von Wilsons wichtigsten Informanten – Leslie Shumway, der seinen »Urlaub« in Oregon abgebrochen hatte, um Angaben über Capones »Hawthorne Smoke Shop« zu machen.
»Wer waren die Geschäftsführer dieses Etablissements?« fragte Jacob Grossman.
»Mr. Penovich und Mr. Pope.«
»Und was war das für ein Spielclub? Welche Einrichtungen gab es dort?«
»Man konnte auf Pferde wetten und alle möglichen Glücksspiele machen, es gab Roulette, Karten, Würfel.«
»War es ein richtiger, kompletter Spielclub?«
»Ja, Sir, das würde ich sagen.«
Shumway präsentierte 34 Bücher mit losen Blättern, auf denen die Aktivitäten des »Hawthorne Smoke Shop« dokumentiert waren. Jacob Grossman blätterte sie durch und hielt kurz inne, um Shumway zu fragen, ob er Capone in den Räumlichkeiten des Clubs gesehen habe.
»Ja, Sir, ich habe ihn dort gesehen.«
»Wo genau sind Sie ihm begegnet.«
»Im Büro, weil ich selbst mich nie woanders aufgehalten habe.«
»Haben Sie erlebt, daß Al in diesem Club Pferdewetten plaziert hat?«
»Nein, Sir.«
»Wissen Sie, ob er überhaupt dort gewettet hat?«
»Er hat einige Wetten telegraphisch durchgegeben, aber im Club selbst hat er nie gewettet.«
»Haben Sie seinen Namen auf den Aufzeichnungen des Telegraphenamts gelesen, wenn er seine Wetten auf diesem Wege weitergeleitet hat?«

»Ja, Sir.«
»In wie vielen Etablissements haben Sie gearbeitet, können Sie sich daran noch erinnern?«
»Ich würde sagen, es waren fünf oder sechs. Genau weiß ich es nicht.«
»Und alle befanden sich in unmittelbarer Nachbarschaft, ist das richtig?«
»Ja, die anderen waren nur einen oder zwei Blocks voneinander entfernt.«
»Wo wurde das Geld aufbewahrt?«
»In einem großen Tresor in einem nahen, leeren Gebäude.«
Grossman versuchte, die Verbindung zwischen Capone und den Spielbetrieben herzustellen, aber den entscheidenden Punkt, nämlich daß Capone Einkünfte aus diesen Unternehmungen bezog, konnte der Staatsanwalt nicht beweisen. »Haben Sie jemals mit Al Capone über die Geldtransporte dorthin gesprochen?«
»Ja. Al fragte mich, was ich tun würde, wenn mich jemand überfiele, und ich sagte: ›Ich würde sie alles mitnehmen lassen.‹ Daraufhin sagte er: ›Das ist richtig.‹«
Shumway verließ den Zeugenstand, und die Anklagevertreter riefen Reverend Henry C. Hoover auf, den, nach eigenen Angaben, ersten echten Gegner Capones. Der 35jährige Hoover hatte einige Berühmtheit in Chicago erlangt, und selbst diejenigen, die nicht mit ihm einverstanden waren, wagten es nicht, einen Geistlichen offen zu kritisieren. Die Zeitungen waren begeistert von Hoover – er war immer für eine Schlagzeile gut, und er liebte es, zitiert zu werden. Er vereinfachte die Probleme, brachte sie auf die biblische Formel »Gut gegen Böse« und erhielt den Spitznamen »Razzia-Pastor«. Hoover wurde zum ersten Wächter der öffentlichen Moral und lenkte die Aufmerksamkeit auf Capones schändliche Aktivitäten in Stickney und Cicero, indem er dafür sorgte, daß Capone negative Presse bekam. Er nannte ihn bereits 1925, ein Jahr bevor ihn der Anschlag auf McSwiggin unter Mordverdacht brachte und ins Zentrum des organisierten Verbrechens rückte, den König der Gangster von Chicago. Der hartnäckige Hoover war seiner Zeit voraus; nur wenige schenkten ihm Beachtung, während das Geld und der Alkohol in Strömen flossen, aber jetzt, nachdem Gott die amerikanische Gesellschaft mit der großen Depression gestraft hatte, gewann der Pastor plötzlich an Ansehen und wurde zu dem Mann, der die Chicagoer Bürger schon seit Jahren davor gewarnt hatte, um das goldene Kalb zu tanzen.
Dwight Green begann mit der Befragung.
»Welchen Beruf üben Sie aus?«
»Ich bin Pfarrer der Evangelisten.«
»Kennen Sie den Angeklagten Alphonse Capone?«

Hoover wandte sich zu Capone um, der gelassen seinen Kaugummi kaute. Der Razzia-Pastor funkelte ihn durch seinen Kneifer an und deutete mit der rechten Hand auf ihn.
»Wann sind Sie ihm zum erstenmal begegnet?«
»An einem Samstagnachmittag im Mai 1925 in der West 22nd Street 4818 in Cicero. Das war ein Spielclub.«
»Wo genau in diesem Club haben Sie ihn gesehen?«
»Im Spielsaal, im ersten Stock und später hinter der Trennwand in einem Hinterzimmer.«
»Beschreiben Sie den ersten Stock.«
»Es war eine große Halle mit Spielautomaten, Stühlen und Rennformularen, und es gab ein Hinterzimmer.«
»Wo haben Sie den Angeklagten als erstes gesehen?«
»In der großen Halle. Er kam die Treppe herauf und verschwand im Hinterzimmer ... Ich folgte ihm. Ich beobachtete, wie er das Geld aus der Kasse nahm und in seine Taschen steckte.« Er sah aus, sagte Hoover, »als wäre er gerade aus dem Bett gekommen, mit Pyjamahemd und einer Stoffhose. Er war unrasiert.«
»Haben Sie bei dieser Gelegenheit mit dem Angeklagten gesprochen?«
»Ja. Ich sagte zu Lieutenant Davidson: ›Wer ist dieser Mann?‹, und Mr. Capone hob den Kopf und erwiderte: ›Ich bin Al Brown, wenn Ihnen das genügt.‹ Ich sagte: ›Oh, so was ähnliches dachte ich mir schon – ein mächtigerer Mann als der Präsident der Vereinigten Staaten.‹« Der bittere Scherz rief keine Reaktion im Gerichtssaal hervor, aber die Anspielung darauf, daß die Bundesregierung, wenn schon sonst niemand, Capones Treiben mit rechtlichen Mitteln ein Ende setzen mußte, war nicht verfehlt – die Mitglieder der Jury wußten nicht viel über das Rechtssystem, aber sie respektierten Autorität.
»Was hat der Angeklagte sonst noch gesagt?« fragte Green seinen Zeugen.
»Er sagte: ›Wieso habt ihr Jungs es immer nur auf mich abgesehen?‹« Ich erklärte ihm, daß dies keine persönliche Sache sei, daß wir schlicht versuchen würden, dem Gesetz in den westlichen Vorstädten Geltung zu verschaffen.«
»Haben Sie den Angeklagten später noch einmal in dem Etablissement gesehen?«
»Ja.«
»Was hat er gesagt?«
»Er sagte: ›Reverend, können wir beide uns nicht zusammentun – zu einer Einigung kommen?‹ Ich fragte ihn, was er damit meinte, und er antworte-

te: ›Wenn Sie mich in Cicero in Ruhe lassen, ziehe ich mich aus Stickney zurück.‹«

Hoover ahmte Capones Sprechweise nach und erntete damit Gelächter. Der Razzia-Pastor mußte selbst lachen und wurde rot, als er fortfuhr: »Ich sagte: ›Mr. Capone, das einzige, worauf wir beide uns einigen können, ist, daß Sie die Gesetze einhalten oder ganz aus den westlichen Vorstädten verschwinden.‹«

Während Hoover seine Geschichte erzählte, piekste Capone seine Anwälte in den Rücken und schien das so lustig zu finden, daß er sich kaum das Lachen verbeißen konnte. Hoover war genau der selbstgerechte Fanatiker, den Capone verabscheute, und Capone war nicht der einzige, dem Hoover zweifelhaft erschien. Meyer Berger von der *Time* sprach vielen aus dem Herzen, als er über Hoover schrieb: »Allein der Gedanke, daß dieser blasse Pfarrer einem Mann mit einer Armee von Scharfschützen und Revolverhelden im Rücken Bedingungen diktiert und Anordnungen erteilt, erscheint widersinnig.« Obwohl Capone in Hoovers Bericht wie ein skrupelloser Geschäftsmann geschildert wurde und nicht wie der Staatsfeind Nummer 1, machte die Aussage deutlich, daß er im Spielclub aktiv war – ein sehr wichtiger Punkt für die Beweisführung der Staatsanwaltschaft. »Capone hielt sich geschickt im Hintergrund, hatte keine Konten bei der Bank und erwarb keine Eigentum unter eigenem Namen, er unterschrieb keine Schecks und operierte immer durch Mittelsmänner – deshalb war er nahezu unsichtbar und unangreifbar«, schrieb Johnson nach dem Prozeß. Trotz allem bewegte sich Johnson mit seinem Razzia-Pastor auf dünnem Eis. »Die Razzia fand vor mehr als fünf Jahren statt«, erklärte Johnson später. »Es war fraglich, ob die Vorgänge nicht schon verjährt waren. Es gibt ein Gesetz, daß Verbrechen nach einer gewissen Zeitspanne nicht mehr verfolgt werden können ... Wir bauten auf unser Glück und machten weiter.« Johnson wartete darauf, daß Ahern und Fink diesen Umstand ins Feld führen und Hoovers Aussage für nichtig erklären würden. »Das wäre das nächstliegende gewesen. Aber zu unserer Überraschung versäumten es Capones Anwälte, auf die Verjährungsfrist hinzuweisen und Einspruch zu erheben.« Und er merkte an: »Da sie die Gelegenheit ungenutzt verstreichen ließen ... war der Schaden für Capone nicht wiedergutzumachen.«

Sobald Hoover seine Aussage, die ohne Einschränkungen ins Protokoll aufgenommen wurde, abgeschlossen hatte, vertagte Richter Wilkerson die Sitzung. Es war ein langer Tag gewesen.

Am 8. Oktober, dem zweiten Tag der Zeugenvernehmung, sammelte die Anklagevertretung Pluspunkte, indem sie eine ganze Reihe von Briefen

präsentierte, die zu beweisen schienen, daß Capone vorsätzlich keine Steuern bezahlt hatte. Die Briefe hatten folgenden Hintergrund: Im Jahre 1930, als Capone sich ernsthafte Sorgen machen mußte, wegen Steuerhinterziehung angeklagt zu werden, bat er seinen Anwalt in Miami, Lawrence Mattingly, die Angelegenheit zu bereinigen. Damals schien das ein kluger Schritt zu sein, besonders da sein Bruder Ralph Gefahr lief, wegen desselben Vergehens ins Gefängnis zu wandern. Die Korrespondenz zwischen Mattingly und Capone konnte jetzt gegen den Angeklagten verwendet werden. Diese Briefe machten einerseits deutlich, daß Capone die Angelegenheit verfolgte, statt sich vor seinen Verpflichtungen zu drücken; andererseits zeigten sie, daß der Angeklagte keine Unwissenheit vorschützen konnte, da er Mattinglys Rat, die Steuern nachzuzahlen, nicht befolgt hatte.
Hätten Capones Anwälte gründlicher gearbeitet und sich weniger auf das Geschick ihres Mandanten, die Geschworenen zu bestechen, verlassen, hätten sie alle Hebel in Bewegung gesetzt, um die Korrespondenz als Beweismittel in dem Prozeß für unzulässig zu erklären. In einem solchen Fall wäre die Anklage ohne den eindeutigen Hinweis darauf, daß Capone sehr wohl von seiner Steuerpflicht wußte, auf sehr viel tönernen Füßen gestanden.
Der erste Brief, der dem Gericht als Beweismittel vorgelegt wurde, war von Mattingly unterzeichnet und an den Steueragenten C. W. Herrick in Chicago adressiert:

> »Sehr geehrter Herr,
> Mr. Alphonse Capone, wohnhaft South Michigan Avenue 2135 in Chicago, Ill. [im Lexington Hotel], hat mich bevollmächtigt, eine exakte Berechnung seiner Einkommensteuerschuld für das Jahr 1929 und die vorangegangenen Jahre zu erstellen. Die Summe werden wir begleichen, sobald sie festgesetzt ist. Mr. Capone hat nie Steuererklärungen abgegeben.«

Als nächstes wurde eine Mitschrift von einem Gespräch verlesen, das Capone und Mattingly am 17. April 1930 mit dem Steueragenten über diese Angelegenheit geführt hatten.

> HERRICK: Nun, Mr. Capone, wenn wir Sie recht verstehen, sind Sie und Mr. Mattingly hier, in dem Bemühen, Ihre Steuerangelegenheiten zu klären. Dazu möchte ich eines sagen, um allen Mißverständnissen vorzubeugen: Jede Erklärung, die Sie hier abgeben, wird selbstverständlich einer genauen Prüfung unsererseits unterzogen.

21 Al Capone, der »König der amerikanischen Gangster« auf dem Höhepunkt seiner Macht

22 Capones Suppenküche in den Jahren der Weltwirtschaftskrise

23 Eliot Ness als Chef für öffentliche Sicherheit in Cleveland

24 Ness (am Steuer) mit einigen seiner »Unbestech-lichen«

25 Al Capone – »Staatsfeind Nr. 1«

26 Capone bei einem Baseball-Spiel in Chicago kur vor seinem Prozeß 1931

28169

27 Generalstaatsanwalt George E. Q. Johnson, der An kläger im Steuerprozeß gegen Capone

28 Frank Wilson, der Steuerfander, der die Nachforschungen anstellte

29 Noch gut gelaunt betritt Capone das Gerichtsgebäude

30 Capone, flankiert von seinen Anwälten Michael Ahern (links) und Albert Fink (rechts), bei der Verhanc lung

31 Capone beim Kartenspiel mit dem Polizeibeamten, der ihn auf der Zugfahrt ins Gefängnis von Atlanta begleitet

32 Al Capones Frau Mae nach einem Besuch bei ih
Mann in Alcatraz; ihr Wagen wird von Reportern be
gert

33 Das Staatsgefängnis Alcatraz zur Zeit von Capo
Inhaftierung

Frank »The Enforcer« Nitti (Mitte), der Capones
;anisation wahrend seines Gefängnisaufenthalt leitete

Capone – geistig schwer reduziert – mit einem
iner nach seiner Entlassung aus Alcatraz in Palm Is-
l, Miami Beach

36 Ein gesund und kräftig wirkender Capone im Sommer 1944 in Mercer, Wisconsin, bei seinem Bruder Ralph

37 Capones Badehaus und Pool neben seiner Villa in Palm Island (heutiger Zustand)

MATTINGLY: Mr. Capone ist hier, um mit Ihnen zusammenzuarbeiten. Ich habe nicht die Absicht – und es wäre auch nicht im Sinne meines Mandanten –, ihm zu erlauben, irgendwelche Erklärungen abzugeben oder Eingeständnisse zu machen, die ihn einer Strafverfolgung aussetzen würden.
HERRICK: Welche Unterlagen haben Sie über Ihr Einkommen, Mr. Capone – führen Sie Buch?
CAPONE: Nein, das habe ich nie getan.
HERRICK: Gibt es Konten bei Banken?
CAPONE: Nein, Sir.
HERRICK: Wie lange beziehen Sie ein hohes Einkommen, Mr. Capone?
CAPONE: Ich hatte nie viele Einkünfte, nie ein großes Einkommen.
HERRICK: Ich werde meine Frage anders formulieren: Seit wann haben Sie ein steuerpflichtiges Einkommen?
CAPONE: Es wäre mir lieber, mein Anwalt würde diese Frage beantworten.
MATTINGLY: Vor 1926 war John Torrio, auch ein Klient von mir, Mr. Capones Arbeitgeber, und bis diesem Zeitpunkt war das Einkommen, nach meinem Eindruck, nicht hoch. Er war schlicht und einfach ein Angestellter. Diese Information haben mir Mr. Torrio und Mr. Capone bestätigt.
HERRICK: Vor 1926? Darf ich darauf hinweisen, daß es sich in diesem Fall um das Einkommen der Jahre 1926, 1927, 1928 und 1929 handelt?
CAPONE: Ganz genau.
MATTINGLY: Ich möchte weiterhin klarstellen, daß sich Mr. Capone zu Ihrer Verfügung hält und jederzeit bei Ihnen erscheint, wenn Sie ihn zu sprechen wünschen.
HERRICK: Haben Sie je eine Steuererklärung eingereicht?
CAPONE: Nein.

In dieser Abschrift kamen Capones Einkünfte *nach* 1926 nicht mehr zur Sprache. Als er nach seinem Anwesen in Miami gefragt wurde, gab er lediglich zu, das Haus für 10000 Dollar in bar gekauft und eine Hypothek von 30000 Dollar aufgenommen zu haben. Er stritt ab, Rennpferde zu besitzen, und verweigerte die Auskunft darüber, wie er seine Kautionen und die Honorare seiner Anwälte in den letzten Jahren bezahlen konnte.
Im September sprach Mattingly persönlich bei der Steuerbehörde vor, um

Capones Buchhaltungsunterlagen vorzulegen und eine Zahlung anzubieten. »Mr. Mattingly nahm mir gegenüber an meinem Schreibtisch Platz und meinte, er hätte sein möglichstes getan, um die Unterlagen zu erstellen«, sagte Frank Wilson von der Steuerbehörde aus. »Er zog ein paar Zettel aus der Innentasche seines Jacketts, und während er sie hin- und herdrehte, schaute er aus dem Fenster und redete absichtlich bedächtig weiter. Schließlich warf er die Papiere vor mir auf den Schreibtisch. Es war ein zwei Seiten langer Brief mit Kohlepapierdurchschlag, zusammengehalten von einer Büroklammer. Er sagte: ›Das ist das beste, was wir tun konnten. Mr. Capone ist bereit, Steuern für diese Beträge zu zahlen.‹«

In diesem Moment, der entscheidend für den gesamten Prozeß war, erhob Fink Einspruch und protestierte gegen die Vorlage des Briefes, der mit Sicherheit den Beweis dafür enthielt, daß Capone von seiner Steuerpflicht wußte, und die Zahlungen dennoch nicht geleistet hatte. Der Brief war so überzeugend, daß die Zeitungen von dem »Geständnisbrief« schrieben, und es war jetzt offensichtlich, daß Capone aller Wahrscheinlichkeit nach mit einem Schuldspruch und einer Gefängnisstrafe rechnen mußte.

Um über den Einspruch zu entscheiden, entließ der Richter die Jury und beriet sich mit den Anwälten. »Das versetzt ihm den letzten Tritt«, jammerte Fink vor dem Richterpult. »Jetzt haben sie ihn ans Kreuz genagelt. Diese Sache bricht ihm endgültig das Genick. Um dem Angeklagten Gerechtigkeit widerfahren zu lassen, Euer Ehren, sollte diese leidige Angelegenheit aus dem Prozeß ausgeklammert werden, weil der Brief einige Dinge enthält, die beweisen, daß der Anwalt verrückt war.«

»Ich bin nicht dieser Ansicht«, sagte Clawson. Der Richter schloß sich seiner Meinung an und ließ zu, daß der Brief verlesen und ins Protokoll aufgenommen wurde. Es war ein unbeholfenes Schreiben, in dem die astronomischen Gewinne eines Gangsters flüchtig und unzureichend aufgelistet und so frisiert waren, daß sie in das rechtlich vorgeschriebene Schema paßten:

> »Sehr geehrte Herren,
> der Steuerzahler ist jetzt 31 Jahre alt und lebt seit seiner Heirat im Jahr 1917 ständig mit seiner Frau zusammen. Er hat ein Kind, heute knapp 12 Jahre alt. Seit 1922 unterstützt er seine verwitwete Mutter, seine Schwester und seinen Bruder – inzwischen 19, respektive 21 Jahre alt.
>
> Vor Ende des Jahres 1925 war er zu einem Wochengehalt, das zu keinem Zeitpunkt $ 75 überschritt, angestellt. Während der Jahre 1926 bis einschließlich 1929 war er

Empfänger hoher Geldbeträge, die ihm jedoch nur zu treuen Händen überlassen wurden …
Die einzigen Anwälte, deren Dienste der Steuerzahler in dieser Zeitspanne persönlich in Anspruch nahm, waren Nash & Ahern, Ben Epstein und Capt. Billy Waugh – alle ansässig in Chicago, Ill. Die sogenannten Leibwächter, mit denen er sich angeblich bei seinen spärlichen Auftritten in der Öffentlichkeit umgab, waren in der Regel nicht seine Angestellten, sondern viel eher Mitarbeiter der Organisation, die ihre Profite aufteilte. Einige dieser Mitarbeiter wohnten im selben Hotel wie der Steuerzahler während seiner Aufenthalte in Chicago …
Die Einrichtung in dem Haus, das der Steuerzahler in Florida bewohnte, wurde zu einem Preis von $ 20 000 erworben. Haus und Grundstück wurden eingehend bewertet, und die Schätzung wurde Ihnen bereits unterbreitet. Haus und Grundstück sind mit einer Hypothek von $ 30 000 belastet. Die Verbindlichkeiten seinen Mitarbeitern gegenüber, beliefen sich seit 1927 selten unter dem Betrag von $ 75 000. Häufig waren es sehr viel höhere Summen.
Ungeachtet der Tatsache, daß zwei der Mitarbeiter des Steuerzahlers, die mir Informationen hinsichtlich seines Einkommens zur Verfügung stellten, versicherten, seine jährlichen Einkünfte hätten $ 50 000 nie überschritten, bin ich der Ansicht, daß das steuerpflichtige Einkommen für die Jahre 1925 und 1926 auf $ 26 000, respektive $ 40 000 und für die Jahre 1928 und 1929 auf jeweils $ 100 000 festgesetzt werden kann.«

Mit diesem erdrückenden Beweis, dem Brief von Mattingly, der ins Protokoll aufgenommen wurde, hatte die Staatsanwaltschaft das Kernstück der Anklage wirksam untermauert. Selbst Capone, der bis dahin ein Muster an Leutseligkeit gewesen war, machte einen erschütterten Eindruck. Ein Reporter bemerkte: »Das alberne Grinsen verblaßte, und seine feisten Finger spielten nervös mit der diamantbesetzten Uhrkette, die auf seinem Wanst glitzerte.«

Während Capone unter der Last seiner Steuerschuld ächzte, verhaftete Eliot Ness tapfer die Männer, die Capones Alkoholschmuggelunternehmen leiteten. Inzwischen hatte Ness den Rang des stellvertretenden Chefs der

Prohibition-Spezialagenten in Chicago erworben und nahm einen Capone-Handlanger namens Nick Juffra alias Frankie Rose fest, der früher für Joe Fusco gearbeitet hatte. Juffra war der 69. Capone-Alkoholschmuggler, den Ness dingfest machte.
Obwohl Ness nach wie vor die Aura von Verwegenheit und Draufgängertum anhaftete, genoß er keinerlei öffentliche Aufmerksamkeit mehr. Alle Blicke waren auf das gerichtet, was sich in Richter Wilkersons Gerichtssaal abspielte.

Am Freitag, dem 9. Oktober, konnte die Anklagevertretung einen Erfolg nach dem anderen verbuchen, als sie die eindrucksvollsten Beispiele für Capones enorme Ausgaben anführte. Damit verfolgten die Staatsanwälte folgendes Ziel: Aus den ungeheuren Summen, die der Angeklagte für Luxusartikel bezahlte, konnte man auf sein Einkommen schließen, Damon Runyon machte sich über diesen Vorsatz lustig: »Onkel Sam argumentiert, daß ein Mann, der einen Haufen Geld ausgibt, notwendigerweise einen Haufen Geld haben müßte, um es auszugeben. Diese Theorie klingt sehr logisch, es sei denn, Onkel Sam berücksichtigt auch die Pferdewetten.«
Aber wie selbst Runyon zugeben mußte, erwies sich die Taktik der Staatsanwaltschaft als äußerst wirksam. »CAPONES LEBEN VERSCHWENDERISCH – ALLEIN $ 5 TRINKGELDER. SEINE ANWÄLTE VERSTIMMT ÜBER DIE ›SPANISCHE INQUISITION‹«, posaunte die *New York Times* in die Welt. Die Anklagevertretung wandte die altbewährte Prozeßtaktik an, die Geschworenen aufzuwiegeln, in dem sie den Neid auf den Angeklagten durch Hinweise auf teure Hemden, Anzüge, Krawatten und Schuhe weckten – keines der Jurymitglieder hätte sich all diese Dinge leisten können.
Die Staatsanwaltschaft rief mehrere Zeugen auf, die über Capones Spielgewinne und Geschäfte in Miami aussagten, um zu beweisen, daß er nicht belegte Einkünfte erzielte, und befragte Hotelmanager und -angestellte, die Auskunft über die Parties, zu denen er einlud, über die Höhe der ihm gestellten Rechnungen und die Art der Bezahlung gaben. Mit der Zeit gewann die Öffentlichkeit immer größere Einblicke in Capones Privatleben.

Am selben Tag verhedderte sich auch ein Capone-Vertrauter in den Fallstricken des Gesetzes. Der charmante Sam »Golf Bag« Hunt, Als ehemaliger Leibwächter und jetziger Freund, stand in einem anderen Chicagoer Gerichtssaal vor Richter Matthew Hardigan.
Zwei Jahre zuvor hatte die Chicagoer Polizei ein verlassenes Auto, das von Kugeln durchlöchert und mit Blutspritzern übersät war, im Grant Park in

der Nähe des Art Institute gefunden. Normalerweise gingen die Gangster in dieser ruhigen Gegend nicht ihren ruchlosen Geschäften nach, aber die Polizei verhaftete zwei Männer, die vom Ort des Geschehens flohen – Hunt und einen anderen. Man entdeckte keinen Hinweis darauf, daß ein Mord stattgefunden hatte, dafür hatte Hunt eine Pistole bei sich, deren Seriennummer unleserlich gemacht worden war. Dieses Vergehen genügte, um Anklage gegen Hunt zu erheben.
Als das Urteil und das Strafmaß verkündet wurden – 90 Tage Gefängnis –, brach Sam Hunt in Tränen aus.

Am 10. Oktober regnete es in Strömen. Die Fußgänger beeilten sich, einen Unterschlupf zu finden, und selbst die Neugierigen wagten sich nicht aus dem Haus. Nicht einmal ein Dutzend Leute hatten den Weg in den düsteren Gerichtssaal gefunden, um die kurze Sitzung am Samstagvormittag mitzuerleben. Im Gegensatz zu dem trüben Wetter erschien Capone strahlend mit seinem dunkelgrünen, doppelreihigen Anzug, einem blütenweißen Einstecktuch, einem weißen Hut und schwarzen Schuhen.
Die Anklagevertretung verfolgte weiter ihre Strategie, Capones Verschwendungssucht aufzudecken. Insgesamt 50 Zeugen, hauptsächlich Händler und Kaufleute gaben den Wert der Waren an, die er im Laufe der Jahre bei ihnen gekauft hatte. Ein Immobilienmakler aus Miami berichtete, daß der Angeklagte für ein halbes Jahr ein Haus gemietet und die monatliche Miete von 2500 Dollar jeweils bar bezahlt hatte; ein Handwerker erzählte, Geldscheinklammern mit je 1000 Dollar im ganzen Haus verstreut gesehen zu haben; ein Metzger sagte aus, Capone habe ihm im Durchschnitt jährlich 6500 Dollar für die Lieferungen bezahlt – bar, immer nur bar. Nach den Summen, die genannt wurden, war bewiesen, daß der Gangsterboß wesentlich mehr Geld zur Verfügung hatte als die 100 000 Dollar, die sein Anwalt Mattingly in dem verhängnisvollen Brief angegeben hatte.
Richtig aufregend wurde der Tag jedoch erst, nachdem Richter Wilkerson die Sitzung auf Montag vertagt hatte. Der Saal leerte sich, und Capone steuerte schnellen Schrittes die Fahrstühle im Korridor an. »Einen Moment, bitte«, rief jemand, und im nächsten Augenblick drängten sich zwei Polizisten vor Philip D'Andrea. Auf Anweisung von Richter Wilkerson filzten die Polizisten Capones Leibwächter und förderten einen Revolver, Kaliber 38, zutage. Der Richter war zu der Überzeugung gelangt, daß D'Andreas bloße Anwesenheit im Gerichtssaal ausgereicht hatte, um einige der Zeugen erheblich einzuschüchtern. D'Andrea war nicht gerade subtil vorgegangen, denn sogar Richter Wilkerson hatte von seinem erhöhten

Standpunkt aus erkannt, daß er die Zeugen mit »dem Blick« anfunkelte. Einige von ihnen wurden so konfus bei dieser Bedrohung, daß ihr Erinnerungsvermögen plötzlich nachzulassen schien.

Jetzt geriet D'Andrea selbst ins Schwitzen. Sein Gesicht wurde kreidebleich, und Capone wandte sich jammernd an seine Anwälte. »Capone schien ohne Leibwächter total verunsichert zu sein«, berichtete Berger. Plötzlich zog D'Andrea eine Dienstmarke in Form eines Sterns aus der Tasche, auf dem stand: »Deputy Bailiff of the Municipal Court.«*

»Das hilft Ihnen nichts«, sagte einer der Polizisten. »Aufgrund dieser Marke sind Sie nicht zum Tragen einer Waffe berechtigt, und erst recht nicht in einem Gerichtssaal.« Der Leibwächter wurde in Gewahrsam genommen.

Ahern und Fink versuchten noch, den Richter zu finden, aber der hatte sich trotz des schlechten Wetters bereits auf den Weg zu einem Footballspiel gemacht. Als D'Andrea abgeführt wurde, verließ Capone niedergeschlagen das Gebäude und stieg schwerfällig in ein Taxi.

Um vier Uhr nachmittags kam Wilkerson ins Gerichtsgebäude zurück und ließ D'Andrea, ohne Begleitung eines Anwalts, vorführen. »Es ist nicht nötig, daß ein Verteidiger anwesend ist«, klärte Wilkerson ihn auf. »Ich habe nicht die Absicht, Verfügungen über Ihren Fall zu treffen. In Bundesgerichten gilt seit langem eine Regel, die in Fällen wie diesem in Kraft tritt. In dem Verfahren Sharon gegen Hill wurde festgelegt, daß jeder, ob Verteidiger oder Zeuge, der beim Betreten des Gerichtssaales eine Waffe mit sich führt, einer Bestrafung unterzogen wird. Das gilt ebenso für die Anwälte, die das zugelassen haben.« Nach dieser Belehrung wurde D'Andrea bis zum Montag ins Bezirksgefängnis gebracht.

Der Columbus-Tag ist ein Feiertag, der speziell von Italienern in Ehren gehalten wurde. Als wollte Richter Wilkerson seiner Antipathie für diese Volksgruppe Ausdruck verleihen, bestand er darauf, daß die Verhandlung an diesem Montag, den 12. Oktober, weitergeführt wurde. Capone wirkte ausgeruht nach dem Wochenende, und er erschien in einem eleganten braunen Mantel. Er nahm Platz und hörte sich an, wie die Vertretung der Anklage seine persönlichen Ausgaben auflistete – die Zeitungen bezeichneten das als »Capones Goldspur«.

Die Verteidiger schwiegen, bis Capones Telephonrechnungen präsentiert wurden. Als ein Vertreter der Telephongesellschaft aus Miami darlegte, daß Capone 955,55 Dollar im Jahr 1928, beinahe unglaubliche 3141,40 Dollar im Jahr 1929, 3061,29 Dollar im Jahr 1930 und 1226,64 Dollar in

---

* Hilfsbeamter des Kommunalgerichts.

den ersten fünf Monaten des Jahres 1931 bezahlt hatte, wollte Fink wissen: »Was, um alles in der Welt haben die Jahre 1930 und 1931 mit diesem Verfahren zu tun?«

Grossman antwortete mit vernichtender Logik: »Die Begleichung dieser Rechnungen beweist zweifelsfrei, daß genügend Geld vorhanden war, mit dem man die Steuerschuld hätte tilgen können.«

»Und es wurde benutzt, um Telephonrechnungen zu bezahlen«, warf Richter Wilkerson ein.

»Wir haben versucht, Steuern zu zahlen«, sagte Fink mit einem duldsamem Lächeln, »und offensichtlich haben die Behörden das Geld nicht angenommen und uns statt dessen verklagt.«

Der Richter erwiderte das Lächeln des Verteidigers. »Weil Sie nicht genug bezahlen wollten.«

Nachdem die Telephonrechnungen abgehandelt waren, widmete sich die Staatsanwaltschaft Capones Ausgaben in Chicago. Die Kaufleute und Händler nannten Summen, von denen die Geschworenen nicht einmal träumen konnten. Capone hatte seiner Mutter einen Teppich im Wert von 3500 Dollar geschenkt und weitere für die Hotels, in denen er wohnte, gekauft und 800 Dollar dafür bezahlt. 1924 hatte er für seine Frau Mae ein Automobil, einen McFarlan, für 4500 Dollar erstanden; sogar damals schon, erzählte der Händler, hatte Capone bar bezahlt, genau wie zwei Jahre später beim Kauf eines zweiten McFarlan und 1928 für einen Lincoln. Beim Juwelier hatte Capone Silber und Kristall im Wert von 4000 Dollar gekauft, und dann gab es da noch die mit Diamanten verzierten Gürtelschnallen, die er an Freunde und Verbündete verschenkte – gegen Ende der zwanziger Jahre so etwas wie ein Markenzeichen der Korruption. Die Geschworenen hörten, daß Capone 30 davon für 275 Dollar das Stück erstanden hatte.

Ein Verkäufer von Marshall Field erzählte von Capones Kleiderkäufen und zog ihn vor Gericht förmlich bis zur seidenen Unterwäsche aus.

1927 und 1928 hatte Capone für sich selbst sage und schreibe 23 Anzüge und drei Mäntel nur in diesem einen Laden gekauft und in einem Jahr 2635, im anderen 1080 Dollar ausgegeben. Die Hemden im Preis von 18 bis 30 Dollar bestellte er dutzendweise, genau wie Krawatten, Krägen und Taschentücher. Dann waren da natürlich noch die Garnituren, die Unterhemden und -hosen aus »italienischer Handschuhseide«, die zwölf Dollar kosteten.

»Italienische Handschuhseide?« fragte Fink den Zeugen. »Was ist das?«

»Ein sehr feiner, verstrickter Seidenfaden – das Gewebe ähnelt dem, das man zu Damenhandschuhen verarbeitet, zu gewirkten Seidenhandschuhen.«

»Ist derartige Wäsche wärmend?«

»Nein, es sind nur sehr hübsche Garnituren.«

Capone lachte verlegen. Als er Kichern von allen Seiten hörte, drehte er den Kopf. Er war puterrot im Gesicht, und die Narben an seiner Wange hoben sich weiß ab. Sie lachten Al aus, den Mann, der sich in Unterwäsche aus italienischer Handschuhseide hüllte. Plötzlich sah man den Gangsterboß in einem ganz anderen Licht – er war der harte Bursche mit dem verweichlichten Kern. Meyer Berger schrieb, daß der furchterregende Capone in Wirklichkeit »sanft«, »häuslich« und sogar »naiv« sei – ein Mann mit »eindeutig femininen Zügen«, was seine »Leidenschaft für seidene Unterwäsche« beweise.

Nur wenige Bewohner von Chicago hätten sich in guten Zeiten so teure Unterwäsche leisten können, ganz zu schweigen davon, daß während der Wirtschaftskrise so gut wie niemand Geld Luxus übrighatte. Die Erwähnung derartiger privater Details vermittelte den Geschworenen einen guten Einblick in Capones Vermögensverhältnisse und seinen unermeßlichen Wohlstand. Gleichzeitig machte die Vorstellung, daß Al Capone seine Zeit eher in einem Bekleidungsgeschäft als in heruntergekommenen Motels und Spielhöllen verbrachte, ziemlichen Eindruck.

Die Anklagevertretung schloß die Befragung nach Capones Hemden und Unterwäsche ab und rief Walter Housen auf, einen Hotelangestellten, der sowohl im »Lexington« als auch im »Metropole« beschäftigt war. In beiden Hotels hatte Capone seine Hauptquartier gehabt. Housen führte neue Beispiele für Capones ausweichendes Verhalten und seinen schier unerschöpflichen Vorrat an Bargeld an.

»Wie hoch waren seine wöchentlichen Rechnungen im Durchschnitt?« fragte Jacob Grossman.

»Zwischen 1200 und 1500 Dollar.«

»Hat er Bankette gegeben?«

»Na ja, da war eines nach dem Dempsey-Tunney-Boxkampf, es ging über zwei Nächte.«

»Sind Sie für Ihre Arbeit bezahlt worden?«

»Ja.«

Anhand der Aussagen machten die Staatsanwälte deutlich, daß Capone am 30. Juli 1928 vom »Metropole« ins nahegelegene Lexington Hotel umgezogen war. Einige Tage nach seinem Auszug bezahlte Capone im »Hawthorne« die Abschlußrechnung von 2000 Dollar in bar. Mit Capone übersiedelten mindestens 20 Mitglieder seiner Gang – alle wurden im »Lexington« unter dem obskuren Eintrag »George Phillips und Familie« registriert. Dieses eigenartige Geschäftsgebaren erweckte Richter Wilkersons Argwohn. Er fragte den Zeugen: »Was wissen Sie über die Beziehung des Angeklagten zu diesen Leuten?«

»Ich weiß nur«, erwiderte Housen unterwürfig, »daß sie ins Hotel kamen und nebeneinander liegende Zimmer verlangten, und ich konnte niemanden dazu bringen, sich ins Gästeregister einzutragen. Ich hab' das dann auf meine eigene Kappe genommen, weil ich doch irgend etwas für die Vermietung der Zimmer vorweisen mußte.«

»Der Eintrag ist in Ihrer Handschrift gemacht worden?« erkundigte sich Jacob Grossman.

»Ja, Sir.«

»Und einer der Gruppe war der Angeklagte Alphonse Capone?«

»Da war er noch nicht dabei, nein, Sir.«

»Wann kam er ins Hotel?«

»Vielleicht war es am selben Tag, vielleicht am Tag darauf.«

»Welches Zimmer hat der Angeklagte Alphonse Capone bezogen?«

»Zimmer 230«, sagte der Hotelangestellte.

»Und wie groß ist dieses Zimmer im Vergleich zu den anderen?«

»Es ist eine Suite, das heißt, es sind drei ineinander gehende Zimmer.«

Während die Staatsanwälte den Zeugen einer strengen Befragung unterzogen, wurde offensichtlich, das Housen in manchen Dingen log – er tischte dem Gericht keine groben Unwahrheiten auf, aber er gab ausweichende Antworten, um seine Haut zu retten. Schließlich war er nur ein kleiner Angestellter, der Angst hatte, gegen den »Big Fellow« auszusagen.

In der Nachmittagssitzung betrat ein Handwerker namens Henry Keller, der in Capones Palm-Island-Villa gearbeitet hatte, den Zeugenstand. Zum Mißfallen der Anklagevertreter rückte der Zeuge Capone jedoch in ein angenehmes Licht und schilderte ihn als sympathischen, vollkommen harmlosen Menschen. »Eines Tages im Juli«, erzählte Keller, »saßen wir beim Mittagessen zusammen in seinem Haus und unterhielten uns über dies und das. Er fragte mich: ›Woher stammen Sie?‹ Ich sagte: ›Ich bin aus New York, 1863 im Ten Ward geboren.‹«

Ahern erkundigte sich verwirrt, welchem Zweck Kellers Aussage dienen sollte.

»Wir versuchen darzulegen, daß der Angeklagte in sehr bescheidenen Verhältnissen in New York aufgewachsen ist und am Anfang kein Geld hatte. Wenn man dann die enormen Geldsummen in Betracht zieht, die er in Florida ausgegeben hat, muß man zwangsläufig die Schlußfolgerung treffen, daß er Geld bekommen oder verdient hat; geerbt hat er es jedenfalls nicht«, erklärte Jacob Grossman.

Keller setzte seine Aussage fort. »Wir redeten darüber, was ich am Anfang

gemacht habe, und so. Ich fragte: ›Und womit haben Sie angefangen?‹ Er sagte: ›Meinen ersten Job hatte ich in einer Bar auf Coney Island.‹«
An diesem Punkt brach Grossman die Befragung abrupt ab, um zu verhindern, daß Capone zu sympathisch und wie ein Self-Made-Man erschien. Wenn er ein bißchen mehr auf Draht gewesen wäre, hätte Grossman diesen Moment nutzen können, um auf den geringen Zeitraum hinzuweisen, in dem Capone zu seinem ungeheuren Wohlstand gelangt war. Dieses Gespräch zwischen Keller und Capone hatte 1927 stattgefunden, nur neun Jahre nachdem Capone im »Harvard Inn« auf Coney Island als Barmixer gearbeitet hatte. Sieben Jahre nach Ende dieses Jobs hatte er die Leitung der Organisation von Johnny Torrio übernommen. So rasant waren die zwanziger Jahre.

Alle Blicke richteten sich am 13. Oktober auf Capone – jeder wollte sehen, welche Farbe sein Anzug hatte. Heute war sein Anzug blau mit feinen Streifen, und einige waren überrascht, daß er keine Sockenhalter trug, sondern die Strümpfe heruntergerollt hatte – Collegestil, nannte man das damals.
Die Anklagevertretung plante, noch weitere fünf Zeugen aufzurufen. Der wichtigste davon war Fred Ries, der Spielclub-Kassierer mit der pathologischen Angst vor Insekten. Seine Aussage hatte bereits zu Jack Guziks Verurteilung – fünf Jahre Gefängnis – beigetragen. Ries war groß, aber gebeugt, fast kahl, und sein Gesicht wurde zum Teil von einer Hornbrille mit dicken Gläsern verdeckt. Er sah genauso aus, wie man sich einen Buchhalter vorstellte, und machte ganz und gar nicht den Eindruck, ein Spieler oder ein Gangster zu sein. Nachdem er im Zeugenstand Platz genommen hatte, wippte er ständig mit den Füßen, »als würde er eine unsichtbare Nähmaschine betätigen«, schrieb ein Journalist. Dieser nervöse Tick war Ausdruck seiner Angst vor Capone und seinen Männern, einer Angst, die keineswegs unbegründet war. »Man erzählt sich, daß die Killer von der Chicagoer Gang auf der Suche nach Ries seien, seit er als einer der Kronzeugen gegen Guzik ausgesagt hatte«, schrieb Meyer Berger. Er teilte die allgemeine Vermutung, daß Ries bereits ein toter Mann war.
»Mr. Ries«, begann Grossman, »waren Sie im Jahr 1927 Kassierer in einem Spielclub mit Namen ›Subway‹ in Cicero, Illinois?«
»Ja, Sir.«
»Wer war Geschäftsführer des Unternehmens?«
»Ein Mann namens Pete Penovich.«
»Hatte dieser Spielclub Konkurrenz in Cicero?«
»Nein, Sir.«

»Ich zeige Ihnen jetzt einen Bankscheck von der Pinkert State Bank, Cicero. Erzählen Sie uns etwas über diesen Scheck.«
»Ich habe ihn gegen die Profite des Hauses eingetauscht und an Bobby Barton weitergegeben«, erwiderte er. Bobby Barton war Capones Chauffeur, aber diese Verbindung entging der Aufmerksamkeit des Staatsanwalts.
»Haben Sie auch im ›Ship‹ gearbeitet?«
»Ja, Sir.«
»War das vor oder nachdem Sie im ›Subway‹ tätig waren?«
»Wir betrieben das ›Ship‹ Anfang '27 und auch im September '27.«
»Haben Sie den Angeklagten Alphonse Capone in den Räumen des ›Ship‹ gesehen?«
»Ja, Sir.«
»Wann?«
»Im Januar 1927.«
»Erzählen Sie uns, wo genau er zu dieser Zeit war.«
»Er stand direkt vor dem Büro, in dem sich der Telegraph befand, und redete mit Mr. Guzik.«
»Und dieses Büro gehörte zu dem Teil, in dem sich die Besucher aufhielten?«
»Das Büro des Telegraphen war direkt neben dem Hauptbüro. In der Regel kamen die Besucher nicht in diesen Raum, nein, dort durfte niemand hin – keine Außenstehenden.«
»Keine Außenstehenden«, wiederholte Grossman, um die Information, daß Capone kein einfacher Besucher war, noch einmal zu betonen. »War dies Ihre erste Begegnung mit dem Angeklagten in diesem Club?«
»Ja, Sir.«
»Arbeiteten Sie auch in einem Haus, das ›Radio‹ hieß?« fragte Grossman und bezog sich damit auf einen anderen von Capones Spielclubs.
»Ja, Sir.«
»Haben Sie den Angeklagten Capone dort im Jahr 1927 irgendwann gesehen?«
»Ja, Sir.«
»Wo befand er sich, als Sie ihn sahen?«
«Ich nahm Wetten am Schalter entgegen, er kam vorbei und sagte: ›Hallo, Ries‹, und ich sagte: ›Hallo, Al.‹«
»Ja. Wohin ging er dann?«
»Ins Büro.«
»Kommen wir auf diesen Scheck über 2500 Dollar zu sprechen, Mr. Ries. Sie sagen, J.C. Dunbar war der Zahlungsempfänger, ist das richtig?«
»Ja, Sir.«

»Und als Kassierer des Spielclubs waren Sie für die Geldgeschäfte verantwortlich, nicht wahr?«

»Ja, Sir.«

»Und wenn Gewinne erzielt wurden – was haben Sie mit dem Geld gemacht?«

«Ich gab sie an Jack Guzik in Form eines Bankschecks weiter.«

Grossman hakte nach: »Sie nahmen das Geld und tauschten ...«

»Ich tauschte es gegen Bankschecks ein und gab die Schecks Bobby Barton, der leitete sie an Jack Guzik weiter.«

»Können Sie in etwa einschätzen, welche Summe Sie Jack Guzik insgesamt im Jahr 1927 auf diesem Wege gegeben haben?«

»Ich glaube, es waren ungefähr 150 000 Dollar.«

»Mr. Ries, wer arbeitete Anfang 1927 im ›Ship‹?«

»Jimmy Mondi war Geschäftsführer.«

»Gab es je einen Wechsel in dieser Position?«

»Im ›Subway‹ wechselte der Geschäftsführer.«

»Was geschah damals?«

»Ralph kam eines Tages herein.«

»Ralph – wer?«

»Ralph Brown oder Ralph Capone«, erklärte Ries. »Er kam zusammen mit Pete Penovich und sagte, Pete Penovich würde ab jetzt die Leitung übernehmen. Mondi sei draußen, sagte er.«

»Ich lege Ihnen 43 Bankschecks vor. Erzählen Sie uns etwas darüber«, forderte Grossman den Zeugen auf.

»Das sind die Profite, abgesehen von den Barmitteln von 10 000 Dollar, die wir immer in der Kasse behielten, und den Summen, die ich an die Angestellten ausgezahlt und für andere Spesen ausgegeben habe. Ich holte die Schecks von der Bank und gab sie Bobby Barton.« Die Gesamtsumme der Schecks betrug 177 500 Dollar im Jahr 1927 und 24 800 Dollar im folgenden Jahr – alles Gewinne eines einzigen Spielclubs!

Capones Anwälte versuchten, die Schecks als Beweisstücke aus dem Verfahren auszuschließen. Zur gleichen Zeit räumten sie ein, daß ihr Mandant ein professioneller Spieler war. Als Antwort auf die Einlassung der Verteidigung, schilderte Jacob Grossman den Weg der Spielgewinne über verschiedene Konten und Buchhalter bis zu Capone. Die Transaktionen waren so kompliziert, daß dieser Vortrag eher dazu diente Capones Teilhaberschaft zu verschleiern, statt sie aufzudecken.

Wilkerson schloß sich bereits jetzt der Ansicht der Anklagevertreter an. »Der Angeklagte hatte ein Einkommen in einer Höhe, die ihn dazu verpflichtet, Steuererklärungen abzugeben und Steuern an die Vereinigten

Staaten zu zahlen … Die Staatsanwaltschaft legt mit diesen Schecks eine Beweiskette vor, die sozusagen auf das Fehlen von Beweisen hindeutet: Sie zeigen, daß es keine Aufzeichnungen, keine Kontobücher, keine Geschäftsunterlagen, keine Bankkonten gab; andere Beweise machen deutlich, daß der Angeklagte bei vielen Gelegenheiten im Besitz von hohen Geldbeträgen war … All das zeigt, daß der Angeklagte eine Mauer um sich errichtet hat, damit ihm all jene, die Nachforschungen über seine Finanzlage anstellen, nichts nachweisen können. Angesichts dieser Situation muß sich die Anklagevertretung auf eine Kette von Einzelheiten stützen. Ich halte diese Schecks für einen zulässigen Beweis«, erklärte er schließlich. »Der Einspruch ist abgewiesen.«

Michael Ahern unternahm einen letzten Vorstoß und wandte ein, daß es davon abhinge, wie man die belastenden Schecks wertete und ob man sie insgesamt oder jeden für sich ansah. Jeder einzelne besagte gar nichts, und selbst wenn man sie zu einem Gesamtbild zusammenfügte, könnten sie nur einen vagen Eindruck vermitteln. »Und hinzu kommt«, fügte Ahern hinzu, »daß hier die Vermutung angedeutet wird, Capone habe Ries gekannt, nur weil er ›Hallo, Ries‹ sagte und weil Ries erwiderte: ›Hallo, Al.‹« Ahern schüttelte mißbilligend den Kopf. »Ich wage zu behaupten, daß all diese Zeitungsjungs im Gerichtssaal zu mir sagen könnten: ›Hallo, Mike‹, und trotzdem könnte ich nicht alle beim Namen nennen.« Ahern fuhr fort, die Beweiskette zu zerpflücken und nach dem schwachen Glied zu suchen. Er versuchte in Frage zu stellen, daß Capone mit Jack Guzik in geschäftlicher Verbindung stand, und meldete Zweifel in einigen anderen Punkten an.

»Sie können nicht eine ganze Beweiskette aus dem Prozeß ausschließen, indem Sie jedes Detail einzeln betrachten«, beendete Wilkerson die Debatte. »Einspruch abgewiesen.«

Die Schecks wurden als Beweismittel zugelassen und genauso ins Protokoll aufgenommen wie Mattinglys Brief und die Aussagen von 50 Zeugen der Anklage, die aufgedeckt hatten, daß Capone Tausende und Abertausende von Dollars für Luxusgüter ausgegeben hatte.

Die Staatsanwaltschaft läutete das furiose Finale mit der Vorlage eines weiteren Bankschecks über 2500 Dollar ein und wies auf die Unterschrift auf der Rückseite hin – der Angeklagte höchstpersönlich hatte den Scheck gegengezeichnet: Das war ein unumstößlicher Beweis dafür, daß Capone den Scheck eingelöst und das Geld entgegengenommen hatte. Laut Bankstempel war der Scheck am 3. Juni 1927 ausbezahlt worden. Spätestens jetzt brauchten die Geschworenen keine bloßen Vermutungen mehr anzustellen, ob der Angeklagte die Spielgewinne in seine eigene Tasche steckte oder nicht.

George E. Q. Johnson, der Bundesstaatsanwalt, erhob sich und ergriff zum erstenmal in diesem Verfahren das Wort. Es war 2.20 Uhr nachmittags, und seine Erklärung schockte alle: »Mit Erlaubnis des hohen Gerichts schließt die Staatsanwaltschaft ihren Beweisvortrag.«

Diese unerwartete Ankündigung verursachte einen Tumult. Der Gerichtssaal leerte sich, und die Reporter rannten zu den Telephonen, um die Neuigkeit an die Redaktionen weiterzugeben: Die Staatsanwaltschaft schließt den Beweisvortrag.

Ahern sah verblüfft auf. »Was?« fragte er zu seinem Partner gewandt. Er und Fink waren vollkommen überrumpelt.

Richter Wilkerson weidete sich an der Konfusion im Capone-Lager und wandte sich an Fink: »Sind Sie bereit fortzufahren?«

Die Anwälte versammelten sich vor dem Richtertisch, und Capone beugte sich weit vor, um mitzuhören. »Wenn Euer Ehren gestatten«, stammelte Fink, »das kam ziemlich überraschend. Wir hätten gern ein wenig Zeit, um unsere Verteidigung vorzubereiten. Euer Ehren, Sie sagten doch, soviel ich weiß, daß Sie Nachsicht mit uns üben würden, falls wir nicht ausreichend darauf vorbereitet sind, auf die von der Anklagevertretung vorgelegten Punkte einzugehen und sie zu widerlegen.«

Wilkerson schickte die Geschworenen aus dem Saal, die Verteidiger waren sich bewußt, daß sie für eine wirksame Verteidigung bei weitem nicht ausreichend gewappnet waren. Sie flehten den Richter um einen Aufschub an. Mit hochrotem Gesicht argumentierte Fink, daß sich das vierköpfige Team der Staatsanwaltschaft beinahe vier Jahre mit dem Fall gegen Capone beschäftigt hatte, während er und Mr. Ahern sich ganz allein hatten plagen müssen und nur ein paar Wochen Zeit zur Verfügung gehabt hatten. Es sei einfach nicht fair, die Verteidigung zu solcher Eile anzutreiben.

»Wir haben Geschworene, die sich nicht frei bewegen können«, erinnerte Richter Wilkerson die Verteidiger und gab ihnen bis zum folgenden Morgen Zeit, dann mußten sie mit ihrem Beweisvortrag beginnen.

»Wenn Sie es für gerecht halten, Euer Ehren, daß dieser Mann bereits morgen um zehn Uhr der Verteidigung übergeben wird, ich werde da sein. Ich werde mein bestes tun«, sagte Fink verschnupft. »Falls wir keine Beweise vorlegen, wieviel Zeit bleibt uns dann für das Plädoyer?« Fink forderte zehn Stunden für sein Schlußplädoyer.

»Zehn Stunden?« wiederholte der Richter und zog die Augenbrauen hoch. Die beiden feilschten noch eine Weile, und am Ende bekamen Fink und Ahern vier Stunden zugesprochen, in denen sie die Unschuld ihres Mandanten darlegen konnten. Damit wurde die Sitzung vertagt.

Die Zahl der Schaulustigen war im Laufe der letzten Tage geschrumpft, aber am Mittwoch, dem 14. Oktober, strömten sie wieder herbei, um einen Blick auf zwei Prominente zu werfen: auf Al Capone, den landesweit bekanntesten Gangster, und auf Edward G. Robinson, Hollywoods bekanntesten Gangsterdarsteller. »Little Cesar« – das war der Titel des Films, in dem er im selben Jahr die Hauptrolle gespielt hatte – kam nach Chicago, um sich das Original anzusehen.
Die hastig zusammengesuchten Entlastungszeugen für Capone und die Verteidigungsstrategie wirkten schlichtweg peinlich. Die Anwälte ließen eine lächerliche Parade von Spielern aus Florida auftreten, die zu Capones Gunsten aussagen sollten. Ein Bestandteil von Aherns und Finks Taktik war, aufzuzeigen, daß alle Gewinne, die beim Spielen gemacht, auch wieder verloren wurden – gewöhnlich auf der Rennbahn. Sie befragten bis zum Abend Wetter und Buchmacher, kleine Gauner und Glücksspieler.

Am folgenden Tag traten noch mehr Spieler und Buchmacher aus Chicago in den Zeugenstand, die meisten von ihnen machten einen dubiosen Eindruck. Sie redeten über das Geld, das Al beim Wetten losgeworden war, über die 500-Dollar-Wetten und die 3000-Dollar-Wetten, die er auf der Pferderennbahn verloren hatte. Die eindrucksvollste Aussage stammte jedoch nicht von einem Chicagoer Buchmacher, sondern von Budd Gentry, »einem windigen Typen«, wie ihn ein Journalist beschrieb. Gentry arbeitete (oder vertrieb sich eher die Zeit) in Hialeah, auf der Rennbahn in Miami, auf der sich Capone oft aufhielt, wenn er in Florida war. In Hialeah war Capone der besseren Gesellschaft und höherem Ansehen so nahe wie nirgendwo sonst, aber jetzt bereitete ihm Hialeah, in Gestalt von Gentry, große Qualen.
Fink begann seine Vernehmung am Morgen und fragte Gentry nach seinen Aktivitäten während des Jahres 1929.
»Wieviel Barmittel hatten Sie in Ihrem Geschäft zur Verfügung?«
»30 000 Dollar. Ich glaube, Mr. Capone brachte 60 Prozent davon auf und Mr. Cohen [Gentrys Boß] 40 Prozent.«
»Haben Sie in diesem Jahr Profit gemacht?«
»Ja, ungefähr 13 000 Dollar in bar und 8 000 Dollar in Schuldscheinen.«
»Was war der höchste Betrag, den er je gewettet hat?« fragte Fink und meinte damit Capone.
»Die höchste Wette war 10 000 Dollar auf ein Pferd. Aber es gab mehrere 10 000-Dollar-Wetten.«
»Erinnern Sie sich, ob er am Ende der Saison ein Gewinner oder ein Verlierer war?«
»Er hat ungefähr 100 000 Dollar verloren«, antwortete Gentry.

»Haben Sie gesehen, daß der Angeklagte in dieser Saison auch Poker gespielt hat?«

»Ja, Sir. Stud Poker. Ich habe mitgespielt.«

Fink und Richter Wilkerson drängten ihn, die Namen der anderen Teilnehmer bei dem Spiel in Capones Villa auf Palm Island zu nennen, aber Gentrys Gedächtnis ließ rapide nach. »Da waren immer eine ganze Menge Leute, aber ihre Namen weiß ich nicht mehr«, erklärte er lahm und verfiel für eine Weile in brütendes Schweigen. »Ich versuche mich zu besinnen«, lamentierte der Buchmacher. »Mir liegen fünf oder sechs Namen auf der Zunge, aber sie wollen nicht raus.« Schließlich fielen ihm doch noch ein paar Namen ein: Stribling, Sharkey – zwei Preisboxer – und Mrs. Tex Rickard, die Frau eines prominenten Boxpromoters. Und was war mit Baseballspielern? Nein, erwiderte Gentry, die Gruppe bestand nicht aus Sportstars, sondern aus »sportlichen Leuten«.

Der Staatsanwalt Dwight Green nahm Gentry ins Kreuzverhör und kam immer wieder auf sein schwaches Gedächtnis zurück, um ihn als unglaubwürdig hinzustellen.

»Auf welche Pferde hat der Angeklagte 10 000 Dollar gesetzt?«

»Auf verschiedene«, sagte der Buchmacher.

»Wie hoch war seine erste Wette, die er bei Ihnen plaziert hat?«

»Ich glaube 1500 oder 2000 Dollar.«

»Wie hießen die Pferde, auf die er setzte?«

»Das weiß ich nicht mehr.«

Richter Wilkerson schaltete sich ein. »Können Sie uns wenigstens den Namen *eines* Pferdes nennen, auf das der Angeklagte gewettet hat?«

Es war keine Überraschung, daß sich Gentry nicht mehr an die Namen der Pferde erinnerte, die Capone 1929 Wettverluste eingebracht hatten; für einen Buchmacher mochten zwei Jahre so viel wie für andere 200 Jahre sein. Nach Gentrys wenig überzeugender Vorstellung schlossen Ahern und Fink ihre ausgesprochen ungeschickte Beweisaufnahme ab. Ihre Bemühungen, den Geschworenen zu zeigen, daß Capone all sein steuerpflichtiges Einkommen verspielt hatte, waren alles andere als eine Verteidigung, genaugenommen brachten die Zeugenaussagen, sofern sie überhaupt glaubhaft waren, den Angeklagten nur noch mehr in Mißkredit.

Die Herren Geschworenen mochten sich gefragt haben, wie Capone ein immenses Vermögen hatte anhäufen können, wenn er es gleichzeitig mit so kindlicher Hemmungslosigkeit beim Glücksspiel und bei Pferderennen vertändelt hatte.

Die himmelschreiende Unbeständigkeit in seinem Verhalten während der zwanziger Jahre fand in dem Prozeß keine Erwähnung; weder der Richter noch die Geschworenen und erst recht nicht Capone selbst waren in der Lage, die eigentliche Ursache von Als eigenartigen Spieltriebes zu erkennen. Seine Krankengeschichte legt nahe, daß die latente Neurosyphilis dafür verantwortlich war; sie war zwar immer noch nicht diagnostiziert, aber die Erreger hatten sich bereits in den vorderen Gehirnlappen angesiedelt und zerstörten langsam, aber unausweichlich seine Persönlichkeit. Diese Krankheit äußert sich unter anderem in Verhaltensstörungen und Phantasievorstellungen, und ihre Opfer neigen dazu, um große Geldbeträge zu spielen – genau dieses Benehmen hatten die Zeugen Capone bescheinigt. »Patienten dieses Typs sind euphorisch und entwickeln oft eine Art Größenwahn; sie bilden sich ein, außergewöhnliche Persönlichkeiten mit übermenschlichen Kräften, ungeheurem Vermögen oder anderen außerordentlichen Fähigkeiten zu sein«, schrieb Sir Russell Brain in *Diseases of the Nervous System** über die psychischen Auswirkungen der Syphilis. »Sie handeln bereitwillig nach ihren Wahnvorstellungen und bestellen möglicherweise riesige Warenmengen oder stellen ihrem Arzt einen Scheck über eine Million Pfund aus, und sie erkennen nicht die Diskrepanz zwischen ihren eingebildeten Eigenschaften und ihrem geschwächten und bedauerlichen Zustand.«

Genau ein solches Verhalten wurde in Richter Wilkersons Gerichtssaal über eine Woche lang von den unterschiedlichsten Zeugen geschildert. Damals wurde es als Genußsucht eines unvorstellbar reichen Gangsters angesehen, aber es war auch ein Symptom von Capones Neurosyphilis, die sich stetig verschlimmerte.

Bis jetzt hatte der Prozeß sieben anstrengende Tage gedauert, und in den Köpfen der Geschworenen verschwammen die vielen Zeugenaussagen, die Tausende Stunden Vorbereitung gekostet hatten, zu einem Nebel von Annahmen und Vermutungen. Vielleicht waren sonderbare Details wie der Preis für Capones seidene Unterwäsche im Gedächtnis haften geblieben, aber die Bedeutung all dessen blieb unklar, widersprüchlich und verwirrend. Capone selbst war nicht in den Zeugenstand getreten, und er hatte kein Wort vor Gericht von sich gegeben. Es hätte übel für ihn ausgehen können, wenn er selbst als Zeuge aufgetreten wäre, weil kein Mensch vorausahnen konnte, was für Geschichten und Überraschungen im Kreuzverhör durch die Staatsanwälte ans Licht gekommen wären. Bald würden sich die Geschworenen zurückziehen, um über seine Schuld oder Unschuld zu befinden, und alles, was sie von dem Angeklagten gesehen hatten, waren verschiedenfarbige, teure Anzüge. Seine eigenen Anwälte behaupteten, er

* Krankheiten des Nervensystems.

wäre ein Spieler – als würde ihn das in irgendeiner Weise entlasten –, und er hatte einen bewaffneten Leibwächter mit in den Gerichtssaal gebracht; im großen und ganzen hatte Capone nicht gerade den Eindruck eines Unschuldslamms gemacht.
Trotz des Trümmerhaufens, den die Verteidiger nach ihrem Beweisvortrag hinterlassen hatten, war Capones Rechtslage nicht eindeutig. Ein kompetentes Verteidigerteam hätte der Jury klarmachen können, daß Einkünfte aus illegalen Geschäften wie Glücksspiel und Alkoholschmuggel bis zum Jahr 1927 nicht steuerpflichtig waren. Nach dem Entscheid des höchsten Gerichtshof der Vereinigten Staaten, daß selbst durch kriminelle Taten erworbenes Geld versteuert werden muß, hatte Capone durch seinen Anwalt Lawrence Mattingly seinen aufrichtigen Willen, Steuern zu zahlen, kundgetan. Er hatte sich sogar zu einem Gespräch mit Agenten der Finanzbehörde bereit erklärt. Obwohl er sich nicht immer in Chicago aufhielt, war er doch meistens in seinem Haus in Florida erreichbar – er hielt sich nicht versteckt. Noch bedeutsamer war von Capones Standpunkt aus gesehen, daß die Steuerbehörde sein nachträgliches Angebot, seine Schuld zu begleichen, abgelehnt und es vorgezogen hatte, ihn zu verklagen. Die Staatsanwaltschaft hatte darauf verzichtet, Capone wegen eines größeren Verbrechens wie den Verstoß gegen die Volstead-Bestimmung* anzuklagen, und brachte ihn statt dessen wegen des kleineren Vergehens der Steuerhinterziehung vor Gericht.
Ahern und Fink hätten aus all dem Kapital schlagen können, aber sie taten es nicht. Die Geschworenen waren natürlich nicht in der Lage, derartige Überlegungen anzustellen und deswegen begründete Zweifel an der Berechtigung der Anklage anzumelden. Ohne adäquate Verteidigung lief der Prozeß auf eine wohldurchdachte Farce, auf legalisierte Lynchjustiz an Al Capone hinaus.

Die Geschworenen zogen sich zur Beratung zurück. Später erzählte einer von ihnen, es habe 20 geheime Abstimmungen gegeben. Die gesamte Jury befand Capone in allen Punkten der Anklage für schuldig – bis auf ein einziges Mitglied. Der »Einzelkämpfer« erwies sich als ausgesprochen halsstarrig und überzeugend. Seine Identität wurde nie bekannt, doch ein anderer Juror schilderte die Vorgänge im Geschworenenzimmer. Während der mehr als achtstündigen Beratung argumentierte der »abtrünnige« Geschworene, daß der Mattingly-Brief kein belastender Beweis sei, sondern viel eher Capones Bereitschaft, Steuern zu bezahlen, zeige. Während der

---

* Prohibitionsgesetz.

langen Diskussion überredete er die anderen Geschworenen, den Schuldspruch abzuschwächen.

Um 10.51 Uhr abends – nach fast neun Stunden Beratung – informierten die Geschworenen den Richter, daß sie zu einem Urteil gekommen waren. Capone wurde aus seiner Hotelsuite gerufen. 20 Minuten später bahnte er sich mühsam einen Weg durch die Menschenansammlung vor dem Gerichtsgebäude. Er trug, wie immer, einen Hut, den er erst abnahm, als er in Richter Wilkersons Gerichtssaal seinen Platz einnahm.

»Sind Sie zu einem Urteil gelangt?« fragte der Richter die Geschworenen.

»Ja, Euer Ehren«, sagte der Sprecher und übergab dem Gerichtsdiener das Papier, das der Gerichtsdiener an den Protokollführer weiterreichte.

»Nummer 22852 der Anklage«, sagte er – dieser Punkt bezog sich auf Capones Versäumnis, Steuern für das Jahr 1924 zu zahlen –, »befinden wir den Angeklagten für nicht schuldig. Nummer 23232 der Anklage« – der die Jahre 1925 bis einschließlich 1929 betraf – »befinden wir den Angeklagten in den Punkten 1, 5, 9, 13 und 18 für schuldig und für nicht schuldig in den Punkten 2, 3, 4, 6, 7, 8, 10, 11, 12, 14, 16, 17, 19, 20, 21 und 23.«

Mit dieser Entscheidung wurde Capone schuldig gesprochen, drei schwere und zwei mindere Vergehen begangen zu haben. Die schweren Vergehen waren: Steuerhinterziehung in den Jahren 1925 (Einkommen 250 000 Dollar), 1926 (Einkommen 195 000 Dollar) und 1927 (Einkommen 200 000 Dollar). Die minderen Vergehen waren das Versäumnis, für die Jahre 1928 und 1929 Steuererklärungen abgegeben zu haben.

Ahern bestand darauf, jeden einzelnen Geschworenen noch einmal zu fragen: »War und ist dies der Spruch der Geschworenen?« Alle bejahten die Frage.

Die fünf Anklagepunkte, in denen die Geschworenen einen Schuldspruch ausgesprochen hatten, waren schwerwiegend und wurden voraussichtlich streng bestraft: mit enormen Bußgeldern und wahrscheinlich Gefängnis. Das Urteil war eine eindeutige Niederlage für Capone und seine Anwälte. Ahern und Fink hatten den Fall vermasselt, und zwar gründlich. Ein fanatischer Richter, kleinstädtische Geschworene, die gegen jede Art von Bestechung immun waren, ein entschlossenes und sehr gut vorbereitetes Team von Staatsanwälten und seine schlampigen Verteidiger hatten den Prozeß für den großen Gangsterboß zum Desaster gemacht. Al Capone war zum erstenmal k. o., allerdings hatten die Behörden und die Staatsanwaltschaft einen Kraftakt vollbringen müssen, um das zu erreichen.

Trotz allem waren weder Capone noch seine Anwälte über die Härte dieser Entscheidung erstaunt. Sie hatten vorausgesehen, daß Al Bußgelder in beträchtlicher Höhe zahlen mußte, und selbst wenn er für ein paar Jahre –

sie dachten an etwa fünf – ins Gefängnis wanderte, würde er bei guter Führung 1935 wieder auf freiem Fuß sein. Dann wäre er erst 36 Jahre alt. Fünf Jahre waren erträglich; die Zeit hätte er, wie Leo Brothers sagte, im Kopfstand hinter sich bringen können. Als VIP-Sträfling würde er auch hinter Gittern einige Privilegien genießen – gutes Essen, ein bequemes Quartier und großzügige Besuchszeiten. Seine Erfahrungen in Philadelphia hatten gezeigt, daß er auch vom Gefängnis aus alle nötigen geschäftlichen Transaktionen leiten konnte, und alles, worum er sich nicht persönlich kümmern konnte, würden Nitti und Ralph für ihn erledigen. Da das Prohibitionsgesetz noch Gültigkeit hatte, würden die Geschäfte des Capone-Syndikats wie gewohnt weiterlaufen. Al Capones Aufenthalt im Gefängnis würde daran nichts ändern, egal was die Behörden glaubten oder die Zeitungen über die Konsequenzen seiner Inhaftierung schrieben. Er redete sich ein, daß es ihm sogar guttun würde, für einige Zeit »Gast« der Regierung der Vereinigten Staaten und sicher vor seinen Feinden zu sein, bis sich die Gemüter abgekühlt hatten. Diese ganze Steuergeschichte war lächerlich und banal im Vergleich zu den wirklich großen Verbrechen und den Morden, die er begangen hatte, das wußte jeder. Am meisten zu schaffen machte Capone der Gedanke an seinen Sohn. Der Junge würde ihn im Gefängnis besuchen und schon in jungen Jahren mit dem Stigma, einen Häftling als Vater zu haben, leben müssen. Und Al konnte nichts dagegen tun; er hoffte nur, daß Sonny lernen würde, zu verstehen und zu vergeben, und nie gezwungen würde, sich für dieselben Dinge zu entscheiden wie sein Vater.

»Du brauchst dir keine tollen Klamotten zuzulegen«, sagte Frankie Rio zu seinem Boß, als der Schneider in der Suite im Lexington Hotel das Maßband um Capones enormen Bauch legte. »Du gehst ins Gefängnis. Warum läßt du dir nicht einen gestreiften Anzug machen?«
»Zum Teufel mit dem Gefängnis«, versetzte Al grinsend. »Ich fahre nach Florida, um mich lange auszuruhen. Und ich brauche eine neue Garderobe, bevor ich abreise.« In seiner unberechtigt heiteren Stimmung bestellte er zwei leichte Anzüge und schmiedete Pläne für einen längeren Urlaub in seiner Palm-Island-Villa.

Am Samstag, dem 24. Oktober, um kurz vor zehn Uhr erschien Capone in Richter Wilkersons Gerichtssaal, um sich das endgültige Urteil anzuhören. Er war frisch rasiert, trug einen dunklen Anzug mit einem Seidentuch in der Brusttasche, und er war ungeduldig – er wollte die Sache so schnell wie möglich hinter sich bringen.

Der Gerichtsdiener rief zur Ordnung, als Richter Wilkerson hereinkam. Er wirkte unerbittlicher als gewöhnlich, und seine wirre Haarmähne schien während des Prozesses grauer geworden zu sein. Nur 17 Tage waren seit der Verhandlungseröffnung vergangen, aber diese Tage erschienen allen wie eine kleine Ewigkeit. Diese Verhandlung war eine Strapaze für jeden einzelnen Beteiligten gewesen, und alle waren gespannt auf den Ausgang – niemand mehr als Capone, der den Eindruck eines gehetzten, gealterten Mannes machte.

Michael Ahern erhob anfangs Einwände gegen den Versuch des Gerichts, ein Urteil über seinen Mandanten zu verhängen. Capone beugte sich vor, um das Streitgespräch der Juristen mitanzuhören. Richter Wilkerson machte nicht viel Aufhebens und wies Aherns Einlassung ab.

»Der Angeklagte möge an die Schranke vor dem Richtertisch treten«, forderte Wilkerson.

Capone, gefaßt und gelassen, wie während der gesamten Tortur, stand auf und ging zum Richtertisch. Er hatte die Hände auf den Rücken gelegt – ein Polizeibeamter stand neben ihm.

»Das Urteil des Gerichts für Punkt 1 der Anklage lautet: fünf Jahre Haftstrafe im Staatsgefängnis und ein Bußgeld von 10 000 Dollar. Die Gerichtskosten übernimmt der Angeklagte.« Capone zuckte nicht mit der Wimper – das war genau das, was er erwartet hatte: eine Reihe von Verurteilungen und Haftstrafen, die er gleichzeitig verbüßen konnte. Was waren für ihn schon 10 000 oder 100 000 Dollar? »Für Punkt 5 der Anklage«, fuhr Wilkerson fort, »wird der Angeklagte zu fünf Jahren Haft im Staatsgefängnis und zu einem Bußgeld von 10 000 Dollar verurteilt. Die Gerichtskosten trägt der Angeklagte. Für Punkt 9 der Anklage wird der Angeklagte zu fünf Jahren Haft im Staatsgefängnis und zu einem Bußgeld von 10 000 Dollar verurteilt. Die Gerichtskosten trägt der Angeklagte.«

Capone wurde auch für die beiden minderen Vergehen, keine Steuererklärungen für die Jahre 1928 und 1929 eingereicht zu haben, verurteilt – zu je einem Jahr Haft im Bezirksgefängnis und zu je 10 000 Dollar Bußgeld.

Während der Richter das Strafmaß für jeden Anklagepunkt verlas, »wurde Capones Blick hart«, berichtete ein Reporter, »und er ballte seine Hände auf dem Rücken zu Fäusten und lockerte sie wieder …«

Insgesamt war Capone zu 17 Jahren Gefängnis verurteilt worden. Wilkerson kam nun auf die Modalitäten der Strafverbüßung zu sprechen. »Die Haftstrafen für Punkt 1 und 5 werden gleichzeitig verbüßt«, erklärte Wilkerson. »Die Haftstrafen für die weiteren Punkte schließen sich aneinander an.«

Alles in allem mußte Capone 80 000 Dollar Bußgeld und die Gerichtskosten bezahlen und elf Jahre hinter Gittern verbringen – zehn im Staatsgefängnis und eines in einem Bezirksgefängnis. Es war ein weitaus härteres Urteil, als jeder, insbesondere Capone, erwartet hätte.

»Capone versuchte wieder ein Lächeln«, schrieb Meyer Berger von der *New York Times*, »aber das Lächeln war bitter. Er leckte sich über die dicken Lippen. Er wippte auf den Füßen. Seine Zunge beulte die Wange aus. Er bemühte sich, lässig zu wirken, aber er sah so aus, wie er sich gefühlt haben mußte – kurz vor einem Wutanfall.« Die Geldstrafen waren bedeutungslos für Capone, aber die langen Haftzeiten warfen ihn beinahe um. »Es war ein schwerer Schlag für den massigen Bandenboß«, fuhr Berger fort. »… Er hatte auf ein Urteil gehofft, das drei Jahre nicht überstieg.«

Das Strafmaß war tatsächlich höher als jedes andere, das je jemand für Steuerhinterziehung erhalten hatte, aber es hätte ihn noch schlimmer treffen können. Wenn dieser eine Geschworene nicht gewesen wäre, der einige der Anklagepunkte ausklammern konnte, hätte Capone möglicherweise sogar den Rest seines Lebens hinter Schloß und Riegel verbracht.

»Elf Jahre, haben Sie gesagt?« vergewisserte sich Fink – er traute seinen Ohren nicht.

»Ja«, bestätigte der Richter und bestand darauf, daß der Verurteilte sofort ins Staatsgefängnis nach Leavenworth gebracht wurde – noch am selben Tag, wenn möglich.

Als ihm bewußt wurde, was das bedeutete, streckte Capone Fink die Hand entgegen; zwei Männer schüttelten sich zum Abschied die Hand.

Die beiden Anwälte disputierten mit dem Richter über das Urteil und darüber, wann und wo Capone inhaftiert werden sollte; schließlich gab Richter Wilkerson ein kleines Stückchen nach. Capone sollte die nächsten Tage im Bezirksgefängnis verbringen und erst am Montag nach Leavenworth überstellt werden. So blieb seinen Anwälten noch Zeit, fristgerecht Rechtsmittel einzulegen.

Als er das Gerichtsgebäude verlassen wollte, mußte Capone weitere Demütigungen hinnehmen. Auf dem Korridor kam ein kleiner ängstlicher Mann, ein Steuereinnehmer von der Finanzbehörde, auf ihn zu und sagte: »Ich möchte Ihnen dies zustellen.« Er überreichte Capone eine Veranlagung für rückständige Steuerverpflichtungen in Höhe von 68 644 Dollar und ein Schreiben, in dem die Finanzbehörde ihre Absicht kundtat, den Inhalt seiner Bankschließfächer und seinen Besitz auf Palm Island zu beschlagnahmen – sein Refugium, in das er sich jetzt für viele Jahre nicht mehr zurückziehen konnte. Capone wich zurück, als wollte er dem kleinen

Beamten gegen das Schienbein treten, aber er hatte sich rasch wieder unter Kontrolle.

Al holte Mantel und Hut und ging zum Aufzug. Auch dort erwartete ihn noch eine Überraschung: Mike Malone, der Undercover-Agent, der unter dem Namen De Angelo im Lexington Hotel wohnte. Capone warf einen kurzen Blick auf ihn und erkannte mit einem Mal, daß De Angelo ein Spion war, aber er blieb ruhig. »Das einzige, was mich an dir getäuscht hat, war dein Aussehen«, erklärte er dem Agenten. »Du siehst aus wie ein Itaker. Du hast einiges riskiert – genau wie ich.« Als sie das Erdgeschoß erreicht hatten, glitt die Tür auf, und Capone stand einer riesigen Menschenmenge gegenüber. Die Männer, die sein Bier getrunken, sich in seinen Spielhöllen vergnügt und mit seinen Prostituierten amüsiert hatten, wollten ihn nach seiner Niederlage sehen.

Capone trat in die rauhe Oktoberluft, ging die Treppe hinunter und bestieg ein Taxi.

KAPITEL 11

Vorhöfe der Hölle

Capone wurde noch am selben Abend ins Cook County-Gefängnis gebracht. Innerhalb kürzester Zeit machte er die Haftanstalt zum neuen Stützpunkt seiner Organisation. Während seine Anwälte mit Richtern und Staatsanwälten um Haftaufschub und günstigere Bedingungen feilschten, richtete er sich beinahe so behaglich ein wie im Lexington Hotel. Der berühmteste Häftling des ganzen Landes thronte im Herbst 1931 in einer riesigen Zelle und leitete sein Unternehmen so, als wäre er ein freier Mann. Von den Steuerzahlern, die jetzt für seine Unterkunft und Verpflegung aufkommen mußten, wurde ihm zusätzlich noch etwas Lebenswichtiges geboten: Sicherheit.

In der damaligen Zeit genoß ein wohlhabender Mann Privilegien im Gefängnis, besonders im Bezirksgefängnis von Cook County. Bezeichnenderweise hieß der Direktor dieser Haftanstalt David T. Moneypenny, und Mr. Moneypenny bemühte sich beflissen, Capone jeden Wunsch von den Lippen abzulesen. Er quartierte seinen berühmten Sträfling in eine ruhige, riesengroße Zelle in der Nähe der Krankenstation im vierten Stock ein.

Über 1500 Gefangene hausten in diesem Gefängnis in beengten Verhältnissen, und in Capones exklusiver Unterkunft hätten ein Dutzend Männer oder mehr Platz gehabt. Capone schlief morgens so lange, wie er wollte, und nahm weder an den Hofgängen der anderen Häftlinge noch an anderen Aktivitäten teil. Sein Leibwächter Philip D'Andrea, den Richter Wilkerson zu sechs Monaten Gefängnis wegen Tragen einer Waffe im Gerichtssaal verurteilt hatte, genoß zusammen mit ihm diese Sonderbehandlung. Und sie erfreuten sich an Annehmlichkeiten, um die sie Normalsterbliche nur beneiden konnten: Sie hatten gute Betten, ein Radio und labten sich an der üppigen Kost aus Mae Capones Küche – die noch heißen Mahlzeiten wurden regelmäßig angeliefert. Am Thanksgiving Day feierten Capone, D'Andrea, einige Freunde und Verwandte ein rauschendes Fest in der Haftanstalt, das Essen servierte ein schwarzer Butler.

Als der Winter nahte, hatte sich Capone vollständig im Bezirksgefängnis eingerichtet. Verurteilt oder nicht, er leitete seine Organisation und machte Geschäfte wie immer; er durfte jederzeit telegraphieren und telephonierte täglich mit seiner Familie, den Anwälten, verschiedenen Buchmachern und seinen Mittelsmännern in der Stadtverwaltung. Da er das Gebäude nicht verlassen durfte, um sich mit seinen Gesprächspartnern zu treffen, kamen sie zu ihm. »Heute war Besuchstag in Capones Stockwerk der Haftanstalt, und er empfing einige bemerkenswerte Gäste«, schrieb die *New York Times*. »Unter ihnen waren Dan Serritella, Senator und ehemaliger Stadtkämmerer, Alderman William Pacelli und Harry Hockstein, früher Stadtrat in Chicago.« Auch Pete Penovich, Matthew und John Capone, Murray »The Camel« Humphreys und andere treue Capone-Anhänger und Mitarbeiter machten »Snorky« ihre Aufwartung in seinem neuen »Büro«, um ihn über die letzten Geschäfte und Profite auf dem laufenden zu halten.

Ralph Capone, der dank des Geschicks seiner Anwälte noch immer auf freiem Fuß war, obwohl man ihn schon im April 1930 zu drei Jahren Staatsgefängnis verurteilt hatte, verlor am 4. November das letzte Berufungsverfahren vor dem höchsten Gerichtshof. Am 6. November wurde er mit einem Polizeiwagen zum Zug nach Leavenworth gebracht. Der Zug erreichte Leavenworth am folgenden Morgen, und Ralph mußte seinen maßgeschneiderten Anzug gegen die graue Gefängniskleidung eintauschen. Aber wenigstens hatte er Gesellschaft in seinem neuen Zuhause: Sam Guzik und Frank Nitti. Sams Bruder Jack, Geschäftsführer verschiedener Bordelle der Capone-Organisation, Buchhalter und Al Capones ergebener Freund, sollte sich in den nächsten Monaten auch in der Haftanstalt Leavenworth einfinden.

Die Aussicht darauf, daß der gesamte Capone-Clan jahrelang zusammen in Gefängniszellen klüngeln könnte, versetzte den Generalstaatsanwalt in Alarmbereitschaft, und er gab den Direktoren der Staatsgefängnisse die Anweisung, die Männer unter allen Umständen zu verlegen und in verschiedenen Häusern unterzubringen. Ralph wurde ins Zuchthaus auf McNeil Island verlegt, und der dortiger Direktor Finch R. Archer schwor, den ältesten Capone-Bruder von den anderen Häftlingen zu isolieren und ihm keinerlei Privilegien zuzugestehen.

Richter Wilkerson erhielt Anfang Dezember ein anonymes Telegramm, in dem er auf die unhaltbaren Zustände im Bezirksgefängnis von Cook County hingewiesen wurde. Er las voller Entsetzen, daß Capone seine Zelle als Büro benutzte, seine Alkoholgeschäfte ungehindert vom Gefängnis aus leitete und jederzeit Besuch von allen möglichen Leuten empfangen konn-

te. Der Bundesstaatsanwalt George E.Q. Johnson bekam dasselbe Telegramm, und es wurde offensichtlich, daß ein ungeheurer Skandal drohte. Die vielen Mühen, die es gekostet hatte, Capone hinter Schloß und Riegel zu bringen, hatten im großen und ganzen nicht viel bewirkt. Die Behörden mußten sich eingestehen, daß das Chicagoer Syndikat, auch wenn einige führende Männer im Gefängnis saßen, nicht zerschlagen worden war. Alkoholschmuggel und Bestechung trieben weiterhin wilde Blüten, denn den Behörden, die Al Capone zum Symbol von Verbrechen und Korruption gemacht hatten, war entgangen, daß er trotz des vielen Geldes und der Macht im Grunde nur ein Rädchen in der große Maschinerie des organisierten Verbrechens war. Der eigentliche Herrscher war der den Behörden gänzlich unbekannte Frankie La Porte, der von seinem sicheren Standort Chicago Heights aus im Hintergrund die Fäden zog. Niemand wußte, daß Chicago Heights das eigentliche Zentrum der illegalen Geschäftemacher und gewalttätigen Gangster war. Zudem offenbarten die anonymen Telegramme, daß selbst dicke Gefängnismauern nicht ausreichten, um den Aktionsradius der maßgeblichen Racketeers einzuschränken.
Der FBI-Agent M. A. McSwain aus Chicago wurde beauftragt, Nachforschungen im Bezirksgefängnis anzustellen, und hörte die abenteuerlichsten Geschichten über Capones behagliches Sträflingsleben. Angeblich hatte Capone einen beträchtlichen Vorrat an Whiskey in seiner Zelle, den er seinen Gästen anbot; ein Zuhälter namens »Bon-Bon« Allegretti sorgte dafür, daß sich der prominente Sträfling regelmäßig mit Prostituierten vergnügen konnte, die sogar bei einer Gelegenheit eine »obszöne Vorstellung« gaben; eine Frau mit Namen Marion – wahrscheinlich Capones ständige Geliebte – war des öfteren mit ihm allein; Direktor Moneypenny und alle Wächter drückten beide Augen zu, weil Capone ihnen großzügige Schmiergelder zusteckte.
Da er peinliche Schlagzeilen fürchtete, beschloß Johnson, sich selbst um die leidige Sache zu kümmern. Es war zwar unüblich, daß sich ein Staatsanwalt in die inneren Angelegenheiten einer Strafanstalt einmischte, doch ungewöhnliche Vorfälle erforderten ungewöhnliche Maßnahmen. Johnson stattete dem Gefängnis von Cook County einen Besuch ab und unterzog Moneypenny und seine Mitarbeiter einem gründlichen Verhör, aber er sah sich nicht selbst in Capones Zelle um. Alle versicherten ihm, daß Capone keineswegs besser behandelt würde als jeder andere Häftling, daß er durch ein Gitter von seinen Besuchern getrennt sei und niemand, abgesehen vielleicht von seinen Anwälten, seiner Mutter und seiner Schwester in den Block dürfe, in dem er untergebracht war. Man gab zu, daß täglich zwei Mahlzeiten von außerhalb für Capone angeliefert wurden, aber das war

keine Sonderbehandlung, denn alle Gefangenen durften Nahrungsmittel von außen in Empfang nehmen.
Nach den Gesprächen war Johnson mehr oder minder davon überzeugt, daß die meisten Berichte über Capones ausschweifendes Leben jeder Grundlage entbehrten, trotzdem verfügte er, daß alle Personen, die Capone zu sprechen wünschten, eine amtliche Besuchserlaubnis benötigten.
Allen Bemühungen um Geheimhaltung zum Trotz griffen die Zeitungen, die kurz zuvor noch vom Untergang des organisierten Verbrechens geschrieben hatten, die Story auf. Schlagzeilen schrien in die Welt: »CAPONE REGIERT DIE UNTERWELT AUS DER GEFÄNGNISZELLE!« Artikel über sein Luxusleben im Gefängnis füllten die Blätter. Am 22. Dezember wurde ein weiterer Skandal bekannt: Gefängnisdirektor Moneypenny war bei einer Spazierfahrt in Capones schnittigem, 16zylindrigem Cadillac mit einer Motorpanne auf der Straße liegengeblieben. Als Reporter ihn interviewten, versicherte Moneypenny wenig überzeugend, daß er keine Ahnung gehabt habe, wer der Besitzer des Wagens sei. Dennoch machte dieser Zwischenfall deutlich, daß er, auch wenn er es eisern abstritt, Gefälligkeiten, möglicherweise auch Bestechungsgelder von Capone annahm.
Moneypennys Unglücksfahrt war ein Schuß, der nach hinten losging und Capone großen Schaden zufügte. Das Weiße Haus und das Justizministerium setzten George E. Q. Johnson unter Druck und forderten ihn auf, Capone so rasch wie möglich in ein Staatsgefängnis zu verlegen, wo er weniger Vorteile haben würde und schon allein wegen der großen Entfernung zu Chicago seine obskuren Geschäfte nicht tätigen konnte. Aber Capones Anwälte hatten inzwischen alle Hebel in Bewegung gesetzt, um ihren Mandanten freizubekommen. Keine ihrer Beschwerden und Berufungsanträge hatten auch nur im entferntesten Aussicht auf Erfolg, doch zumindest konnten sie durch ihre juristischen Manöver Capones Überstellung ins Staatsgefängnis hinauszögern.
Während der Rechtsstreitigkeiten führte der Staatsfeind Nummer 1 weiterhin ein komfortables Leben, hielt Hof und verfolgte ohne Einschränkungen seine Interessen.

Anfang März 1932 verbreitete sich die Schreckensnachricht von der Entführung des Lindbergh-Babys. Charles Lindbergh war durch seinen Alleinflug über den Atlantik vor fünf Jahren zum strahlenden Helden der Nation geworden, und alle Welt litt mit dem unerschrockenen Piloten, als sein kleiner Sohn aus dem Haus in Hopewell, New Jersey, entführt wurde. Eine landesweite Suche nach dem Kind und seinem Kidnapper begann. Capone sah diese Tragödie als Beispiel des vollkommenen Bösen an – im

Vergleich zu diesem Verbrechen waren sein Alkoholschmuggel und die Steuerhinterziehungen harmlose Spielereien. Er wußte, daß er kein Unschuldslamm war – an seinen Händen klebte Blut, viel Blut –, aber er hielt sich selbst für einen tüchtigen und nüchternen Geschäftsmann, der sich eben auch mit drastischen Mitteln durchsetzen mußte. Unwillkürlich identifizierte er sich mit Lindbergh, der zum Opfer des Schicksals geworden war, und stellte sich voller Entsetzen vor, daß seinem 13jährigen Sonny ein ähnliches Unglück wie dem Lindbergh-Baby zustoßen könnte. Schließlich gewannen aber doch sein Größenwahn und seine Gerissenheit die Oberhand über das Mitgefühl. Er schmiedete einen Plan, dessen Durchführung ihn, wie er hoffte, zum gefeierten Helden machen und endlich aus dem Gefängnis bringen würde. Den Anfang machte er mit einem formellen Gesuch, Mr. Arthur Brisbane, den einflußreichsten Chefredakteur der Hearstpresse, sprechen zu dürfen.

Am Morgen des 10. März kam Brisbane – groß, schmallippig, fast kahl und mit Hornbrille – ins Bezirksgefängnis von Cook County. Man führte ihn zur Krankenstation, und dort fand er den berühmtesten Gangster der Zeit in seiner großen Zelle allein vor. Capone saß an einem Tisch und legte eine Patience. Sobald Brisbane Platz genommen hatte, erkundigte sich Al, ob es Neuigkeiten im Fall Lindbergh gab, und legte dem Redakteur seinen Plan dar: Wenn ihn die Behörden aus dem Gefängnis ließen, würde er all seine Macht einsetzen, um das Lindbergh-Baby zu finden. »Ich würde jede Sicherheit und Kaution hinterlegen, die sie verlangen, wenn sie an dem Kind interessiert sind«, erklärte Capone. »Ich würde Tag und Nacht mit Thomas Callaghan, dem Leiter des Secret Service, verbringen. Die Regierung weiß, daß man ihm trauen kann, und ich werde meinen jüngeren Bruder herkommen lassen, damit er im Gefängnis bleibt, während ich draußen bin. Bestimmt käme niemand auf die Idee, daß ich meinen Bruder hintergehe und ihn hierlasse, wenn ich Callaghan entkommen könnte, oder?«

Capone brachte Callaghan nicht zufällig ins Spiel. Die Behörden sollten erst später erfahren, daß Callaghan Capone drei- oder viermal im Gefängnis besucht hatte. Als Brisbane genauer nachfragte, wie er die Suche nach dem Baby organisieren wolle, blieb Capone ziemlich vage.

Brisbane war vermutlich nicht der erste, der von Capones Angebot hörte. Tatsächlich hatte der Gangsterboß seine Idee schon anderen Journalisten unterbreitet, mit wenig Erfolg. Niemand veröffentlichte etwas über seinen Plan, aus Angst, der Staatsfeind Nummer 1 könnte dadurch in der öffentlichen Meinung zum Wohltäter der Nation werden. Brisbane hatte weniger Skrupel, und am nächsten Morgen brachten die Hearst-Zeitungen im ganzen Land große Schlagzeilen über Als Angebot. Die Behörden lehnten

die Mithilfe von Capone rundweg ab und nahmen ihm damit eine seiner größten Hoffnungen.
Nur noch eine letzte juristische Entscheidung mußte gefällt werden, dann stand Capones Haftantritt im Staatsgefängnis nichts mehr im Wege. Ahern und Fink hatten beim Obersten Gerichtshof das Gesuch eingereicht, den Fall noch einmal neu zu verhandeln. Es war äußerst unwahrscheinlich, daß sie damit durchkamen, aber immerhin ermöglichten sie ihrem Mandanten auf diese Weise, weitere sechs Wochen im Bezirksgefängnis zu bleiben.
Am 2. Mai wurde der Berufungsantrag ohne nähere Erklärungen abgelehnt. Mit diesem abschlägigen Bescheid zerplatzten Capones unrealistische Hoffnungen auf eine vorzeitige Freilassung endgültig. Seine Zeit in der ersten Vorhölle, im Bezirksgefängnis von Cook County, neigte sich dem Ende zu. Als ihm die schlechte Nachricht überbracht wurde, lief er aufgeregt und wütend in seiner Zelle auf und ab.
Sein Anwalt Michael Ahern, mutlos und erschöpft nach der langen juristischen Schlacht, gab schließlich auf. Wie er sagte, war das »der Schlußpunkt nach drei anstrengenden, schweren Jahren für uns und das Ende von Al Capone«.
»Das Ende von Al Capone« – unheilvolle Worte, die Capone nicht gelten lassen wollte, aber Ahern, der mehr vom amerikanischen Rechtssystem wußte als sein Mandant, hatte recht. Es war das Ende von Capones Karriere, aber für den Menschen Capone begann der bizarrste und schwerste Abschnitt seines Lebens.

Am 3. Mai 1932 verabschiedete sich Capone von Mae, von Sonny, von seiner Mutter, seiner Schwester und seinem Bruder. Dann packte er seine Sachen und bereitete sich auf die nächste Vorhölle vor. Kurz bevor die Nacht hereinbrach, brachte man ihn unter schwerer Bewachung auf den Weg zum Staatsgefängnis in Atlanta. In letzter Minute hatte das Justizministerium entschieden, ihn nicht nach Leavenworth, sondern nach Atlanta ins wegen seiner strengen Führung bekannten Staatsgefängnis zu überstellen.
Um sich persönlich zu vergewissern, daß der Häftling tatsächlich den Zug, der ihn ans endgültige Ziel bringen sollte, bestieg, stellte sich Eliot Ness mit seinen Unbestechlichen als bewaffnete Eskorte zur Verfügung. »Ich war fest entschlossen, selbst dafür zu sorgen, daß es keine ›Rettung‹ mehr für ihn gab und daß keine Gewehrkugel der Gerechtigkeit im letzten Moment ein Schnippchen schlug«, schrieb Ness später.

> »Wir stellten einen Konvoi von fünf Autos zusammen, um ›Snorky‹ vom Cook County-Gefängnis zur alten Dearborn

> Station zu begleiten. Lahart, Seager und ich saßen im ersten Wagen. Hinter uns fuhr das Auto mit Capone, gefolgt von Robsky, Cloonan und King in einem anderen. Hinter ihnen kamen zwei Autos mit Chicagoer Polizisten. Wir alle waren schwer bewaffnet: Meine Crew hatte abgesägte Schrotflinten, Revolver und Maschinenpistolen schußbereit …
> Als Capone ins Büro des Gefängnisdirektors geführt wurde, hallten die Schreie der anderen Häftlinge durch die Korridore der Anstalt.
> ›Mach's gut, alter Junge!‹
> ›Halt die Ohren steif, Al – so schlimm ist es gar nicht!‹
> ›Dir gehört der ganze Laden, bevor du dich dort richtig umsiehst, Al!‹«

Zwei Bundespolizisten fesselten Capone mit Handschellen an einen anderen Sträfling, den Autodieb Vito Morici, der in ein Gefängnis nach Florida gebracht werden sollte. Morici versuchte, seinen Mantel anzuziehen, aber Capone bat ihn, den Mantel über ihre gefesselten Handgelenke zu legen, damit man die Handschellen nicht sah. In diesem Moment trat Eliot Ness vor.

> »Ich ging voraus in den Gefängnishof, wo eine Horde Photographen sofort aktiv wurde – ein grelles Blitzlichtgewitter brach los. Capone … unternahm keine Anstalten, die Narbe in seinem Gesicht zu verdecken, sondern stolzierte großspurig auf die Photographen zu.
> ›Menschenskind‹, sagte er mit einem gewissen Stolz in der Stimme, ›man könnte glauben, daß Mussolini hier durchmarschiert.‹«

Die Gefängnistore schwangen auf, und die Autokolonne setzte sich in Bewegung. Die Menschenmenge, die sich auf der Straße versammelt hatte, teilte sich, um sie durchzulassen.
Mit heulenden Sirenen fuhren die Wagen die Ogden Avenue entlang zur Clark Street, wo vor gut drei Jahren das Valentinstag-Massaker stattgefunden hatte. Als die Autos vor einer roten Ampel hielten, starrte Capone auf das düstere Gerichtsgebäude, in dem sein Schicksal besiegelt worden war. Minuten später fuhr die Kolonne am Dearborn Bahnhof vor. Sofort waren die Wagen von Journalisten, Detectives, Bundespolizisten und Schaulustigen umringt. Capone und Morici, die immer noch aneinander gefesselt waren, stiegen schwerfällig aus dem Auto, drängten sich durch die Men-

schenmassen und wehrten fluchend die Photographen ab. Aber die Leute waren keineswegs feindselig. Die Jungs aus Chicago Heights hatten alles so arrangiert, daß Capones Familie und seine Freunde zum Bahnhof kommen konnten, um sich von ihm zu verabschieden und ihm ihre besten Wünsche mit auf den Weg zu geben. Sobald sich die Menge endlich ein wenig gelichtet hatte, wurden Capone und Morici zum »Dixie Flyer«, einem regulären Pullman-Zug mit Endziel Atlanta, geführt. Nachdem die Unbestechlichen die acht Waggons gründlich durchsucht hatten, stiegen die Häftlinge, gefolgt von Photographen und Journalisten, ein. Im Abteil gewann Capone seine Fassung wieder und bemühte sich, eine *bella figura* vor den Kameras zu machen. Er legte seinen Mantel weg, setzte sich und zündete sich eine Zigarre an. Trotz der Handschellen lächelte er. »Ich weiß nicht viel über Atlanta«, sagte er zu den Reportern. »Nur eins – es ist heiß dort.« Er wolle das beste aus seiner schlimmen Lage machen, sagte er, und hoffe, ein bißchen Gewicht zu verlieren und ins Baseballteam aufgenommen zu werden, weil »ich ein ziemlich guter Pitcher und erster Baseman bin, wenn ich das von mir selbst sagen darf«.

Mitten in dem Tumult fiel sein Blick auf eine vage bekannte Gestalt, auf einen schlanken jungen Mann mit blauen Augen und Mittelscheitel. Es war Eliot Ness, der Mann, der seinem Alkoholgeschäft so viel materiellen Schaden zugefügt und ihn mit der Parade der beschlagnahmten Lieferwagen verhöhnt hatte. »Also, ich werde elf Jahre absitzen«, sagte Al zu Ness. »Ich muß. Ich bin niemandem böse deswegen. Manche Leute haben Glück. Ich hatte keins. Es gab zu viele Unkosten in meinem Geschäft, die ganze Zeit mußten wir Schmiergelder zahlen und Ersatz für die beschlagnahmten Lieferwagen und kaputten Brauereien finden. Sie sollten das Alkoholverbot aufheben.«

»Seltsam, daß ausgerechnet Sie das sagen«, erwiderte Ness. »Wenn es kein Verbot für Alkohol gäbe, würden Sie sicher nichts damit zu tun haben wollen.«

Es war das letzte Zusammentreffen der beiden. »Da gehen zweieinhalb Jahre meines Lebens dahin«, dachte Ness, als sich der »Dixie Flyer« in Bewegung setzte.

Capone schaute aus dem Fenster; er sollte Chicago viele Jahre nicht mehr sehen. Der Zug nahm Geschwindigkeit auf, und der Gangsterboß machte es sich für ein Pokerspiel mit seinen unerbittlichen Bewachern bequem.

»Ich fühlte mich, als hätte man mir ein Tonnengewicht von den Schultern genommen, jetzt da der Schatten von ›Scarface Al‹ nicht mehr über Chicago – und über uns – lauerte«, erinnerte sich Ness. Er dachte kurz an all die anderen Ganoven, die sich nach wie vor frei in Chicago bewegten – an

Jack McGurn und »Bugs« Moran –, aber er meinte: »Niemand hatte das Organisationstalent, das Capone zum Herrscher über eine gefangene Stadt gemacht hatte.« Jetzt war Capone selbst gefangen, und Ness empfand eine innere Leere statt Triumphgefühle. Als der »Dixie Flyer« zu einem Paar rotglühender Lichter in der Ferne zusammenschrumpfte und sich die Menschenmenge auflöste, verließ auch Ness den Bahnhof.
»Erst in diesem Augenblick wurde mir klar, daß die Arbeit der Unbestechlichen beendet war.«

Der Zug rumpelte durch die Nacht nach Süden, und die Radiosender gaben stündlich Berichte über sein Fortkommen durch. Als die schimmernden Waggons im Morgengrauen in den Kleinstadtbahnhöfen hielten, versammelten sich Menschen an den Gleisen, in der Hoffnung, einen Blick auf den berüchtigten Bandenchef werfen zu können. »Sie drückten sich an die Waggons und spähten durch die Scheiben«, schrieb die *New York Times*. »Capone winkte ihnen mit einem breiten Lächeln zu und machte eine Geste, als wolle er ihnen die Hände schütteln. In ein paar Städtchen stellten sich kleine Negerjungs in sicherem Abstand zum Zug auf und deuteten auf den Waggon, in dem sie Capone vermuteten, offenbar war ihnen unheimlich dabei zumute.«
Capone war zu nervös, um Schlaf zu finden; er hielt eine Pressekonferenz für die Reporter ab, die ihn auf dieser Reise begleiteten, und beschwerte sich darüber, daß die Bundesbehörden ihn unfair behandelt hatten. »Ich werde ein Thema beim Wahlkampf für den nächsten Präsidenten sein«, behauptete er. »›Wir haben Capone ins Gefängnis geschickt‹, werden sie sagen. Es wäre nicht schlecht, wenn sie das Einkommensteuergesetz nicht für politische Zwecke benutzen würden. Es gibt eine Menge großer Männer in Chicago, die den Staat um Steuern betrügen, und sie kommen damit durch. Ich hab' versucht, die Angelegenheit mit der Finanzbehörde zu regeln, und das haben sie gegen mich verwendet. Ich finde, sie haben nicht fair gespielt, aber sie haben mich erwischt, und ich muß die bittere Pille wohl oder übel schlucken.«
Er redete über den Alkoholschmuggel und erklärte, daß er bei weitem nicht so viel Profit gemacht habe, wie die Vertreter der Regierung annahmen. Selbst in den besten Monaten hätte er es nicht geschafft, mehr als 5000 Kisten Whiskey zu verschieben, und wenn man die Unkosten, die Schmiergelder und die Schäden bei Razzien einrechnete, wären kaum mehr als zehn Dollar pro Kiste übriggeblieben. Es war ein lausiges Geschäft, der Alkoholschmuggel – daß die Steuerbehörde das nicht erkannte!
Während sich Capone die Zeit vertrieb, schlenderten Fahrgäste aus ande-

ren Abteilen an seinem Platz vorbei, um sich die Berühmtheit anzusehen, über die sie so viel in der Zeitung gelesen hatten. Die Mutigeren unter ihnen blieben stehen, wünschten ihm alles Gute, schüttelten ihm die Hand und bekamen vom berüchtigten Gangsterboß eine Zigarre geschenkt. Selbst der Lokführer übermittelte dem prominenten Gefangenen seine besten Wünsche. Der Schaffner, ein Mann namens James A. Brown, erinnerte sich an frühere Reisen, die Capone mit eben diesem »Dixie Flyer« nach Florida gemacht hatte und bei denen der Whiskey in Strömen geflossen war. In den großen Zeiten hatte Capone den ganzen Zug für private Parties übernommen und großzügige Trinkgelder verteilt. Jetzt war er an einen kleinen Dieb gefesselt, der Gnade der Bewacher ausgeliefert und wurde von der Presse verfolgt. »Wie sich die Zeiten ändern«, sagte Brown mit einem Seufzer, »und wie die Zeit uns alle verändert.«

Capone kam mit dem Zug im Staatsgefängnis in Atlanta an, und die Bundespolizisten, die ihn von Chicago bis hierher begleitet hatten, übergaben ihn den Verantwortlichen der Haftanstalt. Er betrat ein Büro, in dem ihn der Direktor A.C. Aderhold erwartete und mit der Frage »Wie heißen Sie?« in Erstaunen versetzte. Seine Papiere enthielten nur Informationen über die Haftdauer; das Urteil lautete insgesamt auf 15 Jahre im Staats- und ein Jahr im Bezirksgefängnis, ohne die von Richter Wilkerson festgelegte Regelung hätte er also bis zum 3. Mai 1948 in einer Zelle leben müssen – die Zeit vom 24. Oktober 1931 im Cook County-Gefängnis wurde ihm nicht angerechnet –, bei guter Führung war es jedoch möglich, daß er »schon« am 19. Januar 1939 entlassen wurde. Die polizeiliche Akte über ihn, die den Papieren beilag, war erschreckend dick – es gab nicht weniger als 17 Einträge über Vergehen, die ihm ab 1919 zur Last gelegt worden waren. Als das Aufnahmeformular ausgefüllt war, wurde Capone aufgefordert, sich auszuziehen. Seine Sachen – der maßgeschneiderte Anzug, die seidene Unterwäsche, der weiße Hut, ein Füllfederhalter, ein Rosenkranz und 231 Dollar in bar – wurden in Verwahrung genommen. Er badete und bekam zum erstenmal einen Sträflingsanzug. Er hatte Chicago als Alphonse Capone verlassen, 24 Stunden später war er im Staatsgefängnis von Atlanta der Häftling Nummer 40886.

In Atlanta herrschten ähnliche Mißstände wie in allen anderen Haftanstalten dieser Größenordnung. Fälle von Korruption bei den Wärtern und Justizangestellten wurden immer wieder bekannt, aber der Direktor galt als unnahbarer, unbestechlicher Staatsdiener, der alle Häftlinge gleich behandelte. Mit Sicherheit hatte Capone keine Chance, ihn mit dem Versprechen auf einen Ausflug in seinem schicken Cadillac zu schmieren.

Unter den Insassen des Gefängnisses waren sehr viele Alkoholschmuggler.

Sie hatten längst erfahren, daß der größte Alkoholschmuggler der Nation einer von ihnen wurde, und als Capone das Gebäude betrat, grölten und schrien sie zur Begrüßung, doch er hatte nichts mit ihnen zu tun – zumindest in der nächsten Zeit nicht. Wie alle Neuankömmlinge mußte er die ersten drei Wochen in Quarantäne verbringen, er wurde medizinisch untersucht und geimpft. Hier gab es keine Interviews, keine Schlagzeilen und keine Anwälte mehr. Man hatte ihm in Aussicht gestellt, daß er gelegentlich Besuch von engsten Verwandten bekommen dürfe, solange er sich gut führte. Mit Ausnahme der Sonntage, an denen nachmittags ein Baseballspiel stattfand und abends ein Film vorgeführt wurde, waren die Tage alle gleich – endlose Jahre gleicher Tage standen dem großen Gangsterboß bevor.

In der Quarantänestation wurde Capone von dem jungen Direktionsassistenten Myrl E. Alexander, der später in der Kennedy-Administration zum Leiter der staatlichen Gefängnisverwaltung avancierte, befragt. Alexander wollte sich zuerst einmal unvoreingenommen ein Bild von Capone machen. »Als er in mein Büro kam, sah ich, daß er gar nicht so klein und untersetzt war, wie ich ihn mir vorgestellt hatte«, erinnerte sich Alexander später. »Er war ziemlich groß, hatte leicht schütteres Haar und lächelte, als er hereinkam ... Auf die üblichen Fragen nach der Familie, der Ausbildung und so weiter gab er bereitwillige und intelligente Antworten. Aber dann, als wir über sein Urteil und sein Vergehen, die Steuerhinterziehung, sprachen, gab er unumwunden zu, als Alkoholschmuggler tätig gewesen zu sein. Aber er bestritt vehement, etwas mit Prostitution und Drogenhandel zu tun gehabt zu haben. Er führte immer wieder an, daß der Respekt für seine Mutter, Schwester und Frau Beweis genug sei, daß er Prostitution und andere derartige Geschäfte ›abscheulich‹ finde.«

»Natürlich«, sagte Capone zu Alexander, »konnte man Geld machen im Alkoholgeschäft. Die Leute forderten Schnaps und Bier, und ich hab' ihnen das Zeug gegeben. Eine ganze Menge. Aber ich habe auch einen Haufen Geld für die Armen ausgegeben, Suppenküchen eingerichtet und den Arbeitslosen Jobs gegeben.« Alexander wurde ungeduldig, als sich Capone des langen und breiten über seine Heldentaten ausließ und sich selbst als »großen Wohltäter von Chicago« darstellte; er beendete das Gespräch. Eine Woche später bekam Alexander eine Erklärung für Capones eigenartiges, unangenehmes Verhalten und die plötzlichen Umschwünge von Gelassenheit und Bedachtsamkeit zu größenwahnsinnigen Übertreibungen, als die Ärzte Capones Untersuchungsergebnisse vorlegten. Der Wassermann-Test, mit dem Syphiliserreger nachgewiesen werden können, war positiv ausgefallen, und die Mediziner hatten eine »Syphilis mit Befall des zentralen Nervensystems« festgestellt. Zum erstenmal wurde Capones

Neurosyphilis offiziell diagnostiziert. Die Krankheit hatte bereits das dritte Stadium erreicht, und die Gefängnisärzte behandelten den Sträfling Nummer 40886 mit der damals in solchen Fällen üblichen Wismuth-Therapie. Capones Krankheit war unheilbar und bedeutete sein Todesurteil, auch wenn es noch Jahre dauern sollte, bis sie ihren Höhepunkt erreichte. Vor dem unausweichlichen Ende würde sie zu Hirnnerven- und Hirnstammausfällen und damit verbundenen Persönlichkeitsveränderungen und Gedächtnisverlusten führen.

Aber die Syphilis war nicht das einzige gesundheitliche Problem, mit dem Capone zu kämpfen hatte. Die Untersuchung ergab, daß er auch an einer Entzündung der Prostata litt. Mit 33 Jahren war er noch viel zu jung für eine Prostatahypertrophie*, die normalerweise nur bei älteren Männern auftritt; wahrscheinlich hatte eine zweite Geschlechtskrankheit die Prostataentzündung verursacht: Tripper. Es war durchaus möglich, daß Capone Syphilis und einen Tripper gleichzeitig hatte. Die Krankheiten werden von verschiedenen Erregern hervorgerufen: Syphilis durch *Treponema pallidium*, Gonorrhö durch *Neisseria gonorhoeae*. Und beide hatte er sich von Prostituierten geholt. Ein typischer Tripper äußert sich durch Brennen am Penis und Ausfluß. Es können Narben entstehen, die zu Harnröhrenverengungen führen, wenn die Krankheit nicht ärztlich behandelt wird. Um einem Harnstau vorzubeugen, verordneten die Gefängnisärzte eine wöchentliche Prostatamassage, die Capone zu helfen schien.

Trotz der gesundheitlichen Probleme war Capones derzeitiger Zustand nicht besorgniserregend, und nach der Quarantänezeit wurde er in eine normale Zelle verlegt. Nach den Wochen der Isolation, in der er seit seiner Ankunft in Atlanta gelebt hatte, dürfte dies eine Erleichterung für ihn gewesen sein. Er teilte seine Zelle mit einem anderen Sträfling namens Red Rudensky, einem Schmalspur-Safeknacker. »Rusty«, wie er allgemein genannt wurde, war klein und kräftig; sein spitzbübisches Gesicht und die übergroße Nase hätten eher zu einer Comicfigur gepaßt als zu einem pensionierten Dieb. Während seiner Haftzeit versuchte er ernsthaft, sich eines Besseren zu besinnen, indem er die Bibel und den Koran studierte. Er träumte davon, eines Tages Schriftsteller oder Journalist zu werden, und später veröffentlichte er tatsächlich eine Autobiographie mit dem Titel *The Gonif***, in dem er auch seine Jahre in Atlanta beschrieb. Als kleiner Ganove hatte sich Rudensky im Dunstkreis der Capone-Organisation und der befreundeten Detroiter Purple-Gang herumgetrieben, und er war über-

* Krankhafte Vergrößerung der Vorsteherdrüse.
** Gonif ist das jiddische Wort für Dieb.

rascht, als er hörte, daß er mit Al Capone höchstpersönlich eine Zelle bewohnen sollte. Rudensky hatte genug vom Gefängnisdasein mitbekommen, um vorauszusagen, daß »Atlanta Capone sehr bald aufs Wesentliche reduzieren wird – Mumm und Geduld –, und wenn er das eine oder das andere nicht hat, gerät er nach seinem Leben in Luxus und seiner Herrschaft in Chicago in ernste Schwierigkeiten«.

Als der Neue in die Zelle kam, begrüßten sich die beiden Männer mit Handschlag, und Capone erinnerte sich sofort an Rudenskys Spitznamen: »Hey, Rusty, wie geht's?« – »Al war blaß, fast bleich, und seine Augen wirkten müde und glasig, und er machte den Eindruck eines Mannes, der mit allem fertig ist«, schrieb Rudensky.

Kein Wunder, daß Capone am Boden zerstört war. In der ersten Nacht machte er kein Auge zu. Er lag auf seiner Pritsche, rauchte Zigarren, und als ihn das auch nicht mehr beruhigte, weckte er Rudensky. »Wie, zum Teufel, soll ich das aushalten?« fragte er und verwob Phantasie und Realität zu einer wütenden Tirade. »Stell dir das mal vor, irgendsoein Schnüffler verdonnert mich wegen Steuerbetrug, und jetzt bearbeiten sie da draußen wahrscheinlich jeden, bis er ein Polizeispitzel wird. Ich habe eine Million Dollar in einem halben Dutzend Banken deponiert und sitze in einem Loch wie diesem. Ist das nicht ein Scheißgeschäft, Rusty?« Nacht für Nacht jammerte Capone über sein schweres Los, und selbst wenn er schlief, fand er keine Ruhe. Er schrie in seinen Alpträumen »Nein! Nein! Nein!« oder wimmerte gequält. Einmal tobte er so sehr, daß sich Rudensky auf ihn stürzte und ihn auf die vernarbte Wange schlug, um ihn aufzuwecken und von den Schreckgespenstern zu befreien.

Rudensky hatte Mitleid mit seinem Zellengenossen, dennoch fiel ihm auf, daß Capone mehr zu schaffen machte als nur die Enge und das Eingesperrtsein. Er litt unter Entzugserscheinungen – ihm fehlte das Kokain. Es ist durchaus möglich, daß er bei all den Freizügigkeiten, die er im Cook County-Gefängnis genossen hatte, auch mit Kokain versorgt worden war, aber hier in Atlanta hatte er nicht die geringste Möglichkeit, an die Droge heranzukommen. Anders als bei Heroinsüchtigen sind die Symptome bei Kokainentzug nicht so deutlich erkennbar; es gibt nicht die klassischen körperlichen Anzeichen. In psychologischer Hinsicht kann Kokainentzug jedoch verheerende Auswirkungen haben, oft sind Depressionen, Schwäche, Halluzinationen und Paranoia die Folge. Selbst wenn sich die Leiden verringern und das Leben wieder erträglich wird, bleibt der Wunsch nach Kokaingenuß meist bestehen. Capone machte seelische Qualen durch, auch wenn ihm körperlich nichts anzumerken war.

Mit der Zeit veränderte sich das Verhältnis der beiden Männer. Rudensky hatte erwartet, von Capone als Lakai und Botenjunge benutzt zu werden, doch er wurde zu seinem Beichtvater und Beschützer. Rudensky rangierte – anders als der Neuankömmling Capone – ziemlich weit oben in der Hierarchie der Sträflinge, wie er bald unter Beweis stellen sollte. Wenige Wochen nach seiner Ankunft wurde Capone zur Zielscheibe der anderen Gefangenen, samt und sonders »gemeine, armselige Nullen«, wie sie der loyale Rudensky beschrieb. »Wo sind deine Nutten und der Fusel jetzt, Fettsack?« und ähnliche Schmähungen schrien sie Capone nach. Ein anderer Insasse, Bryan Conway, erzählte: »Capone war unbeliebt in Atlanta ... weil er ein Schwächling war und es dort nicht aushielt«, und er erinnerte sich, daß er ständigen Spötteleien und Bedrohungen ausgesetzt war. Rudensky fürchtete, daß Capone unter den Belastungen zusammenbrechen würde, deshalb forderte er die größten Hetzer eindringlich auf, ihn in Ruhe zu lassen. Zwei besonders renitente Häftlinge mißachteten die Warnung. »Ich deutete an«, schrieb Rudensky, »daß sie ein bißchen Druck gebrauchen könnten – nicht zuviel, aber genug, daß sie begriffen, wie ernst es mir war. Meine Leute traten ein wenig übereifrig in Aktion und schickten sie mit gebrochenen Rippen und Kiefern auf die Krankenstation.«

Nach dieser unerfreulichen Episode stabilisierte sich Capones Leben im Gefängnis allmählich. Mit Rudenskys Hilfe versammelte er eine kleine Truppe Gefangene um sich, die ihn schützten. »Es war wirklich komisch zu sehen, wie Capone im Hof, umringt von seiner Garde, Turnübungen machte«, sagte Conway, der offenkundig zu den Capone-Hassern gehörte. »Natürlich hatten sie keine Maschinenpistolen wie seine Leibwächter in Chicago, aber jeder Mann war mit einem langen Messer oder einem Schlagring bewaffnet. Solche Waffen gab es zu dieser Zeit massenhaft in Atlanta.« Die Frage, ob die Männer tatsächlich bewaffnet waren, sollte später eine kontroverse Diskussion in Atlanta entfachen, die weitreichende Konsequenzen für Capone hatte. Selbst wenn sie keine Messer und Schlagringe besaßen, was wahrscheinlicher erscheint als das Gegenteil, erwies sich die bloße Existenz einer »Leibwächtertruppe« für Capone als unerschöpfliche Quelle von Stories und Spekulationen, daß der »Big Fellow« auch in Atlanta bevorzugt behandelt würde, wenn er sich auch keine solchen Ausschweifungen wie im Cook County-Gefängnis leisten konnte. Jedenfalls wurden die Vorgänge auf höchster bürokratischer Ebene registriert.

Obwohl die Gefahr einer gewalttätigen Auseinandersetzung ständig in der Luft lag, war Capone ein ruhiger, fügsamer Häftling. Tagsüber arbeitete er in der Schusterwerkstatt, schnitt Leder zu, reparierte Sohlen und nähte die Einzelteile mit der Maschine zusammen. »Eine schwerfällige Gestalt in billigen, ausgebeulten Drillichklamotten … hockt vor einer ratternden elektrischen Nähmaschine«, schrieb ein Journalist, der Capone bei der Arbeit beobachtet hatte. »Seine einst weichen, vom Luxusleben verwöhnten Hände … sind schwielig und heften geschickt eine dicke Sohle an einen schweren, unförmigen Schuh … Die Maschine hämmert und stampft. Die dicke Nadel bohrt sich durch das grobe Leder. Er schneidet die losen Enden des gewachsten Zwirn ab und gibt den Schuh an eine andere Gestalt in einem Drillichanzug weiter, und er nimmt sich ein anderes Schuhoberteil und eine Sohle. Dann wieder eines und noch eine Sohle, und wieder eines. Acht Stunden am Tag. Mit dem Samstagvormittag 44 Stunden in der Woche.« Trotz der öden Langweile zeigte er sich als geduldiger, methodischer Arbeiter; vermutlich war er dankbar für die Ablenkung, die ihm die handwerkliche Arbeit bot.

Rudensky seinerseits hatte einen ganz anderen Job: Er schrieb Artikel für die Gefängniszeitung. Da er den Ehrgeiz hatte, eines Tages auch draußen als Journalist und Autor tätig zu sein, erledigte er seine Arbeit mit fieberhaftem Eifer. »Die eigene Idee gedruckt zu sehen, das gibt einem das verdammt beste Gefühl, das ich mir vorstellen kann. Du solltest das auch mal versuchen, Al«, schlug er vor, aber Capone winkte ab.

»Verdammt, Rusty, ich hab' schon Schwierigkeiten, wenn ich einen Brief nach Hause schreibe. Mir kommt's vor, als würde der Stift eine Tonne wiegen.«

Schreiben war eine Tortur für Capone, und mit fortschreitender Krankheit ließ sein Sprachvermögen immer mehr nach. Im Juli 1932, verfaßte er eine ziemlich unzusammenhängende Notiz, die er an den Direktor schickte: »Meine Frau hat mir fünf Fotos von sich und meinem Baby geschickt alle in verschiedenen Posen und man hat mich informiert, daß ich nur eines davon behalten darf und daß ich die vier anderen nach Hause schicken muß aber man hat mir erklärt, daß ich mit Ihrer Erlaubnis die anderen vier haben und anschauen könnte. Sir das wäre mir lieber als sie zurückzuschicken wo sie auf dem Weg vielleicht verlorengehen. Sir wenn ich sie nicht behalten darf dann rufen Sie mich zu sich damit ich sie vor Ihren Augen zerreißen kann weil ich nicht will daß sie irgendeine Zeitung in die Hände kriegt.« (Capone erhielt die vier Photos nie.)

Während die Monate verstrichen, faßte Rudensky immer mehr Zuneigung zu Capone, obwohl er genügend Wutausbrüche und Stimmungsschwankungen miterlebte.

> »Es war keine Heldenverehrung, sondern etwas anderes«, schrieb Rudensky in *The Gonif.* »Ich hätte verstehen können,

> wenn er voller Haß oder verbittert gewesen wäre, aber das war er nicht. Oh, er wetterte über die Unfähigkeit seiner letzten Anwälte. Er vertraute mir an: ›Sie sind überbezahlte, dumme Scheißkerle, die nicht mal einen Taschendieb rauspauken könnten. Die hätten mich schon vor drei Wochen hier rausholen sollen.‹
> Aber seine Wut … verrauchte immer sehr schnell. Er brütete stundenlang über den Briefen von seiner Familie oder las Zeitungen und Sportmagazine. Trotz seines schlechten Rufs war Capone ein Familienmensch und religiös. Er zeigte mir ein Photo von seinem Sohn und sagte: ›Wie, zum Teufel, kann ein fetter Itaker wie ich einen so hübschen Sohn haben?‹«

Wenn er nicht grübelte oder tobte, befand sich Capone periodenweise in nicht nachvollziehbarer Hochstimmung. Er und Rudensky hörten oft mit Kopfhörern die Hörspielkomödie *Amos 'n' Andy*, die in Serien ausgestrahlt wurde, im Radio an, und bei einer besonders lustigen Folge, brachen sie in schallendes Gelächter aus. Al riß sich die Kopfhörer von den Ohren und schrie: »Ich dachte gerade an die verflucht komischste Sache, von der du je gehört hast: Alle halten mich für einen schweren Jungen und stinkreichen Kerl, und ich hab' mich bis in die Schusterwerkstatt hochgearbeitet, du bist ein Safeknacker und schreibst deine verdammten Artikel. Was für eine verrückte, lausige Welt ist das?« Sie malten sich aus, wie es wäre, wenn sie draußen in ihren jetzigen Jobs weiter machen würden, und Rudensky erinnerte sich: »Ich sank Al in die Arme, und wir hielten uns umschlungen wie zwei Kinder, die ihre Erstkommunion feiern. Ich flüsterte ihm ins Ohr: ›Al, es ist gar nicht so toll, daß ich lesen und schreiben kann, aber richtig irre ist, daß du so verdammt gut über Schuhe Bescheid weißt.‹«
Die beiden ließen sich auf den Boden fallen, und ihr brüllendes Lachen alarmierte einen Wärter. Er stürmte in ihre Zelle und wollte wissen, was sie sich einbildeten und was sie überhaupt trieben. Capone japste: »Wir sind nur ein Liebespaar, das sich nach dem Schulball heimlich trifft, du Schwachkopf.« In Momenten wie diesem fühlte sich Rudensky wider besseres Wissen in Capones Bann gezogen. Al war immerhin das berüchtigte »Scarface«.
Rudensky brachte irgendwann das Valentinstag-Massaker zur Sprache; Capone lachte nur über das größte Gemetzel in der Geschichte der Bandenkriege. »Diese blöden irischen Scheißkerle«, jammerte er. »Sie haben mehr Mumm als Verstand. Wenn wir uns zusammengetan hätten, hätte ich Präsident werden können.«

Das war der Maulheld Capone – gewinnend, skrupellos und unverschämt. In den ersten Monaten in dem heißen, viel zu engen Staatsgefängnis von Atlanta verlor er seinen Optimismus nicht und glaubte nach wie vor fest an sich selbst, an die Zukunft und an eine Wendung des Schicksals, die ihn aus dem Gefängnis brachte, an einen »Deus ex machina« in grauem Flanellanzug. Das Schicksal schien ihm tatsächlich gnädig gestimmt zu sein, als der Oberste Bundesgerichtshof einige Gesetze revidierte, die auf seinen Fall anwendbar waren. Es war eine rein verfahrenstechnische Korrektur, aber Capone, der verzweifelt nach einem Hoffnungsschimmer suchte, klammerte sich an diese Möglichkeit. Zu dem Zeitpunkt, als sein Prozeß stattgefunden hatte, konnten Vergehen gegen das Steuergesetz nur verfolgt werden, wenn sie nicht länger als drei Jahre zurücklagen, es sei denn, es bestand »begründeter Verdacht auf Betrug oder versuchten Betrug«. In diesem Fall dauerte die Verjährungsfrist sechs Jahre. Capones Anklage bezog sich auf Vorfälle aus dem Jahr 1925 und späteren Jahren, und das jüngste Vergehen, für das man ihn schuldig gesprochen hatte, war 1927 begangen worden – vier Jahre vor Prozeßbeginn. Im Frühjahr 1932 entschied der Oberste Gerichtshof, daß Steuerhinterziehung nie als »Betrug« gewertet werden konnte und daß die Verjährungsfrist von drei Jahren für alle Steuerfälle galt. Nach dieser Regelung wären die Vergehen, die Capone vor Gericht gebracht hatten, zum Zeitpunkt der Anklage bereits verjährt gewesen. Sobald Capone begriff, was die neue Bestimmung für seinen Fall bedeuten könnte, beschloß er, Ahern und Fink, die sich bei seiner Verteidigung als Versager erwiesen hatten, zum Teufel zu schicken. Von seiner Zelle in Atlanta aus ordnete er an, daß seine Familie neue Anwälte in Washington engagieren sollte. Ab jetzt kümmerten sich Juristen um ihn, die sich auf das Steuerrecht spezialisiert hatten, und sie erwirkten einen Haftprüfungstermin vor dem Bundesrichter E. Marvin Underwood in Atlanta, Georgia.
Die Freiheit schien verlockend nahe, als Capone das Gerichtsgebäude betrat. Nach Monaten machte er wieder Schlagzeilen, aber das, was sie verkündeten, lag im Bereich der Märchen. »AL CAPONE STELLT EIN ENTLASSUNGSGESUCH«, lautete eine Überschrift in der *New York Times* vom 22. September 1932. »ER WIRD IN HANDSCHELLEN VORGEFÜHRT. Der Gangsterboß, magerer und kleinlauter geworden, hat während der Anhörung zu seinem Haftprüfungstermin einen kurzen Auftritt vor Gericht.« Capone hatte tatsächlich 40 Pfund abgenommen. Seine Anwälte brachten ihre Argumente vor, und nach drei Stunden kehrte Capone zurück in seine Zelle. Er mußte bis zum Dezember auf die Entscheidung des Richters warten. Auf keinen Fall wollte Richter Underwood als der Mann bekannt werden, der Capone aus formalen Gründen auf freien

Fuß gesetzt hatte. Deshalb vergrub er sich in Gesetzbücher und fand einen Passus, der auf Capones Fall anwendbar war: »Die Zeitspanne, in der sich die beschuldigte Person außerhalb des Distrikts aufhält, in dem das Vergehen begangen wurde, wird aus der gesetzlich festgelegten Verjährungsfrist ausgeklammert.« Mit diesem Passus begründete er seine Entscheidung: Die Monate und Jahre, die Capone nicht in Chicago, sondern in Miami und Philadelphia verbracht hatte, wurden nicht in die Verjährungsfrist einbezogen, daher war Richter Wilkersons Urteil nach wie vor rechtskräftig. Das Gesuch auf Haftentlassung wurde abgelehnt.

Während Al Capone einen juristischen Fehlschlag nach dem anderen einstecken mußte, konnten das Chicago Police Department und die Agenten der Bundesbehörden stetige Erfolge bei ihrem Kampf gegen die Capone-Organisation verbuchen. Albert, Als Bruder, wurde im Zusammenhang mit einem Bombenattentat auf das Haus des Bürgermeisters in Cicero verhaftet; Albert war der jüngste der Capone-Jungs und hatte kein Vorstrafenregister, aber sobald er aus der Untersuchungshaft entlassen wurde, stand er ständig unter polizeilicher Beobachtung. Kurze Zeit später wurde ein anderer Bruder, John, vor eine Anklagejury zitiert und mußte über den organisierten Alkoholschmuggel aussagen.

Präsident Hoover belohnte in den letzten Tagen seiner Amtszeit George E. Q. Johnson, den Bundesstaatsanwalt, der die Anklage gegen Al Capone geleitet hatte, mit der Berufung zum Bundesrichter, und Johnsons Assistent Dwight Green wurde sein Nachfolger. Später sollte sich Green über Capone als Sträfling lustig machen: »Er benimmt sich so gut in Atlanta, daß die anderen Insassen ihn schon für einen Schlappschwanz halten. Er hat vergeblich versucht, einen Platz im Baseballteam zu bekommen. Er ist ein Musterhäftling und befolgt jeden Befehl in der Sekunde, in der er ausgesprochen wird. Sein Gesicht ist sonnengebräunt, die Figur gestählt und nicht mehr so schwammig. Inzwischen ist er zu einem brauchbaren Arbeiter in der Schusterwerkstatt geworden.«

Der Kampf gegen Capone schien für die Anklagevertreter ein blendendes Sprungbrett gewesen zu sein: Johnson arbeitete später in einer lukrativen Anwaltskanzlei, und Green gewann die Wahl zum Gouverneur von Illinois.

Ihr Aufstieg bedeutete nicht das Ende von Gesetzlosigkeit und Gewalt in Chicago – ganz im Gegenteil. Unbemerkt von allen leitete Frankie La Porte die illegalen Geschäfte weiter, und seine unauffällige Vorgehensweise stellte sicher, daß alle Mitglieder der Capone-Organisation ihre alten Posten wieder einnehmen konnten, wenn sie aus dem Gefängnis kamen. Ein

Gangster nach dem anderen saß Haftzeiten ab und wurde wieder auf freien Fuß gesetzt.

Im Februar 1934 bezahlten Ralph Capones Anwälte ein Bußgeld von 10 000 Dollar, und er konnte wegen guter Führung das Staatsgefängnis auf McNeil Island vorzeitig verlassen, in dem er über zwei Jahre eingesessen hatte. Im Gefängnis hatte er sich als Koch die Zeit vertrieben, Baseball gespielt und ein wenig Spanisch gelernt. »[Ralph] Capone wurde ein mustergültiger Gefangener, nachdem er begriffen hatte, daß in einem Gefängnis niemand etwas bekommt, es sei denn, er hat es sich verdient«, sagte Direktor Archer, als Ralph entlassen wurde. »Anfangs beschwerte er sich über die harte Arbeit und darüber, daß ihm keine Privilegien zugestanden wurden. Als er die Situation richtig erfaßte, fügte er sich und arbeitete.« Ralphs Frau Valma nahm ihn in Empfang, als er aufs Festland kam, und sie fuhren in einer Limousine davon. Am nächsten Morgen spotteten die Zeitungen über ihn und behaupteten, Ralph wäre arbeitslos in der Zeit nach der Prohibition, aber sie irrten sich: Sein alter Job in der Gangsterorganisation wartete auf ihn. Obwohl er im Gefängnis beinahe 30 Pfund leichter geworden war und sich einen schmalen Schnurrbart hatte wachsen lassen, war Ralph praktisch ganz der alte; er hörte noch auf den Spitznamen »Bottles« und gewöhnte sich rasch und mühelos an sein altes Leben. Anders als sein jüngerer Bruder Al war Ralph mit einem unbeschwerten Gemüt gesegnet, und seine Haftzeit war für ihn lediglich eine unerfreuliche Erfahrung, die er hinter sich gebracht hatte.

Auch Frank Nitti kehrte in die Freiheit zurück. Er war im Januar nach Leavenworth gekommen, um seine Haftstrafe wegen Steuerhinterziehung zu verbüßen. Einige Monate später schrieb seine Frau an die Kommission für Haftentlassung und bat um die vorzeitige Freilassung ihres Mannes; ihr Brief enthielt eine bunte Mischung von Halbwahrheiten und Wunschvorstellungen. »Frank und ich sind seit drei Jahren verheiratet und waren bis jetzt nie getrennt«, schrieb sie und deutete an, daß sich Frank in Zukunft von der Capone-Organisation fernzuhalten gedachte. » …Sobald er aus der Haft entlassen wird …, richte [ich] ihm ein neues Zuhause ein und sorge dafür, daß er in Zukunft auf dem geraden Weg bleibt.« Ihr Ersuchen wurde abgelehnt, und Nitti verbüßte seine volle Strafe abzüglich der Zeit, die ihm wegen guter Führung geschenkt wurde. Nach gut einem Jahr Gefängnis kehrte Nitti nach Chicago zurück und übernahm seine alten Geschäfte in der Organisation. Trotz seines Spitznamens »The Enforcer« setzte er seinen Willen nicht mit einer Maschinenpistole durch, sondern mit dem Telephon und einem Stift, und während die Capones in Haft waren, war er der Wächter über die Organisation.

Jack Guzik, orthodoxer Jude, Zuhälter und Buchhalter des Syndikats, war der nächste, der freikam. Er hatte seine Zeit in Leavenworth und Lewisburg, Pennsylvania, abgesessen und bekam am 15. Dezember 1935 seine Entlassungspapiere; auch er war ein Modellhäftling gewesen, und man ging sogar davon aus, daß er dem Verbrechen abgeschworen hatte, aber er widmete sich ebenfalls sofort wieder seinen früheren Aufgaben.

Ein Jahr später nahm Murray Humphreys, der jüngste überführte Steuerbetrüger, nach seiner Haft in Leavenworth seinen rechtmäßigen Platz in der Organisation wieder ein.

Sie waren in Freiheit, aber die Bedingungen für die alte Gang hatten sich drastisch verändert. Sie waren jetzt ehemalige Knastbrüder; die Erfahrungen im Gefängnis hatten sie geprägt, sie vorsichtiger gemacht und als Gesetzlose gebrandmarkt. Sowohl sie als auch ihre Familien hatten seelische Narben zurückbehalten und waren für ihr Leben stigmatisiert. Für entlassene Häftlinge war es schwerer, Richter und Politiker zu bestechen, und der Glanz des *mala vita* war verblaßt, der Depression und dem Wandel der gesellschaftlichen Werte zum Opfer gefallen. Die Gangster fuhren zwar wie früher ihre großen 16zylindrigen Cadillacs, und ihre Frauen trugen auch jetzt noch Pelze und Diamanten, aber es gab nicht mehr so viel Prunk und wesentlich weniger Geld. Ihre Kunden konnten nicht mehr so viel in Spielhöllen und Bordellen ausgeben, und als die Prohibition im Jahre 1933 aufgehoben wurde, trocknete die größte Einkommensquelle des Syndikats aus.

Normalerweise brachten es die Geschäfte des organisierten Verbrechens mit sich, daß sich die Gangster am Rand der Gesellschaft bewegten und sich dort auch besser aufgehoben fühlten, aber der Alkoholschmuggel hatte sie in den Mittelpunkt gerückt. Wie Capone selbst angemerkt hatte, war er durch die Herstellung, das Importieren und das Vertreiben von Alkohol mit buchstäblich allen Schichten der Gesellschaft in Berührung gekommen, aber gerade diese Offenheit hatte sich letzten Endes als größter Nachteil erwiesen und die Aufmerksamkeit der Gesetzeshüter auf all ihre Machenschaften gelenkt. Die Prohibition war wie eine große Falle, die die Behörden aufgestellt hatten, um die organisierten Verbrecher zu schnappen, und alle hatten den Köder geschluckt und mußten unter den Konsequenzen leiden. Hätten sie sich nie auf den Alkoholhandel eingelassen, wären sie im verborgenen geblieben und dem Gefängnis entkommen. Frank Capone, der hübscheste und verwegenste der Capone-Brüder, wäre dann vielleicht noch am Leben. Aus all diesen Gründen waren viele Gangster sogar froh, daß das Prohibitionsgesetz außer Kraft gesetzt worden war. Diejenigen, die im Geschäft bleiben wollten, meldeten einfach ein legales

Gewerbe an, während sich die anderen wieder ihren ursprünglichen Tätigkeitsbereichen zuwandten: dem Glücksspiel und der Prostitution. Außerdem boten die Gründungen von Gewerkschaften dem Syndikat neue Möglichkeiten. Alles in allem versprachen die späten dreißiger Jahre den Gangstern, die bereit waren, ihre Chancen zu nützen, eine gute Zukunft.

Während seine Freunde und Brüder draußen ihr Glück machten, schmorte Al Capone im Staatsgefängnis in Atlanta, flickte Schuhe, grübelte über die Unfähigkeit seiner Anwälte nach, erfuhr nichts von dem, was draußen vor sich ging, und verlor langsam den Verstand. Ohne die Hoffnung darauf, daß ihn ein juristischer Kunstgriff retten würde, ertrug er sein zweites Jahr in Atlanta noch schwerer als das erste. Rudensky sprach aus Erfahrung, als er Al vorwarnte, daß ihm jetzt die zermürbendste Zeitspanne bevorstünde; wenn er die nächsten Wochen und Monate durchhielt, würde es ihm bessergehen. Capones einzige Reaktion war die Flucht in grandiose Phantasien. Er murmelte ständig vor sich hin, redete von großen Leuten, von Anwälten mit guten Kontakten und Politikern, die ihn jetzt jeden Augenblick aus dem Gefängnis holen würden. Da wäre ein Mann in Washington, behauptete er, dem er deswegen 2000 Dollar bezahlt hätte. Oft endeten diese Selbstgespräche in einem Schluchzen, dann legte er den Kopf an die Schulter seines Zellengenossen und heulte: »Rusty, wo, zur Hölle, sind all die Jungs, von denen man so viel erwartet?«

Die verheerende Kombination aus wachsender Mutlosigkeit und fortschreitendem geistigen Verfall führte im Jahr 1933 zu eine ganzen Reihe von Vergehen und disziplinarischen Maßnahmen. Der schwerwiegendste Vorwurf gegen Capone lautete: geplanter Fluchtversuch. Ein Wärter hatte acht Laken gefunden, die an Capones Pritsche befestigt waren. Einige der Leintücher waren miteinander verknotet. Offenbar wollte sich Häftling Nummer 40886 mit Hilfe der Laken aus dem Fenster abseilen – ein eigenartiges Vorhaben, das wohl eher auf Capones bedenklichen Geisteszustand als auf Schlauheit hindeutete. Die Vorfälle häuften sich, und Capone erhielt etwa ein halbes Dutzend Verweise, die allerdings zu den Akten kamen. Aber Anfang des folgenden Jahres wurden Beschuldigungen laut, daß Capone eine Sonderbehandlung genieße, und sie waren ernst genug, um das FBI auf den Plan zu rufen. Es wurden Ermittlungen aufgenommen – eine Maßnahme, die sowohl für Direktor Aderhold als auch für die staatliche Gefängnisverwaltung äußerst peinlich war und für Capone verhängnisvolle Folgen haben sollte.

Viele der Geschichten über die Privilegien des Häftlings Nummer 40886 hatten andere Gefangene aufgebracht, und die Motivation dazu war wohl eher Neid als der Wunsch nach Gerechtigkeit. Da sie um ihr Leben fürchteten, so sagten sie zumindest, wollten sie anonym bleiben, als sie die Obrigkeit in Kenntnis setzten, daß Capone eine Möglichkeit gefunden hätte, Geld ins Gefängnis schmuggeln zu lassen, um die Wärter zu bestechen und sich eine bessere Behandlung zu erkaufen. Es ist möglich, daß Capone selbst einige dieser Gerüchte mit seinen wirren Selbstgesprächen und phantasievollen Behauptungen in die Welt gesetzt hatte. Obwohl die FBI-Agenten nichts fanden, was die Behauptungen untermauert hätte, wurden Berichte über die Verdächtigungen angefertigt und zu den Akten gelegt.

Während der Überprüfung durch die Agenten kam plötzlich eine schriftliche Aufzeichnung über Capones Privilegien ans Licht – es war ein mysteriöses Manuskript mit dem Titel »Die Biographie von Capones Leben im Staatsgefängnis in Atlanta«, der Name des Verfassers war nicht angegeben. Die Ermittler beschäftigten sich mit den Aufzeichnungen, und E. E. Conroy, einer der Agenten, betonte in seinem Protokoll, daß die Geschichten ziemlich abenteuerlich und phantasievoll klangen. »Es wird geschildert, daß Capone beim Tennisspielen einen Ball über die Gefängnismauer schlägt und gleich darauf ein anderer Ball zurückgeworfen wird. Man vermutet, der ausgetauschte Ball enthielte Drogen.« An anderer Stelle wird behauptet, Capones Familie würde mit Drogen gefüllte Teebeutel mit der frischen Wäsche in seine Zelle schmuggeln, und ein Absatz beschäftigt sich mit Capones Anstrengungen, an spezielle Speisen zu gelangen, angeblich soll er den Wärtern 1000 Dollar zugesteckt haben. Das 250 Seiten lange Manuskript war voll von derartigen Hinweisen und trug eindeutig die Handschrift eines Insiders, der sich mit der täglichen Routine des Gefängnislebens auskannte.

Das FBI stellte jedoch fest, daß die Wahrheit ganz anders aussah. Zu den ausgetauschten Tennisbällen notierte Conroy: »Nach meiner Kenntnis der Lage des Gebäudes und der Umgebung erscheint mir diese Behauptung extrem unglaubhaft und lächerlich.« Die Nachforschungen des FBI ergaben, daß Capone keineswegs die Wärter mit Geldscheinbündeln schmierte, sondern eher das Opfer von Erpressungen anderer Häftlinge war. Die Drohungen, die Capone erreichten, beinhalteten laut FBI-Bericht »Tod und körperliche Mißhandlungen während seines Aufenthalts im Staatsgefängnis in Atlanta«.

Der Verdacht, Capone würde sich Privilegien verschaffen, blieb bestehen, obwohl die Nachforschungen das Gegenteil erbracht hatten. Die Gerüchte drangen bis ins Unterhaus des Kongresses in Washington. Die Abgeordneten hörten sich die Vorwürfe an – sie basierten auf Zeitungsartikeln, die ein Ex-Sträfling namens Lee Molnar verfaßt hatte. Am meisten Aufruhr verursachte die Behauptung, Capone trüge auch im Gefängnis seine seidene Unterwäsche, handgefertigte Schuhe und maßgeschneiderte Anzüge. Direktor Aderhold bestritt vehement all diese Vorwürfe.

Capone, der nichts von der öffentlich geführten Debatte über ihn wußte, fristete weiterhin sein Dasein in der kleinen, begrenzten Welt des Staatsgefängnisses und wurde immer abhängiger von seinem klugen, vernünftigen Zellengenossen, der ihm moralische Unterstützung bot. Mit Rustys Hilfe lernte er, das Leben hinter Gittern zu tolerieren, und Capone glaubte, daß er bis zu seiner Entlassung durchhalten würde, solange er nur mit seinem Freund zusammenbleiben konnte. Al bedankte sich bei Rusty mit dem Versprechen, für ihn zu sorgen, sobald sie wieder in Freiheit waren.

Am 27. Mai 1934 besuchte der neue Generalstaatsanwalt der Vereinigten Staaten, Homer S. Cummings, das Staatsgefängnis in Atlanta. Auch wenn Cummings keine offiziellen Zwecke mit diesem Besuch verfolgte, machte er deutlich, daß er den berühmtesten Häftling, Al Capone, sehen und den Gerüchten über die Sonderbehandlung nachgehen wollte. Cummings beobachtete, wie Capone von seiner Zelle zum Speisesaal ging. Er kaute Tabak, schlurfte müde durch den Korridor und sah ganz und gar nicht wie ein furchtloser Gangster aus. Er machte nicht den Eindruck, als würde er bevorzugt, aber natürlich konnte man nicht nach dem ersten Anschein urteilen. Cummings blieb argwöhnisch.

Der Generalstaatsanwalt plante eine Veränderung im Strafvollzug und hatte einen alten, absolut ausbruchsicheren Militärstützpunkt auf einer Insel in der San Francisco Bay zum Zuchthaus für unverbesserliche Strafgefangene umfunktioniert. Der Name dieses Stützpunktes war Alcatraz.

Rudensky mit seiner jahrelangen Gefängniserfahrung war scharfsinnig genug, um zu erkennen, was auf seinen Zellengenossen zukam. »Das ganze ist wie ein gigantisches Pokerspiel, wenn man anfängt, in den Gesichtern zu lesen«, schrieb er. »Man spielt sein Blatt je nach Stimmung aus und riecht und schmeckt förmlich, was sich tut. Genauso war es an diesem heißen windstillen Samstagnachmittag, am 18. August 1934. Vielleicht habe ich einen Riecher dafür … oder ich hatte eine Vorahnung – jedenfalls wußte ich, daß etwas im Gange war.«

Als Rudensky an diesem Tag vom Essen in seinen Zellenblock zurückkam, fand er Capone in seiner üblichen Stellung vor: Er lümmelte auf der Pritsche und starrte die Photographie von Sonny an.

»Rusty«, seufzte er, »hast du je ein hübscheres Sträflingskind gesehen?«

»Ich glaube nicht, Al«, antwortete Rudensky auf die Frage, die ihm Al schon hundertmal gestellt hatte. »Aber, zur Hölle, wie viele Sträflingskinder hab' ich wohl schon gesehen, was meint du?«

»Ich fühle mich verflucht einsam, wenn ich immer nur diese Schuhe und die verdammten Wärter sehe«, jammerte Capone weiter. »Ehrlich, ich kann's kaum erwarten, hier rauszukommen.«

Ohne jede Vorwarnung wurde er »knallrot«, erinnerte sich Rudensky, »und schmiß das gerahmte Photo auf seine Pritsche«.

»Verdammt, Rusty«, brüllte Capone, »ich will, daß was geschieht! Wo, zur Hölle, sind all meine großen Freunde? Was treiben diese hochbezahlten Hurensöhne, die sich Anwälte nennen, eigentlich?«

Ein anderer Sträfling ärgerte sich über den Lärm und schrie: »Halt's Maul, Al!«

Capone beruhigte sich wieder, setzte sich mit übergeschlagenen Beinen auf die Bettkante und spielte mit seiner Zigarre. Seine Arme waren schweißbedeckt, und die Adern an seinem Hals pulsierten mit jedem Herzschlag. »In diesem Augenblick«, schrieb Rudensky, »konnte ich ihn mir überhaupt nicht mehr als Boß von einem Haufen schwerer Jungs vorstellen.« Capone tat ihm leid; er versuchte, ihn zu beschwichtigen, und sagte, er müsse seinen tollen Anwälten einfach noch ein bißchen Zeit lassen.

Kurze Zeit später kam ein Wärter in ihre Zelle, um Capone abzuholen. »Niemand bringt mich irgendwohin, verdammt noch mal, außer ich bestimme, wohin es geht«, knurrte Capone.

Drei andere Wärter stellten sich in einer Reihe vor der Zellentür auf, um den Häftling Nummer 40886 zu eskortieren. »Du gehst mit zum Direktor, Al«, sagte einer. »Reg dich nicht auf.«

In diesem Moment schrie jemand: »Du kommst auf den Felsen, Al – eine schöne, lange Reise nach Alcatraz.«

Al war wie elektrisiert. Rudensky beobachtete erschrocken, »wie all die Wut, der Haß, Gewalt und Pein an die Oberfläche brachen. Voller Zorn packte er den nächststehenden Wärter und beschimpfte ihn in übelster Weise.«

Die Wärter drängten den vor Wut schäumenden Capone an die Wand, und er hörte einen Moment lang auf, nach seinen Anwälten und den Leuten mit den guten Verbindungen nach Washington zu schreien, und sah seinen Freund und Zellengenossen an. »Was, zum Teufel, machen die mit mir, Red?« wimmerte er.

Capone sammelte all seine Kräfte und schüttelte die Wärter ab, grabschte nach dem Photo von Sonny, schleuderte es einem seiner Peiniger ins Gesicht und tobte: »Ihr bringt mich nie von hier fort!« Rudensky kam seinem Freund zu Hilfe und stürzte sich ins Handgemenge. Einer der Wärter versetzte ihm einen Kinnhaken, und er fiel bewußtlos zu Boden. Als er wieder zu sich kam, war Capone weg. Rusty sollte seinen Freund nie wiedersehen.

»Für mich war Capone nicht der große Gangsterboß und Herrscher der Unterwelt, sondern ein erschöpfter, kranker, einsamer Mann«, schrieb Rudensky später. »Hätte man ihn in eine andere Richtung gelenkt, hätte er mit seiner Vorstellungskraft, seinem Elan und seiner Furchtlosigkeit ein großer General, ein Flottenkapitän oder mächtiger, wohlhabender Unternehmer werden können ...«

Capones letzte Worte hatten sich in Rudenskys Gedächtnis gebrannt: »Mein Gott, vom Felsen kommt man nie mehr zurück.«

Während der echte Al Capone unter dem Strafvollzugssystem zu leiden hatte, erlebten Schauspieler, die in seine Haut schlüpften, ihre Blütezeit. Obwohl die Regierung und die Gesetzeshüter den Gangsterboß außer Sichtweite der Öffentlichkeit hielten, konnten die Leute nicht genug von ihm bekommen, besonders seit die Depression und der Zerfall der amerikanischen Gesellschaft die Bevölkerung verunsicherte. Die Amerikaner waren zornig, gelangweilt und enttäuscht, und das machte sie zu einem dankbaren Publikum der fiktiven Abenteuer von Capone. Sie applaudierten ihm auf dem Broadway, pfiffen ihn im Kino aus und lasen Geschichten über ihn in Schundblättern. Die schrillen Schlagzeilen in den Zeitungen hatten ihn berühmt gemacht, aber Hollywood machte ihn zur Legende.

Während Capones Aufstieg in den zwanziger Jahren hatten Gangsterdramen auf der Bühne Hochkonjunktur; das berühmteste Theaterstück hieß *Broadway* (1926). Kurze Zeit später spielte Edward G. Robinson einen Capone nachempfundenen Killer namens Nick Scarsi in dem Broadway-Hit *Gangster.*

Die größten Erfolge feierten jedoch die Kinofilme, die in den zwanziger Jahren entstanden waren: *Chicago nach Mitternacht, Lichter von New York, Gangster* und *Unterwelt.* Es gab so viele Produktionen, daß maßgebliche Politiker aus Chicago und New York protestierten und sich dagegen verwahrten, daß ihre anständigen Städte mit Dreck besudelt wurden.

Dennoch wurden in den dreißiger Jahren so viele Gangsterfilme gedreht wie nie zuvor. Im Jahr 1931 kamen 51 neue Filme, die im Verbrechermilieu spielten, in die Kinos, und bei vielen waren die Parallelen zu Capones Leben nicht zu übersehen. Die bekanntesten Regisseure und Schauspieler befaßten sich mit Al Capone und seinem beispiellosen Aufstieg im Chicagoer Syndikat, und mit jedem Monat wurde der große Gangsterboß, der im Gefängnis Höllenqualen durchlitt, berühmter und populärer. Allerdings nahmen die Ganoven auf der Leinwand immer ein rasches, böses Ende durch die Kugel eines Rivalen oder der Polizei, während der echte Al Capone noch lebte und in einer Gefängniswerkstatt Schuhe reparierte. Im

Sommer 1934 war er bereits ein körperlich und geistig gebrochener, gemütskranker Mann.

43 Häftlinge wurden in der Nacht zum 19. August in aller Stille aus dem Staatsgefängnis Atlanta geführt. Sie bestiegen einen gepanzerten Zug, Direktor Aderhold und eine Truppe schwer bewaffneter Wachmänner begleiteten sie. Niemand äußerte sich über den Bestimmungsort des Zuges, aber alle wußten, daß sie zur Westküste, nach Alcatraz, fuhren. Um 6.10 Uhr am Morgen verließ der Zug mit den vergitterten Fenstern Atlanta. Obwohl der Generalstaatsanwalt es ablehnte, die Namen der Gefangenen zu nennen, die nach Alcatraz überstellt wurden, hatte sich das Gerücht, Al Capone befände sich unter ihnen, rasch verbreitet, und als der Zug die texanischen Städte passierte, standen Neugierige an den Gleisen, um ihn vorbeifahren zu sehen.
Capone saß tatsächlich in dem Zug und sollte im neuesten, furchterregendsten Staatsgefängnis des Landes den Rest seiner Strafe absitzen. Er war ein Teil des Programms geworden, das die Regierung zur Abschreckung von Verbrechern ersonnen hatte. Isolation war die Devise – dem Häftling mußte all die Aufmerksamkeit, die er in der Öffentlichkeit genoß, entzogen werden, dann war er so weit, daß man ihm die Flügel stutzen und die gefährlichen Fangzähne ausreißen konnte.
Es bestand ein zwingender Grund zur absoluten Geheimhaltung über Capones Transport: Man befürchtete, daß Mitglieder seiner Gang den Zug überfallen und Al mit Gewalt befreien könnten. Obwohl ein solches Szenario kaum vorstellbar war, nahm Direktor Aderhold die Vorsichtsmaßnahmen sehr ernst und ordnete an, daß Capone während der ganzen Reise, mit Fußketten und Handschellen gefesselt, im Abteil bleiben müsse. Wenn er zur Toilette mußte, wurde er von einem Wachmann begleitet, und er durfte sich nicht zu nah an die vergitterten Fenster wagen. Die brütende Hitze machte die Enge noch unerträglicher, und da es die Bewacher für riskant hielten, den Gefangenen die Erlaubnis zu geben, sich zu waschen, breitete sich rasch ein bestialischer Gestank in dem Waggon aus. Als sich der Zug Yuma in Arizona näherte, streckte sich Capone, um seine gefesselten Beine zu entlasten, und stieß dabei versehentlich an das Ventil eines Heizkörpers. Im nächsten Augenblick strömte kochendheißer Dampf aus dem Ventil und verbreitete sich im ganzen Abteil. Der Schaden wurde hastig repariert, aber Al hatte Verbrennungen davongetragen – seine Haut war stark gerötet. Die Wachen kühlten die Verletzungen mit einem alkoholgetränkten Schwamm.
Am Morgen des 22. August erreichte der Gefangenenzug sein Ziel, die

kleine Stadt Tiburon am Ufer der San Francisco Bay. Als der Zug in den Bahnhof einfuhr, riefen etwa 200 Schaulustige nach Al Capone, aber sie erhielten keine Antwort, zumindest nicht von den Häftlingen. Ein Kind sah sich das Spektakel an und fragte einen der Polizisten von der Wachmannschaft: »Sind die Männer in dem Zug alle so böse wie Al Capone? Meine Ma sagt, sie sind es.«

Der Polizist erwiderte: »Hör mal, in dem Zug sitzt kein Capone oder sonst jemand mit irgendeinem Namen. Vielleicht waren sie früher mal Capones, aber jetzt sind sie nur noch Nummern.«

Der gepanzerte Zug kam quietschend und zischend zum Stehen, und bis an die Zähne bewaffnete Agenten des Justizministeriums beobachteten aufmerksam die Vorgänge auf den Bahnsteigen. Direktor Aderhold übertrug James A. Johnston, dem neuernannten Leiter der Strafanstalt von Alcatraz, offiziell die Verantwortung für die Strafgefangenen. Keiner der Häftlinge durfte den Zug verlassen, als die Waggons auf die bereitstehende Fähre verladen wurden. Das mit schweren Geschützen ausgestattete Küstenwachschiff, das nun die Waggons an Bord hatte, legte ab und pflügte durch das aufgewühlte Wasser der Bay.

»Die Insel Alcatraz bietet den atemberaubendsten Anblick in der San Francisco Bay. Durch die beherrschende Lage zwischen zwei großen Brücken wirkt ihre Schroffheit und Schönheit noch beeindruckender«, schrieb Johnston.

Als Direktor und unangefochtener Herrscher über Alcatraz konnte Johnston leicht von der Naturschönheit im Meer schwärmen, die Neuankömmlinge hingegen betrachteten die Insel mit unverhohlenem Abscheu. Für sie kam der Transport in dieses Gefängnis beinahe einem Todesurteil gleich. »Die Angst der Häftlinge vor Alcatraz resultierte aus der geschickten Propaganda ... über die Schrecken ›des Felsen‹«, erklärte Bryan Conway, der Capone-Gegner unter den Strafgefangenen, die ebenfalls ihre Zeit in Alcatraz verbrachten. »Der Ruf von Alcatraz war ziemlich schlecht, aber die Realität war noch viel schlimmer.« Ein anderer Insasse von Alcatraz vergaß nie die böse Vorahnung, die ihn befiel, als er sich der Insel näherte. »Plötzlich überkam mich das Gefühl, daß ich dieses Wasser nie wieder überqueren würde«, schrieb er. »Ich spürte den kalten Schweiß auf meiner Stirn und zwischen den Schulterblättern ... Ich wußte, daß es Angstschweiß war. Ich hatte schon öfter Angst in meinem Leben, aber nie zuvor hatte ich eine solche Furcht empfunden wie in diesen Momenten.«

Während das Schiff sein Ziel ansteuerte, erkannten die Sträflinge die Gebäude der verlassenen Militärgarnison, das Verladedock, den Leuchtturm und den neuerbauten Zellenblock – ein riesengroßes Gebäude, das auf dem

Gipfel des felsigen Hügels thronte. Sobald das Schiff angelegt hatte, wurden Capone und die anderen Häftlinge endlich von den eisernen Fußfesseln befreit, die sich schmerzhaft in ihr Fleisch geschnitten hatten, aber die Handschellen mußten sie weiterhin tragen. Sie stiegen aus den Waggons, in denen sie beinahe drei volle Tage verbracht hatten. Langsam und steif, mit geschwollenen Knöcheln wanderten sie den Serpentinenweg hinauf zum Zellenblock. Dies war der zweite Gefangenentransport, der auf Alcatraz angekommen war – elf Tage zuvor hatte man 53 Männer von der Insel McNeil hier einquartiert. Es war ein steiler Anstieg, und nach jeder Haarnadelkurve wurde der Ausblick imposanter. Auf der einen Seite sah man die elegante, noch im Bau befindliche Golden Gate Bridge, auf der anderen erstreckte sich die San Francisco Bay, und dahinter breitete sich die schillernde Stadt San Francisco in weniger als einer Meile Entfernung aus. Extrem gefährliches Gewässer trennte die Strafgefangenen von der verheißungsvollen, vor Leben und Freiheit sprühenden Stadt. In der Bay, so sagte man den Sträflingen, würde es vor Haien nur so wimmeln, und selbst wenn jemand den menschenfressenden Bestien entkommen könnte, so würde er von den tückischen Strömungen des Wassers innerhalb von Minuten in die Tiefe gerissen.

Die Männer erreichten den Gipfel des Hügels und betraten das große, finstere Steingebäude: den Zellenblock. In diesem kalten Gemäuer sollte Capone endlose Tage verbringen. Wie alle anderen Häftlinge erhielt er eine Karte, auf der sein Name, seine Nummer, die Zellennummer und die Arbeitsabteilung, der er zugewiesen wurde, vermerkt waren. Er war jetzt Sträfling Nummer 85, einer von etwas über 100 Gefangenen auf Alcatraz, und gehörte zu den Verurteilten, die die staatliche Gefängnisverwaltung für besonders gefährlich und unverbesserlich hielt. Ein Wärter führte ihn ins Kellergeschoß, dort nahm er das dringend nötige Bad und erhielt seine Sträflingsausstattung: eine blaue Jacke und Hosen, zwei Hemden, zwei Paar braune Schuhe – ein Paar für sonntags –, zwei Garnituren Unterwäsche, sechs Paar Socken, eine Kappe, einen Gürtel, ein Taschentuch und seine Alltagsuniform, einen blaugrauen Overall. Jedes Stück war mit der Nummer 85 gekennzeichnet. Capone merkte sehr bald, daß ihn die Wärter und Beamten nicht mehr mit Namen ansprachen, für sie war er nur noch die »Nummer 85«. Genaugenommen wurde überhaupt nicht viel geredet. Direktor Johnston hatte angeordnet, daß sich die Häftlinge in Alcatraz gar nicht unterhalten und mit den Wärtern nur das nötigste sprechen durften.

Capone mußte sich wie alle Neuankömmlinge einer rektalen Untersuchung und einem Wassermann-Test unterziehen, der die Neurosyphilis bestätigte. Direktor Johnston war sich sehr wohl bewußt, wie erniedrigend

die medizinischen Untersuchungen für die Gefangenen waren, aber er sah die Demütigungen als geeignete Möglichkeit an, ihren Willen zu brechen. »Ich habe nie einen nackten Mann gesehen, der Würde ausstrahlte«, sagte er. »Es bleibt nicht viel von Selbstbewußtsein und Überheblichkeit übrig, wenn man einen Mann im Adamskostüm vor anderen auf und ab gehen läßt.« Trotz dieser Erniedrigung war Capones Ego noch intakt, und er kämpfte darum, als Mensch anerkannt zu werden.
Johnston schrieb über seine erste Begegnung mit dem ehemaligen Staatsfeind Nummer 1:

> »Ich hatte keine Schwierigkeiten, ihn zu erkennen, als er sich am ersten Tag in Alcatraz mit den anderen in eine Reihe stellte. Ich hatte sein Bild oft in der Zeitung gesehen – in Posen, in denen er seine glitzernden Juwelen und maßgeschneiderten Anzüge zur Schau stellen konnte. An diesem Tag trug er einen Arbeitsoverall, kein schickes Sakko …, aber sein Gesicht war unverkennbar. Er war ein großer Mann. Sein feistes Gesicht trug die Narben, die ihm den Beinamen ›Scarface‹ eingebracht hatten. Sein schwarzes Haar wurde allmählich schütter. Sein Hals war fleischig, die Lippen wulstig, und er hatte einen Bauch, war aber längst nicht mehr so übergewichtig wie in seinen luxuriösen Tagen in Florida.
> Bevor ich ihn an meinen Schreibtisch rief, sah ich, daß er die Gefangenen, die neben ihm standen, anstubste und ihnen aus dem Mundwinkel Kommentare zuflüsterte. Ich gab ihm ein Zeichen, vorzutreten. Als er auf mich zukam, lächelte er breit. Er wollte mit mir reden, aber ich nicht mit ihm, weil ich keine Zeit für unnötige Konversation übrighatte. Es war offensichtlich, daß er die anderen Häftlinge beeindrucken wollte, indem er mir Fragen stellte, als wäre er ihr Anführer. Ich wollte von Anfang an sicherstellen, daß davon keine Rede sein konnte. Ich überreichte ihm seine Karte mit der Nummer 85, und gab ihm die Anweisungen, die ich allen anderen Männern auch gegeben hatte. Dann forderte ich ihn auf, wegzutreten.«

Obwohl sich Johnston fest vorgenommen hatte, den Häftling Nummer 85 genauso zu behandeln wie die Häftlinge Nummer 84 und 86, bestand die Presse darauf, Neuigkeiten über Al Capone zu erfahren. Schließlich bestätigte Johnston, was alle Welt längst vermutet hatte, und erklärte, Capone sei tatsächlich nach Alcatraz überstellt worden, mehr wollte er über den berüchtigten Gangsterboß nicht sagen. Statt dessen schilderte der vorsichtige Anstaltsleiter den streng geregelten Tagesablauf und das schlichte Leben der Häftlinge in seinem Gefängnis. »Sie haben keine Gelegenheit zu erfahren, was in der Welt draußen vor sich geht«, erklärte er. »Diese Männer wurden hierhergeschickt, weil die Regierung sie von allen Kontakten mit der Unterwelt abschneiden möchte. Und genau das werden wir erreichen.«

Capone ging in seine Zelle. Obwohl alles neu war – die Wandfarbe war hellgrün, und die Metallgitter und Schlösser blitzten noch – herrschte im Zellenblock eine bedrückende Atmosphäre. Jeder Gefangene hatte, um die Isolation zu gewährleisten und möglichen Verschwörungen vorzubeugen, eine eigene Zelle. Ein breiter Flur, der Broadway genannt wurde, führte durch den Trakt, rechts und links lagen die Zellen in drei Stockwerken übereinander; an der Stirnseite des Flurs hing eine große Uhr, so daß die Gefangenen beobachten konnten, wie die Minuten, Stunden und Tage ihres Lebens unaufhaltsam verstrichen. Capones Zelle befand sich in der zweiten Reihe; sie sah genauso aus wie alle anderen. Der 1,50 mal 2,75 Meter große Raum wirkte durch die niedrige Decke noch winziger und düsterer, er enthielt eine schmale, mit Ketten an der Wand befestigte Pritsche, die hochgeklappt werden konnte, eine dünne Matratze mit zwei weißen Laken und einer Decke; zwei weitere Decken lagen zusammengefaltet am Fußende der Pritsche. An der Rückwand jeder Zelle war außen eine Toilette – ohne Brille – installiert, was zur Folge hatte, daß die Häftlinge bei ihren Toilettengängen von allen anderen ungehindert beobachtet werden konnten. Außerdem waren die Zellen mit kleinen Zinnwaschbecken mit einem Kaltwasserhahn und einem Klapptisch ausgestattet, auf dem ein Trinkbecher aus Aluminium, Rasierzeug, eine Zahnbürste und Zahnpulver, ein Kamm und ein Nagelknipser bereitlagen. Jedem Häftling standen eine aus dem Strunk eines Maiskolbens gefertigte Pfeife, ein Päckchen billiger Tabak, Toilettenpapier, ein grüner Blendschutz für die Augen, ein Besen, Schuhcreme und ein Buch, in dem Direktor Johnston die Hausordnung und die Regeln von Alcatraz ausführlich dargelegt hatte, zur Verfügung. Eine 20-Watt-Birne beleuchtete spärlich die engen Kammern.

Während der wenigen Stunden, die Capone nicht auf seine Zelle beschränkt war, besuchte er hin und wieder die kleine Bibliothek, die mit wenigen Büchern und sorgfältig ausgewählten Zeitschriften bestückt war, aber für ihn und alle anderen Sträflinge wurde die Kantine zum wichtigsten Aufenthaltsort in dieser Haftanstalt. Gleichzeitig war es auch der gefährlichste Ort, denn hier hantierten die Männer mit Besteck herum, und einigen wenigen, die für den Küchendienst eingeteilt waren, standen für ihre Arbeit sogar Messer zur Verfügung. Die Messer wurden in einem großen, verschließbaren Schrank aufbewahrt und ständig abgezählt und kontrolliert. Die Kantine war auch der einzige Raum, in dem sich alle Insassen – bisweilen waren es 200 – versammelten. Um einen möglichen Aufstand sofort unterbinden zu können, waren Kanister mit Tränengas an der Decke befestigt; die Gefangenen wurden gleich zu Anfang darauf hingewiesen, daß giftige Dämpfe aus diesen Kanistern strömen würden, sobald auch nur der Verdacht aufkam, ein Tumult könne ausbrechen. Deshalb wurde die Kantine von den Häftlingen nur noch »Gaskammer« genannt. Erstaunlicherweise war die Kost in diesem deprimierenden Bau, in dem die meiste Zeit ein Redeverbot bestand, einigermaßen genießbar und reichlich. Die Erkenntnis, daß eine geschmacklose, einförmige Ernährung die Sträflinge am meisten gegen ihre Bewacher aufbrachte, hatte die Verwaltung von Alcatraz dazu geführt, den Speiseplan zu variieren und den Insassen appetitliche Mahlzeiten vorzusetzen. Sie durften essen, soviel sie wollten, aber sie mußten essen. Wenn einer von ihnen drei Mahlzeiten hintereinander verweigerte, wurde er in Block D – in Einzelhaft – verlegt.

Dieser berüchtigte Block D befand sich in einem abgesonderten Flügel des Gebäudes und war speziell dafür eingerichtet, den Willen aufsässiger Häftlinge zu brechen. Fünf von 14 Zellen gewährleisteten absolute Isolation, mit der ernsthafte Vergehen gegen die Hausordnung bestraft wurden. Die massiven Eisentüren schlossen sich hinter dem Übeltäter und hielten ihn in totaler Finsternis gefangen. Die Männer, die in Einzelhaft saßen, durften nicht in die Kantine gehen; sie blieben 24 Stunden am Tag, sieben Tage in der Woche eingesperrt und bekamen Wasser und Brot durch einen Türschlitz zugeschoben. Nur einmal wöchentlich gestattete man ihnen, ihre Zelle für zehn Minuten zu verlassen und unter die Dusche zu gehen, danach mußten sie wieder in die beklemmende Dunkelheit zurückkehren. Geringere Verstöße gegen die Anstaltsregeln wurden mit drei Tagen, ein tätlicher Angriff auf das Wachpersonal mit wochenlanger Einzelhaft geahndet. Sträflinge, die einige Tage in den dunklen Zellen verbringen mußten, bekamen Halluzinationen, und einige verloren, wie berichtet wird, sogar ganz und gar den Verstand. Die Bewacher zerrten die Geistesgestörten in die Krankenstation, und danach wurden sie nie mehr gesehen. Eines Tages riß ein Gefangener, der dazu eingeteilt war, in den Docks zu arbeiten, plötzlich eine Axt an sich und hackte sich die Finger der linken Hand ab; als ihn die Wärter überwältigten, flehte er sie an, ihm auch die rechte Hand abzuhacken. Auch von ihm hat man nie wieder etwas gehört. Genaugenommen wurden alle Insassen von Alcatraz bis zu einem gewissen Grad verrückt.

Sofort nach dem Abendessen mußten die Häftlinge in ihre Zellen und wurden eingeschlossen. Für Capone waren die Nächte am schwersten zu ertragen; er litt unter Schlafstörungen, und die Wärter machten im Zellenblock Schießübungen. Die Schüsse hallten durch das ganze Gebäude. »Die Wärter schossen auf Ziele, die die Form von Menschen hatten«, erinnerte sich ein ehemaliger Sträfling, »und sie ließen die durchlöcherten Zielscheiben im Korridor liegen als stumme Mahnung an alle, die an einen Fluchtversuch dachten.« Sobald die Gewehre verstummten, hörte man die Männer in den anderen Zellen schnarchen, husten und röcheln. Im Hintergrund tuteten die Nebelhörner der Schiffe, die die Bucht durchquerten, und vom Festland drang Verkehrslärm oder das Heulen von Sirenen herüber.
Jedesmal wenn Capone in einen leichten, unruhigen Schlaf fiel, wurde er nach ein paar Minuten von den donnernden Schritten eines Wärters geweckt, der draußen auf dem gewienerten Boden auf- und abmarschierte. Während er wach auf seiner Pritsche lag, drehten sich seine Gedanken im Kreis. Er dachte an seinen Sohn, an das ungerechte Gerichtsurteil, und daran, daß sich die ganze Nation über ihn lustig machte. Er, Al Capone, der sein Geld an Witwen und Waisen verschenkt hatte, war inzwischen zur Figur von Comic strips geworden. Abgesehen von seiner Familie und einer Handvoll Freunden wußte niemand, wie er wirklich war. Hatte den niemand begriffen, daß er versucht hatte, während der Bandenkriege in Chicago Frieden zu stiften? Wußten die Leute nicht, daß er die Republikaner wählte? Hatten sie vergessen, daß er derjenige war, der eine Suppenküche eingerichtet hatte, und daß Chicago ohne ihn eine viel gefährlichere und unsicherere Stadt gewesen wäre? Wenn sie ihn jetzt so sehen könnten – einsam, krank, hilflos und elend –, würden sie dann auch noch über ihn lachen?
Um sechs Uhr morgens weckte eine schrille Glocke die Häftlinge, und ein Tag begann wie der andere. Sie hatten 20 Minuten Zeit, sich anzuziehen – rasieren konnten sie sich nur dreimal in der Woche. An den festgesetzten Tagen hielten die Insassen eine Streichholzschachtel durch die Klappe an der Zellentür, und ein vorbeigehender Wärter legte je eine Rasierklinge hinein. Capone und die 49 anderen, die sich an diesem Tag rasieren durften, mußten sich beeilen, da der Wärter die Klingen nach 15 Minuten wieder abholte. Danach wurden die Klingen sterilisiert und bis zum nächsten Morgen unter Verschluß gehalten. Um 6.30 Uhr wurden die Gefangenen zum erstenmal durchgezählt – dieser Prozeß wiederholte sich jede halbe Stunde den ganzen Tag über. Danach gab es Frühstück: Kaffee, Sandkuchen, Müsli und gelegentlich Pfannkuchen. Es stand sogar Butter auf den Tischen, ein Luxus, der in anderen Gefängnissen nicht geboten wurde. Obwohl

Direktor Johnston das Reden untersagt hatte, machte Häftling Nummer 85 die Entdeckung, daß eine kurze, gedämpfte Unterhaltung möglich war.
Hier, in der Kantine sah Capone zum erstenmal alle Mitgefangenen. Er erkannte Bryan Conway, der zur gleichen Zeit wie er in Atlanta eingesessen hatte, sofort, aber Conway weigerte sich, mit ihm zu sprechen. »Halt die Klappe, Al«, brummte Conway. »Halt einfach die Klappe.« Nach kurzem Zögern erwiderte Capone: »Okay, Kumpel.«
Capone war keineswegs der einzige berüchtigte Verbrecher in Alcatraz. Der Beschluß des Generalstaatsanwalts Homer Cummings, die skrupellosesten Kriminellen ihre Haftstrafen in einer besonders streng geführten Anstalt verbüßen zu lassen, hatte zur Folge, daß in Alcatraz alles war, was in Verbrecherkreisen Rang und Namen hatte. Unter ihnen waren Bankräuber, Kidnapper, mehrfache Mörder, Alkoholschmuggler, die in ganz Amerika ihr Unwesen getrieben hatten, und die meisten von ihnen hatten sich nie zuvor getroffen und lernten sich erst auf der Insel kennen. Jetzt aßen, arbeiteten und turnten sie Tag für Tag zusammen, tauschten Informationen aus und schmiedeten Pläne, welche Coups sie landen und was für Banden sie gründen würden, sobald sie wieder draußen waren; Möglichkeiten gab es genug. Immerhin hatte die Camorra, die Vorläuferin des Capone-Syndikats in Chicago, ihren Anfang in einem neapolitanischen Gefängnis genommen.
Nach dem Frühstück begann die Arbeit. Zuerst war Capone zum Böden fegen eingeteilt, später plagte er sich in der Wäscherei, aber als ein auf der Insel stationierter Soldat nach Hause schrieb und prahlte, daß ihm Al Capone höchstpersönlich die dreckige Wäsche wusch, bekam Häftling Nummer 85 augenblicklich eine neue Arbeit zugeteilt: Er mußte die Toiletten und Waschräume putzen. Während seiner gesamten Zeit in Alcatraz war die anspruchsvollste Arbeit, die Capone verrichtete, Bücher und Zeitschriften zwischen der Bibliothek und den Zellen hin- und herzutragen. Dann wieder gehörte er zur Putzbrigade; der Anblick von Capones großer vornübergebeugter Gestalt, wenn er einen Mop über den Boden schob, wurde so alltäglich, daß die anderen Inhaftierten ihn nur noch »den Wop [Itaker] mit dem Mop« nannten.
Um 11.30 Uhr mittags gab es ein deftiges Mittagessen, meistens Schmorfleisch mit Gemüse, und Kaffee. Nach dem Essen stand ein kurzer Aufenthalt in den Zellen auf dem Stundenplan, ehe alle wieder ihr stupide Sklavenarbeit verrichten mußten. Während sich die Gefangenen tagsüber durch den Zellenblock bewegten, wurden sie des öfteren von einem Metalldetektor auf Waffen überprüft, aber die Anlage funktionierte nie richtig und gab Alarm, wenn unbewaffnete Männer sie passierten, während andere unbemerkt Messer durchschmuggeln konnten. Die Männer aßen um

18.30 Uhr zu abend, oft Chili, zum Nachtisch einen Apfel und wieder reichlich Kaffee. Dann marschierten sie zu ihren Zellen zurück und warteten vor der Tür, bis die Wärter sie ein letztes Mal durchgezählt hatten. Wenn alles in Ordnung war, ertönte ein Pfiff, und die Bewacher schlossen die Häftlinge in ihre winzigen Zellen ein.
Capone durfte lesen, wenn er wollte, aber in der Gefängnisbibliothek gab es keine Kriminalgeschichten, dafür viele Westernhefte, und die Zeitungen und Zeitschriften waren streng zensiert. Alle anstößigen Artikel wurden herausgeschnitten, bevor die Sträflinge sie zu Gesicht bekamen. Capone entwickelte eine Vorliebe für Zeitschriften und nutzte eine Lücke in den Gesetzen, die das Gefängnisleben reglementierten, weidlich aus – er abonnierte bis zu 78 Zeitschriften, darunter *Harper's Monthly* und den *American Mercury*. Später veröffentlichte der *American Mercury* einen aufsehenerregenden Artikel über Alcatraz mit dem Titel: »Amerikas Folterkammer«. Der Autor Anthony M. Turano behauptete, daß Alcatraz nur als Plattform für »eine spezielle gesellschaftliche Vendetta gegen die Gangster« existierte, und erklärte es zum »Monument der menschlichen Dummheit und der sinnlosen Barbarei«.
Das Wachpersonal zensierte die Post der Inhaftierten noch strenger als die Zeitungen. Keiner der Gefängnisinsassen bekam den originalen, handgeschriebenen Brief, der an ihn abgeschickt worden war. Bevor die Post in ihre Hände gelangte, wurde sie von einem Beamten eingehend durchgesehen, gekürzt und mit Schreibmaschine abgeschrieben. Die ausgehende Post wurde derselben Prozedur unterzogen. Jeder Sträfling durfte nur einen Brief in der Woche abschicken und lediglich mit unmittelbaren Verwandten korrespondieren. Der Schriftverkehr mit Anwälten, Freundinnen oder angeheirateten Verwandten war nicht erlaubt. Es war verboten, Spitznamen zu benutzen; jede Person, die in einem Brief erwähnt wurde, mußte mit vollem Namen genannt werden. Da das Personal sowohl die eingehende als auch die ausgehende Post kopierte, wurde die komplette Korrespondenz der einzelnen Gefangenen zu den Akten genommen und der Gefängnisverwaltung zur Kenntnis gebracht. Von dem Moment an, in dem Capone einen Fuß auf die Insel gesetzt hatte, wurde er beobachtet wie unter einem Mikroskop.

Während der ersten Monate in Alcatraz versuchte Capone in mehreren Gesprächen mit Direktor Johnston – »Samtpfötchen«, wie ihn die Inhaftierten nannten – herauszufinden, welche Stellung man ihm in dieser Haftanstalt zugestand. Johnston machte zwar äußerlich einen sanften Eindruck, aber in Wirklichkeit führte er seine Anstalt mit eiserner Hand.

Häftling Nummer 85, der niemanden hatte, dem er sich mitteilen konnte, wandte sich an ihn. »Mr. Johnston, Sie sind jetzt mein Direktor, und ich dachte, es ist besser, wenn ich Ihnen gleich sage, daß ich eine Menge Freunde habe und viele Besucher erwarte, außerdem möchte ich meine Frau, meinen Sohn, meine Mutter und meine Brüder sehen.«

Der Direktor erklärte Capone, daß er Besuch von seiner Familie empfangen konnte, ausgenommen seinen Bruder Ralph, einen Ex-Sträfling. »Und nur zwei Personen dürfen Sie zur selben Zeit besuchen.«

»Direktor, ich habe eine große Familie, und sie alle wollen mich sehen, genau wie ich sie«, beschwerte sich Häftling Nummer 85.

»Sie können nicht alle gleichzeitig herkommen – die Anstaltsregeln erlauben nur zwei Verwandte an einem Besuchstag. Diese Regel gilt für Sie wie für alle anderen Gefangenen. Wenn Sie Ihrer Frau schreiben, teilen Sie ihr mit, was ich Ihnen gerade gesagt habe. Schreiben Sie ihr auch, daß Sie mich benachrichtigen soll, bevor sie herkommt, damit ich ihr einen Paß und alle Informationen schicken kann.«

Häftling Nummer 85 »zuckte mit den Schultern, lächelte kläglich und ging«, erinnerte sich Johnston. Bevor Capone die Tür zumachte, sagte er noch: »Es scheint, als hätte mich Alcatraz besiegt.«

Falls Johnston dachte, dies sei das Ende der Diskussionen mit Capone gewesen, so hatte er sich getäuscht. Am folgenden Tag kam Häftling Nummer 85 wieder zu ihm, und diesmal gab er seinem Größenwahn nach. »Verstehen Sie mich nicht falsch, Direktor, ich bitte nicht um Gefälligkeiten«, begann der Sträfling das Gespräch. »Vielleicht haben die älteren Gefangenen keine Freunde, aber ich habe welche. Möglicherweise wissen Sie es nicht, Direktor, oder Sie können's nicht glauben, aber 'ne Menge Geschäftsmänner waren froh, meine Freunde zu sein, als ich noch ganz oben war, und sie wollten, daß ich ein paar Dinge für sie erledige.«

»Was für Geschäftsmänner … würden Sie um Hilfe bitten?« erkundigte sich der erstaunte Direktor.

Diese Frage provozierte Häftling Nummer 85; ein Wortschwall brach aus ihm heraus, und er schwärmte von seinen großen Tagen in Chicago, von seinen guten Verbindungen und den großen Zeitungsmännern, die immer zu ihm gekommen waren – besonders die Verkaufsmanager –, wenn sie Schwierigkeiten hatten. Er, der große Al, hatte die Streitereien geschlichtet, unzufriedene Mitarbeiter beruhigt und Streiks und Arbeitskämpfe niedergeschlagen.

Capone schrie und tobte und schlug mit der Faust auf den Schreibtisch; die bewaffneten Wachmänner stürmten herbei, um nachzusehen, was los war. Johnston war so fasziniert von dem Ausbruch eines Mannes, der auf der

Schwelle zum Wahnsinn stand, daß er jede Vorsicht über Bord warf und Häftling Nummer 85 noch mehr provozierte. »Wollen Sie damit sagen, daß die Verkaufsmanager der Zeitungen Sie gebeten haben, die Arbeitskämpfe zu schlichten?«

»Nein, Direktor, Sie haben mich nicht verstanden. Ich habe nie Geschäfte mit solchen Kerlen gemacht. Ich selbst war kein Drückeberger, und ich wollte mit Drückebergern auch nichts zu tun haben. Ich hab' mich nicht eingemischt. Ich hab' gewartet, bis die hohen Tiere nach mir geschickt haben, und wenn ich hohe Tiere sage, dann meine ich die ganz großen Bosse, denen die Zeitungen gehören – sie wandten sich an Al, wann immer sie in Schwierigkeiten waren … Und Al war immer zur Stelle, und Al hat nie etwas zurückbekommen, wenn er etwas für sie getan hat. Die ganz großen Jungs haben immer Al geholt und waren heilfroh, mit Al sprechen zu können, wenn sie ihn brauchten, aber sie haben mir mit dem Stiefelabsatz ins Gesicht getreten, als ich am Boden lag.«

Nummer 85 war knallrot angelaufen und keuchte aufgeregt, als er auf Johnstons Reaktion auf diese verblüffenden Enthüllungen wartete. Eine Weile herrschte Schweigen, aber schließlich antwortete der Direktor in eisigem Ton: »Das ist äußerst interessant. Vielleicht erzählen Sie mir gelegentlich mehr davon.«

Zwischen den beiden Männern entwickelte sich eine eigenartige Beziehung, die eher auf gegenseitigem Abscheu als auf Respekt basierte – es war eine Beziehung, wie sie zwischen Kidnappern und Geiseln während der Lösegeldverhandlungen entsteht. Beinahe jeden Tag tauchte Häftling Nummer 85 im Büro des Direktors auf, um seine Sonderwünsche anzumelden – er wollte die Erlaubnis haben, anderen Sträflingen Geld zu leihen, und fragte, ob die strengen Regeln in bezug auf die Besuchstage in seinem besonderen Fall wenigstens ein bißchen gelockert werden könnten. Auf all seine Anfragen lautete die Antwort: »Nein.« Doch das hielt Capone nicht davon ab, immer und immer wieder um etwas zu bitten. Johnston war fasziniert von der Macht, die er über den einst gefürchtetsten Verbrecher Amerikas, den ehemaligen Staatsfeind Nummer 1, ausübte. Er hatte buchstäblich sein Leben in der Hand: Johnston konnte Capone jederzeit mit Isolation und Dunkelheit foltern, und tatsächlich schickte er ihn auch bei verschiedenen Gelegenheiten in Einzelhaft. Es stand in seiner Macht, den Sträfling in den Wahnsinn zu treiben oder ihn so weit zufriedenzustellen, daß er vernünftig blieb.

Capone seinerseits behandelte den Direktor mit der sadistischen Ader wie einen Beichtvater, dem er Honig um den Bart schmierte, dem er schmeichelte und den er beeindrucken wollte. »Ich hab' Moneten gemacht, und zwar massenweise«, brüstete er sich bei einem ihrer vielen Gespräche. »Ich habe meinen Teil abgesahnt und es nie bestritten, aber ich hab' das Geld nicht in meine Socken gestopft. Ich hab's ausgegeben, weggeschenkt, in Umlauf gebracht. Ich habe für meine Familie und für meine Freunde und ihre Familien gesorgt. Niemand mußte Hunger leiden oder etwas entbehren, wenn Al in der Nähe war. Sie hätten sie hören sollen. Es hieß immer: Al, gib mir das, und, Al, gib mir jenes. Al, schenk dem was; Al, spende Geld ... Al, sie brauchen was fürs Krankenhaus; Al, sie brauchen was für die Kirche; Al, sie wollen, daß du Geld für die Suppenküche gibst – und Al sagte niemals nein. Ich bin immer durchgekommen.« So ging das Woche für Woche – Capone stürmte in das Büro des Direktors, machte seinen aufgestauten Gefühlen Luft und phantasierte, während Johnston in eisigem Schweigen zuhörte.

Im Dezember 1934 verstieß Häftling Nummer 85 zum erstenmal ernsthaft gegen die Anstaltsregeln. Zu dieser Zeit arbeitete er in der Wäscherei an der Mangel und steckte ein Wäschestück nach dem andern zwischen die beiden schweren Walzen. Dieser Job war eine der langweiligsten, aufreizendsten Tätigkeiten, aus denen sich der Alltag in Alcatraz zusammensetzte. Capones Partner bei dieser Arbeit war William Collyer, Häftling Nummer 185, ein Soldat, der zu lebenslanger Haft wegen des Mordes an einem Offizier verurteilt war. Gewöhnlich erledigte Capone bereitwillig seine Aufgaben, und wenn die Wärter nicht in der Nähe waren, um das Redeverbot durchzusetzen, plapperte er unaufhörlich von seinen Heldentaten in Chicago. An diesem Tag jedoch brachte Collyers Trägheit Capone auf die Palme, und er warf ihm ein nasses Wäschebündel nach. Collyer revanchierte sich, indem er eine Bank hochhob und auf Capone schleuderte. Die beiden fingen eine Schlägerei an. Dieser Ausbruch brachte beiden eine Nacht in dem düsteren Kerker der alten Militärgarnison ein, und sie wurden in Ketten gelegt.
Collyer hatte den anderen Inhaftierten damit gezeigt, daß man es in Alcatraz mit Capone aufnehmen konnte – von Mann zu Mann mit bloßen Fäusten –, ohne dabei sein Leben zu verlieren. Der Kampf mit Collyer hatte auch den Häftling Nummer 85 etwas gelehrt: Er wurde in dieser Anstalt weder vom Direktor noch von sonst irgend jemandem bevorzugt behandelt. Hier war er nicht der einzige berühmte schwere Junge wie seinerzeit in Atlanta, sondern er mußte mit anderen Männern konkurrieren, deren Namen in aller Munde waren und ebensooft in den Zeitungen gestanden hatten wie seiner. Er konnte sich höchstens als Gleicher unter Gleichen betrachten. Der Direktor wurde nicht müde, immer wieder zu betonen, daß

es keine Unterschiede in Alcatraz gab, und das hieß im Klartext: Alle waren in der gleichen angreifbaren Position, Capone war vielleicht sogar der verletzbarste von allen.

Während sich der Häftling Nummer 85 anpaßte, so gut es eben ging, verursachten ein paar finstere Ganoven, die von Leavenworth und McNeil überstellt worden waren, wesentlich mehr Krawall. Sie legten sich mit den Wärtern an, warfen mit Essen um sich und tuschelten von Revolte und Rebellion. In der Außenwelt waren sie Nobodys gewesen, und sie versuchten verzweifelt zu beweisen, daß sie im Grunde ganz harte Kerle waren. Sie nahmen sich vor, Capones Mut auf die Probe zu stellen. Anfangs gingen die Mithäftlinge noch relativ sanft mit Capone um, er mußte lediglich hier einen kleinen Schlag und da eine Beschimpfung einstecken. Da Capone ein reizbares Naturell hatte, versetzten ihn diese Anfeindungen in rasende Wut. Am schlimmsten für ihn war die Behandlung, die man ihm im Baseballteam zumutete. »Samtpfötchen« Johnston gestattete den Inhaftierten, die sich gut führten, im Haus eine abgewandelte Form von Baseball zu spielen. Wie alle anderen wollte auch Capone in die Mannschaft. Aber als erster Baseman erwies er sich als so ungeschickt, daß er ins Außenfeld und später sogar auf die Ersatzbank verbannt wurde. Sein Stolz war tief verletzt, und er stürmte davon, um sich beim Hufeisenwerfen abzureagieren. Wenn ihn ein anderer Sträfling in diesem Spiel besiegte, redete er anschließend kein Wort mehr mit ihm.

Einer seiner Peiniger war Jimmy Lucas, ein dürrer, kleiner Widerling, der eine lebenslange Haftstrafe wegen Mordes absitzen mußte. Es war ihm gelungen, aus dem Gefängnis in Huntsville, Texas, auszubrechen, und während er die Freiheit genoß, hatte er eine Bank überfallen; kurz danach wurde er wieder gefaßt und kam nach Leavenworth, bevor er im Januar 1935 nach Alcatraz überstellt wurde, um 30 Jahre auf der Insel abzusitzen. Lucas tat sich mit Cecil Snow, einem Mithäftling, zusammen, und sie stellten Capone eine Falle. Der Köder war ein geheimer Fluchtplan. Sie vertrauten Capone an, daß sie eine Kiste mit Maschinenpistolen auf die Insel schmuggeln könnten und daß sie sich dann ihren Weg freischießen und mit einem bereitstehenden Schnellboot fliehen würden. Wenn Capone mitmachen wolle, müsse er 15 000 Dollar beisteuern, damit die Kosten der Flucht gedeckt werden konnten. Capone durchschaute die Sache. Er wußte, daß dieser absurde Plan nichts anderes war als ein Erpressungsversuch, und lehnte jede Mitwirkung ab, aber er konnte sich nicht gegen Lucas' Einschüchterungstaktiken wehren. Lucas gehörte zu einer verschworenen Clique von Sträflingen aus Oklahoma und Texas – sie haßten Capone und hatten sich gelobt, ihm ans Leder zu gehen, wann immer es möglich war.

Die »Texas Cowboys«, wie sich Clique selbst bezeichnete, verbreiteten das Gerücht, daß Capone die Mitinhaftierten beim Direktor verpfiff, wenn sie den Wachen etwas zusteckten oder Whiskey in die Zellen schmuggelten. An den Behauptungen war nichts Wahres dran, aber das Gerede teilte die Gefangenen in zwei Lager – die einen waren pro-Capone, die anderen anti-Capone.

Al Best, Häftling Nummer 107, gehörte zu den wenigen, die sich auf Capones Seite geschlagen hatten. »Abgesehen davon, daß er schnell die Beherrschung verlor und dauernd davon redete, was er alles vollbracht hatte, besaß Capone ein Herz, das so groß war wie ein Haus«, schrieb Best, nachdem er 1937 aus der Haft entlassen worden war. »Er wollte seine Zeit in Alcatraz so gut wie möglich hinter sich bringen – aber die meisten Männer hatten ihn auf dem Kieker und wollten ihm an den Kragen.«

Trotz all dieser Probleme lernte Capone, seine Situation und den Alltag in Alcatraz zu akzeptieren, und er beschwerte sich nicht so oft wie die meisten anderen Inhaftierten. Obwohl er eingesperrt war und es ihm gesundheitlich schlecht ging, hielt er durch. Genaugenommen gab es in seinem ersten Jahr in Alcatraz erstaunlich wenig Probleme mit ihm, und der Direktor, die Wachmannschaft und die anderen Sträflinge entdeckten, daß der mächtige, skrupellose und gefürchtete Gangsterboß, der einst eine ganze Stadt in die Knie gezwungen hatte, im großen und ganzen liebenswürdig, umgänglich und rührend bemüht war, sich alle geneigt zu machen. Ein junger Neuankömmling erschrak, als Capone auf ihn zuschlenderte, um ihm die Hand zu schütteln. »Wenn ich was für dich tun kann«, sagte er gönnerhaft, »sag mir nur Bescheid.« Selbstverständlich konnte Häftling Nummer 85 für niemanden etwas tun, am wenigsten für sich selbst.

Nummer 85 hatte sich verändert, sowohl äußerlich wie auch im Wesen. Er war nicht mehr der alte gerissene, aufbrausende Capone. Die Neurosyphilis und die Jahre in Atlanta und Alcatraz hatten ihren Tribut gefordert. Als das Jahr 1935 anbrach, war er rein äußerlich nur noch eine schäbige Karikatur seiner selbst. Seine Haare wurden immer schütterer, die Gesichtsfarbe war fahl und blaß, dazu hatte er stark abgenommen. Andere Anzeichen verrieten den inneren Verfall: die schwarzen Ringe unter den tiefliegenden Augen, seine gebeugte Haltung, der schlurfende Gang und die undeutliche Aussprache. Häftling Nummer 85 verbrachte immer mehr Zeit in seiner eigenen Phantasiewelt, führte murmelnd Selbstgespräche, starrte ins Leere und summte leise vor sich hin; auf diese Weise schirmte er sich von der rauhen Wirklichkeit in Alcatraz ab. Statt Rebellionen anzuzetteln oder sich den Autoritäten vehement zu widersetzen, wie man es von ihm erwartet hätte, flüchtete er sich in Träumereien, dachte viel an seine Frau und seinen Sohn und entwickelte einen neuen Ehrgeiz: Er wollte eine Band mit einigen anderen Häftlingen in Alcatraz gründen.

Das war kein flüchtiger Tagtraum – die Idee wurde beinahe zur Besessenheit, die sein geschwächtes Gehirn nicht mehr losließ. Im Jahr 1935 schlug er Direktor Johnston vor, daß er Instrumente für seine Kameraden kaufen würde. Geld war kein Hindernis – er wollte alles bezahlen, was nötig war. Der Klang von Klarinetten, Flöten, Posaunen und der Rhythmus von Schlagzeugen würde von der Insel aufsteigen und die verdammten Nebelhörner übertönen. Nein, sagte der Direktor, das sei ganz und gar unmöglich. Schließlich war es den Gefangenen nicht einmal erlaubt zu sprechen. Häftling Nummer 85 ließ nicht locker. Eine Band wäre gut für die Moral, argumentierte er. Endlich, nach einem Jahr der Diskussionen, gab Direktor Johnston nach und erlaubte den Inhaftierten, eine Band zu gründen. Sie durften 20 Minuten täglich üben. Aber er verbot Capone strikt, Instrumente für andere zu bezahlen; jeder mußte selbst für seine Unkosten aufkommen. Um von vornherein deutlich zu machen, daß die Band kein Capone-Unternehmen war, setzte Johnston einen anderen Gefangenen, Nummer 199, als Leiter der Gruppe ein. Arthur Charrington, wie Nummer 199 im wirklichen Leben hieß, hatte früher abends in einem Orchester in Chicago gespielt und tagsüber Banken ausgeraubt.

Capone beschloß, Banjo zu spielen. Er hatte noch nie zuvor ein Instrument gespielt und nie auch nur ein Notenblatt in der Hand gehabt, aber er eignete sich geduldig die Grundbegriffe der Musiktheorie an und lernte, Noten zu lesen und einfache Melodien auf den Saiten zu zupfen, zu denen er leise sang. Zunächst kamen die Mitglieder der Band ganz gut miteinander zurecht – Capone mit dem Banjo, »Machine Gun« Kelly am Schlagzeug und ein junger Kidnapper namens Harmon Waley mit dem Saxophon. Die Konflikte begannen, als Capone sein Banjo gegen eine Mandoline austauschen wollte. Man munkelte, das neue Instrument habe Capone 600 Dollar gekostet und er habe die Notenblätter aus Europa kommen lassen. Die Lage spitzte sich während einer Übungsstunde zu, weil sich Capone darüber beschwerte, daß Waley das Saxophon während des Spielens zu nah an sein – Capones – Ohr hielt. Plötzlich verlor Capone die Beherrschung und beschimpfte den jungen Mann, der geduldig wartete, bis Capone ihm den Rücken zudrehte. Waley schlug ihm sein Saxophon auf den Kopf und stieß ihn vom Stuhl. Die beiden Männer wälzten sich auf dem Boden und prügelten sich, bis ein Wärter sie trennte. Die beiden Übeltäter wurden zu je zwei Wochen Einzelhaft verdonnert. Nach dieser Schlägerei sank Häftling Nummer 85 noch tiefer in der Gefängnishierarchie. Die mißgünstigen Mithäftlinge grenzten ihn vollkommen aus, und so sang und spielte er nur noch für sich allein.

Obwohl die Musik Capone Trost gewährte und er sich dadurch den ständigen Drohungen der anderen bis zu einem gewissen Grad entziehen konnte, bot sie ihm keinen körperlichen Schutz. Anfang Januar 1936 brach unter den Gefangenen ein Tumult aus, und Capone geriet in ernste Gefahr. Auslöser der Unruhen war der Tod eines Mithäftlings, Jack Allen, der seit Tagen über Magenschmerzen geklagt hatte, aber nicht medizinisch versorgt worden war. Die Ärzte hatten angenommen, daß er simulierte, und Allen war wegen seiner Aufsässigkeit in Einzelhaft gekommen. Am nächsten Morgen fand man ihn bewußtlos in seiner Zelle, und kurz darauf starb er auf dem Operationstisch in der Krankenstation der Haftanstalt an einem durchgebrochenen Magengeschwür. Best schrieb: »Allens Tod machte alle sehr betroffen.«

Die Sträflinge organisierten sofort einen Streik, aber Capone weigerte sich, daran teilzunehmen. Er sympathisierte mit den anderen, aber, gab »Machine Gun« Kelly zu bedenken, wenn er sich beteiligte, würden die Wärter annehmen, daß er der Rädelsführer war, und dafür sorgen, daß seine Haftzeit um einige Jahre verlängert würde. Andere Gefangene nutzten Capones Weigerung als Vorwand, ihn zu quälen. Sie warfen ihm Schimpfworte an den Kopf und drohten, ihn, seine Frau und seinen Sohn umzubringen. Capone war am Boden zerstört und so außer sich, daß er sich in seine Zelle flüchtete, die Decke über den Kopf zog und weinte.

Wärter wie Mitgefangene merkten, daß sich Capone immer kindischer und seltsamer benahm; da sie nichts von seiner Neurosyphilis wußten, glaubten sie, daß er wegen der langen Zeit im Knast allmählich verrückt wurde. Die Revolte wurde ohne Capones Beteiligung weiter geplant. »Es ist schwierig, einen Aufstand im Gefängnis zu organisieren, selbst wenn die Männer überdurchschnittlich intelligent sind, wie die Insassen von Alcatraz«, berichtete einer der Häftlinge später. »Man kann niemandem trauen, und manchmal werden selbst die Stärksten schwach und verraten die Geheimnisse ihrer Kumpel. Alcatraz bringt entweder all die Kraft eines Mannes zum Vorschein, oder es zerbricht ihn vollkommen und macht ihn zum Feigling.« Fünf Tage lang weigerten sich die Gefangenen, ihre Arbeit zu machen. Der Direktor schickte die Rädelsführer in Block D, wo sie in ihren dunkeln Zellen einen Hungerstreik anfingen. Die Gefängnisärzte machten dem Spuk ein Ende, indem sie die Streikenden zwangsernährten. Als sich einer der Häftlinge weigerte, sich den Gummischlauch in den Mund stecken zu lassen, hielten ihn die Wärter fest, und der Arzt führte den Schlauch in seine Nase ein. Die rüde Behandlung erwies sich als effektiv, und der Streik war gebrochen. Im Grunde hatte der Aufstand nicht das geringste bewirkt, trotzdem redeten die Sträflinge nach wie vor von Rebellion, aber das war inzwischen zur leeren Drohung geworden. Capone gelang es, sich aus allem vollkommen herauszuhalten.

In den folgenden Monaten lauerten die »Texas Cowboys« dem Mann, der in seiner Zelle geweint hatte, auf Schritt und Tritt auf. Sie waren Männer ohne jede Hoffnung, manche von ihnen verbüßten eine lebenslange Strafe, und sie hatten nur noch ein einziges Ziel: Sie wollten Capone töten. Um ihnen zu entkommen, hielt sich Häftling Nummer 85 möglichst immer in der Nähe eines Wärters auf, aber es war nur eine Frage der Zeit, bis er die Vorsichtsmaßnahmen vergaß und sich ihnen ungeschützt auslieferte. Die unausweichliche Konfrontation ereignete sich am 23. Juni 1936. Am Morgen hatte Capone eine neue Mandoline mit der Post bekommen, und er ging in die Kleiderkammer, um einem Wärter das neue Instrument zu zeigen. Im angrenzenden Raum saß sein Feind Jimmy Lucas und ließ sich von einem anderen Häftling, der den Spitznamen »Hard Rock« trug und auch zu den »Texas Cowboys« gehörte, die Haare schneiden. Die beiden hörten Capones Prahlereien mit an, und als es »Hard Rock« zuviel wurde, löste er die kleine Schraube an seiner Friseurschere und drückte Jimmy den einen Teil der Schere – eine tödliche Waffe – in die Hand.

Sie warteten darauf, daß Capone die Kleiderkammer verließ und in den Waschraum ging, wo er die Böden wienern sollte, aber als ihr Opfer immer weiter palaverte, verlor Lucas die Geduld. Er stürmte in die Kammer, und ehe der Wärter auch nur eine Bewegung machen konnte, stieß Lucas die Klinge der Schere in Capones Rücken. Die beiden stürzten zu Boden und rangen miteinander. Lucas stach noch mehrmals zu, bis der Wärter ihn mit einem Schlagring bewußtlos schlug. Al Best, der den Kampf mitangesehen hatte, kam dem blutüberströmten Opfer zu Hilfe. »Dieser dreckige Scheißkerl hat auf mich eingestochen«, schimpfte Capone, als er versuchte auf die Füße zu kommen. »Bring mich bitte zur Krankenstation.«

»Ich bemühte mich, Capone zu beruhigen, und half ihm die Treppe hinauf zur Krankenstation zu gehen«, erinnerte sich Best. »Als sie ihm das Hemd auszogen, sah man die Stichwunden – eine davon war ganz in der Nähe der Niere und schien ziemlich schlimm zu sein. Der Wärter brachte dem Arzt die halbe Schere, und sie merkten, daß die Spitze abgebrochen war. Ich ging hinunter und fegte den Boden, aber die Scherenspitze war nicht dort. Der Arzt röntgte Capone, um das fehlende Stahlstück zu findend. Es stellte sich heraus, daß es in seinem Daumen steckte. Offenbar hatte Capone die Hände gehoben, um seine Augen zu schützen. Sie zogen die Stahlspitze heraus und steckten Capone auf der Krankenstation ins Bett.«

Der Mordversuch hatte sofortige Auswirkungen. Capone geriet zum erstenmal seit zwei Jahren wieder in die Schlagzeilen. Die Zeitungen berichteten von dem Zwischenfall in allen Details und machten die grauenvollen Bedingungen in Alcatraz für derartige Übergriffe verantwortlich. Johnston vernahm den Verletzten auf der Krankenstation und erfuhr, daß Lucas erfolglos versucht hatte, Geld von Capone zu erpressen, und Gerüchte in die Welt gesetzt hatte, er sei ein Spitzel. Während Johnston seine Verhöre durchführte, stellten der Staatsanwalt von San Francisco und das FBI Nachforschungen über den tätlichen Angriff an. Zum erstenmal wurde Direktor Johnstons Führungsstil in Alcatraz gründlich unter die Lupe genommen. Ein FBI-Agent fuhr nach Alcatraz, und Johnston schilderte den Überfall in allen Einzelheiten. Er erklärte, daß Capones Stichwunden nicht ernst seien und daß er in kurzer Zeit die Krankenstation verlassen könne. Man überlegte, ob sich Lucas vor einem Bundesgericht für das Vergehen verantworten solle, aber Johnston und der FBI-Agent kamen überein, daß »äußerste Fluchtgefahr« bei einem Gefangenentransport bestand, und die Angelegenheit wurde ad acta gelegt. Johnston setzte selbst das Strafmaß für Lucas fest; sein ursprüngliches Urteil auf 30 Jahre Gefängnis wurde um zwölf Jahre erweitert, und er mußte sechs Monate in Einzelhaft verbringen. Die Häftlinge waren sich einig, daß kein Mensch die Isolation länger als 19 Tage einigermaßen heil überstehen konnte. »Jeder, der länger als 19 Tage Isolation durchstehen muß, wünscht sich den Tod«, bemerkte einer von ihnen. Lucas überlebt die sechs Monate Dunkelheit, aber nach dieser Erfahrung war er ein nervlich und geistig zerrütteter Mensch – die Sträflinge nannten diesen Zustand »Knastkoller«.

Schon vor dem Zwischenfall hatten einige Zeitungen den Sinn der unerbittlichen Strenge von Alcatraz öffentlich in Frage gestellt. »Ein Leben in der Hölle – Keine Zukunft für Schwerverbrecher – Monotonie hinterläßt seelische und geistige Krüppel«, schrieb der *San Francisco Chronicle* bereits im Februar. »In diesem Bau darf man nur sechs Minuten am Tag reden«, sagte der Banknotenfälscher Alfred »Sailor« Loomis, der erst vor kurzem entlassen worden war. »Es ist die ›Insel der mißhandelten Männer‹. Bald ist es die ›Insel der Verrückten‹«, warnte er und erzählte Horrorgeschichten von der Gaskammer, dem Kerker und den finsteren Seiten von Johnstons »Alle-Männer-sind-gleich«-Regime. Ja, die Gefangenen waren Verbrecher, räumte Loomis ein, aber die Bedingungen in Alcatraz machten alles nur noch schlimmer.

Im April unternahm »Dutch« Bowers, ein Safeknacker, als erster Häftling einen Fluchtversuch von der Insel. Schon vorher hatte er seinem Leben ein Ende setzen wollen, indem er ein Glas zerbrochen und sich mit einer

Scherbe die Kehle aufgeschlitzt hatte. Sobald er sich von der Verletzung erholt hatte, wurde er zur Arbeit am Verbrennungsofen eingeteilt; eines Tages jagte er einem Stück Papier nach, das der Wind aufgewirbelt hatte, und plötzlich stand er vor dem Stacheldrahtzaun, der die ganze Insel umgab. Die Wärter schrien, er solle sofort stehen bleiben, aber er kümmerte sich nicht um sie und kletterte über den Zaun, dann auf die Klippen. Zwei Wärter gaben Schüsse ab. Er stürzte 15 Meter tief und brach sich das Genick. Die Inhaftierten sahen in dem unsinnigen Fluchtversuch den Beweis dafür, daß Bowers den »Knastkoller« hatte.

Dieser Todesfall und der tätliche Angriff auf Capone weckten die Aufmerksamkeit der Öffentlichkeit, und alle Welt sprach von Alcatraz als der Strafkolonie, in der Männer systematisch in den Wahnsinn getrieben wurden. Man nannte die Insel »die Hölle in der San Francisco Bay«. Immer mehr Menschen sahen Alcatraz als staatlich unterstützte Spielwiese für Sadisten und nicht als wirksame Methode zur Verbrechensbekämpfung an.

Die Nachricht von den Stichverletzungen verursachte hellstes Entsetzen im Capone-Clan. Die Familie hatte Capone nur selten in Alcatraz besucht, weil sich die Pressemeute wie Aasgeier auf sie stürzten, sobald sie die Reise nach Kalifornien antraten. Die Polizeibehörden hatten es geschafft, nicht nur Al, sondern auch seinen Verwandten einen unauslöschlichen Stempel aufzuprägen – sie lebten wie Ausgestoßene im eigenen Land. Mae verließ kaum noch das Anwesen auf Palm Island und verbrachte die Tage meistens ganz allein. Sie kümmerte sich nur noch um Sonny und versuchte vergeblich zu vergessen, was es hieß, die Frau von Al Capone zu sein.

Es schien, als sollte ihr auch bald das Haus, ihre letzte Zufluchtsstätte, genommen werden. Am 20. Oktober war in der Zeitung zu lesen, daß das Haus, der Swimmingpool und das Grundstück verkauft werden sollte, damit die Steuerbehörde die auf 51 498,08 Dollar festgesetzte Steuerschuld von der Ehefrau des Gangsters eintreiben konnte. Ralph kam seiner Schwägerin zu Hilfe, um die Behörden von diesem Vorhaben abzubringen. Buchstäblich in letzter Sekunde gelang es ihm, durch Anleihen und Hypotheken genügend Geld aufzubringen, um die von Mae geforderte Steuerzahlung zu begleichen. Daß er so schnell an mehr als 50 000 Dollar kam, bewies, daß er sich nach seiner Haftentlassung eine blendende Position erkämpft hatte.

Mae hatte die ganze Sache sehr mitgenommen. Sie schickte ein Telegramm an Direktor Johnston und bat ihn eindringlich um eine Besuchserlaubnis, dann schrieb sie einen Brief an ihren Mann, in dem sie ihr Kommen ankündigte.

Man kann sich gut vorstellen, wie sehr sich Capone auf den Besuch seiner

Frau freute, aber gleichzeitig war ein Wiedersehen in der Haftanstalt ein qualvolles Erlebnis sowohl für den Häftling als auch für seine Verwandten. Nachdem sie mit der Fähre auf der Insel angekommen waren, mußten die Besucher zu Fuß die steile Serpentinenstraße zum Zellenblock gehen, wo sie von einem Metalldetektor überprüft und anschließend in einen Raum mit dicker Stahlwand geführt wurden. Wie Häftling Nummer 85 schmerzlich erfahren mußte, waren die Besuchszeiten viel zu kurz – nicht länger als 20 Minuten waren erlaubt. Man durfte sich nicht umarmen oder berühren und war immer durch eine Wand mit kleinen, verglasten Klappen getrennt. Beide, der Besucher wie der Gefangene wurden von je einem Wärter beobachtet, während sie sich durch die verglasten Klappen ansahen. Sie konnten versuchen, sich zu unterhalten, aber die Verständigung durch die Glasscheibe war extrem schwierig, und sie mußten so laut schreien, daß ihre Stimmen im ganzen Zellenblock widerhallten. Auch Maes Besuch im Oktober 1936 fand unter diesen unpersönlichen Umständen statt.

Capone erfuhr Neuigkeiten von der Außenwelt, als ein neuer Häftling, Alvin Karpis, nach Alcatraz kam. »Creepy« Karpis war, laut Capone, der skrupelloseste und härteste Bursche in der Anstalt. Als Anführer einer Gang, die er mit Freddie Barker gegründet hatte, war Karpis auf dem besten Wege gewesen, wie einst Capone zum Staatsfeind Nummer 1 zu werden. In ihren Glanzzeiten hatte die Karpis-Barker-Gang zwei spektakuläre Entführungen inszeniert. Zuerst kidnappten sie William Hamm jr., den Boß der Hamm-Brauerei aus St. Paul in Minnesota, und bekamen 100 000 Dollar Lösegeld; dann entführten sie den Bankpräsidenten Edward Bremer und erpreßten 200 000 Dollar, nur um zu entdecken, daß jeder einzelne Schein markiert war. Die Gang löste sich auf, als »Ma« Barker und Freddie erschossen und »Creepy« von der Polizei gefaßt wurden. Als Karpis im August 1936 ein paar Tage vor seinem 28. Geburtstag in Alcatraz eintraf, war er vielleicht der einzige, der erleichtert aufatmete, weil er auf der Insel von der Außenwelt abgeschirmt war; wenn es keine Einrichtung wie Alcatraz gegeben hätte, wäre er seiner eigenen Einschätzung nach wegen einer der vielen Morde, bei denen er die Finger im Spiel gehabt hatte, hingerichtet worden. Er war zu 25 Jahren Haft verurteilt worden.
Vom ersten Tag an war Karpis auf der Insel unter Freunden. Nicht weniger als neun Mitglieder der ehemaligen Karpis-Barker-Gang saßen gleichzeitig in Alcatraz ein und feierten ein trauriges Wiedersehen. Karpis erschrak, als er Capone zum erstenmal zu Gesicht bekam. Häftling Nummer 85 wirkte »bleich und eingefallen«, aber auch »ruhig und beherrscht«. Karpis erkannte schnell, daß Capone nicht dazu geschaffen war, in Alcatraz zu

überleben. Nach einer Weile bot sich den beiden Männern die Gelegenheit zu einer Unterhaltung. Der Direktor hatte das Redeverbot zwar ein wenig gelockert, aber Privatgespräche waren nur sehr selten möglich. Mit der Hilfe eines Mithäftlings, der vor der Tür Schmiere stand, konnten die beiden Männer einige Worte im Waschraum wechseln. Capone stellte sofort die Frage, die ihm am meisten am Herzen lag. Er hatte gehört, daß sein Stellvertreter Frank Nitti vor kurzem in eine Schießerei mit Gesetzeshütern verwickelt war.

»Warum hat ein Detective auf Frank Nitti geschossen?« wollte er als erstes wissen.

Karpis erzählte, daß er Nitti nach der Schießerei in Benton Harbor, Michigan, gesehen hatte. Viele Mitglieder der Capone-Organisation hatten dort ihre Sommerhäuser, und Karpis war Gast im Hause des ehemaligen Bürgermeisters von Cicero gewesen. Bei einem Gespräch mit Nitti hatte Karpis erfahren, daß der Name des Schützen Walter Lang war, und obwohl Detective Lang Nitti im Hals getroffen hatte, war seine Gesundheit wieder vollkommen hergestellt.

»Nitti meinte, die Schießerei hätte etwas mit einem persönlichen Streit zu tun gehabt«, sagte Karpis. »Es war irgend etwas, was Jahre zurückliegt.«

»Hat er dir gesagt, worum es genau ging?«

»Ich hab' ihn nicht danach gefragt.«

Capone begriff sofort, daß er es mit einem echten Profi zu tun hatte und erkundigte sich nach den Gründen für die Ermordung von Willie »Three-Fingers« White, der auch zur Capone-Organisation gehört hatte.

»Wenn einer von euch kaltgemacht wird, dann behauptet ihr Jungs immer, er hätte mit dem FBI geredet«, erklärte Karpis. »Das ist mal sicher.« Laut Karpis, munkelte man, daß sich White mit Melvin Purvis, dem Leiter des FBI-Büro in Chicago, getroffen habe. Karpis glaubte genau zu wissen, welcher Killer des Syndikats White auf dem Gewissen hatte, und hätte auch noch mehr Gangster-Klatsch auf Lager gehabt, doch er fürchtete Capones Reaktion und beschloß, sein Wissen für sich zu behalten. Capone bedankte sich, und sie beendeten ihre Unterredung, bevor die Wärter auf sie aufmerksam wurden.

Capones nächster Kontakt zur Außenwelt kam unter ganz anderen Umständen zustande. Als der neue Leiter der staatlichen Gefängnisverwaltung, James V. Bennett seinen neuen Posten einnahm, beschloß er, wie er selbst es ausdrückte, sich als »Talentsucher für Alcatraz« zu betätigen. Er nahm es auf sich, »die Akten von Gefangenen in anderen Haftanstalten durchzusehen und zu entscheiden, wer auf ›den Felsen‹ geschickt werden sollte. Ich mußte auch überwachen, wie sich die Männer in Alcatraz führten und mitentscheiden, wer so weit war, in ein anderes Gefängnis auf dem Festland überstellt zu werden.« Die Ankündigung, daß der Leiter der Gefängnisverwaltung höchstpersönlich nach Alcatraz kommen und Gespräche mit den Inhaftierten führen würde, weckte neue Hoffnungen, und beinahe alle Gefangenen baten um einen Termin bei ihm.

Als Bennett im Frühjahr 1937 auf die Insel kam, mußte er feststellen, daß sich Alcatraz erheblich von allen anderen Haftanstalten, die er bis jetzt besucht hatte, unterschied. Er stellte einen Schreibtisch in einem »zugigen, finsteren Winkel« im Zellenblock auf und empfing die Häftlinge. Einer nach dem anderen stellte das Gesuch, in ein anderes Gefängnis verbracht zu werden – selbst Lewisburg oder Atlanta schienen ihnen lieber zu sein als Alcatraz. Während die Sträflinge mit Bennett sprachen, hielten zwei Wärter Wache. Einer ging im Flur auf und ab, der andere richtete ein schußbereites Gewehr auf die Brust des Häftlings. Die Zurschaustellung von Schußwaffen machte Bennett nervös. Er beschwerte sich bei Johnston darüber und sagte, unter diesen Umständen könnten die »Männer nicht frei und ungezwungen sprechen«. Aber Johnston erinnerte ihn daran, daß Alcatraz hauptsächlich aussichtslose Fälle beherbergte und daß die Gefangenen den Leiter der Gefängnisverwaltung in ihrer Verzweiflung tätlich angreifen könnten.

Einer der ersten, der vorsprechen durfte, war Häftling Nummer 85. Er nahm Platz und benahm sich trotz des auf ihn gerichteten Gewehrs ganz ungezwungen. »Er knurrte mich nicht wütend an, wie ich es nach all den Filmen, Büchern und Theaterstücken, die über ihn gemacht und geschrieben wurden, erwartet hätte«, berichtete Bennett. Capone lächelte statt dessen und versuchte, sich bei dem Mann, der möglicherweise seine Haftzeit ein wenig abkürzen konnte, lieb Kind zu machen. Er betonte, daß er zur längsten Haftstrafe für Steuerhinterziehung verurteilt worden war, die je für dieses Vergehen ausgesprochen wurde, und daß er in Wirklichkeit gar nicht wegen seiner Steuerschulden vor Gericht gestellt worden sei, sondern wegen seines schlechten Rufs. »Ich habe keine blütenweiße Weste«, räumte er ein, »aber das meiste Zeug, was die Zeitungen über mich geschrieben haben, war Blödsinn, und das wußten sie auch.«

Bennett schrieb über die Begegnung: »Ich machte ihm klar, daß er selbst zugegeben habe, den Staat um Steuern betrogen zu haben, und daß er mehr angestellt haben müsse, als nur laut in der Kirche zu singen, um zu so viel Geld zu kommen.«

Selbst unter diesen widrigen Umständen bewahrte Capone die Fassung, aber er ließ seine übliche Litanei vom Stapel und betonte, daß er Tausende und Abertausende von Dollars für wohltätige Zwecke hergeschenkt, den Hungernden zu essen, den Obdachlosen eine Herberge und den Arbeitslosen eine Beschäftigung gegeben habe. Wieder erwähnte er den Streik bei den Zeitungen, den er niedergeschlagen hatte, und behauptete, er habe für die Schlichtung der Auseinandersetzung 100 000 Dollar erhalten, die er sofort als Spende an ein Krankenhaus weitergeleitet habe. Schließlich brachte Häftling Nummer 85 die Sprache auf eine Verlegung in ein Gefängnis auf dem Festland, in dem er den Rest seiner »verkürzten Haftzeit« absitzen konnte.

Bis zu diesem Zeitpunkt hatte sich Capone wie ein vernünftiger Mensch verhalten, aber plötzlich verlor er jeden Sinn für die Realität und bot Bennett einen Handel an. Capone sicherte Bennett die »Exklusivrechte« für ein Buch über sein Leben zu; er würde dem Leiter der staatlichen Gefängnisverwaltung alles erzählen, was er über Gangster und Bandenkriege wußte. »Ich werde Ihnen sagen, mit wem Sie sprechen müssen und wie Sie überprüfen können, was ich sage«, fügte Nummer 85 hinzu. »Das Buch wird sich blendend verkaufen, und ich schenke Ihnen die Filmrechte dazu.« Als Gegenleistung verlangte Capone nichts weiter als die Überstellung in ein anderes Gefängnis. Bennett war einen Moment sprachlos. »Ich versuche nicht, Sie zu bestechen«, beteuerte Häftling Nummer 85. »Ich will nur, daß die Leute alle wahren Fakten erfahren.« Bennett beendete das Gespräch so rasch wie möglich. Später kam ihm zu Ohren, daß sich Capone keineswegs über den Ausgang der Unterhaltung beschwerte, sondern »feierlich erklärte, er würde dafür sorgen, daß James V. Bennett der nächste Generalstaatsanwalt der Vereinigten Staaten würde. Vielleicht sagte er das, weil er mich nicht kaufen konnte.«

Bennetts Besuch in Alcatraz war eine große Enttäuschung für Capone und all die anderen Sträflinge, die ihn um Begnadigung oder bessere Haftbedingungen gebeten hatten. Sobald Bennett wieder auf dem Festland war, erklärte er in einer Pressekonferenz: »Die Gefangenen in Alcatraz sind nichts weiter als Heulsusen, denen bereits mehr Vergünstigungen zugestanden werden, als sie verdienen. Alcatraz wird eine Anstalt mit höchsten Sicherheitsvorkehrungen und einem Minimum an Privilegien bleiben.« Als diese Bemerkungen bis in den Zellenblock vordrangen, begannen die Gefangenen einen Streik, der diesmal stark von der kommunistischen Ideologie beeinflußt war. Johnston schlug mit der Ankündigung zurück, daß er jeden, der nicht augenblicklich die ihm zugewiesene Arbeit verrichtete, das Essen streichen würde. Die meisten Inhaftierten gaben nach. Trotz der Spannung, die im Zellenblock herrschte, hielt der Direktor an seiner Gewohnheit fest, unbewaffnet in der Kantine zu stehen, während die Gefangenen sich hinter ihm in einer Reihe aufstellten, um ihre Mahlzeiten abzuholen. Ein aufsässiger Häftling, ein Bankräuber namens Barton »Whitey« Phillips, stürmte plötzlich aus der Reihe, versetzte Johnston einen Kinnhaken, der ihn zu Boden schickte, und trat ihm gegen den Kopf. Der Direktor verlor einige Zähne. Als die Wärter nach dem Tumult die Ordnung wiederhergestellt hatten, mußte der Angreifer bitter für seine Unbeherrschtheit bezahlen. Die Wärter verprügelten ihn gnadenlos, und Johnston schickte ihn für Monate in die Isolationszelle. Phillips war ein gebrochener Mann, als er in den Gefängnisalltag zurückkehrte.

Capone war einer der wenigen, die nicht an dem Streik teilgenommen hatten, aber es schien ihm bestimmt zu sein, bis zum Ende seiner Haftzeit im Jahr 1940 in Alcatraz bleiben und die Anfeindungen und Gewalttaten der Mithäftlinge aushalten zu müssen. Er führte sein monotones Leben, verbrachte seine freie Zeit in der Zelle, machte sein Bett und deckte es wieder auf, sang leise vor sich hin und unterhielt sich von Zeit zu Zeit mit einem imaginären Gesprächspartner. Die Wochen vergingen, und Capone wurde immer passiver und zog sich von Tag zu Tag mehr zurück.

Am 5. Februar 1938 änderte sich alles für ihn. Die Gefangenen waren in der Gaskammer und stellten sich an, um ihr Frühstück abzuholen. Plötzlich stockte die Reihe, weil ein Mann sich weigerte, weiterzugehen. Karpis beschrieb die Szene in seinem Tagebuch: »Das Hindernis ist Al Capone – er verursacht den Verkehrsstau, und alle starren ihn an, als sie an ihm vorbeigehen.« Alle blieben stehen, um Capone zu beobachten und über sein seltsames Verhalten zu tuscheln.

> »Capone ist vollkommen geistesabwesend«, fuhr Karpis fort. »Ich sehe, daß er keine Ahnung hat, wo er sich befindet. Der diensthabende Wärter beobachtet ihn eingehend. Capone ist für den Hofgang angezogen, nicht fürs Frühstück in der Kantine. Er hat die Arbeitshandschuhe … in die Tasche gesteckt und trägt eine Jacke.
>
> Ich gehe an meinen Tisch und setze mich; ich sehe, daß der letzte Mann durch die Tür kommt. Capone bleibt immer noch reglos stehen, dann schlurft er durch den Mittelgang zu dem Tisch, auf dem die Speisen warmgehalten werden. Es ist strikt verboten, daß in der Kantine jemand aus der Reihe tritt. Auf halbem Weg im Gang fängt Capone an zu taumeln, er sieht sich nach Hilfe um, aber es gibt keine, dann übergibt er sich auf den Boden. Zwei Wärter führen ihn die Treppe hinauf zur Krankenstation. Er kehrt nie wieder in den Zellenblock zurück.«

Karpis und die anderen konnten Capones eigenartiges Benehmen nicht verstehen, aber sie wußten, daß ihm mehr als der »Knastkoller« zu schaffen machte. Sein Verhalten war ein deutliches Symptom seiner fortschreitenden Neurosyphilis, und der Zusammenbruch signalisierte, daß die Krankheit inzwischen auch sein Nervensystem befallen hatte. Er war nicht mehr in der Lage, normale Tätigkeiten auszuüben. Seit seiner Ankunft in Alcatraz hatte er sich geweigert, seine Krankheit zur Kenntnis zu nehmen, aber jetzt mußte er sich eingestehen, daß etwas mit ihm nicht in Ordnung war.

Der Direktor suchte Capone in der Krankenstation auf – Häftling Nummer 85 war ruhig und offenbar wieder klar bei Verstand. »Was war heute morgen mit Ihnen los?« wollte Johnston wissen.

»Ich weiß nicht, Direktor«, antwortete Capone. »Sie sagen, ich hätte mich ziemlich komisch benommen.«

Capone blieb auf der Krankenstation und wurde von Dr. Edward Twitchell, einem Psychiater, untersucht, der eine »Parese« diagnostizierte – Lähmungserscheinungen, die von der Neurosyphilis verursacht wurden. Die Ärzte sprachen mit ihm über die Diagnose, die sie gestellt hatten, und er erlaubte ihnen, eine Rückenmarkspunktion vorzunehmen – das war die einzig sichere Methode, die Krankheit zweifelsfrei festzustellen. Die Rückenmarksflüssigkeit wurde sowohl von den Gefängnisärzten als auch in einer Klinik in San Francisco untersucht, und beide Analysen bestätigten, daß Capone unter Neurosyphilis im dritten Stadium litt.

Capones Zusammenbruch warf für die Gefängnisverwaltung enorme Probleme auf. Direktor Johnston konnte betonen, so oft er wollte, daß alle Inhaftierten gleich waren, das änderte jedoch nichts daran, daß Häftling Nummer 85 der bekannteste Gefangene in Alcatraz war. Über seinen Gesundheitszustand mußte äußerste Diskretion gewahrt bleiben, besonders in einer Zeit, in der das Wort Syphilis in der feinen Gesellschaft nicht in den Mund genommen wurde. Capone war zu krank, um mit den anderen Sträflingen im Zellenblock zu leben, aber Johnston war auch nicht bereit, Capone von Alcatraz wegzulassen. Für den Moment hielt Johnston es für das beste, wenn Capone in der Krankenstation unter ärztlicher Bewachung blieb. Gerüchte über seinen Zustand sickerten an die Öffentlichkeit, und nach drei Tagen, in denen die Offiziellen von Alcatraz kein Wort verlauten ließen, erhielten die Zeitungen folgende knappe Mitteilung:

> »Das Justizministerium wurde heute davon in Kenntnis gesetzt, daß Alphonse Capone, Inhaftierter des Staatsgefängnisses Alcatraz, am 5. Februar 1938 krank wurde. Seit dieser Zeit liegt er im Gefängnishospital und steht unter ärztlicher

> Bewachung. Eine endgültige Diagnose konnten die Mediziner noch nicht stellen.«

Einen Tag später nahm Direktor Johnston ein Telegramm von der beunruhigten Mae Capone in Empfang:

> »BIN WEGEN DER GERÜCHTE ÜBER DEN GESUNDHEITSZUSTAND MEINES MANNES IN GROSSER SORGE / MÖCHTE SOFORT DIE REISE ANTRETEN UM IN DER NÄHE MEINES MANNES ZU SEIN FALLS IHM ETWAS ZUSTÖSST UND ER MICH BRAUCHT/MÖCHTE ABER NICHT DEN WEITEN WEG MACHEN UND DANN ERFAHREN DASS ER VERLEGT WURDE/ERBITTE UMGEHEND EINE TELEGRAPHISCHE ANTWORT VIA WESTERN UNION / HOCHACHTUNGSVOLL / MRS ALPHONSE CAPONE/93 PALM ISLAND.«

Johnston versuchte sie in seinem Antworttelegramm zu beruhigen, ignorierte jedoch bewußt ihre Anfrage um eine Besuchserlaubnis:

> »HABE SOEBEN BERICHT DER BEHANDELNDEN ÄRZTE ERHALTEN/IHR MANN IST GEFASST ANSPRECHBAR KOOPERATIV / AUGENSCHEINLICH WEISS ER ÜBER SEINEN ZUSTAND BESCHEID UND IST WILLENS DIE ÄRZTLICHEN ANWEISUNGEN ZU BEFOLGEN/NOTWENDIGKEIT ZUR VERLEGUNG BESTEHT DAHER NICHT / GERÜCHTE ENTBEHREN JEDER GRUNDLAGE/DENNOCH IST DIE WEITERE ENTWICKLUNG NICHT ABSEHBAR/PROGNOSEN KÖNNEN NICHT GESTELLT WERDEN / SCHLAGE UNTER DIESEN UMSTÄNDEN VOR SIE WARTEN WEITERE NACHRICHTEN AB UND BLEIBEN MIT DEM DIREKTOR DER BEHÖRDE IN WASHINGTON IN KONTAKT / ALLE BERICHTE WERDEN AN SEIN BÜRO ÜBERMITTELT / J. A. JOHNSTON.«

Als Capones Zusammenbruch erst in Chicago und gleich darauf auch in den überregionalen Zeitungen in die Schlagzeilen kam, erreichten Johnston unzählige Anfragen nach detaillierteren Informationen. Mae und andere Mitglieder der Familie setzten alle Hebel in Bewegung, um Als Freilassung zu erwirken, da er offensichtlich zu krank war, um länger in Alcatraz als Häftling bleiben zu können. »Ich mußte sie davon überzeugen, daß er nicht freigelassen werden kann«, schrieb Johnston, »daß er aber unter zuverlässiger ärztlicher Behandlung stand.«

Währenddessen lag Capone in Alcatraz im Gefängnishospital und mußte alle möglichen medizinischen und psychiatrischen Untersuchungen über sich ergehen lassen. Bei einer dieser Untersuchungen wurde die Perforation der Nasenscheidewand – eine Folge jahrelangen Kokaingenusses – festgestellt. Die höchst vertraulichen Berichten der Ärzte bescheinigten, daß es Al Capone, den einflußreichen Gangsterboß und gefürchteten Staatsfeind Nummer 1 nicht mehr gab – die Syphilis hatte die Herrschaft über ihn übernommen und ihn zu einem gebrechlichen, hoffnungslos kranken Mann gemacht.

Im Sommer entschieden die Ärzte, daß Capones Zustand so stabil sei, daß er seine Familie sehen konnte. Wie immer hatte Mae in einem wortreichen Brief um Besuchserlaubnis gebeten, und Direktor Johnston hatte mit einer knappen Antwort ihrem Gesuch stattgegeben. Der Besuchstermin wurde für den 3. August festgesetzt, sechs Monate nach Capones Zusammenbruch.

Als der Häftling Nummer 85 in den Besuchsbereich geführt wurde und durch die Klappe spähte, erlebte er die größte Überraschung seit seinem Haftantritt. Vor ihm stand ein großer junger Mann, der ihm ähnlich sah, aber gleichzeitig vollkommen unbekannt zu sein schien. Es war sein Sohn Sonny, der inzwischen 19 Jahre alt geworden war. Er war nicht mehr das süße Kind von dem Photo, das Capone in seiner Zelle aufgestellt hatte, sondern ein College-Student, der sich unter falschem Namen in Notre Dame eingeschrieben hatte. Bevor sich sein Geist verwirrt hatte, war Capone von der Angst vor diesem Augenblick durchdrungen: Allein der Gedanke, daß sein Sohn ihn hilflos im Gefängnis sehen könnte, war ihm so verhaßt gewesen, daß er Sonny in all den Jahren nie nach Atlanta, geschweige denn nach Alcatraz hatte kommen lassen. Aber jetzt, da sie sich endlich wiedersahen, war Capone nicht mehr fähig, Scham zu empfinden. Er erkannte den jungen Mann nicht einmal, als er durch die Scheibe sah. Sonny trug einen leichten Sommeranzug und war sonnengebräunt. Genaugenommen sah er aus wie der Sohn eines erfolgreichen Geschäftsmannes. Sonny schaute den Mann in der viel zu weiten Gefängniskleidung an und sagte: »Dad.«

Capone streckte die Arme aus, aber die Gitter und das Glas verhinderten eine Umarmung. »Mein Junge«, murmelte er. Eine Unterhaltung durch die Trennwand war unmöglich, und die Besuchszeit endete, kaum daß sie be-

gonnen hatte. Sonny und Mae wurden hinausgeführt und zur Fähre gebracht.
»Ich hab' versucht, all das von dem Jungen fernzuhalten, als er noch klein war«, sinnierte Capone später. »Ich habe versucht, ein guter Vater zu sein. Ich wollte nicht, daß er über mich Bescheid weiß. Und jetzt kommt er her und sieht mich so. Es muß ein schwerer Schlag für ihn gewesen sein.«

Auf der Krankenstation war Häftling Nummer 85 in einem der drei »Irrenkäfige« eingesperrt, die für geistig verwirrte oder tobsüchtige Inhaftierte errichtet worden waren. Sie lagen auf einem Flur nebeneinander und waren rundum vergittert, so daß sich die Insassen, anders als in den normalen Zellen mit den dicken Wänden, unterhalten konnten. Im »Irrenkäfig« neben dem von Capone hauste ein Bankräuber namens Carl Janaway. Er hatte kurz nach seiner Einlieferung nach Alcatraz den »Knastkoller« bekommen und saß seither im Käfig. Da sie nichts besseres zu tun hatten, vertrieben sich Capone und Janaway die Zeit damit, sich gegenseitig zu ärgern.
»Wenn wir beide hier rauskommen, geb' ich dir ein paar Millionen Dollar, Janaway. Ich mach' dich zum Millionär«, sagte Capone.
»Verpiß dich, Mr. Millionär«, schimpfte Janaway in seinem sicheren Käfig.
»Klapsmühlen-Janaway, der Millionär«, spottete Capone. Nach einer solchen Beleidigung ging das Geschrei los. »Nenn mich nicht so! Sag das nie wieder!« brüllte Janaway. »Du gottverdammter Spaghettifresser!«
Capone höhnte: »Klapsmühlen-Janaway! Klapsmühlen-Janaway!«
Alvin Karpis, der diesen Streit mitanhörte, verglich die beiden mit »Sechsjährigen im Sandkasten«. Beim nächsten Ausbruch glaubte er, Zeuge einer Szene zu sein, die man nur in der Hölle erleben kann. Janaway hob seine Bettpfanne auf, faßte hinein, griff sich eine Handvoll Fäkalien und bewarf Capone damit. »Das Geschoß traf auf das Gitter, das die beiden Käfige trennte«, schrieb Karpis, »spritzte in Capones Zelle, und ›Scarface‹ war mit dunklen Flecken übersät, als hätte er eine volle Ladung aus einer Maschinenpistole abbekommen.«
Capone heulte auf vor Wut, schnappte sich seine Bettpfanne und zahlte es Janaway mit gleicher Münze heim. Die beiden Verrückten bewarfen sich ausgelassen und fröhlich mit ihren Exkrementen. »An allem, was sich in Reichweite befand, klebten ekelhafte, grünlich braune Klümpchen ...«, berichtete Karpis. Zwei Wärter traten auf den Plan, aber sie griffen nicht ein, bis der Spuk vorbei war, bekamen aber trotzdem auch etwas ab. Inzwischen waren die Käfige von Capone und Janaway so verschmiert, daß die Männer Gefahr liefen auszurutschen. Als sich die Wahnsinnigen aus-

getobt hatten und die Bettpfannen leer waren, spritzten die Wärter die Zellen mit Wasserschläuchen aus und führten die beiden Kontrahenten unter die Dusche.

Capone erreichte mit diesen Wahnsinnsausbrüchen das, was weder seinen Anwälten noch seinen Verwandten bis jetzt gelungen war: seine Verlegung von Alcatraz. Das unappetitliche Vorkommnis überzeugte Direktor Johnston davon, daß es unmöglich war, den Häftling Nummer 85 in Alcatraz zu behalten. Er bat Dr. Ritchey, Nummer 85 noch einmal gründlich zu untersuchen und festzustellen, ob er transportfähig war. »Ich bin jetzt der Ansicht, daß wir eine Verlegung nach Springfield oder Leavenworth arrangieren können, bevor seine reguläre Haftzeit hier abgelaufen ist«, schrieb Ritchey am 19. November an Johnston. »Er ist in guter körperlicher Verfassung, und in medizinischer Hinsicht ist gegen einen Transport nichts einzuwenden. Er erhält eine Routinetherapie*, die bis zu seiner endgültigen Entlassung in jeder anderen Anstalt ebenso gut wie hier durchgeführt werden kann.« Ritchey schloß seine Beurteilung mit einer ironischen Bemerkung: »Er ist bewegungsfähig und kooperativ und behauptet, in einer besseren Verfassung zu sein als je zuvor während seiner Haftzeit.«
Obwohl Johnston von medizinischer Seite grünes Licht für eine Verlegung erhalten hatte, machte er sich immer noch Gedanken darüber, welchen Eindruck eine derartige Maßnahme machen könnte. Er wollte nicht in den Verdacht geraten, berüchtigte Schwerverbrecher bevorzugt zu behandeln, und genausowenig wollte er mit Capones Transport einen Präzedenzfall schaffen.
Es gab noch einen anderen Grund, der Capones Verlegung im Wege stand: Er sollte gegen seinen früheren Mentor Johnny Torrio aussagen, den die Behörden ebenso wie Capone wegen Steuerhinterziehung vor Gericht stellen wollten. Bis jetzt war es den Ermittlern nicht gelungen, Torrio, der sich kaum in der Öffentlichkeit sehen ließ und falsche Namen benutzte, zu fassen. Die Spuren seiner finanziellen Transaktionen verwischte er, indem er Mittelsmänner und respektable Firmen zur Geldwäsche einsetzte. Die Behörden hofften, von Capone entscheidende Hinweise auf Torrios Geschäfte und Einkünfte zu erhalten. Die Enthüllung, daß Al Capone, der bekannteste Häftling von Alcatraz, ein Polizeispitzel geworden war, der die Geheimnisse seines ehemaligen Gönners verriet, führte zu neuen Schlagzeilen und Mißverständnissen.
Capone erklärte sich bereit, mit dem stellvertretenden Bundesstaatsanwalt

* Wegen der Syphilis.

Seymour Klein ein Gespräch zu führen, weil er sich einbildete, er könnte eine vorzeitige Entlassung oder zumindest Hafterleichterungen erwirken, wenn er sich kooperativ zeigte. Da aber Dr. Ritchey erst kürzlich eine Psychose diagnostiziert und festgestellt hatte, daß Capone, wenn er ganz allein in seiner Zelle hockte, in seinem verwirrten Geisteszustand mit Gott, den Engeln und Anwälten Gespräche führte, waren seine Angaben nichts wert. Schon allein die Tatsache, daß er willens war, gegen Torrio auszusagen, den er seit mehr als 30 Jahren verehrte und schützte, war Beweis genug für seine bedenkliche Verfassung. Dennoch fuhr Klein zweimal nach Alcatraz, um mit Capone zu sprechen. Der psychisch kranke Gefangene faselte jedoch nur stundenlang wirres Zeug, widersprach sich ständig und erzählte Klein, was auch immer er hören wollte. Capones Aussage, die auf 50 Seiten protokolliert war, erwies sich als vollkommen nutzlos.
Am 6. Januar 1939 wurde Capone aus dem »Irrenkäfig« geholt, in dem er seit seinem Zusammenbruch vor fast einem Jahr gefangengehalten worden war. Monatelang hatte er gelebt wie ein Versuchstier im Labor – verglichen damit waren die Jahre in der normalen Haftzelle Luxus gewesen. Der »Irrenkäfig« schien nicht unbedingt gerechtfertigt zu sein, denn er war weder gewalttätig noch tobsüchtig. Im Gegenteil, im Grunde fügte er sich klaglos allen Anordnungen und verhielt sich ruhig. Daß er nicht als gefährlich eingestuft wurde, bewies die Tatsache, daß er auf dem Transport kaum bewacht wurde. Er verließ Alcatraz nicht mit schwer bewaffneter Eskorte, nur ein einziger Wärter begleitete ihn. Langsam und schwerfällig schlurfte Häftling Nummer 85 zum letztenmal die Serpentinenstraße hinunter, blieb hin und wieder stehen und betrachtete die dunstige Bay, während Möwen über seinem Kopf ihre Kreise zogen. Dann bestieg er die Barkasse, die ihn über das aufgewühlte Meer nach Oakland brachte.

Capone mußte noch ein weiteres Jahr in Haft verbringen. Richter Wilkerson hatte angeordnet, das er den Rest der Zeit im Cook County-Gefängnis absitzen solle, aber der Gedanke an die Publicity und die Möglichkeit neuer Korruptionsfälle bewog das Justizministerium dazu, ihn in der staatlichen Besserungsanstalt auf Terminal Island in der Nähe von Los Angeles unterzubringen. Wieder einmal bestieg Al eine Barkasse, die ihn auf eine andere Insel brachte. Man hatte seine Füße in Ketten gelegt, obwohl es eher unwahrscheinlich war, daß Capone in seinem Zustand einen Fluchtversuch wagen oder Gewalt anwenden würde.
Bei seiner Ankunft wurde er sofort dem Gefängnisarzt George Hess übergeben, der ihn zur Überwachung in die Krankenstation brachte. »In den ersten Tagen war der Häftling verwirrt, gleichgültig und deprimiert«, notier-

te sich Dr. Hess. »Die Depressionsphasen wurden von Stimmungsumschwüngen begleitet, der Patient zeigte sich bisweilen gereizt, gab sich jedoch immer zugänglich und kooperativ. Seine Gedankengänge blieben oberflächlich, und seine Aussprache war undeutlich … Zur Zeit wird er einmal wöchentlich mit Tryparsamid und Wismut behandelt.« Die Medikamente konnten den Verlauf der Krankheit verlangsamen, aber eine Heilung war nicht mehr möglich.

Capone verbrachte die Monate auf Terminal Island unter Dr. Hess' medizinischer Aufsicht in einer Art Dämmerzustand. Im Juni wurde eine weitere Rückenmarkspunktion vorgenommen, und die Untersuchung bestätigte das Fortschreiten der Erkrankung. Im Oktober fing Capone an zu phantasieren und redete nur noch davon, daß die Presse, besonders der Hearst-Konzern, ihn zum Feind einer ganzen Nation gemacht hatte.

Anders als andere Gefängnisärzte nahm Dr. Hess persönlichen Anteil an Capone und seinem Gesundheitszustand. Er sprach mit Als jüngerem Bruder John, der mit seiner Frau zu einem Besuch auf die Insel gekommen war. »Ich habe Ihnen die Notwendigkeit vor Augen geführt, daß der Patient künftig seine Aktivitäten aufs äußerste einschränken muß«, schrieb er an Bennett. Dr. Hess bot John an, ihm Ratschläge für eine Behandlung nach der Haftzeit zu geben, und schlug vor, Capone nach seiner Entlassung aus dem Gefängnis ins Johns Hopkins Hospital nach Baltimore, Maryland, zu bringen. Aber noch waren diese Pläne geheim, nicht einmal Al wußte, wo er nach seiner Freilassung leben würde. Der Arzt machte ihm gegenüber lediglich eine Andeutung und sprach von einer »Privatklinik«, aber dabei beließ er es. Mit James Bennett hingegen diskutierte er ausführlicher über die Angelegenheit, damit die Behörden geeignete Vorkehrungen für die Entlassung treffen konnten. »Ich würde vorschlagen, daß er nicht die Route über Chicago nimmt, hauptsächlich, weil er dann von einem Bahnhof zum anderen transportiert werden müßte. Ich glaube, es wäre besser, ihn über St. Louis oder eine andere Strecke fahren zu lassen, bei der das Umsteigen vermieden werden kann.«

Wenige Tage später informierte Bennett den Generalstaatsanwalt über die endgültigen Arrangements. »Ralph Capone hat sich einverstanden erklart, seinen Bruder in die Obhut von Dr. Joseph Moore ins Johns Hopkins Hospital zu geben. Dr. Moore ist ein anerkannter Spezialist für Parese-Fälle … und ist bemüht, jede Publicity zu vermeiden … Er [Capone] wird nicht unter seinem eigenen Namen eingeliefert, und sein Transport ins Johns Hopkins Hospital wird nirgendwo vermerkt. Ich denke, es wäre von Vorteil, wenn sich die Behörden in dieser Angelegenheit kooperativ verhalten und Capone vor Ablauf seiner Haftzeit von Los Angeles nach Lewisburg,

Pennsylvania, verbringen würden … dadurch könnte jedes Aufsehen, das in Kalifornien unausweichlich scheint, vermieden werden.«
Obwohl aktenkundig war, daß Capones geistige Fähigkeiten infolge der Neurosyphilis stark eingeschränkt waren, sahen ihn das FBI, das Justizministerium und sogar der Generalstaatsanwalt nach wie vor als wertvolle Informationsquelle an, die den Ermittlern lohnende Hinweise auf die derzeitigen Betätigungen des organisierten Verbrechens geben konnte. Aber die Protokolle von Gesprächen mit Capone erwiesen sich als ebenso nutzlos wie seine Aussage über Torrio. Der eigentliche Grund für diese Befragungen war vermutlich der, daß keiner der höheren Beamten der Verlockung widerstehen konnte, einmal mit dem berüchtigten Al Capone persönlich zu sprechen. Sogar Generalstaatsanwalt Frank Murphy nahm den weiten Weg nach Kalifornien auf sich, um mit dem verwirrten Mann zu plaudern. Es ist überflüssig zu erwähnen, daß kein Gangster, der noch bei Verstand war, solche Leute freiwillig treffen oder ihnen gar bei ihrer Arbeit helfen würde, aber Capone war sich über die Konsequenzen seiner Redseligkeit nicht mehr im klaren und fühlte sich geschmeichelt, daß man ihm so viel Aufmerksamkeit widmete. Er redete mit allen und jedem und beantwortete alle Fragen. Er erzählte, was ihm einfiel, aber das war nicht mehr viel, und wenn er nicht mehr weiter wußte, flüchtete er sich ins Reich der Phantasie.

Als sich Capones Haftzeit dem Ende zuneigte, traf sein neuer Chicagoer Anwalt Abraham Teitelbaum letzte Vorkehrungen. Der genaue Entlassungstermin war noch nicht festgesetzt, und Capone schuldete den Behörden 20 000 Dollar Bußgeld. Ralph, der offenbar ohne weiteres jeden Betrag auftreiben konnte, gab Teitelbaum das Geld. Teitelbaum überwies »unter Protest« am 3. November die volle Summe und ebnete so den Weg für Capones Freilassung.
Die staatliche Gefängnisverwaltung setzte den 16. November 1939 für Capones Entlassung fest. Am Morgen kam er mit dem Zug in Lewisburg an. Ralph organisierte eine Limousine, die Mae und Sonny zum Gefängnis brachte. Er selbst wollte nichts mehr mit Haftanstalten und Gefängnisdirektoren zu tun haben, deshalb hielt er sich an diesem Tag fern. Der Häftling, den Mae und Sonny vom Staatsgefängnis in Lewisburg abholten, hatte nur noch geringe Ähnlichkeit mit dem eleganten, selbstsicheren, gutgekleideten Capone, der im Jahr 1931 das Bezirksgefängnis von Cook County betreten hatte. Der Mann, der jetzt vor ihnen stand, grinste schief, und ein Speichelfaden tropfte aus seinem Mundwinkel. Er trug derbe, schlechtsitzende Sträflingskleidung und klobige, unförmige Schuhe. Capone war erst 40 Jahre alt, machte jedoch den Eindruck, als wäre er mindestens zehn

Jahre älter. Das Glitzern in seinen grauen Augen war verschwunden und hatte einem dumpfen Ausdruck Platz gemacht, er ging gebeugt, und wenn er etwas sagte, dann klang es, als würde er im Schlaf sprechen. Zudem konnte er sich kaum noch erinnern, wo er die letzten Jahre verbracht hatte. In den kommenden Wochen sollte er seine Familie in höchstes Erstaunen versetzten, wenn er das amerikanische Strafvollzugssystem über den grünen Klee lobte und immer wieder betonte, wie gut ihn Direktor Johnston in Alcatraz behandelt hatte.

Bevor sie das Gefängnis verlassen konnten, mußte Capone noch ein kurzes Zusammentreffen mit dem Verwalter überstehen, in diesem Fall Myrl E. Alexander, der ihm vor Jahren bei seiner Ankunft in Atlanta als junger Direktionsassistent Fragen gestellt hatte. Alexander erledigte die letzten Formalitäten mit Mae, die über das ganze Gesicht strahlte, weil sie ihren Mann endlich wiedersah. Alexander erklärte, daß der Verurteilte bis zum 3. Mai 1942 die Bestimmungen einer bedingten Haftentlassung erfüllen und sich regelmäßig bei einem Bewährungshelfer melden müsse. Bis dahin durfte er sich nichts zuschulden kommen lassen, keinen Alkohol und keine Drogen zu sich nehmen und so weiter und so fort.

Nach Beendigung der Unterredung erhoben sich die Capones gleichzeitig. Mae verließ das Büro als erste, Sonny folgte ihr und zum Schluß schlurfte Al hinaus. Sie passierten, ohne weiter behelligt zu werden, die Gefängnistore und stiegen in die wartende Limousine.

Wenn Capone erfaßt hätte, daß er die Hölle hinter sich gebracht hatte, hätte der die ersten Momente der Freiheit in vollen Zügen genossen. Die grausame Wahrheit jedoch war, daß er gar nicht begriff, daß er nach acht langen Jahren der Qualen und Entbehrungen wieder ein menschenwürdiges Leben führen konnte.

Die Capone-Familie fuhr direkt zum Johns Hopkins Hospital nach Baltimore und vertraute Al der Fürsorge von Dr. J. Earl Moore an, der sich auf Syphilisfälle spezialisiert hatte. In dieser Privatklinik erhielt Al Capone eine neue Behandlung. Während in Medizinerkreisen allgemein die Meinung herrschte, daß Syphilis unheilbar war, experimentierten die Ärzte des Johns Hopkins Hospitals mit neuen Mitteln und Therapiemethoden. Vielleicht geschah ein Wunder …

KAPITEL 12

Nach Capone

Richard »Two-Gun« Hart* war kein übertrieben religiöser Mann, aber wenn er sein Leben im Rückblick betrachtete, schien es ihm, als hätte eine unsichtbare Hand seine Geschicke geleitet. Als er noch jung gewesen war, hatte die Hand in Richtung Westen gedeutet, weg von seiner Familie, besonders von seinem jüngeren Bruder Al. Später führte ihn die Hand wieder zurück zu den Stätten seiner Vergangenheit, zu der Familie, von der er sich losgesagt hatte, und sogar zu der Identität, mit der er geboren wurde. Die Veränderung ging langsam und kaum wahrnehmbar vonstatten, und allmählich schloß sich der Kreis, den ihm das Schicksal bestimmt hatte.

Nachdem er im Sommer 1927 eine Zeit als Leibwächter von Präsident Calvin Coolidge gearbeitet hatte, wanderte er im Nordwesten von einem Indianerreservat zum anderen, jagte Alkoholschmuggler, brachte sich und die Indianer hin und wieder mit dem Gesetz in Konflikt, konnte sich jedoch jedesmal wieder aus der Klemme befreien. Einmal stand er vor Gericht, weil er einen Indianer auf der Flucht erschossen hatte. Die Jury sprach ihn frei, und sein Ruf als furchtloser Gesetzeshüter blieb gewahrt. Von allen Capones war er, nicht Al, der gewalttätigste. Wohin er auch kam, die Leute wußten, wer er war. Die Legende von »Two-Gun« Hart war so bekannt im Nordwesten, daß ihm die Post einen Brief nach Tekoa, Washington, zustellte, auf dessen Umschlag nur »HART« stand und zwei Revolver gemalt waren.

Es machte Eindruck, daß er, wo er sich auch aufhielt, die Kriminalität drastisch einschränken konnte. Im Sommer 1930 kam er ins Bonner County nach Sandpoint, Idaho, wo verschiedene Indianerstämme aus den nordwestlichen Staaten ihre jährliche Zusammenkunft abhielten. In Wahrheit waren diese Treffen nichts anderes als ein großes Fest, das fünf Tage dauerte. »Sie kamen mit Ponies – manche hatten ihre Tipis dabei –, mit Pferdekarren oder alten Model-T-Fords«, erinnert sich ein Beobachter, Harold

* Geboren als Vincenzo Capone.

Hagen. »Sie schlugen ihre Lager in den Wäldern und auf den Wiesen in der Umgebung auf. Meistens spielten sie, normalerweise Blackjack. Sie breiteten Decken auf dem Boden aus, und wenn die Nacht hereinbrach, hängten sie Laternen an Stöcke und ließen sie die ganze Zeit brennen.« Nur ein Gesetzeshüter war da, der die etwa 500 Indianer beaufsichtigte: »Two-Gun« Hart. Hagen erzählt: »Er war im Westernstil gekleidet und hatte seine beiden Revolver dabei. Er hat sich nicht oft unters Volk gemischt, aber er war immer sichtbar. Er schien mit den Indianern gut zurecht zu kommen, sie mochten ihn offenbar ... Es gab keinen Alkohol. Gelegentlich fing einer einen Streit an, aber bevor die Auseinandersetzungen zu weit gingen, drohte jemand ›Two-Gun‹ Hart zu rufen, und schon war alles vorbei.«

Hart zog weiter in das Nest in der Prärie, das er im Jahr 1931 zu seinem Zuhause machte. Die Depression hatte auch ihn eingeholt. »Ich erinnere mich an die schlechten Zeiten. Es war wirklich hart«, sagt sein jüngster Sohn Harry. Jobs waren Mangelware in Homer, im Winter herrschten kältere Temperaturen als je zuvor, und da sich die Zeit der Prohibition dem Ende zuneigte, sah es so aus, als würde »Two-Gun« Hart bald keine Arbeit mehr haben. Er war Ende 30, wurde allmählich übergewichtig und war im Grunde nicht mehr jung genug, um die Anstrengungen auszuhalten, die die Verfolgung von Alkoholschmugglern mit sich brachte. Er mußte eine Frau und vier Kinder ernähren, hatte jedoch kaum Aussichten, Geld zu verdienen. Die Flut von Zeitungsartikeln, in denen seine Heldentaten beschrieben wurden, versickerte langsam; die Verbrecherjagd war nicht mehr das große Abenteuer wie früher. Eine Redensart besagte: Wenn Gangster und Alkoholschmuggler jung und reich sterben, dann lebt der Gesetzeshüter lang und ist pleite bei seinem Tod. Hart mußte die bittere Wahrheit dieses Spruchs am eigenen Leib spüren. Der Rest seines Lebens war oft von dem demütigenden Kampf um das Nötigste bestimmt. Er nahm die Stellung als Friedensrichter in Homer an, aber die Bezahlung war schlecht. Bald betätigte er sich wie bei seiner Ankunft vor Jahren in allen möglichen Jobs: Er strich Häuser an, arbeitete als Tapezierer und verwaltete ein Fischercamp.

Die Depression ging nicht freundlich mit Al Capones abenteuerlustigen älteren Bruder um – genaugenommen erlebte er zehn Jahre in Armut. Der arbeitslose Hart vertrieb sich die Zeit mit Musik. »Er brachte das Klavier zum Vibrieren«, sagt ein anderes Familienmitglied. Er spielte auch Geige, doch am meisten faszinierte ihn die Mandoline. In diesem Landstrich war die Mandoline ein exotisches Instrument, und für Hart stellte sie eine der wenigen Verbindungen zu seinen italienischen Ursprüngen dar. »Er saß an der Hauptstraße und spielte und spielte, und die Alten, die nicht viel zu tun hatten, hörten ihm zu«, sagt Harry. »Und ich habe dazu gesungen.« Ungefähr zur selben Zeit tröstete sich Al Capone in seiner Zelle in Alcatraz auch mit den süßen Klängen der Mandoline.

Hart, der bei seiner Arbeit als Gangsterjäger alles andere als zimperlich vorging, war ein nachsichtiger Vater, besonders bei seinem Jüngsten zeigte er viel Geduld. »Wir hatten's nicht leicht, aber mich hat er immer gut behandelt«, meint Harry. Hart hatte eine Vorliebe für Volksfeste und nahm jedes Jahr in Homer an den Feierlichkeiten zum 4. Juli teil, die selbst die schlechte Wirtschaftslage nicht verhindern konnte. Außerdem verlor er nie seine Begeisterung für Feuerwaffen und gab sie an seine Kinder weiter. »Ich ging oft mit ihm auf Fasanenjagd«, erinnert sich Harry. »Er war ein ausgezeichneter Schütze ... Er brachte mir bei, wie man schießt und mit einem Gewehr umgeht – daß man den Lauf nicht auf irgend jemanden richtet. Und ich habe meinen Enkeln gezeigt, wie man mit einem Gewehr umgeht, weil ich mein ganzes Leben lang mit Waffen zu tun hatte.«

1933 war ganz Chicago und der mittlere Westen in Aufruhr wegen der Weltausstellung. Für Chicago war das Ereignis die beste Reklame und eine gute Gelegenheit, der Welt zu verkünden, daß ein neues Zeitalter angebrochen war, das nichts mit der Wirtschaftskrise oder organisiertem Verbrechen zu tun hatte. Während Al Capone das alte Chicago, die Stadt der Racketeers, Korruption und Gewalt, symbolisiert hatte, versprach die Weltausstellung eine verheißungsvolle Zukunft. Für die Stadt und die ganze Nation, die nach Aufschwung und positiven Nachrichten hungerten, war die Ausstellung, die über fünf Millionen Besucher anlockte, ein großer Erfolg.

Richard »Two-Gun« Hart war einer dieser Besucher. Er ließ sich in seiner Westernkluft photographieren: Er saß aufrecht in einem Sattel, trug eine Wildlederjacke und Reitstiefel. Als er die Ausstellung verließ, kaufte er sich konventionellere Kleidung, fuhr zum Haus seiner Mutter in die Prairie Avenue und nahm von Ralph Geld an, das ihm helfen sollte, das Jahr zu überstehen. Von diesem Zeitpunkt an reiste er immer wieder nach Chicago, und Ralph steckte ihm jedesmal etwas zu. Dank dieser Finanzspritzen konnte »Two-Gun« Hart Frau und Kinder ernähren, ihnen ein Dach über dem Kopf bieten und die Depression überstehen. Als sein Bruder Al 1939 aus der Haft entlassen wurde, nahm er immer noch Almosen von Ralph an und lebte mit seiner Familie in Homer, Nebraska.

Nach vier Monaten Behandlung in Baltimore verabschiedeten sich Capone und seine Familie von Dr. Moore und dessen Mitarbeitern. Al wurde nach Florida in sein Haus auf Palm Island gebracht. Er kam am 22. März 1940 dort an und hatte keinerlei Schwierigkeiten, sich an die Bequemlichkeiten zu gewöhnen, obwohl es keine Anzeichen dafür gab, daß er das Haus und die Umgebung wiedererkannte. »Auch wenn der ehemalige Bandenboß die meiste Zeit im Bett verbringen muß«, berichtete der *Miami Herald*, »kann er ab und zu in der Sonne sitzen und kurze Spaziergänge hinter den Mauern seines Anwesens machen. Aber er ist nicht in der Lage, Ausflüge zu unternehmen oder auch nur in seinem gekachelten Pool zu schwimmen, weil ihm jede Art von körperlicher Anstrengung verboten ist. Während er im Bett liegt und darum kämpft, seine alte Energie zurückzugewinnen, die ihn während der Prohibitionszeit an die Spitze der Gangsterorganisation gebracht hat, vertreibt er sich die Zeit hauptsächlich mit Lesen und Radio hören. Er liest leidenschaftlich gern Zeitung, besonders die Artikel, in denen er erwähnt wird.«

Als er wieder etwas zu Kräften gekommen war, versuchte Al ein wenig Tennis auf dem Rasenplatz zu spielen, aber er war der Anstrengung im Grunde nicht gewachsen, und Golf kam für einen Mann in seinem Zustand überhaupt nicht mehr in Frage. Hin und wieder spielte er Karten – Binokel mit »den Jungs«, aber es war allen quälend bewußt, daß ihm die Konzentration, die das Spiel erforderte, fehlte, und sie boten ihm alle nur erdenklichen Vorteile. Wenn er trotzdem verlor, flackerte der Geist des alten Capone wieder auf. »Wer ist dieser Schlaukopf?« brüllte er. »Sagt den Jungs, daß sie sich um ihn kümmern sollen.« Niemand rührte mehr einen Finger, wenn er so was sagte; alle wußten, daß Al nicht mehr bei Verstand war. Aber er schien zufrieden zu sein, wenn er ungekämmt und im Pyjama an der Anlegestelle saß, die Biscayne Bay betrachtete und eine Angelrute in seinen großen Händen hielt. Er war ein armer alter Mann, der sich die Zeit vertrieb – jeder Tag verlief wie der andere. Capone war zu diesem Zeitpunkt 41 Jahre alt.

Seit dem Tag, an dem die Polizei seinen Bruder Frank auf der Straße in Cicero erschossen hatte, war Al Capone überzeugt gewesen, daß er einmal auf dieselbe Weise wie Frank sterben würde. Er hatte ein Leben in Angst geführt und Sicherheitsvorkehrungen getroffen wie kein anderer Gangster. Diese Vorsicht und sein Glück hatten ihn vor einer Gewehrkugel und dem Tod bewahrt, aber nicht vor einer Krankheit, Siechtum und einem langsamen Tod. In gewisser Weise hielt Capone so sein Versprechen ein, sich aus dem organisierten Verbrechen zurückzuziehen, aber er mußte erst den Verstand verlieren, bevor er Frieden finden konnte.

Selbst wenn Capone von der Syphilis verschont geblieben wäre, hätte er eine vollkommen andere Welt vorgefunden, und es wäre ihm unmöglich gewesen, seine Geschäfte wie üblich weiterzuführen. Die Polizeibehörden hatten dazugelernt und waren schlauer geworden. Die Prohibition, das größte Geschenk, das die Regierung den Gangstern machen konnte, war längst nicht mehr gültig, und die Politik der Banden hatte sich verändert. Früher war fast ganz Chicago Capones Domäne gewesen, und sein Netz von Alkoholschmugglern hatte bis nach New York und zu den Weststaaten gereicht. Wo er sich auch hinwandte, immer waren Geliebte, Leibwächter und Speichellecker zur Stelle, die alles taten, was er von ihnen verlangte. Er beherrschte sein Reich mit der Akribie eines Buchhalters und der Skrupellosigkeit eines Killers. Aber all das war jetzt vorbei, Teil der Vergangenheit, eine Erinnerung, ein vergilbter Zeitungsausschnitt.

Capones Familie besaß nach wie vor das Haus an der Prairie Avenue in Chicago, aber Al kam nur noch selten dorthin, und er besuchte nie mehr das kleine Cottage am See in der Nähe von Lansing oder den Burnham Wood-Golfplatz, wo er die trägen Sommernachmittage beim Gangstergolf verbracht hatte. Auch die Schlupfwinkel seiner Brooklyner Jugend sah er nie wieder. Seine große Suite im Lexington Hotel gab es längst nicht mehr. Seine Welt war jetzt auf die Palm-Island-Villa, die Ralph den Fängen der Steuerbehörde entrissen hatte, zusammengeschrumpft.

Während Al seinen Träumereien nachhing und nicht mehr begriff, was um ihn herum vor sich ging, beschäftigte sich die Presse nach wie vor mit dem Phänomen Capone, aber das Interesse hatte makabre Züge angenommen. Als ehemaliger Sträfling von Alcatraz und Opfer der Syphilis war er doppelt gebrandmarkt. Die Redaktionen vermieden es, das Wort »Syphilis« zu drucken, und bevorzugten den freundlicheren Begriff »Parese«, um seinen Zustand zu beschreiben. Man sprach von »Hirnlähmung« und einem »chronischen Nervenleiden«.

Die Familie bestimmte John »Mimi« Capone als Sprecher, der die Fragen der Journalisten beantworten sollte. John war zwei Jahre jünger als Al und immer nur eine Randfigur in der Organisation gewesen. Als einziger beinahe »unbescholtener« Capone schien er geeignet, diese Aufgabe zu erfüllen. Er erzählte den Reportern, daß Al überglücklich sei, wieder zu Hause in Florida zu sein. »Wir kamen nach 28 oder 30 Stunden Fahrt dort an. Wir hielten die Reise geheim, weil wir alle Zwischenfälle vermeiden wollten, die Als Zustand hätten verschlechtern können« – eine geschickte Art, zum Ausdruck zu bringen, daß die Familie Al vor einem Mordanschlag nach den langen Jahren im Gefängnis bewahren wollte.

Obwohl die Familie Capone friedlich und zurückgezogen lebte, behielt das FBI in Miami das Grundstück im Auge und erstattete J. Edgar Hoover regelmäßig Bericht. Die FBI-Agenten befragten die Nachbarn und Mitglieder von Capones Haushalt, die ihn aus der Nähe beobachten konnten. Das Resultat der ausführlichen Überwachung war eine dicke Akte, in der Capones verfrühtes Greisendasein im Kreis seiner großen Familie geschildert wurde. Ständig im Haus lebten, laut FBI-Berichten, Al, seine Frau Mae, sein Sohn Sonny und Maes Schwester Muriel mit ihrem Mann Louis Clark. »Informanten bestätigten, daß Muriel und Louis das volle Vertrauen von Al und Mae Capone genießen«, stand in einem der Berichte, in dem auch ein Diener namens »Brownie« Brown und das Dienstmädchen Rose erwähnt wurden. Die Capones hatten eine nicht im Telephon aufgeführte Telephonnummer – 5-5050 – und nur noch ein Automobil, einen »aquamarinblauen 1941 Pontiac Sedanette ..., der als Familienauto benutzt wird«. Nirgendwo waren Waffen auf dem Anwesen zu sehen, keine Gewehre, Revolver oder Maschinenpistolen, es gab nur einen »alten, aber ausgesprochen wachsamen Foxterrier ..., der laut kläfft, wenn sich jemand dem Tor nähert«.

Das FBI beobachtete auch die anderen Mitglieder der Familie Capone, besonders Als einziges Kind Sonny, der begann, sein eigenes Leben zu führen. Er war immer noch schwerhörig – ein Vermächtnis der Syphilis seines Vaters –, wurde aber trotz dieses Handikaps 1937 in Notre Dame als College-Student angenommen und schrieb sich unter dem Namen Al Brown, dem falschen Namen seines Vaters, dort ein. Er erfüllte die Ambitionen von Al Capone und so vielen anderen Gangstern, die sich alle wünschten, daß ihre Söhne studierten, echte Amerikaner und Geschäftsmänner, Politiker oder in anderen respektablen Berufen erfolgreich wurden. Nicht lange nach seinem Eintritt in Notre Dame wurde Sonnys wahre Identität aufgedeckt, und diese Peinlichkeit zwang ihn dazu, das College zu verlassen. All die Liebe und die Fürsorge, mit der Al seinen Sohn überschüttet hatte, konnten ihn nicht vor den Folgen schützen, die der Name Capone mit sich brachte. Der Sohn mußte für die Sünden seines Vaters büßen. Sonny kehrte nach Florida zurück und belegte an der Miami University unter seinem eigenen Namen Wirtschaftskurse, 1941 machte er seinen Abschluß. Im darauffolgenden Jahr zog er aus der Palm-Island-Villa aus und lebte mit seiner Frau Ruth und zwei Kindern in einem eigenen Heim. Etwa zur selben Zeit meldete er sich zum Kriegsdienst, obwohl er wegen seiner Schwerhörigkeit untauglich war. In der FBI-Akte ist vermerkt: »Er führte vom September 1941 bis März 1942 einen Blumenladen in Miami Beach und ist gegenwärtig Angestellter des Kriegsministeriums im Ersatzteillager des Flughafens Miami, nach Dienstantritt am 9. August 1943 verdiente er als Mechanikerlehrling ein Jahresgehalt von 1200 Dollar. Im Moment ist er als Hilfsmechaniker beim Flugwartungsdienst für ein jährliches Gehalt von 2680 Dollar angestellt.« Zwangsläufig stellten sich die Behörden die Frage, ob Sonny Capone in die Fußstapfen seines Vaters treten und dubiose Geschäfte machen würde, aber das FBI stellte fest:

> »Eine Überprüfung seiner Personalakte des Flugwartungsdienstes ergab, daß er ein verantwortungsbewußter Mitarbeiter ist, der nie Tendenzen gezeigt hat, kein normaler, gesetzestreuer Bürger zu sein ... Alle Informationsquellen bestätigen, daß ALBERT [Sonny] nie in illegale Aktivitäten, Kriminalität oder die Unternehmungen seines Vaters verwickelt war. Es ist bekannt, daß sowohl AL als auch MAE große Anstrengungen unternommen haben, ihn von allen Einflüssen fernzuhalten, die das Leben von AL bestimmt haben.«

Dennoch blieb Sonny in engem Kontakt mit seinen Eltern, wie das FBI beobachten konnte.

> »Die Beziehung zwischen AL CAPONE und seiner Frau einerseits und ALBERT und seiner Familie andererseits ist sehr eng. Natürlich ist bekannt, daß die Familie CAPONE überhaupt eine festgefügte Gemeinschaft ist. AL und MAE besuchen ALBERT sehr oft ... Weiterhin ist bekannt, daß das Hauptinteresse in ALS gegenwärtigem Leben dem Wohlergehen von ALBERTS Kindern gilt, für die er ständig Geschenke kauft. Auch MAE ist sehr fürsorglich und unterstützt RUTH des öfteren mit Geld, um ALBERTS Einkommen aufzubessern ... Es ist aktenkundig, daß RUTH M. CASEY, die Mutter von ALBERTS Frau, chronische Alkoholikerin ist ... AL ist gewohnheitsmäßiger Zigarrenraucher und bevorzugt 25-Cent-Coronas. Er verläßt beinahe täglich das Haus, manchmal begleitet er seine Frau bei ihren Einkäufen und nimmt an ihren Besuchen im Haus ihres Sohnes teil.«

In der Familie Capone hatte sich so viel verändert, seit Als Eltern – Gabriele, ein Friseur, und Teresa, eine Näherin – ein halbes Jahrhundert zuvor von Neapel nach New York eingewandert waren, aber trotz aller Gewalttaten, Verbrechen und Tragödien war eines immer gleich geblieben: Die Familie hielt zusammen, und der *campanilismo* hatte alles überdauert. Auf Palm Island schloß der *campanilismo* auch verschiedene Mitglieder der Familie Coughlin mit ein, die Mae unbeirrt zur Seite standen und ihr halfen, mit dem schweren Los, das Als schlechter Ruf mit sich brachte, fertig zu werden. Die Geschäfte, die Maes Bruder, Danny Coughlin, trieb, legten den Verdacht nahe, daß er zumindest am Rande des organisierten Verbrechens in Miami mitmischte. Er war in der Gewerkschaft der Barmixer und Kellner und führte zwei Restaurants: »Winnies Little Club« und »Winnies Waffle Shop«, beide nach seiner Frau Winifred benannt. Das FBI beobachtete, daß zweifelhafte Polizisten, Betrüger, Ganoven und Gangster, die sich nur kurzzeitig in Miami aufhielten, Kunden in beiden Kneipen waren. Wieviel Danny über das organisierte Verbrechen wußte, konnte nie geklärt werden. Auch er hatte ein ernsthaftes Alkoholproblem.

Trotz all der Beschaulichkeit war das Leben auf Palm Island nicht so vergnüglich und unschuldig, wie es den Anschein hatte. Ständig kamen Abordnungen der Organisation aus Chicago, um die Familie Capone aufzusuchen. Sie unterhielten sich über dies und das mit Al und machten Geschäfte mit Ralph und John Capone, die die Familieninteressen vertraten. Auch wenn sie die Namen dieser Gäste kannten, fiel es den FBI-Agenten schwer, herauszufinden, welche Positionen sie in der Capone-Nachfolgeorganisation einnahmen. Zudem wurden einige verdächtige Telephongespräche, die vom Haus der Capones aus mit Chicago geführt wurden, vom FBI abgehört, aber die Agenten waren nicht in der Lage, die Nachrichten zu entschlüsseln. Um mehr zu erfahren, »unterhielten« sie sich von Zeit zu Zeit mit Mae, aber sie spielte perfekt die Ahnungslose und blockte jede weitere Frage ab, obwohl sie sich den Anschein gab, den Behörden in jeder nur erdenklichen Weise helfen zu wollen. Eine Tatsache allerdings war gesichert: Ralph schickte jede Woche einen an Mae adressierten eingeschriebenen Brief von seiner Jagdhütte in Mercer, Wisconsin. Jeder dieser Briefe enthielt einen Scheck über 600 Dollar. Laut FBI-Akten soll das Maes einzige Einkommensquelle gewesen sein.

Wie Mae lebten alle Bewohner des Hauses Capone in ständiger Furcht vor den Verhören der staatlichen Polizeibehörden. »Die Familie CAPONE schenkte der örtlichen Polizei keinerlei Beachtung, aber vor den Ermittlern des FBI hatten sie Angst und großen Respekt«, brüsteten sich die Agenten.

Im Frühling 1944 wurde das friedvolle Leben der Capones erschüttert, als einer von Als jüngeren Brüdern, Matt, in Cicero in Schwierigkeiten geriet. Von allen Brüdern hätte man ihm am ehesten zugetraut, daß er der organisierten Kriminalität den Rücken zukehren würde. Matt war inzwischen 36 Jahre alt, war Geschäftsführer der Hall of Fame Tavern in Cicero und wurde immer wohlbeleibter. Am 18. April gerieten sich zwei Angestellte der Taverne, Jens Larrison und Walter Sanders, wegen fehlender fünf Dollar in die Haare. Als der Streit anfing, befanden sich etwa 20 Leute in der Taverne, die später der Polizei erzählten, daß Sanders Larrison ins Hinterzimmer schubste, während Matt irgend etwas in einer Schublade suchte. Plötzlich ging ein Schuß los. Matt machte sich aus dem Staub, und die Polizei fand Larrisons Leiche in einer Seitenstraße weit ab vom Tatort. Matt entzog sich einem Verhör, indem er sich versteckt hielt. Der Verdacht gegen Matt Capone löste sich in Luft auf, als der Kronzeuge Sanders ebenfalls von der Bildfläche verschwand. Erst nach einem Jahr tauchte Matt wieder auf. Ab diesem Zeitpunkt war er bei der Polizei aktenkundig, und der Mord sollte sein ganzes weiteres Leben überschatten.

Capones Mutter Teresa und seine Schwester Mafalda wurden in Palm Island nie gesehen, und ihre Namen fanden daher in der FBI-Akte auch keine Erwähnung. Beide wohnten immer noch in Chicago. Mafalda führte eine Bäckerei, lieferte Speisen und Getränke für Hochzeiten und andere Feste. In ihren späten Jahren wurde sie, wie ihre Familie bescheinigte, »eigen und ruppig, übellaunig. Sie fluchte und schimpfte oft. Sie war ganz anders als Al, der gelassen, ruhig und beherrscht war, wenn ihn niemand auf die Palme brachte. Sie hatte das Heft in der Hand, nicht ihr Mann. Sie war ziemlich dick, sah aber immer noch gut aus.«

Im Gegensatz zu Mafalda wurde Mae Capone mit den Jahren immer frommer. Sie ging selten allein aus dem Haus, nur wenn sie in der St.-Patricks-Kathedrale in Miami Beach die Messe besuchte, und das tat sie mindestens viermal in der Woche. Man kann nur vermuten, was sie in ihren Gebeten erflehte. Von allen Capones war sie diejenige, die den Ehrenkodex der *omertà* am striktesten einhielt.

Anfang 1945 war Al Capone einer der ersten Zivilisten, die Penicillin verabreicht bekamen, aber die Ärzte wußten, daß seine Krankheit zu weit fortgeschritten war, als daß ihm diese Behandlung noch echte Erleichterung verschaffen konnte. Im April vermerkte das immer wachsame FBI die Verschlechterung seines Zustandes: »Al spricht sehr schnell und mit einem leichten italienischen Akzent, er zieht die Worte zusammen und ist kaum noch zu verstehen … Er summt, pfeift und singt ständig vor sich hin, auch wenn sich jemand mit ihm unterhält, und es fällt ihm schwer, sich zu konzentrieren. Er wechselt dauernd ohne jeden Zusammenhang von einem Thema zum anderen. Er ist ziemlich dick geworden, aber sehr aktiv – beim Gehen macht er ruckartige Bewegungen … Mae schirmt ihn von der Außenwelt ab.« Die Familie hielt Al »für geistig krank und unfähig, mit ernsten und wichtigen Problemen umzugehen, und alle bemühten sich, ihn, so gut es ging, bei Laune zu halten. Er wurde bis zu einem gewissen Grad verhätschelt und in dem Glauben gelassen, daß er nach wie vor der König der Unterwelt wie früher wäre. Manchmal regte er sich wahnsinnig auf und war wütend, wenn seine Wünsche nicht augenblicklich erfüllt wurden.«

Während sich die Capones in ihrem Exil in Florida einrichteten, machten ihre alten Verbündeten und Feinde in den Chicagoer Verbrecherkreisen weiterhin Schlagzeilen. Zuerst mit dem spektakulären Mord an Edward J. O'Hare, einem wertvollen Informanten der Ermittlungsbehörden. O'Hare, Capones Teilhaber bei der Hunderennbahn, hatte Frank Wilson seinerzeit vorgewarnt, daß die Capone-Organisation die Geschworenen, die bei Al Capones Prozeß entscheiden sollten, bestochen und eingeschüchtert hatten. Hätte O'Hare damals geschwiegen, wäre Capone womöglich freigesprochen worden. Seit dem Prozeß war O'Hare zweigleisig gefahren und hatte sowohl als vom organisierten Verbrechen unterstützter Sportpromoter als auch als Polizeispitzel Karriere gemacht. Er verfolgte weiterhin die Interessen der Capone-Organisation auf der Rennbahn, die nach Ende der Prohibition und des Alkoholschmuggels wichtiger denn je geworden war. Als Belohnung für seine Anstrengungen wurde er Präsident des Sportman's Park in Stickney und ganz im stillen Vorstand des neuen Footballteams Chicago Cardinals, für das er einen lukrativen Vertrag mit einem Radiosender aushandelte.

Es war kein Geheimnis, daß O'Hare gute Kontakte zum Syndikat unterhielt – die Tatsache wurde oft genug in den Zeitungen erwähnt –, dennoch wurde nicht gegen ihn ermittelt, zum Teil weil er Wilson mit wertvollen Informationen versorgte und zum Teil weil er sich wie ein anständiger Geschäftsmann benahm und nicht wie ein Gauner. Zudem machte sein geliebter Sohn Butch in der Militärakademie in Annapolis gerade seinen Abschluß, als das Schreckgespenst eines Weltkrieges am Horizont lauerte. Die zweite Person, die in O'Hares Leben eine bedeutende Rolle spielte, war seine Geliebte Sue Granata, deren Bruder passenderweise im Kongreß in Washington saß. Als Zeichen seiner Verbundenheit trug O'Hare ein Geschenk von Sue immer bei sich: eine Uhr mit der eingravierten Inschrift: »Amor Sempiternus* Ed – Sue.«

Am Mittwoch, dem 8. November 1939, eine Woche vor Capones Haftentlassung, verließ O'Hare sein Büro im Sportman's Park, stieg in sein Auto und fuhr die Ogden Avenue entlang, Er hatte vor, nach Florida zu reisen, wo er sich in neuen Rennbahngeschäften etablieren wollte. Seine Pistole, eine Automatik Kaliber 32, lag neben ihm auf dem Beifahrersitz, in seiner Brieftasche steckten 53 Dollar. Plötzlich schloß ein anderer Wagen zu ihm auf und setzte sich neben ihn. Ein oder mehrere Schützen eröffneten das

---

* In ewiger Liebe.

Feuer. O'Hare war sofort tot. Der Wagen raste über den Randstein und die Straßenbahngleise und wurde schließlich von einem Mast gestoppt. Der Mord an Edward J. O'Hare war Profiarbeit, und trotz intensiver Fahndung konnten die Täter nie gefaßt werden. Nach O'Hares Tod und der Enthüllung, daß er sowohl Capones Gefolgsmann als auch Informant der Polizei gewesen war, wurde allgemein vermutet, dieser Mord sei eine Art »Willkommensgeschenk« in der Freiheit für Al Capone gewesen.

Butch O'Hare, inzwischen Kampfflieger bei der Navy, war nach dem Mord an seinem Vater und dem daraus resultierenden Skandal fest entschlossen, die Ehre des Familiennamens wiederherzustellen. Sein großer Moment kam im Zweiten Weltkrieg. Am 20. Februar 1942 flog er eine Grumman F-4 »Wildcat« über den Pazifik und wurde von neun japanischen zweimotorigen Bombern angegriffen. Er tauchte mit seiner Maschine weg, flog einige Loopings und schoß dabei fünf feindliche Bomber ab und einen sechsten manövrierunfähig. Diese Großtat machte Butch O'Hare zum ersten Helden des Krieges. Im April wurde ihm ein Ehrenorden verliehen, und Präsident Roosevelt beschrieb Butch O'Hares Aktion als »eine der gewagtesten, wenn nicht gar überhaupt die mutigste Einzelleistung in der Geschichte der Luftfahrt«. Nach der Parade, mit der man ihn in Chicago feierte, meldete sich Butch wieder zum Dienst im Pazifik. Er suchte ständig nach Möglichkeiten, seinen Heldenmut unter Beweis zu stellen. Manche vermuteten auch, daß er den Märtyrertod suchte, weil er die Bürde, die ihm sein Vater hinterlassen hatte, nicht tragen konnte. Butch kam ums Leben, als sein Flugzeug am 26. November 1943 über dem Südpazifik abgeschossen wurde. Er war 28 Jahre alt geworden. 1949 erhielt der neuausgebaute Flughafen von Chicago seinen Namen, und die Sünden seines Vaters waren vergessen. Der Vorschlag, den Flughafen nach dem Kriegshelden zu benennen, kam pikanterweise von Colonel McCormick, dem Herausgeber der *Chicago Tribune*, der schon sehr früh eine Kampagne gegen Capone gestartet hatte.

Der gewaltsame Tod von Edward O'Hare bewies überzeugend, daß die Bandenkriege in Chicago noch nicht zu Ende waren und daß Capone und andere Menschen in seiner Umgebung gute Gründe hatten, um ihre Sicherheit zu fürchten. Es bestand durchaus die Möglichkeit, daß sich ein Feind, der sich acht Jahre geduldet hatte, eine verspätete Rache gönnte und auf den ehemaligen Gangsterboß zielte. Al hatte sich zwar vom organisierten Verbrechen und aus der Öffentlichkeit im allgemeinen zurückgezogen, aber die Capone-Familie mischte noch kräftig mit. Ralph fungierte als offizielles Oberhaupt des Clans und hatte noch großen Einfluß in Chicago. Ralph war an verschiedenen Nachtclubs und Hotels in ganz Chicago beteiligt – speziell im Süden der Stadt und in Cicero –, und in Mercer, Wisconsin, besaß er eine Bar. Die Jahre hatten Ralph »Bottles« Capone reifer gemacht, er war nicht mehr Capones flegelhafter, unzuverlässiger Bruder, sondern der »große alte Mann« des Gangstertums, ein Verbindungsglied zur glanzvollen Ära der Prohibition. Man betrachtete diese Epoche mit zunehmender Toleranz und sogar mit ein wenig Wehmut, als wären all die mordlustigen Gangster wie »Scarface«, Dion O'Banion, »Hymie« Weiss, Jack »Greasy Thumb« Guzik, Frank »The Enforcer« Nitti, Fred »Killer« Burke, »Big Jim« Colosimo, »Machine Gun« Jack McGurn, »Bugs« Moran, »Schemer« Drucci nichts anderes als kleine Halunken gewesen.

Jack McGurns letzte Jahre illustrierten, was mit Gangstern geschah, die ihre Zeit überlebt hatten. Nachdem Al ins Gefängnis gewandert war, änderte sich alles für ihn. Obwohl er federführend beim Valentinstag-Massaker, dem Verbrechen des Jahrhunderts, gewesen war, genoß er nicht mehr den Schutz der Organisation. Er sah harten Zeiten entgegen, und sein »blondes Alibi«, Louise Rolfe, die er geheiratet hatte, damit sie nicht gegen ihn aussagen konnte, trennte sich von ihm. Am 13. Februar 1936 – einen Tag vor St. Valentin – hielt er sich auf einer Bowlingbahn in der Milwaukee Avenue in Chicago auf. Zwei Killer stürmten herein und erschossen ihn in Gegenwart von 20 Zeugen. Der Zeitpunkt läßt darauf schließen, daß der Anschlag »Bugs« Morans Rache für das Massaker war. Die Mörder konnten nie identifiziert werden, obwohl sie einen Zettel mit einem unbeholfenen Spottgedicht in McGurns leblose Hand gesteckt hatten.

Auch Frank »The Enforcer« Nitti machte schwere Zeiten durch. Während Capone im Gefängnis saß, wurde er bei einem Streit mit einem Polizisten angeschossen und beinahe getötet. Sobald er sich erholt hatte, geriet er wieder mit den Polizeibehörden in Konflikt, die gegen ihn wegen Steuervergehen ermittelten, genau wie gegen andere Mitglieder der Organisation, die bereit waren Nitti zu opfern, um ihre eigene Haut zu retten. Verlassen von Freund und Feind, schlug Nitti allen ein Schnippchen, indem er sich am 19. März 1943 selbst erschoß – Nitti war der einzige wichtige Mann aus der Capone-Organisation, der seinem Leben mit eigener Hand ein Ende setzte. Genau ein Jahr später starb »Big Bill« Thompson, der schillerndste und korrupteste Bürgermeister, den Chicago je hatte, an Lungenentzündung, kurz nachdem er erfolglos versucht hatte, sich für das Amt des Gouverneurs von Illinois zu bewerben. Nach seinem Tod kam ans Licht, daß dieser »ergebene« Staatsdiener, der offiziell nie mehr als 22 500 Dollar im Jahr verdient hatte, ein Vermögen von etwa zwei Millionen Dollar in Banknoten und Wertpapieren hinterließ.

»Bugs« Moran, der dem Tod beim Valentinstag-Massaker knapp entronnen war, wurde alt und älter, spielte aber keine große Rolle in den Verbrecherorganisationen mehr. Er verdiente sich wie in seiner Jugend seinen Lebensunterhalt mit Einbrüchen und Diebstahl, bis ihn das FBI im Jahr 1956 aufgriff und wegen eines Jahre zurückliegenden Bankraubs verhaftete. Moran starb im Februar 1957 im Staatsgefängnis Leavenworth an Lungenkrebs und wurde auf dem Gefängnisfriedhof bestattet.

Viele Gangster schlüpften so geschickt durch die Maschen des Gesetzes wie eh und je. Unter der Führung der jüngeren Capone-Gefolgsmänner wie Murray »The Camel« Humphreys blühten die Geschäfte in Chicago. Natürlich hatten sich die Spielregeln genau wie die amerikanische Gesellschaft geändert; Alkoholschmuggel war kein Thema mehr, aber viele alte Alkoholschieber wurden mehr oder weniger angesehene Spirituosenhändler oder Kneipenwirte. Glücksspiel und Prostitution wurden immer noch von den Banden kontrolliert, und Bestechung in politischen Kreisen bestimmte nach wie vor, wenn auch nicht mehr so offensichtlich, das Leben in Chicago. Die Gangster lernten mit der Zeit, ihre Geschäfte raffinierter einzufädeln; ihre neuen Betätigungsfelder waren die Gewerkschaften und Geldinstitute, und viele von ihnen – oder ihre Söhne – verabschiedeten sich ganz und gar von den alten Zeiten und ergriffen ehrbare Berufe.

Das komplizierte Netzwerk der Banden, das erst als Torrio-Organisation, dann als Capone-Organisation oder Syndikat bekannt war, wurde jetzt »Outfit« genannt. Bis heute hat sich dieser Name nicht geändert. In vielerlei Hinsicht erinnerte das »Outfit« noch an seine Vorläufer. Der Hauptstützpunkt war in Chicago Heights, in Al Capones altem Refugium, und der absolute Boß war wie früher Frankie La Porte. Jetzt, da Al den Verstand verloren hatte, wollte La Porte, daß sich alle Capones still verhielten und möglichst außer Sichtweite blieben. Johnny Torrio hatte ihm seinerzeit eingebleut, daß es nur in einer Katastrophe enden konnte, wenn sich zuviel in der Öffentlichkeit abspielte. Die Strategie der Geheimhaltung erwies sich als sehr erfolgreich, denn es drang nie ans Licht der Öffentlichkeit, welchen Stellenwert La Porte tatsächlich in der Organisation hatte. Die Bewohner von Chicago Heights hatten so viel Angst, daß sie es nicht wagten, Frankie La Portes Namen auszusprechen, geschweige denn seine Identität an die Polizei zu verraten.

Unter seiner Führung kehrte das »Outfit« zum altbewährten, traditionellen Stil der Gangster zurück. Zusammenhalt wurde groß geschrieben, die Männer operierten im verborgenen und leisteten sich kaum mehr die Extravaganzen, die Capones Herrschaft gekennzeichnet hatten. Kein Mensch würde auf die Idee kommen, einen Kinofilm über Frankie La Porte zu drehen, weil er die Publicity mit demselben Eifer vermied, mit dem Capone sie gesucht hatte. Er war der mächtigste und fähigste Gangster von allen, der wahre Erbe von Johnny Torrios Imperium.

In Homer, Nebraska, standen die Dinge für »Two-Gun« Hart schlechter als je zuvor. 1940 war er so pleite, daß er die Stromrechnung nicht mehr bezahlen konnte, und die Elektrizitätswerke drohten ihm, den Strom zu sperren. Wieder einmal mußte er seinen Stolz vergessen und seinen Bruder Ralph um finanzielle Unterstützung bitten. Statt Geld bekam er eine Einladung, Ralph in seinem Sommersitz in Mercer, Wisconsin, zu besuchen. Es war eine weite Fahrt von Homer nach Mercer, aber Hart hatte keine andere Wahl.

Als er ankam, wurde er von Ralph, ein paar Jungs aus seinen alten Tagen in Chicago und – ganz unerwartet – von seiner Mutter willkommen geheißen. Es war, als würde er nach Hause kommen, und den Kleidern nach zu schließen, die er sich kaufen konnte, mußte sich der Besuch für ihn gelohnt haben. Als Hart nach Homer zurückkehrte, trug er einen prächtigen neuen Anzug, und seine Taschen waren voll mit Hundertdollarscheinen. Die Verwandlung verblüffte seine Söhne. Sie hatten noch nie zuvor einen Hundertdollarschein gesehen, und jetzt hatte ihr Vater gleich ein ganzes Bündel in den Händen. Als sie ihn fragten, wo er das viele Geld her hatte, wurde er plötzlich ernst und geheimnisvoll. Er erzählte ihnen, daß er einen Job bei der Regierung angenommen habe, aber nicht verraten könne, was genau er tat, weil es ein Militärgeheimnis sei.

In den kommenden Monaten ließ Ralph dem verlorenen Capone-Bruder noch mehr Geld zukommen, und als Hart im nächsten Sommer wieder nach Wisconsin fuhr, erlebte er einen Schock. Al stand vor ihm – braungebrannt und kräftig. Die Brüder waren sich seit vielen Jahren nicht begegnet, und Hart fand, daß sein jüngerer Bruder gar nicht so krank aussah, wie man ihm erzählt hatte. Er wirkte gesund und glücklich, sein Gedächtnis ließ jedoch zu wünschen übrig. Aber war das ein Wunder nach all den Jahren in Alcatraz? Bestimmt hatten die Wärter den Verstand aus ihm herausgeprügelt, und nur deshalb war er ein wenig wunderlich geworden. Mit diesen Überlegungen trösteten sich die Capones über die bittere Wahrheit hinweg.

Später nahm Hart seine Söhne, Bill, Sherman und Harry, die inzwischen Teenager waren, mit nach Wisconsin, und die Familie verbrachte einen ganzen Sommer zusammen. Als die Hart-Kinder in Mercer ankamen, wurden sie von Onkel Ralph begrüßt, der eine Überraschung für sie parat hatte. »Wir fuhren ein Stück den Highway entlang«, erzählt Harry, »in den Wald. Dann kamen wir an ein Tor, und ich wollte es aufmachen, aber Ralph sagte: ›Wart eine Minute.‹ Gleich darauf kam ein Mann und öffnete das Tor. Wir fuhren hinein ... Es ist wie ein Feriendorf dort, ein wunderschöner Ort mit Hütten ... und dann saß ich zwischen Onkel Ralph und Onkel Al an einem Tisch« – Al Capone, der Onkel den er bis dahin nie gesehen und von dem er nur Gerüchte und Schauergeschichten gehört hatte. Jetzt begriff der Junge, daß dieser Onkel Al die Quelle der geheimnisvollen Reichtümer seines Vaters war. »Wir waren in einem großen Zimmer«, fährt Harry fort. »Ungefähr 20 Personen saßen an dem Tisch, und in der Mitte war ein drehbares Tablett, mit all dem Essen. Wenn man irgend etwas haben wollte, brauchte man nur das Tablett zu drehen. Damals wußte ich es noch nicht, aber an diesem Abend saß ich mit all den Bonzen aus Chicago zusammen. Sie hatten ein großes Treffen.«

Als die Hart-Jungs ihren Onkel Al kennenlernten, mußten sie feststellen, daß er ganz und gar nicht so war, wie der Al Capone in den Filmen und Zeitungen. Er war kein Gangster, er war ein massiger, freundlicher Mann, der Khakihosen und Flanellhemden trug und immer ein nettes Wort für sie übrighatte. Er war wie ein großer, liebenswürdiger Bär für die Kinder. Einige Jahre später fragte ein Reporter Harry, ob er keine Angst vor dem berüchtigten Al Capone gehabt hatte. »Wieso sollte ich?« erwiderte Harry. »Ich hatte keinen Grund, mich vor ihm zu fürchten. Er war mein Onkel.« Die Jungs rauften mit Al, alle Kinder stürzten sich auf Onkel Al, eins nach dem anderen, und versuchten, ihn auf den Boden zu drücken. Er selbst merkte gar nicht, wie stark er war. Nach der Anstrengung saßen sie keuchend da, und Al gab ihnen 100 Dollar und sagte ihnen, sie sollten ihm Zigarren kaufen und das Wechselgeld behalten. Die Kinder mochten ihn. Ihnen war nicht bewußt, daß er ein kranker Mann war; für den jungen Harry sah er aus »wie das blühende Leben«.

Ein Freund von Harry, der mit nach Mercer gereist war, beschrieb Al folgendermaßen: »Er war ein großer Mann, sehr freundlich und umgänglich. Er war blendender Laune, sehr glücklich. Er schien nicht krank zu sein – er sah prima aus.« Trotz dieser Eindrücke war Als Zustand bedenklich; er war nicht fähig, für sich zu sorgen und lebte in einem ständigen Dämmerzustand.

Nach ein paar Wochen in Mercer fuhr Harry nach Chicago, um eine andere Verwandte kennenzulernen, seine Großmutter Teresa, die immer noch das Haus in der Prairie Avenue bewohnte. Dort verbrachte er die drei eigenartigsten, faszinierendsten Wochen seines Lebens. Harry merkte schnell, daß er von Ausländern umgeben war. Seine Großmutter kannte zwar ein paar englische Worte, aber meistens sprach sie Italienisch, und das verstand er nicht. Erst jetzt begriff er, daß sein Vater Italiener war. Ab und zu sagte Hart: »Mutter, sprich Englisch, damit wir dich verstehen.«

Die Familie Capone hatte überlebt, und für Teresa war es sicher das schönste, daß sie all ihre Kinder wiederhatte – nicht nur Ralph, Matt, Mimi, Mafalda und Albert, sondern auch Al, der hin und wieder nach Chicago kam, um sie zu besuchen, und Richard, der mit jedem Jahr weniger an »Two-Gun« Hart, dafür mehr an Vincenzo Capone erinnerte. Natürlich gab es bei diesen Familientreffen auch Spannungen. Mafalda machte keinen Hehl daraus, daß sie Vincenzo, den Verräter und Überläufer, nicht leiden konnte. Sie war auch nicht damit einverstanden, daß Ralph so großzügig war. Je mehr Ralph an Vincenzo verschenkte, um so weniger fiel für sie ab – das war ihre Sicht der Dinge.

Auch zwischen Al und seinem verlorenen Bruder gab es »kleine Reibereien«, wie es Harry ausdrückt, aber das war nur zu natürlich nach all den Jahren, in denen die Brüder auf verschiedenen Seiten gekämpft hatten. Vincenzo zeigte keine Reue, daß er die Familie als Teenager verlassen hatte, und er gab auch nicht zu, seither mit einer Lüge gelebt zu haben. Auch wenn Ralph als Argument anführte, daß die Gangster viel Gutes bewirkt hatten, daß sie hungernden Italienern – Vincenzo eingeschlossen – zu essen gegeben, Kirchen unterstützt und andere Wohltaten verteilt hatten, ließ sich Hart nicht erweichen. Gesetz war Gesetz, und ihm hatte es Spaß gemacht, für Recht und Ordnung zu sorgen. Als seine Brüder ihm vor Augen führten, daß Gesetzeshüter, die Chicagoer Polizei, Frank Capone umgebracht hatten, konnte er ihnen nichts entgegensetzten.

Jetzt, da die Familie wieder vereint war, wollten alle versuchen, trotz der Streitigkeiten, in Verbindung zu bleiben – schließlich hatten sie als verschworene Gemeinschaft begonnen, und letzten Endes war die Familie alles, was sie hatten.

Seit dem Tag im Jahr 1932, an dem er Al Capone zum Zug nach Atlanta gebracht hatte, war es Eliot Ness' glühendster Wunsch, FBI-Agent zu werden. Warum auch nicht? Gab es einen geeigneteren Anwärter als ihn mit seinem Studienabschluß und den Erfahrungen, die er als Fahnder in Chicago gesammelt hatte?

Ein einziger Mann stand der Erfüllung seines Traums im Wege: J. Edgar Hoover, der erste Mann im FBI. Während Ness auf seine Berufung zum FBI wartete, wechselte er von einem Posten zum anderen. 1933 arbeitete er in Cincinnati, Ohio, als Prohibitions-Agent, aber auf diesem Gebiet gab es zu dieser Zeit nicht mehr viel zu tun. Ness war inzwischen 30 Jahre alt, verheiratet, und die Depression hatte die Stellenangebote in der freien Wirtschaft stark reduziert. In seiner Verzweiflung wandte er sich an seinen ehemaligen Boß George E. Q. Johnson und bat ihn, ein Empfehlungsschreiben an J. Edgar Hoover zu schicken. Unglücklicherweise wußte Ness nicht, daß Johnson bei Hoover in Ungnade gefallen war, weil er sich von ihm um den Ruhm betrogen fühlte, Al Capone zur Strecke gebracht zu haben. Johnson schrieb dennoch an Hoover. »Während der Ermittlungen im Fall Capone«, teilte er dem FBI-Boß über Ness' Arbeit mit den Unbestechlichen mit, »leitete er eine Spezialeinheit, die der Staatsanwaltschaft direkt unterstellt war. Die Männer leisteten unter seiner Führung ausgezeichnete Arbeit. Seine Integrität wurde nie in Frage gestellt, und ich empfehle Ihnen diesen Mann ohne jeden Vorbehalt.«

Nichts hätte Ness mehr schaden können als dieser Brief, und die Bewerbung wurde prompt abgelehnt. Doch plötzlich hatte ihn das FBI im Visier. Da Hoover ihn jetzt mit Johnson in Verbindung brachte, betrachtete er ihn als Störenfried und legte eine Akte über ihn an, als wäre er ein fragwürdiges Subjekt, das die Bundesgesetze mißachtete. Im Laufe der Jahre wurde die Akte immer dicker, und Hoover kritzelte unzählige Kommentare an den Rand der Berichte, um seine Männer vor Ness zu warnen. »Vorsicht mit diesem Ness!« Hoovers tiefsitzender Neid verhinderte Ness' Anstellung beim FBI, und nicht nur das – die handschriftlichen Bemerkungen in der Akte zeigten, daß er ihn nicht als Gesetzeshüter einstufte, sondern als gefährlichen, ruchlosen Mann, der Selbstjustiz übte.

Da Ness den Traum, beim FBI zu Ruhm und Ehren zu gelangen, begraben mußte, nahm er am 12. Dezember 1935 den Posten als Sicherheitschef der Stadt in Cleveland an. Wenige Wochen zuvor hatte ein neuer Bürgermeister, Harold Hitz Burton, sein Amt angetreten und gemäß seines Wahlversprechens einschneidende Reformen eingeleitet. Eine seiner wichtigsten Entscheidungen war, Eliot Ness in seine Stadt zu holen, in der Korruption, Prostitution und Glücksspiel Hochkonjunktur hatten.

Ness führte sich ein als »DER MANN, DER CAPONE DAS GENICK GEBROCHEN HAT«, wie eine Schlagzeile verkündete und nahm die Aufgabe, die Stadt von Gangstern zu säubern, entschlossen in Angriff. Er stellte eine schlagkräftige Truppe zusammen und erlangte in Cleveland den Bekanntheitsgrad, der ihm in Chicago versagt geblieben war. Sein gutes Aussehen und seine Jugend halfen ihm, seine Popularität noch zu vergrößern, und die örtliche Presse feierte den neuen Helden der Stadt. Nach ersten Erfolgen mußte er jedoch eine Schlappe nach der anderen einstecken, auch wenn die Schilderungen in seinen Memoiren anderes vermuten lassen. Die schweren Jungs in Cleveland nahmen ihn nicht ernst und führten ihn an der Nase herum. Zudem gelang es ihm nicht, Clevelands größtes Verbrechen zu klären: die sogenannten Torso-Morde. In einem Zeitraum von zwei Jahren hatte ein Serienmörder im Bereich Cleveland mindestens sechs Menschen umgebracht und zerstückelt. Während Ness in seinem Drang nach Publicity den Reportern bereitwillig über Razzien und die Bekämpfung der Korruption Bericht erstattete, schwieg er sich aus, sobald jemand auf die Torso-Morde zu sprechen kam. Dieses Verhalten weckte den Eindruck, daß er an der Verbrechensbekämpfung nur dann Interesse hatte, wenn er sich und seine Heldentaten ins Rampenlicht rücken konnte.

Bereits 1938 hatte der Ruf des einstigen Lieblings von Cleveland erheblichen Schaden erlitten, und er sank noch weiter in der Gunst der Bürger, als er öffentlich machte, daß er sich von seiner Frau Edna scheiden lassen wollte. Er brachte viele Katholiken gegen sich auf mit der Erklärung: »Wir beide haben gemerkt, daß wir einen Fehler gemacht haben, und jetzt sind wir dabei, diesen Fehler zu korrigieren.« Sein Name wurde nicht mehr im Zusammenhang mit der Verbrechensbekämpfung genannt, sondern hauptsächlich mit Frauen in Verbindung gebracht.

Ness' Liebeleien und Ausschweifungen führten auch zu Alkoholgenuß – zu übertriebenem Alkoholgenuß –, denn nur wenn er trank, konnte er sich entspannt und locker geben. Er konsumierte sechs oder acht hochprozentige Drinks an einem Abend, aber er vertrug viel und schien selten richtig betrunken zu sein. Seine Freunde von den Zeitungen rieten ihm dringend, sich zurückzuhalten, aber er ignorierte ihre Warnungen, und der Anblick des Sicherheitschefs der Stadt (und ehemaligen Prohibitions-Agenten), der Abend für Abend mit ständig wechselnder weiblicher Begleitung in Bars herumsaß und ein Glas nach dem anderen leerte, wurde zum Skandal. Abgesehen von Exzessen dieser Art leistete er sich einige schlechte Scherze, die ihn bei Freunden und Politikern in Mißkredit brachten.

Ende 1938 schien er sich auf seine eigentliche Aufgabe zu besinnen, wenigstens für einen kurzen Zeitraum. Er führte eine ganze Reihe von Razzien durch, und es gelang ihm, einige Unternehmen der organisierten Gangster zu schließen. Er erhielt wertvolle Hinweise auf die maßgeblichen Männer der Organisation, die von Morris Barney »Moe« Dalitz geleitet wurde. Ness führte gründliche Nachforschungen durch, und im April 1939 hatte er so viele Anhaltspunkte und Beweise gesammelt, daß die Staatsanwaltschaft Anklage gegen 23 namhafte Gangster von Cleveland erheben konnte. Viele andere, auch Moe Dalitz, verließen fluchtartig die Stadt, und Ness feierte einen großen Sieg.

Zu dieser Zeit wurde Ness oft mit einer Frau namens Evaline McAndrews zusammen gesehen, die er am 14. Oktober in aller Stille in Greenup, Kentucky, heiratete.

Zwei Tage vor Capones Freilassung aus dem Gefängnis wurde Ness' Boß, Bürgermeister Harold Burton in seinem Amt bestätigt und kurz darauf zum

Senator gewählt. Während der Amtszeit von Burtons Nachfolger Edward Blythin sah und hörte man nicht viel von Eliot Ness. Er und Evaline zogen in ein prachtvolles Haus am See in Lakewood, und Ness amüsierte sich mit Parties und Alkohol; er trug öfter einen Smoking als sein Schulterholster mit dem Dienstrevolver. Seine Geselligkeit war jedoch nichts weiter als eine Fassade. Im Grunde wurde Ness von den Gespenstern der Vergangenheit gehetzt, und gerade der drohende Schatten von Al Capone ließ ihn nicht zur Ruhe kommen. Als sich Ness den Vierzigern näherte, schwelgte er in Erinnerungen an die Zeit der Prohibition, in der er den Staatsfeind Nummer 1 erbittert gejagt hatte. Je mehr er sich in der Vergangenheit verlor, um so abenteuerlicher schmückte er seine Geschichten aus, und zum Schluß glaubte er beinahe selbst, daß er ganz allein Capones Imperium zerschlagen hätte.

Auch Capones Krankheit verfolgte Ness – er zog zu einer Zeit gegen die Syphilis zu Felde, in der niemand den Namen dieser Krankheit auszusprechen wagte. Ness, der sich immer unwohler in seinem Job und in Cleveland fühlte, sehnte sich nach einer Veränderung, aber der Weg zum FBI war ihm immer noch versperrt. In seiner Verzweiflung widmete er sich dem Thema der öffentlichen Gesundheit. Er wurde zum Berater bei einem staatlichen Programm zum Schutz der Gesellschaft. Diese Stellung erlaubte ihm, Reisen nach Washington zu unternehmen und Kontakte zu knüpfen, die ihm weiterhelfen konnten. Er nutzte eine Taktik, die die Chicago Crime Commission schon früher auf einem anderen Gebiet angewandt hatte, und erklärte die Geschlechtskrankheiten zum »Militärsaboteur Nummer 1«. Ness' Engagement und sein übertriebener Eifer erschienen seinen Freunden und Mitarbeitern seltsam.

1941, als ein demokratischer Bürgermeister ins Rathaus einzog, verdichteten sich Gerüchte, denen zufolge der wankelmütige Ness seinen Posten räumen sollte. Seine Widersacher, deren Anzahl im Laufe der Zeit beträchtlich angewachsen war, bestanden darauf, seine Stellung mit einem Mann zu besetzen, dem J. Edgar Hoover gewogen war und der sich auf die Zusammenarbeit mit dem FBI verlassen konnte.

In der Nacht zum 4. März 1942 feierte Ness ausgiebig das Erscheinen seines Artikels über Syphilis in den *Annals of the American Academy of Political and Social Sciences* mit seiner Frau und Freunden. Erst um 4.30 Uhr morgens machte er sich mit Evaline auf den Heimweg. Müde und betrunken wie er war, raste er mit seinem Wagen trotz der vereisten Fahrbahn und der Dunkelheit los. Er geriet ins Schleudern und rammte ein anderes Auto. Der Fahrer, der 21 Jahre alte Robert Sims, wurde bei dem Unfall verletzt. Ness stieg taumelnd aus, vergewisserte sich, daß Sims noch am

Leben war, und verließ den Unfallort, ohne Namen oder Adresse zu hinterlassen. Sims war jedoch noch so geistesgegenwärtig, sich die Zulassungsnummer zu merken: EN-3. Dieses persönliche Nummernschild war in ganz Cleveland bestens bekannt, und die Polizei spürte Ness in kürzester Zeit auf.

Diesmal konnten selbst seine Freunde bei den Zeitungen nichts mehr für Ness tun. Der Sicherheitschef und Gangsterjäger, der unter Einfluß von Alkohol nach einem Unfall Fahrerflucht begangen hatte, war tagelang das Stadtgespräch. Nach ein paar Tagen, in denen er kein Wort verlauten ließ, gab Ness eine Pressekonferenz und suchte Ausflüchte für sein Verhalten. Ja, er hatte etwas getrunken. Nein, betrunken war er nicht. Und über den Unfallhergang sagte er: »Es war sehr glatt, und da ist es eben passiert.« Er schadete sich noch mehr, als er behauptete, er hätte vorgehabt, dem verletzten Fahrer ins Krankenhaus zu folgen, aber seine Frau habe ihn abgelenkt, weil sie vollkommen fertig gewesen sei. Er beteuerte: »Es war keineswegs der Versuch, sich auf und davon zu machen.« Kaum jemand glaubte ihm, und immer mehr Menschen forderten lautstark, daß er seinen Dienst quittierte. Ness gelang es, einer Anzeige zu entgehen, aber am 30. April 1942 wurde er in Unehren aus dem Amt entlassen.

Er übersiedelte mit Evaline nach Washington, D.C., wo er Direktor des staatlichen Programms zum Schutz der Gesellschaft wurde. 1944 beschloß Evaline, ihrer eigenen Wege zu gehen, und richtete sich in New York ein. Nach Kriegsende schlug Ness seine Zelte wieder in Ohio auf und übernahm die Leitung einer Wach- und Schließgesellschaft.

Noch bevor die Scheidung von Evaline rechtsgültig war, tat sich Ness mit Elizabeth »Betty« Anderson zusammen, die wie Eliot geschieden und dem Alkohol sehr zugeneigt war. Er heiratete sie am 31. Januar 1946, später adoptierten sie einen Jungen, Robert Warren Ness, und zogen nach New York. Dort wurde Ness Vorstand einer Importfirma, er hatte ein Büro im Rockefeller Center und bezog ein Jahreseinkommen von 24 000 Dollar.

Im Juli 1947 beschloß Ness, nach Cleveland zurückzukehren, um sich als Kandidat der Republikaner für das Bürgermeisteramt zur Verfügung zu stellen. Der Beginn seines Wahlkampfs war, wie fast alles, was er anpackte, furios, aber schon nach kurzer Zeit ließ sein Elan erheblich nach, und er verspielte den Vorsprung, den er sich mit flammenden Wahlreden erkämpft hatte. Tom Burke, der Kandidat der Demokraten, schlug ihn bei der Wahl um Längen. Eliot Ness bemühte sich, die Niederlage mit Würde hinzunehmen. Er besuchte die Siegesfeier seines Rivalen, gratulierte ihm, aber schon ihm nächsten Moment fragte er bitter: »Wer will schon einen ehrlichen Politiker haben?«

Über die Demütigung, die Wahl in Cleveland – in der Stadt die ihn einst als Helden gefeiert hatte – verloren zu haben, kam Eliot Ness nie hinweg. Er versuchte erfolglos, wieder in seinem alten Job Fuß zu fassen, und es war die Rede davon, daß er in Detroit Polizeichef werden sollte, aber er wurde wegen seiner politischen Ambitionen abgelehnt. Ein Jahr nach der Wahl versuchte er noch einmal sein Glück in Cleveland und bewarb sich um eine freie Stelle, die ihm nicht mehr als 60 Dollar in der Woche eingebracht hätte. Doch selbst diesen schlechtbezahlten Job bekam er nicht. Von da an wechselte er von Arbeitsplatz zu Arbeitsplatz und zog von einer Bar zur anderen. Er war ständig unterwegs, als wäre er auf der Suche nach sich selbst – oder auf der Flucht vor sich selbst.

1948 erhielt er wieder seinen alten Posten bei der Wach- und Schließgesellschaft, 1953 wechselte er zur Guaranty Paper and Fidelity Check Corporation über. Die ganzen Jahre bestimmte der Alkohol sein Leben, und obwohl er sich bewußt war, daß er krank war und seine Probleme nicht allein überwinden konnte, lehnte er eine Therapie ab. Er hatte hochfliegende Pläne und träumte davon, ein Buch über seine Erlebnisse und Abenteuer bei der Gangsterjagd zu verfassen und zur Berühmtheit zu werden, doch er fand niemanden, der ihm dabei helfen wollte. Erst nach langer Suche erklärte sich Oscar Fraley dazu bereit. Der eigentliche Grund für diese Buch-Idee war seine schlechte finanzielle Lage. Ness war so pleite, daß er sich Sorgen um die Zukunft des Jungen machen mußte, den er und Betty adoptiert hatten.

Ein Leben in Cleveland konnte sich die Familie Ness nicht mehr leisten, deshalb zogen sie nach Couderspot, Pennsylvania. Eliot arbeitete in einem Büro an der Hauptstraße und verbrachte seine Freizeit in einer Bar. Er trank und erzählte jedem, der ihm zuhörte, wie er Al Capone seinerzeit geschnappt hatte. Kaum jemand glaubte ihm die abenteuerlichen Geschichten. Gelegentlich kam Fraley zu Besuch, dann arbeiteten sie zusammen an dem Manuskript, für das Fraley inzwischen sogar einen Verleger gefunden hatte. Ness erhielt einen Vorschuß von 200 Dollar.

Am 16. März 1957 kam Ness wie üblich früh von seiner Arbeit nach Hause und ging in die Küche, um sich einen Whiskey-Soda zu mixen. Betty war im Garten. Sie rief nach ihm, bekam aber keine Antwort. Kurz nach fünf Uhr betrat sie die Küche und fand Eliot tot auf dem Boden liegend. Eliot Ness war mit 54 Jahren an einem Herzanfall gestorben.

Al Capones Gesundheitszustand blieb so stabil, daß er das Ende des Zweiten Weltkrieges erlebte, obwohl er kaum noch verstand, worum es bei diesem Krieg überhaupt ging. Er begriff nicht einmal, daß sein Neffe Richard jr. Hart 1944 auf den Philippinen gefallen war. Während des Krieges ging Capone gelegentlich mit seiner Frau und einem oder zwei Leibwächtern in ein Restaurant in Miami zum Essen. Er sah flott aus mit seinem weißen Strohhut und der Rose am Revers. Früher hatte Capone des öfteren ganze Lokale für einen Abend gemietet und die volle Aufmerksamkeit jedes Geschäftsführers genossen, wenn er umgeben von schweren Jungs auftauchte, aber die Zeiten hatten sich geändert. Die Leute nahmen kaum noch Notiz von ihm. Diejenigen, die ihn erkannten, waren erstaunt, daß Al Capone überhaupt noch am Leben war – sie dachten, er wäre schon vor Jahren im Gefängnis gestorben.

Aber einige erinnerten sich doch noch an ihn. Im Jahr 1946 kam sein ehemaliger Protegé Sam Pontarelli aus Chicago Heights nach Miami, um seine Flitterwochen dort zu verbringen. Plötzlich kam ein Fremder auf ihn zu und sagte: »Al will dich sehen.«

»Ich bin auf der Hochzeitsreise«, erwiderte Pontarelli. »Laß mich in Ruhe.«

»Hör mal, ich hab' meine Anweisungen.«

Pontarelli gab nach. »Okay«, sagte er. »Laß mir eine Stunde Zeit.«

»Bring deine ganzen Sachen mit«, befahl der Mann, als er ging.

Wie Harry Hart und alle anderen, die Al zu dieser Zeit zu Gesicht bekamen, war auch Pontarelli erstaunt, wie gesund Capone aussah. »Der Mann war in guter Form. Er hatte auch noch alle beisammen«, erinnert sich Pontarelli. »Er packte, küßte und umarmte mich. ›Du bleibst hier‹, sagte er und meinte damit das Kutscherhaus neben dem Hauptgebäude. Dann sagt er noch: ›Wir essen heute abend im Tropicana.‹ Am nächsten Tag gingen wir mit seinem Boot zum Fischen und zum Tontauben schießen. Drei Tage vergingen, und es wurde Zeit für mich, nach Hause zu fahren. Meine Frau sagte Mae, daß wir am folgenden Morgen abreisen wollten. Al gab eine tolle Abschiedsparty für uns, dann nahm er meine Hand und drückte sie. Ich spürte etwas. ›Was machst du da?‹ fragte ich ihn. Ich sah nach – er hatte mir 500 Dollar geschenkt.« Pontarellis Bewunderung für Capone war von neuem erwacht. Der Mann war durch die Hölle gegangen, und trotzdem erinnerte er sich noch an die Leute, die ihm zur Seite gestanden hatten. Natürlich war er kein Heiliger gewesen, aber er hatte auch nicht so viel verbrochen, wie ihm die Zeitungen angedichtet hatten. »Er hat getan, was er getan hat«, sagt Pontarelli heute, »und er wußte, wie er es anstellen mußte. Er hat's richtig gemacht. Wenn er einen Dollar teilen mußte, dann nur fifty-fifty, nie 60-40.«

Sam Pontarelli war einer der letzten Besucher aus der Welt jenseits der Mauern von Palm Island. Danach ging es mit Al bergab – langsam und unverkennbar. Normalerweise schlief er allein in einem schlichten Zimmer, das kaum größer war als seine Zelle in Alcatraz. In dem Raum standen zwei Betten und ein Nachttisch. Vom Fenster aus sah man die Rasenfläche vor dem Haus, Palmen und die Gebäude auf der anderen Seite der kaum belebten Straße. Wenn Wind aufkam, hörte man die Palmwedel rascheln. Trotz der Ruhe hatte Al Schwierigkeiten Schlaf zu finden. Um drei Uhr morgens flammte das Licht in seinem Zimmer auf, und Al wanderte durchs Haus. Seine Fähigkeit, die Realität zu erfassen, war eingeschränkter als je zuvor.

Am 17. Januar 1947 feierte er in aller Stille seinen 48. Geburtstag. Er hatte für einen Mann seiner Branche ein hohes Alter erreicht und die meisten Freunde und Feinde aus alten Zeiten überlebt – mit zwei bemerkenswerten Ausnahmen: »Bugs« Moran war noch auf freiem Fuß, überfiel Banken und beschäftigte sich mit anderen kleinen Gaunereien, und Johnny Torrio, Capones Mentor, lebte zurückgezogen in White Plains, New York.

Kurz nach der Geburtstagsfeier erlitt Capone einen Schlaganfall und fiel ins Koma. Er blieb in seinem kleinen Schlafzimmer und wurde von Dr. Kenneth Phillips, dem Arzt, der im Jahr 1929 ein falsches Attest für Capone ausgestellt hatte, und Krankenschwestern betreut. Ralph, der das Schlimmste befürchtete, reiste genau wie die anderen Mitglieder der Familie an. Capones Zustand verschlechterte sich, eine Lungenentzündung kam hinzu, und hohes Fieber schwächte seinen Körper. Inzwischen hatten sich Sonny, Ralph, Mae, Teresa, Mafalda, Matt und Mimi um das Krankenbett versammelt. Alle wußten, daß sie einen Sterbenden vor sich sahen. Das endlose Warten dauerte bis zum Abend des 25. Januar. Der bekannteste und am meisten mißverstandene Gangster starb um 7.25 Uhr im Kreis seiner nächsten Verwandten. Vor den Toren des Anwesens hatte sich eine kleine Gruppe von Reportern eingefunden und wartete geduldig auf Bulletins. Als Dr. Phillips dem Verstorbenen die Augen zudrückte, realisierte Mae, daß sie nach 28 Jahren Ehe mit Capone plötzlich ganz allein war, und brach zusammen. Sie wurde sofort medizinisch versorgt. Später ging der Arzt zu den Journalisten und überbrachte ihnen die Nachricht, auf die sie gewartet hatten. »Nachdem sich die Nachricht von seinem Tod verbreitet hatte«, schrieb der Korrespondent vom *Miami Herald*, »näherte sich eine Prozession von Automobilen den hohen Mauern, die das Grundstück umgeben, und dem Haus, in dem Capone seine letzten Jahre verlebt hatte. Selbst in den großen Zeiten, in denen die Gangster ihre Ferien hier verbrachten, hatte die Villa nicht mehr Besucher gesehen. Immer mehr Menschen passierten die Tore. Eine lange Reihe glänzender Limousinen parkten davor.« Ein wenig später fuhr ein Leichenwagen vor und brachte Capones sterbliche Überreste zur Leichenhalle von Philbrick Miami Beach.

Am folgenden Tag zogen etwa 350 Menschen, die sich zuerst von am Eingang postierten Wachen überprüfen lassen mußten, an dem »eingefallenen und bleichen Leichnam im Bronzesarg« vorbei. Capone war in einem dunkelblauen, doppelreihigen Anzug, einem weißen Hemd mit schwarzer Krawatte und mit weißen »Sportschuhen« aufgebahrt. Obwohl unzählige Freunde und Bekannte Abschied von Capone nahmen, war die eigentliche Bestattungszeremonie bescheiden verglichen mit den pompösen Beerdigungen der Gangsterbosse während der Prohibitionszeit. Al Capones Leichnam wurde nicht in einer Prozession durch die Straßen getragen, die Flaggen waren nicht auf Halbmast gesetzt, und kein Autokorso erinnerte daran, daß der Verstorbene der Unterwelt angehört hatte. Selbst die üppigen Blumengebinde fehlten, die den letzten Gang der Gangster, auch den von Frank Capone, geschmückt hatten. Die Familie hatte sich entschieden, Al mit so wenig Pomp wie möglich zu bestatten.

Abraham Teitelbaum, Capones Anwalt in Chicago, verkündete, daß Capone vollkommen mittellos gestorben sei: »Soweit mir bekannt ist, hat Al Capone kein Geld und kein Testament hinterlassen. Ich denke, er starb mittellos, und ich halte die Gerüchte über sein sagenhaftes Vermögen für unwahr. Ich glaube, er lebte von der Großzügigkeit seiner Brüder und anderer Familienmitglieder. Er schuldete der Steuerbehörde immer noch Geld, und sein Haus in Florida war mit einer großen Hypothek belastet.« Teitelbaum deutete an, daß die Chicagoer Organisation Capones nächste Verwandte auch weiterhin finanziell unterstützte.

Da Capone an einem Samstag starb, machte sein Tod Schlagzeilen in den überregionalen Sonntagszeitungen. Die *New York Times* bezeichnete seinen Tod als »Ende eines bösen Traums« und fügte hinzu: »Obwohl ›Scarface Al‹, einst Staatsfeind Nummer 1, inmitten von Luxus in seinem Bett starb, endete seine Karriere mit geistigen und körperlichen Qualen. Seinen alten Gangsterfreunden wird an seiner mit Kränzen geschmückten Bahre ein Schauer über den Rücken laufen, und die Grabinschrift sollte lauten: ›Der Lohn der Sünde ist der Tod.‹«

Die Chicagoer Blätter beschworen den Geist des Gangsterbosses herauf, der einst ihre Stadt beherrscht hatte. »In den Tagen der Macht, erzählte man sich phantastische Geschichten über ihn«, schrieb die *Chicago Tribune*, als wäre Capone nie real, sondern eine Ausgeburt der Phantasie gewesen.

> »Man schätzt, sein ›Syndikat‹ habe einen jährlichen Gewinn von 25 Millionen Dollar mit den Geschäften gemacht, und er selbst wurde oft als Millionär bezeichnet; es kursierte sogar das Gerücht, daß er in wenigen Jahren 7 500 000 Dollar beim

> Glücksspiel und Pferderennen verloren habe. Ehrfürchtig erzählt man sich, seine gepanzerte Limousine habe 7 Tonnen gewogen, und er sei immer von mindestens einem Dutzend ›Gorillas‹ umgeben gewesen, die sein Leben beschützten. Unzählige Morde werden ihm und seiner Gang zugeschrieben – Morde, für die nie jemand zur Verantwortung gezogen werden konnte. Viele Anschuldigungen wurden ausgesprochen; und er machte sich nicht einmal die Mühe abzustreiten, daß er und seine Kumpane Beamte und Polizisten im großen Stil bestachen …«

Für viele Amerikaner war Capones Ende in gewisser Weise eine Enttäuschung. Capone war nicht wie in so vielen Kinofilmen im Kugelhagel der Polizei, am Galgen oder auf dem elektrischen Stuhl gestorben, seine Feinde hatten ihn nicht zu einer »Spazierfahrt« eingeladen und seine Leiche in den Straßengraben geworfen. Er hatte umgeben von trauernden Verwandten in seinem eigenen Bett den letzten Atemzug getan und war wie ein treusorgender Familienvater, nicht wie ein Gangster von der Bühne abgetreten. Es war ihm gelungen, alle zu überlisten, die Guten und die Bösen – nur die Syphilis hatte ihn in die Knie gezwungen.

Die Familie ließ den Leichnam nach Chicago überführen, und am 4. Februar wurde Al Capone auf dem Mount Olivet-Friedhof bestattet. Es war ein bitterkalter Tag, und alles war verschneit. Nur eine Handvoll Trauergäste hatten sich versammelt, um dem Verstorbenen die letzte Ehre zu erweisen, unter ihnen befanden sich Jack »Greasy Thumb« Guzik und Murray »The Camel« Humphreys. Die Zeremonie war schlicht, und selbst die Inschrift auf dem einfachen Grabstein verriet nichts über die aufsehenerregende Vergangenheit des Verstorbenen.

Qui Riposa
Alphonse Capone
Nato: Jan. 17, 1899
Morto: Jan. 25, 1947

In den 48 Jahren seines Lebens hatte Capone seine Spuren in den Verbrecherorganisationen und in Chicago hinterlassen, und mehr als jeder andere hatte er die Sinnlosigkeit der Prohibition bewiesen und dabei ein Vermögen verdient. Darüber hinaus hatte er eine Faszination auf die Bürger Amerikas ausgeübt wie kaum jemand vor oder nach ihm. Capones Ruhm hätte flüchtig und vergänglich sein müssen, aber er spukt noch immer im

Bewußtsein der Amerikaner herum, denn erst Capone hatte die Verbrecherbanden zu einem blühenden Unternehmen zusammengeschlossen und so organisiert, daß sie bis heute überleben konnten. Er selbst war nie müde geworden zu betonen, daß die meisten Vergehen wie Alkoholschmuggel und Glücksspiel harmlos waren und daß seine Organisation auch viel Gutes bewirkt habe, indem sie von den Reichen genommen und den Armen geholfen habe. Dennoch war das Symbol, das man immer mit ihm in Zusammenhang brachte die Maschinenpistole. Obwohl es keinen Anhaltspunkt gibt, daß er selbst je diese Waffe benutzt hatte, gehörte sie zu seiner Art zu leben, zum *mala vita.*

Der Mount Olivet-Friedhof sollte nicht die letzte Ruhestätte für Al Capone bleiben. Die Familie war nicht zufrieden mit der Grabstelle, die sich, Reportern zufolge, auf ungeweihtem Boden befand. Aus diesem Grund wurde der Leichnam exhumiert und unter Ausschluß der Öffentlichkeit in aller Stille auf dem Mount Carmel-Friedhof bestattet, auf dem so viele ehemalige Feinde und Freunde von Al Capone begraben waren. Die Familie Capone hatte eine große Familiengrabstätte gekauft und veranlaßte, daß die sterblichen Überreste von Al Capone, seinem Bruder Frank und seinem Vater Gabriele hierher überführt und beigesetzt wurden. Auch Teresa und alle anderen Mitglieder der Familie sollten hier einmal ihre letzte Ruhestätte finden. Die Gräber waren mit einem schlichten, flach auf dem Boden liegenden Stein bedeckt, in dem der Name des Verstorbenen, das Geburts- und Todesdatum und die Inschrift: »My Jesus mercy« – Jesu meine Gnade – eingraviert war. Kein Stein war größer oder auffälliger als der andere. Selbst im Tod bestimmte der *campanilismo* die Handlungsweise der Capones.

Dank

Als ich mit der Arbeit an diesem Buch begann, erreichten mich von allen Seiten Warnungen, daß es schwierig sein würde, die Recherchen durchzuführen. Anfangs stieß ich tatsächlich auf Widerstand. Ich machte Bekanntschaft mit der *omertà*, dem Schweigegebot, das die Unterwelt gegen die öffentliche Aufmerksamkeit abschirmt. Besonders in Chicago versuchte man oft, mich von meinem eigentlichen Thema abzulenken und dafür auf die neuere Entwicklung der Stadt hinzuweisen. Mir wurde bewußt, wie gegenwärtig Al Capone noch immer in dieser Stadt ist.
Je mehr ich über Al Capone und seine Zeit erfuhr, um so mehr verwischten sich die Grenzen zwischen Schuld und Unschuld, zwischen richtig und falsch. Ich mußte entdecken, daß sich die Guten oft wie die Bösen verhielten und umgekehrt. Capone selbst verrückte die bis dahin klar definierte Grenze zwischen Gut und Böse, indem er die Heuchelei der Gesellschaft anprangerte und sich selbst eine Position verschaffte, in der er legale wie auch illegale Geschäfte betreiben konnte. Sein Erfolg und sein Auftreten machten ihn zum Opfer von Vorurteilen gegen die Italiener und zum Sündenbock für das Versagen der Prohibition.
Schließlich wurde mir klar, daß Al Capones Lebensgeschichte viel mehr war als eine Story über einen berühmt-berüchtigten Gangsterboß – sie war auch die Geschichte der amerikanischen Gesellschaft, der amerikanischen Kultur und des amerikanischen Rechtssystems – der dunklen Seite des amerikanischen Traums.

Vielen Menschen, die mir tatkräftig geholfen haben, dieses Buch in die richtige Form zu bringen, mir juristische, medizinische und andere unverzichtbare Ratschläge gegeben oder Informationsmaterial zugänglich gemacht haben, bin ich zu tiefstem Dank verpflichtet. Ich danke meinem Agenten Andrew Wylie, der von Anfang an an dieses Buch geglaubt hat, sowie meinem Lektor bei Simon & Schuster, Michael Korola, für seine Unterstützung.
Meine Suche nach dem »echten« Al Capone führte mich von Chicago nach Miami, von Los Angeles und San Francisco (Alcatraz) nach Cleveland, nach Brooklyn, Washington, D. C., und in verschiedene Städte von Michi-

gan. Überall begegneten mir hilfsbereite Menschen, die mir Einsicht in Akten, Archive, Korrespondenzen und Protokolle gewährt haben. Am wertvollsten für mich waren jedoch die Informationen von den Menschen, die Capone persönlich gekannt hatten, von Verwandten und ehemaligen Geschäftspartnern. Ohne ihre detaillierten Auskünfte wäre dieses Buch niemals zustande gekommen. Aus über 300 Interviews konnte ich, dank der Bereitwilligkeit, mit der mir Capones Zeitgenossen ihre Erinnerungen mitteilten, ein Bild zusammensetzen, das nicht nur den skrupellosen Gangster, sondern auch den Menschen Capone zeigt.

Auch den offiziellen Stellen und Behörden, die mich mit unschätzbarem Material über die damalige Zeit und mit Akten über die Hauptakteure dieses Buches vertraut gemacht haben, gilt mein Dank.

Ohne die Hilfe von Mitarbeitern, die mich mit Hinweisen versorgten und immer wieder neue Spuren verfolgten, wäre mein Vorhaben, ein Buch über Al Capones Leben zu schreiben, von vornherein zum Scheitern verurteilt gewesen. Ich danke ihnen allen.

Ich stehe tief in der Schuld meiner Freunde und meiner Familie, die nicht müde wurden, mich zu ermutigen, und mir jedwede Unterstützung bei meiner jahrelangen Arbeit angedeihen ließen. Meiner Frau Betsy und unseren Kindern, Nicholas und Sara, danke ich von ganzem Herzen für ihre Hilfe und Geduld.

Auswahl-Bibliographie

Abadinsky, Howard. *Organized Crime*. Boston: Allyn and Bacon, 1981.
Adler, Larry. *It Ain't Necessarily So*. London: Collins, 1984.
Albini, Joseph L. *The American Mafia: Genesis of a Legend.* New York: Appleton-Century-Crofts, 1971.
Allen, Frederick Lewis. *Only Yesterday.* New York: Harper & Brothers, 1931.
Allsop, Kenneth. *The Bootleggers and Their Era.* Garden City, N. Y.: Doubleday, 1961.
Amfitheatrof, Erik. *The Children of Columbus: An Informal History of the Italians in the New World.* Boston: Little, Brown, 1973.
Armbruster, Eugene L. *Brooklyn's Eastern District.* Brooklyn, N. Y.: Eugene L. Armbruster, 1942.
Asbury, Herbert. *Carry Nation.* New York: Alfred A. Knopf, 1929.
–, *The French Quarter: An Important History of the New Orleans Underworld.* New York: Alfred A. Knopf, 1936.
–, *The Gangs of New York.* New York: Alfred A. Knopf, 1928. Deutsch: *Die Unterwelt von New York. Kriminalgeschichte einer Großstadt.* Leipzig: P. List, 1928
–, *Gem of the Prairie: An Informal History of the Chicago Underworld.* New York: Alfred A. Knopf, 1940.
–, *The Great Illusion: Am Informal History of Prohibition.* Garden City, N. Y.: Doubleday, 1950.
Balsamo, William and George Carpozi Jr. *Under the Clock: The Inside Story of the Mafia's First Hundred Years.* Far Hills, N. J.: New Horizon Press, 1988.
Barzini, Luigi. *The Italians*. New York: Atheneum, 1964. Deutsch: *Die Italiener*. Frankfurt a. M.: Scheffler, 1965
Bennett, James. *I Chose Prison.* New York: Alfred A. Knopf, 1970.
Bennett, James O'Donnell. *Chicago Gang Land: The True Story of Chicago Crime.* Chicago: Chicago Tribune, 1929.
Berle, Milton, and Haskel Frankel. *Milton Berle: An Autobiography.* New York: Delacorte Press, 1974.
Blumenthal, Ralph. *Last Days of the Sicilians: The FBI's War Against the Mafia.* New York: Pocket Books, 1989.
Boettiger, John. *Jake Lingle: Or Chicago on the Spot.* New York: E. P. Dutton, 1931.
Bonanno, Joseph. *A Man of Honor: The Autobiography of Joseph Bonanno.* New York: Simon and Schuster, 1983.
Brain, Russell. *Diseases of the Nervous System,* 5th ed. London: Oxford University Press, 1955.
Brenner, Teddy, and Barney Nagler. *Only the Ring Was Square.* Englewood Cliffs, N. J.: Prentice-Hall, 1981.
Breslin, Jimmy. *Damon Runyon.* New York: Ticknor & Fields, 1991.
Bright, John. *Hizzoner Big Bill Thompson: An Idyll of Chicago.* New York: Jonathan Cape & Harrison Smith, 1930.
Bruère, Martha Bensley. *Does Prohibition Work?* New York: Harper & Brothers, 1927.
Buret, F. *Syphilis in Ancient and Prehistoric Times.* 3 vols. New York: AMS Press, 1975 (Originalausgabe 1891).

Burnett, William Riley. *Little Caesar.* New York: Dial Press, 1958. Deutsch: *Kleiner Cäsar.* München, Wien, Basel: Desch, 1963.
Burns, Walter Noble. *The One-Way Ride.* Garden City, N. Y.: Doubleday, Doran, 1931.
Busch, Francis X. *Enemies of the State.* Indianapolis: Bobbs-Merrill, 1954.
Casey, Robert J., and W. A. S. Douglas: *The Midwesterner: The Story of Dwight H. Green.* Chicago: Wilcox & Follett, 1948.
Chicago Gang Wars in Pictures: X Marks the Spot. Chicago: Spot Publishing, 1930.
Clark, Tom. *The World of Damon Runyon.* New York: Harper & Row, 1978.
Coffey, Thomas M. *The Long Thirst: Prohibition in America, 1920–1933.* New York: W. W. Norton, 1975.
Cohn, Art. *The Joker Is Wild: The Story of Joe E. Lewis.* New York: Random House, 1955.
Cohen, Michael Mickey, and John Peer Nugent. *Mickey Cohen: In My Own words.* Englewood Cliffs, N. J.: Prentice-Hall, 1975.
Collins, Max Allan. *Bullet Proof.* New York: Bantam Books, 1989.
–, *Butcher's Dozen.* New York: Bantam Books, 1988. Deutsch: *Killer in der dunklen Stadt.* Bergisch-Gladbach: Bastei-Lübbe, 1990.
–, *The Dark City.* New York: Bantam Books, 1987. Deutsch: *Die dunkle Stadt.* Bergisch-Gladbach: Bastei-Lübbe, 1989.
–, *Stolen Away: A Novel of the Lindbergh Kidnapping.* New York: Bantam Books, 1991. Deutsch: *Kidnapping.* Bergisch-Gladbach: Bastei-Lübbe, 1993.
–, *True Detective.* New York: Tor Books, 1986. Deutsch: *Chicago 1933.* Bergisch-Gladbach: Bastei-Lübbe, 1985.
Condon, Eddie. *We Called It Music: A Generation of Jazz.* Westport, Conn.: Greenwood Press, 1947.
Cooney, John. *The Annenbergs.* New York: Simon and Schuster, 1982.
Cooper, Courtney Riley. *Ten Thousand Public Enemies.* Boston: Little, Brown, 1935.
Cowdery, Ray. *Capone's Chicago.* Lakeville, Minn.: Northstar Commemoratives, 1987 (Originalausgabe: *Al Capone on the Spot by* Richard T. Enright, 1931).
Cressey, Donald R. *Theft of the Nation: The Structure and Operations of Organized Crime in America.* New York: Harper & Row, 1969.
Cromie, Robert, and Joseph Pinkston. *Dillinger: A Short and Violent Life.* Evanston, Ill.: Chicago Historical Bookworks, 1990 (Originalausgabe 1962).
Crouch, Bill Jr., ed. *Dick Tracy: America's Most Famous Detective.* Secaucus, N. J.: Citadel Press, 1987.
Croy, Homer. *Country Cured.* New York: Harper & Brothers, 1943.
Dattner, Bernhard, Evan W. Thomas, and Gertrude Wexler. *The Management of Neurosyphilis.* New York: Grune & Stratton, 1944.
Dedmon, Emmet. *Fabulous Chicago.* New York: Random House, 1953.
Demaris, Ovid. *Captive City.* New York: Lyle Stuart, 1969.
–, *The Last Mafioso: The Treacherous World of Jimmy Fratianno.* New York: Times Books, 1981.
Dennie, Charles C., and Sidney F. Pakula. *Congenital Syphilis.* Philadelphia: Lea & Febiger, 1940.
Dobyns, Fletcher. *The Amazing Story of Repeal: An Exposé of the Power of Propaganda.* Chicago: Willet, Clark, 1940.
–, *The Underworld of American Politics.* New York: Fletcher Dobyns, 1932.
Duis, Perry R. *The Saloon: Public Drinking in Chicago and Boston, 1880–1920.* Urbana: University of Illinois Press, 1987.
Edge, L. L. *Rund the Cat Roads.* New York: Dembner Books, 1981.
Ellis, Steve. *Alcatraz Number 1172.* Los Angeles: Holloway House, 1969.
Fetherling, Doug. *The Five Lives of Ben Hecht.* Toronto: Lester and Orpen, 1977.
Finley, M. I., Denis Mack Smith, and Christoper Duggan. *A History of Sicily.* New York:

Viking Penguin, 1987. Deutsch: *Geschichte Siziliens und der Sizilianer*. München: Beck, 1989.

Fox, Stephen. *Blood and Power: Organized Crime in Twentieth-Century America.* New York: Penguin Books, 1989.

Fraley, Oscar, and Paul Robsky. *The Last of the Untouchables.* New York: Pocket Books, 1988.

Fried, Albert. *The Rise and Fall of the Jewish Gangster in America.* New York: Holt, Rinehart and Winston, 1980.

Fuess, Clade M. *Calvin Coolidge: The Man from Vermont.* Boston: Little, Brown, 1940.

Gambino, Richard. *Vendetta.* Garden City, N. Y.: Doubleday, 1977.

Gage, Nicholas. *The Mafia Is Not an Equal Opportunity Employer.* New York: McGraw-Hill, 1971.

Gies, Joseph. *The Colonel of Chicago.* New York: E. P. Dutton, 1979.

Godwin, John. *Alcatraz: 1868–1963.* Garden City, N. Y.: Doubleday, 1963.

Goodspeed, Weston, and Daniel D. Healy, eds. *History of Cook County, Illinois.* 2 vols. Chicago: The Goodspeed Historical Association, 1909.

Gosch, Martin A., and Richard Hamner. *The Last Testament of Lucky Luciano.* Boston: Little, Brown, 1974.

Gosnell, Harold F. *Machine Politics: The Chicago Model.* Chicago: University of Chicago Press, 1937.

Green, Paul, and Melvin G. Holli, eds. *The Mayors: The Chicago Political Tradition.* Carbondale: Southern Illinois University Press, 1987.

Gunther, John. *Inside U. S. A.* New York: Harper & Brothers, 1947.

Gusfield, Joseph R. *Symbolic Crusade: Status Politics and the American Temperance Movement.* Chicago: University of Illinois, 1963.

Halper, Albert, ed. *The Chicago Crime Book.* Cleveland: World Publishing, 1967.

Harrison, Carter H. *Stormy Years: The Autobiography of Carter Harrison.* Indianapolis: Bobbs-Merrill, 1935.

Healy, Paul F. *Cissy: The Biography of Eleanor M. »Cissy« Patterson.* Garden City, N. Y.: Doubleday, 1966.

Hearings Before the Special Committee to Investigate Organized Crime in Interstate Commerce. Washington, D. C.: United States Government Printing Office, 1950.

Hecht, Ben. *A Child of the Century.* New York: Simon and Schuster, 1954.

Hecht, Ben, and Charles MacArthur. *The Front Page.* New York: Covici, Friede, 1928.

Helmer, William J. *The Gun that Made the Twenties Roar.* London: Macmillan, 1969.

Hernon, Peter, and Terry Ganey. *Under the Influence: The Unauthorized Story of the Anheuser-Busch Dynasty.* New York: Simon and Schuster, 1991.

Hibbert, Christopher. *The Roots of Evil.* London: Weidenfeld and Nicolson, 1963.

Hinton, Milt, and David G. Berger. *Bass Line: The Stories and Photographs of Milton Hinton.* Philadelphia: Temple University Press, 1988.

Hoffman, Dennis E. *Business vs. Organized Crime.* Chicago: Chicago Crime Commission, 1989.

Hollatz, Tom. *Gangster Holidays: The Lore and Legends of the Bad Guys.* St. Cloud, Minn.: North Star Press, 1989.

Holli, Melvin G., and Peter d'A. Jones. *Ethnic Chicago.* Grand Rapids, Mich.: William B. Eerdmans, 1984.

Homer, Nebraska: *A Centennial History, 1875–1975.* Homer, Nebraska, 1975.

Hoover, Herbert. *The Memoirs of Herbert Hoover: The Cabinet and the Presidency, 1920–1933.* New York: Macmillan, 1952. Deutsch: *Memoiren. Das Kabinett und die Präsidentschaft. 1920–1933.* Frankfurt am Main: Matthias Grünewald-Verlag, 1953.

Horan, James D. *The Desperate Years: A Pictorial History of the Thirties.* New York: Crown, 1962.

Hutton, Edward. *Naples and Southern Italy.* New York: Macmillan, 1915.

Hynd, Alan. *The Giant Killers.* New York: Robert M. McBride, 1945.

Iorizzo, Luciano J., ed. An Inquiry into Organized Crime. New York: The American Italian Historical Association, 1970.

Irey, Elmer, L., and William Slocum: *The Tax Dodgers: The Inside Story of the T-Men's War with America's Political and Underworld Hoodlums.* New York: Greenberg, 1948.

Jedick, Peter. *Cleveland: Where the East Coast Meets the Midwest.* Cleveland: Peter Jedick, 1980.

Jessel, George. *So Help Me: The Autobiography of George Jessel.* New York: Random House, 1943.

Johnston, James A. *Alcatraz Island Prison and the Men Who Live There.* New York: Charles Scribner's Sons, 1949.

Karlen, Harvey M. *The Governments of Chicago.* Chicago: Courier, 1958.

Karpis, Alvin. *On the Rock: Twenty-Five Years in Alcatraz.* Mississauga, Canada: L. B. S. Inc., 1988.

Katz, Leonard. *Uncle Frank: The Biography of Frank Costello.* New York: Drake Publishers, 1973.

Kearns, Jack »Doc«, and Oscar Fraley. *The Million Dollar Gate.* New York: Macmillan, 1966.

Kefauver, Estes. *Crime in America.* Garden City, N. Y.: Doubleday, 1951.

Killian, Michael, Connie Fletcher, and F. Richard Ciccone. *Who Runs Chicago?* New York: St. Martin's Press, 1979.

Kobler, John. *Ardent Spirits: The Rise and Fall of Prohibition.* New York: G. P. Putnam's Son, 1973.

–, *Capone: The Life and World of Al Capone.* New York: G. P. Putnam's Sons, 1971. Deutsch: *Al Capone. Sein Leben, seine (Un)taten, seine Zeit.* Bern, München, Wien: Scherz, 1971.

Krout, John A. *The Origins of Prohibition.* New York: Alfred A. Knopf, 1925.

Lacey, Robert. *Little Man: Meyer Lansky and the Gangster Life.* Boston: Little, Brown, 1991.

Lagumina, Salvatore J., ed. *Wop! A Documentary History of Anti-Italian Discrimination in the United States.* San Francisco: Straight Arrow Books, 1973.

Lait, Jack, and Lee Mortimer. *Chicago: Confidential!* New York: Crown, 1950.

Landesco, John. *Organized Crime in Chicago: Part III of The Illinois Crime Survey.* Chicago: University Press, 1929.

Lee, Henry. *How Dry We Were: Prohibition Revisited.* Englewood Cliffs, N. J.: Prentice-Hall, 1963.

Levell, Mark, and Bill Helmer. *The Quotable Al Capone.* Chicago: Chicago Typewriter, 1990.

Levine, Gary. *Anatomy of a Ganster: Jack »Legs« Diamond.* New York: A. S. Barnes, 1979.

Lewis, Lloyd, and Henry Justin Smith. *Chicago: The History of Its Reputation.* New York: Harcourt, Brace, 1929.

Lewis, Norman. *The Honored Society: A Searching Look at the Mafia.* New York: G.P. Putnam's Sons, 1964. Deutsch: *Die ehrenwerte Gesellschaft. Die Geschichte der Mafia.* Düsseldorf, Wien: Econ-Verlag, 1965.

Lindberg, Richard C. *Chicago Ragtime: Another Look at Chicago, 1880–1920.* South Bend, Ind.: Icarus Press, 1985.

–, *To Serve and Collect: Chicago Politics and Police Corruption from the Lager Beer Riot to the Summerdale Scandal.* New York: Praeger, 1991.

Lyle, John H. *The Dry and Lawless Years.* Englewood Cliffs, N. J.: Prentice Hall, 1960.

Lynch, Denis. *Criminals and Politicians.* New York: Macmillan, 1932.

Maas, Peter. *The Valachi Papers.* New York: G. P. Putnam's Sons, 1968. Deutsch: *Die Valachi-Papiere.* Wien, Hamburg: Zsolnay, 1973.

Manchester, William. *The Glory and the Dream: A Narrative History of America, 1932–1972.* New York: Bantam Books, 1990.

Mariano, John Horace. *The Second Generation of Italians in New York City.* Boston: Christopher Publishing House, 1921.

Martin, Ralph G. *Cissy: The Extraordinary Life of Eleanor Medill Patterson.* New York: Simon and Schuster, 1979.

Masters, Edgar Lee. *The Tale of Chicago.* New York: G. P. Putnam's Sons, 1933.

Mayer, Harold M., and Richard C. Wade. *Chicago: Growth of a Metropolis.* Chicago: University of Chicago Press, 1969.

McConaughy, John. *From Cain to Capone: Racketeering Down the Ages.* New York: Brentano's, 1931.

McPhaul, John J. *Deadlines & Monkeyshines: The Fabled World of Chicago Journalism.* Englewood Cliffs, N. J.: Prentice-Hall, 1962.

–, *Johnny Torrio: First of the Gang Lords.* New Rochelle, N. Y.: Arlington House, 1970.

Messick, Hank. *The Beauties and the Beasts.* New York: David McKay, 1973.

–, *John Edgar Hoover.* New York: David McKay, 1972.

–, *Lansky.* New York: G. P. Putnam's Sons, 1971.

–, *Secret File.* New York: G. P. Putnam's Sons, 1969.

–, *The Silent Syndicate.* New York: Macmillan, 1967.

Mezzrow, Mezz, and Bernard Wolfe. *Really the Blues.* Garden City, N. Y.: Doubleday, 1972.

Miller, Arthur. *A View from the Bridge*. New York: Viking Press, 1955. Deutsch*: Blick von der Brücke*. Frankfurt a.M. und Hamburg: Fischer Bücherei, 1962.

Molstad, George. *Dakota County, Nebraska.* Dakota City, Nebr.: Dakota County Historical Society, 1982.

Mordden, Ethan. *That Jazz! An Idiosyncratic Social History of the American Twenties.* New York: G. P. Putnam's Sons, 1978.

Morgan, John. *No Gangster More Bold: Murray Humphreys.* London: Hodder and Stoughton, 1985.

Morris, Ronald L. *Wait Until Dark: Jazz and the Underworld.* Bowling Green, Ohio: Bowling Green University Press, 1980.

Murphy, Mary Ellen, and Mark Murphy, eds. *A Treasury of Brooklyn.* New York: William Sloane, 1949.

Murray, George. *The Legacy of Al Capone: Portraits and Annals of Chicago's Public Enemies.* New York: G. P. Putnam's Sons, 1975.

Nash, Jay Robert. *Bloodletters and Badmen.* New York: M. Evans, 1973.

–, *Encyclopedia of World Crime.* 6 vols. Wilmette, Ill.: CrimeBooks, 1989.

–, *People to See: An Anecdotal History of Chicago's Makers and Breakers.* Piscataway, N. J.: New Century Publishers, 1981.

Nation, Carry A. *The Use and Need of the Life of Carry A. Nation.* Topeka, Kansas: F. M. Steves and Sons, 1908.

The National Prohibition Law: *Hearings Before the Subcommittee of the Committee on the Judiciary, United States Senate,* vol. 1. Washington, D. C:. U. S. Government Printing Office, 1926.

Nelli, Humbert S. *The Business of Crime: Italians and Syndicate Crime in the United States.* New York: Oxford University Press, 1976.

–, *From Immigrants to Ethnics: The Italian Americans.* New York: Oxford University Press, 1983.

–, *Italians in Chicago. 1880–1930.* New York: Oxford University Press, 1970.

Nelson, Waldo E., ed. *Textbook of Pediatrics,* 6th ed. Philadelphia: W. B. Saunders, 1954.

Ness, Eliot, and Oscar Fraley. *The Untouchables.* New York: Popular Library, 1960 (Originalausgabe 1957).

Ness, Evaline. *Sam, Bangs & Moonshine.* New York: Holt, Rinehart and Winston, 1966.

–, *Yeck, Eck.* New York: E. P. Dutton, 1974.

Nickel, Steven. *Torso. Eliot Ness and the Hunt for the Mad Butcher of Kingsbury Run.* New York: Avon Books, 1990.

O'Brien, Howard Vincent. *All Things Considered: Memories, Experiences and Observations of a Chicagoan.* Indianapolis: Bobbs-Merrill, 1948.
Organized Crime: 25 Years after Valachi: Hearings Before the Permanent Subcommittee on Investigations of the Committee on Governmental Affairs, United States Senate. Washington, D. C.: U. S. Government Printing Office, 1990.
Owen, Collinson. *King Crime: An English Study of America's Greatest Problem.* New York: Henry Holt, 1932.
Pasley, Fred D. *Al Capone: The Biography of a Self-Made Man.* Garden City, N.Y.: Garden City Publishing, 1930. Deutsch: *Al Capone. Biographie eines Selfmademan.* Basel: Kompass-Verlag, 1931.
–, *Muscling In.* New York: Ives Washburn, 1931.
Peary, Gerald, ed. *Little Caesar.* Madison: University of Wisconsin Press, 1981.
Peterson, Virgil W. *Barbarians in Our Midst: A History of Chicago Crime and Politics.* Boston: Little, Brown, 1952.
Pilat, Oliver, and Jo Ransom. *Sodom by the Sea.* Garden City, N. Y.: Doubleday, Doran, 1941.
Pileggi, Nicholas. *Wise Guy: Life in a Mafia Family.* New York: Pocket Books, 1987. Deutsch: *Der Mob von innen: ein Mafioso packt aus.* Mit einem Nachwort von Dagobert Lindlau. Frankfurt/M., Berlin: Ullstein, 1989.
Pitkin, Thomas Monroe, and Francisco Cordero. *The Black Hand: A Chapter in Ethnic Crime.* Totowa, N. J.: Littlefield, Adams, 1977.
Rand McNally Guide to Chicago and Environs. Chicago: Rand McNally, 1924.
Reckless, Walter C. *Vice in Chicago.* Chicago: University of Chicago Press, 1933.
Redford, Polly. *Billion-Dollar Sandbar: A Biography of Miami Beach.* New York: E. P. Dutton, 1970.
Redston, George, and Kendall F. Crossen. *The Conspiracy of Death.* Indianapolis: Bobbs-Merrill, 1965.
Reid, Ed. *The Grim Reapers: The Anatomy of Organized Crime in America.* Chicago: Henry Regnery, 1969.
Reppetto, Thomas A. *The Blue Parade.* New York: Free Press, 1978.
Richman, Harry, and Richard Gehman. *A Hell of a Life.* New York: Duell, Sloan and Pearce, 1966.
Riis, Jacob. *The Children of the Poor.* New York: Johnson Reprint Corporation, 1970 (Originalausgabe 1892).
–, *How the Other Half Lives.* Cambridge, Massachusetts: Harvard University Press, 1970 (Originalausgabe 1890).
Robbins, Jhan. *Inka Dinka Doo: The Life of Jimmy Durante.* New York: Paragon House, 1991.
Roemer, William F. jr. *Roemer: Man Against the Mob.* New York: Donald I. Fine, 1989.
–, *War of the Godfathers.* New York: Donald I. Fine, 1990.
Rogers, Will. *The Autobiography of Will Rogers.* Boston: Houghton Mifflin, 1949.
Ross, Barney, and Martin Abramson. *No Man Stands Alone.* Philadelphia: J. B. Lippincott, 1957.
Ross, Robert. *The Trial of Al Capone.* Chicago: Robert Ross, 1933.
Rudensky, Morris (Red), and Don Riley. *The Gonif.* Blue Earth, Minn.: Piper, 1970.
Runyon, Damon. *The Damon Runyon Omnibus.* Garden City, N. Y.: Sun Dial Press, 1943.
–, *Trials and Other Tribulations.* Philadelphia: J. B. Lippincott, 1947.
St. John, Robert. *This Was My World.* Garden City, N. Y.: Doubleday, 1953.
Salerno, Ralph, and John S. Tompkins. *The Crime Confederation: Cosa Nostra and Allied Operations in Organized Crime.* Garden City, N. Y.: Doubleday, 1969. Deutsch: *Das organisierte Verbrechen: die Macht und die Mächtigen der Unterwelt.* Zürich: Diana-Verlag, 1972.
Sandburg, Carl. *The Complete Poems of Carl Sandburg.* New York: Harcourt Brace Jovanovich, 1970.

Schiavo, Giovanni. *The Truth about the Mafia and Organized Crime in America.* New York: Vigo Press, 1962.
–, *The Italians in Chicago.* New York: Italian American Publishing, 1928.
Schmidt, John R. *The Man Who Cleaned Up Chicago: A Political Biography of William E. Dever.* DeKalb, Ill.: Northern Illinois University Press, 1989.
Schneider, Jane, and Peter Schneider. *Culture and Political Economy in Western Sicily.* New York: Academic Press, 1976.
Schoenberg, Robert J. *Mr. Capone.* New York: Morrow, 1992. Deutsch: *Al Capone: die Biographie.* Köln: vgs, 1994.
Selvaggi, Giuseppe: *The Rise of the Mafia in New York from 1896 through World War II.* Indianapolis: Bobbs-Merrill, 1978.
Servadio, Gaia. *Mafioso: A History of the Mafia from its Origins to the Present.* New York: Stein and Day, 1976.
Shapiro, Nat, and Nat Hentoff. *Hear Me Talkin' to Ya: The Story of Jazz as Told by the Men Who Made It.* New York: Dover, 1955. Deutsch: *Jazz erzählt.* München: Nymphenburger Verlagshandlung, 1959.
Sifakis, Carl. *The Mafia Encyclopedia.* New York: Facts on File, 1987.
Smelair, Andrew. *Prohibition: The Era of Excess.* Boston: Little, Brown, 1962.
Smith, Alson J. *Chicago's Left Bank.* Chicago: Henry Regnery, 1953.
–, *Syndicate City: The Chicago Crime Cartel.* Chicago: Henry Regnery, 1954.
Smith, Dwight C. Jr. *The Mafia Mystique.* New York: Basic Books, 1975.
Smith, Henry Justin. *Chicago's Great Century, 1833–1933.* Chicago: Consolidated Publishers, 1933.
Sondern, Frederic Jr. *Brotherhood of Evil: The Mafia.* New York: Farrar, Straus and Cudahy, 1959.
Spiering, Frank. *The Man Who Got Capone.* Indianapolis: Bobbs-Merrill, 1976.
Steffens, Lincoln. *The Shame of the Cities.* New York: Peter Smith, 1948 (Originalausgabe 1904).
Stead, William T. *If Christ Came to Chicago!* Chicago: Laird & Lee, 1894.
Stuart, William H. *The 20 Incredible Years.* Chicago: M. A. Donohue, 1935.
Sullivan, Edward Dean. *Chicago Surrenders.* New York: Vanguard Press, 1930.
–, *Rattling the Cup on Chicago Crime.* New York: Vanguard Press, 1929.
Talese, Gay. *Honor Thy Father.* New York: Fawcett Crest, 1971. Deutsch: *Ehre deinen Vater.* Wien, Zürich, München: Molden 1972.
–, *Unto the Sons.* New York: Alfred A. Knopf, 1992. Deutsch: *Von den Vätern auf die Söhne.* München: Knaus, 1993.
Taylor, Robert Lewis. *Vessel of Wrath: The Life and Times of Carry Nation.* New York: New American Library, 1966.
Tebbel, John. *An American Dynasty: The Story of the McCormicks, Medills and Pattersons.* Garden City, N. Y.: Doubleday, 1947.
Thomas Bob. *Winchell.* Garden City, N. Y.: Doubleday, 1971.
Thompson, Craig, and Allen Raymond. *Gang Rule in New York. The Story of a Lawless Era.* New York: Dial Press, 1940.
Thompson, Erwin N. *The Rock: A History of Alcatraz Island, 1847–1972.* Denver: National Park Service, 1979.
Trasher, Frederic M. *The Gang: A Study of 1,313 Gangs in Chicago.* Chicago: University of Chicago Press, 1927.
Tiede, Tom: *American Tapestry: Eyewitness Accounts of the Twentieth Century.* New York: Pharos Books, 1988.
Tocqueville, Alexis De. *Democracy in America*, vol. 2. New York: Vintage Books, 1945. Deutsch: *Demokratie in Amerika. Grundlagen und Kritik.* (Aus d. Amerik. von Hermann Raschhofer). Wien: Verlagsgemeinschaft »Stifterbibliothek«; Braunmüller, 1950 (oder Regensburg: Habbel, 1955).

Toland, John. *The Dillinger Days.* New York: Random House, 1963.
Tomasi, Silvano M., and Madeline H, Engel, eds. *The Italian Experience in the United States.* Staten Island, N. Y.: Center for Migration Studies, 1970.
Touhy, Roger, and Ray Brennan: *The Stolen Years.* Cleveland: Pennington Press, 1959.
Trohan, Walter. *Political Animals: Memoirs of a Sentimental Cynic.* Garden City, N. Y.: Doubleday, 1975.
Tully, Andrew. *Treasury Agent: The Inside Story.* New York: Simon and Schuster, 1958.
Van Tassel, David D., and John J. Grabowski, eds. *The Encyclopedia of Cleveland History.* Bloomington: Indiana University Press, 1987.
Vanderbilt, Cornelius Jr. *Farewell of Fifth Avenue.* New York: Simon and Schuster, 1935.
Waldrop, Frank C. *McCormick of Chicago.* Englewood Cliffs, N. Y.: Prentice-Hall, 1966.
Waller, Irle. *Chicago Uncensored.* New York: Exposition Press, 1965.
Waller, Maurice, and Anthony Calabrese. *Fats Waller.* New York: Schirmer Books, 1977.
Weller, Philip T. *The Roman Ritual.* Milwaukee: Bruce Publishing, 1964.
Wendt, Lloyd. *Chicago Tribune: The Rise of a Great American Newspaper.* Chicago: Rand McNally, 1979.
Wendt, Lloyd, and Herman Kogan. *Big Bill of Chicago.* Indianapolis: Bobbs-Merrill, 1953.
–, *Lords of Levee: The Story of Bathhouse John and Hinky Dink.* Indianapolis: Bobbs-Merrill, 1943.
Whitehead, Don. *The FBI Story: A Report to the People.* New York: Random House, 1956. Deutsch: *Die FBI-Story. Das US-Bundeskriminalamt öffnet die Akten.* München: Heyne, 1964.
Willlard, Frances E. A. *A Classic Town: The Story of Evanston.* Chicago: Women's Temperance Publication Association, 1892.
Willebrandt, Mabel Walker. *The Inside of Prohibition.* Indianapolis: Bobbs-Merrill, 1929.
Wilson, Frank J., and Beth Day. *Special Agent: A Quarter Century with the Treasury Department and the Secret Service.* New York: Holt, Rinehart and Winston, 1965.
Wilson, Samuel Paynter. *Chicago and It Cess-pools of Infamy.* Chicago: Samuel Paynter Wilson, 1910.
Wolfe, Thomas. *Of Time and The River.* New York: Charles Scribner's Sons, 1935. Deutsch: *Von Zeit und Strom. Eine Legende vom Hunger der Menschen in der Jugend.* Reinbek bei Hamburg: Rowohlt, 1952.
Wright, Carroll D., and Oren Weaver, eds. *Bulletin of the Department of Labor,* vol. 2. Washington, D. C.: U. S. Government Printing Office, 1897.
Year Book: 1949. Philadelphia: American Swedish Historical Foundation, 1949.
Zorbaugh, Harvey Warren. *Gold Coast and Slum: A Sociological Study of Chicago's Near North Side.* Chicago: Univesity of Chicago Press, 1929.

Unveröffentlichtes Material

Andrews, Janet. *The Italian Communities in South Brooklyn and Fort Greene: 1880–1917.* Fordham University, 1974. Brooklyn Historical Society.
Botein, Barbara. *The Hennessy Case: An Episode in American Nativism, 1890.* New York University Ph. D. dissertation, 1975.
Bukowski, Douglas. *According to Image. William Hale Thompson and the Politics of Chicago, 1915–1931.* University of Illinois at Chicago Ph. D. dissertation, 1989.
History of Chicago's Gangsters. Monograph in the personal collection of George E. Q. Johnson, Jr., Chicago, Illinois.
Inquest on the Bodies of Albert Kachellek, et al. Cook County, Illinois, February 23, 1929. (St. Valentine's Day Massacre) CCC.
Ness, Eliot. Untitled account of »The Capone Case.« WRHS.

Carolina
* in Italien
† in Italien

═

Angelo Raiola
* in Italien
† in Italien

Teresina Raiola
* 28. Dezember 1867
in Italien
† 29. November 1952
in Chicago, Illinois

═

Gabriele Capone
* 12. Dezember 1864
in Neapel, Italien
⚭ 1891 in Italien
† 4. November 1920
in Brooklyn, New York

Madeline
Mary Kozup
Dritte Frau

═

Raffaele James
(Ralph Bottles)
* 12. Januar 1894
in Neapel, Italien
† 22. November 1974
in Mercer,
Wisconsin

Salvatore F.
(Frank)
* Januar 1895
† 1. April 1924
in Chicago, Illinois

Erminio
(John Mimi)
alias
John Martin
* 1901
† nach 1980

Umberto
(Albert)
* 1906 in
Brooklyn,
New York
† 1950

Rose
* circa 1910
in Brooklyn,
New York
† circa 1910 in
Brooklyn,
New York

Alphonse (Al)
* 17. Januar
1899
in Brooklyn,
New York
† 25. Januar
1947
in Miami, Florida

Filomena Marie
Carmelo
Moscato
* 1897
in Salerno, Italien
⚭ 20. Oktober 1915
in Brooklyn,
New York
Erste Frau
Geschieden 1925

═

Valma
Pheasant
⚭ Mai 1928
Zweite Frau
Geschieden

Ralph jr.
* 1917
† 1950
Selbstmord

Amedoe
(Matthew N.)
* 1908
in Brooklyn,
New York
† 31. Januar
1967

Mafalda
* 28. Januar 1912
in Brooklyn,
New York
† 25. März 1988
in Tawas,
Michigan

═

John S
Marita
* 190
⚭ 14. Dez
193

Vincenzo
(Richard
James Hart/
Two-Gun Hart)
* Mai 1892
in Neapel,
Italien
† 1. Oktober
1952
in Homer,
Nebraska

═

Kathleen Winch
* Juli 1900
in Nebraska
⚭ 1. September 1919
in Nebraska
† 1955 in Nebraska

William S. Hart
* 1920

Richard Hart, jr.
* circa 1922
† circa 1944
im
Zweiten Weltkrieg

Shermann Hart
* 1923

Harry Hart
* 1926
in South Dakota

Dennis Coughlin
* in Irland
═ Hannah
* in Irland

Mike Coughlin
* November 1872
in Irland
Nach Amerika ausgewandert 1891
═ Bridget Gorman
* Dezember 1873
in Irland
⚭ 28. Januar 1894
in Manhatten
Nach Amerika ausgewandert 1892

Mary Josephine
Coughlin (Mae)
* 11. April 1897
in Brooklyn,
New York
⚭ 30. Dezember 1918
in Brooklyn, New York
† 16. April 1986
in Hollywood, Florida

Ein weiterer Sohn
* Oktober 1894

Dennis Coughlin
(Danny)
* Januar 1900

Winnie Mae

Muriel

Albert Francis
(Sonny
Capone)
* 4. Dezember 1918
in Brooklyn,
New York
═ Diana Ruth Casey
* 1919
in Chattanooga, Tennessee
⚭ 30. Dezember 1941
in Dade County, Florida
Erste Frau
Geschieden
═ Dotty
† circa 1986
Zweite Frau
Geschieden
═ Dritte Frau

Personenregister

Bildnachweis

Interfoto 1, 2, 4
Sammlung American Police Center and Museum 2, 15, 25
Sammlung Maxine und Mona Pucci 3, 11, 17
Chicago Historical Society 4, 8, 9, 10, 12, 13, 14, 19, 20, 22, 26, 28, 29, 30, 34
Sammlung John Binder 5
Bilderdienst Süddeutscher Verlag 6, 11, 21, 31, 227, Nachsatz u. Schutzumschlagrückseite
UPI/Bettmann Newsphotos 7, 16, 32
Harry H. Hart 18, 36
Cleveland Press, Archiv Cleveland State University 23
Sammlung George E. Q. Johnson jr. 27
San Francisco Maritime National Historical Park, Sammlung Don Devevi 33
Historical Association of Southern Florida, Sammlung Miami News 35
Sammlung Laurence Bergreen 37

Vorsatz vorne: Übersichtskarten »Chicago um 1925« und »Die Gangs von Chicago«
(Computer-Kartografie-Grafik Eckehard Radehose)
Vorsatz hinten: Al Capones Fingerabdruck-Unterlagen aus dem Spezialarchiv
des FBI

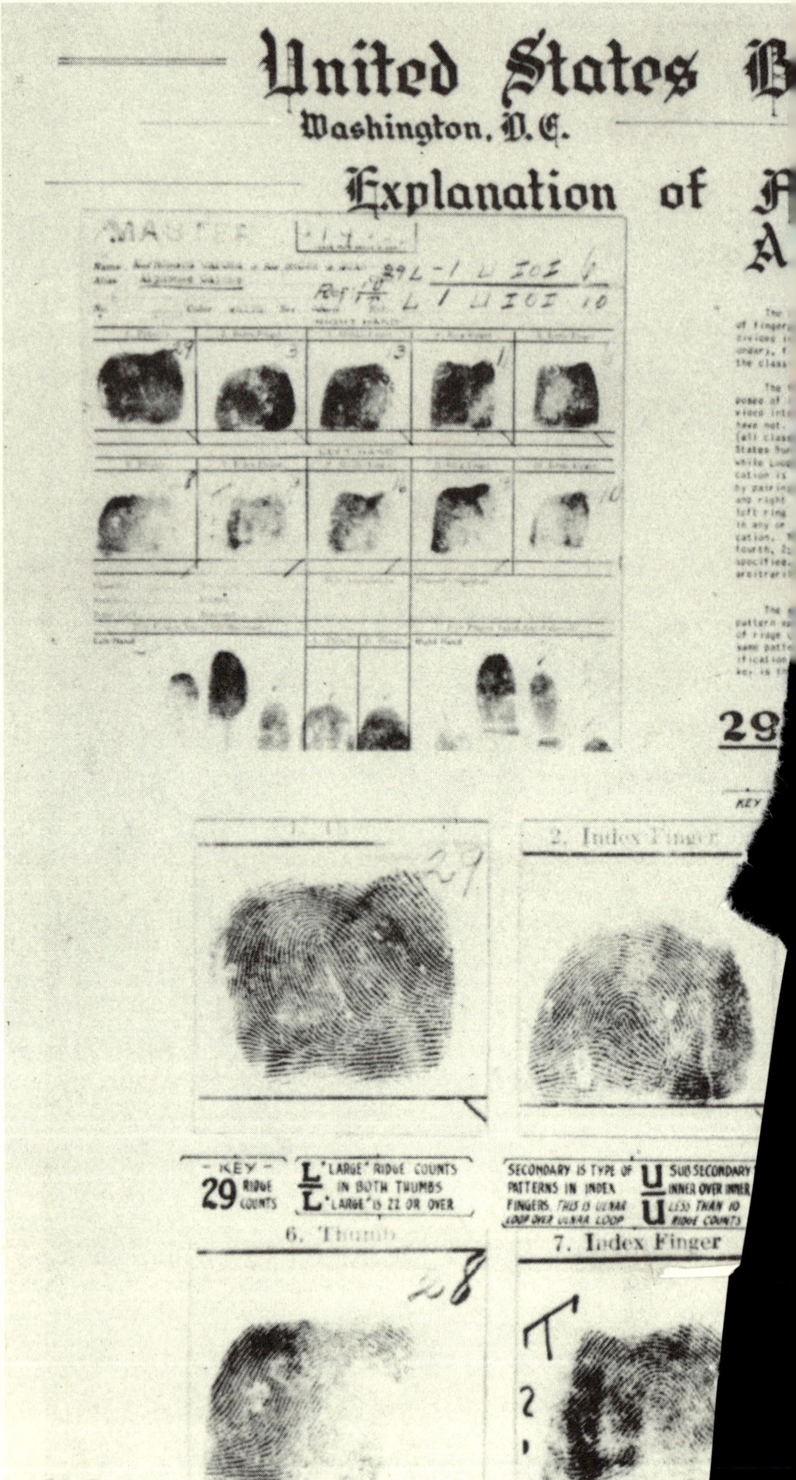

United States B
Washington, D.C.
Explanation of F
A
MASTER
29
KEY
1. Thumb
2. Index Finger
- KEY -
29 RIDGE COUNTS
L 'LARGE' RIDGE COUNTS IN BOTH THUMBS
L 'LARGE' IS 22 OR OVER
SECONDARY IS TYPE OF PATTERNS IN INDEX FINGERS. THIS IS ULNAR LOOP OVER ULNAR LOOP
U SUBSECONDARY INNER OVER INNER,
U LESS THAN 10 RIDGE COUNTS
6. Thumb
7. Index Finger

32-14